E, MARTIN REL.

LES
ASSOCIATIONS

AU POINT DE VUE

HISTORIQUE ET JURIDIQUE

PAR

Edouard CLUNET

AVOCAT A LA COUR DE PARIS

TOME PREMIER

PARIS

MARCHAL ET BILLARD, 27, PLACE DAUPHINE

Libraires de la Cour de Cassation

1909

TABLE DES MATIÈRES

—

CLUNET. — *Journal du Droit international privé* : un an (1909 : 36e année) : Collection : 35 vol. in-8 avec Tables annuelles.

Pays de recouvrement postal. **22** francs. } Les autres pays.............. **25** francs.

TABLES GÉNÉRALES du CLUNET, 4 très forts vol. in-8 sur beau papier, de plus de mille pages, chacun : **100** francs.

CLUNET. — *Journal du Droit international privé*: un an (1909: 36e année) : { Pays de recouvrement postal. **22** francs. { Les autres pays. . . . . **25** francs. Collection : 35 vol. in-8 avec Tables annuelles.

Fin de la Table des matières du Tome premier.

MARCHAL ET BILLARD, libraires de la Cour de cassation, 27, place Dauphine, à Paris.

TABLES GÉNÉRALES du CLUNET. 4 très forts vol. in-8 sur beau papier, de plus de mille pages, chacun : **100** francs.

LES ASSOCIATIONS

PLAN DE L'OUVRAGE

Celui qui veut étudier le droit associationnel ou d'association [1] dans le plan actuel du droit positif français se trouve en face d'une construction appartenant à plusieurs époques. Les styles s'y superposent et leur bizarrerie trahit une inspiration tout à la fois généreuse et mesquine. Il semble que les architectes qui se sont succédé dans l'édification de cette œuvre aient eu d'abord la conception d'un monument grandiose, puis l'aient rapetissé de peur qu'il ne leur tombât sur la tête (V. infra, n° 370; n° 499 *bis* et les notes).

1. Dans le langage juridique, le terme Association, dans son acception la plus étendue, désigne tout groupement de personnes organisé en vue d'un but commun, lucratif ou non lucratif (Cf. Houpin, *Traité général des sociétés*. Paris, Larose, 1907, 4e éd., p. 1. — Ch. Lyon-Caen et Renault, *Traité de droit commercial* (des sociétés). Paris, Pichon, 1890, t. II, p. 1).

En ce sens large, il ne semble pas que, pour les juristes, l'association soit à la société ce que le genre est à l'espèce (Contra : P. Pic, *Des sociétés commerciales*, Rousseau, 1908, t. I, p. 3 : Traité gén. de droit commercial de Thaller); ils entendent généralement l' « association » comme synonyme de « société ». « Les sociétés ou associations sont aussi anciennes que le monde » (Rousseau, *Des sociétés commerciales*. Paris, Rousseau, 1902, t. I, p. 1). Même synonymie chez les historiens : « une société ou association est un concours de plusieurs individus coopérant pour atteindre un but déterminé », Taine, *Principes sur les sociétés*; Taine, sa vie, sa correspondance, III. Paris, 1905, p. 341.

Les deux expressions, dans le droit appliqué, se sont différenciées.

Le droit associationnel n'est pas un, comme par exemple le droit du mariage et du divorce, le droit des hypo-

« Les juristes ont pris l'habitude d'opposer la société à l'association » (Pic, 1908, ibid.).

Le vocable « société » a été spécialement affecté aux groupements organisés dans un but lucratif, celui « d'association » à ceux qui, par nature, sont sans but lucratif.

Cependant, comme les perversions sont fréquentes dans la langue du droit, suivant la remarque de P. Pont, les deux vocables ne sont pas restés attachés à leurs destinations respectives. La confusion a vite brouillé les mots.

Le mot « association » est employé pour désigner les associations en participation (C. comm., art. 47) qui recherchent un profit pécuniaire, en même temps que celui de « société » dénomme des groupements comme les sociétés d'assurances mutuelles (art. 8, Décret du 22 janvier 1868), qui ne sont pas des sociétés, si cette appellation est réservée aux groupements poursuivant un bénéfice, puisqu'elles n'ont pour objet que de répartir des pertes (Goirand, *Traité des sociétés par actions*. Paris, 1896, I, p. 39).

Il en est de même pour les sociétés de secours mutuels (Loi du 1er avril 1898), pour les sociétés secrètes (Décret du 28 juillet 1848, art. 13), pour les sociétés de divertissement comme les sociétés de pêcheurs à la ligne (L. du 15 avril 1829 et du 20 janvier 1902), etc. A tort le législateur les qualifie de « Sociétés » puisque leur activité est désintéressée.

C'est la méconnaissance de la convention reçue qui consiste à qualifier de « société » les agrégations *à* but lucratif, et d' « association » les agrégations *sans* but lucratif ᵃ.

De telle sorte qu'il faut se passer d'une nomenclature rigoureusement scientifique, et se contenter en ce domaine, comme en beaucoup d'autres, de l'à peu près (Cf. le livre original d'Edmond Picard, *Philosophie de l'à peu près*. Bruxelles, Larcier, 1908).

Ici, l'à peu près donne cette formule : en pratique, et, sauf exception,

---

a) Un bel exemple de confusion terminologique entre les vocables « association » et « société » est fourni par l'art. 66 de la loi sur les sociétés du 24 juillet 1867 : « les *associations* de la nature des tontines et les *sociétés* d'assurances sur la vie, mutuelles ou à primes, restent soumises à l'autorité et à la surveillance du gouvernement ».

Or, si les tontines sont des « associations » parce qu'elles ne poursuivent pas de but lucratif, il faudrait ne pas appeler « sociétés » les Mutuelles, qui ne recherchent pas davantage un gain pécuniaire.

thèques, le droit de la faillite, le droit maritime [1],
— comme pourraient l'être, le droit industriel, le droit
littéraire et artistique [2]. Il est variable et relatif.

Nous nous expliquons. Si un maçon ou un médecin veut
prendre femme d'abord et divorcer ensuite, les règles juridiques qui présideront à l'union comme à la désunion con-
jugale de ces citoyens seront les mêmes. Si un débitant de
vin ou un banquier fait de mauvaises affaires, — malgré
la différence de leurs négoces, — ils seront mis en faillite
suivant une même cérémonie, dont un syndic conduira les
rites d'après le même graduel.

Dans notre domaine, il n'en ira pas ainsi.

Si deux ou plusieurs individus projettent de s'associer
en vue d'un bénéfice à réaliser par des voies non commerciales, ils se conformeront aux prescriptions des art. 1832
à 1873 C. civ. S'ils entendent rechercher ce bénéfice, à
l'aide d'opérations commerciales, ils devront tenir compte
des art. 18 à 64 C. comm., des lois du 21 juillet 1867,
du 1er août 1873 et du 9 juillet 1902.

on appelle « association » une société *sans* but lucratif, et « société »
une association *à* but lucratif.

Le présent ouvrage est consacré aux associations à but idéologique,
économique et de divertissement, c.-à-d. à celles dans lesquelles, suivant la formule de l'art. 1 de la loi du 1er juillet 1901, « deux ou plusieurs personnes mettent en commun, d'une façon permanente, leurs
connaissances ou leur activité dans un but autre que de partager des
bénéfices ».

L'usage leur a réservé l'appellation d'*associations sans but lucratif* (V.
infra, p. E, et nos 344 et s.).

1.-2. Il faut distinguer la codification et l'unité des lois. La « codification » est la condensation ou la consolidation des lois éparses sur
une même matière en un seul Corps ou Code : le Code civil, le Code
de commerce, le Code pénal, le Code rural, etc. L'unité des lois sur

Mais si ces mêmes associés poursuivent un avantage —
matériel sous un certain aspect, parce qu'il sera économique
et aura pour objet la défense de leurs intérêts professionnels
industriels, commerciaux ou agricoles, — immatériel, sous
un autre, parce qu'il ne se traduira pas par un profit pécuniaire — ils devront s'orienter différemment. Après avoir
opéré un départ délicat entre les deux natures d'associations,

une matière existe quand ses dispositions, quels que soient les sujets ou
les objets du droit, offrent un caractère d'invariabilité et de non-plura-
lité.

Le droit maritime français n'est pas codifié, mais il est unique dans
les rapports juridiques gouvernés par la loi française ; les navires, leurs
équipages, leurs cargaisons ne sont pas soumis à des dispositions
différentes suivant le point qu'ils choisissent pour leur direction sur la
rose des vents. Notre confrère du barreau de Paris, Me Delarue, qui a
une grande expérience en la matière, a préparé un intéressant *Projet
de Code maritime* (Paris, imprim. Schlacher, 1903), rédigé pour notre
Association française de droit maritime (Présid., Me Autran, du barreau de Marseille).

Au contraire, le droit intellectuel n'est ni codifié, ni unifié. Le créateur d'un dessin ou modèle ayant à la fois un caractère industriel et
artistique se demande s'il n'a droit qu'à la protection de la loi nouvelle
du 11 mars 1902, extensive de celle des 19-24 juillet 1793 sur la propriété littéraire et artistique [a], ou s'il peut encore se réclamer de la loi
du 18 mars 1806 sur les dessins de fabrique ? L'architecte [b] et le sculp-
teur (jusqu'à la loi précitée du 11 mars 1902), le photographe [c], ne
savent à quelles dispositions des lois protectrices des productions de l'esprit, ils doivent se vouer, eux et leurs œuvres.

Notre confrère Philippon, député et archiviste paléographe, avait
proposé au Parlement un projet de codification de la propriété littéraire
et artistique. Prise en considération par la Ch. des Députés le 10 février
1890 (Débats parlem., 1890, p. 229) et rapportée par son auteur le
3 juillet 1890, la proposition n'a pas abouti.

---

a) Consult., sur la loi du 11 mars 1902 (loi Soleau), l'excellent *Traité de la
propriété littéraire et artistique* de Pouillet (3e éd. par MM. G. Maillard et Ch.
Claro). Paris, Marchal et Billard, 1908, n°s 80 *bis*, 80 *ter* (historique, théorie et
jurisprudence).

b) V. Pouillet, Maillard et Claro, op. cit., 1908, n°s 95 et s.

c) Ibid., n°s 100 et s.

il leur restera à se débrouiller au milieu de la grande famille des « associations sans but lucratif » [1]. Ils n'auront pas trop de toute leur perspicacité pour s'y reconnaître.

[1]. V., sur la terminologie des Associations, et les raisons de notre préférence pour la dénomination « Associations sans but lucratif », infra, nos 345 et s.

Pothier appelait ces Corps des « êtres ou des personnes *intellectuelles* ». Pothier, *Traité des personnes*, etc. (éd. Bugnet). Paris, Cosse et Marchal, 1861, t. IX, p. 78.

Edmond Picard a proposé l'excellent terme de *personnes collectives*, infra, p. 412, note 3.

L'expression est juste, à condition de lui attribuer une valeur générique, et de l'étendre à toutes les personnes morales, quel que soit le but par elles poursuivi, lucratif ou non lucratif. Spécifiquement et appliquée aux associations ici étudiées, elle deviendrait inexacte, car la caractéristique de ces associations est précisément de ne rechercher aucun lucre.

Elles rentrent dans le *genre* des « personnes collectives », mais elles constituent l'*espèce* : associations sans but lucratif.

On les a aussi appelées *associations idéologiques* (Fr. Bernard, vo *Association*, Gr. Encyclop., t. IV, p. 284). Le Code civil allemand de 1900 se rattache à cette terminologie ; ses art. 21 et s. partagent les associations à but idéal en associations *sans* but économique et *à* but économique, et subordonnent leur personnification à des conditions différentes.

La dénomination d' « associations idéologiques » manque à la règle scolastique de la définition, qui est de convenir *omni et soli et semper*. Elle comprend une partie des associations sans but lucratif : les associations religieuses, politiques, morales, scientifiques, littéraires, etc.

En revanche, il est difficile d'y faire rentrer les associations de divertissement telles que les Cercles, les Clubs, les associations de tir, de musique, de gymnastique, de pêche à la ligne, de chasse, de natation, de patinage, de foot-ball, de courses à pied, en vélo, en moto, en auto, en aéro[a], et toutes ces associations de sports variés, dont les « déclarations » figurent quotidiennement aux annonces légales du Journal officiel. Ces associations ont l'ambition, non de réaliser une idée, mais de procurer à leurs membres du bien-être, un divertissement, un exercice hygiénique.

A titre d'exemple, voici l'art. 1er des statuts d'un Cercle important de Paris : « Son but est de former une réunion d'hommes de bonne com-

a) Il y a déjà un journal l'*Aéro*, 22 octobre 1908 (8e num.), Dir. M. Faffiotte. Paris, 198, rue de Courcelles. — R. de Gourmont, *L'Aérobus*, Merc. de Fr., 16 nov. 08, p. 294.

Nos associés s'intéressent-ils à l'agriculture et souhaitent-ils unir leurs efforts pour l'encourager ? ils se référeront à la loi du 21-25 mars 1851, modifiée par le décret-loi du 25 mars 1852, sur les Comices agricoles.

Sont-ils propriétaires et veulent-ils s'associer pour l'exécution et l'entretien de travaux concernant leurs biens ruraux ? C'est la loi du 21 juin 1865 sur les associations syndicales, modifiée par la loi du 22 décembre 1888 et le règlement du 9 mars 1894, qui les régit. Que ce terme de « syndicat », qui a aujourd'hui la valeur d'un mythe [1], ne les égare pas : il n'a aucun rapport avec son acception contemporaine. D'ailleurs, qu'ils en profitent sans chercher à comprendre, — leur syndicat, en tant qu' « agricole » jouira d'une capacité plus étendue que s'il était « professionnel [2] ».

Est-ce, au contraire, dans une vue d'enseignement qu'ils entendent réunir leurs efforts ? La loi du 12 juillet 1875 sur

pagnie, ayant la faculté de lire les journaux, brochures et livres nouveaux, de dîner ensemble et de jouer les seuls jeux de commerce » (le Grand Cercle, 16, Boulevard Montmartre, v. infra, p. 15).

Il en est ainsi pour un grand nombre d'associations où « le plaisir de la société se cultive entre les amis par une ressemblance de goût sur ce qui regarde les mœurs » (La Bruyère, *Caractères* ; V., De la société et de la conversation); leur but est honnête; il n'a rien « d'idéologique ».

1. V. infra, p. 439, et ibid., note 4.

2. « Notre projet revient, somme toute, à étendre à tous les Syndicats de la loi de 1884 le bénéfice d'une situation dès longtemps reconnue par l'usage et par la loi... qui a été réservée jusqu'ici à une partie d'entre eux, aux seuls syndicats agricoles. » Millerand, député, anc. min. du Commerce, disc. au Cercle Voltaire, à Bordeaux, 7 nov. 1908. Journ. des Débats, 9 nov. 1908, p. 3, col 1.

Il est évident que les art 5 et 6 de la loi sur les Syndicats professionnels de 1884 constituent une régression sensible sur l'art. 3 de la loi de 1865 relative aux Syndicats agricoles au point de vue de la capacité des associations. On nous promet de faire disparaître cette anomalie.

Cependant les Syndicats agricoles, pas plus que les Syndicats professionnels, ne peuvent faire des actes de commerce et cela, malgré les lois

la liberté de l'enseignement supérieur leur présente son titre II : Des associations formées dans un dessein d'enseignement supérieur.

N'ont-ils en vue que leurs intérêts professionnels ? La loi du 21 mars 1884 sur les syndicats professionnels sera leur charte associationnelle.

Mais si, par hasard, le groupe en formation se composait d'ingénieurs, d'architectes, d'artistes-peintres, d'avocats, aucune loi, jusqu'en 1901, ne leur permettait de s'agréger ; car la loi de 1884 n'est pas faite pour tous les citoyens, mais seulement pour les ouvriers, les employés et leurs patrons. Les professions libérales, quantité négligeable, sont exclues du droit professionnel (V. infra, n° 373).

Par une singulière anomalie, si le groupe en question était formé de médecins, de chirurgiens-dentistes, de sages-femmes, l'ostracisme qui frappe les travailleurs de l'intelligence se tempérait d'une exception. La bienveillance parlementaire a réussi à glisser, dans la loi organique du 30 novembre 1892 sur l'exercice de la médecine, un article 13 étendant aux thérapeutes le bénéfice du droit syndical.

Nos intéressés auraient-ils l'intention de s'associer uniquement pour s'assister les uns les autres ? Leur canon se trouvera dans la loi du 1er avril 1898 sur les sociétés mutuelles.

Voici qu'après des alternatives d'espoir et de déception, le droit commun se dégage laborieusement des disputes parlementaires, sous la forme de la loi du

des 5 novembre 1894, 17 novembre 1897 et 19 avril 1905 (Cassation crim., 29 mai 1908, Bull. de l'office du Travail, 1908, p. 372).

1ᵉʳ juillet 1901 ; il rayonne dorénavant pour tous, *jus lucet omnibus*.

Désormais, on est autorisé à croire que pour s'associer en paix, il suffira de respecter les lois de police et de sûreté (art. 3 C. civ.), et de se conformer aux principes généraux des art. 1, 2 et 3 de la loi nouvelle. N'est-on pas sorti de l'âge du droit spécial et des lois exceptionnelles ? Le droit naturel[1] n'est-il pas reconquis ?

Il faut quitter cet espoir.

D'abord, la loi de 1901 a encore ses suspects.

Si l'on s'associe pour vivre en commun, sous le même toit et à la même table, en priant ensemble, en portant les mêmes habits et en s'engageant d'honneur à rester pauvre, chaste et obéissant, le péril social devient évident. Il est conjuré à l'aide des articles 13 à 18 de cette même loi du 1ᵉʳ juillet 1901, qui instaurent pour les Congrégations religieuses un régime spécial, prohibitif de fait.

Puis le droit commun maintient les droits particuliers qui préexistaient (art. 21, 2ᵉ paragr.).

On le voit. Le droit associationnel se présente comme une construction importante; le Labyrinthe aussi était un bel édifice.

Le législateur de 1901 avait hâte de faire aboutir la

---

1. V. M. Viviani, ministre du travail, etc., infra, nº 498 *quater*, note 2.

Qu'est-ce que le « droit naturel » dont tout le monde parle et que personne n'a rencontré ? Lire l'intéressant chapitre « le Droit naturel » dans G. Tarde, *Les transformations du droit*. Paris, Alcan, 2ᵉ éd., 1894, p. 142.

« Qu'on se garde au surplus de croire que l'expression « droit naturel » a un sens fixe. C'est un de ces mots caoutchouc qui abondent dans la science juridique et qui y suscitent des quiproquos sans cesse renaissants. » Edmond Picard, *Le Droit pur*, Paris, Flammarion, 1908, p. 127 et s.

partie capitale de son œuvre, c'est-à-dire de consacrer la liberté d'association ; ballottée depuis 30 ans, de législature en législature, à travers 33 propositions de lois, elle risquait fort, comme la vérité, de se morfondre au fond de son puits [1].

A parfaire sa tâche, le législateur s'exposait à un nouvel échec. Aussi ne s'est-il pas attardé aux détails. Le calcul était prudent ; mais il n'allait pas sans inconvénients. On s'en aperçoit aujourd'hui. Nous avons une ébauche de loi ; son développement est resté au bout de la plume du législateur.

De l'édifice nouveau, l'architecte pressé a cependant bâti l'escalier ; il est à trois paliers : les associations « non déclarées », les associations « déclarées », les associations « reconnues d'utilité publique ».

Les premières sont du même coup licites et incapables ; les secondes sont gratifiées d'un statut laconique, et les troisièmes remises à l'omnipotence du Conseil d'Etat. La loi renseigne encore sur les prohibitions, sur les sanctions pénales ou civiles dont elle frappe, le cas échéant, les nouvelles associations ; mais elle est silencieuse sur les détails de leur vie civile [2].

---

1. V. le résumé lumineux des tentatives faites pour instaurer le droit d'association, Taine, *L'Association*, fragment préparé pour le dernier volume des *Origines de la France contemporaine* (inachevé), *Taine, sa vie et sa correspondance*. Paris, Hachette, IV, 1907, p. 355.

2. Mêmes critiques contre la législation belge actuelle : « Nulle part l'association n'est légalement libre comme en Belgique ; et nulle part, elle n'est, comme en Belgique, légalement abandonnée. » A. Vermeesch, *Le Belge et la personne civile*. Bruxelles, 1908, p. 8.

Le législateur allemand s'est comporté au rebours du législateur français et belge. Dans le nouveau Code civil allemand en vigueur depuis

Comment se comporteront les associations « non déclarées » qui sont tout à la fois douées d'existence et privées de capacité ? Quel traitement réserver à ces associations « légalement abandonnées [1] » ?

A quelle législation, à quels précédents, à quelles créations jurisprudentielles les associations « non déclarées » ou « déclarées » demanderont-elles leurs règles de conduite ? quelles dispositions devront-elles insérer dans leurs statuts pour assurer la régularité de leur fonctionnement ?

Les associations sans but lucratif recourront-elles aux canons des associations constituées pour la recherche d'un bénéfice ? L'art. 1 de la loi de juillet 1901 dit que la « convention d'association » est régie, quant à sa validité, par les principes généraux du droit applicables aux contrats et obligations, mais la « validité » s'entend de la constitution ; une fois constituée par l'observation des art. 1108-1133 C. civ. (consentement, capacité, objet certain, cause licite), l'association ne trouve plus d'indication dans la loi de 1901. Or, tous les contrats : contrat de mariage, contrat de vente, contrat d'échange, contrat de louage, contrat de prêt, contrat de dépôt, etc., sont soumis à ces

le 1er janvier 1900 (V. l'excellente trad. avec notes par Bufnoir, Challamel, Drioux, Gény, Hamel, Levy-Ullman, Saleilles. Paris, imprim. nationale, 1904, 4 vol. in-8 déjà parus), le titre 2 est consacré aux « personnes juridiques ». La question de droit public, c'est-à-dire celle de savoir à quelles conditions sera licite ou pourra être dissoute l'association, est réglée par les art. 1-3 de la loi spéciale du 19 avril 1908 (V. texte, Clunet (journal), nos I-II, 1909), mais la vie sociale des associations est organisée en détail par les art. 21-79 dudit Code civil allemand de 1900.

1. Cf. Clunet, *De la condition légale des Cercles avant et depuis la loi du 1er juillet 1901*. Paris (janvier 1902), no 77 et la note.

conditions générales et ils ont en outre leurs règles particulières.

Quelles sont les règles particulières du contrat d'association « sans but lucratif » ? Seront-elles fournies par les
art. 1832-1873 du Code civil qui régissent « le contrat
par lequel deux ou plusieurs personnes conviennent de
mettre quelque chose en commun dans la vue de partager
le bénéfice qui peut en résulter » (art. 1832 C. civ.), ou
par le Code de commerce dont les art. 18 et s. stipulent
pour les commerçants, ou par la loi du 24 juillet 1867,
et ses complémentaires, qui organisent les sociétés par
actions ? Le contrat d'association est-il un de ces contrats
errants, sans dénomination propre, prévus cependant par
l'art. 1107 C. civil, — et qui s'en vont frapper à la porte
des contrats voisins, en quête de quelque grain juridique
pour subsister ?

L'hésitation est permise [1].

Or la loi de 1901 ne dit point : si le contrat d'association doit être rédigé par écrit ; si la preuve testimo-
niale est admise ou non contre le contenu de l'acte ; si
le contrat d'association peut être universel ou doit être particulier ; quel est le point de départ de l'association ; quel
est le traitement des apports et même s'il peut en exister [2] ;
comment se règlent les rapports des associés entre eux et

---

1. Les Belges sont logés à la même enseigne (enseigne négative) pour
le régime civil des Associations sans but lucratif. V. leurs controverses
pour suppléer au silence de la loi, Vermeesch op. cit. (1908), p. 60 et s.

2. La loi du 1er juillet 1901 est muette sur les apports ; mais la question est résolue dans le sens de l'affirmative pour les associations
« déclarées » et les associations « reconnues d'utilité publique », par
l'art. 15 du 1er décret du 16 août 1901. La matière des apports sera
traitée dans le volume suivant.

les rapports des associés avec les tiers, notamment pour les dettes sociales ; quel est le gouvernement légal de l'association ; en quelle forme les résolutions sociales sont arrêtées ; si des assemblées générales doivent être tenues, quand et suivant quels rites ; si la majorité oblige la minorité et à quelles conditions ; quels sont les pouvoirs de l'associé délégué à l'administration, et quelle est sa responsabilité ; comment l'association prend fin ; si sa dissolution peut être demandée avant terme, pour quels motifs, et par qui ; comment il est procédé à sa liquidation ; quel est le sort de son actif, et à qui il incombe de supporter le passif ? etc., etc. [1].

Ces questions sont vitales. La loi de 1901 n'y fournit pas de réponse. Le public en a besoin pourtant, car il rencontre l'association dans toutes les manifestations de la vie du citoyen ou de l'homme privé. Aussi se retourne-t-il, impatient, vers le juriste. Il lui demande de le guider, de le fixer, et de mettre un terme à son incertitude. Son raisonnement est simpliste. A quoi bon des médecins, s'ils ne savent pas guérir ; des ingénieurs, s'ils sont impuissants à domestiquer les éléments ; des juristes, s'ils ne sont pas en mesure de donner des formules exactes pour vivre en société ?

C'est dans ces circonstances que nous nous sommes mis en route. Notre chemin était tracé. La première position à

---

1. Le Code civil allemand de 1900 contient des règles précises sur la plupart de ces points. V. notamm. art. 26-27 (direction) ; art. 31 (responsabilité), art. 32-37 (assemblées générales), art. 42 (faillite), art. 15 et s. (dévolution des biens, liquidation), art. 54 (application des lois sur les sociétés aux associations incapables), etc.

reconnaître était l'état du droit commun associationnel, avant la loi du 1ᵉʳ juillet 1901. Dès cette époque, il existait un nombre considérable d'associations « sans but lucratif », en règle ou non avec les art. 291 et s. du Code pénal; les premières, parce qu'elles étaient composées de 20 personnes au plus ou administrativement autorisées; les secondes, comme vivant en marge de cette réglementation. Mais les unes et les autres étaient sans régime civil; car le législateur, dominé en cette matière par les préoccupations politiques, ne les avait envisagées que sous l'angle des pénalités; pour le reste, il s'en était remis à la prudence des tribunaux. Les tribunaux avaient recueilli ces êtres moraux législativement abandonnés; ils les avaient abrités dans de légères constructions juridiques, qui protégeaient, vaille que vaille, leur existence précaire[1].

---

1. Les tribunaux, avant 1901, avaient été amenés, par la force des choses, à reconnaître un caractère juridique au fonctionnement des associations même illicites, telles que les Congrégations non autorisées. La théorie prétorienne de la « société de fait » leur en avait fourni le moyen. R. Loubers, *Essai d'une théorie générale des Sociétés de fait* (th.). Paris, Bonvalot-Jouve, 1908, p. 194 et s.

A fortiori, les Associations licites furent-elles admises au bénéfice de cet ingénieux expédient.

On voit les ressources que les Associations licites, mais civilement inorganisées de la loi du 1ᵉʳ juillet 1901, puiseront dans ce passé jurisprudentiel. — Cf. infra, n° 1.

Il faudra aussi faire état :

1° De ce que les auteurs de la loi de 1901 proclament que, du point de vue du droit public, le droit d'association est de « droit naturel », infra, p. 507, note 8; p. 508, note 1;

2° De ce que les « civilistes » le proclament également : « Le contrat de société est un contrat du droit naturel, qui se forme et se gouverne par les seules règles du droit naturel ». Pothier, *Contrat de Société* (éd. Bugnet), IV. Paris, Cosse et Marchal, 1861, p. 242.

Dans cette période antérieure à la loi du 1ᵉʳ juillet 1901, les « associations de personnes », — pour employer le langage du législateur [1], — qui ont montré le plus d'activité civile furent certainement les associations d'agrément ou de divertissement.

Elles étaient importantes et nombreuses [2].

La double raison en est qu'elles répondent à l'un des besoins les plus impérieux de l'homme, le divertissement

1. Bien que consacrée par le législateur de 1901, la dénomination d' « associations de personnes » pour désigner les associations sans but lucratif, est une terminologie défectueuse; nous en disons les raisons, infra, n° 344.

2. En 1900, c'est-à-dire à une époque antérieure à la loi du 1ᵉʳ juillet 1901, et où conséquemment toute association non autorisée était illégale, on comptait officiellement en France 45.148 associations sans but lucratif, d'après l'un des tableaux affichés à l'Exposition universelle de 1900 par l'Office du Travail et dressé par les soins de M. Spire (apud Ch. Gide, *Economie sociale*, 1907. Paris, Larose, p. 41).

Parmi ces 45.148 associations, les associations de divertissement comptent pour presque la moitié, environ 20.000; soit : groupe 7, Associations de sports et jeux, 7.480; groupe 8, Associations musicales, Archives, 6.453; groupe 9, Cercles, 3.677; groupe 10, Associations diverses (militaires, compatriotes, etc.), 1.481.

Dans la décomposition de ces groupes, les Cercles arrivent en tête avec le chiffre de 3.677. Les associations les plus nombreuses sont ensuite les associations de cyclisme et d'automobilisme, 1.319; de tir, 1.181; de colombophilie, et aérostation, 638; de gymnastique, 446; d'arc et arbalète, 435, de sports divers, 517.

Les sports ont été un heureux ferment pour le développement de l'esprit d'association.

« Pour reconquérir la liberté, les hommes doivent se rapprocher le plus possible les uns des autres; ils doivent se grouper sous quelque prétexte que ce soit; nos associations populaires du jeu de boules sont utiles ainsi que les autres associations de sports et de distractions; elles réunissent, elles apaisent. » Aynard, député du Rhône, *Discours au banquet de Vaugneray*, Journ. des Débats, 30 septembre 1903.

— Cf. *Valeur sociale des sports*, le Patriote de Bruxelles, la Croix, 1ᵉʳ octobre 1908.

(V. infra, p. 1), et que leur fonctionnement entraîne une installation matérielle, des dépenses souvent considérables, et conséquemment un train d'affaires. Leurs plaisirs mêmes ont des conséquences qui agrandissent le champ de leur activité juridique. Un Cercle où l'on joue fera produire au droit associationnel des questions qui ne surgiront point dans une société de géographie ou de numismatique.

Nous avons donc examiné, parmi les associations sans but lucratif, d'abord des types très riches en observations juridiques, tels que les ASSOCIATIONS DE DIVERTISSEMENT et spécialement entre celles-ci, comme ayant la vie la plus organisée : *les Cercles et les Clubs* [1].

Nous en avons donné brièvement la définition et rappelé sommairement l'histoire (n°s 1-90) ; nous avons

1. Dans les temps modernes, c'est d'Angleterre que nous viennent les Clubs ou Cercles (v. infra, n° 16).

Adde : « En Angleterre, depuis la corporation des moindres métiers qui s'assemble régulièrement, jusqu'aux grandes réunions publiques de Westminster, chaque individu fait partie de deux ou trois sociétés ; tout le monde a son Club comme ailleurs son café, sa loge au spectacle. Rousseau fait un grand éloge de cette manière de vivre en usage à Genève, en Suisse et en Hollande, et qui, en effet, a une grande influence sur l'esprit public et le sentiment de la patrie. Delolme (t. II, p. 178) le regarde comme une des plus belles parties des institutions anglaises ». Alexandre de la Borde, *De l'esprit d'association*, etc. Paris, Gide, 1834, in-8, p. 477.

— « J'étais dans un quartier de Londres où fleurissent les Clubs. Du 94 au 128 de Piccadilly j'en comptais dix : le Naval and Military, le Badminton, le Junior Constitutionnal, l'Ithsmian, le Saint-James, le Savile, le Junior Athenæum, l'Automobile, le Cavalry, le Hyde Park, et j'en oublie parce que je ne les connais pas tous... Londres possède de 120 à 130 grands Clubs. » R. P., *Clubs [anglais]*, le Temps, 5 juin 1904.

ensuite rappelé quel était, avant 1901, leur *régime admi-nistratif et pénal* (nᵒˢ 91-98). Et ici nous avons rencontré une de leurs principales distractions, le *Jeu*, ce qui nous a amené à traiter historiquement et juridiquement ce passe-temps, et à en marquer les répercussions sur les conditions légales des associations qui le pratiquent (nᵒˢ 79-245).

Ensuite, nous avons retracé le *régime civil* des associa-tions de divertissement (nᵒˢ 246-337). C'est dans cette partie que nous avons indiqué les constructions juridiques édifiées par les tribunaux et auxquelles nous faisions allusion ci-dessus.

La loi de 1901 n'a pas enlevé à cette étude son utilité ; au contraire. C'est à ces précédents qu'il faudra recourir pour trouver les règles de la vie civile des associations « déclarées » ou « non déclarées », puisqu'en 1901, comme auparavant, le législateur n'a pas eu le temps de s'en occu-per.

Après avoir ainsi dégagé du passé ce qui continuerait à servir dans le présent, nous avons abordé LA LOI DU 1ᵉʳ JUILLET 1901 (328-343).

Quelques *critiques terminologiques* nous ont retenu un instant (nᵒˢ 344-351) ; le législateur n'évite pas toujours ce que Paul Pont, jurisconsulte consommé, appelait, dans dans sa rude franchise, « les perversions fréquentes de la langue de droit[1] ». Passant à la loi elle-même, nous avons indiqué les raisons objectives qui, pendant un certain temps, avaient *suspendu notre travail* (nᵒ 352). L'œuvre du légis-lateur de 1901 semblait devoir être retouchée et complétée

---

1. Paul Pont, conseiller à la Cour de cassation, *Commentaire-traité des sociétés civiles et commerciales.* Paris, Delamotte, 1872, p. 6.

à brève échéance. N'allait-on pas, du même coup, remanier la loi sur les associations professionnelles ou *syndicats*, fixer la *capacité associationnelle* et le *statut des fonctionnaires* (nᵒˢ 353-387)? Nous avons attendu cette réforme générale ou partielle ; puis comme elle menaçait d'être indéfiniment ajournée, nous avons réassumé notre tâche (nᵒˢ 388-379).

Une fiction s'est présentée à notre esprit. On pouvait s'imaginer un législateur saisi du projet de loi gouvernemental sur le contrat d'association, qui aurait éprouvé l'impérieux désir d'approfondir cette matière de l'association si considérable par la multiplicité des sujets auxquels elle confine, et si intimement liée à l'évolution économique et politique de la société.

L'hypothèse n'était ni hardie, ni désobligeante. Il ne manque pas, dans le Parlement, d'esprits curieux et fortement préparés qui ne demanderaient pas mieux que de creuser une question, et qui la suivraient avec compétence dans ses ramifications les plus étendues, si l'exigence de l'expédition des affaires, et la diplomatie des scrutins ne leur enlevaient le loisir des spéculations, tout en leur en laissant le goût.

Nous avions, devant nous, le temps et l'indépendance. Nous avons donc procédé comme aurait pu le faire — et assurément beaucoup mieux — un Parlementaire qui aurait joui des mêmes avantages.

Le Parlementaire appelé, au seuil du xxᵉ siècle, à introduire le droit associationnel dans notre droit positif avait à se demander tout d'abord à quelle sorte d'être moral sa toute-puissance législative allait donner le jour ?

Il se rencontrait, dès le début, avec un problème métaphysique, celui de *l'ontologie de là personne morale* (n°s 390-393); il subissait l'agréable contrainte d'avoir à se rendre compte des trois grandes théories en présence :

1° Théorie de la *personne morale, fiction légale* (n°s 393-407);

2° Théorie de la *personne morale réelle* (n°s 408-416)[1] ;

1. A l'opinion de Kant, dont la théorie réaliste de la personne morale se réclame (infra, p. 312, note 1), s'ajoute le point de vue des biologistes modernes sur les combinaisons chimiques qui ont déterminé la vie : « les éléments constitutifs restant les mêmes, il résulte, du fait de leurs rapports, des propriétés nouvelles, qui n'étaient pas à l'état embryonnaire dans les composants ». J.-M. Pargame, *Origine de la Vie*. Paris, Schleicher, 1908, p. 161.

« Une synthèse d'éléments renferme toujours quelque chose de plus que les éléments eux-mêmes et par là s'en distingue ». Ibid., p. 118.

Point de vue sociologiste : « La société n'est pas une simple somme d'individus, mais le système formé par leur association représente une réalité spécifique qui a ses caractères propres ». Durkheim, *Les Règles de la méthode sociologique*, Revue philosophique, 1894.

Déjà, saint Thomas d'Aquin avait dit : « L'unité formée par ce tout qu'on appelle l'Etat ou la famille est une *unité de coordination* et non une unité simple. Chaque élément du tout social a son activité qui n'est pas celle de l'ensemble ; mais le tout lui-même a aussi comme tel une action qui lui est propre. » Comment. sur l'Ethique d'Aristote, l. I, apud J. de la Croix-Laurent, *Le Réalisme social*, etc., Rev. augustinienne, 15 sept. 1908, p. 360 et s. On trouvera aussi dans cette étude l'indication des opinions « nominalistes » de Tarde, Fouillée, Andler, etc., et des opinions « réalistes » de A. Comte, Espinas, Schœffle, Wagner, Schmoller, Wundt, Adam Muller, etc.

En zoologie, c'est précisément quand « une coordination entre toutes les volontés » de plusieurs individus s'établit, qu'une nouvelle individualité se forme. Edm. Perrier, *Les Colonies animales et la formation des organismes*. Paris, Masson, 1898, p. 767.

L'éminent naturaliste doit être rangé parmi les partisans de la personne morale réelle. Faisant allusion aux associations humaines, il écrit : « Un commencement de conscience sociale s'est développé et, avec elle, une *personnalité réelle* dans laquelle se confond en partie celle des citoyens », op. cit., p. 214.

Les juristes de l'ancienne école disaient : *Universitas distat à singulis.*

3° Théorie de la *personne morale, fiction doctrinale* (nᵒˢ 417-440).

Les jurisconsultes, en labourant ces abstractions en tout sens, ont amené à la surface du terrain juridique toute une germination de concepts [1]. Le premier devoir de celui qui légifère sur le droit d'association est d'être familier avec cette flore idéologique.

Mais les jurisconsultes, dont les controverses renseignent et éclairent notre esprit, déclarent eux-mêmes rouvrir la dispute scolastique des Universaux. Dès lors, sous peine de n'entendre goutte à leur argumentation, et surtout de ne pas faire un choix conscient entre les théories qui sollicitent son suffrage, le législateur se voit obligé de se remémorer la célèbre *Querelle du Réalisme et du Nominalisme* et d'en reprendre l'histoire. Il a ainsi l'occasion de saluer, sous des habits anciens, les controverses philosophiques contemporaines (nᵒˢ 441-457) [2]. Insensiblement, il est ramené au XIIIᵉ siècle ; il y jette un coup d'œil ; car, c'est par excellence *le grand siècle français* [3], dans tous les

Pothier, *Traité des personnes* (éd. Bugnet). Paris, Cosse et Marchal, 1861, t. I, p. 78.

1. Taine écrivant à Gaston Paris, le 17 mai 1876 (*Taine, sa vie, sa correspondance*, IV, 1907, p. 7), parle de « personnalité civile mixte » pour les 4 Facultés réunies en corps universitaire. Le grand historien ne nous explique pas ses vues sur cette nouvelle personne morale.

2. V. le retour des controverses scolastiques entre les sociologistes, Jean de la Croix-Laurent, *Le Réalisme social*, etc., Rev. augustinienne, 15 sept. 1908, p. 360 — entre les naturalistes : « la longue dispute entre réalistes et nominalistes... dure toujours, bien que tout le monde la croit finie. » F. Houssay, prof. de zoologie à la Sorbonne. *Nature et Sciences naturelles*. Paris, Flammarion, 1900, p. 229.

3. Les savants allemands consentent à ne revendiquer le premier rang dans la civilisation humaine, pour le rameau germanique, que dans les

domaines [1] et notamment dans celui de l'association (nᵒˢ 457 *bis*-460).

En effet, les jurisconsultes l'ont déjà constaté : « C'est surtout le Moyen Age qui fut une époque prodigieuse d'associations [2]... le Moyen Age qui créa tout par l'association [3]. »

Aussi est-ce à cette époque que s'épanouit la plus puissante association que l'Occident ait produite depuis l'antiquité, l'association de l'Église catholique, « ce merveilleux monument du catholicisme romain [4] », appuyé sur les solides contreforts de ses associations monastiques [5] (nᵒ 458).

D'ailleurs, la querelle des Universaux n'a pas un simple

temps modernes ; « En se civilisant à l'envi, les deux grands rameaux de cette race [indo-germanique] se sont naturellement surpassés ; dans l'antiquité classique et le *Moyen Age* le premier rang fut occupé par le rameau roman (groupe gréco-italo-celtique) ; il l'est actuellement par le rameau germanique ». E. Haeckel, *Histoire de la Création naturelle* (trad. Dᵣ Ch. Letourneau et Ch. Martins). Paris, Reinwald, 1874, p. 617.

1. Domaine de l'art : aux indications bibliographiques données infra, p. 359 ; p. 491, note 1. Adde : E. Renan, *L'Art du Moyen Age*, Mélanges d'histoire et de voyages. Paris, C. Lévy, 1878, p. 209-252.

2-3. Troplong, *Contrat de société*. Paris, Hingray, 1843, t. I, préface, p. VII et p. XI.

4. Ernest Haeckel, prof. à l'univ. d'Iéna, *Les Merveilles de la vie*. Paris, Schleicher, 1905, p. 340.

Cf. infra, p. 367, à la note ; p. 369, à la note ; p. 449, note 1 ; p. 513, à la note.

5. V. sur la floraison des associations monastiques au Moyen Age, infra, p. 367 à la note ; p. 372, note 4 ; p. 474, note 2 ; p. 478, note. Adde : R. P. Dom J.-M. Besse, *Les Moines de l'ancienne France*. Paris, Poussielgue, 1908. *Archives de la France monastique*, par les Bénédictins de Ligugé, abbaye de Saint-Martin, Chevetoyne par Leignon (Belgique). — *Revue Mabillon* (dir. Dom J.-M. Besse). Paris, Poussielgue, 1905-1908 ; à noter dans la 1ʳᵉ année (1905) et 2ᵉ (1906), étude du R. P. Dom Besse, *L'Ordre de Cluny et son gouvernement* (recomm.).

intérêt philosophique ; elle touche aux *drames de l'histoire* dans une société fondée sur la foi comme celle du Moyen Age [1] et elle conduit à réfléchir sur ceux qui agitent l'histoire moderne (n⁰ˢ 460-478 *quater*).

A voyager à travers les concepts philosophiques, le législateur n'a pas perdu son temps ; d'illustres exemples parlementaires l'encourageaient à l'employer ainsi. *L'étude de l'histoire, de la philosophie, des religions* sont indispensables à celui qui a la charge de connaître et de résoudre les problèmes contemporains, notamment ceux que soulève la *liberté d'association* (n⁰ˢ 479-486).

Aussi de quelle utilité n'est-ce pas pour le législateur soucieux de pénétrer la raison du fait associationnel, que de l'observer dans ses origines médiates et immédiates.

Au point de vue associationnel, le xx⁰ siècle, *mutatis mutandis*, tend à renouer la tradition du xiii⁰. Dès lors, les *modalités qu'a revêtues l'association dans ce passé* qui se réveille en se transformant, méritent de retenir l'attention (n⁰ 487). Ces modalités, on les observera dans les institutions ecclésiastiques, séculières et régulières (n⁰ˢ 488-491), dans les institutions laïques, telles que les Communes, les Corporations, etc. (n⁰ˢ 492-497). Les Confréries et les innombrables associations religieuses [2] qui ont joué si longtemps un rôle considérable autour des associations professionnelles et ont réglé

1. Aux indic. bibliogr. sur l'Inquisition, p. 398, note 1, adde : Th. de Cauzons, *Les Origines de l'Inquisition*. Paris, Bloud, 1908, in-8⁰.

2. « Il est difficile de se faire une juste idée du nombre et de la variété des associations religieuses qui se mirent à pulluler au xiii⁰ siècle... » Paul Sabatier (auteur de la Vie de saint François d'Assise), *Regula antiqua fratrum et sororum de pœnitentia, seu tertii Ordini Sancti Francisci.* Paris, Fishbacher, 1901, p. 4. — Cf. infra, notes p. 367, p. 396.

jusqu'à leurs divertissements [1], valent également la peine
qu'on s'y arrête (n°s 497 *bis*-499 *bis*).

C'est la fin du Tome premier ; il s'achève sur quelques
observations générales relatives à la liberté qui doit appartenir aux individus, dans les limites largement entendues
de l'ordre public, de savoir ce qu'ils peuvent, de croire ce
qu'ils veulent, et d'organiser leur vie matérielle en conformité de leurs croyances; car s'il convient que les croyances
demeurent exposées à la contradiction [2], il importe à l'indépendance de toutes qu'elles échappent à la contrainte [3]
(n° 499 *ter*).

Dans le Tome second (en préparation), le législateur,
en poursuivant ses investigations dans le passé pour mieux
dominer son sujet dans le présent, s'arrête quelque temps
aux anciennes Confréries, à raison de l'importance de leur
rôle social; il en reconnaît la fécondité et l'influence
dans les ressorts religieux, charitables, artistiques et litté-

1. V. Fournel, *Les Spectacles populaires*. Paris, Dentu, 1863 (les Corporations et les Confréries), p. 1-68.
2. « Même lorsqu'on répudie des idées, il ne faut jamais les traiter par
des négations hautaines ou par des affirmations intrépides », Déclarations
de M. Viviani, ministre du travail, au nom du gouvernement, approuvées p. Ch. des Députés, 2e séance du 23 octobre 1908 (Journal officiel,
24 oct. Députés, p. 1880, col. 2).
3. « Difficulté terrible. Établir une contrainte pour faire respecter la
liberté, et une machine de contrainte qui, dans la meilleure hypothèse,
ne représentera jamais que la volonté d'une majorité. On ne peut la
résoudre qu'en réduisant au minimum le domaine où s'appliquera cette
machine ». Taine, *Note générale sur le droit*. Taine, sa vie et sa correspondance. Paris, Hachette, IV, 1907, p. 357.
Cf. Edmond Picard, la protection-contrainte, *Le Droit pur*. Paris,
Flammarion, 1908, p. 30-40.

raires ; il en constate la disparition momentanée, puis la survivance ; il en relève la condition juridique jadis et aujourd'hui, et note que, par un retour imprévu des choses, elle s'est améliorée dans l'âge actuel.

On retirerait un profit incomplet de l'étude du fait associationnel, et de son évolution historique, si on ne le suivait pas dans sa manifestation la plus décisive pour le temps où nous vivons. De là, l'intérêt d'en observer *la courbe dans l'association professionnelle* depuis son point de départ médiéval, où elle s'appelle la Corporation, jusqu'à son aboutissement actuel, le Syndicat. L'ambition, il est vrai, lui est venue en route : l'association professionnelle, quand elle s'intitule le syndicalisme, ne tend plus seulement à se ménager une place dans la Cité, mais à jeter celle-ci par terre pour la rebâtir, étincelante de lumière et de justice, sur des plans encore mal arrêtés (Cf. infra, p. 238 et s.)[1].

1. Adde : Ordre du jour adopté au Congrès corporatif d'Amiens (sept. 1906). « Le Congrès confédéral... l'œuvre du Syndicalisme : il prépare l'émancipation intégrale qui ne peut se réaliser que par *l'expropriation capitaliste* ; il préconise comme moyen d'action *la grève générale*, et il considère que le *syndicat*, aujourd'hui groupement de résistance, sera, dans l'avenir, le groupe de production et de répartition, base de *réorganisation sociale* ». P. Delesalle, *Les Partis politiques et les syndicats ouvriers*, Almanach de la Révolution illustré, 1908. Paris, 46, rue M.-le-Prince, p. 33.

Contra : « Le Syndicat est un groupement de lutte ; il peut préparer la révolution, aider à sa réalisation, il lui est impossible, sans changer de nature, de devenir le berceau d'une société communiste. Il serait alors un groupement producteur et ne serait plus un groupement syndical ». *Les Anarchistes et les syndicats*. Paris, 1898. Les Temps nouveaux (de J. Grave), p. 28.

—Un sans-patrie (G. Hervé). *Après l'alerte*, la Guerre sociale, 11-17 nov. 08 : « Syndicalistes, nous n'oublions pas que la besogne essentielle de la C. G. T. c'est non la propagande antimilitariste et antipatriotique mais

Après avoir ainsi étudié, comparé, médité, le législateur a édicté la *Loi du 1ᵉʳ juillet 1901*, qui constitue présentement le droit commun associationnel.

l'organisation des masses ouvrières en vue d'arracher de haute lutte au Patronat des améliorations quotidiennes, en attendant qu'on puisse lui arracher les instruments du travail qu'il détient. »

— Nous avons réuni un grand nombre de documents originaux sur l'activité de l'association professionnelle dont la manifestation la plus virulente est actuellement le mouvement syndicaliste. Nous y aurons recours ultérieurement en étudiant la structure juridique des syndicats.

On trouvera, en attendant, des indications bibliographiques sur ce sujet, infra, p. 241 ; p. 498.

Parmi les récentes études sur le mouvement syndicaliste, à signaler : L. Duguit, *Le Droit social, Le Droit individuel*, etc. (critique du syndicalisme révolutionnaire, etc.). Paris, Alcan, 1908, in-12, p. 103 et s.

F. Challaye, *Syndicalisme révolutionnaire et syndicalisme réformiste*. Paris, Alcan, 1909, in-12.

Mermeix, *Le Syndicalisme contre le Socialisme*. Paris, Ollendorff, 1908, in-12.

L. de Seilhac, *Le Syndicalisme révolutionnaire et la confédération générale du travail*. Le Correspondant, 25 juin 1908.

P. Leroy-Beaulieu, *Le Syndicalisme*, Revue des Deux-Mondes, 1ᵉʳ août 1908, p. 48 et s.

H. de Larègle, *La Confédération générale du travail* (l'organisation des troupes, l'état-major, le budget). Le Correspondant, 25 septembre 1908.

Paul Louis, *Le Syndicalisme et la C. G. T.*, Revue bleue, 24 octobre 1908, p. 526.

E. Buisson, *Le Parti socialiste et les Syndicats*. Cahiers de la quinzaine. Paris, 3 nov. 1907.

M. Leclercq et Girod de Fléaux, *Ces Messieurs de la C. G. T.* Paris, Ollendorff, 1908, in-12.

G. Bouglé, *Syndicalisme et démocratie*. Paris, Cornély, 1908.

Consulter : Victor Griffuelhes, secrétaire de la C. G. T., *Romantisme révolutionnaire*, Le Mouvement socialiste, 15 octobre 1908, p. 293. — Edouard Berth, *Les Nouveaux aspects du Socialisme*. Paris, Rivière, 1908. — G. Yvetot, *A. B. C. syndicaliste*. Paris, 1908. — A. Loyau, *L'Action corporative et révolutionnaire du Syndicat* (tribune syndicale), L'Humanité de J. Jaurès, 28 octobre 1908. — M. Pierrot, *Syndicalisme et révolution*. Paris, La publ. sociale, 1908. — A. Luquet, *Vertige et illusion* (tribune syndicale), L'Humanité, 8 nov. 1908. — A.-J. Cleuet, *La Crise*

Nous en entreprendrons l'exégèse.

Notre recherche s'exercera sur les trois catégories d'associations établies par la loi nouvelle : les associations *non déclarées* (êtres hybrides si intéressants, auxquels le législateur a fait le don contradictoire de l'existence et de l'incapacité), les associations *déclarées*, les associations *reconnues d'utilité publique*. Nous aurons à dégager les conditions de

du syndicalisme. L'Humanité de J. Jaurès (tribune syndicale), 9 nov. 1908.— J. Latapie, *Réalités.* L'Humanité (tribune syndicale), 15 nov. 1908. — Rosa Luxembourg, *La Grève en masse, le Parti et les Syndicats.* Le Socialiste, 8-15 nov. 1908.

— Plusieurs propositions législatives sont pendantes devant la Chambre des Députés tendant à modifier la législation relative aux associations professionnelles, et notamment la loi du 21 mars 1884 sur les syndicats (V. infra, p. 263, note 1).

Notre confrère L.-L. Klotz, député, a déposé à la séance du 15 oct. 1908 de la Chambre des Députés (n° 2050), une proposition de loi tendant à étendre les dispositions de la loi sur les syndicats professionnels. Cette proposition organise et regularise les « trois paliers » asssociationnels, sous les dénominations : Syndicat professionnel (groupement élémentaire), Union des Syndicats professionnels (groupement régional), Fédération nationale du Travail (groupement central) ; elle accorde aux syndicats le droit d'acquérir sous toutes les formes et de faire des actes de commerce.

Notre confrère Millerand, député, est aussi partisan de l'extension capacitaire des syndicats professionnels (V. Discours au Cercle Voltaire de Bordeaux, 7 nov. 1908, Journ. Débats. 9 nov., p. 3, col. 1).

Cette modification permettrait aux groupements de travailleurs de constituer, comme ils le souhaitent, des « Associations d'ouvriers inventeurs », pour prendre, posséder et exploiter des brevets (la Voix du peuple, 8-15 novembre 1908, p. 4), ce que l'état actuel de la loi n'autorise pas.

V., sur les idées essentielles de la proposition Klotz, X. *Les Libertés syndicales,* Journal des Débats, 23 octobre 1908 ; X. *Le Mouvement syndicaliste en France,* ibid., 3 novembre 1908. — Ch. Desplanques, *Syndicalisme gouvernemental* (critique de la proposition, comme secondant le syndicalisme réformiste contre le syndicalisme révolutionnaire), les Temps nouveaux, de J. Grave, 7 nov. 1908, p. 3.

leur naissance, les règles de leur fonctionnement, les conséquences de leur dissolution.

Mais, nous l'avons vu, l'œuvre du législateur de 1901 n'est pas un nouvel édifice complet, harmonieux, se suffisant à lui-même ; c'est un corps de bâtiment ajouté à d'anciennes constructions. Le droit commun, frais émoulu, coexiste avec les droits particuliers antérieurs.

Aussi, après avoir étudié les associations de droit commun, passerons-nous à l'examen des *associations à statut spécial* : associations syndicales de propriétaires, associations d'enseignement, sociétés de secours mutuels, syndicats professionnels [1], congrégations religieuses, associations cul-

---

1. La puissance de protection des syndicats professionnels de la loi du 21 mars 1884 a été sensiblement augmentée par la loi du 5 août 1908 modifiant l'art. 11 de la loi du 1er août 1905 sur la répression des fraudes dans la vente des marchandises et des falsifications des denrées alimentaires et des produits agricoles, dont l'art. 2 permet aux « syndicats intéressés d'exercer sur tout le territoire de la France et des colonies les droits reconnus à la partie civile ».

Une même disposition avait été consacrée par l'art. 9 de la loi tendant à prévenir le mouillage des vins et les abus du sucrage du 29 juin 1907.

C'est un acheminement vers la désirable introduction dans le droit positif de la répression par les collectivités ou associations.

« La décadence rapide de l'efficacité du ministère public est signalée de toutes parts... il y aurait lieu, dans ces conditions, de développer de plus en plus le système de la poursuite pénale par l'association », J. Escarra, *Recours juridictionnels exercés par les syndicats*. Paris, Rousseau, 1907, p. 127.

Cf. H. Joly, *Les Associations et l'Etat dans la lutte contre le crime*, Rev. de Paris, 11 décembre 1894. — Discussion entre MM. P. Nourrisson, Leloir, Joly, Larnaude, Greffier, G. Brot, F. Martin, Bull. Société gén. des prisons, mars-avril 1896, p. 510 et s. — P. Nourrisson, *L'Association contre le crime*, 1901. — Garraud, *Instruction criminelle*. Paris, Larose, t. I (1907), p. 258 et s. ; p. 263 ; p. 267 et s.

Aujourd'hui, le système de la poursuite des actes criminels par des associations a de fortes « amorces », non plus seulement dans la jurispru-

tuelles, sociétés coopératives de consommation [1], syndicats
agricoles [2], etc., etc.

L'ouvrage se terminera par des *Annexes* qui réuniront
les textes les plus utiles à consulter sur la matière. En outre
des Tables méthodiques placées à la fin de chaque tome,

dence (Garraud, ibid., p. 263), mais, comme on vient de le voir dans
la loi (L. du 29 juin 1907 et du 5 août 1908, promulguées depuis le
livre de Garraud).

Avant ces lois très récentes, il n'y avait qu'une disposition légale faisant exception au principe qu'il appartient seulement à la personne lésée
d'exercer l'action civile née d'un délit. L'art. 123 de la loi du 15 mars
1849 permet à tout électeur de se porter partie civile en vue de poursuivre les délits électoraux commis dans sa circonscription et d'intervenir dans la poursuite (Garraud, ibid., 1907, p. 269 ; Laborde, Rev.
critique, 1895, p. 167). Cette disposition contient en germe une conception de l'action civile voisine de celle qui confierait la poursuite
répressive aux collectivités.

1. Les sociétés coopératives de consommation, qui ne vendent qu'à
leurs membres, sans chercher à réaliser des bénéfices sur les tiers, sont-
elles des *sociétés* ou des *associations*, suivant l'acception antithétique
que l'usage a donnée à ces deux termes? (V. supra, Plan, page B).

Nous croyons qu'elles rentrent dans la catégorie des *associations sans
but lucratif*. En ce cas, « les bénéfices distribués aux associés ne constituent, en réalité, qu'une économie sur le prix d'achat qu'aurait payé
l'associé, s'il avait acheté individuellement. » C. Sirey, *De l'annexion des
sociétés coopératives de consommation aux syndicats professionnels*, Revue
des sociétés, 1908, p. 417. — Cf. Poidebard, même Revue, 1906, p. 333
et s.

A ces groupements, il conviendrait de maintenir la dénomination
d' « associations » coopératives et non de « sociétés » coopératives.

Cette confusion terminologique est fréquente dans la littérature spéciale ; exemples : F. Clavel, *Guide des « sociétés » coopératives de consommation*, 4e éd. Paris, siège du comité central, 1, r. Christine, 1901 ;
Ch. Gide, *Les « sociétés » coopératives de consommation*. Paris, Colin, 1904.

Nos confrères M. Lecaisne et Hubert-Valleroux ont évité cette faute :
M. Lecaisne, constitution de « l'association » coopérative, *La Coopérative de consommation*. Paris, 2e éd., Soc. d'éd. scientif., 1899, p. 51. —
P. Hubert-Valleroux, *Les Associations coopératives*. Paris, Guillemin,
1884.

2. A consulter, sur les syndicats agricoles, *Rapports au Congrès internat. des Syndicats agricoles et associations similaires* (Paris, 1900). Agri-

des Tables générales faciliteront les recherches : Table
alphabétique et analytique des matières, Table onosma-
tique ou des noms cités, Table bibliographique.

La publication successive des volumes nous permettra
de faire état des modifications qui pourraient intervenir
dans la législation générale ou spéciale des Associations.

Edouard CLUNET.

culteurs de France. Paris, 8, r. d'Athènes, 1900. On remarquera que le
mot Association y a été employé avec exactitude : l'association pour
les achats (p. 30), l'association pour la vente (p. 49-67), l'association
de travail et de production (p. 82), l'association pour la production
animale (p. 91), l'association dans la viticulture (p. 100), etc.

M. Jos. Manneback, chef du cabinet du Ministre de l'agriculture de
Belgique, y a donné (p. 277) une bonne notice sur « l'association professionnelle agricole ». En passant, il indique que la *vis sociativa* est très
active en Belgique (trois Belges, à leur troisième rencontre, décident
de s'associer): « les Associations scientifiques, les Cercles d'agrément y
sont aussi nombreux que la postérité d'Abraham » (p. 278).

M. Ruau, ministre de l'Agriculture, en juin 1908, a déposé un projet
de loi limité à la situation des Syndicats agricoles, à la suite de l'arrêt de
la Cour de cassation du 29 mai 1908 (cité supra, p. G, à la note) qui avait
refusé de reconnaître aux syndicats agricoles le droit d'organiser au profit
de leurs membres un service d'achat et de vente de marchandises utiles
à l'agriculture, telles que articles de quincaillerie et de ménage, etc. (V.
Exposé de motifs et texte du projet, Revue des sociétés, 1908, p. 398 et
s. — V. articles de nos confrères, J. Vavasseur, ibid., 1908, p. 369, et
C. Sirey, ibid., p. 418.

Paris, novembre 1908.

LES ASSOCIATIONS

§ 1er. — **Généralités.** — **Intérêt présent du passé jurisprudentiel.**
— **Associations de divertissement prises comme type d'Associations « sans but lucratif ».** — **Cercles et Clubs (nº 1).**

1. — Parmi les Associations « sans but lucratif » (V.
supra, Plan ; infra, nº 345), antérieures à la loi du 1er juillet 1901, les plus instructives pour le juriste sont les Associations de divertissement. Même autorisées ou composées de
vingt personnes, donc licites, elles étaient sans état civil. Le
régime disparu avait su les punir, non les organiser.

Cependant, ces Associations étaient nombreuses. Les
hommes se passent volontiers de philosopher, beaucoup
moins de s'assembler pour se divertir ; car le divertissement, au dire de Pascal, est le seul moyen d'oublier « notre
condition faible et mortelle, et si misérable, que rien ne
peut nous consoler, lorsque nous y pensons de près[1] ».

Leur activité n'était pas moins remarquable que leur
nombre. Elles possédaient un matériel, des établissements ;
d'où un train de dépenses, des rapports d'affaires avec les
tiers ; des contrats, des procès ; de là, pour les magistrats,
l'obligation d'instituer, au profit de ces organisations, le
régime juridique qui leur manquait.

Les Associations, issues de la loi du 1er juillet 1901,
sont à peu près dans le même dénuement civil ; et le

---

1. Pascal, *Pensées*, art. 4 (du Divertissement), éd. Ern. Havet. Paris,
Delagrave, I (1866), p. 48. — « De là, vient que le jeu, la conversation des femmes, la guerre, les grands emplois sont si recherchés...
Leur tracas nous détourne d'y penser [à notre malheureuse condition]
et nous divertit », p. 49. — « La moindre chose, comme un billard et
une balle qu'il pousse, suffisent pour le divertir [l'homme] », p. 51.

régime d'aujourd'hui sera dans la nécessité d'emprunter au
régime d'hier. La période antérieure à 1901 a donc un
intérêt immédiat pour la période actuelle.

Au premier rang des Associations de divertissement se
placent les Cercles et les Clubs. L'importance de leurs ins-
tallations, la quotidienneté de la rencontre de leurs membres,
la force de leur cohésion, expliquent cette primauté juridique.

§ 2. Ce qu'on entend par un Cercle ou un Club (n⁰ˢ 2-3). —
   Historique (n⁰ˢ 4-14). — Cercles d'autrefois (n⁰ˢ 15-29). —
   Cercles d'aujourd'hui (n⁰ˢ 30-47).

2. — Par « Cercle » on entend, dans le langage judiciaire,
une réunion permanente ou association, dont les membres
se rassemblent « quotidiennement » dans un but de divertissement ou d'étude, et payent une « cotisation ».

3. — « Cercle » vient de *circulus* [1] (diminutif de *circus*),
employé dans la basse latinité pour réunion d'hommes.
Du Cange en note l'emploi dans les Pères de l'Église [2].

4. — Historiquement, les Modernes, encore en ce
domaine, n'ont rien inventé. Les Grecs connaissaient les
« Cercles » [3] ! Témoin, ce passage d'Aristote : « Quelques
Associations semblent n'avoir pour but que le plaisir ;
elles se sont formées pour offrir des sacrifices et fournir

1. Sur la contraction de « Circulus » en « Cercle », V. le *Dictionn.*
étymologique de la langue française de notre éminent et très regretté ami
Auguste Brachet (Paris, Hetzel, 1872. Préf. de E. Egger), v⁰ Cercle,
p. 121, et introd., p. LXXXI; *Grammaire historique de la langue française*,
du même savant (Paris, Hetzel, 1869. Préf. de Littré), p. 121 et 136.
2. Circulus — Hominum cœtus collectus, vox latina scriptoribus fre-
quens (St. Thom., St. Augustin, etc.). Du Cange, *Glossarius ad scrip-*
tores mediæ et infimæ latinitatis. Parisiis, sub oliva Caroli Osmont, via
san Jacobea, t. II, 1733, col. 684, v⁰ Circulus.
3. Cf. K. J. Freeman, *Schools of Hellas*. London, Macmillan, 1907.— E
Curtius, *Hist. grecque* (trad. Bouché-Leclercq). Paris, Leroux, 1880, I, p. 233.

des occasions de se réunir... elles honorent les dieux et procurent à leurs membres un repos mêlé d'agrément » (Aristot. Ethic. Nicomch. VIII, IX, 7). V. le texte grec et commentaire, dans l'excellente monographie de P. Foucart : *Les Associations religieuses chez les Grecs, avec le texte des inscriptions.* Paris, Klinsieck, 1873, p. 153[1]).

5. — En France, on a d'abord appelé « Cercle » la réunion des princesses et des duchesses assises circulairement en présence de la Reine. On lit dans l'édition du *Dictionnaire de l'Académie françoise*[2], publiée sous l'ancienne monarchie : — « Cercle, se dit figurément et par extension de la séance des princesses et des duchesses assises en rond en présence de la Reine : La Reine tient le *cercle* aujourd'hui. Aller au *cercle*[3]. Cette duchesse était au *cercle.* »

C'est en effet le sens que ce terme avait à la Cour : « Le septième jour de mars [1661] la Reine Mère [Anne d'Autriche] après avoir tenu le *Cercle* chez la Reine [Marie-

---

1. *Adde* : Dans la remarquable *Hist. du droit privé de la République Athénienne* de L. Beauchet, professeur à la Faculté de droit de Nancy, t. IV (Paris, Chevalier-Marescq, 1897), sect. V : contrat de Société, surtout p. 354 (société d'Eranistes). L' « Erane » est une « association permanente de personnes, formée par l'amitié et pour le plaisir ». V. aussi vº Eranos, *Dict. des antiquités* de Daremberg et Saglio. Paris, Hachette.

« Aristote raconte qu'il y avait des Clubs en Grèce et même les femmes y avaient des Cercles appelé le Sénat mineur » (C. A. Ward, *Interméd. des Chercheurs.* (Dir. George Montorgueil), 1892, II, 211).

2. *Dictionnaire de l'Académie françoise*, 4e éd. Paris, chez la veuve de Bernard Brunet, impr. de l'Académie françoise, Grand'salle du Palais, in-fº, t. I, 1762, p. 265.

3. Le cardinal de Retz : « le mot plut à Monsieur ; il le redit au *cercle* » (Mémoires publiés en 1717, mais composés en 1665, II, 82).

Thérèse] vint un moment dans la chambre [du Cardinal Mazarin] pour savoir comment il se portait[1] ».

6. — A consulter les mémoires du temps, il ne semble pas cependant que les réunions chez la reine aient eu le monopole du mot « cercle ».

Les réunions de la Cour, dans le palais de Versailles, qui après dîner étaient honorées de la présence du Roi, s'appelaient « appartement » et « cercle », également.

« Le soir il y avait *appartement*.... Ce qu'on appelait *appartement* était concours de toute la Cour, depuis sept heures du soir jusqu'à dix que le roi se mettait à table dans le grand appartement... D'abord il y avait une musique; puis des tables pour toutes les pièces; toutes sortes de jeux: un lansquenet où Monseigneur et Monsieur jouaient toujours; un billard... au delà du billard il y avait une pièce destinée aux rafraîchissements et tout parfaitement éclairé... Il fut encore fort remarqué qu'au sortir de table et à la fin de ce *cercle*... il [le roi] fit à Madame une révérence très marquée et basse[2]. »

1. *Mémoires de Mme de Motteville* [1660]. Ed. F. Riaux, Paris, Charpentier, t. IV, p. 242.

2. St-Simon, *Mémoires* (1692), t. I, ch. III (éd. Sautelet). Il s'agissait pour le Roi d'obtenir le consentement de sa belle-sœur au mariage qu'il avait projeté entre le duc de Chartres, son neveu, et Mademoiselle de Blois, sa fille adultérine (*inter uxoratos*), née de la marquise de Montespan. Celle-ci eut huit enfants, dont un de son mari, le duc d'Antin; les sept autres de Louis XIV : le duc du Maine, le comte de Vexin, Melle de Nantes, Melle de Tours, Melle de Blois, le comte de Toulouse, et dit-on, deux autres morts en bas âge. Elle l'emporta sur Melle de la Vallière.

MM. Raynaldo Hahn pour la musique, et Catulle Mendès, pour le livret, viennent de faire réapparaître avec succès l'élégant personnage des deux rivales sur la scène de l'Opéra-Comique, sous le titre de la *Carmélite*

7. — Ce sens, très spécial, s'est élargi déjà sous Louis XIV; les Cercles devinrent des groupes d'hommes et de femmes qui se réunissaient d'ordinaire le soir, de 8 heures à 9 h. 1/2, pour le plaisir de la conversation.

> Moi, j'irais me charger d'une spirituelle
> Qui ne parlerait rien que *cercle* et que ruelle.
>
> Molière, l'*École des femmes* (1662). Arnophe, Act. I, sc. 1, v. 88.

« On y tient le *cercle* [chez la princesse] une heure du jour » : Sévigné, 414 (en 1675). « Le soir, on tient le *cercle* un moment » : ibid., 417.

« Il [Mopse] s'insinue dans un *cercle* de personnes respectables et qui ne savent quel il est. » La Bruyère, *Caractères* (1688), ch. II du Mérite personnel.

8. — Sous Louis XV, le Cercle, réunion mondaine, était en grande faveur. La comédie épisodique de Poinsinet, représentée avec succès par les « Comédiens françois ordinaires du Roi », le 7 septembre 1764, sous le titre de « le *Cercle* ou la Soirée à la mode », est un bon modèle des conversations frivoles et polies qui s'y tenaient [1].

9. — Mais ce sont toujours les Dames qui président ces sortes de réunions : « Il [cercle] se dit par extension de

(décembre 1902 ; principal interprète, Melle E. Calvé; directeur, Albert Carré ; éditeur, Henri Heugel). (J. Lemoine et A. Lichtenberger, *De la Vallière à Montespan*. 1 v. in-8º, Paris, C. Lévy, 1902).

1. « C'est un tableau assez frappant des Sociétés de Paris. » Grimm. *Corresp.*, 15 sept. 1764. V. l'édition princeps à Paris chez Duchesne MDCCLIX, 1 br. in-8º, et la réimpression publiée par Ollendorff en 1887, avec une bonne étude de Auguste Vitu.

Palissot avait fait représenter quelques années auparavant en 1755, sur le théâtre de Lunéville, une pièce : *Le Cercle ou les originaux*.

toutes les assemblées qui se font dans les maisons particulières chez les Dames : — Cet homme brillait dans les *cercles*. Il faut quelquefois une partie de jeu pour rompre le *cercle*[1] ».

10. — Aujourd'hui les Dames, loin de présider les Cercles, en sont exilées. Les Cercles qui, dans leur forme moderne, ont réapparu en France, à l'époque de la Restauration sous l'influence directe des clubs anglais, sont comme ceux-ci, exclusivement des réunions d'hommes[2]. Aussi le Cercle, pour la plus belle moitié du genre humain, est-il « l'ennemi ». Le réquisitoire féminin contre les cercles a été résumé avec beaucoup d'esprit[3] ; mais le plaidoyer qui lui répond, en est une forte réfutation[4].

11. — Plusieurs Cercles, et notamment le Cercle de l'Union artistique, ont eu d'adroites façons pour apaiser le ressentiment féminin ; ils ont organisé des fêtes magnifiques en l'honneur des intéressées, c'est-à-dire des femmes, mères, sœurs ou filles des membres. En pénétrant dans la « maison du péché[5] », Elles ont pardonné !

12. — Quoi qu'il en soit, « s'il existe un fait indiscutable en ces temps où tout se discute, c'est la place immense que les Cercles occupent dans la société moderne. Etre

1. *Dictionn. de l'Académie françoise*, v° Cercle, édit. de 1762, *supra*, n° 5.

2. « Les Clubs sont une importation anglaise... Jamais en France, nous n'eussions inventé pour notre plaisir ces établissements antiféminins. » Ch. de Boigne, le Jockey-Club. *Le Diable à Paris*. Hetzel, Paris, 2 v. gr. in-8°, 1840, t. I, p. 237.

3. A. de Pontmartin, Préface au livre de E. de la Brière « *au Cercle* », Paris, Calm.-Lévy, 1885, p. II.

4. A. de Pontmartin, *ibid.*, p. VII.

5. Marcelle Tinayre, *La maison du péché*, C. Lévy, Paris, 1902.

d'un Cercle, c'est pour le Parisien, un complément obligé
de son état civil; c'est pour le provincial domicilié à Paris
un brevet de naturalisation parisienne. Selon que le Cercle
est plus ou moins haut placé dans l'opinion, il sert à fixer
le rang de ses membres dans la hiérarchie mondaine, ainsi
que le Sénat, la Chambre des députés, le Conseil d'État ou
les préfectures de première classe[1] ».

13. — En France, il y a un grand nombre de Cercles.
La plupart d'entre eux ont une tenue excellente, ils sont
pour leurs membres une occasion de rapports de société
courtois et de divertissements de bon ton.

14. — Les pièces de théâtre constituent d'utiles documents à consulter pour fixer sur le vif l'allure de ces réunions. Nous avions tout à l'heure (pour le XVIIIe siècle),
« le Cercle » de Poinsinet. La comédie relativement récente
du « Club » retrace avec humour quelques scènes inté-
rieures des Cercles parisiens, à la fin du XIXe siècle[2].

1. A. de Pontmartin, *ibid.*, p. 1; et l'auteur ajoute cette raison
« dépouillée d'artifice » : « C'est que sous notre troisième République,
il est plus facile à un intrigant d'obtenir le suffrage universel de dix
mille imbéciles, qu'à un homme médiocrement situé dans le monde
de conjurer les boules noires d'une vingtaine de gentlemen spirituels
et élégants » (p. 11).
A enregistrer cette réflexion du Moniteur des « mœurs élégantes », à
propos des tribulations que consent à subir le Candidat à l'admission
dans un Cercle à la mode : « Mais voilà, sous la troisième République,
tout est convention et snobisme. Or, on n'est vraiment chic qu'à la condition d'être d'un Grand Cercle » (*Vie parisienne*, 10 janvier 1903. Au
Cercle, p. 26).
2. Edm. Gondinet et F. Cohen. *Le Club*, comédie en 3 actes
(Paris, Calm.-Lévy, 1878, gr. in-18), représentée pour la première fois
sur le théâtre du Vaudeville, le 22 novembre 1877. Principaux interprètes : MM. Berton, Dieudonné et Mesdames Bartet, Réjane. — V.
surtout le 2e acte qui se passe dans les salons du Cercle (p. 64).

15. — Les Cercles, tels que nous les comprenons aujourd'hui, — réunions permanentes d'étude ou de simple agrément — ont des précédents historiques plus éloignés qu'on ne le croit généralement. Leur timide essai[1] remonte à la Régence.

16. — Voici dans quelles circonstances, la fondation de l'un des premiers établissements de ce genre fut tentée à Paris.

Les « Clubs » ou Cercles à l'état rudimentaire, existaient en Angleterre dès le temps de Shakspeare[2]. Ils formaient plutôt des réunions intermittentes où un petit nombre d'amis s'assemblait dans une taverne, pour décider de leurs travaux littéraires, tout en rompant le pain de la camaraderie.

Sous Georges Ier, en 1715, au moment où, dans son palais de Versailles, le Grand Roi mourait, envahi par la gangrène[3], le type des clubs modernes se forme. Swift et Addison, dans l'intérêt de la revue le « Spectator », assemblent d'abord leurs amis et collaborateurs dans une maison, dont le rez-de-chaussée est occupé par une taverne qui débite la nouvelle boisson à la mode, le chocolat, sous l'enseigne d'un cacaotier : de là, le nom « Cocoa-tree Club » pris par ce groupe de gens de lettres[4]. Mais, bientôt le Club se transforme. A des préoccupations exclusivement litté-

---

1. Guinot et de Boigne. *Hist. des cercles* (manuscrit inédit 1858), *passim*. Sur cette source : v. *Infra*, n° 32, note....

2. V. *Infra* n° 32.

3. Saint-Simon, *Mémoires* (1715). Ed. Sautelet, t. XII, ch. XXIX.

4. Un peu plus tard, Mrs Elisabeth Montague belle, instruite, riche et veuve, fondait une réunion du même type, sous le nom de *Club des Bas-Bleus* (*Blue Stocking Club*), qui resta une société littéraire : Pope

raires, se subtitue la recherche des avantages et du bien-
être matériels. Du cabaret du rez-de-chaussée, on fait monter les plats, la bière et les vins délicats; des tables de jeu
sont installées ; les conversations passent du sévère au plai-
sant. Ce n'est plus un salon littéraire, mais un lieu de
délassement et de confort. Le Club moderne est né.

17. — La réputation du Club de l'arbre de Cacao fran-
chit le détroit.

L'abbé Alary[1], membre de l'Académie française, — dont
plus d'un Immortel d'aujourd'hui ignore le nom — mais à
qui ses devoirs ecclésiastiques laissaient du loisir, s'emploie
à acclimater l'institution à Paris. Il habitait un entresol
dans l'hôtel du président Hénault[2], place Vendôme; il

Johnson, Goldsmith, Pulteney (Lord Bath), Lyttleton, Burke y fréquentaient.

Ce qualificatif de « bas bleu », que l'on a depuis infligé aux femmes
atteintes de pédantisme, viendrait de la circonstance suivante. A l'une
des premières réunions du « Blue Stocking Club », une dame s'excu-
sait de paraître en déshabillé du matin. « Dans cette réunion consacrée
aux choses de l'esprit, on fait si peu d'attention à la toilette des
membres, lui fut-il répondu, qu'un gentleman en *bas bleus* ne serait pas
trouvé ridicule. » A. Dinaux et G. Brunet, *Sociétés badines*, etc. Paris,
Bachelin-Deflorenne, 1867, t. I, p. 72.

1. L'abbé Alary (1689-1771) prieur de Gournay-sur-Marne; devenu
sous-précepteur de Louis XV. Cette circonstance ne fut peut-être pas
étrangère à son entrée à l'Académie française.

Voici son portrait par Saint-Simon : « Il [l'abbé Alary] était fils d'un
apothicaire de Paris et une dangereuse espèce, avec de l'esprit et de
l'érudition, du monde et de la politesse. Il trouva depuis le moyen de
se faire des amis, de se fourrer à la Cour, d'avoir des bénéfices. »
Mémoires de Saint-Simon (1719), t. XVII, ch. xxvii, Ed. Sautelet.

2. Le président Hénault magistrat, académicien, poète, gourmet et
homme d'esprit renommé(1685-1770). A vingt ans, il était conseiller et à
vingt-cinq ans, président de la Chambre des Enquêtes, au Parlement de
Paris. Toutes les faveurs du Garde des Sceaux le mieux intentionné n'abou-

s'installe dans son appartement, et, sans plus chercher, faisant le premier en France usage du mot club, il baptise le nouveau-né de cette dénomination : « Club de l'entresol[1]. »

En sa qualité de propriétaire, le président Hénault, causeur recherché, fut un des premiers membres du Club français ; parmi eux : Montesquieu, le marquis d'Argenson, le duc de Noirmoutiers ; MM. de Coigny, de Matignon, de Caraman, de Champeaux. Malheureusement, l'abbé de Saint-Pierre y fut admis. Il avait déjà été exclu de l'Académie française pour l'irrévérence de ses jugements sur le défunt roi Louis XIV. Sous son influence, les problèmes les plus délicats de la philosophie politique et sociale furent discutés au Club. C'était un peu lourd — et dangereux plus encore. Bien que les idées de l'abbé de Saint-Pierre fussent traitées par le cardinal Dubois de « rêves d'un honnête homme », le cardinal de Fleury fut d'un avis différent, et, en 1751, fit fermer le « Club de l'entresol ».

18. — Après cet essai malheureux, on ne trouve guère au XVIIIe siècle que des réunions à périodicité variable, et

tiraient point à un tel résultat aujourd'hui. Alors, on achetait les charges de la magistrature et le père du Président était fermier-général. Voltaire appréciait ses petits vers et ses fins dîners.

Le Président Hénault a inauguré en France la série des magistrats membres de Cercle. Elle s'est beaucoup enrichie depuis.

1. Guinot et de Boigne, *Hist. des Cercles* (manuscrit inédit de 1858), v. no 32, note... mais consult. surtout, pour la liste des membres, les détails sur leurs travaux, leurs difficultés avec le pouvoir, les renseignements sur l'abbé Alary, etc. *Journal et Mémoires du marquis d'Argenson* (1694-1757), ancien ministre des affaires étrangères, éd. Rathery, *Soc. hist. de France*, Paris, Renouard, 1867, 9 vol. in-8o (t. I, p. 91-112, 10 déc. 1731 ; p. 203, t. VI, mars 1750, p. 168).

qui rentrent plutôt dans la catégorie des Sociétés badines et littéraires dont MM. Dinan et G. Brunet ont fixé les traces fugitives [1].

Sous le nom « d'Académies », s'organisèrent aussi de véritables cercles de littérature, d'art ou de sport [2].

19. — Il convient de noter comme se rapprochant davantage du genre des Cercles :

Le *Caveau*, installé de 1729 à 1739, d'abord chez Landelle, carrefour de Bucy (Duclos, Gentil-Bernard, Collé, Crébillon fils, Helvetius, le peintre Boucher, le compositeur Rameau, etc., puis Boissy, Suard, Marmontel, etc.), — en 1759 chez le fermier général Pelletier; puis en 1796, au Palais-Royal, n° 90; enfin, de 1806 à 1817, au Rocher de Cancale, rue Montorgueil [3].

20. — La Société des *Lanturelus*, fondée en 1771 par le marquis de Croixmare (poésies légères, cérémonies burlesques).

21. — La *Société du Salon*, en 1782, d'abord rue des Fossés-Montmartre (rue d'Aboukir), puis dans un bâtiment adossé au Théâtre-Italien. Elle se composait de « personnes choisies et de mérite, en nombre limité ». La cotisation était

1. *Les Sociétés Badines*, etc., par A. Dinaux et G. Brunet. Paris, Bachelin-Deflorenne, 1867, 2 vol. in-8°.

2. V. v° Académie, *Dict. philosophique* de Voltaire.

Adde : les Académies des « Fortunés », des « Chagrinés », des « Imparfaits », des « Informés », des « Silencieux » (Molmenti, *Vie privée à Venise jusqu'à la fin de la République*. Oncagnia, Venise, in-8°, 1882, p. 495).

3. V. Augustin Challamel, conserv. hon. de la Biblioth. Sainte-Geneviève : *Les Clubs contre-révolutionnaires, Cercles, comités*, etc. Paris, Cerf, Quantin, Noblet, 1895, in-8°, p. 580.

Thiéry, *Guide des étrangers à Paris*, in-12. Paris, 1787.

élevée pour le temps : 120 livres. Le *Salon* était ouvert de 9 heures du matin à 11 heures du soir. Comme dans beaucoup de cercles modernes, le règlement excluait les jeux de hasard, et autorisait seulement ceux de société. Les papiers publics, les livres nouveaux etc., étaient à la disposition des membres.

22. — La même année 1782, vit éclore, sous la direction d'un sieur Boyer, le *Club politique*. Le lieutenant de police en ordonna la fermeture.

23. — Deux ans plus tard, en novembre 1784, le *Club* ou *Salon des arts* s'installait dans les bâtiments neufs du Palais-Royal au-dessus du café du Caveau. Nombre non limité : gens de lettres, artistes, amateurs. Salon de conversation, de lecture, de musique, galerie d'exposition, bibliothèque, etc. Jeux interdits sauf les échecs et les dames.

23 bis. — Les Cercles se multiplient. Avant son ambassade en Russie [1784] et après son retour d'Amérique [1780], le comte de Sigurd écrit : « après avoir combattu plusieurs années les Anglais sur terre et sur mer je trouvai les modes anglaises plus en vigueur que jamais… Nous commençâmes à avoir des Clubs. Les hommes s'y réunissaient, non encore pour discuter mais pour dîner, pour jouer au wisth (*sic*) et lire tous les ouvrages nouveaux[1] ».

24. — Le *Club des étrangers*, d'abord au Vauxhall du Panthéon d'Anvers, rue de Chartres. Supprimé en 1787, il reparut en 1791 et s'installa rue du Mail 19, etc., etc.

25. — La *Société Olympique* était établie au n° 65 du Palais-Royal : composition choisie ; concerts. Elle fut

---

1. *Interméd. Chercheurs* (G. Montorgueil), 1891, col. 871.

fermée par ordonnance de police après perquisition d'une députation de la garde nationale de Versailles, le 9 novembre 1789, chez le chevalier Grangé, rédacteur d'un mémoire justificatif sur la conduite des Gardes du corps ayant pour titre : « Pièces historiques de la conduite des Gardes du corps. »

26. — Encore au Palais-Royal, n° 171[1], au-dessus du café de Valois, — le *Club* ou *Société des Colonies*. Pour en faire partie, il fallait posséder une habitation aux « îles ».

26 bis. — Le 12 juillet 1789, « Madame Elliott dépose le duc d'Orléans au *Salon de Princes*, club très fréquenté par toute la noblesse, où il espérait rencontrer des gens qui lui donneraient des nouvelles » (*Mémoires de Stanislas de Girardin*. Paris, 1801, I, p. 11).

27. — La plupart de ces cercles mondains n'échappent point aux préocupations du moment et dégénèrent en réunions politiques. Le Gouvernement de Louis XVI s'en alarme.

La fermeture d'un grand nombre d'entre eux est ordonné — et plus ou moins exécutée, — à la veille même de la

---

1. Comme on le voit, la plupart des Cercles étaient logés au Palais Royal. « *Le Palais Royal*, si délaissé, si mort aujourd'hui, offrait, il y a un siècle, le spectacle de la vie la plus exubérante, c'était à la fois un foyer intense d'agitation politique et le centre de toutes les attractions mondaines » (A. Tuetey, *Répert. gén. des sources manuscrites de l'hist. de Paris pendant la Révol. fr.*, Paris, 1892, in-4°. Introduction, ij).

Il faut lire, aux pages iij-xxxviij de cette introduction, le tableau très complet de la vie parisienne au Palais-Royal, dressé à l'aide des papiers de police de la section de ce quartier, on y trouvera des détails abondants sur les Clubs, les sociétés de toutes sortes, les cafés, les maisons de jeux, etc., qui y pullulaient à la fin du XVIIIe siècle.

Révolution[1]. Celle-ci bientôt ne leur sera pas plus favorable.

27 bis. — La Révolution ne connut guère que les associations à tendance politique formées pour seconder ou combattre le mouvement nouveau ; nous en parlerons, à propos des Clubs proprement dits.

28. — Sous le premier Empire, les déplacements des Français en armes, à travers l'Europe, s'accommodaient mal aux habitudes sédentaires des Clubistes.

Les Cercles, en leur allure moderne, n'apparaissent guère avant la Restauration. Ils sont remis en honneur par les émigrés qui, pendant leur exil prolongé en Angleterre, ont apprécié par eux-mêmes l'attraction de ces cloîtres mondains.

29. — Un des premiers qui s'installe à Paris, en 1819, est celui que quarante ans plus tard, on appelait « l'Ancien Cercle[2] ». Après quelques pérégrinations, il établit son domicile, le 1er juin 1829, au premier étage du n° 16 bou-

---

1. Lettre du baron de Breteuil [ministre de Paris] à M. de Crosne — [lieutenant gal de police] — 19 août 1787. — « L'intention du roi, Monsieur, est de faire cesser tous les Clubs, Salons, Lycées et autres Sociétés ou Assemblées par souscription. Je vous prie de bien vouloir prendre sur-le-champ les mesures nécessaires pour cette suppression. Si vous avez besoin à cet égard d'ordres du Roi, j'expédierai tous ceux que vous me proposerez. » (H. Monin, *L'état de Paris en 1789*, Études et documents Paris, Jouaust, 1889, 1 fort vol. in-8°, p. 354 de la Collect. de documents relatifs à l'hist. de Paris, publ. sous le patronage du Conseil municipal. Commission des recherches : Président, notre regretté condisciple, Abel Hovelacque; MM. Cousin, Hamel, Sigismond Lacroix, Longuet, Pelletan, Rambaud (Alf.), etc. — Commission de contrôle : de Ménorval, Alphonse Humbert, Mesureur, Thierry-Pons, Faucou, etc.)

2. Guinot et de Boigne, *Hist. des Cercles*, manuscrit inédit (1858), v. n° 32, note infra.

levard Montmartre, immense maison, dont la construction par M. Duchesne fit alors sensation dans Paris encore affranchi des énormes casernes à locataires, qui l'ont tant enlaidi depuis. Longtemps, le doyen des cercles de Paris [1], il a disparu, — ou plutôt, depuis 1867, il se perpétue dans le « Grand Cercle », qui règne aujourd'hui dans les mêmes salons. (Présid. M. Camille Marcilhacy.)

30. — Les Cercles, dont le recrutement est le plus sévère, la compagnie la plus choisie, l'installation la plus élégante, sont qualifiés de « grands Cercles ».

C'est de la flore parisienne que relèvent plus particulièrement les « grands Cercles ». Les botanistes spéciaux n'en comptent pas dix dans la Capitale.

En 1864, M. Charles Yriarte en mentionne seulement cinq : l'Union, le Jockey-Club, le Cercle agricole, l'Union artistique, les Chemins de fer [2]. Dix ans plus tard, Carle des Perrières s'exprime ainsi : « Les grands Cercles sont peu nombreux à Paris : cinq ou six au maximum [3]. »

A la même époque, M. L. de la Brière [4], traçant une esquisse pittoresque des grands Cercles de Paris, ne dépasse pas six notices.

31. — Voici, d'après l'annuaire des « Grands Cercles »,

1. En 1858, MM. Guinot et de Boigne supputaient que les 500 membres de « l'Ancien cercle », ayant cinquante ans d'âge en moyenne, formaient à eux seuls le total redoutable de 25.000 ans. Plus de douze fois l'ère chrétienne !
2. Ch. Yriarte, *Les Cercles de Paris de 1828 à 1864*, avec illustrations de l'auteur, chez Dupray de la Maherie, rue de la Paix à Paris, 1864 (Doc. p. servir à l'hist. de la Société parisienne au XIXᵉ siècle), 1 v. in-8.
3. Carle des Perrières, *Paris qui joue*, etc., Paris, C. Lévy [1885].
4. L. de la Brière, *Au Cercle*, avec préf. de A. de Pontmartin. Paris, C. Lévy, 1885, 1 v. in-18 (monographie pleine d'anecdotes contées élégamment; Recomm.).

à quels signes se reconnaissent les Cercles qui méritent ce qualificatif enviable : « Les *Grands Cercles*, c'est-à-dire ceux qui se gèrent eux-mêmes et vivent non du jeu, mais de cotisations de leurs membres, dont l'accès est difficile et où les admissions donnent lieu à de sérieux ballottages, qui sont en un mot, non des entreprises commerciales, mais les salons de réunion d'une société ultra-élégante et soigneusement choisie... » (Tully, 1897. Préface, p. 1 [1]).

Le baron de Tully compte sept grands cercles à Paris, qui, classés par ordre chronologique, sont :

Cercle de l'Union, fondé en 1828. Prés. : le duc de Rohan.

Jockey-Club, fondé le 11 novembre 1833. Président : le duc de la Rochefoucauld-Doudeauville (décédé en 1908).

Cercle Agricole, f. en 1835. Prés. : le duc de Mortemart.

Cercle de la Rue Royale, fondé en 1852. Président : le duc de la Trémoille. En 1908 : le prince Murat.

Cercle des Chemins de fer, fondé en 1854. Président : M. H. Deutsch (de la Meurthe).

Cercle de l'Union artistique, fondé en 1860. Président : le marquis de Vogüé, de l'Académie française ; depuis 1906, le marquis de Massa [2].

Sporting-Club, fondé en 1864. Prés. : le duc de Brissac.

Dans l'Annuaire de 1908, M. de Tully ajoute : le *Cercle artistique et littéraire* (Volney) (f. P. Tillier, 1864). Prés. : M. Rameau (P. Chevrey) ; — la *Société du Polo* (Bagatelle) (1892). Prés. : Duc de la Rochefoucauld-Bisaccia ; — l'*Automobile-Club* (1895). Prés. : Bon de Zuylen de Nyevelt [3].

---

1. Bon de Tully, *Annuaire des Grands Cercles et du Grand Monde*. Paris, Lahure, 1897-1908, 11 années.

2. Secrétaire-gérant, M. Pertué ; depuis 1906, M. Roger.

3. « Londres possède 120 à 130 Grands Clubs ». *Clubs* (*anglais*), le Temps, 5 juin 1904.

Dans son édition de 1902, le baron de Tully ajoute :

L'*Automobile-Club* et le *Yacht-Club* de France (fusionnés depuis le 1er janvier 1902). Président : baron de Zuylen de Nyevelt

32. — Quelques indications sur les principaux d'entre eux trouveront ici naturellement leur place. Notre objet n'étant pas de composer une « histoire des Cercles », — qui est encore à écrire, — ces indications demeureront sommaires [1].

33. — Le *Cercle de l'Union*, — né en 1828, est, actuellement, le doyen des Cercles de Paris et peut-être le plus aristocratique. Le promoteur en fut le duc de .Guiche, ancien menin du Dauphin (v. de la Brière, *loc. cit.*, p. 1). Avant de fixer ses pénates, 11, boulevard de la Madeleine, il les avait établies à l'angle du boulevard des Italiens et de la rue de Grammont, dans ce local, toujours à louer, où le

---

1. En outre des sources générales, nous avons puisé aux sources particulières qui suivent :

E. Guinot et Ch. de Boigne, *Histoire des Cercles,* manuscrit inédit, composé de notes à peine rédigées ; matériaux d'un livre que leurs auteurs n'ont pas eu le temps d'écrire. Époque 1858 (acquis du libraire Sapin).

MM. Eugène Guinot (1812-1861) et Charles de Boigne (1806-18..) étaient deux journalistes réputés du commencement du second Empire. M. Guinot avait donné au théâtre une pièce qui obtint un grand succès : les *Mémoires du Diable*. M. Ch. de Boigne publia les *Petits mémoires de l'Opéra* (1856).

Ch. Yriarte, *Les cercles de Paris,* 1828-1864. *Documents pour servir à l'histoire de la société parisienne.* Dupray de la Maherie, Paris, 1864, in-8º. Id., Les Clubs. Paris-Guide, t. II (*La Vie*). Lacroix, 1867, p. 929.

L. de la Brière, *Au Cercle,* 1885, déjà cité.

A. de Pontmartin, préface du livre précédent.

Carle des Perrières : *Paris qui joue* (1885), déjà cité.

Baron de Tully, Notices dans les *Annuaires de grands cercles* publiés annuellement, Paris, Lahure, 1897-1902, 6 v. petit in-8º.

grand Cercle républicain de M. Waldeck-Rousseau abrita son existence éphémère.

M. Bocher, chargé de solliciter l'agrément du roi Charles X, pour l'ouverture du Cercle de l'Union, l'obtint avec cette réponse, que l'avenir n'a pas vérifiée : « Les lois et les règlements ne s'y opposent pas, mais on va tuer en France la bonne société[1]. » Le monarque fut un mauvais devin. La « bonne société » a plutôt souffert des mœurs, des assemblées politiques de tout degré ; les cafés et les brasseries, qui ont une petite part d'influence sur leur recrutement, ont achevé le reste. Les Cercles d'élite apparaissent au contraire, dans le laisser-aller des mœurs contemporaines, comme des sortes de conservatoires du bon ton et de la courtoisie.

Parmi ses présidents : les ducs de Luxembourg, de Rauzan, de Montmorency, de Rivière, de Noailles, de Rohan ; ses membres de jadis et d'aujourd'hui : le comte d'Orsay, le lion légendaire ; MM. de Mouchy ; Talleyrand de Périgord, le fameux diplomate alors âgé de soixante-quatorze ans, qui avait connu M. de Voltaire et disputé avec Mirabeau, Danton, Camille Desmoulins, Robespierre, Sieyès, etc. ; les généraux Sébastiani, d'Ornano, Clary, Bourke, de Lagrange ; les banquiers de Rothschild, Greffulhe, Hottinguer, Mallet, Pillet-Will ; MM. de Mouchy, d'Henin, de Luppé, de Nettancourt, de Broglie, Edward Blount, Ourousoff, de Castel-

---

1. Sur la « bonne Société » au temps de Charles X, v. *les Salons d'autrefois* par la comtesse de Bassanville avec préface de L. Enault (Paris, Brunet, 1862, in-16) : Salons de la princesse de Vaudemont (née de Montmorency), p. 1 ; d'Isabey (p. 79) ; de Bourrienne, ancien compagnon d'étude de Napoléon-Bonaparte à Brienne (p. 243).

lane, de Courcel, de Choiseul-Praslin, général Davout,
d'Essling,. de Gabrian, de Galard, Ghika, de Gramont,
de Laborde, Leon y Castillo, de la Tour d'Auvergne, de
Marescot, de Mareuil, de Massa, de Meffray, de Mérode,
de Mirepoix, Edmond Monson, de Moustier, O' Connor,
Paty de Clam, de Périgord, de Polignac, Potocki,
Radziwill, de Sabran-Pontevès, de Saporta, Sciarra,
de Segonzac, de Soubeyran, Tornielli, de Turenne, Vandal, de Vogüé, Waddington, de Wagram, etc.

34. — Le *Jockey-Club*[1]. — Au début du règne de Louis-
Philippe, une réunion de jeunes hommes « sans esprit de
caste et rapprochés par un goût commun » résolut, sous la
protection du duc d'Orléans, de réunir leurs efforts pour
relever en France le goût de la race chevaline. Ils fondèrent,
le 11 novembre 1833, la « Société d'encouragement pour
l'amélioration de la race des chevaux ». La plupart d'entre
eux appartenaient « à cette catégorie de cavaliers élégants,
arbitres de la mode, surnommés les lions, qui fréquentaient
le Café de Paris [déjà] et le Jardin de Tivoli » : Lord Sey-

1. Sources spéciales : — Le Jockey-Club a l'avantage de posséder sur
son histoire, depuis les origines, une précieuse monographie due à la
collaboration de deux de ses membres, le marquis Philippe de Massa,
qui manie avec autant de bonheur la plume de l'historien que celle de
l'auteur dramatique, et le colonel Alcée Gibert. Ce livre n'est pas dans
le commerce, il a été imprimé pour les membres du Club à 715 exem-
plaires (japon et chine compris), son titre est : « *Historique du Jockey-
Club français depuis sa fondation jusqu'en 1871 inclusivement*, par
MM. A. Gibert et M. de Massa. Paris, impr. Jouaust, L. Cerf, succ.,
13, rue de Médicis, MDCCCXCIII ». Gr. in-8°, 417 p.

Ch. de Boigne, *le Jockey-Club. Le Diable à Paris*, Hetzel, Paris, 1846,
t. II, p. 237-243.

Adde : de la Brière, baron de Tully, *op. cit.*

mour[1] MM. Delamarre, de Normandie, prince de la Moskowa, comte A. Demidoff, etc. Cette société ayant pris
un développement considérable, on vota la fondation d'un
club, annexe de la société, où les membres pourraient se
concerter pour poursuivre le but commun. Ce Cercle qui,
depuis bientôt soixante ans, résume l'histoire de l'élégance
française, s'installait modestement dans un petit entresol,
rue du Helder nº 2, à l'angle du boulevard des Italiens,
au loyer annuel de 3.500 francs. Ce local fut bientôt surnommé « le bouge » par ses propres occupants.

Dès 1860, le Jockey-Club a pris possession du bel hôtel qui
occupe l'encoignure du boulevard des Capucines et de la
rue Scribe. Les noms les plus considérables dans l'Institut
de France, les Lettres, l'Armée, le Parlement, la Diplomatie, la haute Société parisienne, etc., figurent dans ses
annuaires.

Nous sommes obligé de renoncer à consigner ici même
les plus connus du public, sous peine de remplir des pages
entières d'une simple nomenclature. Nous sommes réduit
à n'en citer que quelques-uns, pris dans les comités du
cercle en 1902 :

Le duc de Doudeauville, président : MM. d'Arenberg,
de Montesquiou-Fezensac, de Béarn, Bocher, général Friant,
Alcée Gibert, de Massa, Hottinguer, de Kergorlay, de Lau-
riston, de Noailles, O' Connor, de la Panouse, Pillet-
Will, de Poix, de Vogüé, de Lastour, Murat, de Turenne,

---

1. L'héritier de Lord Seymour, Sir Richard Wallace, résida également
à Paris. Son nom y est populaire. C'est lui, en effet, qui dota nos places
publiques de ces fontaines bienfaisantes, qui font aux Parisiens altérés
la charité d'un verre d'eau.

de Castries, de Ravignan, de Gontaut-Biron, etc., etc. [1]

35. — *Le cercle Agricole.* — C'est le 29 mars 1835, sous

[1]. Depuis sa création (1833), la « Société d'encouragement pour l'amélioration des races de chevaux en France », jouissait d'un plein pouvoir pour administrer et pour organiser les courses sur les hippodromes du bois de Boulogne et de Chantilly, et régler d'une façon définitive toutes les questions sportives qui pourraient surgir.

C'est un comité choisi parmi les membres du Jockey-Club qui assumait la charge et la responsabilité de cette gestion, dans laquelle le contrôle de l'État, sauf en ce qui concerne la surveillance du pari mutuel, depuis sa fondation, n'avait nullement à s'exercer. Cette indépendance a vécu.

Un accord est intervenu (décembre 1902) entre M. Mougeot, ministre de l'agriculture, et le prince d'Arenberg, président de la Société d'encouragement. L'ingérence administrative qui, en France, s'accommode mal de l'initiative individuelle, a réussi à s'imposer à cette institution privée.

A partir de l'année 1903, six membres nommés à la demande du ministre de l'agriculture en dehors du Jockey-Club seront adjoints au comité des courses de la Société d'encouragement. Ces six membres ont été désignés par M. Mougeot. Ce sont MM. Jean Dupuy, ancien ministre, Veil-Picard, J. de Brémont, Abeille, Aumont et J. Prat, propriétaires d'écuries.

Concurremment avec les membres du comité de la Société d'encouragement, pris dans le Jockey-Club, les nouveaux membres assisteront à toutes les séances du comité et prendront part à ses travaux.

D'après la décision du ministre communiquée au prince d'Arenberg, le directeur des haras au ministère de l'agriculture pour Paris, et l'inspecteur départemental en province, assisteront également aux séances du comité et auront voix consultative.

Le ministre a voulu, également, qu'à partir de l'année 1903, le programme des réunions sportives arrêtées pour l'année fût soumis à son approbation, et qu'enfin les décisions prises par la commission des courses, comme, par exemple, celle dont a été l'objet le jockey Reiff, fussent immédiatement portées à sa connaissance.

C'est à la suite des incidents qui se sont produits sur certains hippodromes et en raison des démarches qu'ils motivèrent auprès du ministre de la part de plusieurs personnalités du monde sportif, que les règlements qui régissent actuellement les sociétés de courses ont subi ces modifications (V. *Le Temps,* 20 décembre 1902).

la présidence du duc de Montmorency, que fut inauguré le Cercle agricole, d'abord dénommé cercle Royal. Parmi ses membres d'origine on note : le maréchal de Grouchy, MM. de Sesmaisons, de La Rochefoucauld, Rothschild, de Croÿ, de Bastard, de Damas, d'Avaray, de Lucinge, Faucigny, de Tracy, Dailly, Tronchon, de Béhague, de Pomereu, de Maillé, de Montalembert, de Monteynard, d'Harcourt, de Gramont, d'Aligre, de Louvois, de Colbert, de Fezensac, d'Armaillé, de Beaumont, de Turenne, de Mouchy, de la Bouillerie, de Clermont-Tonnerre, de Chastellux, de Contade, de Chabrol, de Montesquiou, de Mortemart, de Nieuwerkerke, de Vogüé, Beugnot, Daru, de Chavagnac, de Merona, Nivière, Hope[1], de la Tour du Pin, Combes[2], etc., etc.

Notre illustre bâtonnier Berryer, dont la statue par Chapu décore la salle des Pas-Perdus du Palais de Justice de Paris[3], figure sur les premières listes de « l'Agricole. »

1. M. Hope, fastueux financier, d'origine anglaise, qui habitait le palais de la rue Saint-Dominique n° 57, une des demeures de grande allure du Paris actuel ; cet hôtel fut acheté par le baron Sellière, il est occupé maintenant par sa fille la princesse de Sagan, aujourd'hui duchesse de Talleyrand, et le duc de Talleyrand (ex-prince de Sagan, son mari). Leur fils le comte de Périgord, duc de Valençay, qui a épousé Mlle Morton, fille de l'ancien ambassadeur des États-Unis, à Paris, l'occupera peut-être un jour.

2. Ce cercle est resté l'un des plus aristocratiques de Paris. Beaucoup des noms des fondateurs, représentés par leurs descendants, se retrouvent dans l'annuaire de « l'Agricole » de 1902.

3. Cette statue a été inaugurée en janvier 1879, par Me Nicolet, bâtonnier, entouré de toute la famille judiciaire. On y remarquait, à côté l'un de l'autre, les deux plus grands orateurs judiciaires et politiques du xixe siècle, après le héros de la fête, Me Jules Favre, et Me Gambetta, qui avait revêtu la robe pour la circonstance. Le mois suivant

Le Cercle s'installa d'abord rue de Beaune, dans l'hôtel de Nesles, de voluptueuse mémoire, offert par Louis XV à la jolie veuve du marquis de la Tournelle, qui, de par la tendresse royale, devint duchesse de Châteauroux. Le roi, M. de Richelieu et le P. Pérussot entraient par une porte qui donnait sur la rue du Bac.

Le Cercle Agricole occupe aujourd'hui l'important hôtel — neuf et sans histoire — qui forme l'angle du quai d'Orsay et du n° 284, boulevard Saint-Germain.

Le but de ses fondateurs a été de mettre en commun leur zèle pour développer la production du cheval français, pour hâter le perfectionnement de l'agriculture, assurer à ses produits des débouchés plus nombreux, etc.

36. — *Le Cercle de la rue Royale*. — Fondé en 1852, installé au troisième étage de la rue Le Peletier, où il avait alors l'ancien Opéra pour vis-à-vis; depuis 1856, sous-locataire au n° 1 de la rue Royale, du local occupé par le « Moutard » jusqu'à sa fusion avec le Jockey; il a bientôt étendu son occupation à l'hôtel d'angle de la rue Royale et de la place de la Concorde (ancienne place Louis XV), connu sous le nom de l'hôtel de Coislin. Le baron de Hirsch ayant acquis cet immeuble, à la suite de certains incidents relatifs à sa présentation comme membre du cercle, — une société civile s'est formée, qui l'a racheté au financier, pour la somme de 2.800.000 fr. et le donne à loyer au Cercle de la rue Royale.

Parmi ses présidents ou vice-présidents : MM. de Da-

(1er février 1879), Me Gambetta était élu Président de la Chambre des députés, pour devenir, en novembre 1881, Président du Conseil du « Grand ministère » avec Me Waldeck-Rousseau, ministre à l'Intérieur,

mas, de Lesparre, de La Redorte, de Sagan, général de Biré,
de la Trémoille, de Sugny, général de Friant, de Massa,
Murat, etc. Dans ses comités : MM. d'Alsace, de Boissac,
de Charnacé, Finot, de Ganay, de Gontaut-Biron, Gour-
gaud, Hennessy, La Rochefoucauld, de Lucinge-Faucigny,
de Morny, Passy, de Neuflize, Pastré, de Pourtalès, de Sali-
gnac-Fénelon, de Sinçay, de Tarente, d'Uzès, général de
Waru, etc.

37. — Le *Cercle des chemins de fer* est issu, en 1854,
de la Conférence des directeurs des grandes Compagnies de
chemins de fer tenue sous la présidence du duc de Morny.
La première réunion eut lieu 16, place Vendôme, dans le
local occupé par l'administration du Grand-Central, le
moins nomade des Cercles. Le 1er janvier 1855, il s'est
installé dans un local confortable, à l'angle du boulevard
des Italiens et de la rue de la Michodière ; il ne l'a pas
quitté depuis. Parmi ses fondateurs et membres : duc de
Morny, MM. Drouin de Lhuys, Dumon, Blount, Dailly,
Davillier, Duchâtel, Dufeu, Girod de l'Ain, Laffitte, de
Monicault, Pereire, de Rainneville, Rey de Foresta, Teis-
serenc, duc de Valmy.

Plus récemment, — MM. Osmont, de Ségur, Hart,
Moreau, P. de Viefville, Beaugrand, Pérard, Louis Singer,
Sommier, Ludovic Halévy, Schayé, Adam, Puget, de
Gunzburg, Saint-Hilaire, Maurice Faure, Arago, L. d'Ay-
mery, Bamberger ; A. Beau, Benoist-Méchin, Bérardi,
Bouruet-Aubertot, Cail, de Courcel, Arthur Desouches,
Dufaure, Dupuytren, J. Dupuy, Deutsch, Alexandre
Duval, Empain, Erlanger, de Fels, Gustave Dreyfus, Herold,
G. Ledat, Lippman, de Luynes, Marcuard, E. May,

Ménier, de la Moskowa, J. Monroë, Odiot, Offroy, Peartree, Siry, Stern, Vernes, Weisweiller, Worms de Romilly, Zadocks, etc.

38. — Le *Sporting-Club*, fondé en 1864, place de l'Opéra et aujourd'hui transporté dans le joli hôtel qui fait le coin de la rue Caumartin et du boulevard des Capucines, est une réunion d'amis s'intéressant principalement aux choses du sport et de la chasse. Parmi ses membres d'hier et d'aujourd'hui : Vte Aguado, duc de Fitz-James, c^te Roger de Nicolay, colonel Auvity, de Lacharme, de Rougé, Caillaut, M. de Gheest, de Cormenin, Fould, Foy, de Kermaingant, Kœchlin, Guéneau de Mussy, de Noailles, Olry, Pastré, de Rambuteau, Riant, de Rougé, Villiers, etc., etc.

39. — Le *Cercle de l'Union artistique*. — On excusera, chez un de ses membres les plus modestes, le sentiment naturel d'attachement qui lui rend difficile, en écrivant le nom de ce cercle, de ne pas allonger de quelques lignes la mention qui le concerne.

En se fondant, en 1860, le Cercle de l'Union artistique s'établit rue de Choiseul (pour la vie du Cercle pendant cette première période, consulter le livre curieux de Charles Yriarte, *loc. cit.* (1864), p. 215-250).

Le percement de la rue du Quatre-Septembre le décida à transférer son siège, le 6 mai 1868, dans l'ancien hôtel Aguado, au n° 18 de la place Vendôme. Il s'y appela familièrement « les Mirlitons » (pour l'histoire du Cercle pendant cette seconde période, v. de la Brière, *loc., cit.,* p. 151-165).

Le 7 novembre 1887, s'ouvre la troisième phase de

l'existence du Cercle ; il décide sa fusion avec l'ancien
« Cercle Impérial », devenu depuis la guerre le « Cercle des
Champs-Élysées (sur ce cercle avant son absorption, v. de la
Brière, *loc. cit.*, p. 137-160). Le Cercle de l'Union artistique, augmenté de cet affluent, s'installa, 5, rue Boissy-
d'Anglas (ex-rue de La Madeleine), dans l'ancien hôtel de
la Reynière, habité au commencement du second Empire
par l'ambassade ottomane, au coin de l'avenue Gabriel,
sur les Champs-Élysées (v. b^{on} de Tully, *Ann. des grands
Cercles*, 1897, p. 227). La *vox populi* lui a donné le surnom
de « l'Épatant ». Il est présidé aujourd'hui par le marquis
de Vogüé, membre de l'Académie française. Parmi les
membres de son Comité d'administration et de ses commissions, on remarque les noms, notoires à des titres divers,
de : MM. l'amiral Alquier, Chevreau, général marquis
d'Espeuilles, Gérôme, marquis de Massa, vicomte de
Saporta, général baron Baillod, marquis de Barbentane,
F. Bartholoni, Ch. Béranger, Billotte, Bonnat, E. Bouillat,
P. Carié, baron des Chapelles, général Charreyron,
H. Chevreau, comte Ed. Davillier, E. Déjardin, E. Delchet,
Descamps, Detaille, H. Dupré, prince d'Essling, Fournier-
Sarlovèze, M. Gentien, général Gervais, baron Girod de
l'Ain, Gruyer, Jollivet, Jullemier, comte R. de Lapeyrouse,
Le Provost de Launay, M. Levert, duc de Lorge,
L. Mahou, Mallac, Martin Le Roy, marquis de Meaupou,
Monténard, comte H. de Montesquiou-Fezensac, comte de
Nicolay, Ohnet, Oudet, comte de Pina, E. Radet, E. Rain-
beaux, Rolle, baron de Saint-Didier, de Saint-Marceaux,
comte de la Sizeranne, M. Toutain, marquis de Tracy,
A. Vandal, marquis de Vibraye, vicomte Melchior de

Vogüé, Weyer, etc.; — H. Cain, J. Delafosse, G. Durand, de Ferry, G. Feydeau, Lavedan, Dʳ Ménière, de Montferrier, Marcel Prévost, G. Rivollet, G. Sabatier, de Saint Geniès ; — Carolus Duran, A. Mercié, W. Bouguereau, Chartran, G. Clairin, F. Cormon, Dagnan-Bouveret, F. Flameng, E. Friant, F. Humbert, Landelle, J. Lefebvre, A. Morot, D. Puech, A. Roll, F. Roybet; — Ocagne (Mortimer d'), Michel Paléologue ; — de Lindemann, Albert Duval; — Grondard, Larmoyer, Lefèvre des Loges, etc. Secrétaire-gérant : M. Pertué.

Le Palais de Justice de Paris y a ses représentants : dans la Magistrature : MM. les présidents et conseillers à la Cour, de Viefville, Potier, Onfroy de Bréville ; au Tribunal, président Richard, etc. ; au Barreau : Binder (Maurice), Busson-Billault, Clunet, G. Devin, Furcy-Larue, Jullemier, Lebrasseur, Ployer, les trois de Royer, Signorino, etc. Avoués et Services judiciaires : Brémard, Delarue, Denormandie, Giry, Glandaz, etc.; Notaires : Cocteau, Gamard, Mouchet, etc.

40. — Sa place, parmi les Cercles parisiens, lui est ainsi assignée par les historiographes spéciaux :

« L'Union artistique est plus qu'un Cercle, c'est une institution sociale » (Ch. Yriarte, *loc. cit.*, p. 215). « Il est fondé dans le but d'établir une fusion entre les artistes et les gens du monde » (*ibid.*, p. 217). « Imaginez donc une réunion composée d'une part de toute la jeunesse brillante, riche, titrée, qui a d'autres aspirations que l'amélioration de la race chevaline, s'inquiète des choses de l'esprit et des jouissances de l'intelligence ; de l'autre, de tout ce qui s'est fait un nom dans les arts à force de talent et de travail » (*ibid.*, p. 218).

« Le Cercle de l'Union artistique est de ceux dont il faut être membre quand on appartient à un certain monde et le lecteur a dû retrouver là beaucoup de noms dejà cités à l'Union et au Jockey » (Yriarte, *loc. cit.*, p. 273).

Ses fêtes sont célèbres. Elles ont un caractère d'art et d'élégance qui les met au nombre des réunions les plus recherchées de Paris. Les membres du Cercle « organisent des soirées littéraires pleines d'attraits, comme celle [du 11 mars 1881] où M. Jacques Normand[1] donna la primeur de ses charmantes poésies si drôles et si modernes : les *Tentations d'Antoine,* les *Violettes,* le *Chapeau,* les *Écrevisses en cabinet particulier,* etc.

« Ce sont eux qui préparent chaque année des représentations célèbres, d'autant plus recherchées, que les invitations sont comptées. Les dames qui ont un mari, un frère, un fils ou un père au Cercle sont seules admises..... et la contrebande est très surveillée.

« Le Cercle fournit les auteurs, les acteurs, l'agencement, la mise en scène, fort élégante . Les théâtres envoient leurs plus brillants pensionnaires : MM^mes et MM^lles Reichenberg, Bartet, Baretta-Worms, Réjane, J. Granier, Milly-Meyer, Desclauzas, etc. » (v. de la Brière, *loc. cit.*, p. 155).

La collection des programmes conservée aux archives du Cercle, fournit encore les noms des artistes suivants :

Du Théâtre-Français : MM. Worms, Le Bargy, Leloir, Albert Lambert fils, Truffier, etc.; des autres théâtres :

---

1. M. Jacques Normand est en même temps un auteur dramatique applaudi; il a donné avec succès au théâtre : *Le troisième larron, M. et Mme Dugazon* (Odéon); *les Petites Marmites, Musotte,* avec Maupassant (Gymnase); *l'Amiral, Douceur de croire* (aux Français), etc.

Noblet, Tarride, Huguenet, etc.; de l'Opéra : MM. Renaud, Alvarez, Saleza, Delmas, etc.; MM^{mes} Rose Caron, Melba, Adini, Hatto, etc.; MM^{mes} R. Mauri, Zambelli, Torri, Sandrini, Cléo de Mérode, Piodi, Invernizzi, Mante, Robin, etc.; — de divers théâtres : MM^{mes} Brandès, Moreno, Amel, Simon-Girard, Muller, Yahne, Marie Magnier, Félicia Mallet, Alice Bonheur, Marthe Régnier, M. Ryter, etc.

41. — Au-dessous de cette élite, il y a d'autres cercles importants à Paris : le *Grand Cercle* (16, boulevard Monmartre), le *Cercle artistique et littéraire* de la rue Volney (président, M. Tillier), le *Cercle National et Colonial* (5, avenue de l'Opéra, président : M. Ratier, sénateur et avoué), etc.; ils n'ont pas encore fixé les regards des annalistes.

D'autres Cercles ont eu des débuts brillants [1], mais sans lendemain, tel : le *grand Cercle républicain* que l'élévation de son fondateur, M. Waldeck-Rousseau, à la présidence du Conseil des ministres, n'a pas sauvé de la liquidation.

42. — Plusieurs Cercles parisiens portent à côté de leur dénomination officielle un sobriquet adopté par leurs membres eux-mêmes : le Cercle de l'Union artistique anciennement dit les *Mirlitons*, aujourd'hui l'*Épatant*; le Cercle artistique et littéraire de la rue Volney est surnommé les *Pieds crottés*; celui de l'Agriculture, boulevard Saint-Germain est dit Cercle des *Pommes de terre*; le Cercle qui pré-

1. Marcel Fournier, aujourd'hui directeur général de l'Enregistrement des Domaines et du Timbre. La fondation du grand Cercle républicain et le toast de M. Waldeck-Rousseau, *Rev. pol. et parlement.*, 1897, t. I, 233-247; — *id.* La fondation, l'inauguration et l'avenir (!) du grand Cercle républicain, *ibid.*, 1898, 46, 5-32.

céda le Cercle actuel de la rue Royale, le Club des *Moutards*[1] ; celui du boulevard Montmartre, les *Ganaches*[2], etc.

43. — A côté de ces Cercles « fermés », la Capitale en compte beaucoup d'autres « entrebâillés » : « Il existe encore à Paris une certaine quantité de Cercles dans lesquels les conditions d'admission sont plus ou moins illusoires et que l'on nomme « Cercles ouverts », en opposition aux Cercles fermés dont les noms précèdent » (*Paris-parisien*, 1898, Paris, Ollendorff, p. 344).

44. — Les Cercles ne sont nécessairement pas des réunions mondaines. Il en est qui poursuivent un but de propagande, d'éducation et d'assistance sociale, comme les Cercles catholiques[3], les Cercles d'étudiants, les Cercles d'ouvriers[4], les Cercles populaires[5], le Cercle de l'Union

1. De Massa et Gibert, *Hist. du Jockey-Club* (1893), p. 120.

2. Yriarte, *loc. cit.*, p. 305.

3. Le premier Cercle catholique fut établi en 1841. Fondateurs : Ambroise Rendu, Doublet; puis, MM. Beudant, Ozanam, Vatimesnil; les abbés Desgenette, Lacordaire, de Bonnechose, Bautain (depuis professeur en Sorbonne, auteur d'un livre intéressant, et qui se recommande aux avocats : *L'art de parler en public*. Hachette, 1863, in-18), etc., etc. V. A. Crié. *Cercles catholiques*. Grande encyclopédie, t. X [sans date], p. 17.

4. La fondation des Cercles d'ouvriers fut autorisée sous le second Empire. Après la guerre, ils furent réorganisés sous l'impulsion du grand orateur catholique Albert de Mun, ancien officier de cuirassiers, aujourd'hui académicien et député.
Sur leur histoire : Berryer (Henri), neveu du célèbre orateur (notamment, *Disc. prononcé à l'inauguration du Cercle catholique de Dieulefit*, 29 oct. 1876).

5. Ch. François (avocat à la cour de Lyon), Apaisement social; *les Cercles populaires. Rev. int. de Sociologie*, 1897, 1, 1-39. Raoul Allier, Cercles d'étudiants et d'ouvriers, *Semaine littéraire* de Genève, 11 juillet 1896.

syndicale ouvrière[1], constitué en 1873 par MM. Joffrin, Brousse, Chabert, Paulard, Privé, etc. ; — d'autres, un but d'étude, d'unité de vues et de camaraderie[2] entre les divers éléments de l'un des grands corps de l'État, comme les Cercles militaires[3] (Cf. *infrà*, n° 96).

45. — Relativement au mot « Cercle », comme pour beaucoup d'autres, la terminologie juridique est vacillante.

Tantôt le mot « Cercle » est pris dans l'acception du groupe des individus qui le composent et de l'association, licite ou non, qu'ils constituent. La Cour de cassation l'emploie ordinairement en ce sens.

Tantôt, il s'entend du « lieu » où se réunissent les membres de cette association. « Les Cercles sont des lieux de réunion, de conversation » (Rapport suppl., Casimir-Périer, 14 septembre 1871, sur la loi budgétaire du 16 septembre 1871).

1. On remarquera l'originalité terminologique de ce titre qui, pour renforcer l'idée, accumule les expressions dont une seule suffirait à caractériser la notion de groupement : Cercle, Union, Syndicat. Cette tautologie n'est pas rare dans les sociétés populaires. On la rencontre, dès la première Révolution.

2. Ex : parmi les associations déclarées sous la loi de 1901 : « Réunions d'officiers réserves. Objet, rapprochement instruction. Siège : Cercle militaire Laval » (*Journ. off.*, 16 février 1903, p. 1008). Cercle d'études de la jeunesse catholique nantaise (*Journ. offic.*, 8 février 1903, p. 744).

3. Des associations de ce genre existaient en Allemagne ; elles manquaient en France.

Une circulaire du ministre de la Guerre, du 13 août 1872, a été adressée à tous les généraux et chefs de corps, pour les engager à favoriser dans toutes les villes de garnison l'organisation des Cercles militaires. Le budget ne pouvait prendre à sa charge les frais de ces Cercles. Les Municipalités des principales villes de France y ont pourvu, par la mise à la disposition des Cercles militaires de locaux gratuits, par des allocations en espèces. — V. *suprà*, n° 44, et *infrà*, n° 96.

46. — Voici quelques définitions empruntées à des ouvrages juridiques récents, où la même confusion se retrouve entre l'association formée par le Cercle et le lieu de ses assemblées.

« On appelle de ce nom [Cercle] des lieux de réunions où des associés s'assemblent afin de se livrer en commun à la lecture, à des études de diverses natures, à des distractions. Les Cercles sont essentiellement des associations... » (*Rep. dr. adm.* de Béquet, v° Cercles, t. V, Paris, 1885).

« Un Cercle est un lieu de conversation, de lecture et de jeu, où l'on est admis avec l'agrément des membres de la réunion et moyennant le payement d'une somme ordinairement annuelle ou mensuelle dite cotisation. » (*Pandectes françaises*, v° Cercles, Paris, 1893).

« On donne le nom de Cercle à certaines réunions ou associations dont les membres se rassemblent dans un but déterminé. » (*Répertoire gén. alph. de Droit français*, v° Cercle, t. IX, Paris, 1892).

« Un Cercle est un groupe de personnes qui se réunissent dans un local commun pour leur agrément. » (*Pandectes belges* de Edmond Picard, t. XVII, Bruxelles, 1885, p. 474).

47. — Les lexicographes ont aperçu, plus nettement que les juristes, l'idée dominante d'association contenue dans le mot Cercle. Avant Béquet, dont nous avons reproduit la définition (1885), Littré, qui cependant n'avait pas à rechercher spécialement le sens juridique des mots, avait indiqué que le trait distinctif d'un Cercle était de former une association : v° Cercle... 7°. *Association* dont les membres se réunissent dans un lieu loué à frais communs pour s'entretenir, jouer, etc. (Littré, *Dictionn. de la langue fr.*, t. I, 1863).

MM. Hatzfeld, Darmesteter et Thomas, dans leur *Dictionnaire général de la langue française* (Paris, Delagrave, 1871-1900), ont mis en relief également l'idée principale d'association (et d'association masculine), que renferme le mot Cercle : « *Association d'hommes* qui entretiennent à frais communs un local où ils peuvent se réunir pour jouer, causer, lire les journaux, les revues, etc. » (vº Cercle).

§ 3. De quelques acceptions du mot Club (nᵒˢ 48-48ᵇⁱˢ). — Les Clubs sont originaires d'Angleterre. — Leur développement dans ce pays (nᵒˢ 49-51). — Les Clubs politiques en France (nᵒˢ 52-83).

48. — Le terme de *Club*, d'origine anglaise, mais francisé depuis plus d'un siècle, a été jusqu'à ces derniers temps employé par la langue légale pour désigner presqu'exclusivement une réunion de caractère politique.

« Il est certain qu'en anglais le mot *Club* signifie *Cercle*, mais il est certain aussi que dans notre langue historique le mot *Club* a une toute autre valeur et désigne les réunions politiques dont les annales de nos révolutions gardent le souvenir » (Le citoyen Ath. Coquerel, rapporteur du décret sur les Clubs à l'Assemblée nationale. Séance du 27 juillet 1848. *Moniteur* du 28, p. 1785).

« Le mot *Club* exprime dans la langue légale une réunion de citoyens dont les assemblées sont publiques. » (Cass. crim., 7 juin 1849, Lecomte, S. 49. I. 521).

C'est en ce sens qu'avaient été admis, à la fin du XVIIIᵉ siècle, les termes Club et Clubistes, d'abord par l'*Encyclopédie méthodique* (Panckoucke) dès 1789, et par le suppl. *Dict. Académ.*, en 1798 (v° Club. *Dict. gén. langue fr.*, Hatzfeld, etc. 1871-1900).

48bis. — Une définition juridique du Club a été proposée : « Les Clubs nous paraissent être des associations politiques se réunissant périodiquement et comprenant à la fois des membres qui constituent la société, qu'elle n'admet qu'à certaines conditions ; et des auditeurs que la tolérance des membres introduit dans la salle de leurs délibérations[1]. »

Cf. la définition d'Ameline de la Briselaine à propos de la loi du 30 juin 1881, *infrà* n° 81.

En somme, le Club politique est un être hybride qui participe à la fois de l'association et de la réunion publique.

49. — Les *Clubs* — dont l'étymologie est vague[2], — se développèrent d'abord en Angleterre ; ils furent à l'origine des réunions de convives où chacun payait son écot. Dès le xvie siècle, Shakspeare faisait partie d'un Club qui tenait séance à la Taverne de la Sirène.

Le *Calves-Head Club* (Club des Têtes de veau), sous Cromwell, comptait parmi les plus anciens. Ses membres, dont fut Milton, étaient républicains et tenaient leur assemblée générale le 30 janvier (anniversaire de la décapitation du roi Charles Ier, 30 janvier 1649). De ces origines date aussi le *Rota Club*, réunion de puritains chez Miles à New place Yard, où Milton fréquentait aussi avec Marcwell, Skinner, Harrington, Nevil, etc.

---

1. *Les Clubs, leur histoire et leur rôle depuis 1789*, par Alph. Jouet, avocat à la cour de Paris. Giard, Paris, 1891, in-8°, p. 4.

2. V. ce mot dans Littré et surtout dans Ed. Müller, *Étymol. Woerterbuch der englischen Sprache*, Cöthen, P. Schettler, 1878, I, p. 240.

Depuis, les Clubs anglais se sont multipliés sous les vocables les plus fantaisistes, — dont plusieurs pourraient bien être purement imaginaires, — et avec les objets les plus divers : le *Sealed Knot Club* (Club du nœud scellé) où se groupaient les Royalistes; le *King's Club* dont on ne faisait partie qu'à la condition de s'appeler King; le *Club des Laids*, le *Club Immortel*, le *Club de la femme qui batifole*, le *Club des Sacristains*, le *Club des Mohawks* (où l'on faisait le mal pour le mal); le Club des flammes de l'Enfer (*Hell fire Club*), société de blasphémateurs ; le Club des bourrus (*Surly Club*); le *Club des Beaux*, où l'on ne parlait que d'habits, de rubans et de modes nouvelles; le Club des Gratte-sou (*Split farthing Club*) pour les usuriers; le Club des Banque-routiers (*Unfortunate's Club*), etc., etc.[1].

50. — Les Clubs anglais actuels ont gagné en respecta-bilité ce qu'ils ont perdu de leur originalité, et parfois de leur baroquerie ancienne. Ce sont aujourd'hui des asso-

1. Consult. en anglais : — *The secret history of Clubs* of all descriptions by Ward, London, 1709, in-8°.

A compleat and humorous account of all the remarkable Clubs and socie-ties of London from Royal Society to the Lumber troop. London, 1745, in-12.

The Clubs of London with anecdote of their members. London, 1828, 2 vol., in-8°.

C. Marsch, *Clubs of London with anecdote of their members*, 1832, 2 v.

J. Timbs, *Club life with anecdote of Clubs*, coffe houses and taverns, 1866, 2 vol. — Id., *History of Clubs and Club Life*, 1872.

H. R. Tedder, v° Club, *Chamber's Encyclopædia*.

En français : L. Enault, *Londres* (les Clubs), illustr. G. Doré. Paris, Hachette, pet. in-f°, 1876, p. 364.

A. Moireau, v° Club, Angleterre et États-Unis, *Grande Encyclopédie*, t. XI. Paris, Ladmiraut (sans date).

Les Clubs et les sociétés de dîneurs de Londres. *Rev. britann.*, 1898.

ciations où se groupent les gens de la même éducation ou de la même profession. Ils sont au premier rang des institutions de ce genre dans les deux Mondes ; ce sont eux qui ont fourni le modèle des Cercles qui se sont formés dans les autres pays.

Parmi les grands Clubs de Londres, il convient de citer d'abord : l'*Athenæum Club*, fondé en 1824, presqu'une Académie. L'honneur d'en faire partie est très recherché. Le duc d'Aumale en était membre. (Il faut de 16 à 17 ans de stage avant que n'arrive pour le candidat son tour de « ballot ».) Puis *Albemarle* (1875), pour dames et Messieurs ; *Army and Navy* (1838) ; *Arthur's* (1765), société ; *Arts* (1863) ; *Author's* ; *Automobile* (1897) ; *Bachelor's* (1881), dames admises ; *Bath* (1894), société, natation, sport ; *Boodle's* (1762), société ; *Brooks's* (1764), libéral ; *Burlington fine arts* (1866), expositions ; *Carlton* (1882), conservateur ; *Cavalry* (1890), cavalerie militaire ; *City Conservative* (1883) ; *City Liberal* (1874) ; *Cocoatree* (1746), société[1] ; *Conservative* (1840) ; *Constitutional* (1883), conservateur ; *Cosmopolitan*, conversation ; *Devonshire* (1875), libéral ; *East India United Service* (1849) ; *Garrick* (1831) ; *German Athenæum* (1869), divertissements ; *Grillion's* (1812), parties de déjeuners ; *Guards'* (1813), officiers ; *Golfers* (1893), golf ; *Imperial Forces* (1901), officiers ayant servi dans l'Afrique du Sud ; *Isthmian* (1882) ; *Junior Army and Navy* (1869) ; *Junior Athenæum* (1864) ; *Junior Carlton* (1864) ; *Junior United Service* (1827) ; *Literary* (1762) ; *National* (1845), église d'Angleterre ; *National Liberal*

---

1. V. *suprà*, n° 16 et s., l'origine de ce doyen des Clubs.

(1882); *National Sporting* (1892); *National union* (1887), unionistes; *New Athenæum* (1878); *New university* (1863); *Oriental* (1824); *Orleans* (1877); *Oxford-Cambridge* (1830); *Press* (1882); *Reform* (1836), libéral; *St. George's* (1874), comité; *St. Stephen's* (1870), conservateur; *Salisbury* (1880), dames admises; *Savage* (1857), littérature théâtre, etc.; *Saville* (1868); *Scottish* (1879); *Thatched House* (1865), société; *Traveller's* (1819); *Turf* (1868); *Union* (1822); *United Service* (1815); *White's* (1730); *Windham* (1828).

51. — Les clubs font partie de ces nombreuses associations pour lesquelles le Parlement anglais n'a pas légiféré, et qui « ne se trouvent soumises qu'au *Common law*[1]. »

52. — Après la tentative avortée de l'abbé Alary au commencement du XVIIIe siècle, avec le « Club de l'Entresol » (v. supra n° 17 et s.), l'institution des clubs fut réimportée d'Angleterre en France sous Louis XVI par le duc d'Orléans, qui avait été à Londres membre du Club de « Je ne sais quoi ».

53. — Mais avec le mouvement révolutionnaire, les Clubs deviennent presque immédiatement politiques[2]. La première République subit l'influence de Clubs célèbres, les uns se

---

1. Gore-Brown, *Les Associations sans but lucratif en Angleterre*, Clunet, 1903, p. 5.

Cependant, l'Angleterre, dans son récent *Licensing act*, en vigueur depuis le 1er janvier 1903, vient de soumettre les Clubs à de nouvelles mesures administratives et fiscales (v. *infrà*. Questions fiscales).

2. Sur les Clubs politiques aux États-Unis, en Angleterre, — V. D. R. Ryan, Clubs in politics, *North american revew*, février 1888.

A. Ebray, Les Clubs politiques anglais. *Rev. pol. parlem.* Paris, 1898, 43, 16-42.

ruant à la destruction de l'ordre ancien; les autres, luttant surtout contre le désordre présent [1].

Parmi les Clubs révolutionnaires : le Club ou Cercle Social [2], le Club des Jacobins, le Club des Cordeliers, etc.

54. — Le *Club des Jacobins* est le plus célèbre de tous; son nom sert encore, dans le langage de la polémique, pour désigner les sectaires contemporains; il loue un local dans le couvent des Jacobins d'Honoré (non loin du manège où siégeait l'Assemblée). D'abord secret, composé des députés notables de la majorité, puis de l'élite de la population parisienne, hommes de lettres, avocats; il a pour Président, en février 1790, le duc d'Aiguillon; en janvier 1791, le prince de Broglie. Il s'intitule d'abord Société des amis de la Constitution, jusqu'au 10 août 1792; après, Amis de la liberté et de l'égalité. Robespierre en devint l'orateur écouté [3].

1. Sur les Clubs révolutionnaires et contre-révolutionnaires de cette époque, il y a des sources manuscrites précieuses à consulter (Archives, Bibliothèque nationale, etc.). V. Tuétey, *Rép. gén. des sources manuscrites de l'hist. de Paris pendant la Révolution française*, tabl. alphab., vo Club, p. 495 et vo Société, 577. Pour les sources imprimées, v. A. Tourneux, *Bibliogr. de l'hist. de Paris pendant la Révol. fran.* Paris, 1890, gr. in-8o. Introduction, p. XL et *passim*.

F. A. Aulard en présente un bon tableau : Clubs pendant la Révolution. *Grande Encyclopédie*, t. XI (sans date), p. 723.

2. Programme du club : « bannir la haine de la terre, pour n'y laisser subsister que l'amour. » On était à la veille de s'entregorger avec une furie qui n'a pas encore été dépassée !

3. A. Aulard, *La Société des Jacobins*, 1889-95, 6 vol. in-8o, Paris, Jouaust, 1889 (patronage du Conseil municipal de Paris).

D'une façon générale : *La Revue de la Révolution*, par Ch. d'Héricault et J. Bord, 1883-89, in-8o. — *La Révolution française*, dirigée par Dide et Aulard (1882-1896, 30 vol.), in-8o, 2 vol. de Tables. Lavisse et Rambaud, *Histoire générale*, t. VIII (1896), la Révolution française, pp. 101, 123, 161.

55. — Le *Club des Cordeliers*[1] établi d'abord dans le couvent de ce nom, puis transporté en 1791 dans la salle du Musée, rue Dauphine, jusqu'à sa disparition (1794). Ses membres notables sont Danton, Camille Desmoulins, Fabre d'Églantine, Marat, Hébert, Anacharsis Clootz, Fournier l'Américain, Vincent, Fréron, etc.; c'est à ce Club que l'héroïne révolutionnaire Théroigne de Méricourt[2] rem-

1. Ce Club publiait, sous la direction du célèbre écrivain Camille Desmoulins, un journal, le *Vieux Cordelier*, dont le dernier n° parut le 3 février 1794; son rédacteur montait sur l'échafaud le 5 avril suivant.

Un polémiste vigoureux, Urbain Gohier, annonce l'intention de reprendre la publication du pamphlet révolutionnaire (*La Raison*, 1er février 1903).

2. Sur Théroigne de Méricourt, il convient de ne consulter qu'avec la plus extrême réserve, soit les journaux royalistes de l'époque (Actes des Apôtres, etc.), soit les historiens postérieurs (Lamartine, *Les Girondins*, 1847; Michelet, *Hist. de la Révolution*, 1849, etc.). Les études vraiment critiques sont : Marcellin Pellet, *Étude hist. et biogr. sur Théroigne de Méricourt* (1884); L. Lacour, *Trois femmes de la Révolution*. Paris, Plon, 1900. Théroigne de Méricourt, p. 95 (très documenté).

M. Paul Hervieu de l'Académie française, vient d'évoquer cette figure révolutionnaire, un peu effacée, en un beau drame, intitulé *Théroigne de Méricourt* (Paris, Lemerre, 1902, 1 vol. in-18) et représenté pour la première fois au théâtre Sarah Bernhardt, le 23 décembre 1902. En « la belle Liégeoise », tour à tour enthousiaste, idyllique, cruelle et désillusionnée, l'auteur a voulu symboliser la Révolution. Le personnage est admirablement rendu par Madame Sarah Bernhardt; une fois de plus, l'illustre artiste s'est montrée la première tragédienne de notre temps. A côté d'elle : MM^mes Blanche Dufrêne (la *Nini l'Assommeur*, de la curieuse pièce de Maurice Bernhardt; porte Saint-Martin, en 1902), notable en Marie-Antoinette, Patry, Seylor, Dolley, Marcya, Lornay; MM. de Max, Magnier, Arquillière, Céalis, Chevalet, Desjardins (notable en Sieyès, etc.). — V. une contre-partie satirique, *A la Folie-Méricourt*, par Georges Thiébaud, *L'Éclair*, 15 janvier 1903.

Presqu'en même temps, M. Hervieu partageait le succès de l'année, à la Comédie-Française (*L'énigme*. Interprètes : Mmes Bartet, Brandès; MM. Le Bargy et Silvain), avec son spirituel confrère à l'Académie

porta le plus beau succès de sa carrière au mois de mars 1790, en développant une motion tendant à construire un temple à l'Assemblée Nationale.

Ce discours est rapporté par Camille Desmoulins[1]; il emprunte peut-être son tour oriental à l'éloquence imagée du fameux journaliste : « Une jeune dame veut absolument entrer au Sénat... à sa vue, l'enthousiasme saisit un honorable membre, il s'écrie : c'est la reine de Saba qui vient voir le Salomon des districts[2]! »

56. — Au nombre des Clubs qualifiés de contre-révolutionnaires parce qu'ils tenaient, soit pour le régime ancien libéralement modifié, soit pour un *rerum novus ordo*

française, Henri Lavedan (le *marquis de Priola*. Interprètes : Mmes Bartet, Sorel; M. Le Bargy, etc.), — le grand tragédien Mounet-Sully, officier de la Légion d'honneur, étant doyen. (En 1902 : Administrateur général, M. Jules Claretie, de l'Académie française. Conseil d'administration : MM. Mounet-Sully, Coquelin cadet, Silvain, Baillet, Le Bargy, Leloir; Supplts : Truffier, Albert Lambert fils ; Contrôleur général : Duberry.)

1. *Révolutions de France et de Brabant*, no 14.

2. L. Lacour, *Trois femmes de la Révolution*, Paris, 1900, 1 v. in-8o, Théroigne de Méricourt, p. 198.

Est-ce à ce succès éphémère que Théroigne de Méricourt — qui trois ans plus tard, le 15 mai 1793, devait perdre la raison sous l'outrage d'une fessée publique, administrée par les Tricoteuses, en pleine terrasse des Feuillants, — dut alors l'honneur douteux de se voir dédier un des ignobles pamphlets répandus en grand nombre contre Marie-Antoinette ? : « *Le b....l national sous les auspices de la Reine*, à l'usage des confédérés provinciaux, dédié et présenté à Melle Théroigne, présidente du district des Cordeliers et du Club des Jacobins, à Cythère et dans tous les b....ls de Paris, 1790, in-8o. B. N. 4e 39. no 3287 (A. Tuétey, *Rép. gén. des sources manuscrites de l'hist. de Paris pendant la Révolution française*, t. II (Paris, 1892), no 1190. Procès-verbal de saisie chez un marchand de vins au passage de Valois; 22 juillet 1790).

En revanche, Marie-Antoinette lisait habituellement les *Actes des Apôtres*, pamphlet aristocratique où Théroigne était malmenée (v. Tuétey, *loc. cit.*, t. II, p. 63, saisie des Actes des Apôtres, en mars 1790).

fondé sur la liberté pour tous plutôt que sur la tyrannie au profit de quelques-uns, il convient de citer : le Club des Feuillants [1], le Club de Valois, le Club monarchique, le Salon français, le Club des Échecs, le Club des Fédérés, le Club de 1789, le Club de la Sainte-Chapelle, le Club de la Réunion, le Club de Clichy, le Club de Salm, le Cercle constitutionnel, etc.

57. — Les clubs révolutionnaires [2] ne tardèrent pas à l'emporter sur les autres, la proscription suppléant à la controverse [3] ; sous l'influence des Jacobins, ils s'essaimèrent

1. Le Club des Feuillants, le plus célèbre d'entre eux, né par scissiparité du Club Breton et du Club des Jacobins, siégeait dans l'ancien couvent des Feuillants, en face la place Vendôme, près des Tuileries et du couvent de l'Assomption. En 1804, sous la percée de la rue de Rivoli, l'église et le couvent des Feuillants ont disparu. L'enclos du monastère aboutissait à la terrasse septentrionale des Tuileries, qui, de ce voisinage, prit le nom de Terrasse des Feuillants (v. A. Challamel, *ouvr. cité*, ci-après p. 278; Ed. Drumont, *Mon vieux Paris*, 2e série, p. 14-22. Paris, Flammarion, 1896; excellente reconstitution du quartier, avec plan).

Parmi ses membres, à des époques différentes : Beugnot, Dumas, Lafayette, Le Chapelier, Pastoret, Vaublanc, Mirabeau, Bailly, Laclos, Lacretelle, Barère, J.-J. Mounier, Dubois-Crancé, duc d'Orléans, Boissy d'Anglas, Sieyès, Talleyrand, Rewbel, l'avocat Bouche, qui, dès 1791, nous est un témoin de la répercussion fâcheuse du désordre révolutionnaire sur le barreau, et signale « l'abus de douze ou quinze avocats qui étaient comme des espèces de limiers autour du Palais, chassaient les plaideurs et s'emparaient de toutes les affaires » (v. l'excellente monographie de notre confrère Edmond Seligman, *la Justice en France pendant la Révolution*. Paris, Plon, 1901, 1 v. in-8o, p. 350).

V. sur les Feuillants, et les autres clubs modérés, A. Challamel, *Les Clubs contre-révolutionnaires*, etc., Paris, Quantin, 1 v. fort in-8o, 1895 (ouvrage très documenté).

2. V. la monographie de A. Jouet, *Les Clubs, leur histoire et leur rôle depuis 1789*. Paris, Giard, 1891, in-8o, p. 16-158.

3. « Tu as goûté au moyen le plus sûr d'avoir toujours raison ; tu ne te déshabitueras plus de tuer le contradicteur, de tuer pour qu'on se

rapidement dans toute la France; après la chute de la
Royauté au 10 août 1792, il y en eut bientôt autant que
de communes[1]; une affiliation habile les relia au Club
Jacobin central de Paris, et par l'intermédiaire de celui-ci,
ils prirent entre eux un contact que leur dispersion sur le
territoire rendait malaisé[2]. Ils surent ainsi ramasser les

taise » P. Hervieu, *Théroigne de Méricourt*, act. V, sc. VIII, p. 223
(Paris, Lemerre, 1902).

1. Lire sur la subite floraison, l'organisation collective et l'influence
de ces Clubs, les pages admirables que Taine leur a consacrées dans les
Origines de la France contemporaine, t. II. La Conquête jacobine
(Paris, Hachette, 1881), p. 45-49.

V. l'organisation d'un Club de province au début de la Révolution
(1791-1793). Pierre Bliard, *Études des Pères de la Cie de Jésus*. Paris,
20 oct. 1902, p. 165.

2. «A regarder de loin, nulle société [le Club des Jacobins] n'est plus
digne de conduire l'opinion; de près, c'est autre chose; mais, dans les
départements, on ne la voit qu'à distance; et, selon la vieille habitude
implantée par la centralisation, on la prend pour guide parce qu'elle
siège dans la capitale. On lui emprunte ses statuts, son règlement, son
esprit; elle devient la société-mère et toutes les autres sont ses filles
adoptives. A cet effet, elle imprime leur liste en tête de son journal, elle
publie leurs dénonciations, elle appuie leurs réclamations : désormais,
dans la bourgade la plus reculée, tout Jacobin se sent autorisé et soutenu, non seulement par le Club local dont il est membre, mais encore
par la vaste association dont les rejets multipliés ont envahi tout le territoire et qui couvre le moindre de ses adhérents de sa toute-puissante
protection. En échange, chaque Club affilié obéit au mot d'ordre qui lui
est expédié de Paris, et du centre aux extrémités, comme des extrémités
au centre, une correspondance continue entretient le concert établi.
Cela fait un vaste engin politique, une machine aux milliers de bras qui
opèrent tous à la fois, sous une impulsion unique, et la poignée qui les
met en branle est rue Saint-Honoré aux mains de quelques meneurs.
Nulle machine plus efficace : on n'en a jamais vu de mieux combinée
pour fabriquer une opinion artificielle et violente, pour lui donner les
apparences d'un vœu national et spontané, pour conférer à la minorité
bruyante les droits de la majorité muette, pour forcer la main au gouvernement » (Taine, *loc. cit.*, t. II, p. 56).

débris de l'autorité épars sur le sol ; et au moyen des corps électifs issus de leurs conciliabules, ils s'emparèrent de la réalité du pouvoir[1].

La longueur de cette citation a son excuse dans le plaisir que le lecteur trouvera à relire cette page du grand historien. Elle contient en outre un enseignement précieux sur l'efficacité du principe de l'Association elle-même, objet principal de notre étude.

Il en ressort que des hommes actifs, décidés, vigilants, en se groupant, s'organisant, se concertant, peuvent créer une force capable d'incliner l'opinion publique, et d'influer sur l'orientation du gouvernement lui-même. Si une telle organisation est possible pour détruire la chose commune et servir la fortune particulière de médiocrités sans scrupules, pourquoi ne le serait-elle pas pour défendre la chose commune au profit de tous, par le désintéressement de quelques-uns ?

Depuis le 1er juillet 1901, les Associations et même les Fédérations d'Associations sont libres en France. Les « Ligues » ont remplacé les Clubs. Certaines aspirent à la succession de la fameuse « Société des Jacobins, amis de la liberté et de l'égalité ». Il peut s'en former d'autres pour empêcher que la liberté et l'égalité ne soient confisquées par ceux-là mêmes qui prétendent les défendre. La masse du peuple, indifférente et vouée aux nécessités journalières, distinguera peut-être ses véritables serviteurs ; elle ira aux plus actifs.

Dans tous les cas, l'empire des âmes n'a jamais appartenu qu'à ceux qui tentent de le conquérir : *Violenti illud rapiunt ;* mais toute conquête exige du courage, de l'intelligence et de la discipline.

1. « Rien n'échappe à l'arbitraire des Clubs..... Ainsi, partout le Club règne ou se prépare à régner. D'une part, aux élections, il écarte ou patronne les candidatures et vote presque seul ; à tout le moins il fait voter ; en définitive c'est lui qui nomme ; et il a de fait, sinon de droit, tous les privilèges d'une aristocratie politique. D'autre part, il s'érige spontanément en comité de police, il dresse et fait circuler la liste nominative des malveillants, suspects ou tièdes ; il dénonce les nobles dont les fils ont émigré, les prêtres insermentés qui continuent à résider dans leur ancienne paroisse, les religieuses « dont la conduite est inconstitutionnelle » ; il excite, dirige ou gourmande les autorités locales ; il est lui-même une autorité supplémentaire, supérieure, envahissante » (Taine, *loc. cit.*, t. II, p. 54).

Ces pages de Taine sont à relire pour les esprits libres, qui se refusent à voir dans la Révolution française un fait d'ordre quasi surna-

58. — Après avoir pris son point d'appui sur ces Clubs, le Gouvernement central trouva leur joug pesant[1]. La législation des Clubs pendant la Révolution[2] nous montre tour à tour ses efforts pour le secouer, — et ses capitulations.

Les associations politiques se réclamaient de la « Déclaration des droits de l'homme et des citoyens » dont l'art. 2 porte : « Le but de toute *association* politique est la conservation des droits naturels et imprescriptibles de l'homme. Ces droits sont la liberté, la propriété, la sûreté et la résistance à l'oppression[3]. »

turel et à admettre la substitution d'une nouvelle religion aux anciennes. « Notre *Sainte* Révolution » (Archives de la presse, corresp. gén., 23 thermidor an VII, cité par Vandal, p. 61). — Robespierre et Collot d'Herbois échappent à une tentative d'assassinat ; « que le fanatique trouve dans ses livres mensongers mention d'un *miracle* plus frappant ! » procès-verbal du Club. *Les Jacobins au Village*, par F. Martin, Paris, 1902, p. 165-66.

Lire : *Oratoire et Laboratoire* (p. 233-267), *Science et Religion* (p. 268-289), *Méditation* (p. 282) dans Campagne nationaliste (Paris, Maretheux, 1902, 1 v. in-18), par Jules Soury, directeur d'étude à l'école pratique des Hautes Études à la Sorbonne. C'est à ce savant éminent qu'est dû l'ouvrage magistral paru chez Carré et Naud (Paris, 1899, 2 vol. tr. gr. in-8º), intitulé *Le système nerveux central*, Structure et fonctions, Hist. critique des théories et des doctrines. Quoique ce livre s'éloigne de nos études, on y consultera utilement la substantielle analyse des idées exprimées par Aristote dans sa *Politique*, sur l'état de lutte des êtres, la guerre, la sociabilité de l'homme, etc. (t. I, p. 241 et s.)

Cf. Renan, *Questions contemporaines* (Paris, 1869, M. Lévy, in-8º), l'avenir religieux des sociétés modernes, p. 332 et s.

Melchior de Vogüé, *Discours aux Étudiants*. Paris, Colin, 1900, p. 94. — Émile Zola, *ibid.*, p. 94. — Anatole France, *ibid.*, p. 119.

1. « Ceux qui ont fait des révolutions ne souffrent pas qu'on en veuille faire après eux. » Anatole France, *Jardin d'Épicure*, Paris, 1895, p. 75.

2. Se référer pour cette législation spéciale à l'excellente analyse présentée par F. A. Aulard, *La société des Jacobins*, loc. cit., t. I, p. LXI.

3. Il y a plusieurs « Déclarations des droits de l'homme » ; la première

59. — Dès le 1ᵉʳ décembre 1789, le Comité de Constitution propose : « Pourront les citoyens se former paisiblement *jusqu'au nombre de trente* ». C'était la suppression du Club des Jacobins et des Sociétés populaires. Mirabeau proteste. Le Comité transige et fait voter l'art. 62 de la loi municipale du 14 décembre 1789, limitant le droit des sociétés populaires à la rédaction « des adresses et pétitions sous condition de donner avis aux officiers municipaux du temps et lieu de ces assemblées ».

en date est celle dont nous reproduisons l'art. 2 ; adoptée par la Constituante, du 20 au 26 août 1789, et par le Roi, le 5 octobre 1789.

L'idée d'une « Déclaration » n'est pas originale. Ce n'était qu'une importation américaine. Le fait est avéré par le rapporteur du Comité de Constitution (Mounier, Talleyrand, Sieyès, Mirabeau, etc.) qui était un archevêque — circonstance inconnue peut-être de la plupart de ceux qui invoquent la célèbre Déclaration — Champion de Çicé, archevêque de Bordeaux : « Cette noble idée, *conçue dans une autre hémisphère*, devait de préférence se transplanter d'abord parmi nous. » (Rapport à la séance du 27 juillet 1789. *La Déclaration des droits de l'homme*, Paris, Hachette, 1901, p. 34.) Voir « Déclaration des Droits, qui appartiennent à Nous et à Nos descendants, etc... rendue par les Représentants du bon peuple de Virginie », le 1ᵉʳ juin 1776 (*ibid.*. p. 11); Déclaration de l'indépendance du Congrès de Philadelphie, le 4 juillet 1776 (*ibid.*, p. 63); Constitution de la République de Pensylvanie du 15 juillet-26 septembre 1776 (*ibid* , p. 15).

La seconde « Déclaration » fut adoptée par la Constituante, les 2-3 septembre 1791, avec le texte de la Constitution. Ces textes reçurent la sanction royale, sous forme de serment prêté par Louis XVI, à la Nation et à la Loi, en pleine Assemblée, le 14 septembre 1791.

Un projet de Déclaration des droits, présenté à la Société des Jacobins par Maximilien Robespierre, fut adopté le 21 avril 1793 (37 articles), par le Club, mais la Convention le repoussa ; elle en adopta successivement trois autres, le 29 mai 1793 (v. texte, *loc. cit.*, p. 74 ; le 23 juin 1793 (v. p. 79); enfin le 5 messidor an III (texte, *ibid.*, p. 90).

La Chambre des députés a voté les 14 et 17 mai 1901, l'affichage de la « Déclaration des Droits » de 1791 et de 1793 dans les Écoles, les Églises, les Casernes, etc.

V. Boutmy, *Ann. sc. pol.*, 1902, p. 415; Jellinek, *Rev. dr. publ.*, 1902, p. 385.

Les expressions de *Société* ou *Club* n'apparaissent que dans l'art. 14, tit. I, du Décret de police municipale des 19-22 juillet 1791. La déclaration des lieux et jours de de réunion est exigée sous peine d'amende.

Un Décret des 29-30 septembre 1791 interdit aux « Clubs sociétés, associations de citoyens » d'avoir « sous aucune forme, une existence politique[1] ».

Sous la Législative, les Clubs ont passé à travers les mailles de la loi; ils se sont multipliés. Ils sont dénoncés le 1er juillet 1792 à la Tribune comme étant « d'accord avec Coblentz ».

En 1793, le pouvoir des Jacobins domine la Convention : décret du 25 juillet 1793 qui interdit d'inquiéter les sociétés populaires.

60. — Avec Thermidor (10 thermidor an II, 28 juillet 1794), la Convention passe sous une autre influence. Les Comités du gouvernement ferment le Club des Jacobins, le 21 brumaire an III[2].

Sur le rapport des Comités de salut public, de sûreté générale et de législation, — Décret de la Convention, en date du 6 fructidor an III : « Toute assemblée connue sous le nom de Club ou Société populaire est dissoute. »

Telum imbelle sine ictu ! Car l'art. 362 de la Constitution de l'an III admettait l'existence des sociétés à condition que leurs séances ne fussent pas publiques, et qu'elles

1. Le Décret est précédé d'un rapport sur les Sociétés populaires, etc., rédigé par Le Chapelier. Le gouvernement a été heureux du concours de ces « Sociétés »; mais elles sont devenues des alliés encombrants (le texte est à lire *in extenso*, A. Aulard, *loc. cit.*, t. I, p. xcxv); le Gouvernement voudrait bien s'en débarrasser.

2. V. procès-verbal de fermeture, Aulard, *loc. cit.*, I, p. ci.

s'abstinssent de correspondre et de s'affilier avec d'autres sociétés[1].

Aussi comme la tendance naturelle de toute Congrégation dispersée est de se rejoindre, les Jacobins essayèrent-ils de se reformer au Panthéon sous le nom de *Société du Panthéon*, puis à l'aide de filiales : les *Patriotes de 89*, le *Cercle de fer*[2].

61. — Le Gouvernement, mis en garde par le passé, prit ses mesures contre un rival renaissant.

Les Conseils sont invités par un message du Directoire exécutif du 9 vendémiaire an IV « à statuer d'une manière positive sur la nature des sociétés ou réunions politiques des citoyens »; ils répondirent, comme d'usage, par la nomination d'une Commission.

La procédure parlementaire était lente au gré du Directoire ; par simple arrêté du 9 ventôse an IV, il ferma tous les Clubs. Les Conseils n'intervinrent pas.

La Commission nommée continua à fonctionner. Rapport de Mailhe le 8 germinal an IV (publié au *Moniteur*, XXVIII, 88 et s.). Débat fixé, et successivement ajourné. Enfin la loi du 7 thermidor an V dispose : « Toute société particulière s'occupant de questions politiques est provisoirement suspendue. »

Mais l'influence jacobine reprend le dessus au 18 fructidor an V, et une loi du lendemain (19 fructidor) rétablit ce qui était aboli : « La loi du 7 thermidor (an V), relative aux sociétés particulières, s'occupant de questions politiques, est rapportée. Toute société particulière s'occupant de

1. Aulard, *loc. cit.*, ibid.
2. Aulard, *loc. cit.*, ibid.

questions politiques, dans laquelle il serait professé des principes contraires à la Constitution de l'an III, acceptée par le peuple français, sera fermée. »

Nul n'aura de *liberté* hors nous et nos amis.

62. — Les temps aidant, car pour « recréer un courant d'énergie contre l'étranger, il paraît utile de rendre la main aux associations politiques, ces forges du patriotisme [1] », la Société des Jacobins tente une résurrection. Le 18 messidor an VII, le fameux Club se réinstalle dans la salle du Manège « l'un des lieux sacrés de la Révolution où avaient siégé la Constituante, la Législative, la Convention [2] ». Ses menaces de restaurer la tyrannie sanguinaire de 1793 provoquent une réaction dans le public [3]. Le principe de la liberté de réunion et d'association est mis en question par des écrivains écoutés [4].

1. Lire dans le livre, de tout premier ordre, de M. Albert Vandal, de l'Académie française (*L'avènement de Bonaparte*, Paris, Plon, 1903), les efforts faits par les terroristes de la « Société des amis de l'Égalité et de la Liberté » pour ressaisir la domination, dans le dessein avoué « d'immoler des milliers de victimes aux mânes de Robespierre et de Babœuf » (p. 103 et s.). *Adde* : (Rapports de la police militaire du 20 au 25 messidor an VII. *Archives de la guerre. Corresp. gén.*).

2. A. Vandal, *loc. cit.*, p. 103.

3. « Il semble que les Jacobins se chargent d'être l'épouvantail de tous les principes de liberté pour empêcher que la nation ne s'y rallie » (Extrait d'une lettre de Mme de Staël (Archives de Coppet). A. Vandal, *loc. cit.*, p. 109).

4. Rœderer conclut dans une brochure : « La loi ne doit plus autoriser que les sociétés politiques dont le nombre des membres n'excède pas *cinquante* » (A. Vandal, *loc. cit.*, p. 110). L'éminent historien voit dans cette proposition le germe de l'art. 291 du Code pénal qui nous a régi jusqu'au 1er juillet 1901 et qui interdisait les réunions non autorisées de plus de *vingt* personnes.

63. — D'autre part, les Anciens, qui siégeaient égalelement au Manège, acceptent difficilement le partage de l'édifice sacré avec une société particulière, de complexion aussi vivace [1] et d'humeur aussi conquérante ; ils la boutent dehors (8 thermidor an VII).

La société, vouée aux couvents de Jacobins, en trouve un autre, converti en Temple de la Paix, rue du Bac. Le Club des Jacobins, sous la dénomination atténuée de « *Réunion* d'amis de l'Égalité et de la Liberté », se croit plus solide que jamais ; il crée un journal officiel : le *Journal des hommes libres*.

Mais les Conseils, non moins inquiets que le gouvernement, le sollicitent de les prémunir, les uns et les autres, contre les empiètements renouvelés des sociétés particulières (13 thermidor an VII). Le Directoire répond par un message, accompagné d'un rapport de Fouché, ministre de la police, sur les « Sociétés ».

Il y fait l'aveu de son impuissance légale et réclame des modifications dans la Constitution.

64. — En attendant, le Directoire prononce, le 26 thermidor an VII [2], la fermeture de la « Réunion des amis de

Le germe est plus ancien. Il est contenu dans la motion faite par le Comité de Constitution à l'Assemblée Constituante du 1er décembre 1789, v. supra, n° 59.

1. Sur cet essai de restauration, en 1799, du Club des Jacobins, voir la série des écrits de la Société, et aussi la liste des pamphlets, dont quelques-uns possèdent des titres aussi longs qu'humoristiques, *apud* Maurice Tourneux, *Bibliographie de l'histoire de Paris pendant la Révolution française*, t. II (1894), p. 454 et s., n°s 9917-9973.

2. V. dans le n° du 27 thermidor an VII du *Journal des hommes libres*, la description « de forts piquets de cavalerie », qui se portent sur le Club, l'apposition des scellés, etc. (Aulard, *loc. cit.*, p. CIII, note 1).

l'Égalité », c'est-à-dire du nouveau Club des Jacobins.
Trouva-t-elle un autre local? L'histoire l'ignore, car à partir
de ce moment, plutôt combattu que protégé par l'opinion
publique, le Club redoutable rentre dans l'ombre[1].

C'est l'appareil, dont nous avons vu le déploiement, contre les couvents de femmes non autorisés et les Écoles congréganistes dans l'automne de 1902, et en février 1903 contre les religieuses du Saint-Esprit
à Lesneven (commissaire de police de Brest : Mœrdès), en vertu des
art. 13, 14 et s. de la loi sur le contrat d'association du 1er juillet 1901.

« La nature est plus vaste que ne croient les dragons philosophes », —
dit un délicat « surate » du *Jardin d'Épicure* d'Anatole France (Paris, 1895,
p. 164), intitulé « Sur les couvents de femmes », et dédié à E. Rod.
« Le cloître a été pris d'assaut et renversé. Ses ruines désertes se sont
repeuplées » (A. France, *ibid.*, p. 155). Et encore : « Les rêves du sentiment et les ombres de la foi sont invincibles; et ce n'est pas la raison
qui gouverne les hommes » (A. France, *ibid.*, p. 39).

1. Ainsi se termina le rôle du Club des Jacobins. V. les dures appré-
ciations de P.-J. Proudhon sur les Jacobins, « ces épurateurs éternels »
(*de la Justice dans la Révolution et dans l'Église,* nouveaux principes de
philosophie pratique adressés à S. E. Mgr Mathieu, cardinal-archevêque
de Besançon. Paris, Garnier, 1858, in-12, t. II, p. 405; *ibid.*, t. III,
p. 580, etc.). — Sur l'aboutissement actuel du grand mouvement de la
Révolution, Urbain Gohier, *Hist. d'une trahison*, Paris, 1903, p. 221.

Quoi qu'il en soit, les Jacobins furent d'irréductibles « patriotes »;
qu'on veuille se reporter aux discours applaudis à leurs clubs!

Parmi les « descendants des patriotes de 1792 et 1793 » (Francis de
Pressensé, Chambre des députés, 19 janvier 1903. *Journ. off.* 20 janvier,
p. 87, col. 1), les uns, tout en se disant « internationalistes au point de
vue de la fraternité des peuples » (*ibid.*), repoussent le qualificatif de
« sans-patrie » (F. de Pressensé, *ibid.*); ils tiennent pour « l'internatio-
nalisme de la liberté et de la démocratie » (J. Jaurès, vice-président de
la Chambre des députés, séance du 23 janvier 1903. *Journ. off.* du 24,
col. 1, p. 181) et pour « la patrie sociale européenne »; les autres répudient nettement l'idée de patrie : « La patrie n'est qu'un mot » (*Nouveau
manuel du soldat*, 2e édit. Fédération des Bourses du Travail, 3, rue du
Château-d'Eau, Paris, 1902, 1 br. in-12, p. 7). « Faire le signe de croix
ou saluer le drapeau dénote la même triste mentalité » (*ibid.*, p. 29).

Il suffira de relire les discussions entre Montagnards, à la société des

Le Directoire, en communiquant aux Conseils cet acte d'énergie, insiste pour la confection d'une loi sur les sociétés politiques (26 thermidor an VII). Nouvelle commission : discussion sans résultat ; plusieurs projets présentés et renvoyés à la commission (26 fructidor an VII). Pendant que celle-ci élabore doucement son œuvre, une solution définitive intervient. Le 18 brumaire an VIII est

Jacobins en 1793 et 1794 (Aulard, *loc. cit.*, t. V et VI) pour comprendre que de tels propos eussent valu la guillotine à leurs auteurs, pendant la grande Révolution.

Cependant le général André, ministre de la guerre, paraît encore attardé dans les préjugés, dont les membres les plus distingués de la majorité ministérielle ont déjà secoué les lisières : « le drapeau représente la patrie. Nous entendons l'entourer de tous les honneurs dont nous sommes capables » (général André, Chambre des députés, 31 janvier 1903, p. 348, col. 3. *Journ. off.*, 1er février).

Cet attachement aux anciennes idées avait déjà valu au Ministre de la guerre le blâme d'une partie de ses amis (E. Lhermitte « Tête à Droite ». *L'Aurore*, 25 janvier 1903), mais un des rédacteurs les plus considérables de ce journal, Anatole France, pourra fournir au général André un motif de circonstance atténuante : « A tout considérer, les vieux préjugés sont moins funestes que les nouveaux. Le temps en les usant les a rendus polis et presqu'innocents » (*Jardin d'Épicure*, p. 86).

Sur l'idée de « patrie », — voir le célèbre discours de Jules Lemaître, de l'Académie française, prononcé à la *première conférence de la Patrie française*, le 19 janvier 1899 (1 broch. in-32, p. 16-21); *Opinions à répandre*, Paris, 1901, p. 83-110; p. 307), sous la présidence de François Coppée, de l'Académie française (v. les pages exquises d'Anatole France, sur F. Coppée, *Vie littéraire*, Paris, C. Lévy, 1889, t. I, p. 160; t. III (1898), p. 289; — sur J. Lemaître, v. *ibid.*, t. II (1890), p. 172.)

Encore sur l'idée de patrie, — voir Duclaux, *Discours aux étudiants*. Paris, 1900, Colin, p. 129). — Ernest Lavisse, de l'Académie française, *L'Armée à travers les âges*, conférence à Saint-Cyr. Paris, Chapelot, 1899, p. 14. — E. Boutroux, de l'Institut, Le Devoir militaire, *ibid.*, p. 258. — L. Legrand, conseiller d'État, *L'idée de Patrie*. Paris, Hachette, 1897, in-8º. — E. Pierret, *La Patrie en danger*, Perrin, 1900, 1 v. in-12. — F. Brunetière, de l'Académie française, *L'idée de Patrie*, 1 br. 1902. — G. Goyau,

fait[1]. Les Clubs, Associations ou Sociétés politiques sont supprimées[2].

Ainsi, presqu'au moment de sa naissance, le droit d'association s'abîme sous ses propres abus. Il lui faudra un siècle pour remonter à la surface des lois (le 1er juillet 1901).

65. — Avec la Révolution de 1848, les Clubs surgissent du sol, rapides et abondants comme une poussée de champignons après une pluie d'orage. Quelques-uns de leurs éléments sont déjà contenus, il est vrai, dans les sociétés secrètes qui, malgré la loi du 10 août 1834, s'étaient perpétuées sous le règne de Louis-Philippe, non sans avoir de temps à autre maille à partir avec la justice[3].

L'idée de Patrie et l'Humanitarisme. Paris, 1902, in-12. — Pasteur (*Discours aux Étudiants.* Association gén. des Étudiants. — Paris, Colin, 1900, p. 1). Duclaux, *ibid.*, p. 129. — R. P. Sertillanges, des Frères prêcheurs, *Le Patriotisme et la Vie sociale.* Paris, Lecoffre, in-18, 1903.

V. les idées de la Révolution sur ce sujet : J. Jaurès, *La législative, la Constituante, la Convention* (œuvre oratoire de propagande socialiste), 3 vol. in-8°, Paris, Rouff, 1902. — Edgard Quinet (dont le centenaire a été célébré à l'aide d'une subvention votée par la loi du 27 février 1903. Journ. officiel, 28 février, p. 1264), *La Révolution*, 3 vol. in-8°, 1868.

« Cet amour de la patrie, ce sentiment national, dont on a pu dire avec raison qu'il fut le fond de l'être chez Quinet », J. Chaumié, ministre de l'Instr. publ. *Journ. officiel*, 3 mars 1903, p. 1334.

1. V. le tableau saisissant de cette mémorable journée, A. Vandal, *loc. cit.* : prolégomènes (p. 268-299); le 18 brumaire lui-même (*ibid.*, p. 300); les jours suivants (*ibid.*, p. 345-445.)

2. Mais subsistèrent « les *lycées* qui sont les *clubs* du Directoire » (Tribune publique, 1er trim. an V. Goncourt, *Histoire de la soc. française pendant le Directoire.* Paris, 1864, p. 245), lycées républicains, lycée des langues européennes, lycée Marbeuf ou des étrangers, etc. Il a été vrai qu'avec Lebrun, Demoustier, disciple de Fontenelle, La Harpe, le « lycée » du Directoire, qui n'avait de commun que le nom avec celui d'Aristote, s'occupait plus d'art et de littérature que de politique.

3. La Société des « Droits de l'homme »; des « Familles », fondue dans la société des « Saisons » (Barbès, Blanqui, Caussidière, Leroux,

C'est le 24 février 1848, que la République est proclamée. Plus de 250 Clubs sont ouverts en mars; il y en a près de 500 en « avril[1]. Beaucoup de gens ayant entendu répéter que la République était le gouvernement de tous par tous, ils en concluent que chacun devait gouverner les autres ». De la meilleure foi du monde, « les avocats sans cause, les médecins sans clientèle, les hommes de lettres sans éditeurs, tous ceux enfin qui n'étaient rien éprouvèrent un immense désir d'être quelque chose ». Ces Clubs s'érigèrent en petits parlements, prétendant primer les autres et « devenant une pépinière de représentants, de ministres, de fonctionnaires publics, voire même de dictateurs[2] ».

Chaque Club avait son bureau, son règlement, ses ordres du jour, sa tribune, ses huissiers[3], ses fêtes, ses banquets[4]. On s'y répartissait en commission permanente, comité exécutif, société centrale, etc.

l'ouvrier Albert, Louis Blanc, d'Alton-Shée); des « Amis du peuple » (G. Cavaignac, Raspail, Marrast, Delescluze, Flocon, Blanqui, Fortoul, etc.); de « l'Ordre et du Progrès » (Sambuc, Trélat). Ces sociétés étaient soutenues par les journaux : la *Réforme* (Ledru-Rollin, avocat à la cour de cassation, Flocon, Ét. et Em. Arago, Ribeyrolles, Lamennais, etc.) et le *National* qui, des mains de Thiers et Armand Carrel avait passé à celles de Trélat, Bastide, Duclerc, A. Marrast, etc.

V. L. de la Hodde, *Hist. soc. secrètes de 1830 à 1848*. Paris, 1850.

V. indications judiciaires : Clunet, *Affaire de la Ligue des Patriotes*. Mémoire à consulter (trib. corr. de la Seine, 2 avril 1889), br. in-4°. Paris, Chaix, 1869. (Hist. judiciaire des sociétés secrètes), p. 43.

1. V. Alph. Lucas, *Les Clubs et les Clubistes... depuis la révolution de 1848*. Paris, Dentu, 1851, in-12.

2. Alph. Lucas, *loc. cit.*, p. 1.

3. Alph. Lucas, *loc. cit.*, p. 2.

4. C'est au sortir d'une réunion de ce genre que Gustave Flaubert écrivait ces lignes peu démocratiques : « Quelque triste opinion que l'on ait des hommes, l'amertume vous vient au cœur quand s'étalent

On y dictait au Gouvernement Provisoire sa ligne de
conduite ; on y gouvernait — en parole du moins — la
France et l'Europe.

66. — Voici quelques-uns des Clubs de 1848[1] :

Club ou *Société démocratique allemande* (mars 1848), 64,
rue Montmartre. — Président, Herwegh. Cette société
avait apposé sur les murs de Paris, cette affiche qu'un
ancien combattant de 1870-71 ne peut lire, sans sourire :
« Appel aux citoyens Français. Des armes pour les Allemands marchant au secours de leurs frères qui combattent
en ce moment pour la liberté !... Vive la France ! Vive la
Pologne ! Vive l'Allemagne unie et républicaine ! Vive
la fraternité des peuples ! » Les membres du gouvernement
provisoire leur accordent des subsides. L'unité de l'Allemagne était un but intéressant à poursuivre pour les Allemands ; l'était-il au même degré pour les Français ?

Club patriotique et républicain de l'alliance (mars 1848),
rue Madame. — Président, M. Audryane, appuyant le
gouvernement provisoire.

Club des Alsaciens, sentinelle avancée des droits de l'homme
(mars 1848), 45, rue de Grenelle Saint-Honoré. — Les
orateurs y parlaient alternativement français et allemand.
La bière de Strasbourg y remplaçait le verre d'eau traditionnel.

---

devant vous des bêtises aussi délirantes, des stupidités aussi échevelées »
(*Correspondance* de G. Flaubert, t. I, 1830-1850, p. 204, 1 v. in-18,
Paris, Charpentier, 1887). Et cependant l'illustre auteur de Madame
Bovary, de Salammbô, etc., avait eu l'avantage d'entendre à cette
réunion : MMes Odilon-Barrot, Crémieux, etc.

1. V. Alph. Lucas, *loc. cit*. (p. 9), nomenclature de ces Clubs avec
reproduction abondante de leurs programmes, instructions, affiches, etc.

Cercle-club des amis de la Constitution au Palais-National (Royal) fondé par Buchez et le général E. Cavaignac.

Club des Amis des Noirs (mars 1848), Place du Carrousel. — Président, Bisselli, représentant. Devise : « Liberté, égalité, fraternité et vivent les Rouges ! »

Club des Amis Fraternels (mars 1848), 219, rue Saint-Honoré. — Président, Bige : Communistes égalitaires.

67. — *Club des Antonins* (mai 1848), rue Moreau, faubourg Saint-Antoine. — Président, M. De La Collonge. Aux journées de juin 1848, la bannière des insurgés, portant : « Succès : viol, pillage ; Insuccès : meurtre et incendie », sortait de ce club. Les journaux, l'*Organisation du Travail*, dirigé par son président, et la *Réforme* de Flocon publiaient, pour les confiscations futures, la liste des personnes riches avec le chiffre de leur fortune.

Club des Artistes dramatiques [1] (avril 1848), Passage Jouf-

---

1. V. aussi Théodore Muret, *L'histoire par le Théâtre*, 1789-1851, 2 vol. in-12. Paris, Amyot, 1865, t. III, p. 311.

La première Révolution, ou plutôt les sectaires qui, pendant quatorze mois (31 mai 1793 au 27 juillet 1794), terrorisèrent la France désemparée (Quinet, *Révolution*, théorie de la Terreur, t. II, p. 399), s'étaient montrés féroces à l'égard de la Comédie-Française. Le Comité du Salut public, fit fermer le théâtre et emprisonner les comédiens, le 3 septembre 1793, sous la pression des journaux jacobins : « Je demande en conséquence

Que ce sérail impur soit fermé pour jamais,

que pour le purifier, on y substitue un club de sans-culottes des faubourgs. » (A. Rousselin, dans la *Feuille du Salut public* du 3 septembre 1793. A. Pougin, *La Comédie-Française et la Révolution*. Paris, Gaultier, Magnier, p. 105 ; s. d.). V. la liste des comédiens arrêtés, dont Fleury, Dazincourt (le professeur de déclamation de Marie-Antoinette), Al. Duval, etc.; mesdames Raucourt, Contat, Devienne, Lange, etc. (*ibid.*, p. 118).

froy. — En faisaient partie : Samson, Boccage, Michelot.

68. — *Club central des Ateliers nationaux* (2 avril 1848), Parc Monceau, salle du Manège. — Institué par arrêté du directeur des Ateliers nationaux. M. Jaime, vaudevilliste connu, était chargé de haranguer les membres de ce Club ; il calmait avec un bon mot ou un calembour, une émeute imminente.

Club des Augustins (29 février 1848). — Existence éphémère : MM. A. Esquiros, Marc Fournier, Gérard de Nerval, Alexandre Weill.

69. — *Club de l'avenir* (mars 1848), faubourg Saint-Antoine, cour des miracles ; communiste. — Président, docteur Alph. Baudin, médecin militaire, auteur d'une contribution sur « l'inflammation des intestins ». — Lors du coup d'État du 2 décembre 1851, Baudin, enveloppé de son écharpe de Représentant, se fit tuer sur une barricade, dans le voisinage de son club. Sous l'empire, une souscription ouverte par la presse républicaine pour lui élever une statue, fut l'objet, sur les ordres de M. Pinard, ministre de l'intérieur, d'une poursuite de la part du parquet impérial. C'est dans ce procès (1868) que Me Gambetta, jusque là avocat presque obscur, s'illustra soudain par une magnifique plaidoirie politique qui fut le point de départ du rôle considérable qu'il joua jusqu'à sa mort dans les affaires du Pays [1].

Sur les ruses heureuses à l'aide desquelles La Bussière les sauva de l'échafaud auquel les vouait la requête de Fouquier-Tinville, appuyée par Collot d'Herbois et Chaumette, du 5 thermidor an II (25 juin 1794), au tribunal révolutionnaire, v. A. Pougin, *ibid.*, p. 150 et s., et le texte de la requête elle-même, p. 155.

1. Gambetta (1838-1882) est décédé dans la Villa des Jardies à Ville-d'Avray, le 31 décembre 1882. La France, dont il avait incarné en

70. — Le *Club des barricades du 24 février* (mars 1848). Président, E. Barthélemy.

Le *Club des Clubs* (mars 1848). Palais National. — Président, Barbès, Marc Dufraisse représentant; but : centraliser l'influence de tous les Clubs de Paris et de la banlieue pour assurer l'unité de la représentation volontaire du peuple.

1870-71 la résistance contre l'envahisseur, fit des funérailles nationales à « celui qui n'avait pas désespéré de la Patrie ». M⁰ Gambetta était entré tard au barreau de Paris, en 1866. L'auteur de ces lignes, y étant inscrit la même année, dut à cette circonstance l'honneur de faire partie de la délégation officielle de l'Ordre des avocats, désignée par le bâtonnier en fonction, M⁰ Oscar Falateuf, pour suivre le cercueil du grand confrère.

Ces funérailles eurent lieu le 6 janvier 1883. Un des cordons du poêle était tenu par le Bâtonnier; les autres par les ministres Devès, Lepère, général Billot; les représentants de la Chambre et du Sénat, MM. Henri Brisson et Peyrat. Un cortège immense accompagnait le char funèbre. Le défilé, rue de Rivoli, dura plus de deux heures. Cette manifestation imposante ne devait être dépassée que deux ans plus tard, le 1ᵉʳ juin 1885, aux obsèques de Victor Hugo dont le triomphal cortège s'étendit de l'Arc-de-l'Étoile au Panthéon, où reposent les restes du poète national.

M⁰ Oscar Falateuf — que depuis, hélas! nous avons aussi perdu — de la tribune érigée devant la porte du Père-Lachaise, prononça un discours, dont la fin égale en grandeur les oraisons que Thucydide place dans la bouche de Périclès, fils de Xanthippe, célébrant les guerriers tombés sur le champ de bataille pour la cause d'Athènes (*Hist. de la guerre du Péloponèse*, liv. II, p. xxv et surtout p. xlii et s., trad. Bétant, Hachette, 1878, p. 93, 97).

Notre bâtonnier actuel, M⁰ Albert Danet « a merveilleusement retracé les sensations du bâtonnier [d'alors] et le succès de son discours » dans une notice lue le 17 décembre 1900 à l'Association des Secrétaires de la Conférence des Avocats (v. le texte de l'oraison funèbre de Gambetta : *Discours et Plaidoyers de M⁰ Oscar Falateuf*, publiés avec une excellente préface par les soins de notre distingué confrère, M⁰ J. Ferré, son ancien secrétaire, Paris, Marchal et Billard, 1901, in-8⁰, t. I, p. 407); on y trouvera aussi un extrait de la Notice précitée de M⁰ Albert Danet (*ibid.*, p. 407).

Organisation perfectionnée, avec délégués, instructions, proclamations, etc.

Le *Club des domestiques et gens de maison* (mars 1848), rue du Bac, Salon de mars.

Le *Club ou Société des droits de l'homme et du citoyen* (mars 1848), rue Saint-Martin. — Barbès, Villain, Huber, Ch. Teste, — important, grâce à son organisation militaire; joua un instant à Paris le rôle de la Société des Jacobins sous la première Révolution.

Club de l'émancipation des Peuples (mars 1848), cité d'Antin, 29. — Suau de Varennes; général de Montholon, colonel de Laborde, représentants ; vu avec bienveillance par M. de Lamartine, alors ministre des affaires étrangères, à qui ce Club fournissait une garde de jour et de nuit.

71. — *Club des femmes* (avril 1848), boulevard Bonne-Nouvelle, salle des Concerts. — Eugénie Niboyet, Anaïs Ségalas, Eugénie Foa, Désirée Gay, Adèle Esquiros, Jeanne Deroin, la citoyenne Constant (Claude Vignon), femme du citoyen abbé Constant.

Club et Sociétés de la Fraternité : un grand nombre. De ce vocable, c'est l'emploi qui coûte le moins.

Clubs de la Garde nationale : plusieurs.

Club des hommes libres (mars 1848), 119, rue Saint-Honoré. — Lefebvre, Gadon, Colfavru, avocat.

Club des Incorruptibles (mars 1848), 219, rue Saint-Honoré.

Club des Jacobins (mars 1848), faubourg du Roule.

Club fraternel des Lingères (mars 1848), 66, rue Richelieu.

Club des Médecins (juin 1848), 15, rue des Fossés-Montmartre. Président Bouillaud. « A bas le citoyen Orfila et vive la République ! »

Club de la Montagne : plusieurs, dont le plus important à Montmartre.

Club des ouvriers allemands (mars 1848), rue Saint-Denis.

Club des Prévoyants (mars 1848), 60, rue de l'Arcade.

Association des représentants républicains (juin 1848), 3, rue Castiglione.

Club Blanqui ou *Société républicaine* (26 février 1848), Bal du Prado.

Club de la Révolution, Salle de la redoute. Barbès, Sobrier, Proudhon, Pierre Leroux, Étienne Arago, Marc Dufraisse, etc.

Association de la solidarité républicaine, 50, faubourg Saint-Denis. Martin Bernard, Charles Delescluze, Baudin, Gambon, Joigneaux, Lamennais, Ledru-Rollin, Félix Pyat[1], G. Sarrut, Schœlcher, Vignerte, représentants du peuple.

Club des travailleurs : plusieurs.

Club des vigilants (mars 1848), 60, rue Amelot. Président Falconnet.

72. — Les désordres dont ces Clubs furent l'occasion sont retracés dans une note du temps insérée sous le texte du Décret sur les Clubs du 28 juillet 1848 (Sirey, Lois annotées — à sa date — Paris, 3ᵉ série, p. 109 [2]). On y

1. V., sur le célèbre tribun, un joli crayon de Séverine, *Pages rouges*, Paris, Empis, in-18, 1895, p. 74.
2. A consulter : bonne étude de l'époque par Emile Pépin-Lehalleur au t. I (1850), p. 353 de la *Revue* de Fœlix, *Les Clubs, la Constitution et l'ordre public*; sur la caractéristique des Clubs, t. II, p. 363 ; sur leurs inconvénients pour la paix publique (passim).
Sur la physionomie oratoire des Clubs de 1848, v. *L'art de parler en public* (1863, p. 273 et s.), de l'abbé Bautain, professeur à la Sorbonne, qui, en soutane, prit souvent part aux discussions.

trouvera aussi une analyse de l'intéressant débat qui s'ins-
truisit devant l'Assemblée nationale, à l'occasion du vote de
ce Décret-loi, présenté et soutenu à la tribune, par notre
illustre et cher patron, Me Jules Senard [1], alors ministre

1. Quelques semaines auparavant, comme Président de l'Assemblée
constituante, Me Senard s'était associé avec un courage et une décision
inébranlables à la répression de l'émeute parisienne des journées de juin;
le 29 juin 1848, l'Assemblée décréta que les citoyens Jules Senard et
Cavaignac avaient « bien mérité de la patrie ».

Dans sa longue carrière judiciaire (1820-1885), le célèbre avocat ne
passa que trois années dans la politique (1848-1851). Avec la chute de
la République et l'installation de l'Empire, Me J. Senard rentra au barreau, qu'il chérissait par-dessus tout ; mais il abandonna la Cour de
Rouen (où il faisait rendre des arrêts en 1820, disait-il avec coquetterie
en 1885) pour la Cour de Paris; il y parut de suite au premier rang.
Nul ne réunit à un degré supérieur les qualités de l'avocat. Il fut à la
barre parmi les plus puissamment persuasifs; dans le cabinet, de l'avis
de tous les hommes de lois dont nous avons eu l'occasion de connaître
le jugement, il était sans rival. Sa conversation, pleine de traits, révé-
lait un lettré d'une mémoire impeccable.

Il lutta alors avec les plus illustres : Berryer, Bethmont, Paillet,
Dupin; Hébert, Dufaure, Crémieux, Chaix d'Est-Ange, Léon Duval,
Liouville, Marie, Jules Favre, Ernest Picard, Lachaud, Émile Ollivier,
Mathieu, Jules Grévy, Desmarets, Victor Lefranc, Leblond, Plocque,
Templier, Paillard de Villeneuve, Busson-Billaut, E. Blanc, Thureau, etc.

Plus tard, avec Rousse, Limet, Boulloche, Henry Moreau, Floquet,
Beaupré, Péronne, Dupuich, Colmet-Daage, Betolaud, Allou, Nicolet,
Clausel de Coussergues, Dutard, Lenté, Durier, Duverdy, Lacan, Le
Berquier, Cartier, Beaume, Cresson, Durieux, Suin, Martini, Saglier,
Cléry, Oscar Falateuf, Léon Renault, Laurier, Carraby, Gatineau,
J. Ferry, Gambetta, de Jouy (patron de Gambetta), Méline, Barboux,
Bonneville de Marsangy, Pouget, Prestat, de Cagny, Charbonnel,
Bertin, Quignard, Blavot, Huard, Lebrasseur, Fromageot, Henri Bris-
son, Du Buit, Pouillet, Demange, Debacq, Lacoin, Albert Martin, Colin
de Verdière, Delassalle, Maugras, De Sal, etc.

Enfin (puisque, né en 1800, il plaida jusqu'en 1880), Me Senard se rencontra avec les jeunes gens d'alors devenus les anciens d'aujourd'hui,
dont voici quelques noms, relevés à leur rang d'inscription : Ployer, Lécho-

de l'intérieur, au nom du citoyen Bethmont, ministre de la justice, à la séance du 11 juillet 1848 (*Moniteur* du 12).

pié, L. Lyon-Caen, les deux Thiéblin, de Bigault du Grandrut, Milliard (ancien garde des Sceaux), Pinet, Viteau, Beurdeley, Reboul, Hubert-Valleroux, Porée, Murgeaud-Larion, Germain, Dacraigne, Deligand, Lachau, J. Boyer, G. Fabre, R. Coste, P. Josseau, Chaumat, Mennesson, Valframbert, Charpentier, Le Cointe, Vallé (garde des Sceaux en fonction), Pougy, Moysen, Ambroise Rendu, Rousseau, Languellier, Danet (bâtonnier en fonction), Jullemier, Brizard, Vatin, Droz, Demombynes, Lecomte, J. Ferré, J. Fabre, Raynaud, Lebel, Worms, Crochard, Strauss, Bourdillon, de Corny, Constant, Deloison, Laroche, G. Dreyfous, Rocher, Petit, Pitte, les trois de Royer, F. Dreyfus, Pannier, G. Morillot, Lalle, Berryer, Bâton, Blin, Deroste, A. Richard, Porchereau, Degoulet, Meurgé, Comby, Meaux Saint-Marc, F. Desjardins, Rodrigues, Ch. Lenté, Edm. Le Berquier, Mack, Dufraisse, P. Faure, de Lamarzelle, J. Busson-Billaut, Allart, etc., et tant d'autres de cette époque, ou venus après, dont le talent, les travaux ou le caractère honorent le barreau parisien, — mais nous avons dû fermer le tableau au seuil même du bâtonnat de M⁰ Senard (rentrée de 1874).

Parmi les secrétaires de M⁰ Senard, encore vivants : MM⁰ˢ Philbert, Fay-Lacroix, Flach (du collège de France), Plum, et l'auteur de ces lignes (dont les secrétaires, descendance professionnelle du grand Senard : Montéage, Sambuc, avocat-défenseur à Saïgon ; MM⁰ˢ Jeanneney (député de la Haute-Saône), Thorp, de Barandiaran, Claro, Colin de Verdière, Paul Farcy, Ch. Rosset, etc.).

A consulter, sur les traits particuliers à ces différentes personnalités, entre autres ouvrages :

Paris avocat, 1 v. in-32. Paris, 1854 (p. 74-81).

Maurice Joly, *Le barreau de Paris*. Paris, Gosselin, 1863, 1 v. in-18.

O. Pinard, *Le barreau au XIX⁰ siècle*. Paris, Pagnerre, 1865, 2 v. in-8°.

A. Decourteix, *Quelques avocats*, etc. Paris, Cosse, Marchal et Billard, 1874, 1 v. in-16.

A. J. Dalsème, *A travers le Palais*. Dentu, 1881, 1 v. in-12 (p. 125).

J. Le Berquier, *Le barreau moderne* (la justice et le barreau pendant le siège, p. 376). Paris, Marchal et Billard, 1882, 1 v. in-8°.

G. Lèbre, *Nos grands avocats*. Paris, Chevalier-Marescq, 1883, 1 v. in-2.

P. Delair, *Silhouettes d'avocats*. Paris, 1891, in-16.

Presse judiciaire parisienne. *Le Palais de Justice de Paris* (préface d'une

Parmi les orateurs qui prirent part à la discussion, on note les citoyens avocats Dufaure[1], Dupin, Dupont de Bussac, etc.

belle envolée philosophique par A. Dumas fils), etc. 1 v., gr. in-8o, Paris, Quantin, 1892 (III. La vie judiciaire par MM. H. Vonoven. M. Halbrand, G. Vannesson, Fourcaulx, Baillot, Obermayer, de Maizière, Max Vincent, Alf. Husson, Clémenceau, Moinaux, P. Heuzy, C. Dugas, Alb. Bataille, A. Blondeau, P. Bonhomme, V. Beau, Godefroy, A. Bergougnan, etc.). — Beaucoup de croquis amusants d'avocats, p. 112, 144, 156, 168, et des photographies, *passim*.

Léo. Leymarie. *Les avocats d'aujourd'hui*. Paris, Soc. éd. scient., 1893, 1 v. in-8o.

R. Lafon. *Pour devenir avocat*. Paris, Schelcher, 1 v. in-16, 1899, p. 96, 167.

Roger Allou et Ch. Chenu. *Grands avocats du siècle* (préface de J. Simon). Paris, Pedone [1895], 1 v. in-8o.

L. Guillain. *Sous la Toque*, etc. Paris, S. Empis, 1902, 1 v. in-12 (dessins humoristiques; éloges élégants, vanille et citron; pas de fadeurs).

Edmond Rousse, de l'Académie française, *Avocats et magistrats*, in-8o, Hachette, Paris, 1903, 1 v. in-8o.

1. V. une curieuse étude sur Dufaure (2 juillet 1881), qu'il traite de « grand avoué », par un laïque de marque, J.-J. Weiss, *Notes et impressions*, Paris, C. Lévy, Paris, 1902, p. 180 et s.

Le passage suivant sera longtemps d'actualité : « Me Dufaure appartient à cette famille d'avocats pour lesquels la politique n'est qu'un art auxiliaire du barreau, qu'elle rehausse et qu'elle vernit de son lustre. On est avocat, on plaide beaucoup. On devient député, on plaide plus souvent et des causes plus importantes. On devient ministre. On aura après le passage au ministère un cabinet d'avocat qui ne désemplira pas. »

A rapprocher : « La politique est devenue une des plaies du monde judiciaire. Le client choisit l'avocat politique, non à cause de son talent, souvent considérable, mais à cause de sa fonction de député ou de sénateur. On a vu d'anciens bâtonniers, chargés d'honneurs, abandonnés par leurs clients terrifiés de voir se dresser contre eux, comme adversaire, un ancien ministre ou même un ancien Président du Conseil » (Plaidoirie de Me Henri Robert pour Mme Humbert c. Cattaüi. Trib. corr. Seine, 9e ch., jeudi 18 février 1903. *Petit Temps*, 13 fév.).

« L'opinion est trop répandue chez les plaideurs qu'il est utile ou

L'existence des Clubs avait apparu comme incompatible avec la paix publique[1]; le Décret loi du 28 juillet 1848 la trancha dans sa fleur.

73. — Du même coup, les sociétés secrètes, où s'élaboraient les plans d'émeute, furent supprimées par l'art. 13 du même Décret du 28 juillet 1848. La jurisprudence eut bientôt l'occasion de définir le caractère juridique de la société secrète[2]; la Cour de cassation (crim.) le précisa dans son arrêt du 13 décembre 1849, arrêt auquel se rallièrent les cours d'appel[3].

Malgré les sanctions légales, les sociétés secrètes, dont l'action se retrouvait dans les échauffourées qui éclatèrent pendant le règne de Louis-Philippe, se perpétuèrent sous

qu'il suffit, pour gagner son procès, de choisir son avocat parmi les hommes politiques les plus influents. Rien n'est plus offensant pour le magistrat » (L'affaire Cattaüi-Humbert, par Louis Delzons, *Journ. des Débats*, 23 février 1903). —Sur les avocats-hommes politiques, R. Poincaré, *le Temps*, 5 mars 1903. — Justice et influences politiques, *le Temps*, 12 mars 1903.

1. On retrouve cette impression au Parlement lorsqu'il s'est agi de maintenir, pendant plusieurs années, le régime prohibitif contre les Clubs ; le danger qu'ils présentaient était signalé avec une grande vigueur, par M. de Lamartine, à la séance du 21 juin 1851 de l'Assemblée nationale : « Le droit de tenir des Clubs, c'est le droit du tumulte, d'attroupement à domicile, d'oppression ou de pression sur les autres citoyens... Jamais deux mois de clubs sans que la guerre civile en sorte ! » *La France parlementaire* (1834-1851), t. VI, Paris, 1865, p. 368-377.

2. Lors de la discussion à l'Assemblée nationale du décret sur les Clubs et les Sociétés secrètes du 28 juillet 1848, on posa la question de savoir si la *Franc-maçonnerie* était une société secrète. Le rapporteur, Coquerel, inclina pour la négative, par cette considération que c'était une « association de bienfaisance et de charité », et qu'enfin : une société qui a un secret n'est pas pour cela une société secrète (Séance du 26 juillet 1848. *Moniteur* du 27, p. 1775).

3. Clunet, *Affaire de la Ligue des Patriotes*. Mémoire à consulter. Chaix, 1889, p. 39, 42 et s.

le second Empire [1]. On en retrouve quelques-unes sous la troisième République [2]. La liberté donnée aux Associations par la loi du 1er juillet 1901 aura pour effet de les rendre plus rares encore.

74. — L'interdiction des Clubs fut confirmée, sous la seconde République, par la législation subséquente : Loi sur les Clubs des 19-22 juin 1849, votée par l'Assemblée nationale législative et promulguée par le Président de la République, Louis-Napoléon Bonaparte, avec le contre-seing du ministre de la justice : Me Odilon Barrot; loi du 6 juin 1850 (proposée par Me Baroche, ministre de l'intérieur); loi du 21 juin 1851 (proposée par M. Léon Foucher, ministre de l'intérieur).

Sous la même présidence, par décret du 25 mars 1852, contre-signé par de Maupas, ministre de la police générale, les Clubs furent affranchis du décret du 28 juillet 1848, mais pour être replacés sous le régime restrictif de l'art. 291 du code pénal de 1810, qui interdisait les Associations de plus de vingt personnes, sans autorisation gouvernementale.

75. — Cependant, la suppression des Clubs et des Sociétés secrètes, organisations permanentes, laissa subsister des organisations plus ou moins transitoires, comme les Comités électoraux. Citons, à titre d'exemple, le fameux *Comité de la rue de Poitiers* fondé en vue « d'opposer à la propagande de l'anarchie la propagande de l'ordre » et dans lequel se groupèrent des hommes de tous les partis, de mars 1849 au 2 décembre 1851. Ce comité répandait des

1. Clunet, *ibid.*, p. 44 et p. 48. On y retrouve les noms de Ledru-Rollin, Mazzini, Delescluze, etc.

2. Clunet, *ibid.*, p. 50.

brochures, dont plusieurs furent signées : Wallon (alors Représentant, depuis Sénateur sous la troisième République, « père de la Constitution », adoptée sur son amendement à une voix de majorité, le 30 janvier 1875), Alfred Nettement, Thiers (avocat à Aix en 1820, président de la République française, 1871-1873 [1]).

76. — Sous le second Empire, les rigueurs du décret présidentiel du 25 mars 1852 ne furent point atténuées en ce qui concerne les Clubs. En effet, sur l'initiative de l'empereur Napoléon III [2], une loi fut élaborée avec le concours du Gouvernement représenté par les ministres Rouher, Baroche, Pinard; du Conseil d'État, plusieurs fois présidé par l'Empereur, et représenté par MM. Vuitry, Duvergier, Chassaigne-Goyon, etc.; d'une commission composée de MM. Troplong, Delangle, Rouland, de la Sizeranne, Boudet, Béhic, Hubert-Delisle, de Vuillefroy, etc. De ce projet, examiné par le Corps législatif et le Sénat, sortit la loi du 6 juin 1868 [3], qui laissa subsister pour les Associations, et conséquemment pour les Clubs en tant qu'organi-

1. Le 17 mars 1873, à la nouvelle que le dernier soldat allemand avait quitté le territoire français, l'Assemblée nationale déclara que M. Thiers « avait bien mérité de la Patrie ». — Au fronton du monument où cet homme d'État repose au Père-Lachaise, on lit : *Veritatem coluit, Patriam dilexit.*

2. Lettre de Napoléon III, du 19 janvier 1867 (*Moniteur* du 20 janvier 1867). « Il est également nécessaire de régler législativement *le droit de réunion*, en le contenant dans les limites qu'exige la sûreté publique.... Je l'affermis davantage [le sol],... en achevant enfin le *couronnement de l'édifice* élevé par la volonté nationale. »

3. *Commentaire de la loi du 6 juin 1868 sur les réunions publiques*, par Georges Dubois, substitut du procureur impérial à Reims. Paris, Cosse, Marchal et Billard, 1869, 1 v. in-8o (documenté).

sations permanentes, toutes les sévérités des art. 291, C. P. et s. et de la loi du 10 avril 1834.

77. — Avec nos malheurs publics, conséquence de l'invasion et de la guerre civile, les Clubs reparurent à Paris en 1870-71. Cependant aucun d'eux n'obtint la survivance du grand Club des Jacobins, dictant à la Convention asservie, les décrets qu'elle s'empressait d'adopter, et dressant les listes des suspects qu'elle envoyait à la guillotine. Le Gouvernement de la défense nationale ne se laissa pas entamer par la dictature de la rue.

78. — Parmi les Clubs, éclos après la déchéance de l'Empire, au 4 septembre 1870, on peut citer à peu près dans l'ordre de leur fondation :

Le Club des Folies-Bergères, le premier en date, révolutionnaire d'abord, puis modéré. L'élégante salle de la rue Richer avait servi jusque-là de cadre à des spectacles moins austères. Il est peu probable que les frères Isola, leurs heureux et habiles propriétaires actuels, rêvent de la restituer à cette vocation politique d'un jour [1].

Les séances étaient suivies par un public nombreux; parmi ceux qui y prirent la parole : Lermina, Maurice Joly.

Le Club de la Patrie en danger (Blanqui).

Le Club de la Délivrance (Eug. Yung), orateurs : Vrignault, Édouard Hervé.

Le Club de la Vengeance.

---

1. Combien différentes l'affiche du 30 décembre 1870 (discussion des moyens de lutte contre l'ennemi à nos portes, et contre la faim dans nos murs) et celle du 30 décembre 1902 (*Revue des Folies-Bergères*, par V. de Cottens, avec Mesdames Otero, Marguerite Deval, de Pibrac, Dancrey, etc., et MM. P. Fugère, Fragson, Maurel, Monteux, etc.)!

Le *Club des Montagnards* (formé par les socialistes émigrés des Folies-Bergères), orateurs : MM. Lefrançais, Paulet, Sans.

Le *Club de la Salle Favier*, à Belleville [1]; orateurs : J. Allix, J. Vallès, Chabert, Gaillard, Bologne, Briosne.

Le *Club Blanqui*, rue d'Arras.

Le *Club démocratique du Casino de la rue Cadet.*

Le *Club central républicain* (salle de la Redoute).

Le *Club de la Marseillaise* (rue de Flandre à la Villette).

Le *Club de la Revendication* (passage du Génie, barrière du Trône), etc.

79. — « Soyons justes, dit un historien de cette époque [2], même à l'égard des Clubs : malgré leur excentricité et leurs folies, ils ont rendu des services qu'il ne faut point méconnaître ; au milieu des longueurs du blocus, ils ont contribué à soutenir le moral de la population et à rendre aussi la défense plus persistante [3]. »

80. — Cependant, vers la fin du siège de Paris, le trouble et l'exaspération augmentant chez cette immense population retranchée du reste du monde, le Gouvernement de la défense nationale craignit d'être débordé. Il suivit l'exemple de la Convention, du Directoire et de l'Assemblée natio-

---

1. On vendait à la porte l'*Œil de Marat*, moniteur de Belleville.

2. G. de Molinari, rédacteur du « Journal des Débats », *Les Clubs rouges pendant le siège de Paris*. Paris, Garnier, 1871, vol. in-12. Notations impartiales et au jour le jour des doléances et des illusions de la population de l'énorme Ville, dont la fermeté supporta si vaillamment une épreuve obsidionale, qui ne fut peut-être jamais imposée pendant si longtemps, à une agglomération de deux millions d'âmes.

3. C'est pour le même motif que, pendant la première Révolution, les Clubs un instant fermés, furent réouverts en 1794. V. Vandal, *loc. cit.*, suprà, n° 62.

nale de 1848 : il supprima les Clubs par décret du 22 janvier 1871 [1].

81. — Dans l'avant-dernier état du droit, la loi du 30 juin 1881 sur la liberté de réunion contenait un article 7 fort précis : « Les Clubs demeurent interdits. » Qu'est-ce que c'était qu'un Club aux yeux des législateurs de 1881 ? une association tenant des réunions publiques et politiques à la tête desquelles se trouve toujours un Comité d'associés, qui ont un caractère de périodicité constante, un ordre du jour, qui affectent des formes délibérantes et qui n'admettent à délibérer que les membres de l'Association (v. analyse de la discussion de la loi du 30 juin 1881 : Ameline de la Briselaine, *Loi sur la liberté de la réunion*. Paris, Dupont, 1881, p. 58).

82. — Mais l'art. 7 de la loi du 30 juin 1881, a été expressément abrogé par l'art. 21 de la loi du 1er juillet 1901 (au Sénat, cette abrogation a été combattue ; elle n'a été votée que par 165 voix contre 58, alors que l'art. 21 n'avait, dans ses autres parties, soulevé aucune objection. V. séance du 22 juin 1901. *Journ. Off.* du 24 juin, p. 1067).

83. — Cette abrogation n'est guère inquiétante, car, au XXe siècle, « Démos »[2] et ses chefs ont momentanément quitté l'arme des Clubs pour celle des grèves[3], préparées

1. V. *Recueil officiel des Actes du Gouvernement de la défense nationale pendant le siège de Paris.* Dupont, Paris, 1871. Bulletin, no 1 de 1871, p. 29.

2. V. E. Deschanel, *Études sur Aristophane* (les Chevaliers), 3e éd., Paris, Hachette, 1892, p. 51.

3. V. Interpellation sur les grèves, Ch. des députés, 21 octobre 1902, *Journal officiel*, 22 octobre, p. 24, 26 et s.

et décrétées par les Comités exécutifs des Unions fédératives, réalisées sur l'heure avec une obéissance et une discipline toutes militaires[1] par les syndicats ouvriers. (V. intéressante étude sur les « Syndicats ouvriers » et les organismes de ces associations, tels que la « Fédération des Bourses de travail », l' « Union des fédérations de métier et d'industrie », aussi appelée « Confédération générale du travail », par Émile Pouget, *Le mouvement socialiste*, 1903, n°s 111, 112 et 114). — Cf. J. Bourdeau, *Évolution du Socialisme*. Paris, in-12, Alcan; 1901, p. 199)[2].

83bis. — Avec les lois du 25 mai 1864 sur la liberté des coalitions (abrogative par l'art. 1er de la loi suivante de l'art. 416, C. P.), du 21 mars 1884 sur les syndicats professionnels, du 27 décembre 1892 sur les arbitrages du travail,

---

1. Il n'y a qu'un procédé pour tirer d'une masse d'hommes le maximum d'action : la discipline et l'obéissance.

Les syndicats ouvriers n'ont fait qu'appliquer les principes du décret du 22 octobre 1892 sur le service d'infanterie : « La discipline faisant la force principale des armées, il importe que tout supérieur obtienne de ses subordonnés une obéissance entière et une soumission de tous les instants. »

Les supérieurs seuls sont changés ; la méthode reste la même.

2. V., à titre d'exemple l'entente qui vient de se réaliser entre toutes les organisations syndicales des travailleurs des chemins de fer français, c'est-à-dire :

1o l'Association amicale des employés de chemins de fer ;

2o La fédération générale française professionnelle des mécaniciens-chauffeurs-électriciens des chemins de fer et de l'industrie ;

3o La Fédération des mécaniciens et chauffeurs du P.-L.-M. ;

4o Le groupe syndical des travailleurs des chemins de fer de l'État ;

5o Le Syndicat national des travailleurs des chemins de fer de France et des colonies. (Le *Temps*, 27 février 1903).

Il s'agit là d'une « fédération » à laquelle le Syndicat du Métropolitain est invité à se joindre.

le décret du 17 juillet 1900 sur l'organisation des Bourses du travail[1], du 1er juillet 1901 sur le contrat d'Association, le quatrième État, dont les généraux avisés atteignent déjà aux réalités du pouvoir[2], a mieux à faire qu'à s'attarder aux propos déclamatoires des politiciens de réunion publique. Sa devise est : *res, non verba.*

Quoi qu'il en soit, les Clubs politiques, une fois encore, sont libres en France. C'est une nouvelle expérience.

§ 4. **Entrée des mots Cercle (nos 84-87) et Club au sens actuel (no 88), dans le langage législatif.**

84. — Le mot « Cercle », au sens de réunion d'agrément ou d'étude, ne se rencontre pas dans la législation avant les lois budgétaires du 16 septembre et du 18 décembre

---

1. V. textes, *Traité de la législation ouvrière*, par Louis Courcelle (préface de P. Beauregard, député de Paris), Paris, Giard et Brière, 1902, in-8o. — Après avoir été tour à tour fermées parce qu'elles s'écartaient de leur destination et réouvertes parce qu'on avait besoin du vote de leurs adhérents, les Bourses de travail sont placées aujourd'hui sous le régime du décret du 17 juillet 1900 dont l'art. 1er s'efforce de rappeler leur but : art. 1er « La Bourse du travail de Paris, ainsi que ses annexes, a pour objet de faciliter les transactions relatives à la main-d'œuvre, au moyen de bureaux de placement gratuit, de salles d'embauchages publiques et la publication de tous renseignements relevant l'offre et la demande de travail. » Les syndicats professionnels sont admis à en occuper les locaux. Tel était l'objet qu'avaient en vue leurs protagonistes : M. Ducoux, préfet de police en 1851 ; puis les députés Delattre (avocat), Mesureur en 1875 et 1886.

Aujourd'hui la Fédération des Bourses du travail s'emploie à publier un *Nouveau manuel du soldat* (2e éd., 1902, 3, rue Château-d'Eau, Paris) où les « Conseils aux Conscrits » se résument en cette recommandation : Désertez !

2. V. J. Bourdeau, Le socialisme politique, *loc. cit.*, 1901, p. 188. — cf. U. Gohier, *Hist. d'une trahison*, 1903, passim.

1871, qui, au lendemain de la guerre, ont établi un impôt sur les cotisations payées par les « abonnés des *Cercles* ». En revanche, depuis cette époque, les lois fiscales se sont beaucoup occupées des « Cercles » ! (V. Questions fiscales, *infrà*.)

85. — On le retrouve encore dans les lois en vigueur — mais avec une signification spéciale, — dans la législation et la jurisprudence coloniales. Il désigne alors une circonscription administrative.

Exemples : « Les affaires indigènes en Algérie comprennent les bureaux arabes et les commandements de *Cercles* » (art. 31, loi 13 mars 1875. B. L. n° 4189). — « Un fonctionnaire désigné par le gouverneur au chef-lieu du gouvernement, ainsi que les administrateurs dans leurs *Cercles*... rempliront les fonctions d'officiers de l'état civil » (décret 26 octobre 1902 relatif à l'organisation de la justice au Dahomey. *Journ. off.*, 6 nov. 1902, p. 7253).

86. — Dans nos possessions de l'Ouest africain, les territoires ont été répartis entre les quatre colonies françaises riveraines de l'Atlantique, auxquelles a été attribué « l'hinterland » dont elles sont le débouché normal. Au Dahomey, ont été rattachés les cantons ou *cercles* entre lesquels a été divisé le royaume de Behanzin, après les victoires éclatantes du général Dodds[1] ; à la Côte d'Ivoire, les *cercles* d'Odjarué, Kong, Bouna ; à la Guinée française, le haut bassin du Niger, les *cercles* de Dingueray, Siguiri ; au Sénégal, les *cercles* de Kayes, Baboulafé, etc. ; au territoire de Tom-

---

1. V. sur le retour du général Dodds en France, Séverine, « On demande la tête du général Dodds ». *Notes d'une frondeuse*, Paris, Simonis Empis, 1894, in-12, p. 305.

bouctou, les *cercles* ou résidence de Tombouctou, de Somupi, etc. Tous ces cercles relèvent du gouvernement général de l'Afrique occidentale, dont le centre est Saint-Louis[1].

87. — Il en est de même dans notre territoire du Congo français, dont la conquête pacifique, préparée par M. Serval et le marquis de Compiègne, fut si brillamment accomplie par Savorgnan de Brazza, à l'aide de traités qu'il réussit à conclure avec le roi Makoko. Cette colonie, point de départ de la mission Crampel et de la célèbre mission Marchand[2] ou du Congo-Nil est également divisée en *Cercles*. Les lettres officielles de l'Administration contiennent le mot dans leurs formules de 1902 : « Colonie du Congo français. Service judiciaire. *Cercle* de Sette Cama, etc., signé : H. M., administrateur du *Cercle* de Sette Cama. »

1. V. A.-M. Berthelot, v° Soudan, *Grande Encyclopédie*, XXIX (sans date).

2. « A l'heure où, le 2 septembre 1898, le sirdar Kitchener entrait à Omdourman, le drapeau français flottait depuis le 10 juillet sur le Nil, à Fachoda, à 600 kil. en amont des ruines de Khartoum. Il y avait été porté par le commandant Marchand de Loango [23 juillet 1896], à 5.000 kil. dans le Sud-Ouest, dans une prodigieuse odyssée à travers l'Afrique, de l'Atlantique au Nil » (R. de Caix. *Fachoda*, Paris, André, 1899, p. 199).

« Marchand, a dit M. Chamberlain, mérite notre admiration par sa résolution, son courage, son dévouement ; son expédition est une des plus étonnantes et des plus magnifiques dans l'histoire de l'exploration africaine » (*ibid.*, p. 200).

Marchand, alors capitaine (colonel depuis l'expédition de Chine de 1900, sous les ordres du général Voyron), avait pour compagnons dans cette « prodigieuse odyssée » les lieutenants Baratier, Fouque, Mangin, Germain, l'enseigne Dyé (amiral du « Faidherbe »), le Dr Émily, etc.

Adde sur Marchand, Jules Lemaître, *Opinions à répandre*, Paris, Soc. fr. d'impr., 1 v. in-18, 1901, p. 232-246.

La jurisprudence a adopté également ces dénominations de districts : le commandant du « *Cercle* de Lambarèné, du *Cercle* de Sindara[1] ».

88. — A son tour, le mot « Club », sous la pression de la langue courante, pénètre dans le vocabulaire juridique, avec l'art. 24 de la loi du 28 décembre 1895, sous une autre acceptation que celle acquise aux époques révolutionnaires : il devient synonyme de « Cercle », au sens consacré par l'usage : le *Jockey-Club*[2], le *Club Alpin*, le *Racing-Club*[3], le *Tennis-Club*, le *Club des Patineurs*, le *Club d'Escrime*, l'*Automobile-Club*, le *Touring-Club*, le *Photo-Club*, l'*Aéro-Club*[4], le *Moto-Club*[5], etc.

1. Trib. civ. de Libreville (Congo français), 11 janvier 1902, Clunet, 1903, p. 334; et 16 avril 1902, *ibid.*, nos 5-6, 1903.

2. A l'imitation du Jockey-Club de Paris, un grand nombre de Cercles des principales villes d'Europe ont fait entrer le mot « Club » dans leur dénomination : Union club, de Berlin; Jockey-Club, de Vienne; Nuevo Club, de Madrid; Jockey-Club italien; Jockey-Club belge, etc.

V. sur les associations belges d'agrément, de caractère populaire, Camille Lemonnier, *La Belgique*, Paris, 1888, p. 47. — Sur les Clubs étrangers, L. de la Brière, loc. cit., p. 179.

3. Président d'honneur : notre confrère Michel Gondinet; président effectif : M. Paul Le Jeune; secrétaire général : M. Gaston Raymond.

4. A. da Cunha, *L'Aéro-Club* (*Monde moderne*, 59, p. 700-709).

5. Par ces exemples, on voit que le mot « Club » entre en composition, indifféremment, avec des mots français, anglais, grecs ou latins. Ce vocable est particulièrement cher aux associations sportives. A prendre seulement la liste des sociétés affiliées à l'Union des sociétés françaises de sports athlétiques (connue sous l'abréviation familière de l'U. S. F. S. A., et qui, sous l'habile direction de nos confrères, MM. Escudier, président du conseil municipal de Paris, et Pierre Roy, contribue efficacement au développement et au bon renom de la vie sportive française), — nous relevons dans l'annuaire de l'U. S. F. S. A. pour 1902 (p. 179-196), plus de 80 associations de Cycles, Courses à pied, Tennis, Foot-Ball, Escrime, Jeux athlétiques divers, dont le titre contient le mot « Club ».

Dès lors, ce que nous dirons des Cercles s'appliquera également aux Clubs.

§ 5. Caractéristique juridique des Cercles ou Clubs. — Intérêt de la détermination (nos 89-90).

89. — La caractéristique juridique des Cercles ou Clubs comprend non seulement l'élément de « permanence » qui sépare l' « association » de la simple « réunion », la condition de paiement d'une « cotisation » périodique, mais encore l'élément de « quotidienneté » qui distingue ces associations spéciales des associations ordinaires.

La « quotidienneté » de la réunion d'un groupement, effective ou organisée, suffit pour le ranger parmi les « cercles » encore qu'il prétende n'être qu'une société d'étude.

« On conçoit, en effet, que lorsque la réunion de la Société est *quotidienne*, les membres qui en font partie arrivent inévitablement à s'occuper d'objets étrangers au but particulier de leur société, qu'ils sont amenés à se livrer à des jeux divers, à se servir des rafraîchissements, à transformer en un mot la société en un Cercle dans l'acception, la plus précise du mot » (Rapport général de Léon Say, du 29 juillet, sur la loi du 3 août 1874. Budget de 1875).

89bis — Il en résulte que l'appellation de « Cercle » ne fait pas nécessairement un Cercle, de l'association qui se plaît à se dénommer ainsi. Plus encore que le mot, il faut la chose. Les circonstances de « permanence » et de « cotisation » ne suffisent point; il faut une organisation créée en vue de la *quotidienneté* de la réunion et son fonctionnement effectif. Ainsi : le « *Cercle de la librairie* », boulevard

Saint-Germain, 117, à Paris, n'est pas un Cercle, faute de cette condition élémentaire ; de même, les « *Cercles d'études* » dont M. Marc Sanguier réunissait l'élite ouvrière catholique en un congrès national à Tours, le 15 février 1903 [1] ; ainsi le « *Cercle d'études politiques et sociales* » dont M. Louis Dausset, ancien président du Conseil municipal de Paris, traçait récemment le séduisant programme [2].

A contrario : constituent de véritables cercles « l'Union chrétienne des jeunes gens de Paris [3] » et nombre d'autres associations d'étude ou de simple agrément, qui, à dessein ou non, ont évité le mot Cercle dans leur titre, mais en présentent en réalité les mœurs et les attributs matériels.

90. — La jurisprudence du Conseil d'État sur ce point est très stricte. L'intérêt pratique de la détermination est appréciable, car dès qu'une association est classable comme Cercle, elle est frappée d'impôts spéciaux (v. infrà, *Questions fiscales*).

1. V. le *Temps*, 18 février 1903.
2. V. l'*Éclair*, 31 janvier 1903.
3. Cons. d'État, 11 novembre 93. Rec. arrêts, 93, p. 742.

I. - PÉRIODE ANTÉRIEURE A LA LOI DU 1er JUILLET 1901

1. — RÉGIME ADMINISTRATIF ET PÉNAL

§ 1. Législation applicable (nos 91-92).

91. — La question s'est tout d'abord posée de savoir à quelle législation il y avait lieu de se référer pour déterminer la condition juridique des Cercles [1]. Ce n'était point à celle sur la police des lieux publics [2], qui peut s'appliquer seulement aux casinos ouverts au public, en tant que ces casinos ne contiennent pas de cercles, mais à la législation sur les Associations sans but lucratif.

92. — On tombait d'accord, avant la loi du 1er juillet 1901, que les Cercles, étant par nature des Associations, mais sans but lucratif et conséquemment, non des sociétés civiles ou commerciales [3], étaient soumis :

1. M. Levavasseur de Précourt, Commissaire du Gouvernement devant le Conseil d'État. 7 janvier 1887. S. 88. 3. 49.

2. Un Cercle n'est pas un lieu public ; dès lors, il n'est pas soumis aux règlements de l'autorité municipale sur « l'obligation d'en fermer l'entrée aux heures prescrites par les règlements de police pour les cabarets et autres lieux publics ». Cass. 14 juill. 49. D. 51, 5, 42 ; Cass. 12 sept. 52. D. 52, 5, 47.

3. Les statuts des Cercles l'ont souvent proclamé. A titre d'exemple, nous citerons « le grand Cercle Républicain » aujourd'hui défunt, mais fondé avec beaucoup d'éclat à Paris, au printemps de 1898, par Me Waldeck-Rousseau. Les trois premiers articles des statuts étaient ainsi conçus :

Art. 1. — Il est fondé à Paris une *Association* qui prend le titre de « Grand Cercle républicain ».

Art. 2. — L'*Association* du « Grand Cercle républicain » a pour but de

A) Aux articles 291 et 292 du Code Pénal ainsi conçus :

ART. 291 C. P. — « Nulle Association de plus de vingt personnes, dont le but sera de se réunir tous les jours ou à de certains jours marqués pour s'occuper d'objets religieux, politiques, littéraires ou autres, ne pourra se former qu'avec l'agrément du gouvernement, et sous les conditions qu'il plaira à l'autorité publique d'imposer à la société. Dans le nombre des personnes indiquées par le présent article ne sont pas comprises celles domiciliées dans la maison où l'association se réunit. »

ART. 292 C. P. — « Toute association de la nature ci-dessus exprimée qui se sera formée sans autorisation ou qui après l'avoir obtenue, aura enfreint les conditions à elle imposées, sera dissoute.

« Les chefs, directeurs ou administrateurs de l'Association seront en outre punis d'une amende de 16 à 200 francs. »

B) Aux prescriptions de la loi du 10 avril 1834, dont l'article 1er, *in fine*, ajoutait : « L'autorisation donnée par le gouvernement est toujours révocable. »

§ 2. Autorisation préfectorale (nos 93-98).

93. — Les Préfets, et à Paris, le Préfet de police, puisaient dans les art. 291 et 292 C. P. et dans les art. 1 et 2 du décret du 25 mars 1852 (sur les réunions publiques)

---

créer entre tous ses membres un centre permanent de contact et d'action et de faire triompher une politique de progrès conforme aux principes de 1789 et de la Révolution française.

Art. 3. — Le siège de l'*Association* est à Paris, rue de Grammont, n° 36.

combinés, le droit de délivrer, comme de retirer, aux Cercles, l'autorisation d'exister.

Telle était la doctrine de la Cour de Cassation comme celle du Conseil d'État (Cassation crim. 23 mai 1862, Collin S. 1863. 1.222. — Conseil d'État 7 janvier 1887, Fourmestraux (Cercle de Paris); S. 1888. 3. 49).

94. — A Paris et dans les départements, l'autorisation, jadis octroyée par simples lettres, était donnée sous forme d'arrêtés qui constituaient l'acte de naissance du Cercle.

95. — Tous les Cercles n'étaient pas l'objet de pareils arrêtés. « Ainsi la Préfecture de Police avait pensé qu'elle n'avait pas à intervenir pour autoriser le *Cercle Militaire* de Paris, à raison du caractère spécial de cette réunion d'officiers, qui n'a pas paru constituer un Cercle dans le sens spécial que les règlements de police attachent à ce mot [1]. »

96. — Le Cercle Militaire de Paris a été réglementé par un décret du 5 février 1887, rendu sur l'avis du Conseil d'État. C'est un établissement public pouvant recevoir des dons et legs, administré par un Conseil nommé par le Ministre de la Guerre [2].

Les jeux de commerce et les jeux de bois y sont seuls autorisés; le baccara et autres jeux de hasard y sont proscrits.

---

1. M. le Commissaire du gouvernement Levavasseur de Précourt, dans l'aff. Fourmestraux, citée suprà, nº 91.

2. Un Cercle militaire existait à Paris, avant 1789. Il s'intitulait « Assemblée Militaire »; il était établi au Palais-Royal, près du café du Caveau, entrée par la rue Beaujolais. Cette « Assemblée » était composée d'officiers « de première distinction et titrés ». Les salles donnaient sur le jardin du Palais-Royal. Pour y être reçu, l'unanimité des membres était nécessaire. Le jeu était interdit.

Tous les officiers de la garnison en font obligatoirement partie. Le Trésorier de chaque Corps de service
opère d'office une retenue sur le traitement pour le paiement des cotisations.

Les Cercles militaires existant dans la plupart des villes
de garnison, sont soumis aux mêmes règles (décret,
12 juillet 1886[1]).

96bis. — Il existe aussi pour l'homme de troupe, des Cercles militaires, fondés, en dehors du Département de la
guerre et sans attache officielle, par l'initiative privée. Ce
sont des œuvres se proposant pour objet la distraction du
soldat et sa défense contre les séductions de « l'Assom-
moir », pendant ses sorties de la caserne. Suivant les temps,
l'autorité militaire en accepte ou en prohibe la fréquenta-
tion : « Le Ministre de la guerre [général André] a fait savoir
[au Conseil des Ministres] que le gouverneur militaire de
Paris [général Faure-Biguet] avait interdit aux soldats de
la garnison de Paris le *Cercle militaire Catholique* fondé à
Versailles par la congrégation des Eudistes[2]. »

97. — Le Préfet de police ne délivrait l'autorisation de
créer un Cercle, qu'après une enquête sur la moralité des
fondateurs, et après examen des statuts auxquels il imposait les modifications qu'il jugeait utiles dans l'intérêt de
l'ordre public.

Les Préfets autorisaient les Cercles (à titre d'association)
« sous les conditions qu'il leur plaisait d'imposer à ces
sociétés ». Cassation, 23 mai 1862 (Collin, S. 63. I. 222).

---

1. V. sur leur exemption de la taxe progressive, infrà, *Questions
fiscales*.

2 *Journ. des Débats*, 14 février 1903.

Le pouvoir préfectoral était absolu.

98. — Le retrait d'autorisation était prononcé « par voie discrétionnaire et de pure administration ». Après quoi, le Cercle était replacé « sous l'empire du droit commun », c'est-à-dire exposé à commettre un délit, en cas de réunion de plus de vingt personnes. Cassation crim., 2 août 1883 (Cercle Saint-Genès) D. 84. I. 261.

§ 3. La question du Jeu. — Théologiens et moralistes (n°s 100-108). — Législation et mœurs d'autrefois (n°s 109-136). — Temps modernes (n°s 137-155).

99. — La principale question qui s'imposait à l'attention de l'Administration, avant de délivrer à un Cercle l'arrêté d'autorisation, était la question du jeu et surtout des « jeux de hasard ».

100. — Les jeux de hasard, et autres, ont, de tout temps, préoccupé le législateur religieux et civil ainsi que le moraliste.

101. — Les THÉOLOGIENS, d'abord : — Le langage des orateurs chrétiens est sévère : « Le chrétien qui joue aux dés, souille ses mains; car c'est au démon qu'il offre un sacrifice [1]. »

Les « libres prêcheurs » tonnent contre les cartes et autres jeux du temps qu'ils recommandent de jeter « dans de grands feux ainsi que les cornes ou hennins des demoy-selles. » Le fameux prédicateur dominicain Guillaume Pépin (m. en 1533), dans son sermonnaire sur la destruc-

1. Homélie attribuée à saint Cyprien ou à saint Victor « de aleatori-bus », Deloume, *Les manieurs d'argent à Rome*, Paris, Fontemoing, 1892, p. 328.

tion de Ninive, a un chapitre : *de destruction barlenti* (du brelan) *civitatis Ninivei*[1].

Le droit canon n'hésite pas : *Ludendo alienam pecuniam lucrari, perindè est atque furari.*

Le quatrième concile général de Latran, en 1216, défend aux Ecclésiastiques de jouer aux Déz et autres jeux de hasard; il ne veut même pas qu'ils regardent jouer. La glose ajoute : « Celui qui joue souvent à ces jeux, ou qui se touve dans les Assemblées où l'on joue pour y regarder jouer, est indigne d'un bénéfice et d'être promu aux Ordres sacréz; qu'une coutume contraire ne peut avoir changé cette loy, parce que les coutumes qui donnent entrée au péché ne sont d'aucune conséquence[2]. »

Plusieurs autres conciles contiennent les mêmes dispositions. L'Église n'a point changé de doctrine sur ce point de discipline. A la fin du règne de Louis XIV, les statuts synodaux de la plus grande partie des diocèses de France ont rappelé toute la rigueur des anciens canons.

Le 26 septembre 1697, le synode de Paris s'est expliqué comme suit : « Nous leur interdisons [aux Ecclésiastiques] tous jeux de hazard, le jeu de paume, et celuy de boules en lieux publics et à la vûë des Séculiers; la chasse qui se fait avec bruit et armes à feu, ainsi que le port de toutes sortes d'armes[3]. »

Vers le même temps, le grand évêque de Meaux écrit

---

1. A. Méray, *Les libres prêcheurs devanciers de Luther et Rabelais*. Paris, Claudin, in-16, 1860, p. 185, 198.

2. Cap. Cler. extra. de vit. et honest. Cler., n° 15 et *ibid.*, Panorm. *apud* Delamare (v. infrà n° 112), Paris, 1705, t. I, in-f°, p. 456.

3. Voir Delamare, *ibid.*, t. I (1705), p. 469.

à Madame Albert de Luynes, religieuse de l'abbaye de Jouarre[1] : « On blâme, dans les jeux de hasard, le hasard même, pour ne point parler de la perte du temps, de l'attache des passions, de l'avarice qui règne dans ces jeux[2] ».

102. — LES MORALISTES : — Pascal a finement noté, pour l'avoir ressenti sans doute[3], le plaisir que le joueur éprouve à la pensée qu'il gagnera, peut-être, une somme modique dont il ne voudrait pas, si elle lui était offerte : « Tel homme passe sa vie sans ennui en jouant tous les jours peu de chose. Donnez-lui tous les matins l'argent qu'il peut gagner chaque jour, à la charge qu'il ne joue point, vous le rendez malheureux[4]. »

103. — Un philosophe, dont Pascal faisait sa lecture

1. C'est la dernière Supérieure de ce cloître qu'Ernest Renan met en scène dans son exquis « divertissement » : *l'abbesse de Jouarre*. Paris, C. Lévy, 1886, in-8°, p. 17, 71, etc. Sur Renan, v. notamment, une étude très pénétrante de Jules Lemaître, *Les Contemporains*, 1re sér., Paris, Lecène, 1886, in-12, p. 193. Aussi : Paul Bourget, *Essais de psychologie contemporaine*, 1885, Paris, Lemerre, 1885, p. 35 ; G. Séailles, *Ernest Renan*. Paris, Perrin ; 1895, 1 v. in-12 ; Maurice Barrès, *Huit jours chez M. Renan*. Paris, Dupret, 1888, in-24 ; A. France, *La vie littéraire*, C. Lévy, 1889, in-18, t. I, p. 322.

2. Lettres de piété et de direction. Lett. CCXL. *Œuvres de Bossuet*, Versailles, Lebel, 1819, t. XLIX, p. 375.

3. V. *Pascal*, par Émile Boutroux, de l'Institut, Paris, Hachette, in-16, 1900, p. 55.

4. *Pensées*, éd. Havet (1866), art. IV, p. 51.
On connaît le distique un peu lourd de l'auteur de la « Némésis » :

De tout temps par l'ennui les peuples obsédés
Ont connu l'aiguillon des cartes et des dés.

Barthélemy.

favorite[1], avait aimé les jeux de hasard, et avouait n'y avoir renoncé qu'à cause de sa mauvaise humeur : « J'aymois autrefois les jeux hazardeux des cartes et dez : Je m'en suis deffait, il y a longtemps, pour cela seulement, que quelque bonne mine que je fisse en une perte, je ne laissais pas d'en avoir audedans de la piqueure[2]. »

104. — Cependant les moralistes ont été généralement mal disposés envers le jeu en général, gros ou petit, de hasard pur, ou de hasard combiné d'adresse.

105. — Les laïques s'accordent avec les hommes d'Église : « Les plus petits jeux, ceux où il y a le moins à gagner ou à perdre n'en sont que plus criminels, vu que l'on pèche sans motif. Il ne convient pas de fatiguer, pour ainsi dire la Divinité, en la faisant intervenir gratuitement cent fois en une heure. » Joncour, ministre à La Haye, *Quatre lettres sur les Jeux de hasard*, 1712[3].

Et, le célèbre abbé de Saint-Pierre (1658-1743) : « On a souvent tenté de bannir les jeux de hasard. Je ne sais si pour en venir à bout, il ne faudrait pas bannir tous les jeux de cartes, et même le petit jeu, le jeu modéré, parce qu'une longue pratique de modération est plus difficile que la privation entière du jeu : il faudrait pour cela beaucoup de constance et de fermeté dans celui qui gouverne; chose rare. » *Annales*, t. I, p. 163, d'après Dusaulx, 1e p. (1779), p. xv.

---

1. « Epictète et Montaigne ne le quittent plus; il se passionne pour ces deux esprits » (Boutroux, *Pascal*, loc. cit., p. 59.)

2. Montaigne, *Essais*, livre III, ch. x « de mesnager sa volonté ».

3. Le jurisconsulte Barbeyrac a consacré à la réfutation théologique de cette doctrine, un opuscule intitulé : *Discours sur la nature du sort*, qu'il a donné en *Appendix* de son « Traité du Jeu » (Amsterdam, 1737), in-16, t. III, p. 784.

106. — Vers la même époque, le plus grand jurisconsulte du XVIIIe siècle, Pothier, très attaché à la morale rigoureuse de Port-Royal, examine si « le jeu considéré en lui-même est mauvais[1] »; sa conclusion est plus humaine.

La difficulté « tombe sur *le jeu de hasard* », dit-il (*loc. cit.*, p. 367). Plusieurs théologiens catholiques et même plusieurs docteurs protestants ont cru trouver dans ces jeux un vice intrinsèque, qui consiste dans la profanation du sort, qu'ils regardent comme quelque chose de religieux ». Pothier, pour édifier son orthodoxie, soumet le manuscrit de son « Traité du jeu » à un théologien, qui lui fait cette objection, à laquelle ne s'attendraient guère nos modernes joueurs de baccara : « le sort dépendant de Dieu seul... employer la voie du sort c'est consulter Dieu, ce qui ne doit se faire que pour des choses qui le méritent. »

La sérénité janséniste du jurisconsulte n'en est point troublée : « Je réponds qu'on ne peut consulter Dieu sans avoir l'intention de le consulter. Les joueurs n'ayant pas cette intention lorsqu'ils jouent, on ne peut pas dire qu'ils consultent Dieu. »

Mais le jeu de hasard doit être pratiqué dans l'esprit de cet apophthegme : « C'est une fin honnête à l'égard de tous les jeux que de chercher à se procurer une récréation et un délassement dont l'esprit a besoin[2]. »

107. — Le « gros jeu » a toujours été vu avec défaveur. « Je ne permets à personne d'être fripon; mais je

1. V. son remarquable traité *Du contrat de jeu*, éd. Bugnet, t. V. p. 366.
2. Pothier, *loc. cit.*, t. V, p. 379.

permets à un fripon de jouer un grand jeu : je le défends
à un honnête homme. C'est une trop grande puérilité que
de s'exposer à une grande perte » (La Bruyère, *Caractères*,
ch. VI. Des biens de fortune).

C'est dans cet esprit qu'un maire de Bordeaux, par une
circulaire de janvier 1854, recommandait à MM. les Présidents des Cercles de la ville, aux approches du carnaval,
« d'empêcher la formation de ces parties qui, par leur
nature ou par l'importance des enjeux, cessent d'être une
simple distraction et présentent un aliment funeste à la
passion du jeu » (Corresp. des justices de paix de A. Bost.
Paris, février 1854, p. 39).

108. — Pour rassurer les théologiens, les moralistes et
les maires, on pourrait placer le jeu sous l'invocation de
quelques-unes des Vertus cardinales. Dans ce but, la
mode étant à l'enseignement et à la leçon morale par les
yeux, — plutôt que par les actes — (tableaux de zoologie,
d'histoire, du système métrique, affiches de la Déclaration
des droits de l'homme dans les écoles, etc.), — il siérait
peut-être d'accrocher dans les salons de jeu des Cercles la
reproduction de l'aimable gravure hors texte de du Bourg,
sur laquelle s'ouvre le « Traité du Jeu », de Barbeyrac [1],
et dont la légende se formule : « La Vertu accompagnée de
la Justice et de la Prudence et de la Sagesse [2] dirige le Jeu

1. *Traité du Jeu où l'on examine les principales questions de droit naturel
et de morale* qui ont rapport à cette matière, par Jean Barbeyrac, professeur en droit à Groningue, 2e éd., 3 vol. in-12, Amsterdam, chez
Pierre Humbert, 1737.

2. A côté de ces « Vertus cardinales », le joueur placerait volontiers
une « Vertu théologale », pour laquelle il a un culte particulier, et
qui a nom « l'Espérance ».

pendant que l'Avarice est foulée aux pieds. » Est-ce malice
de l'artiste ? De toutes ces figures allégoriques, la jeune
personne qui représente le Jeu est la plus attrayante.

109. — Quant au LÉGISLATEUR, — il a souvent remanié
la liste de ses proscriptions. Tantôt il y a porté les jeux
de hasard et d'argent en quelque endroit qu'ils fussent
pratiqués, tantôt il ne les y a fait figurer que si leur pratique était publique; quelquefois il y a ajouté des jeux où
l'adresse des joueurs venait au premier plan (quilles, jeu de
paume, etc.). Sur cette liste, les maisons de jeux ont
toujours été inscrites.

110. — A Rome, suivant la loi écrite, louable en ses
intentions, la défense de jouer de l'argent n'avait d'exception que pour l'écot des repas : *quod in convivio, vescendi
causa ponitur, in eam rem alea permittitur* (*Digest. de aleat.*
Lég. IV).

111. — La législation de l'ancienne France abonde en
prohibitions, depuis les capitulaires de Charlemagne, qui
confirment les défenses de jouer aux jeux de hasard, faites
tant aux laïques qu'aux clercs, par le concile de Mayence
en 813 et l'ordonnance de saint Louis, de décembre 1254,
(ar. 35), jusqu'à la déclaration de Louis XVI, du Ier mars
1781 (Pothier, éd. Bugnet, t. V, p. 38).

112. — Les rois de France ont légiféré avec acharne
ment, peut-on dire, contre le jeu et surtout contre ceux
« qui donnaient à jouer »; ils ont entassé Ordonnances
sur Édits. Le Parlement et le Châtelet ont rivalisé d'arrêts
de condamnation. Delamare, conseiller commissaire du
Roy au Châtelet de Paris, dans son magnifique *Traité de la
Police,* en quatre tomes, véritable merveille typographique,

ne consacre pas moins de quinze pages in-f° à l'énumération de ces documents, de l'an 813 au 16 février 1698 [1].

113. — Les pénalités étaient dures : confiscation, amende,
prison, fouet et autres « punitions corporelles ».

Néanmoins, les anciens criminalistes admettaient que
ces rigueurs n'atteignaient point le jeu modéré entre
« honnestes gens ».

L'un d'eux s'exprime ainsi : « Toutefois il est bien licite
et permis aux gens de biens et honnestes de jouer et user
d'iceux, mesmement deffendus ; car ils ne jouent par avarice
ou convoitise ardante de gaigner, ainsi par récréation, soulas,
compagnie et passe temps : pour peu d'argent, pour le vin,
pour un bouquet, pour une couple de chappons ou de per-
drix, ou pour semblables, en temps convenables et lieux
licites. Et l'on entend ici peu d'argent, selon les conditions,
qualitez et richesses des personnes : assavoir, entre riches
joueurs un escu ou deux au plus : entre pauvres joueurs un
ou deux gros, ou pattars.... Tous joueurs donques des jeux
deffendus, et pour grand argent (où sans doute convoitise
ne peut faillir s'y trouver) sont à punir extraordinairement
ou par bannissement ou par amande pécuniaire, ou autrement selon l'arbitre du juge, veu que de droit n'est aucune
peine certaine et expresse ordonnée. » *Pratiques judiciaires
et causes criminelles*, etc.... autheur Messire Jean de Dam-
houdhère, Anvers, 1564, f° 160, n° 16..

114. — L'avocat Jean Duret : « Nos Rois ont seulement

1. Delamare, *Traité de la Police*, etc. (Paris, chez J. et P. Cot, rue
Saint-Jacques, à l'entrée de la rue du Foin, à la Minerve, t. I, 1705,
p. 455-470) donne le texte *in extenso* des Ordonnances les plus importantes.

défendu les jeux — les personnes qui y jouent, le temps et la qualité du jeu premièrement considérez, — en sorte que si on jouait pour se récréer, passer les fâcheries survenues de long travail, pour après être plus frais et mieux travailler, si le joueur est maître de ses biens, et que le jeu ne soit d'hazart, dérogeant aux lois civiles ; il n'y a aucune punition introduite mesmes l'argent gagné peut se repéter. » (*Traicté des peines et amandes*, etc., par Jean Duret, advocat du Roy et de Mgr le duc d'Anjou, etc. Lyon, Benoist Rigaud, 1573, f° 95 recto.)

Duret est plus catégorique que Damhoudère contre les « jeux d'hazart ». Il dit en effet : « Quant aux jeux d'hazart, ils sont prohibés entre toutes personnes, et en tout temps, avec ordonnances aux juges d'y tenir la main » (J. Duret, *loc. cit.* [1]).

115. — Certes les Ordonnances royales témoignaient d'un beau zèle. Leur répétition inquiète cependant sur leur efficacité. En dépit d'elles, on jouait partout, et principalement aux jeux de hasard. Ceux qui « donnaient à jouer » étaient légion et, comme on le verra, ils n'appartenaient pas toujours aux classes inférieures de la société. C'est que malheureusement nos Rois ne joignaient pas

---

1. Cet intéressant « Traicté » de Duret contient un chapitre curieux sur les mauvais « advocats » du temps : « advocats insolens, avares, ignares et de mauvaise foy. » On y lit : « Le temps est venu où l'advocat homme de bien, rond, et de bonne conscience est délaissé : et le criard, ignare, sans loy, mais qu'éffrontemement il face bonne mine et répute tout de droit commun, est suivi d'un tas de procurasseaux et parties chicaneuzes esgarées de bon droit, qui ne le voudroyent changer en meilleure » (J. Duret, *loc. cit.*, f° 19 verso).

Heureusement, les temps sont changés !

l'exemple au précepte. Comment auraient-ils obtenu de leurs sujets le respect des Édits dont ils étaient les premiers à méconnaître l'esprit, et même la lettre?

> ....componitur orbis
> Regis ad exemplar.

Ces Souverains se livraient eux-mêmes, ou permettaient que leurs courtisans se livrassent, à tous les excès de la « passion des cartes et des dez » (v. les chap. VIII-XV consacrés au Jeu en France, de François Ier à Louis XV [1], dans le livre de la *Passion du Jeu depuis les temps anciens jusqu'à nos jours*, par Dusaulx, ancien commissaire de la gendarmerie, de l'Académie royale des Inscriptions et Belles-Lettres. Paris, impr. de Monsieur, 1779, in-8°, p. 51-95.)

116. — Henri IV fonda au Louvre, une institution qui dura jusqu'à la fin de la monarchie, « le jeu du roi ». Ce prince perdait au jeu des sommes énormes, et sans arrêt. « Mon amy, écrivait le Roi vaillant à Sully, le 18 janvier 1609, j'ay perdu au jeu 20.000 pistoles, je vous prie de les faire remettre incontinent ès mains de Feideau. » (*Mémoires de Sully*, collect. Petitot, t. VIII et IX, p. 325).

Le maréchal de Bassompierre tenait ordinairement la partie du roi; il y était régulièrement heureux. « J'arrivai à trois jours de là à Limoges où je trouvai le roi, qui me fit très bonne chère; et dès le même jour, je me mis à

---

1. Sur les abus du jeu sous nos Rois, v. aussi Boiteau, *Les Cartes à jouer*, Paris, Hachette, 1854, in-12, p. 157-263, — livre dédié, en juin 1854, au poète Béranger, joueur acharné, qui « en sa verte vieillesse, a joué un nombre incalculable de *piquets à écrire;* ce jeu l'ennuyait fort et il y revenait tous les soirs » (préface, p. 1).

jouer avec lui, et gagnai durant le voyage plus de cent mille livres [1]. »

On ne s'étonne plus des réflexions de Sully sur son royal maître. « Le jeu de hasard luy était tourné en mauvaise habitude. La conséquence de son exemple estoit la ruine de plusieurs riches maisons. Il estoit cause que des bélistres pour s'enrichir, usoient de piperies et artifices damnables [2]. »

117. — Louis XIII préférait les sports [3] et spécialement l'arbalète aux jeux de hasard ; il proscrivit ces derniers. Il donna deux déclarations portant défenses de « tenir brelans » : l'une du 30 mai 1611 [4], vérifiée au Parlement le 23 juin suivant ; l'autre du 20 décembre 1612, vérifiée le 24 janvier 1613. Le 13 juin 1614, le Parlement prononçait un arrêt solennel pour réitérer les défenses de tenir brelans et académies.

Mais Anne d'Autriche, espagnole, ne résiste pas aux séductions de la *Carteta* [5]. La Reine et Gaston, frère du roi,

1. *Mémoires de Bassompierre*, collect. Petitot, t. XIX, p. 353, 367, 374.
2. *Mémoires de Sully*, collect. Petitot, t. IX, p. 325.
3. V. le remarquable livre de J.-J. Jusserand (aujourd'hui ambassadeur de France à Washington) sur *les Sports et jeux d'exercice dans l'ancienne France*. Paris, Plon, 1901. 1 v. in-8°.
Sur la puissance du sport comme dérivatif des préoccupations de l'esprit. V. Pascal, *Pensées* (Ed. Havet, 1866), art. IV, p. 52 et la note 2.
4. L'ordonnance du 30 mai 1611 fait « très expresse inhibitions et défenses à toutes personnes de quelque qualité et condition qu'elles soient de tenir brelans en aucune Villes et endroits de notre royaume, ni s'assembler pour jouer aux cartes ou aux dez » (V. texte *in extenso*, Delamare), t. I (1705), p. 458.
5. *Carteta*, jeu de cartes. *V. Dictionn. très ample de la langue espagnole et françoise*, à très illustre prince Mgr Henry de Bourbon, prince de Condé, par Jean Pallet, Dr en médecine, etc, à Paris, chez Matthieu Guillemot, au Palais, en la gallerie des prisonniers, 1604, in-12.

organisent au Louvre des parties, d'abord modestes, où le maréchal d'Ancre finit par perdre en l'une d'elles 20.000 pistoles (600.000 francs d'aujourd'hui). Aussi, les joueurs se rassurent, si nous en croyons Mathurin Régnier [1], satire XIV, publiée en 1613 :

> Et qui [Gallet] dans le brelan se maintient bravement,
> N'en desplaise aux arrests de nostre parlement.

Louis XIII renouvelle, sans plus de succès, ses défenses contre les brelans par l'art. 137 de son ordonnance du 15 janvier 1629.

118. — Jamais les Ordonnances contre le jeu ne furent plus abondantes que sous Louis XIV. « On compte sous Louis XIV plus de vingt tant Ordonnances que Déclarations ou Édits contre les jeux de hasard [2]. »

Sans interruption, le « Jeu du roi » fonctionne comme pièce intégrante de l'appareil monarchique, et voici l'exemple donné au peuple :

Pendant les chasses « à Chambord, Sa Majesté a été si heureuse au jeu qu'elle a emporté tout l'argent de la Cour » (*Gazette d'Amsterdam*, 6 octobre 1668) [3].

---

1. V. l'excellente édition critique des œuvres complètes de Régnier, par Prosper Poitevin, Paris, Delahaye, 1863, p. 195.

Jacques Régnier, le père du grand poète, tenait à Chartres un Jeu de paume achalandé ou *tripot*, connu sous le nom de Tripot Regnier. C'est là où Mathurin vécut sa jeunesse.

2. Dusaulx, *loc. cit.* (nº 133), Paris, 1779, p. 29.

Voir les textes, Delamare, *loc. cit.*, t. I (1705), liv. III, tit. IV, ch. VI « De ce qui s'est passé contre les jeux défendus depuis le règne de Louis XIV, jusqu'à présent », p. 459. V. notamment l'Ordonnance du 15 janvier 1691, Delamare, *ibid.*, p. 468.

3. Lemoine et Lichtenberger, *De la Vallière à Montespan*. Paris, C. Lévy, in-8º, 1903, p. 267.

« On joue des sommes immenses à Versailles; le *hoca*
est défendu à Paris sur peine de la vie et on le joue chez
le Roi : cinq mille pistoles en un matin, ce n'est rien ; c'est
un coupe-gorge » (Mme de Sévigné, Lettre du 9 oct. 1675).

« La Reine perdit l'autre jour la messe et 20.000 écus
avant midi. Le Roi lui dit : Madame, supputons un peu
combien c'est par an. Et M. de Montausier lui dit le lendemain : Eh bien, Madame, perdrez-vous encore aujour-
d'hui la messe pour le *hoca*? Elle se mit en colère. »
(Mme de Sévigné, Lettre du 24 nov. 1675).

Même témoignage du duc de Saint-Simon : « Il en était
de même du jeu qu'il [le Roi] voulait gros et continuel
dans le salon de Marly pour le lansquenet, et force tables
d'autres jeux pour le salon » (*Mém. Saint-Simon*, 1715,
t. XIII, ch. XII).

Le 10 novembre 1686, « Sa Majesté résolut pour donner
quelque amusement à la cour, de faire recommencer *les
appartements*, aussitôt qu'elle serait de retour à Versailles et
même d'y jouer elle-même un très gros jeu de reversi,
pour lequel chaque joueur ferait un fonds de cinq mille
pistoles [1] ».

119. — Le Roi, en visite chez ses favorites, y jouait
comme à Versailles ou à Marly. « Tous les soirs, le roi y
allait [au Palais Brion, dans le Palais-Royal] voir Mme de La
Vallière et il y jouait chez elle un très gros jeu au reversi
ou au brelan [2]. »

« Le Jeu de Mme de Montespan, lit-on dans les lettres

---

1. *Mémoires du marquis de Sourches*, t. II, p. 200.
2. De Sourches, *ibid.*, t. I, p. 354. — J. Lair, *Louise de la Vallière*, etc., 3e éd., Paris, Plon, 1902, p. 117.

de Feuquières (t. IV, 227), est monté à un tel excès que les parties de cent mille écus sont communes. Le jour de Noël, elle perdait 700.000 écus [au moins cinq millions]; elle joua sur trois cartes cent cinquante mille pistoles [plus de quatre millions] et les gagna; et, à ce jeu-là, on peut perdre ou gagner cinquante ou soixante fois en un quart d'heure[1]. »

On jouait un jeu d'enfer chez la comtesse de Soissons, née Olympe Mancini, l'une des nièces du cardinal Mazarin[2], et Louis XIV y fréquentait assidûment. Sa sœur, la belle Hortense Mancini, celle dont Lafontaine disait :

> Hortense eut du ciel en partage
> La grâce, la beauté, l'esprit : ce n'est pas tout, etc.

réfugiée à Londres pour éviter les maniaqueries, méchancetés et avarices de son mari le marquis de Meilleraye, duc de Mazarin (qui cependant, du chef de sa femme, avait

---

1. Boiteau, *loc. cit.*, p. 227.

2. Le cardinal Mazarin lui-même, après le mariage du Roi, se mit à jouer avec fureur. « Lui [le Cardinal] qui jouait tous les jours 3 ou 4.000 pistoles, qui avait tout l'argent de France dans ses coffres, qui laissait jouer à sa nièce, la comtesse de Soissons, chaque jour des sommes immenses » (*Mémoires de Mme de Motteville*, 1660, éd. F. Riaux, Paris, Charpentier [s. d.], t. IV, p. 231.) « Il [le Cardinal] était grand brelandier » (*Mémoires de Monglat*, Paix générale, 1661). — V. Saint-Simon, *Mém.* (1720), t. XVIII, ch. XVIII, p. 261.

Le Cardinal était joueur, mais d'une « sordide avarice ». On en jugera par l'occupation à laquelle il se livrait à la veille de sa mort (9 mars 1661) : « L'état où il était ne l'empêchait point de penser à ses trésors et dans les mêmes temps, comme il avait des moments de relâche, on remarqua qu'il s'occupait souvent à peser des pistoles qu'il gagnait pour remettre les légères le lendemain au jeu » (Mme de Motteville, *ibid.*, t. IV, p. 229). Mazarin jouait encore au moment de recevoir le viatique (*Mémoires inédits de Brienne*, ch. XV, édit. F. Barrière).

hérité du Cardinal de 28 millions et de plusieurs gouvernements), donnait à jouer à la bassette dans son pavillon
de Saint-James[1].

120. — C'est à cette époque que se produisit le fameux
joueur M. Gourville, qui tenait au surintendant Fouquet[2]
d'énormes coups au trente et quarante. Il s'introduisit à la
Cour, et fit la partie du Roi[3]. Ce monarque, ordinairement si fier, admettait à son jeu[4] des gens de médiocre
étage, dont les autres gentilshommes supportaient difficilement le contact, tels que : Dangeau, le grand favori du
hasard[5], et Langlée, ce dernier, « homme de rien, jouait
l'autre jour au brelan avec le comte de Grammont, qui
lui dit, sur quelques manières un peu libres : M. de Langlée, gardez ces familiarités-là pour quand vous jouerez
avec le roi[6]. » Mais Langlée savait faire des cadeaux

1. *Œuvres de Saint-Èvremont*, t. IV, VI, p. 261.
2. « On l'a veu [Fouquet] jouer en une nuit 20 ou 30.000 pistoles »
(manuscrit de Colbert sur les affaires de Finance de la France pour servir à l'histoire. V. P. Clément, *Pièces justificatives*, nᵒ 2).
3. *Mémoires de Gourville*, Collec. Petitot, t. III, p. 332 et s.
4. V. un tableau pittoresque du « jeu du roi » à Versailles. Mᵐᵉ de
Sévigné, L. du 29 juillet 1679.
5. L'exact Dangeau, très prisé par le roi pour son habileté à tous
les jeux. C'est de lui qu'on disait : « Si la paix dure dix ans, il sera
maréchal de France. » Dangeau ne fut pas maréchal de France, mais
l'indulgence du roi en fit un marquis et il épousa la fille de Morin, juif
de mauvaise mine et tailleur de bassette fort connu et très riche, dont
l'autre fille devint maréchale d'Estrée (Boiteau, *loc. cit.*, p. 219). V. sur
l'extraordinaire fortune de ce personnage, qui trouva tout dans le jeu,
richesses, rang social, même un fauteuil à l'Académie française, Boiteau, *ibid.*, p. 221. — Saint-Simon, t. I, p. 392 ; surtout t. XVIII,
p. 260 et s. — Fontenelle, *Éloge de Dangeau*.
6. Mᵐᵉ de Sévigné, L. du 5 janvier 1672.

magnifiques à Mme de Montespan¹, et se mouvoir à la Cour; il y fut une puissance².

121. — Les jeux pratiqués à la Cour étaient nombreux, variés, compliqués, mais rentraient tous dans la catégorie des jeux de hasard; le hocca, remplacé bientôt par la bassette, puis le pharaon, le lansquenet, le brelan avec ses variétés du brelan cavé et de bouillotte, la dupe ou le fiorentini, la manille ou comète peut-être inventée par le roi lui-même, la prime, le reversi, la bête, l'hombre, le piquet³, etc.

121bis. — Les prédicateurs de la Cour, et le P. Bourdaloue, de la Compagnie de Jésus, tout le premier, s'épuisent en remontrances : « Vous aimez le jeu et ce qui perd votre

---

1. Mme de Sévigné, L. du 6 novembre 1676.

2. On a de Langlée un portrait vivant dessiné par Saint-Simon, *Mém.* (1700, ch. XXVII, édit. Sautelet, Paris, 1829, p. 624); par sa mère, femme de chambre de la Reine mère, il fut « produit de bonne heure dans le grand monde, où il s'était mis dans le jeu. Il y fut doublement heureux, car il y gagna un bien immense et ne fut jamais soupçonné de la moindre infidélité... Il fut de tous les voyages, de toutes les parties, de toutes les fêtes de la cour, ensuite de tous les Marly et lié avec toutes les maîtresses, puis avec toutes les filles du roi et tellement familier avec elles, qu'il leur disait fort souvent leurs vérités. Il était fort bien avec tous les princes du sang, qui mangeaient très souvent à Paris chez lui, où abondait la plus grande et la meilleure compagnie... A Monsieur, aux filles du roi, à quantité de femmes, il leur disait des ordures horribles, et cela chez elles, à Saint-Cloud, dans le salon de Marly ». Langlée mourut en 1708. « Le monde y perdit du jeu, des fêtes et des modes et les femmes beaucoup d'ordures. Il laissa plus de 40.000 livres de rente » (Saint-Simon, *Mém.*, ibid., t. VI, p. 109).

3. V. la description lestement versifiée d'une partie de piquet, Molière, *les Fâcheux*, act. II, sc. II, comédie « conçue, faite, apprise et représentée en quinze jours » pour la fête donnée par Nicolas Fouquet, surintendant des finances, au Roi et à la Reine-mère dans sa maison de Vaux (20 août 1661).

conscience, c'est ce jeu là-même ; un jeu sans mesure et sans règle[1]. » — « Ce jeu perpétuel, ce jeu sans interruption, et sans relâche, ce jeu de tous les jours et de toutes les heures s'accorde-t-il avec ces grandes idées que nous avons du christianisme?[2] » Et Bossuet : « Si ce n'est qu'avec vos richesses, vous vouliez encore jouer votre âme![3] »

122. — Quelques magistrats — à cette époque — ne résistèrent pas à une mode venue de si haut. De là, les réflexions consignées en un opuscule anonyme du temps (les *Désordres du Jeu*, Paris, Michallet, in-16, 1691) : « Il est impossible qu'un magistrat qui aime le jeu puisse remplir tous ses devoirs; car, outre les occupations ordinaires de sa charge, s'il veut estre bon juge, il a toujours besoin de travailler, de veiller, d'étudier pour acquérir de nouvelles connaissances, et un Juge qui a la passion du jeu n'est pas capable d'avoir l'application nécessaire pour se rendre habile dans les affaires qui veulent un homme tout entier, foit attentif et, s'il était possible, sans passion » (p. 120).

Cependant l'opinion ne leur était pas sévère. En 1650, le magistrat le plus vieux du Parlement de Bordeaux et qui passait pour être le plus sage, ne rougissait pas de risquer tout son bien dans une soirée, et cela sans que sa réputation en souffrît, tant cette fureur était générale. (*Mém. cardinal Retz*, t. II, p. 77.)

---

1. Sermon pour le 4e dimanche de l'Avent devant Louis XIV. *Œuvres de Bourdaloue*. Ed. Lebel, Versailles, 1812, t. I, p. 343.

2. Ibid. *Bourdaloue*. Sermon pour le 3e Dimanche après Pâques, t. V, p. 312.

3. Sermon pour le vendredi sur la passion de N.-S. J.-C. *Œuvres de Bossuet*, Versailles, Lebel, 1819, t. XIII, p. 530.

123. — Sous la Régence, malgré les règlements sévères faits pour intimider le public (arrêts de Règlement du Parlement de Paris, du 1er juillet 1717 et du 21 mars 1722, renouvelant l'arrêt du 8 février 1708), les mœurs du jeu se perpétuent à la Cour : « L'archevêque de Reims [Charles Maurice Le Tellier, frère de Louvois], un jour en suivant en carrosse la chasse du sanglier et tenant la banque, y perdit [au hocca] deux mille louis, en une demi-heure[1]. »

123bis. — Law fait son apparition : « Un Écossais de je ne sais quelle naissance, grand joueur et grand combinateur. C'est par les cartes qu'il commence[2]. » Il vint à Paris, où il fit une assez belle figure qu'il soutint par le jeu. « Il taillait ordinairement le pharaon chez la Duclos[3], la tragédienne

---

1. *Nouvelles lettres de la princesse palatine*, belle-sœur de Louis XIV et mère du Régent (trad. G. Brunet, Charpentier, 1853). L. du 9 sept. 1717.

Dix-sept ans plus tôt, elle écrivait de Marly, le 6 août 1700, sur son mari : « Je ne vois jamais Monsieur ici ; nous ne dînons pas ensemble. Il joue toute la journée, et la nuit, chacun de nous est dans sa chambre » (*ibid.*, p. 24).

2. Saint-Simon, *Mém.*, loc. cit., t. XIV, p. 118.

3. Mlle Duclos (1670-1748) occupa, à la Comédie-Française, le premier rang dans la tragédie, entre la Champmeslé, qu'elle remplaça, et Adrienne Lecouvreur (l'amie de Voltaire et du maréchal Maurice de Saxe) qui lui succéda. Dans le rôle de « Phèdre », où devaient s'illustrer au XIXe siècle Rachel et Sarah Bernhardt, Mlle Duclos remporta un grand succès que l'académicien Lamotte célébra dans une ode, pleine de bonnes intentions :

> Mais quel nouveau spectacle ah! c'est Phèdre elle-même,
> Livrée aux plus ardents transports.
> Thésée est son époux, et c'est son fils qu'elle aime!
> Dieux! quel amour, mais quel remords!

En 1725, à cinquante-cinq ans, elle épousa le fils d'un camarade, P.-J. Duchemin, âgé de dix-sept ans; elle fut obligée de demander sa

.en vogue, quoiqu'il fût extrêmement souhaité chez les princes et les seigneurs de premier ordre, ainsi que dans les plus célèbres académies.... Lorsqu'il allait chez Poisson, rue Dauphine, il n'y apportait pas moins de deux sacs pleins d'or, qui faisaient la somme de cent mille livres. Il en était de même à l'hôtel de Gesvres, rue des Poulies. La main ne pouvant contenir la quantité d'or qu'il voulait masser, il fit frapper des jetons qui faisaient bon de dix-huit louis chacun[1]. » Il gagna ainsi près de trois millions de notre monnaie.

Mais voici qu'il invente un système financier et réussit à le faire accepter. On se rue au gain avec impétuosité[2]; le jeu prend des proportions inconnues. « Des agioteurs jouaient familièrement au piquet des billets de cent mille livres tout comme s'ils badinaient aux pièces de dix sous[3]. »

---

séparation de corps, en 1730. Elle se retira de la Comédie-Française, en 1736, avec la pension ordinaire de 1.000 livres, à laquelle Louis XV ajouta une pension de pareille somme sur la cassette royale.

1. Duhaut-Champ, *Histoire du système de Law*, t. I.

2. Sur Law et l'extraordinaire influence qu'il exerça sur le Régent, l'abbé Dubois, etc. (Saint-Simon, *Mém.*, *loc. cit.*, t. XIV, p. 118 et s.; t. XV, p. 364; t. XVI, p. 431; t. XVII, p. 66), sur la folie du jeu, où ce financier précipita toutes les classes de la société : « La banque de Law et son Mississipi étaient montés au plus haut point. La confiance y était entière. On se précipitait à changer terres et maisons en papier, et ce papier faisait que les moindres choses étaient devenues hors de prix. Toutes les têtes étaient tournées. Les étrangers enviaient notre bonheur et n'oubliaient rien pour y avoir part » (Saint-Simon., *loc. cit.*, t. XVIII, p. 1); *ibid.*, p. 130, 238, etc. « Ce Mississipi avait tenté tout le monde : c'était à qui en remplirait des poches à millions.... Les princes et les princesses du sang en avaient donné les plus merveilleux exemples » (*ibid.*, p. 251).

3. A. Cochut, *Hist: du système de Law*, p. 96.

La duchesse de Berry, fille du Régent[1] perd en une nuit un million sept cent mille livres au pharaon[2].

124. — On joue sans trêve à la foire de Saint-Germain.

A Pontoise, où le Parlement est expédié par le Régent, le 21 juillet 1720, « on n'y fait que boire et manger, jouer un jeu énorme qui ruine tous les jeunes gens, et pendre par-ci, par-là quelques criminels[3] ».

125. — Montesquieu fait prendre cette note par le voyageur des « Lettres persanes » : « Le Jeu est très en usage en Europe. C'est un état que d'être joueur, ce seul titre tient lieu de naissance, de bien, de probité[4]. »

126. — La première partie du règne de Louis XV, sur qui Mlle de Nesles et Mlle de Châteauroux n'ont guère exercé d'empire, appartient à l'influence de Madame

---

1. Sur la duchesse de Berry, v. Saint-Simon, *loc. cit.*, XIII, 214 et s.; XIV, p. 33 et s.; XV, p. 184 et s.; XVII, p. 209, et s.; p. 333 et s.

2. Boiteau, *loc. cit.*, p. 248.

3. *Mémoires de Marais*, avocat occupé du Parlement de Paris (1664-1737), qui a laissé sur les premières années de Louis XV un journal plein de renseignements.

Saint-Simon retrace la joyeuse vie qu'on menait dans l'exil de Pontoise, chez le premier président du Parlement. Le Premier avait exigé qu'on lui affectât l'admirable maison de campagne du cardinal de Bouillon. « Il y tint tous les jours table ouverte pour tout le parlement.... en sorte qu'il y eut plusieurs tables servies également, délicatement et splendidement; il envoyait à ceux qui voulaient envoyer chercher chez lui, tout ce qu'ils pouvaient désirer de vin, de liqueurs et de toutes choses.... il y avait force *tables de jeu* dans les appartements jusqu'au souper » (*Mémoires*, t. XVIII, p. 247). « Aucun bon avocat n'y mit le pied [à Pontoise]; il n'y eut que quelques jeunes d'entre eux, et en fort petit nombre » (*ibid.*, p. 250).

Aujourd'hui, Pontoise possède un barreau.

4. *Lettres persanes* (1721), L. LVI, Usbek à Ibben, éd. Lequien, Paris, 1830, t. VI, p. 159.

d'Étiolles, née Antoinette Poisson, marquise de Pompadour [1]. C'est la période des constructions magnifiques :
château de Bellevue, l'Ermitage, etc. Les amants royaux,
assis sur le gazon, au milieu des architectes et des ouvriers,
discutent plans et devis. Les Palais s'élèvent; il faut les meubler. Sa Majesté et la Marquise sont tout entiers aux mobiliers, aux bronzes, aux tapisseries, aux porcelaines, aux
bibelots de toute forme et de toute couleur; ils n'ont guère
le temps de jouer ou de donner à jouer aux cartes. Mais la
Pompadour meurt, Jeanne Bécu, devenue comtesse du
Barry [2], prend sa place; elle avait, avant de rencontrer le
Roi, vécu dans les salons de la Garde, de la Gourdon, etc.,
véritables assemblées de jeux. La favorite revient aux distractions de sa jeunesse et le jeu reprend de plus belle à la
Cour et à la Ville.

127. — Comme précédemment, les Ordonnances contre
le jeu sont nombreuses sous Louis XV (12 novembre
1731, 18 août 1741, 7 mai 1749, 29 novembre 1757,
12 décembre 1759, 21 avril 1765).

Mais voyons aux divers étages de la société le cas qui
en est fait.

Le Roi fait installer un jeu chez la Dubarry où se pressent
les ducs de Richelieu et de Choiseul [3]. On jouait aussi

---

1. Edmond et Jules de Goncourt, *Madame de Pompadour*, nouv. éd.
avec lettres et documents inéd. Paris, Charpentier, 1 v. in-18.

2. V. la remarquable « esquisse psychologique » de madame du Barry
par Jules Soury, *Portraits du XVIIIe siècle* (Charpentier). Paris, 1879,
p. 287. — Lire aussi dans le même volume « Psychologie de la femme
au XVIIIe siècle », p. 125-139.

3. *Anecdotes sur la comtesse Dubarry*. Londres, 1775, *apud* Boiteau,
loc. cit., p. 255.

chez la reine Marie Leckzinska, chez la Dauphine, chez Mme Adélaïde, etc. [1].

128. — Candide étudie la vie intime de Paris, et Voltaire conduit son héros en une académie de jeu chez une dame, « au fond du faubourg Saint-Honoré. On y était occupé d'un pharaon, douze tristes pontes tenaient en main un petit livre de cartes, registre connu de leurs infortunes ». Plusieurs « de ces pauvres gens tâchaient de réparer les cruautés du sort ». On donne « un siège et un jeu de cartes à Candide qui perdit cinquante mille francs en deux tailles [2] ».

129. — M. Obry de Fulvy, intendant des finances et frère du Contrôleur général, perdait, chez la maîtresse de celui-ci, au jeu défendu du biribi, une somme de 420.000 livres [3].

130. — Les gentilshommes de meilleure lignée ne craignaient pas d'exploiter des Jeux. Le prince de Carignan, premier prince du sang de Savoie, en tenait un à Paris, à

1. *Mémoires de Mme de Campan*, t. I, p. 70 (Boiteau, *ibid.*, p. 257).

2. Voltaire, *Candide ou l'optimisme* (1759), ch. XXII, éd. Renouard. Paris, 1819, t. XXXIX. Romans, I, p. 281.

3. *Journal de Barbier* (février 1739), éd. Charpentier, 1885, t. III, p. 159.

E.-J. Barbier (1689-1771) était avocat au Parlement de Paris, comme son père et son grand-père. Il ne plaida guère, et fut surtout avocat consultant, avec une nuance d'agence d'affaires, comme dirait le Palais d'aujourd'hui. Conseil des plus grandes familles d'alors, il se trouvait à même d'être bien renseigné sur les hommes et les choses de son temps. Il rédigea régulièrement un journal, où il nota les événements curieux de la politique et des mœurs. C'est la source d'informations la plus complète sur la Régence et le règne de Louis XV ; car il vécut 82 ans, et ne quitta la plume que quelques années avant sa mort. Il repose en une église, peu éloignée du Palais, à Saint-Séverin.

l'hôtel de Soissons. Le duc de Gesvres, gouverneur de Paris, en avait un « qui lui rapportait 130.000 livres par an, payées tous les premiers jours du mois »... « Les deux jeux de l'hôtel de Soissons et de l'hôtel de Gesvres avaient autorisé bien des femmes d'avoir des jeux défendus dans leur maison, ce qui était difficile à empêcher » (*Journal de Barbier*, avril et mai 1741, éd. Charpentier, Paris, 1605, t. III, p. 271 et p. 276).

131. — Ne sachant plus comment s'y prendre, on capitule avec les joueurs. Une ordonnance du 6 mai 1760[1] émanée des maréchaux de France, formant le tribunal des arbitres de la noblesse décide :

« Nous déclarons que n'aurons aucun égard aux
« demandes qui pourront être portées devant nous, pour
« raison de créances qui, procédant des pertes au jeu
« excéderont la somme de mille livres, sous peine de
« prison, et telles autres peines que nous jugerons à pro-
« pos d'infliger, contre l'une ou l'autre des deux parties
« qui auront contrevenu à notre défense. »

132. — Louis XVI, honnête homme, rédoutait le jeu et ses extravagances. Il prit des mesures pour combattre le mal, qui, à la fin du règne de son grand-père, avait causé tant de ravages. Un arrêt réglementaire du Parlement, en date du 12 décembre 1777, confirma les règlements précédents sur les jeux de hasard. Le Roi donna sur la matière, le Ier mars 1781, une déclaration enregistrée le lendemain par le Parlement de Paris, remettant en vigueur les édits, ordonnances, arrêts et règlements contre les Jeux de

---

1. Dusaulx, *loc. cit.*, p. 244.

hasard et autres prohibés, et dont l'art. 3 disposait : « Faisons très expresses et itératives inhibitions et défenses à toutes personnes de quelque état et condition qu'elles soient, de s'assembler en aucuns lieux privilégiés ou non privilégiés, pour jouer audits jeux prohibés, etc. »

133. — Malheureusement Marie-Antoinette, gracieuse, enjouée, frivole, — et la Cour, — ne partageaient pas cette aversion pour les jeux défendus.

La précaution royale fut inutile : le mauvais exemple continua à être donné de haut.

« Pendant le carnaval de 1777, la Reine, outre ses propres fêtes, a les bals du Palais-Royal et les bals masqués de l'Opéra... Cependant les jours ordinaires le pharaon fait rage ; dans son salon, « le jeu n'a plus de bornes », en une soirée le duc de Chartres y perd huit mille livres. Il y a un pharaon régulièrement installé chez la Reine[1]. »

C'est M. de Chalabre, le fils du joueur si renommé, qui est son banquier, il lui en faut bientôt un second, « M. Poinçot, chevalier de Saint-Louis qui, la première fois où il s'est rendu au cercle de Reine n'a pu, suivant l'étiquette, s'asseoir, n'ayant pas de brevet de colonel[2] ».

A Marly, « jeu et souper tous les jours[3]. » « La famille royale perdait ordinairement cent mille écus dans le voyage de Fontainebleau au profit de M. de Chalabre. Ce croupier gentilhomme gagna vingt-trois mille louis dans un seul voyage, en 1779[4]. »

1. Taine, *Origin. de la France contemp.* L'Ancien régime, t. I, p. 144.
2. *Mém. de Bachaumont*, t. XII, p. 140.
3. *Mém. de Mme de Campan*, t. I, p. 221.
4. Boiteau, *loc. cit.*, p. 259.

« Le jeu a été meurtrier à Marly. M. de la Vaupelière
et M. de Chalabre, nos deux plus gros joueurs, ont été
écrasés. Le dernier a perdu 42.000 louis » (Versailles,
4 nov. 1780)[1].

« Le grand appartement de la Reine se tint hier et fut
très brillant ainsi que le banquet royal. On y a joué fort
gros jeu, M. le marquis de Chalabre, le père, y a tenu la
banque et ce qui est assez joliment employer quatre heures,
il a gagné pour lui et ses croupiers 1.800.000 livres »
(Versailles, 14 janvier 1782)[2].

« La Reine avait perdu cent mille écus dans la soirée.
C'est une revanche, dit la Reine. — Avec de telles
revanches, on se ruine, répondit le Roi » (Versailles,
22 janvier 1787)[3].

134. — « Excepté quelques maisons, constatait Dusaulx,
où l'on fait aujourd'hui commerce de son âme, il faut
jouer dans toutes les autres, sous peine d'être compté pour
rien et quelquefois tristement éconduit[4]. »

« Aujourd'hui cet Enfer [endroit où l'on joue] est partout. Tout est en feu au moment où j'écris : sans parler
des bassesses, depuis deux jours je compte quatre suicides
et un grand crime[5]. »

---

1. *Correspondance secrète inédite sur Louis XVI, Marie-Antoinette, la
Cour et la Ville* (fonds des manuscrits français. Bibliothèque Saint-
Pétersbourg, p. 51. Bulletin de Versailles, 1777-1792, 5 v. in-4º),
publiée par de Lescure. Paris, Plon, 1866, 2 v. in-8º.

2. *Correspondance secrète inédite*, loc. cit., t. I, p. 453.

3. *Correspondance secrète inédite*, loc. cit., t. II, p. 100.

4. *De la passion du jeu*, par M. Dusaulx, ancien commissaire de la
gendarmerie, de l'Académie royale des Inscriptions. Paris, Impr. de
Monsieur, in-12, 1779, p. 93.

5. Dusaulx, *ibid.*, p. 89.

135. — Le feu étant partout, on tente de lui faire sa part. Quelques « permissions de jouer » furent dispensées, parcimonieusement, par MM. les lieutenants généraux de police de Sartine et Lenoir. Mais l'espoir d'enrayer le mal par cette concession fut déçu. Les abus venaient de trop haut ; la police resta désarmée. On possède sur les positions respectives des joueurs et de l'autorité, à la fin de l'ancienne monarchie, un document précieux. C'est le « Compte rendu fait au Parlement par le Lieutenant général de police de la quantité des Jeux, tant publics que particuliers, des noms et qualités de ceux qui donnent à jouer et des banquiers des jeux, en date du 13 février 1781 [1] » à la suite duquel Louis XVI rendit contre les jeux la Déclaration du 1er mars 1781, citée plus haut.

136. — En voici quelques extraits : on y remarquera à quels usages, certains ambassadeurs peu scrupuleux firent servir les immunités diplomatiques :

« .... M. le chevalier Zeno, ci-devant ambassadeur de Venise, a aussi établi toutes sortes de jeux de hasard dans son hôtel. Là, toutes personnes de tous états, connues ou inconnues, étaient admises. Les joueurs s'y portant en foule, on y a multiplié les salles où les joueurs avaient un libre accès. Une de ces salles, plus particulièrement

---

1. Archives nationales, X 1b 8975. H. Monin, *État de Paris en 1789* (pub. sous les auspices du Conseil municipal), Paris, Jouaust, 1889, p. 408.

On trouve également dans cet ouvrage le texte de l'arrêté réglementaire contre les Jeux, préparé par le Parlement de Paris, mais dont le Roi arrêta la publication et qu'il remplaça par la Déclaration du 1er mars 1781.

ouverte aux personnes d'un état vil et obscur, était appelée l'Enfer. Cette maison où le désordre et le scandale ont subsisté pendant longtemps, et dont j'ai été instruit plutôt par la notoriété publique que par les agents de la police, auxquels la porte en était interdite, n'a été fermée qu'au départ de cet ambassadeur, envers qui toutes les représentations ont été vaines. Mais depuis, et successivement on a ouvert des jeux de hasard chez trois autres Ministres étrangers.

« Le premier, place du Louvre, dans un hôtel ayant pour inscription : Écuries de M. l'ambassadeur de Suède ; un autre, rue de Choiseul, sous le nom de M. l'envoyé de Prusse ; et le troisième, rue Poissonnière, chez M. l'envoyé de Hesse-Cassel.

« Sur l'avis qui m'en a été donné, avant même que les jeux y fussent établis, j'ai eu l'honneur d'écrire ou de prévenir ces ministres étrangers que je ne pourrais me dispenser d'instruire le gouvernement. Mes lettres étant demeurées sans réponse, j'ai rendu compte aux ministres du roi, lesquels ont fait auprès des ministres étrangers les démarches que leur zèle et leur prudence leur ont suggérées. Ils ont été avertis des conséquences que peut entraîner la licence des jeux, dans leurs hôtels, que le public en était scandalisé et la police alarmée. ....On a aussi donné, depuis 1777, toutes sortes de jeux de hasard dans plusieurs maisons particulières. Voici celles qui me sont le plus connues : MM. les marquis et comte de Genlis rassemblent très fréquemment dans une maison située place Vendôme, et dans une autre sise rue Bergère, une société nombreuse de gros joueurs ; l'on prétend qu'il s'y fait des parties énormes.

« Une autre société se réunit chez la dame de Selle, rue Montmartre ; une autre se rassemble également chez la dame de Champeiron, rue de Cléry ; chez la dame de la Sarre, place des Victoires ; chez la dame de Fontenille, cour de l'Arsenal.

« Je les ai avertis et fait avertir. On m'a donné partout cette réponse commune, que ce n'était que des plaisirs de société, qui avaient été tolérés de tout temps, et qu'il ne se passait rien dans l'intérieur de leurs maisons que ce qui pouvait avoir lieu partout ailleurs.

« J'observerai à la Cour qu'ayant eu connaissance que des personnes d'un rang élevé s'étaient trouvées quelquefois dans plusieurs de ces sociétés, je n'ai pu porter mes soins au delà des instances et des prières que j'ai faites aux maîtres et maîtresses de ces maisons, et au delà des comptes que j'en ai rendus. »

136bis. — On a vu, par ce qui se passait à Versailles aux « appartements » de la Reine, à la veille de 1789, l'état qui était fait de la Déclaration royale de 1781 contre le jeu, dans les lieux mêmes où elle avait été signée.

137. — Les temps nouveaux annoncés par les philosophes s'accomplissent. En 1789, la Bastille est détruite, et trois ans plus tard, le 10 août 1792, la Royauté elle-même s'effondre sous la colère du Peuple.

Une autre couche sociale recueille le pouvoir. D'autres figures allégoriques occupent la scène. Corruption, Despotisme, Tyrannie sont mis en fuite par Justice, Liberté,

Égalité, Fraternité, Humanité[1]. L'ère de Vertu[2] commence.

138. — Tout est changé, sauf le cœur de l'homme. Le jeu florissait dans les palais; il sévit maintenant dans la rue.

139. — L'autorité fait ce qu'elle peut pour lutter contre le fléau. Le maire de Paris, Bailly, adresse aux sections de la capitale une lettre rappelant les anciennes Ordonnances sur le jeu. « Il ne faut pas nous le dissimuler, disait-il, le désordre, la licence, l'anarchie qui accompagnent nécessairement le grand changement d'un état de choses à un autre, a favorisé tous les abus, et particulièrement celui du

---

1. V. comme modèle d'entités allégoriques, dans le goût des personnages du *Roman de la Rose*, de Guillaume de Lorris et de Jean de Meung, une pétition adressée à la Convention, le 25 brumaire an II, à propos de la fête de la déesse de la Raison à Notre-Dame (Petites affiches, brumaire an II; Goncourt, *Soc. fr. pend. la Révolution* (1864), p. 420), et ultérieurement les Fêtes de « l'Être suprême » sous le pontificat de Robespierre, le 20 prairial, an II, 18 juin 1794 (Décad. philosophique an II, vol. I; Goncourt, *ibid.*, p. 422 et s.); Éd. Drumont, *La Fête de l'Être suprême, Libre Parole*, 3 février 1903.

2. V. Adresse de la Société des Jacobins à la Convention nationale, 26 floréal an II, lue dans la séance de la Convention du 27 floréal (à propos du décret décidant la célébration de la fête à l'Être suprême). V. les discours de Jullien Couthon, et la réponse de Carnot, président de la Convention (*Moniteur*, t. XX, p. 492 et s. — Aulard, *Soc. des Jacobins*, Paris, 1897, t. VI, p. 135). En une page et demie, nous y avons relevé neuf fois le mot « Vertu », — et cette phrase, à propos d'adversaires envoyés à l'échafaud : « ils n'étaient pas vertueux, ils ne furent jamais Jacobins. »

Les discours de Robespierre fourmillent de ce mot. V. comme type, le discours que le chef de la Montagne prononça au Club des Jacobins, le 21 messidor an II (9 juillet 1794), sous la présidence de Barère (Aulard, *ibid.*, p. 210). Entre autres phrases : « Le décret qui met la Vertu à l'ordre du jour est fécond en grandes conséquences. »

jeu. Les maisons où l'on joue et où la fortune des citoyens va s'engloutir se sont tellement multipliées, et la licence marche tellement à découvert, que dans certains quartiers on rencontre à chaque pas des maisons de cette espèce, et que même il y a des gens placés pour distribuer des cartes et pour inviter d'y entrer[1]. »

139bis. — Le législateur continue ses louables efforts : loi du 22 juillet 1791 (tit. I, art. 7 et 10; tit. II, art. 36 et 37) qui renouvelle les prohibitions et les sanctions contre les Jeux de hasard.

L'Assemblée législative veut même corroborer son œuvre; elle charge le Comité de législation de préparer une loi complémentaire contre les excès du jeu[2].

140. — Mais « les conquérants du jour paraissent désireux de mettre la main sur tout ce qui a été l'apanage de leurs anciens dominateurs; ils entrent triomphalement dans leurs vices... Dès que vient la nuit on joue dans la rue, c'est le biribi qui a la vogue : c'est au biribi que l'ouvrier sans travail risque ses liards fleurdelisés. La police arrive trop tard, quand elle arrive. D'ailleurs il faudrait dix mille agents pour surveiller la ville. Et comment surprendre les délinquants? Les banquiers de ces banques démocratiques se servent des murailles et des bornes comme de tables : ils écrivent leurs comptes avec de la

1. V. texte complet, Frère Jouan du Saint, *Jeu et Pari*. Paris, 1893, Larose, 1 v. in-8°, p. 107.

2. Décret de l'Assemblée législative chargeant le Comité de législation de faire son rapport le 15 janvier [1792] sur un projet de loi propre à réprimer les excès de la passion du jeu. 5 déc. 1791 (Arch. Nat. C. 140, n° 122).

craie[1] ». Des maisons de jeu, ouvertes ou fermées il y en a plus de 4.000 à Paris[2].

Les législateurs, en tant qu'hommes privés donnent-ils de meilleurs exemples que les Rois qu'ils remplacent? « Ils jouaient en catimini et soupaient chez Mᵐᵉ Jullien, ancienne actrice de la Comédie italienne, comme s'il n'y avait pas eu d'États généraux et de Déclaration des droits de l'homme[3] ».

141. — La loi du 17 juillet 1791 est toute fraîche; la police veille, verbalise, poursuit. Cependant, « en 1792, malgré les préoccupations causées par les graves événements qui se succédaient à Paris, la passion du jeu était toujours aussi frénétique et entraînait vers le Palais-Royal tout un flot de population qui s'engouffrait dans ses innombrables tripots ouverts à tout heure du jour, et surtout de la nuit... Dans toute l'étendue du Palais-Royal, il n'était peut-être pas une maison qui ne fût occupée par quelque tripot : tout était utilisé, non seulement les étages, mais les boutiques, les arrière-boutiques, cabinets et jusqu'aux caves et sous-sols. On ne saurait s'imaginer tous les trafics auxquels donnaient lieu ces locations et sous-

---

1. Boiteau, *loc. cit.*, p. 265 et s. — *Chronique de Paris*, septembre 1789 et janvier 1790. — Goncourt, *loc. cit.* (la rue, le jeu), p. 20.

2. Mercier, *Le nouveau Paris*, t. VI, p. 209. Ad. Schmidt, *Tableaux de la Révolution française d'après les papiers inédits du département et de la police secrète de Paris*, t. II, p. 58, 114, 116, 126; t. III, p. 8-9 : 336 et s. 365, 369. V. sur l'important recueil de A. Schmidt, Tourneux, *Bibliographie de l'histoire de Paris pendant la Révolution française*, Paris (1894), t. II, p. 2. — J. Guiffrey, *Revue critique*, 27 juillet 1867 et 26 février 1870.

3. Boiteau, *loc. cit.*, p. 267.

locations... Une pénalité très sévère (300 fr. d'amende à 3.000 en cas de récidive) frappait tout propriétaire qui ne dénonçait pas les jeux prohibés existant dans son immeuble... Dans la plupart de ces tripots on n'était reçu que sur présentation de cartes de prétendues sociétés distribuées aux passants sous les galeries du Palais-Royal, [ex : Société très bien composée au Palais-Royal, n° 36, au premier au-dessus de l'entresol. Depuis 8 heures jusqu'à 11 heures du soir, à Paris]... La plupart des banquiers avaient en permanence à leur solde des gens de sac et de corde connus sous le nom de *coupe-jarrets* ou *casse-têtes*, qui, sur un signe de leurs maîtres, se ruaient sur les malheureux joueurs et les abîmaient de coups [1]. » « Ceux du passage Radziwil appelés *tueurs* étaient armés d'une massue et payés à raison de 12 fr. par jour[2]. »

142. — La Vertu, réfugiée dans les discours, n'habitait pas les mœurs. « La mode, le *jeu*, le libertinage ne perdirent jamais l'empire qu'ils ont exercé sur les sociétés civilisées... le *jeu* sous toutes ses formes a causé d'innombrables ruines et suicides, et sur le cynisme avec lequel la débauche s'étala

---

1. A. Tuetey, *Repert. gén. des sources manuscrites de l'hist. de Paris pend. la Révolution franç.* Paris, 1900 (Ville de Paris), t. V, p. XLVI-LIII, avec les renvois aux nos du Répert. contenant la description des procès-verbaux des commissaires de police des Sections ; v. notamment la section du Palais-Royal ou de la Butte des Moulins (nos 3248-3726).

Les jeux prohibés, signalés dans les procès-verbaux sont surtout le biribi, la bouillotte, la parfaite égalité, la roulette ou *le cirque*, etc. L'entrée des tripots était souvent défendue contre les importuns par des grilles de fer (*ibid.*, n° 3415). Les réunions de jeu se déguisaient sous un titre d'association, comme « Société des Amis de la loi, de la paix et de la tranquillité publique » (*ibid.*, n° 3415). Les originaux de ces procès-verbaux se trouvent aux Archives de la Préfecture de police

2. Tuetey, *ibid.*, t. II (1892), introd., p. XXVII.

en plein jour, les témoignages contemporains sont una-
nimes [1]. » Ces témoignages qui remplissent les documents
du temps se complètent par des pièces où les abus du jeu
sont spécialement enregistrés [2].

143. — Ce serait dans les palais du Luxembourg, pendant le Directoire, présidence de Barras, qu'aurait été
inventée la « bouillotte », fille de l'ancien brelan et mère
du moderne *poker*. D'où ce mot attribué à madame Tallien (née Cabarrus et future princesse de Chimay), au sortir
du palais directorial : « Ils sont là-haut cinq rois qui suent
sang et eau pour faire un brelan de valets [3]. » Pourtant,
sous ce même Directoire, madame Tallien, pour attirer

1. M. Tourneux, *Bibliographie de l'histoire de Paris pendant la Révolution française* (publication de la ville de Paris), t. III, 1900, notice pré-
lim., p. LVI.

2. V. *Pétition de M. J. Charon*, ancien président de la Fédération... à
l'Assemblée législative appelant son attention sur la frénésie des
jeux, etc., 29 novembre 1791 (Archives nationales, C. 140, nᵒ 117).

Procès-verbal de transport, de M. Sullicrt, commissaire de police de la
section de la place Louis XIV... à l'effet de constater les jeux prohibés
avec l'interrogation des individus (Arch. nat., F. 7, 4623).

Tableau des maisons de jeu du Palais-Royal, donnant les noms et qualités des teneurs de jeux avec de curieux détails sur les Clubs de la
liberté et des arts et la Compagnie joyeuse ou des Croquanjeurs dressé
par Soltho-Douglas, agent de police, 1791-1792 (arch. nat. W. 251).

Dénonciation faite au public sur les dangers du jeu, etc., les crimes de
tous les joueurs, croupiers, tailleurs de pharaons, banquiers, bailleurs
de fonds, etc., Paris, etc., 1791, in-8ᵒ, 48 p. (Bibl. Nat., L f 1383).

Liste des maisons de jeux, académies, tripots, banquiers, etc., 1791, in-8ᵒ,
16 p. (Bibl. Nat. L f 1384.)

Sur les jeux de Paris, par Davelouis, etc., 1801, in-4ᵒ, 1 f. et 14 p.

Des jeux de hasard au commencement du XIXᵉ siècle, par J. Lablée, de
l'Athénée de Lyon. Paris, an XI-1803, in-12 (Bibl. Ville de Paris,
3825).

3. Boiteau, *loc. cit.*, p. 270.

les invités dans son salon de la rue de Babylone ou son pavillon des Champs-Élysées, dut sacrifier à la mode ; elle donna à jouer et même à la bouillotte. Ainsi faisait-on chez madame de Stael, rue du Bac.

144. — « L'opération de police un peu rude[1] » accomplie à Saint-Cloud, le 19 brumaire an VIII (10 nov. 1799), qui substitua le Consulat de Bonaparte, Sieyès et Duclos, au Directoire, laisse les joueurs indifférents. « Les trente-cinq banques de jeux publics et patentés, les innombrables tripots s'emplissent et les heures s'y écoulent fiévreuses[2]. »

145. — Le général Bonaparte goûtait peu le jeu ; le premier Consul, non plus que l'empereur Napoléon ne changèrent de goût. Aux Tuileries, l'Empereur se bornait à s'asseoir quelquefois à la table de whist ou de vingt et un de l'impératrice Joséphine[3].

146. — Dans tout l'éclat des victoires, dont le souvenir console encore la France actuelle aux heures décolorées qu'elle traverse, six mois après Austerlitz, quelques mois avant l'écrasement de la Prusse[4] à Iéna et à Auerstaedt[5],

---

1. Cette expression, désormais célèbre, appliquée par Melchior de Vogüé (discours à l'Académie française), au coup d'État du 2 décembre 1851, paraît être celle dont les républicains eux-mêmes qualifiaient l'acte accompli par le général Bonaparte à Saint-Cloud, le 19 brumaire an VIII (lettre du général Lefebvre à Mortier, du 24 brumaire an VIII. Archives de Trévise, *apud* Vandal, *loc. cit.*, p. 424).

V. le sentiment des grenadiers chargés de la garde du conseil des Cinq-Cents, *ibid.*, p. 386.

2. Vandal, *loc. cit.*, p. 452. — Sur la prostitution, à la même date, v. rapports de police du 28 brumaire. Arch. nat. AF. IV. 1329.

3. *Mémoires de Morellet.* L'ennui ramena Napoléon à ce passe-temps pendant sa captivité à Sainte-Hélène, *Mémorial*, I, p. 136 (éd. 1823-24).

4. *Histoire générale*, par Ernest Lavisse et Alfred Rambaud, t. IX.

5. Le général Davout, vainqueur de la journée, fut créé duc d'Auer-

suivi de l'entrée des Français à Berlin [1], alors que Eylau, Friedland, etc., se préparent, Napoléon ne perd point de vue l'administration de l'Empire. Les abus du jeu l'ont frappé ; il tente à son tour d'employer sa puissance à les réprimer ; il rend le décret du 24 juin 1806, ainsi conçu :
« Notre Conseil d'État entendu, Nous avons décrété et décrétons ce qui suit :

« ART. I. Les maisons de jeux de hasard sont prohibées dans toute l'étendue de notre empire.

« Nos préfets, maires et commissaires de police, sont chargés de veiller à l'exécution de la présente disposition.

« ART. 2. Nos procureurs généraux près nos cours criminelles, et leurs substituts poursuivront d'office les contrevenans, qui seront punis des peines portées par la loi du 22 juillet 1791.

« ART. 3. Tout fonctionnaire public, soit civil, soit militaire, qui autorisera une maison de jeu, qui s'intéressera dans ses produits, ou qui, pour la favoriser recevra quelque somme d'argent ou autre présent de ceux qui la tiendront, sera poursuivi comme leur complice.

« ART. 4. Notre ministre de la police fera pour les lieux où il existe des eaux minérales, pendant la saison des eaux seulement, et pour la ville de Paris, des règlements particuliers sur cette partie.

staedt. L'héritier du nom et du titre, également général, a succédé commme grand chancelier de la légion d'honneur au général Février, ancien commandant du 6ᵉ corps d'armée (Nancy).

Le général Davout, Duc d'Auerstaedt, est membre du Cercle de l'Union. (Annuaire, Tully, 1902, p. 42).

1. Lavisse et Rambaud, *ibid.*, p. 110. A. Rambaud, *l'Allemagne sous Napoléon Iᵉʳ*. P. Foucart, *La campagne de Prusse en 1806*.

« Notre grand juge, ministre de la justice, et notre ministre de la police générale sont chargés, chacun en ce qui le concerne, de l'exécution du présent décret. »

147. — Quatre ans plus tard environ, les 1er et 2 mars 1810, étaient promulgués les livres III et IV du Code pénal, dont les art. 410 et 475 renouvelaient législativement les prohibitions du décret impérial de 1806, et sans réserve au profit de la ville de Paris et des villes d'eaux.

Une controverse, que l'on retrouvera plus loin, s'est élevée pour savoir si le Code pénal n'avait point abrogé le Décret. En attendant, les jeux publics continuèrent à fonctionner dans la capitale et les stations thermales au plus grand profit du trésor public, fort mal en point à la suite des dépenses que nous imposait notre gloire. Cependant l'Empereur n'aimait point cette source de revenu. Il aurait chargé, en 1811, une commission d'étudier la question de la suppression des maisons de jeu. Cédant à des préoccupations fiscales, la commission conclut à un ajournement [1].

148. — Sous la Restauration, loin d'être proscrit, le jeu fut au contraire régularisé pour Paris d'abord par une ordonnance du 5 août 1818, qui put tenir en échec le Code pénal grâce à une loi ayant pour objet de retirer à la Ville et d'attribuer à l'État les profits de la concession du jeu. Ce coup double fut opéré par l'art. 8 de la loi du 19 juillet 1820, relative à la fixation du budget des dépenses de 1820 :

« ART. 8. — L'ordonnance du 5 août 1818 portant concession à la Ville de Paris du privilège de l'exploitation des

---

1. Baron de Méneval, *Souvenirs historiques sur Napoléon*, préface, p. v, 3 v. in-8o, Paris 1843.

jeux continuera d'être exécutée sauf la modification suivante :

« L'obligation imposée à ladite Ville de prendre à sa charge et de payer annuellement pour prix de cette concession les dépenses énoncées dans l'état annexé à la susdite ordonnance, et montant à cinq millions cinq cent mille francs sera convertie, à dater du 1er janvier prochain, en une obligation de verser annuellement au Trésor Royal la susdite somme payable par douzième chaque mois.

« Le budget de l'État pour l'année 1821 sera en conséquence augmenté en recette de cinq millions cinq cent mille francs qui seront versés par la Ville de Paris, et en dépense, des sommes équivalentes qu'elle devait acquitter en vertu de cette ordonnance et qui cesseront d'être à sa charge. »

149. — Le Palais-Royal redevint le foyer actif du jeu public ; on y joua presqu'autant que sous la première République[1]. Les documents publiés·sous la Restauration sont, à cet égard, édifiants[2].

---

1. V. suprà, n° 139 et s.

2. Au cours de cette étude, la chance, qui récompense parfois la patience des bibliophiles, a mis entre nos mains une série d'écrits édités de 1818 à 1830, contenant de curieux détails sur les abus des jeux publics et le Palais-Royal, centre de leur exploitation. Nous en citerons quelques-uns :

Des jeux publics de hasard et de commerce, par A. Henrik. Paris, Corbet, 1818, in-12.

Les deux Boursault, Macédoine, Paris, Petit, 1820, in-12.

L'argus des maisons de jeux et des établissements publics consacrés à nos plaisirs. Paris, Pelet, 1820, in-12.

Le défenseur des maisons de jeux. Paris, Pelet, 1820, in-12.

L'observateur des maisons de jeux, par A. H. Cahaisse. Paris, libr. constitutionnelle, 1819, in-12.

De l'abus des jeux de hasard mis en ferme. Paris, Mongie, 1818, in-12.

150. — Les abus cependant parurent si intolérables que de toute part, des protestations s'élevèrent. L'intervention du législateur se fit attendre ; car la recette n'était pas une « quantité négligeable » pour le Budget. Le fermier des jeux (d'abord M. Boursault, acteur, conventionnel, soumissionnaire des Jeux, des vidanges et des boues de Paris, grand amateur de fruits et de fleurs qu'il cultivait dans son jardin de la rue Blanche, sur le terrain duquel fut construite la rue Boursault, enfin affligé par un contemporain du sobriquet de « mirliflore », cruellement commué en « Merdiflore », — puis M. Bénazet, sous la direction duquel la clôture des maisons de jeux eut lieu en 1837), versait au Trésor, par douzième, une somme annuelle de 5.500.000 fr. comme on l'a vu par l'article 8 de la loi du 19 juillet 1820 ; en plus, le Trésor était intéressé dans les bénéfices de la ferme. Cet intérêt a rapporté à l'État de 1819 à 1837 cent trente-sept millions, soit une moyenne annuelle de sept millions environ.

151. — A la longue, le législateur dut céder à l'opinion publique ; il commença par sacrifier les loteries (loi du 21 mai 1836)[1]. Presqu'en même temps il jeta par-dessus bord les jeux publics ; ce fut l'affaire de l'art. 10 de la loi

L'intérieur des jeux publics dévoilé, etc. Paris, marchand de nouveauté, 1821, in-12.

Palais-Royal (Le), ou les filles en bonne fortune, coup d'œil sur le Palais-Royal en général, sur les maisons de jeu, les filles publiques, les marchandes de modes, les ombres chinoises, les traiteurs, les cafés, les bons mots de ces demoiselles, etc. Paris, 1826, in-18.

1. V. discussion : à la Chambre des Pairs (baron Pasquier, comte Roy, Sauzet, Barthe, etc.), *Monit. univ.* 4 mai 1836, p. 980 ; à la Chambre des députés (Martin du Nord, Vatout, Teste, Sauzet, Vivien, Ch. Dupin, rapporteur, etc. *Monit. univ.* 14 mai, p. 1076 et 17 mai 1836, p. 1118).

budgétaire du 18 juillet 1836[1] : « Le bail des jeux pourra
être prorogé pour une année. A dater du 1er janvier 1838,
les *jeux publics sont prohibés.* »

152. — Depuis soixante-sept ans, nous sommes ramenés
au régime prohibitif du Code Pénal de 1810. Cependant
d'énormes fissures s'y sont produites avec la connivence du
législateur; nous les signalerons plus loin. Mais la controverse sur la proportion du mal que cause le jeu public,
et du mal qu'il empêche, n'est pas fermée.

153. — L'auteur de la « théorie des jeux de hasard »
disait il y a plus de cent ans : « Les législateurs qui ont
proscrit les jeux de hasard n'ont point atteint le but qu'ils
s'étaient proposé.En effet les maux qu'ils ont voulu prévenir résultent aussi souvent des jeux d'adresse et de commerce, particulièrement dans les endroits où beaucoup
d'étrangers se rassemblent. Le jeu y est nécessaire pour
occuper le désœuvrement, et des parties publiques soumises
à l'œil vigilant de la police y entraînent moins d'inconvénients que celles où ils se trouveraient à la merci des Grecs
qui se portent en affluence dans ce rendez-vous, avec l'intention de faire des dupes[2]. »

---

1. V. Au sujet de la loi du 18 juillet 1836, prohibition des jeux
publics, les intéressants débats devant la Chambre des députés. Séance du
7 mai 1836. *Moniteur universel,* 8 mai 1836. M. Chapautet, *Rapport sur
une pétition tendant à supprimer les jeux,* p. 1025. — Renvoi au ministère
de l'intérieur. — M. Gaëtan de la Rochefoucauld-Liancourt : « impôt
de larmes et de sang, assis sur le déshonneur et le suicide. » — M. Thiers,
président du Conseil, p. 1027. — MM. Viennet, de Lamartine, comte
de Montalivet, ministre de l'intérieur). — V. Séance, Chambre des
députés, 17 juin 1836 *Moniteur universel,* 18 juin, p. 1476. MM. Deles-
sert; d'Agout, ministre des finances; Calmon, rapporteur, Laffitte, etc.
2. P. N. Huyn, *La théorie des Jeux de hasard,* 1788, p. 1, 1 br. in-8°
(s. l. n. d.).

154. — Au lendemain de la Guerre, quand on cherchait des ressources financières pour remplir la caisse de l'État vidée par les désastres publics, la question du « rétablissement des jeux publics » en France et de l'abrogation de la loi du 18 juillet 1836, fut de nouveau remise sur le tapis. « Un projet sérieux a été soumis à M. le ministre des Finances et une personne qui doit être bien renseignée m'écrivait, il y a quelques jours, que l'Assemblée nationale en serait avant peu saisie. Le Président de la République, [M. Thiers] a reçu, le 26 janvier 1872, la visite des maires et délégués des villes d'eaux : Aix-les-Bains, Vichy, Bagnères et qui ont sollicité l'autorisation d'ouvrir dans leurs localités des établissements de jeu » (Alziary de Roquefort, *Rétablissement des jeux publics*. Nice, typ. E. Gauthier et Cie, janvier 1872, 1 br. in-8°, p. 10).

Vers le même temps un ouvrage fort curieux était publié par la maison Plon sous ce titre : *Les Jeux en France*, opinion de la presse française et étrangère, 1re et 2e série 1871-1872 (2 vol. petit in-4°, Paris, Plon, 1872). Il contient sur la question des jeux publics en France et en faveur de leur rétablissement, l'opinion des écrivains les plus réputés de l'époque : Feydeau, About, Sarcey, de Pène, A. Bouvier, Alphonse Karr , Houssaye, Saint-Genest, A. Scholl, etc., et de nombreuses études anonymes[1].

---

1. A signaler aussi, de cette époque (1871-1872), les brochures suivantes :

Le Rétablissement des Jeux publics en France (Paris, Ch. Noblet, impr.).

Les Jeux en France, par Ch. Virmaître (Paris, Schiller, impr.).

Le 30 et 40 et la Roulette, par G. de M. (Paris, Alcan Lévy, impr.).

Les Jeux et leur rétablissement en France, par Lucien de Rubempré (Lyon, impr. veuve Chanoine).

155. — Aujourd'hui la discussion continue. Pendant que les uns demandent que la France extirpe par la force le Trente et Quarante et la Roulette de la minuscule principauté de Monaco, les autres opinent pour réouvrir au jeu une carrière libre et surveillée[1].

En fait, avec la légalisation du pari mutuel sur les courses dont nous serons amenés à dire un mot en étudiant le droit positif actuel, le jeu public est à moitié rétabli[2]. Est-il indispensable de le rétablir tout entier ? Et le jeu privé, aussi vivace que jamais, ne suffit-il point[3] ?

§ 4. Le Jeu et le Joueur dans le droit positif actuel (n°s 156-160). — Quelques dispositions des lois étrangères (n^{os}161-163). — Définition du jeu de hasard (n^{os}164-165). — Principaux Jeux de hasard (n°s 166-171). — Police des Jeux (n°s 172-173). — Délits à l'occasion du Jeu. Tricherie (n° 174-177).

156. — Notre droit positif actuel ne prohibe pas le « jeu de hasard » en lui-même, mais seulement son exploitation publique.

Les Tripots en France (Lyon, impr. Perrin).

Lettres sur le rétablissement des jeux publics par M. V. C. Guy de la Motte (Nice, impr. Gauthier).

La question des Jeux, par P. Contans (impr. Clément).

Dans un sens opposé : *La suppression des Jeux de Monte-Carlo-Monaco*, mémoire à l'appui d'une pétition aux Chambres. Nice, impr. Malvano-Mignon, 1 br., 1881.

1. M. J. Bluzet (*Le Jeu, sa moralisation par la bienfaisance*, Lyon, Rey, 1902) estime que le jeu étant indéracinable du cœur de l'homme, il n'y a qu'une solution, c'est de le moraliser en assurant des ressources plus abondantes à la charité ; il propose d'étudier « un droit des pauvres sur le jeu », comme il en existe un déjà sur les cagnottes.

2. Cf. infrà, n°s 179-187.

3. V. sur le jeu à la fin du xixe siècle, *Paris qui joue*, par Carle des Perrières. Paris, C. Lévy [1885], p. 1 et s.

Les articles 410 et 475 § 5, du Code Pénal, prévoient et punissent, l'un, la tenue des maisons de « jeux de hasard », l'autre, le fait d'avoir établi ou tenu des « jeux de hasard » dans les lieux publics [1]. Voici leur texte :

ART. 410 C. P. — « Ceux qui auront *tenu une maison de jeux de hasard* et y auront *admis le public*, soit librement, soit sur la présentation des intéressés, ou affiliés, les banquiers de cette maison, tous ceux qui auront établi ou tenu des loteries non autorisées par la loi, tous administrateurs, préposés ou agents de ces établissements, seront punis d'un emprisonnement de deux mois au moins et de six mois au plus et d'une amende de 100 à 6.000 fr.

« Les coupables pourront être de plus, à compter du jour où ils auront subi leur peine, interdits, pendant cinq ans au moins et 10 ans au plus, des droits mentionnés en l'article 42 du présent Code.

« Dans tous les cas seront confisqués tous les fonds ou effets qui seront trouvés exposés au jeu, ou mis à la loterie, les meubles, instruments, ustensiles ou appareils employés ou destinés au service des jeux ou des loteries, les meubles ou les effets mobiliers dont les lieux seront garnis ou décorés [2]. »

ART. 475 C. P. — « Seront punis d'amende depuis 6 fr. jusqu'à 10 fr. inclusivement... § 5, ceux qui auront *établi*

---

1. C'est la confirmation de la législation antérieure : article 7 du titre 1er de la loi du 19-22 juillet 1791 ; art. 1 et 2 du décret du 24 juin 1806. V. supra, nos 139bis et 146.

2. Sur la façon dont il est procédé par les magistrats du Parquet contre les maisons de jeux de hasard, même la nuit (art. 10, C P et L, 22 juillet 1791), v. Marcy, *Manuel-Dictionn. des Juges d'instruction*, vo Jeux de hasard, t. II. Paris, Pedone, 1901, p. 234.

ou *tenu* dans les rues, chemins, places ou *lieux publics* des *jeux de loterie* ou des *jeux de hasard*[1]. »

157. — La tenue d'une maison de jeux de hasard constitue une infraction que les criminalistes classent au rang des *délits successifs*. Tant que ces sortes d'établissements fonctionnent, le délit se perpétue. Les divers actes du jeu manifestent l'existence de la maison. La prescription ne peut donc courir qu'à dater de la fermeture de l'établissement[2].

158. — Un état trimestriel des condamnés pour infraction aux art. 410 et 475 C. P. est dressé par le Procureur de la République d'après les renseignements obtenus du greffe du Tribunal correctionnel et des Juges de Paix. Le Procureur général envoie au Ministre de la Justice une liste récapitulative des condamnés de son ressort (Circulaire Justice, 6 novembre 1886. Bull. 174). Leloir, *Code des Parquets* (Paris, Pedone, 1889), t. I, n° 150.

159. — Dans notre législation actuelle, le joueur lui-même n'est pas puni, encore qu'il s'adonne à des jeux de hasard. Les sanctions du Code Pénal sont réservées à celui qui exploite la maison des jeux de hasard, et par le moyen de celle-ci, le public qui la fréquente.

Les employés du tenancier de jeu, s'ils n'ont fait fonction que de « simples aides salariés, sans participation

1. La loi sur la relégation, du 27 mai 1885, a essayé d'atteindre ceux qui pratiquent habituellement ce genre de contravention sur la voie publique, dans son article 4 *in fine*.

« Sont considérés comme gens sans aveu et seront punis des peines édictées contre le vagabondage, tous individus qui, quoi qu'ils aient ou non un domicile certain, ne tirent habituellement leur subsistance que du fait de pratiquer ou faciliter sur la *voie publique* l'exercice de *jeux illicites*. »

2. Brun de Villeret, *Prescription en matière criminelle*, Paris (1863), n° 153, 4°.

aucune dans le partage des produits du jeu » ne sont pas complices du délit. (Cour de Liège, 7 février 1903, aff. Serfond, Hubert, etc. Journ. trib. Brux., 1903, n° 1796).

159bis. — On considère que l'homme reste libre d'affronter le mal, et qu'il est suffisamment puni par les inconvénients, auxquels sa propre imprudence l'expose. C'est dans le même ordre d'idées, que le suicide, qui n'a pas abouti, ne fait pas de son auteur un délinquant[1].

L'ancienne législation punissait au contraire, et le tenancier de jeux, et le joueur lui-même[2].

Le meurtre de soi-même constituait aussi un crime[3].

160. — Dans la discussion de la récente loi belge sur le jeu, du 24 septembre 1902, un retour à l'ancienne conception pénale avait été tenté; il avait été proposé d'édicter une punition contre le joueur. Au nom des commissions du Sénat, Me Alexandre Braun, ancien bâtonnier, rapporteur, soutint « qu'il n'y avait pas lieu d'introduire dans la législation pénale l'innovation consistant à punir le joueur ». Il terminait ainsi son remarquable rapport (1er mai 1901) : « Le mal que les parieurs et les joueurs se font à eux-mêmes n'a pas eu jusqu'ici une telle répercussion en

---

1. « Le suicide, qui est le meurtre de soi-même, échappe, dans la plupart des législations pénales, à toute incrimination. La nôtre ne punit même pas l'*excitation* ou l'*aide* au suicide » (Garraud, *Droit pénal*, t. IV (1891), n° 214).

2. V. les ordonnances royales citées *suprà*, n°s 117 et s.

3. « De droict qui se tue soy-mesmes par desesperation ennuy, soucy ou paour de perdre son corps, honneur, ou bien ou pour autre semblable cause et mauvais propos sera traîné et pendu en une fourche, au regard et spectacle du peuple. » Damhoudère, 1563, ch. 88. De l'occision de soy-mesmes ou de tuer soy-mesmes, *loc. cit.*, f° 99. — Duret, 1573, Homicides, f° 84, au verso, *loc. cit.*

dehors d'eux, sur l'ordre public, que celui-ci en soit troublé. C'est un mal sans doute, mais ce n'est pas, suivant l'expression d'un juriste, *socialement* un mal, et la règle dont s'inspirait l'honorable chef du Cabinet, traçant à la Chambre la limite qui sépare le domaine de la loi morale de celui de la loi positive et de celui de la loi pénale, la même règle permet de marquer ici encore la ligne qu'il paraît sage de ne pas franchir. Il n'appartient pas à la loi humaine de réprimer tous les vices. *Recté lex humana permittit aliqua vitia, non cohibendo ipsa.* »

Cette idée a triomphé. Nous donnons plus loin n° 221 le texte de la loi belge du 24 septembre 1902, la dernière venue sur la matière.

161. — Il faut cependant noter en passant que quelques législations étrangères sont plus rigoureuses.

L'art. 284 C. P. allemand du 31 mai 1870, comme la loi française, ne punit que celui qui fait métier de jeux de hasard.

Mais l'art. 457 du Code Pénal hollandais (3 mai 1881) vise le joueur lui-même : « Est puni d'une amende de 50 florins au plus : 1° celui qui prend part au jeu dans une maison de jeu ou de hasard accessible au public sans distinguer si l'entrée en est ou non soumise à une condition ou à l'observation d'une formalité quelconque. »

En Hongrie, le Code Pénal des contraventions[1] (Loi XL de 1879), art. 28, dispose : « Celui qui dans un lieu déterminé par l'art. 87 [lieu public ou accessible au public] prend

---

1. Traduit du hongrois par C. Martinet, président à la Cour d'appel, et P. Dareste, avocat à la Cour, Paris, impr. Nation., 1885, p. 195.

part à un jeu de hasard, sera puni d'une amende de 100 florins au maximum. »

En Autriche la loi atteint également le joueur. Exemple : l'affaire du comte Potocki au Jockey-Club de Vienne [1].

162. — En Espagne, le Code Pénal du 30 juin 1850 [2], art. 267 § 2 : « Les joueurs qui fréquenteraient les maisons dont il vient d'être parlé [maisons de jeux, de chance ou de hasard] seront punis de la peine de l'arrêt majeur en son degré inférieur ou d'une amende de 10 à 100 duros ; en cas de récidive, de la peine d'arrêt majeur et d'une amende double [3]. »

162bis. — Le Code Pénal de Finlande du 19 décembre 1889, dispose au chap. XLIII (Infraction aux prescriptions concernant les bonnes mœurs) § 4, alin. 3 : « Celui qui aura participé à un jeu de hasard, que ce soit dans un des endroits désignés dans ce paragraphe [maisons de jeux, hôtel, établissement public], sera puni d'une amende de 200 marks au plus. L'argent et les autres objets trouvés sur la table de jeu ou dans la banque, seront confisqués [4]. »

163. — En Angleterre, il existe, contre les joueurs eux-mêmes, une série de dispositions éparses dans des statuts spéciaux, édictés de Henri VIII à l'impératrice-reine Victoria [5].

1. Clunet, 1902, p. 647.

2. Toujours en vigueur : Lastres, *Procedimientos civiles, criminales,* etc. Madrid, Suarez, 1892, t. II, p. 125.

3. *Code pénal espagnol,* trad. Laget, Paris, Marchal et Billard, 1881, in-8°, p. 378.

4. Trad. de l'original suédois, par L. Beauchet, Nancy, 1890, p. 144.

5. Consult. : W. Blackstone, *Comment. des lois anglaises,* trad. Chompré. Paris, Bossange, t. V (1823), p. 497-503.

164. — Par « jeux de hasard » et par conséquent par jeux illicites, il faut entendre « si l'on consulte les arrêts... ceux où la chance prédomine sur l'adresse et les combinaisons de l'intelligence » (Blanche, premier avocat général à la Cour de Cassation, *Études prat. sur le Code pénal*, 2e édit. 1889, t. VI, n° 290[1]).

La Cour de Cassation le dit formellement, en rappelant qu'elle a le pouvoir de contrôler les déclarations de fait des arrêts de la Cour d'appel pour « apprécier si... la chance prédomine sur l'adresse et les combinaisons de l'intelligence, ce qui est le caractère des jeux de hasard. » Cassation crim. 24 juillet 1891. Sénéchal : D. 92.1.39. — C'était déjà la doctrine de l'arrêt du 5 janvier 1877 (aff. Chéron), Cass. crim. D. 78.1.191.

165. — Quelques Codes étrangers ont abordé la définition du « Jeu de hasard » devant laquelle les Codes français, belge, allemand, etc., avaient reculé.

Ainsi : le Code pénal d'Italie (30 juin 1889), art. 487 : « Pour l'application de la loi pénale on considère comme *jeux de hasard* ceux dans lesquels le gain ou la perte, dans un but de lucre dépend entièrement ou presque entièrement du hasard[2]. »

Le Code pénal hongrois des contraventions (1879),

Ch. Sweet, *Diction. of english Law*, v° Gaming, London, H. Sweet, 1882 (p. 384), et *ibid.*, v^{is} Desorderly house, Wagering.

The police Code, by Howard Vincent, M. P., London, 1895, v^{is} Gambling, Gaming houses.

1. V. une bonne étude sur la nature du Jeu de hasard, et les classification des jeux, dans la mesure où le hasard exerce sur eux son influence ; Pandectes belges (E. Picard), v° Jeu et pari (en général), Bruxelles, 1896, in-4°.

2. Trad. J. Lacointa, Paris, impr. nat., 1890, p. 215.

art. 91 : « Sera considéré comme jeu de hasard tout jeu dans lequel le gain et la perte dépendent exclusivement du hasard[1]. »

166. — Pour les jeux de cartes, la classification en jeux de hasard proprement dits, seuls considérés comme illicites, et en jeux mixtes, dans lesquels l'intelligence et la combinaison s'ajoutent au hasard[2], a donné lieu à des controverses qui ont eu leur répercussion dans les arrêts.

Pratiquement, il est prudent de considérer comme jeux de hasard ou jeux illicites :

Le baccara[3] (banque ou chemin de fer), Cassation 24 novembre 1855 (aff. Boisseau) : S. 1856.1.466. — Cassation (Belgique) 1er décembre 1879, Cercle du Kursaal : S. 1881.4.25. — Trib. corr. Aurillac, 25 novembre 99 ; Rec. Gaz. trib. 1900, 1er sem. 2.66. — M. Edmond Villey, professeur à la Faculté de droit de Caen, dans une dissertation aussi ingénieuse qu'approfondie, combat cette opinion et explique que si dans le baccara le hasard a une part très large, ce n'est point cependant un jeu auquel « le hasard seul préside ». Cette thèse est défendable ; mais nous ne croyons pas à un revirement de jurisprudence.

La bouillotte (Rennes, 30 mai 1839 (aff. Cartier) S. 1845.2.546. Paris, 10 mai 1844 (Rouhaud) : P. 1844. 2.357), — le Poker (par analogie)[4] ; le jeu de 12 points,

1. Trad. Martinet et Dareste, *loc. cit.*, p. 196.
2. Aussi appelés « Jeux de commerce ».
3. Le baccara, d'après les dictionnaires, est un jeu d'origine provençale ou italienne. Le mot s'écrit avec ou sans *t*. L'orthographe officielle retranche le *t* : « baccara ». Il n'y a nul inconvénient à s'y conformer.
4. Le « Poker » est la forme américaine du vieux jeu français de la bouillotte. Comme lui, il constitue un jeu de « relance » où l'on tente de

Paris, 10 mai 1844 précité, — le jeu de crache-cadet (Cassation, 25 mars 1882, S. 84.1.354), — le chemin de fer (Aix, Ier mai 1861. D. 61.5.273), — le bonneteau, considéré d'ailleurs *ipso facto* comme une escroquerie (Paris, 2 avril 1881, S. 82.2.52; Orléans, 12 décembre 1885, S. 86.2.236; Douai, corr., 15 janvier 1900, Pandectes françaises, 1902.2.125; Cass. crim., 11 août 1899, Pandectes françaises, 1902.1.161), — le Quinze (Bordeaux, Ier octobre 1861, D. 1861.5.275), — la poule européenne (Cassation, 14 février 1896, Gaz des trib. 25 février 1896), — le « Sept », variété du jeu de dés (Paris, 24 novembre 1892, Gaz. Pal. Table 92-97, v° Jeu, n° 11), — le jeu « des quatre nations » (Paris, 14 juin 1890, Gaz. Pal. 90.2. Supp. 26).

167. — Le jeu de billard n'est pas rangé au nombre des jeux d'adresse énumérés par l'art. 1966 C. civil; la loi n'accorde point d'action pour une dette née d'un tel jeu; néanmoins, il ne doit pas non plus être compté parmi les jeux de hasard (Aix, 25 mai 1892, Singelée, S. 93.2.19. — Cassation crim., 23 juillet 1898; Gaz. Trib., 10 août 1898). Mais les paris engagés dans un lieu public, par des tiers qui ne participent pas à ce jeu, constituent à l'égard

---

dominer son adversaire, autant par son attitude énigmatique et hardie, que par la réalité de ses « belles cartes ». Cette comédie de bonne guerre s'appelle le « bluff ».

M. Pierpont-Morgan, le roi des Trusts, qui d'après le *World* contrôle un capital, excédant de 2 milliards tout l'or de la terre…, le seul homme assuré sur la vie pour 20 millions de dollars (la reine Victoria d'Angleterre n'était assurée que pour 2 millions de dollars) « condamne le jeu national du poker qui d'après lui gâte le caractère national en attribuant une prime au mensonge » (J. Desmets, *Réforme économique* de J. Domergue, 4 janvier 1903, p. 13).

des parieurs entre eux un jeu de hasard (Trib. corr. Seine, 9ᵉ ch. Soins, 11 juillet 1901 ; Moniteur judic. de Lyon, 30 décembre 1901). C'est ce qu'a encore jugé le Tribunal corr. de la Seine, le 1ᵉʳ juillet 1901 (poursuite contre le propriétaire du café de l'Olympia), mais le jugement a été infirmé par la Cour de Paris, ch. corr., le 10 juillet 1902.[1]

168. — La tenue des billards même publique est libre. Une ordonnance du Préfet de police (Lépine), du 2 octobre 1893, constate que la loi du 17 juillet 1880 a rapporté le décret du 29 décembre 1851 « qui soumettait à l'autorisation préalable l'ouverture des cafés, cabarets ou autres débits de boissons à consommer sur place »; conséquemment, elle abroge l'ordonnance de police du 7 juillet 1860 et décide dans son art. 1ᵉʳ : « Tout particulier qui voudra tenir un *billard public*, soit à Paris, soit dans les communes du ressort de la Préfecture de police, pourra le faire sans autorisation. »

Mais les billards ont été atteints par l'impôt. Ils sont jusqu'ici frappés d'une taxe uniforme, qu'ils soient publics ou privés, allant de 6 à 60 fr. (Paris) suivant la population

---

1. « La Cour, — ... Consid. que le jeu de carambolage, soit simple, soit accompagné de conditions qui rendent le succès plus difficile, doit être classé au nombre de ceux qui, d'après l'art. 1966 C. civ., tiennent à l'adresse et à l'exercice du corps et n'est nullement, dans les conditions qui viennent d'être indiquées, un jeu de hasard ; qu'il n'y a pas lieu de distinguer, comme le font les premiers juges, entre le jeu lui-même et le pari fait à l'occasion de ce jeu ; qu'en effet après avoir déclaré dans l'art. 1965 que le jeu et le pari ne peuvent donner lieu à aucune action en justice, l'art. 1966 excepte de cette disposition les jeux d'adresse et, par suite, les paris qui sont l'objet, comme le jeu, de la même prohibition ; que la grande majorité base ses prévisions de gain sur l'adresse des professeurs connus d'eux; etc. » (Gaz. des Trib., 31 août 1902 ; le Droit, 8 septembre 1902).

de la ville. (Loi du 16 septembre 1871 et décret du 27 décembre 1871).

169. — Suivant l'interprétation administrative, il faudrait ranger dans les jeux de hasard, non seulement les Petits-Chevaux[1], la Roulette, mais aussi le Lansquenet, le Trente-et-Quarante, le Tournant, la Baraque, le Poker, le Vingt-et-un, le Billard des Chasseurs, les Jeux de Dés, le Jeu de l'Oie, le Loto (Circulaire du Ministre de l'Intérieur du 30 avril 1887). — Le tir militaire électrique (Cass. crim., 24 juillet 1891 ; D. 92. 1. 38).

170. — Il y a controverse sur l'Écarté (pas de jeu de hasard) : Bordeaux, 18 avril 1844. S. 45. 2. 546. Cassation, 31 juillet 1863 (Chapuis). S. 63. 1. 551. — Contrà : Paris, 8 novembre 1839 (Constant). P. 1839. 2. 516. Mais l'écarté pourrait être considéré comme un jeu de hasard, pour les parieurs suivant les circonstances de publicité (Cass. 3 juillet 1852. Bonnes, S. 52. 1. 478).

171. — Ne sont pas considérés comme jeux de hasard : La Mouche (Cassation, 18 février 1858, Lefranc. S. 1858, 1.416).

Le Bézigue (Cassation, 2 avril 1853. Bulletin criminel, n° 122, et 2 août 1855, Ganguiraud. D. 1855. 1. 444).

Le Piquet (Cassation, 28 mai 1841, sous Bordeaux, 18 avril 1844. S. 45. 2. 546, et Cassation, 8 janvier 1857. Trille. D. 1857. 1. 78).

---

1. Les Tribunaux classent aussi le jeu des *Petits-Chevaux* dans les jeux de hasard, Paris, corr. 14 décembre 1892 ; Douai, 28 février 1899, Rec. Gaz. trib. 1901, 1. 490.

Toute convention relative à l'exploitation de ce jeu est nulle. — Paris, 5e ch., 5 juin 1901 (Eden-Parc de Royan), Rec. Gaz. trib. 1901, 2e sem. 2. 427 ; Caen, 1re ch., 25 juin 1901, Gaz. tribun., 27 octobre 1901.

Le jeu du « Cardinal » (Trib. corr. Saint-Étienne, 26 novembre 1892 (Loi du 2 décembre 92).

Le Whist, le Tric-trac, les Échecs[1], le Palet, le jeu de Boules, de Quilles (Cassation, 26 mai 1855, S. 55. 1. 640)[2], de Bouchon, le jeu de Paume[3].

172. — La police des jeux pratiqués publiquement rentre dans la police des lieux publics et appartient à l'autorité municipale; à Paris, au Préfet de Police.

Ces pouvoirs s'appuient :

1° Sur l'article 3 de la loi du 24 août 1790 (titre XI. Des juges en matière de police). Article 3 : « Les objets de police confiés aux corps municipaux sont... 3° le maintien du bon ordre dans les endroits où il se fait de grands rassemblements d'hommes tels que les foires, marchés, réjouissances et cérémonies publiques, spectacles, jeux, cafés, églises et autres lieux publics. »

2° Sur l'article 97 de la loi du 5 avril 1884 relative à l'organisation municipale dont le 3° a répété le texte ci-dessus reproduit de la loi du 24 août 1790.

3° Sur l'article 99 de la loi précitée du 5 avril 1884,

---

1. Les Échecs, *Exercitatio honesta !* disait Thomas Actius, selon Troplong (Contrats aléatoires, n° 50). Les Échecs ne sont évidemment pas un jeu de hasard, toutefois ils ne peuvent être assimilés aux jeux visés par l'art. 1966 C. civ. qui tiennent « à l'adresse et à l'exercice du corps ». Une action en justice pour réclamer au perdant le montant de sa dette serait repoussée.

Cf. Frèrejouan du Saint, *Jeu et Pari* (Paris, 1893), n° 108.

2. Cependant certains jeux de quilles, exploités par des tenanciers, comme le jeu dénommé « Guillaume Tell », sont considérés comme jeux de hasard (Cour de Liège, 7 février 1903. Journ. trib. de Bruxelles, 1903, n° 1796).

3. Répert. Fuzier-Hermann, Carpentier, v° *Jeu et Pari* (t. XXV, 1897), n° 440.

qui donne aux Préfets le droit de prendre des arrêtés sur les mêmes matières pour toutes les communes du département. — *Adde* : article 104.

173. — Usant de ses pouvoirs, le Préfet de police a interdit à Paris, toute tenue ou exploitation de jeux d'argent (jeu de commerce ou jeu de hasard) dans un lieu public :

« ART. 1er. — Est interdit dans toute l'étendue du ressort de la Préfecture de police, sur la voie publique et dans les théâtres, cafés, cafés-concerts, buvettes et *autres lieux publics*, le fonctionnement de tous jeux d'argent de quelque nature qu'ils soient et de tous les jeux ayant pour objet des marchandises qui seraient reprises par les tenanciers à prix d'argent » (Ordonnance de Police, n° 25, 20 juillet 1894, Lépine) [1].

De semblables arrêtés ont été pris par les Préfets des Départements, à la suite de la circulaire du Ministre de l'Intérieur du 4 juillet 1894 (v. aux Annexes).

174. — En tout cas, le jeu, petit ou gros, d'adresse ou de hasard, doit être loyal. La morale l'exige et le Code Pénal le commande.

Montaigne disait : « La laideur de la piperie ne despend pas de la différence des escus aux épingles : elle despend de soy. Je trouve bien plus juste de conclure ainsi. Pourquoi ne tromperait-il pas aux escus, puisqu'il trompe aux épingles ? [2] »

175. — A Versailles, on fut moins scrupuleux, Louis XIV

---

1. Condamnation du propriétaire d'un café des grands Boulevards où plusieurs groupes jouaient au « poker » avec des jetons de valeur conventionnelle (*Le Temps*, 20 décembre 1902).

2. Montaigne, liv. I, ch. XXII.

dut intervenir contre un courtisan qui, au « jeu du roi », avait « gagné cinq cent mille escus avec des cartes ajustées[1] » Et sous Louis XVI, « les banquiers du jeu de la Reine » devaient « obvier aux tricheries qui se commettent journellement[2] ».

176. — La loi pénale atteint les joueurs indélicats. Les variétés ingénieuses de la tricherie deviennent, suivant les cas, le délit de vol (genre filouterie, art. 401 C. P.) ou d'escroquerie (art. 405 C. P.).

Le fait de modifier subrepticement son enjeu, après le coup, par diminution en cas de perte ou par augmentation en cas de gain (opération de la *poucette*) constitue, pour la première manière, le délit de « vol » (Chambéry, 3 décembre 1891 et Cass. cr., 28 février 1892. Beydel. S. 92. 1. 601), — et pour la seconde, le délit « d'escroquerie » (Frèrejouan du Saint, *Jeu et pari*, 1893, p. 114).

Toute manœuvre ayant pour but de troubler frauduleusement l'ordre et la composition naturelle des jeux de cartes (portée, saut de coupe, substitution d'un jeu préparé, cartes marquées, etc.) constitue une escroquerie (Cass. cr., 31 janvier 1868. Panariello. S. 68. 1. 350. — Cass. cr., 9 juillet 1859. Daumont. S. 59.1.772. — Cass. cr., 8 mars 1884. Azèma. D. 84. 1. 383. Caen, 4 juin 1891. Rec. Gaz. des Trib., 5 juillet 1891. — Rennes, 10 novembre 1892. Soullisse. S. 93.2.260). Cass., 21 août 1897. Pand. franç., 1902, 1, 161[3].

---

1. Mme de Sévigné, Lettre du 10 mars 1671.
2. *Mémoires de Bachaumont*, t. XII, p. 189.
3. Avec une note intéressante de M. Sumien, sur les conditions légales de l'escroquerie au jeu par tricherie. — *Adde* : Dorigny, *Le délit constitutif d'escroquerie* (th.), p. 360.

177. — Les tricheurs sont ingénieux et, malgré les menaces de la vindicte publique, ne désarment pas.

Quinola, d'après Alfred de Caston, Robert Houdin et Cavaillé[1], signale une dizaine de tricheries pour l'Écarté[2], davantage pour la Bouillotte[3], un peu moins pour le Piquet[4], une abondance redoutable pour le Baccara-chemin de fer[5]; elles se sont glissées parfois jusque dans les Cercles les mieux défendus par la difficulté de l'admission contre ce genre d'accidents; elles se développent à l'état endémique dans les Cercles de recrutement facile[6].

§ 5. Brèche dans la législation pénale prohibitive des loteries et des jeux publics (n° 178). — Pari mutuel ou rétablissement légal des jeux publics (n°s 179-186).

178. — Une fissure, élargie bientôt en une vaste brèche, s'est produite au cours de ces dernières années dans notre système de législation pénale qui, depuis 1836, prohibe les loteries et la tenue des jeux publics.

Sous la troisième République, le législateur s'est relâché de l'intransigeance qu'il avait déployée sous le règne de Louis-Philippe[7]; la main lui aura été forcée. Une fois

1. Cavaillé, *Les Tricheurs*. — Robert Houdin, *Tricheries des grecs dévoilées*. — A. de Caston, *les Tricheurs*.
2. Quinola, *Académie des Jeux*. Paris, 1883, p. 353.
3. *Ibid.*, p. 370.
4. *Ibid.*, p. 321.
5. *Ibid.*, p. 226.
6. Carle des Perrières, *Paris qui triche* [Paris, 1885], p. 109 et s., avec l'indication pittoresque des procédés de certains « philosophes ». — Id. *Paris au Club* (Paris, 1890), p. 151. — Hogier-Grison, *Le monde où l'on triche* (Paris, Lib. illustrée, in-18, s. d.).
7. V. *suprà*, n° 151.

de plus, il a capitulé devant la passion du jeu et la tentation de l'exploiter au profit des œuvres de charité et d'intérêt public.

179. — Sous la forme déguisée du pari mutuel sur les Courses de chevaux, les jeux publics, chassés par la loi de 1836, ont opéré un retour offensif, — et victorieux. C'est la loi elle-même, à l'heure présente, qui convie le public à se ruer vers les innombrables baraques ou échoppes de jeu, qui pullulent aux champs des hippodromes, avec la complicité vigilante et intéressée de l'Administration [1]. Est-il un spectacle plus ironique, quand on se souvient, qu'il s'étale dans un pays dont les tribunaux continuent à appliquer les art. 410 et 475 du C. P.?

Depuis douze ans, le « pari mutuel » sur les chevaux de course a sa place officielle dans la cité austère de la loi.

179 bis. — Qu'est pour le juriste, le « pari mutuel » ? Une loterie ou un jeu de hasard [2] ? La distinction avait de l'intérêt avant la loi nouvelle ; car si l'exploitation commerciale du jeu de hasard est interdite, il suffit au contraire d'une simple autorisation ministérielle pour enlever à la loterie publique son caractère illicite. Aujourd'hui, cet intérêt est bien atténué. Que le « pari mutuel » soit une

1. A lire une étude saisissante, publiée sous le titre de « La Pelouse », par Maurice Talmeyr (*Le Matin*, 27 mai 1902). On se demande ce que le peuple a gagné à la fermeture des maisons de jeux du Palais-Royal, et à leur transfèrement, à peu de chose près, au Bois de Boulogne, à Saint-Ouen, etc.

2. V. l'analyse des actes du parieur au « pari mutuel » et leur qualification juridique, rapport de M. le conseiller de Larouverade, avec l'arrêt de Cassation crim., 3 mars 1889 (S. 90.1.235), et sous le même arrêt (S. 90.1.233), la note de M. Edmond Villey, doyen de la Faculté de droit de Caen.

participation à une loterie ou à un jeu de hasard public, la loi du 2 juin 1891 l'élève à la hauteur d'un acte légal, et le protège comme la source d'un revenu public[1].

179 ᵗᵉʳ. — Cette loi « ayant pour objet de réglementer l'autorisation et le fonctionnement des courses de chevaux » contient dans son art. 5 les dispositions suivantes : « Les Sociétés remplissant les conditions prescrites par l'art. 2 pourront, en vertu d'une autorisation spéciale et toujours révocable du Ministère de l'agriculture, et moyennant un prélèvement fixe en faveur des œuvres locales de bienfaisance et de l'élevage, organiser le *pari mutuel* sur leurs champs de course exclusivement... »

180. — Un décret portant règlement d'administration publique du 7 juillet 1891 a complété la loi et institué les prélèvements à faire sur « la masse des sommes versées au pari mutuel de chaque hippodrome ». Ce décret a été lui-même renforcé par un autre, du 24 novembre 1896.

Le prélèvement du pari mutuel est de 7 % (2 % en faveur des œuvres locales de bienfaisance, 1 % en faveur de l'élevage et 4 % pour les frais. V. Règlement du pari mutuel annexé au Décret du 24 novembre 1896); il fournit environ quinze millions par an (Lenoble, *Courses de chevaux*, 1899, p. 300). En 1901, « Les champs de course du département de la Seine ont rapporté une somme de 4.519.139 fr. » (Requête de M. Ambroise Rendu, conseiller municipal, au Conseil d'État, contre les illégalités de la répartition des fonds provenant du pari mutuel des hippodromes de la Seine. — *L'Éclair*, 12 février 1902).

1. V. Commentaire de la loi du 2 juin 1891, G. Laya, *Lois nouvelles*, 1891. 1. 429.

De 1891 à 1901, les 2 % affectés aux œuvres locales ont produit à l'État, pour le département de la Seine, 34 millions environ. Le Ministère de l'intérieur n'en a alloué que 10.705.000, à peine le tiers, aux œuvres de bienfaisance publiques ou privées de Paris ou du département de la Seine. Il y a dans cette faible répartition un juste sujet de réclamation pour le Conseil municipal de Paris (le *Temps*, 13 février 1902).

181. — Les fonds provenant du pari mutuel sont divisés en deux parts : les deux tiers sont répartis par les soins d'une Commission siégeant au Ministère de l'agriculture; le dernier tiers est distribué par une autre Commission rattachée au Ministère de l'intérieur, et est spécialement affecté à l'application de la loi sur l'assistance médicale gratuite.

La première Commission s'est réunie au Ministère de l'agriculture en février 1903. Elle a réparti des sommes supérieures à 20.000 fr. entre plus de soixante hôpitaux et hospices des diverses parties de la France. Elle a alloué d'importantes subventions à l'Assistance publique de Paris, au Syndicat de la presse parisienne, à l'Association de secours mutuels des artistes dramatiques, etc., etc., au total 4.207.800, alors qu'il était demandé près de 8 millions[1]. Toutefois c'est Paris qui produit le plus et qui reçoit le moins[2].

182. — Nombre d'œuvres et d'institutions méritantes ont pris la douce habitude de combler leurs déficits à l'aide des fonds du pari mutuel. Si cette ressource venait à leur

1. V. le *Temps*, 14 février 1903.
2. E. Combes, *Journal des Débats*, 22 février 1903.

manquer, leur existence serait compromise. Aussi cette forme du jeu paraît être assurée contre un revirement d'opinion de la part du législateur au cas où le souci de la moralité publique viendrait soudain à s'emparer de lui; il aurait plutôt une tendance à consolider le jeu public en exigeant de lui un rendement plus élevé.

En effet, sur la proposition de M. le député Empereur et de cent quatre-vingt-trois de ses collègues, d'accord avec le rapporteur M. Ruau et la Commission du budget, la Chambre des députés a voté un article additionnel à la loi budgétaire de 1903, autorisant un prélèvement supplémentaire de 1 % sur la masse des sommes engagées au pari mutuel, là où le prélèvement ne dépasse pas actuellement 7 %.

Le produit de ce prélèvement supplémentaire sera affecté à subventionner dans les communes à faibles ressources budgétaires des travaux d'assainissement, notamment ceux d'adduction d'eau potable.

182bis. — Le Sénat a adopté l'article[1] sans débat; toute la discussion de la Chambre est à lire. Elle reflète l'état d'esprit des dépositaires du pouvoir souverain en face du jeu public, au seuil du XXᵉ siècle. Notons quelques passages :

M. Ruau, rapporteur : « appliquer le produit du jeu de quelques oisifs au bien-être de la masse des travailleurs » (Ch. des députés, 4 mars 1903. J. off., 5 mars, p. 1018); id. « La question [réglementation du pari au livre, proposition Chauvin] doit être traitée par M. le Ministre de

---

1. C'est maintenant l'art. 102 de la loi du budget général de 1903. *Journ. off.*, 31 mars 1903, p. 1997.

l'agriculture en vertu de son droit de police. S'il y a des mesures législatives à édicter, qu'il vienne nous les demander. »

183. — M. Mougeot, ministre de l'agriculture : « Il existe dans tout Paris, des agences interlopes et clandestines et des bookmakers qui ont pour intermédiaires des garçons de café, des marchands de vins, des tenanciers de kiosques, même des marchands de quatre saisons qui reçoivent des enjeux pour le leur remettre ensuite. Tous ces paris échappent au prélèvement... fraude que j'évalue à plusieurs millions » (Ch. dép., 4 mars 1903. Journ. off., 5 mars, p. 1019).

183 bis. — M. Empereur : « Les intérêts supérieurs prévaudront sur ceux des gens de jeu, pour le plus grand bien qui soit au monde, celui de la santé de nos concitoyens. » (Ch. des députés, 5 mars 1903. Journ. off., 6 mars, p. 1030).

MM. Fernand David et Riotteau : échange de considérations sur le jeu dans ses rapports avec la morale (p. 1032); mais aucun orateur ne propose d'en supprimer la source.

M. Chapuis : « C'est en définitive un impôt sur les joueurs que nous voulons prélever pour soulager la misère » (ibid., p. 1034).

183 ter. — Mis hors la loi, le jeu y est rentré pour y prendre une position, d'où on ne le délogera pas de sitôt.

184. — Aussi, avec une logique fort embarrassante, d'éminents écrivains se demandent-ils si l'État ne doit pas solliciter de la complicité du législateur le rétablissement de la ferme des jeux.

« L'hippodrome de Longchamps ou d'Auteuil de notre

époque n'a rien à envier aux hippodromes du Bas-Empire.
A certains jours, dans les grandes solennités hippiques, le
Président de la République tient à consacrer lui-même
cette apothéose du jeu. Le *Pari mutuel* fonctionne ainsi
régulièrement, officiellement sous la protection des lois et
avec l'approbation des autorités les plus hautes.... Pourquoi
ne pas demander au jeu qu'on ne peut ou qu'on ne veut
supprimer, une contribution qu'on est en droit d'exiger de
lui, et qui pourrait alléger dans une mesure appréciable le
fardeau de plus en plus écrasant que porte l'infortuné con-
tribuable français. Si l'on rétablissait demain la Ferme des
Jeux, l'État trouverait là sous sa main un revenu qui attein-
drait au moins 50 millions..... Pourquoi le gouvernement
ne cueillerait-il pas les 50 millions, qui sont en quelque
sorte, à fleur de terre, j'allais dire à fleur de boue ? Il n'y a
qu'une manière de traiter et résoudre le problème du jeu.
Il faut le supprimer radicalement, ou il faut le déclarer
libre en tirant de lui ce qu'on peut en tirer[1]. »

185. — Notez encore que, la loi est ainsi libellée, qu'elle
a permis aux tribunaux de reconstituer en fait au profit de
l'État le monopole des Jeux. Sur les hippodromes, et en
dehors, l'État est proclamé le seul parieur public, ou le
seul tenancier légitime de paris publics sur « les courses à
pied ou à cheval » visées par l'art. 1966, Code civil.

Ceux qui pourraient lui faire concurrence, sous les
espèces du « parieur au livre », dont l'art. 4 de la loi du

---

1. Édouard Drumont, *Trop de vertu*, Libre Parole, 24 février 1903.
— *La question des Jeux*, ibid., 6 mars. — V. MM. A. Rendu, conseiller
municipal; Guillot (anc. juge d'instruction); Empereur, député; Petit
Bleu, 15 mars 1903.

2 juin 1891 semblait cependant (au moins par *a contrario* de ses prohibitions) autoriser l'existence, sont rangés par la jurisprudence parmi les délinquants[1] et se voient confisqués jusqu'aux billets de banque trouvés sur eux. « Attendu, dit un jugement correctionnel récent, qu'il appert des travaux préparatoires et de l'exposé des motifs de la loi de 1891 que tout pari autre que le pari mutuel est interdit sur les champs de courses, et que le *pari mutuel seul peut être exploité sur les champs de courses*, et que toute agence d'exploitation de paris publics aux courses sous quelque forme et en quelque lieu qu'elle fonctionne est rigoureusement interdite[2]. »

C'est le monopole dans tout son exclusivisme jaloux, comme pour la poudre, le tabac ou les allumettes.

1. Cassation crim., 9 juillet 1896 (MM. Lœw, présid. ; Eug. Duval, avoc. gén.) ; intéressant rapport de M. le cons. Roulier, et dissertation de Edm. Villey, prof. fac. Rennes : Sirey, 97. 1. 153 (aff. Tible), — même sens, Paris corr. 11 août 1891, *ibid.* en note, p. 154 (aff. Carion) (présid. M. Feuilloley).

Cf. Paris, 29 novembre 1892 (Rousson, Salomon, etc.). S. 93. 2. 204. — Paris, 3 juillet 1895 (Mahè). S. 97. 2. 75. — Paris, 6 février 1899, Gaz. pal. 99. 1. 846 (café recevant par fil spécial le résultat des paris et les faisant afficher).

2. Trib. correct. Seine, 10ᵉ ch., 26 novembre 1902. — Président : M. Blanc. Gaz des tribun., 7 décembre 1902 (400 fr. d'amende et confiscation des 14.000 fr. trouvés sur le contrevenant — « Pari au livre » sur le champ de courses d'Auteuil). — Sur la confiscation, v. conforme, Cass. crim., 25 octobre 1894 (Larrouture). S. 95. 1. 61.

V. dans le même sens, Trib. corr. Seine, 10ᵉ ch., 9 juillet 1902. Président : M. Rouyer. Rec. gaz. trib., 1902, 2ᵉ s. 2.268. — Cass. cr., 9 juillet 96. S. 97. 1. 153. Consult. : travaux préparatoires, rapport Riotteau. S. (lois) 92, p. 258.

Un projet de loi a été déposé à la Chambre des députés, il y a sept ans, le 4 juillet 1896, tendant à autoriser le « pari au livre » et à le faire bénéficier de l'art. 1966 Code civil. Viendra-t-il jamais en discussion ?

Reste le pari entre amis, simple acte de la vie privée, où l'État-monopole, non plus que la loi pénale, n'ont à s'immiscer.

186. — Toutefois, encore que l'art. 4 de la loi du 2 juin 1891 interdise « en quelque lieu et en quelque forme que ce soit » « l'exploitation du pari sur les *courses de chevaux* en offrant à tout venant de parier ou en pariant avec tous venants, soit directement, soit par intermédiaires », les paris aux courses pratiqués dans les *Cercles* (Cercle du Jockey-Club, statuts, art. 25) ne tombent pas sous la loi pénale, quand ils sont échangés entre sociétaires, à moins que le recrutement du Cercle n'ait lieu sans contrôle suffisant : Paris, 7 février 1890; Trib. Seine, 14 septembre 1889, Syndicat prof. hippique du Sport français (J. La loi, 15 septembre 1889). (Cf. sur les caractères du Cercle « fermé » et du Cercle « quasi-ouvert » *infrà*, n°s 224 et s.)

186 ^{bis}. — L'action civile sera attachée aux paris sur courses de chevaux, faits dans un Cercle, suivant les circonstances (Trib. civ. Seine, 4 janvier 1893 : Gaz. pal. 93.1.42).

Le « Salon des Courses » de Paris, autorisé par arrêté préfectoral de 1862 (alors que l'art. 291 C. P. était en vigueur) est une chambre de paris (*Betting-room*); cette enceinte constitue un Cercle privé dans lequel les admissions sont sérieusement contrôlées et dont les membres se connaissent (Règlement intérieur du 12 janvier 1874[1]).

187. — L'augmentation progressive des recettes du jeu public qui s'appelle le « Pari mutuel » est une preuve

---

1. Lenoble, *Courses de chevaux*, Paris, 1899, p. 416.

du goût du public français pour les jeux de hasard. L'existence, dans la ville, de nombreux tripots[1], où l'on joue en cachette, sous la surveillance plus ou moins efficace de la préfecture de police, en est une preuve non moins démonstrative.

188. — Notre pays n'est pas le seul à souffrir du fléau des jeux et paris propagé parmi les masses populaires et mettant en danger les travailleurs de perdre en un instant le fruit d'un long travail, subside souvent indispensable de la famille. Nous ne sommes pas seuls à hésiter sur les moyens prophylactiques à opposer à sa marche envahissante.

Le mal a fait de considérables progrès en Angleterre, contrée initiatrice des courses de chevaux et des paris en tout genre. Son extension est constatée d'une façon saisissante dans un rapport qui vient d'être présenté à la Chambre des Lords par un comité pris dans son sein et nommé « pour rechercher l'accroissement des paris publics dans toutes les classes et aviser aux moyens à prendre pour en réprimer les abus[2] ». De ce comité, faisaient partie : les comtes de Derby, de Durham, de Harewood, les vicomtes Cobham, Gordon, Peel; l'évêque de Hereford, Lords Newton, Davey, etc.

189. — Nous reproduisons quelques-unes des conclusions du rapport de la Commission parlementaire :

---

1. Hogier-Grison, *Le Monde où l'on triche,* Paris (s. d.), p. 129, 174, avec analyse de poursuites judiciaires.

2. *Report from the select committee of the House of Lords on betting, together with the proceedings of the committee and minutes of evidence,* 8 décembre 1902. London. Eyre and Spottiswoode, 1902, 1 vol. petit in-f° XVIII et 187 p. à 2 col.

« 1. Après avoir recueilli beaucoup de dépositions [1], le Comité est d'avis que le pari est en général dominant dans le Royaume-Uni, et que l'usage du pari a augmenté considérablement dans ces dernières années, spécialement parmi les travailleurs, pendant que d'autre part, l'habitude des gros paris, qui étaient de mode autrefois parmi les propriétaires et les éleveurs de chevaux, a grandement diminué. Les paris ne sont pas confinés aux Courses de chevaux : ils prévalent aussi dans les réunions athlétiques (*athletic meetings*) et les parties de football (*football matches*). »

«... 4. Quoique le Comité ne considère pas le pari en lui-même comme un délit, il déplore l'extension d'une pratique qu'il considère, quand elle est excessive, comme contraire aux véritables intérêts du sport, dommageable pour la communauté en général, et apte à dégénérer en la forme la plus détestable et la plus nuisible du jeu. »

Un peu découragés, semble-t-il, lorsqu'il faut en venir aux remèdes, les nobles lords se bornent à recommander

---

1. Ces dépositions, qui occupent les p. 1 à 187 du *Report* précité, présentent le plus grand intérêt au point de vue des mœurs anglaises en matière de jeux et paris. Parmi les témoins autorisés qui ont été entendus : MM. le colonel Fludyer, président du comité du Tattersall ; Robert Peacock, chef constable de Manchester ; les Juges de police (magistrates) à Londres, Sir Albert de Rutzen, Horace Smith ; rev. Joseph Wood (pari pénétrant dans les écoles) ; les superintendants de police, R. B. Shannon, Creswell Wells ; Sa Grâce le duc de Devonshire, grand connaisseur en matière de courses ; S. Chisholm, Lord prévost de Glasgow, James Lowther, M. P., du Jockey-Club ; Coulson Bell Pitman (intéressant point de vue sur le « pari mutuel » pratiqué en France ; comparaison des mœurs, des règlements de course, etc. dans les deux pays) ; D. V. J. A. Voelcker, directeur du « London Athletic Club » ; plusieurs directeurs de journaux, bookmakers, entraîneurs, etc.

quelques palliatifs contre les Bookmakers des rues, les boutiques de paris, les annonces dans les journaux, etc. ; ils se prononcent toutefois contre le pari mutuel, tel qu'il est pratiqué en France, comme plutôt susceptible d'encourager le goût du jeu que de le restreindre [1].

§ 6. **Le Jeu dans les Cercles** (n°s 190-194). — **Position légale des Cercles au point de vue du Jeu. — Cercles où certains jeux de hasard sont expressément tolérés** (n° 195). — **Cercles où les jeux de hasard sont prohibés** (n°s 196-202). — **Cercles où les jeux de hasard sont tacitement tolérés** (n°s 203-222). — **Situation spéciale des Cercles fermés** (n°s 223-229). — **Permissions de Jeux** (n°s 230-232).

190. — On joue dans presque tous les Cercles, et même aux « jeux de hasard ». Pour beaucoup de Cercles, une partie notable de leurs ressources financières provient du jeu. Toutefois, il importe de remarquer que dans les grands Cercles de Paris, ce genre de revenu est constitué par des prélèvements opérés, en faveur de la communauté, sur les enjeux des collègues. C'est donc, en quelque sorte, un versement volontaire qu'effectuent les sociétaires à la collectivité dont ils font partie, c'est-à-dire, à eux-mêmes *pro parte*, lorsqu'il leur plaît d'accomplir à l'intérieur du Cercle tel acte déterminé, comme une partie de cartes. Il n'y a là aucune exploitation commerciale du jeu ; elle pourrait s'y rencontrer lorsque le Cercle et le jeu qui en dépend, sont exploités au profit d'une entreprise particulière.

191. — Au point de vue du jeu, dans quelle catégorie faire rentrer le Cercle ? dans celle des lieux publics ou dans celle des domiciles privés ?

---

1. *Report on betting*, loc cit., p. VII.

La solution pratique a été la suivante. Comme le Cercle est certainement une association, il ne pouvait s'établir sans autorisation (art. 291, C. P.). Cette autorisation, de la part de l'Administration, était subordonnée à une réglementation de la question du jeu. De plus, l'autorité administrative se reconnaissait un droit de contrôle et de surveillance sur le Cercle, sans trancher le point de savoir si c'était un lieu public ou quasi-public, par la double raison que le Cercle composait une « association » soumise à une autorisation toujours révocable, et qu'on y jouait des jeux de hasard.

192. — Par une circulaire du 27 juin 1885, le Ministre de l'Intérieur avait invité les Préfets à opérer le recensement des Cercles où le jeu était pratiqué. On relève, au nombre des questions formulées, celles qui suivent : « Quels jeux on y joue habituellement? Si les enjeux sont importants? Si les paris sont reçus? S'il y a une cagnotte? A qui elle profite? Si le Cercle n'est qu'une entreprise ayant le jeu pour but? »

Ces renseignements servaient tout à la fois à l'Administration pour la délivrance ou le maintien des autorisations, et pour la facilité de sa surveillance.

193. — En Angleterre, pays classique des Cercles ou Clubs, l'état actuel de la législation, qui permettrait au besoin au Juge d'exhumer le statut draconien de Henri VIII intitulé : « Ordonnance pour la conservation de l'artillerie et l'interdiction des jeux prohibés », tend à l'interdiction complète des jeux de hasard dans un Cercle, où ne seraient cependant admis que les membres. « Quand bien même un Cercle serait honnêtement employé par la majorité de ses

membres comme simple lieu de réunion, le fait que la minorité s'en sert habituellement pour jouer, lui donnerait le
caractère de maison de jeu[1]. »

194. — Au regard de l'Administration, les Cercles, sur
la question du jeu, se répartissaient pour ainsi dire en trois
classes : la première et la deuxième soumises soit au régime
de quasi-autorisation, soit au régime de prohibition; la
troisième, au régime mixte de la tacite tolérance.

1° *Cercles où certains jeux de hasard sont expressément tolérés.*

195. — Ce sont les Cercles des stations balnéaires ou
thermales dépendant généralement d'un établissement plus
considérable connu sous le nom de Casino[2]. Il y a déjà
plus d'un siècle, Dusaulx écrivait : « La plupart de ceux
qui vont aux Eaux, sous prétexte de santé, n'y cherchent
que des joueurs[3]. »

2° *Cercles où les jeux de hasard sont prohibés.*

196. — Dans cette classe, l'Administration place :

1° Les Cercles existant dans les localités qui ne sont pas
des stations thermales ou balnéaires;

2° Les Cercles existant dans les villes d'eaux, mais qui
ne sont pas annexés à un Casino.

L'Administration exigeait que leurs statuts continssent un

---

1. V. l'intéressante étude de notre regretté Alfred Michel, juge
suppléant au tribunal civ. de Reims : *Des jeux prohibés tenus dans les Cercles et les maisons particulières, selon la législation pénale anglaise*, Clunet,
1891, p. 809.

2. V. *infrà*, Casinos et Cercles annexes, n°s 307 et s.

3. Dusaulx, *De la passion du jeu*, loc. cit., 1779, p. 88.

article reproduisant une disposition de la circulaire du Ministre de l'Intérieur du 10 juillet 1886 ainsi conçue : « Tout jeu de hasard est formellement interdit. Sont défendus notamment le baccara, le lansquenet, le trente-et-un, le trente-et-quarante, les dés, le chemin de fer, le quinze, le vingt-et-un, le derby steeple chasse, le pharaon, le passe-dix, la roulette et jeux similaires. »

197. — Cette circulaire, d'ailleurs, donnait un spécimen d'arrêté d'autorisation, reproduit et annexé à la circulaire du 17 janvier 1888 où se trouvent les prohibitions : « Ne laisser jouer aucun jeu de hasard; fermer le Cercle à... heure ; n'admettre dans le Cercle ni étrangers à la Société, ni femmes ni mineurs. »

197bis. — C'est dans cette catégorie que se rencontrent de prétendus Cercles, à peu près ouverts à tout venant, qui dégénèrent en maisons de jeux clandestines, exploitées par des tenanciers, et qualifiées de « tripots ».

198. — Originairement le mot « *tripot* » (du vieux français : triper ou trépigner, sauter en frappant du pied) ne signifiait pas, comme aujourd'hui, un lieu « où s'assemble la mauvaise compagnie » principalement pour s'y livrer aux jeux de hasard[1].

Il désignait les salles où l'on jouait au noble jeu de la paume (noble, puisque le passe-temps des gentilshommes était sévèrement interdit aux vilains) — et par extension, le

---

[1]. Il y aurait beaucoup de tripots en France de nos jours. Selon Alziary de Roquefort, *Le Rétablissement des jeux publics*. Nice, 1872, p. 8 : de 3 à 4000 à Paris. (*Les jeux en France*, 1e série, Plon, 1872, p. 10 et 2e série, p. 12.)

Sur les mœurs des tripots contemporains, Hogier-Grison, *Le monde où l'on triche*. Paris [1887], p. 129.

terrain que l'on connaissait le mieux, pour le pratiquer habituellement : « Le P. Bourdaloue prêche divinement bien aux Tuileries ; nous nous trompions dans la pensée qu'il ne jouerait bien que dans son *tripot*. » Mme de Sévigné, lettre du 3 décembre 1670.

199. — Sous Louis XIII, les « Tripots » ou jeux de paume avaient pris un développement considérable ; et malgré leur décadence, sous Louis XIV, on comptait encore 114 « tripots » à Paris, en 1657[1].

Le dernier « Tripot » fut celui installé à Paris par le comte d'Artois, proche son palais du Temple ; transformé en salle de spectacle, ce « tripot » s'appelle aujourd'hui le Théâtre Déjazet.

200. — La fâcheuse acception du mot « Tripot » provient de ce que les gentilshommes qui y maniaient « l'esteuf » (balle de paume, faite d'estouppe de laine) ne se contentaient pas du plaisir de l'exercice du corps ; ils y ajoutaient les paris d'argent, souvent excessifs.

201. — Aujourd'hui le jeu de courte-paume est redevenu un simple sport, qui est pratiqué par un petit nombre de joueurs choisis, dans une construction qui leur a été concédée en 1862, par Napoléon III, à l'extrémité de la terrasse des Feuillants, aux Tuileries[2].

202. — Les « tripots » contemporains n'occupent encore que l'avant-dernier échelon des académies de jeux mal

---

1. Sur les « Tripots », les jeux de paume, et le magnifique développement des sports français dans l'ancienne France, lire le beau livre de J. J. Jusserand [aujourd'hui ambassadeur de France aux États-Unis]. Les *Sports et jeux d'exercice*, etc., Paris, 2e éd. Plon, 1901, p. 250.

2. V. Baron de Tully, *Annuaires des grands Cercles*, 1897, p. 367.

famées. Au bas de l'échelle sont les « Claque-dents[1] ».
Le mot est de bonne souche gauloise ; au moyen âge, il
s'applique surtout au gueux qui tremble de misère. Les
romantiques, comme Théophile Gautier, l'ont repris à
l'ancien langage avec son sens primitif. Il semble réservé
aujourd'hui à la désignation « de ces coupe-gorge, de ces
Assommoirs du carton », — les uns décorés de titres ron-
flants, « Cercle des Arts orientaux », « Cercle de l'Industrie
cotonnière », etc. ; les autres, de sobriquets fleurant l'argot : « le Pou-volant, » les « Bonnets verts », etc., — où
l'on soumet à une tonte méthodique les pontes qui s'y
égarent[2].

3° *Cercles où les jeux de hasard sont tacitement tolérés.*

203. — C'est dans cette classe que l'administration range
les « grands Cercles » de Paris et de province, c'est-à-dire
les Cercles qui ne poursuivent aucun but de lucre, qui
appartiennent aux membres qui le fréquentent, dont les
ressources plus ou moins importantes sont exclusivement
fournies par les sociétaires et dont le recrutement est sévèrement réglementé.

Les statuts de ces Cercles étaient soumis à l'approbation
du Préfet de police à Paris, et des Préfets dans les départements, préalablement à la délivrance de l'autorisation

---

1. Lacurne de Saint-Palaye, *Dictionn. histor. de l'ancien langage françois*, t. IV (1877), p. 41. — Onésime Leroy, *Études sur les mystères*,
p. 178.

2. Carle des Perrières, *Paris qui joue et Paris qui triche* [1885], p. 6
— 11 ; *ibid.*, p. 71. — Hogier-Grison, *Le monde où l'on triche*, Paris,
[1887], Les claquedents, p. 61.

prévue par l'art. 291 C. P. La Préfecture y faisait insérer un article interdisant les jeux de hasard.

204. — Nous transcrivons, à titre d'exemple, l'art. 29 des statuts du Cercle de l'Union artistique : « Les pouvoirs les plus étendus sont donnés au Comité pour la réglementation des jeux. Les jeux de commerce sont seuls permis; ceux de hasard sont rigoureusement prohibés. Les difficultés de jeu sont jugées par la règle écrite. Le tarif de tous les jeux est réglé par le Comité. »

205. — Les statuts du Cercle agricole (art. 28), du Jockey-Club (art. 25), de l'Union (art. 8), du Cercle de la rue Royale (art. 20), etc., contiennent une disposition identique ou analogue.

206. — On appelle « jeu de commerce » celui où l'habileté du joueur a autant de part que le hasard (le piquet, le bézigue, le whist, l'écarté, etc.). Par « jeu de hasard », nous avons vu plus haut qu'il faut entendre le jeu où « le hasard préside » (suprà, n° 164).

207. — Le baccara, pour les tribunaux et pour l'Administration, constitue un jeu de hasard.

Or, le baccara est pratiqué dans les grands Cercles de Paris. L'Administration le sait parfaitement. La notoriété publique est suffisante pour l'en informer. De plus, à Paris, la première brigade de recherches a spécialement dans ses attributions la police des jeux; ce service comprend la surveillance des Cercles. Le caractère en est plutôt préventif que répressif; les agents chargés de ce service (un inspecteur de police, deux brigadiers et trois agents) recherchent si les jeux autorisés ou tolérés dans les Cercles sont seuls pratiqués, et le sont loyalement.

208. — Cependant l'Administration a toujours montré, à l'égard des grands Cercles parisiens, la plus large tolérance. Puisque, contrairement aux statuts approuvés, ces Cercles pratiquaient le jeu de hasard connu sous le nom de baccara, l'Administration aurait pu employer à leur égard la sanction contenue dans les art. 291 et 292 C. P. combinés avec la loi du 10 avril 1834; elle avait la faculté de révoquer l'autorisation et de prononcer la dissolution administrative du Cercle, réduit, par le retrait de l'autorisation, à l'état délictueux d'association illicite.

209. — *a*) Sanctions administratives. — Cet emploi des lois précitées eût été régulier. Mais nous ne croyons pas toutefois, et ceci est d'une grande importance, qu'une sanction judiciaire fondée sur l'art. 410 C. P. eût pu s'ajouter à la sanction administrative.

210. — *b*) Sanctions judiciaires. — Il est vrai que le fait de l'autorisation ne change point l'ordre des juridictions, et qu'un Cercle, ou une association même autorisée, s'exposait en commettant un délit, tout à la fois à un retrait d'autorisation, et à une poursuite pénale. L'autorisation ne couvrait pas le délit (Cassation, 24 novembre 1855, Boisseau. S. 1856. 1. 466).

Mais encore fallait-il, pour que l'application de l'art. 410 C. P. pût être requise, qu'il y eût délit, et que les contrevenants fussent déférables au tribunal correctionnel.

211. — Le délit de l'art. 410 C. P. consiste à tenir une maison de jeux de hasard et « à y admettre le public, soit librement, soit sur la présentation des intéressés ou affiliés ».

Or, nous savons par les formules mêmes de l'Administration, jointes à ses circulaires, qu'un Cercle n'est pas un lieu public [1], — du moment qu'il n'admet pas d'étrangers, qu'il n'est pas ouvert à tout venant, que pour y avoir accès il est nécessaire d'y être présenté par un ou plusieurs membres précédemment admis, que cette admission est subordonnée à une délibération, après enquête faite sur le candidat, et aboutissant à un scrutin.

212. — La matière de la diffamation fournit un critérium pour déterminer si un lieu (notamment un Cercle) a, ou non, le caractère public. C'est la première constatation à faire, pour l'application de la loi de 1881, puisque la publicité est un élément nécessaire du délit de diffamation (art. 1er de la loi du 17 mai 1819 ; art. 23, 29, 30, 32 de la loi du 29 juillet 1881).

Il a bien été décidé qu'un propos tenu dans un certain genre de Cercle avait été proféré « publiquement ». « Attendu qu'il est constaté en fait, par l'arrêt attaqué, que le propos incriminé a été tenu dans le Cercle du Nord, composé de plus de mille personnes; qu'une réunion aussi nombreuse, et dans laquelle peut être admis tout individu qui satisfait à certaines conditions indiquées, est nécessairement une réunion publique; que ces conditions, qui ne sont que des garanties de convenance et de bon ordre intérieur, ne changent en rien le caractère de la réunion » (Cassation crim., 14 août 1857, Daumas, S. 57.1.798).

Nous avons tenu à reproduire le texte de cet arrêt parce que le répertoire Fuzier-Herman, Carpentier, etc., qui le

---

1. V. infrà, *Annexes*.

cité, ajoute la réflexion suivante, à laquelle nous nous associons : « Mais il importe de remarquer que c'est là une décision d'espèce... la solution serait certainement différente s'il s'agissait d'un *Cercle fermé* dans lequel on n'est admis que sur présentation et après un scrutin sérieux », v° Diffamation, n° 580, T. 17 (Paris, 1899).

213. — Un autre critérium se rencontre dans la matière de la propriété littéraire et artistique. L'art. 3 de la loi des 13-19 janvier 1791, l'art 428 C. P. punissaient d'amende et de confiscation la représentation non autorisée par leurs auteurs d'œuvres littéraires ou musicales. *Quid* d'une représentation non autorisée de telles œuvres dans un Cercle ? Poursuivi pour ce genre de contravention, le Cercle de l'Union commerciale de Saint-Pierre-lès-Calais avait été acquitté par le trib. corr. de Boulogne et la Cour de Douai. Mais la Cour de Cassation (ch. civ., 28 janvier 1881, Journ. Soc., 85, p. 736) a cassé, à raison du caractère *public* de cette exécution; car « à cette représentation assistaient non seulement les sociétaires, mais encore les membres de leurs familles et leurs patrons, nominativement invités par le bureau du Cercle ».

La Cour suprême ajoute cette considération, dont les Cercles devront faire leur profit pour leurs fêtes : « Que s'il est possible notamment, d'attribuer un caractère privé aux concerts ou aux représentations théâtrales organisés par un Cercle dans un but de distraction ou de bienfaisance, c'est à la condition que ces fêtes littéraires ou musicales auront été offertes aux seuls sociétaires; qu'au contraire, de telles représentations prennent un caractère incontestable de publicité, lorsqu'elles ont été données en présence, non seulement des sociétaires, mais encore de personnes qui, quoique nominativement invitées, ne font partie du Cercle à aucun titre, et n'ont le plus souvent, soit entre elles, soit avec la plupart des sociétaires, aucun lien de relation habituelle. »

214. — C'est la publicité de l'exécution non autorisée d'une œuvre littéraire ou musicale qui imprime à cette exécution le caractère illicite. La « gratuité » de l'exécution, son but de charité ne font pas disparaitre le délit, mais l'exécution dans un lieu privé, conséquemment dans un Cercle fermé, en présence des seuls sociétaires, ne tomberait pas sous l'application de l'art. 428 C. P.

C'est ce que l'on peut induire de l'arrêt de la Chambre criminelle, rendu dans le même sens que le précédent (Affaire du Cercle « le Réveil » de Marseille, Cassation cr., 1er avril 1882; D. 82. 1. 325).

215. — Pour n'être point considéré comme un lieu public, il faut naturellement que le Cercle ne cherche point à tourner la loi, et sous un simulacre de présentation, n'accueille pas en réalité des individus sans lien réel avec le Cercle, véritables passants, un instant travestis en sociétaires. Sous la dénomination de Cercle, on se trouverait alors en présence d'une « maison de jeux » déguisée et comme telle exposée aux pénalités de l'art. 410 C. P.

216. — Comme condition du délit de « tenue d'une maison de jeux de hasard » la jurisprudence relève deux éléments ; 1° l'habitude de recevoir dans une maison un certain nombre de personnes pour jouer le jeu de hasard; 2° l'admission libre du public (Bordeaux, 7 décembre 1843, S. 44. 2. 323). — Il n'est pas besoin que l'agent du délit se

soit procuré des gains illicites (Cass. 15 novembre 1839; Cass. 3 mai 1844, S. 44. 1. 782; Cass. 25 mars 1882, S. 84. 1. 354). Ainsi, un sieur R. recevait le dimanche un assez grand nombre de personnes dans sa maison de campagne, « où tantôt après un déjeuner, tantôt après un dîner que le sieur R. faisait servir et qui lui était payé par les invités, ceux-ci jouaient au creps ». Les étrangers à ce groupe champêtre y étaient admis sur la présentation des affiliés. Le sieur R. ne percevait pas de commission sur le jeu; cependant, il est condamné pour délit de tenue de maison de jeux de hasard (Bordeaux, 7 décembre 1843, S. 44. 2. 323). — Le but charitable du jeu n'empêcherait pas le délit (Cass. 26 mars 1813, S. chron.). — L'habitude n'est pas un élément indispensable du délit (Nîmes, 8 février 1872; S. 74. 2. 15).

216bis. — Sont punissables : les banquiers, administrateurs, préposés, agents, le garçon de salle (Cass. 25 mai 1858, Audebert, S. 38. 1. 552), — mais non les joueurs, qui usent des facilités données pour satisfaire leurs passions (Cass. 27 avril 1849, Bull. crim., n° 313; id. 17 novembre 1849; D. 51. 5. 329), — ni le propriétaire, qui n'habite pas sa maison et la loue à un locataire pour y établir des jeux de hasard (Tribunal de Cassation 19 juillet 1792, S. chron. Aff. Guiraud).

217. — L'autorisation administrative accordée à un Cercle (ni conséquemment l'autorisation donnée aujourd'hui par la loi elle-même) n'atténuait le caractère délictueux des actes qui pouvaient s'y accomplir.

C'est ce que la Cour de Cassation relève dans l'affaire Boisseau (Cercle de la « Philologie » (!) à Bordeaux, où l'on jouait le baccara) : « L'autorité administrative, dit la Cour suprême, en donnant son approbation au règlement de ce Cercle n'a pu, ni voulu restreindre les dispositions de la loi pénale et autoriser les affiliés du Cercle à en éluder les dispositions par l'introduction des étrangers ou du public » (Cassation, 24 nov. 1855 : S. 1856 1. 466).

Il faut encore noter que, pour trouver matière à l'application de l'article 410 C. P., la Cour constate qu'il y avait des « agrégés du Cercle » en « nombre illimité », et qu'ils pouvaient être considérés comme formant le public défini par l'article 410 C. P. « puisqu'ils ne sont pas comme les sociétaires admis au scrutin ».

218. — C'est dans ce sens que s'est prononcée, par application de l'article 305 C. P. belge (identique à l'article 410 de notre Code Pénal) la Cour de Liège, le 30 mars 1893, dans l'affaire du Cercle des étrangers de Spa (D. 1893. 2. 564).

On y jouait le baccara. La Cour constate que le Cercle des étrangers, « loin d'être un cercle privé », n'était qu'une maison de jeu de hasard « ouverte librement après un simulacre de ballottage, à tous ceux qu'attirait la passion du jeu »[1].

Dans le même sens : Trib. de Bruges, 14 juillet 1893[2].

219. — Mais à propos des jeux de Dinant, la Chambre du Conseil du Tribunal de Namur a rendu une ordonnance de non-lieu en faveur du Directeur et des Administrateurs ; la Chambre des mises en accusation de la Cour de Liège a rompu avec la jurisprudence précédente en disant :

1. Journal des Tribunaux de Bruxelles, 1893, p. 577.
2. Journal des Tribunaux de Bruxelles, 1893, p. 959.

« les maisons de jeux fermées au public et accessibles aux seuls intéressés ou affiliés ne tombent pas sous la prohibition légale. La loi n'a pas fait dépendre l'existence du délit du plus ou moins de relations des affiliés entre eux, non plus que de la sévérité plus ou moins grande des conditions de l' « affiliation ». Pourvoi; rejet par la Cour de cassation, le 17 juillet 1893 [1].

220. — A presque dix ans de distance, les sévérités de la Cour wallonne ne paraissaient pas avoir eu un grand effet. Voici en effet ce qu'on lisait dans les quotidiens de 1902 : — « On va toujours beaucoup à Spa, où la colonie étrangère est actuellement très dense pendant tout l'hiver. — Dans les salles du Casino l'animation est aussi brillante qu'en été, et les tables de roulette et de trente et quarante fonctionnent sans arrêt de midi à minuit » (*Écho de Paris*, 19 février 1902).

— « La colonie cosmopolite des bords de la Meuse envahit les salons du Cercle international de Namur, où les roulettes sans zéro attirent les chercheurs de séries sans césure » (*Écho de Paris*, 30 août 1902).

221. — Aussi le législateur belge a-t-il pris le parti d'intervenir. La loi du 24 octobre 1902 promulguée au *Moniteur belge* des 22-23 décembre 1902 interdit l'exploitation des jeux de hasard en Belgique. Ostende, Spa[2], Namur, comme villes de jeux, iront rejoindre dans l'histoire, Hom-

---

1. E. Picard, *Les jeux de hasard et les Cercles privés* (Bruxelles, 2e éd., Larcier, 1893), p. 63. — On constate la justesse de l'expression de notre éminent confrère parlant des « cahotements » de la jurisprudence belge.

2. V. sur l'ancien Spa, C. des Perrières, *Paris au Club*, 1885, p. 279.

bourg, Wiesbaden, Saxon, Baden-Baden, etc. Seul Monaco
« est toujours debout ».

Cette loi étant la plus récente manifestation du législateur contre le jeu[1] mérite les honneurs d'une transcription
intégrale :

Loi du 24 septembre 1902 concernant le Jeu. —
« ART. 1er. — L'exploitation des jeux de hasard est interdite.

« Seront punis d'un emprisonnement de huit jours à six
mois et d'une amende de 100 fr. à 5.000 fr., ou d'une de
ces peines seulement, ceux qui ont exploité, en quelque
lieu et sous quelque forme que ce soit, des jeux de hasard,
soit en y participant par eux-mêmes ou par leurs préposés,
et en stipulant à leur avantage des conditions dont l'effet
est de rompre l'égalité des chances, soit en recevant des
personnes admises à y prendre part, une rémunération
pécuniaire ou en opérant un prélèvement sur les enjeux,
soit en se procurant, directement ou indirectement,
quelque autre bénéfice au moyen de ces jeux.

« ART. 2. — Seront punis d'un emprisonnement de
huit jours à un mois et d'une amende de 26 fr. à 2.000 fr.,
ou d'une de ces peines seulement, alors même qu'il
n'aurait perçu aucune rétribution à l'entrée ni pratiqué

---

1. On trouvera en note de bas de page, dans le numéro du *Moniteur
belge* cité, l'indication des travaux préparatoires de la loi du 24 septembre
1902 avec le renvoi aux sources. Voilà un mode tout scientifique de
« promulgation » qui pourrait être imité avantageusement par le *Journal officiel* de la République française.

A signaler : *Commentaire de la loi sur le jeu* du 24 octobre 1902, etc.,
p. J. Maus, chef de bureau de la législation crimin. au ministère de la
justice. Bruxelles, Bruylant, 1903, 1 br. in-8°.

aucun autre fait d'exploitation, ceux qui, tenant un local accessible au public, y ont toléré sciemment et habituellement des jeux donnant lieu à des enjeux ou paris excessifs.

« Art. 3. — Seront punis des peines portées en l'article précédent :

1° Ceux qui, par des avis, annonces, affiches, ou par tout autre moyen de publication, ont fait connaître un établissement de jeux prohibés par la loi ou un établissement similaire à l'étranger ;

2° Ceux qui, pour un semblable établissement situé à l'étranger, se sont livrés au racolage des joueurs.

« Art. 4. — Les peines établies par les art. 1, 2 et 3 pourront être portées au double : 1° en cas de récidive dans les cinq ans qui suivent une condamnation encourue en vertu de la présente loi ; 2° dans le cas où le délit a été commis à l'égard d'une personne âgée de moins de vingt et un ans.

Les coupables pourront dans tous les cas être condamnés à l'interdiction, conformément à l'art. 33 du Code pénal.

« Art. 5. — Les art. 66, 67, 69, § 2, 72, §§ 2 et 3, 76, § 2 et 85 du Code pénal sont applicables aux délits prévus par la présente loi.

« Art. 6. — Dans tous les cas d'infraction, seront confisqués les fonds ou effets exposés au jeu, ainsi que les meubles, instruments, ustensiles et appareils employés ou destinés au service des jeux.

« Art. 7. — La présente loi ne s'applique pas aux jeux qui tiennent à l'exercice ou à l'adresse du corps, ni aux paris qui sont engagés à l'occasion de ces jeux.

« ART. 8. — Les mots « sans autorisation légale » de l'art. 305 du Code pénal sont supprimés. »

« Promulguons la présente loi, ordonnons qu'elle soit revêtue du sceau de l'État et publiée par le *Moniteur*. Donné à Biarritz, le 24 octobre 1902. — Léopold [II]. Par le roi : le ministre des finances et des travaux publics : P. de Smet de Nayer ; le ministre de l'intérieur et de l'instruction publique : J. de Trooz. Vu et scellé du sceau de l'État, le ministre de la justice : J. van den Heuvel. »

222. — Pour compenser l'atteinte que la suppression des établissements de jeux portera à la prospérité matérielle d'Ostende et de Spa, une loi complémentaire du 24 octobre 1892 (*Monit. belge* des 22-23 décembre 1902) affecte un crédit de 7 millions de francs pour « parer aux difficultés financières » de ces villes, qui résulteront pour elles « de l'application de la loi concernant le jeu [1] ».

223. — Lors du vote de la loi du 24 septembre 1902, à la Chambre des représentants de Belgique, après renvoi du Sénat, une observation importante a été faite par M. van den Heuvel, ministre de la justice [2] :

« La tenue des jeux donnant lieu à des enjeux excessifs, se trouve punissable dès que le local peut être envisagé comme accessible au public. La question de savoir si le local est ou non accessible au public sera avant tout une question de fait. Les tribunaux se prononceront en tenant compte de l'esprit de la loi, en se rappelant que le senti-

---

1. V. texte, Clunet 1903, p. 425.
2. M. van den Heuvel est l'auteur d'une monographie très estimée, sur notre matière des Associations : *de la situation légale des associations sans but lucratif en France et en Belgique*, 2e éd., Bruxelles, 1884.

ment unanime de la Chambre, du Sénat, du gouvernement est de ne pas s'en tenir aux subtilités de la fraude. Ils ne s'arrêteront point par conséquent, devant *le paravent des Cercles privés fictifs*[1]. »

224. — Les grands Cercles parisiens sont essentiellement des Cercles « fermés » ou « privés ». Les admissions y sont difficiles, scrupuleusement examinées avec des garanties de parrainage et de ballottage rigoureusement organisées. Nul ne peut approcher de la table de jeu, ni même entrer dans les salons du Cercle, s'il n'est sociétaire. Le public en est absolument exclu.

De tels Cercles rentrent vraiment dans le type du Cercle privé, « cloîtré comme un couvent », suivant l'expression pittoresque d'Edmond Picard[2].

La jurisprudence citée permet de décider, *a contrario*, que les grands Cercles de Paris, et ceux de province organisés sur leur modèle, ne tombent pas sous l'application de l'article 410 C. P.

225. — C'est aussi l'opinion des jurisconsultes qui ont étudié la question des Cercles « fermés » ou « privés ».

« Le « Cercle privé », assimilé à juste titre au domicile des citoyens, jouit de la même immunité en matière de jeux de hasard, que ce domicile lui-même. Il en jouit seul à l'exclusion de tous autres, surtout de Cercles ou réunions qui s'attribuent indûment cette qualification et ne constituent que des expédients pour essayer d'éluder la loi..... Le « Cercle privé » est composé d'un certain nombre de

---

1. Ch. des Représentants. *Annales parlement.*, 1902, p. 1043.
2. V. l'étude de notre éminent confrère belge, Edmond Picard : *Les Jeux de hasard et les Cercles privés*. Bruxelles, 2e éd., Larcier, 1893.

Membres soumis à un recrutement sévère ayant entre eux certaines similitudes de naissance, de fortune, de condition sociale, parfois d'opinions. On n'y pénètre qu'après une enquête complète, sur la présentation de parrains connaissant le candidat et répondant de lui, après un ballottage sérieux » (R. de Ryckere, substitut du Procureur du roi à Bruges. Les Cercles de jeux et l'art. 305 C. P. dans la *Belgique judiciaire*, du 3 mars 1892, p. 290. — Cf. id. Les Maisons de jeux de hasard. *Belg. jud.*, 15 janvier 1893). — *Adde* : Liège, 23 février 1894 (Cercle des étrangers, de Namur), *Belg. judic.*, 8 avril 1894, — *contrà* : Gand, 28 février 1894, 3ᵉ ch. (cercle privé du Kursaal, d'Ostende), *ibid.*, p. 465.

226. — En France, pour justifier l'application de l'art. 410 C. P., le lieu où l'on joue doit être ouvert au public, soit librement, soit sur la présentation d'affiliés.

« Cette condition est essentielle, car ce que la loi punit ce n'est pas le fait de jouer, mais le fait de tenir une maison de jeu ouverte au public. La nécessité de cette condition soustrait évidemment à l'application de l'art. 410 les Cercles fermés, c'est-à-dire ceux dans lesquels les sociétaires seuls ont accès et peuvent participer aux jeux qui y sont établis. Mais le Cercle se transformerait en maison de jeu proprement dite s'il s'ouvrait à d'autres personnes que les sociétaires, même présentées par ces derniers. En vain les règlements, approuvés par l'autorité administrative autorisaient-ils l'entrée d'étrangers sous certaines conditions ; les règlements ne peuvent couvrir un fait déclaré délictueux par la loi » (Garraud, *Droit pénal*, t. V, 1894, n° 379).

C'est la théorie des criminalistes classiques :

« Si le public n'est point admis dans la maison, il n'y a plus de maison de jeu prohibée. Les citoyens, en effet, sont libres de se livrer dans leur domicile à toutes sortes de jeux pourvu qu'ils en restreignent l'usage dans le cercle de la famille et de leurs relations privées : l'autorité publique n'a point de surveillance à exercer sur le foyer domestique, et les jeux n'ont de véritables périls que lorsqu'ils deviennent un moyen de spéculation. La prohibition n'intervient donc que lorsque la maison prend clandestinement le caractère d'une maison publique, lorsqu'elle exploite, dans l'intérêt de celui qui la tient, les jeux de hasard, lorsqu'elle s'ouvre à tous ceux que la passion du jeu ou la cupidité y conduit. C'est cette admission du public, soit librement, soit sur présentation qui distingue l'établissement clandestin et prohibé, parce que c'est alors que la spéculation s'exerce. C'est donc là une condition essentielle de l'infraction » (Chauveau Adolphe et Faustin Hélie, *Théorie du Code pénal*, 6ᶜ édition revue par Villey, t. V [1888], p. 530. — Janoly, *Jeu et pari*, 1882, p. 35).

227. — L'art. 410 C. P. n'est donc pas applicable au particulier qui organise habituellement un jeu de hasard auquel ne peuvent prendre part que les membres de sa famille ou les personnes admises chez lui sur invitations personnelles (Rép. alph. gén. de dr. fr., t. XXV [1897], vᵒ Jeu, nᵒ 400).

228. — Une définition du « lieu public » en matière de « jeu de hasard », est présentée par l'art. 487, § 2ᵉ du C. P. italien (1889) ; « Relativement aux contraventions prévues dans les articles précédents [jeux de hasard], on considère comme ouverts au public les jeux de réunion privée où

l'on exige une indemnité pour l'usage du mobilier servant au jeu ou pour la facilité de jouer, même sans prix, si ces lieux sont accessibles à quelque personne que ce soit dans le but de jouer. »

229. — Notre Code pénal n'a pas défini le « lieu public » élément du délit de l'art. 410, mais il est hors de doute que le Cercle réellement fermé est indemne de ses sanctions.

Toutefois, si, pour une raison quelconque, avant la loi de 1901, il avait cessé de plaire à l'Administration, comme son existence, à titre d'association de plus de vingt personnes, était suspendue à une autorisation préfectorale, il suffisait pour lui donner la mort de révoquer l'autorisation. Cette révocation pouvait être prononcée *ad nutum* par le Préfet. C'était, il faut l'avouer, la mort sociale sans phrase[1].

L'excellente discipline intérieure des grands Cercles, l'honorabilité de leurs membres, la parfaite loyauté de la pratique des jeux les avaient toujours mis à l'abri de ces coups d'État administratifs.

Il suffisait toutefois du changement d'opinion d'un Ministre de l'Intérieur pour briser leur carrière. Il ne serait resté que le remède incertain d'une interpellation à la Chambre des députés ! Qui aurait osé occuper les instants du Parlement pour « interpeller » sur un pareil sujet ?

230. — Ce serait une erreur de croire qu'un Cercle

---

1. Aucun recours n'était admis contre l'arrêté retirant à une association l'autorisation octroyée. Le Conseil d'État estimait que c'était là « un acte purement administratif et non susceptible de Nous être déféré par la voie contentieuse » aff. de la Société des soies de Lavaur. Conseil d'État, 23 juillet 1844. S. 44.2.600.

d'accès facile pourrait conjurer les menaces de l'art. 410 C. P., en obtenant l'agrément formel de l'Administration.

L'autorité administrative a le devoir de veiller à l'observation des prescriptions de la loi relatives aux jeux de hasard. L'autorité municipale ou préfectorale ne peut donc ni permettre l'exercice d'un jeu de hasard dans un lieu public ou sur la voie publique, ni l'interdire dans le domicile des particuliers.

231. — L'Administration aurait une tendance à croire qu'elle peut donner des permissions de jeux aux Cercles de Paris et aux Cercles des villes d'eaux.

Elle tire cette opinion du Décret impérial du 24 juin 1806, dont nous avons reproduit le texte (suprà n° 146) et dont l'art. 4 dit : « Notre ministre de la police fera pour les lieux où il existe des eaux thermales, pendant la saison des eaux seulement, et pour la ville de Paris, des règlements particuliers sur cette partie. »

Nous ne pouvons partager cette opinion :

a) L'art. 410 du Code pénal renouvelle la prohibition de la tenue des maisons de jeux « où est admis le public ». Il a été promulgué le 27 février 1810, près de quatre ans après le décret de 1806, et la loi n'a pas renouvelé les exceptions inscrites dans ledit décret.

b) Il est vrai qu'une ordonnance du 5 août 1818, se fondant sur le décret de 1806, a concédé le privilège d'établir des maisons de jeux dans Paris (notamment au Palais-Royal) et d'en toucher les produits. L'art. 8 de la loi du 19 juillet 1820 a confirmé ce privilège en prescrivant l'inscription de cette recette au budget (suprà, n° 148).

c) Mais, déférant à l'opinion publique, le législateur a

rayé du budget cette recette et interdit à nouveau les jeux publics, sans exception : (Art. 10 de la loi du 18 juillet 1836, portant fixation des recettes de l'exercice 1837). « Le bail des jeux pourra être prorogé pour une année. A dater du 1er janvier 1838, les *jeux publics* sont *prohibés*. »

d) Depuis le 1er janvier 1838, le décret du 26 juin 1806 est virtuellement abrogé par la double manifestation législative du Code pénal de 1810 (art. 410) et de la loi du 18 juillet 1836 (art. 10).

Tel paraît être le sentiment de l'autorité judiciaire; il est visible dans la circulaire du 17 janvier 1888, issue de la collaboration de l'Intérieur et de la Justice et dans la circulaire spéciale du Garde des sceaux du 30 janvier 1888 [1]. Aussi, ni l'un ni l'autre de ces Départements n'ont-ils cru pouvoir exhumer le décret de 1806. Devant l'interprétation rigoureuse, mais exacte, du droit pénal actuel en matière de jeux soutenue par le Ministère de la justice, la conciliation s'est faite sur la théorie ingénieuse de « l'assimilation à des lieux privés » sous conditions déterminées, qui a l'avantage d'être juridique, sans diminuer pratiquement les pouvoirs de l'Administration.

232. — Depuis que nous avons eu l'occasion, dans notre consultation imprimée du 28 janvier 1902, d'exprimer ce sentiment sur le pouvoir négatif de l'Administration en ce domaine, la question a été portée devant le Conseil d'État. L'avis que nous avions émis peut se réclamer aujourd'hui de l'autorité du tribunal administratif supérieur.

Voici dans quelles circonstances est intervenu l'arrêt du Conseil d'État du 18 avril 1902 auquel nous faisons allusion.

1. V. aux Annexes les circulaires ci-dessus citées.

A la date du 24 mai 1901, le maire de Néris (Allier) avait pris un arrêté portant interdiction des jeux d'argent et de hasard sur le territoire de sa commune. Le Préfet de l'Allier prononça, le 5 juin 1901, l'annulation de cet arrêté pour violation du décret impérial du 24 juin 1806 que nous avons rappelé.

A son tour le Maire de Néris, déféra l'arrêté préfectoral du 5 juin 1901 au Conseil d'État qui l'annula par cette considération que le décret du 24 juin 1806 était abrogé[1].

Il en résulte, comme nous le pensions, que le Ministre de l'intérieur ou ses représentants ne peuvent point sur le territoire français délivrer des permissions de jeux. L'autorité a seulement la ressource d'apprécier à quel degré l'endroit dans lequel le jeu se pratique, Cercle ou autre établissement, constitue un lieu public, et suivant les cas, d'en recommander les directeurs ou administrateurs à l'action du Parquet, en vertu de l'art. 410 C. P., — ou de les ignorer.

§ 7. Quelques questions de droit civil à propos du jeu dans les Cercles (n°s 233-245).

233. — Au point de vue civil, le jeu est un contrat aléatoire. Ainsi le considéraient nos anciens jurisconsultes[2].

Le Code civil a suivi la tradition; son art. 1964 range le jeu dans les contrats aléatoires. Toutefois, il refuse l'action civile pour une dette de jeu (art. 1965), à moins que le contrat n'ait porté sur des jeux « qui tiennent à l'adresse

---

1. A raison de l'importance de l'arrêt du Conseil d'État du 18 avril 1902, nous le donnerons *in extenso* aux Annexes.

2. Pothier, *loc. cit.*, t. V, p. 365.

et à l'excercice du corps » (art. 1966). Même, en ce dernier cas, le tribunal peut rejeter la demande quand elle lui paraît excessive.

Le jeu, pour lequel l'action judiciaire est refusée, est d'abord le jeu de hasard, mais aussi tout autre jeu même d'adresse, s'il ne tient pas à l'exercice du corps, c'est-à-dire d'après les travaux préparatoires, le jeu, dont l'effet, si ce n'est le but, est de « préparer de bons soldats, des agriculteurs vigoureux, des marins adroits et intrépides ».

Mais si le perdant a payé, il a acquitté une dette naturelle; « il ne peut répéter ce qu'il a volontairement payé », à moins qu'il n'y ait eu de la part du gagnant, supercherie ou escroquerie (art. 1967).

234. — Le contrat de jeu, on le constate, est mal vu du légistateur — ce qui ne l'empêche pas d'être pratiqué avec opiniâtreté. Aussi a-t-il donné naissance à de nombreuses difficultés dont on ne peut ici que signaler quelques-unes.

235. — Dans les rapports des joueurs entre eux, — on considère comme dettes de jeu « les avances faites, dans le corps d'une partie liée entre plusieurs personnes, par l'un des joueurs à l'autre » et les billets à ordre souscrits en représentation de ces avances sont nuls (Bordeaux, 24 mai 1860. Recueil, Bordeaux, 60, p. 379; Trib. civ. Seine, 3ᵉ ch. Présid.: M. Taillefer, 9 novembre 1893; Le Droit, 13 décembre 1893).

236. — Le vice de la créance originaire ne serait pas purgé à l'aide d'un subterfuge qui consisterait à transformer le contrat de jeu en contrat de prêt et à faire prêter par le gagnant au perdant la somme perdue (Douai, 8 août 1857. Denoyelle. D. 58. 2. 47).

237. — Quoique le Code civil « refuse aux parties toute action pour une dette de jeu, » cependant « la propriété d'un enjeu mis sur table est acquise au gagnant par le fait seul du gain de la partie » (Cass. crim., 26 février 1892. S. 92. 1. 601). De telle sorte que le joueur qui, dans une partie de baccara après avoir mis sur table comme enjeu un billet de mille francs, le reprendrait par fraude ou par violence, en déclarant, après le coup perdu, qu'il n'avait entendu l'exposer que pour cent francs, commettrait le délit de vol. En effet, le dépôt de l'enjeu sur le tapis « constitue, de par un réciproque engagement, un payement autorisé, anticipé, conditionnel, mais irrévocable dès que la condition prévue s'est réalisée » (Chambéry, 3 décembre 1891, avec Cass. précité, aff. Beydel, à la salle de jeu du Casino, dit Villa des fleurs, à Aix-les Bains).

238. — Dans les rapports des joueurs avec les tiers, si le prêt est consenti après le jeu consommé, même dans le dessein de permettre au perdant de rembourser sa dette, il est valable. Le paiement volontaire d'une dette étant légal, le contrat qui permet d'effectuer ce paiement l'est aussi.

V. en ce sens la note sous Paris, 6 juillet 1882. D. 84. 2. 95 (l'arrêt lui-même n'examine pas la question).

Cass. req., 4 juillet 1892 (implicitement) S. 92. 1. 513 — Trib. corr. Bruxelles, 2ᵉ ch., 27 janvier 1893 : S. 94. 4. 32.

Cependant *contrà* : Cass., 30 mai 1838 (S. 38. 1. 753) qui décide que la caisse commune des agents qui prête à l'un d'eux une somme d'argent pour payer des différences provenant du jeu, n'a pas d'action en remboursement alors qu'elle connaissait la destination des fonds prêtés.

239. — Mais quand le tiers a prêté pendant le jeu, des sommes, directement ou indirectement destinées, à sa connaissance, à alimenter le jeu, son action en remboursement est contestée.

L'exception de jeu peut être opposée au tiers qui a sciemment prêté pour jouer, surtout s'il était intéressé dans la partie comme gérant du Cercle. Il n'y a pas paiement dans le sens de la loi par le fait du joueur qui a souscrit au prêteur un billet à ordre pour le montant des prêts. En pareil cas, l'exception de jeu est opposable au tiers porteur qui a connu les circonstances qui ont présidé à la création du billet. (Bordeaux, 15 juin 1881, Recueil Bordeaux, 81, p. 158.)

240. — Si le tiers est intéressé, directement ou indirectement, dans le jeu ou au jeu de l'emprunteur, la jurisprudence lui refuse l'action (Colmar, 25 janvier 1841. S. 42. 2.492. — Bordeaux, 31 janvier 1853. P. 55.2. 240. — Cass., 15 novembre 1864; S. 65. 1. 77.)

Mais quand pourra-t-on objecter au tiers l'existence de l'intérêt qui frappe d'indignité juridique son action ? Point de fait, laissé à la prudence du juge.

241. — La question offre une portée pratique pour les Cercles, annexés ou non à un Casino, où l'on organise un système régulier de prêt destiné à alimenter la table de jeu. Les avances effectuées à de telles fins par la caisse du Cercle seraient considérées par les tribunaux comme assimilables à des créances de jeu.

Ainsi, le prêt fait à un joueur par le directeur du Casino, où s'effectue la partie, au moyen de pièces de valeur conventionnelle ou en espèces, est illicite, et l'action en remboursement de ce prêt se heurte à l'exception de jeu (Trib. Orange, 12 juin 1891, Gaz. Pal., 26 juillet 1891).

242. — Il arrive souvent que dans les Cercles et Casinos, des prêts de ce genre sont consentis par les gérants, les employés ou les garçons de l'établissement. Quel est le sort de ces créances? Leur validité a été reconnue par le tribunal civil de la Seine (6e ch., 5 août 1881. Droit, 20 octobre 1881).

La Cour de Paris, dans une affaire Welté, s'est bornée à décider que l'emprunteur qui oppose l'exception de jeu à l'action d'un garçon de Cercle en remboursement des sommes avancées, doit prouver « que le prêt lui a été consenti pour en exposer le montant au jeu » et « que la présomption tirée de la qualité de garçon de Cercle est insuffisante pour établir cette preuve » (Paris, 2e ch., 6 juillet 1882. Président : M. Ducreux. Leroux c. Welté. D. 84.2.95. — *Adde* : Paris, 16 janvier 1894. Donziech. S. 95.2.42 (nullité du prêt fait par le directeur d'un Cercle de jeu).

243. — Mais, d'une façon générale, les emprunts faits dans un Cercle par des joueurs, pour le jeu et pendant sa durée, aux directeur, caissier, garçon ou concierge du Cercle tenant bureau de prêt, constituent de véritables dettes de jeu.

En principe, les prêteurs de cette catégorie rentrent dans la catégorie de ceux à qui l'art. 1965 C. Civ. refuse l'action en justice (Aix, 13 mars 1901, Jurisp. civ., Marseille, 1902, 179; Aix, 13 mars 1902. France judic. de Ch. Constant, 1902.2.204), au cas même où ils auraient pris le détour de faire prêter au joueur par un banquier, celui-ci connaissant au surplus la destination du prêt (Trib. civ., Toulouse, 21 mars 1901, Gaz. tribun. Midi, 20 juillet 1902).

Toutefois, la présomption que le prêt fait dans ces circonstances à un individu notoirement joueur a été fait pour le jeu, peut céder à des présomptions contraires. (Bordeaux, 5 juillet 1865 ; Recueil Bordeaux, 65, p. 350.)

244. — Il convient donc de se guider sur l'arrêt de Cassation de 1892, dont nous reproduisons en partie le texte à raison de son importance : « Att. que si l'action que cet art. [1965 C. civ.] refuse au joueur doit être accordée au tiers qui a prêté au perdant une somme d'argent pour payer sa dette, c'est à la condition que le joueur n'ait participé, ni n'ait été intéressé au jeu d'une manière quelconque, et qu'il y soit resté absolument étranger : qu'à plus forte raison l'action doit être refusée à celui qui ayant prêté au joueur, au cours d'une partie de jeu, des fonds qui étaient destinés et qui ont servi à l'alimenter, a ainsi concouru sciemment et intentionnellement à l'acte illicite que la loi désavoue » et la Cour suprême relève que la Cour de Limoges (29 août 1891) constate que le « bon » dont le paiement est réclamé par le garçon de Cercle « représente des sommes fournies au cours d'une partie de jeu et pour l'alimenter ». Aussi, la Cour suprême estime-t-elle qu'une telle créance est dénuée d'action (Cassation req., 4 juillet 1892, Chigot c. Thibault, S. 92.1.513).

245. — Certains prêteurs feront bien de méditer cet arrêt. En attendant que la Chambre civile ou les Chambres réunies de la Cour de cassation aient eu l'occasion de se prononcer, qu'ils se tiennent pour dit, que le prêteur n'a pas d'action en remboursement alors même qu'il n'aurait pas été intéressé dans le jeu, s'il savait que l'argent emprunté servait nécessairement à alimenter la partie.

Encore que la théorie de l'arrêt soit discutable, il est certain que la Cour suprême est animée du désir d'enrayer certaines industries qui favorisent le développement des jeux de hasard. Aussi, malgré l'argumentation que les Caissiers ou garçons de Cercles pourraient à nouveau présenter en cassation à l'appui de la légitimité de leur créance, nous doutons que la Cour les écoute d'une oreille favorable.

II. — RÉGIME CIVIL

§ 1. Condition civile des cercles d'après le droit commun
(n⁰ˢ 246-250).

246. — Au point de vue civil, les Cercles étaient placés en la même condition, vague et mal définie, où se trouvaient les Associations non autorisées, mais légales de vingt personnes et au-dessous, ou les Associations de plus de vingt personnes, pourvues de l'autorisation préfectorale.

Comme, avant 1901, le législateur ne s'était occupé de ces associations que pour les proclamer délictueuses ou licites, suivant le nombre de leurs membres, les textes relatifs à l'étendue de leur capacité juridique brillaient par leur absence.

Ce n'était point un motif pour que des associations, négligées par la puissance législative, n'eussent aucune capacité. On ne peut concevoir que des êtres juridiques licites ne puissent avoir des rapports de droits réguliers ; mais pour fixer ces rapports, c'était à la méthode déductive qu'il convenait de recourir.

247. — L'opération n'est point du temps perdu, même aujourd'hui ; car pour connaître la condition juridique des Associations « ordinaires ou non déclarées » de la loi du 1ᵉʳ juillet 1901 (faute par le législateur, cette fois encore, de s'être expliqué), il faudra interroger la condition des Associations sans but lucratif en règle avec les art. 291 C. P. et s., au temps de la législation antérieure.

Cette étude exige des développements que nous aborderons ultérieurement, dans un travail séparé.

Nous nous bornerons ici à dégager de la jurisprudence la condition civile faite aux Cercles avant la loi du Ier juillet 1901[1].

248. — Les Cercles ne sauraient être considérés ni comme des sociétés civiles, ni comme des sociétés commerciales, parce qu'ils ne sont pas « créés en vue d'une spéculation » (Paris, 31 décembre 1855, affaire du Cercle des chemins de fer, sous Paris, 5 janvier 1888, S. 1890. 1. 146. — Trib. civ. Seine, Ire chambre, 13 novembre 1872. Fuld c. grand Cercle, le Droit, 1872, n° 269). Ils sont donc de simples associations dépourvues de personnalité civile (Cassation, 7 décembre 1880, Cercle de l'Union : S. 1881. 1. 244).

249. — Comme toutes les associations sans but lucratif, les Cercles ne possédaient pas la personnalité civile ; mais ils n'étaient pas voués au « néant juridique » des jurisconsultes. Ils étaient, par l'intermédiaire des membres qui les composaient, capables d'exercer les droits qui leur permettaient d'exister.

La jurisprudence ne reconnaissait pas au Cercle une existence distincte des membres dont il était composé. Mais les membres ont des droits que leur participation au Cercle ne leur fait pas perdre et qu'ils mettent à la dis-

1. Consult. Dain, *Condition des Associations non reconnues* (thèse). Paris, Pichon, 1879, p. 81.

Epinay, *Condition juridique des Associations sans but lucratif* (thèse remarquable), Paris, Rousseau, 1897, p. 305 et s.

Simonin, *Situation lég. des Associations de moins de vingt et une personnes*. Le droit d'Association (congrès de 1899). Paris, Rondelet, 1899, p. 202.

position de celui-ci; ils peuvent s'entendre pour les exercer ensemble et dans un sens déterminé. Cette convention établit entre eux des droits et des devoirs. Sans doute ce n'est point le contrat de société prévu par les art. 1832 et s. C. civ. et 18 et s. du C. comm. puisqu'aucun bénéfice n'est poursuivi par les sociétaires [1], mais c'est un

---

1. Les Cercles ne constituent pas des sociétés au sens où ce mot est employé dans l'art. 1832 C. civ., lors même que les personnes qui le composent mettraient quelque bien ou industrie en commun en vue d'un avantage commun, si cet avantage n'est pas pécuniaire. (Gand, 19 juillet 1884. Pasicrisie, 1884, p. 352.)

Il convient de noter cependant que pour qu'il y ait « Société » il n'est pas indispensable que le but poursuivi soit un gain matériel à se partager entre associés. Il suffit que l'avantage procuré soit « appréciable en argent ».

C'est la théorie romaine. Ulpien appelle « société » la combinaison formée entre deux propriétaires qui achètent ensemble un site pour se conserver la vue dont jouissait leur maison. (Cf. analogue pour un puits, Cass. req., 17 mai 87, D. 88. 1. 61.)

Troplong qui cite Ulpien admet qu'il y a société dans le fait de « plusieurs habitants d'une ville qui, voulant se procurer le plaisir de la promenade, achètent en commun un jardin paysagiste, afin que chacun puisse s'y promener avec sa famille, quand bon lui semblera ». On devrait « respecter la clause qui porterait que le partage n'aurait pas lieu avant quarante ans » (Troplong, *Contrat de société*, t. I (1843), n° 13). Le savant magistrat estime que, « cela n'est pas une simple indivision contre laquelle on puisse s'armer de l'art. 815 C. civ. ». Pour lui il n'y a pas là « l'état passif de communauté » mais, « une société véritable dans cet achat d'une chose que les parties entendent conserver pour un but commun ».

Cette combinaison assimilée par Troplong à une société véritable ressemble singulièrement à celle qui sert de base à la création d'un Cercle. Cette théorie, qui rencontre plutôt un appui qu'une contradiction dans la loi du 1er juillet 1901, conserve donc sa valeur sous l'empire de la législation nouvelle.

Mais un tel objet pourrait *à fortiori* servir de base à une association sans but lucratif. Aussi, voyons-nous sous l'empire de la loi du 1er juillet 1901, se fonder, sous la forme d' « association déclarée » une « société

contrat innomé[1], assez analogue à celui de société, et générateur d'obligations. Les conventions fondant une telle association doivent recevoir exécution, quand elles ne sont pas contraires à l'ordre public[2].

Telle était la doctrine qui s'élaborait peu à peu.

250. — Les Cercles autorisés jouissaient ainsi d'une situation analogue à celle des Comices agricoles dont les statuts étaient approuvés par les Préfets.

Ils se composent d'individus réunis en vertu d'un réglement approuvé; dès lors, ils forment une agrégation licite. Les statuts donnent à cette agrégation un objet collectif; les cotisations sont mises en commun pour atteindre ce but. « Évidemment, dit M. Bourguignat, il y a là un contrat qui fait que la réunion constituée par lui peut elle-même contracter avec autrui, et qu'on peut s'obliger envers elle, qu'elle peut acheter et vendre, toucher et payer des sommes et faire nombre d'actes de la vie civile... elle constitue tout au moins l'une de ces associations non moins civiles que licites, qui existent et fonctionnent sous le régime de l'approbation ou de la tolérance administrative en vertu de certains contrats innomés, telles : les sociétés libres de Secours mutuels, les compagnies de Sapeurs-pompiers, les sociétés littéraires, musicales, hippiques, etc., les *Cercles* ou clubs, les confréries de pénitents, qui existent

des Jardins ouvriers de Dijon » ayant pour « but de mettre, à titre philanthropique, des jardins à la disposition des familles ouvrières ». Journ. off., 15 mars 1903.

1. Lyon, 1er décembre 1852. D. 53. 2. 99.
Tribun. paix de Bourges, 25 mai 1900, Journ. Soc., 1901, p. 93.
2. Trib. civ. Havre, 22 août 1861; le Droit, 1861, n° 206.

dans certaines localités du Midi de la France et même les associations religieuses non légalement reconnues[1]. »

§ 2. **Rapports du Cercle avec les associés.** — Droit d'ester en justice, recouvrement des cotisations, admissions (nos 251-260). — Discipline, admissions et exclusions (nos 261-272).

251. — Avant 1901, les Cercles, en tant qu'associations distinctes de leurs membres, sont incapables de posséder, ni d'acquérir à titre onéreux ou gratuit et même, sauf condition particulière, d'ester en justice. Toutefois les membres peuvent donner à leur président, par les statuts ou par acte spécial, le mandat de les représenter en justice en demandant ou en défendant. La règle « nul en France ne plaide par procureur, hormis le Roi » n'est pas d'ordre public. Il peut y être dérogé conventionnellement (Cassation crim., 20 juillet 1878, Cercle catholique d'Épernay : S. 1880. 1. 89. — Cassation civ., 25 juin 1866, Cercle de Montbard)[2].

252. — A consulter encore : — Cassation civ., 19

1. Note de M. Bourguignat (commentateur de la loi sur les sociétés du 24 juillet 1867, avec M. Mathieu, avocat-député et rapporteur de la loi) sous Cassation civ., 30 janvier 1878. S. 78. 1. 265.

Cf. les intéressantes observations de Guillouard, *Contrat de Société* (1891), nos 68-71. — Vavasseur, *Sociétés* (1897), no 24.

2. Le trib. de Semur (6 juillet 1864) avait jugé dans cette affaire du Cercle de Montbard : qu'un cercle était une société civile parce que le bénéfice peut être aussi bien moral que matériel. La Cour suprême (civ., 25 juin 1866), tout en rejetant le pourvoi, rectifie la doctrine : « Attendu que si le Cercle établi à Montbard n'a pas le caractère d'une société civile et n'a constitué qu'une réunion d'individus se cotisant pour des dépenses communes, il n'est résulté de là pour les membres de la réunion aucune interdiction de donner mandat à quelques-uns d'entre eux à l'effet de réclamer soit à l'amiable, soit en justice, le recouvrement des sommes pouvant être dues à tous » (S. 66. 1. 358).

novembre 1879, Journ. soc., 80, p. 384). Il s'agissait du
« Cercle littéraire de Saint-Dié ». La Cour reconnaît au Président, le droit de représenter le Cercle, en plaidant contre
l'un des membres, parce que les statuts contenaient les
clauses suivantes : Art. 12 : « Toute personne admise
adhère par le seul fait de sa présentation aux statuts et règlement de la Société. » — Art. 51 § 2 : « Le Président de la
Commission représentera la Société dans toutes actions
judiciaires ou autres dirigées contre elle ou par elle, et toute
signification à lui faite, en sa dite qualité sera suffisante et
régulière envers tous. » L'importance de la clause est telle
que la Cour suprême en reproduit le texte dans son arrêt[1].

253. — La solution est la même, pour le secrétaire
d'une association, investi par les statuts du pouvoir d'exécuter les délibérations de l'association (Cassation req.,
13 novembre 1895. Comité des assurances maritimes de
Paris), ibid., 1896, p. 376.

253ᵇⁱˢ. — Le Trésorier, autorisé par les statuts à faire
rentrer les cotisations, a qualité pour poursuivre judiciaire-
ment les cotisations impayées. (Trib. Périgueux, 16 mai
1885, Monit. paix, 85, p. 352 ; Trib. civil Seine, 6ᵉ ch.
suppl., 20 février 1902. Présid. : M. Labrouste, Gaz. trib.,
15 septembre 1902[2], le grand Cercle républicain de Paris).

---

1. Cf. Cassation req., 27 janvier 1890 (Association entre les propriétaires de la commune de Xirocourt), Annales des justices de paix, 1890,
p. 373. — Paris, 4ᵉ ch., 10 novembre 1894 (Association des propriétaires de la rue des Cordeliers), ibid., 1896, p. 240.

2. « Attendu qu'en chargeant le trésorier d'assurer le recouvrement des
cotisations, l'association [le Cercle] a évidemment entendu lui conférer
la qualité nécessaire pour assurer ce recouvrement et que le seul moyen
d'arriver à ce résultat est de poursuivre en justice ceux des sociétaires

254. — Dans le silence des statuts, les pouvoirs en question pourraient être conférés par l'assemblée générale (Agen, 31 mars 1881; le Droit, 7 septembre 1881).

255. — Bien qu'un Cercle ne constitue pas une société civile, il peut cependant réclamer par ses commissaires le recouvrement des sommes dues collectivement aux membres qui le composent.

Spécialement, les nouveaux commissaires du Cercle, agissant comme mandataires de la réunion peuvent demander compte à leurs prédécesseurs des dépenses que ceux-ci auraient évidemment faites, contrairement aux conditions et stipulations arrêtées en commun dans l'intérêt de tous (Cass. civ., 25 juin 1866; le Droit, 1866, n° 206).

255 bis. — Le Président ou délégué judiciaire du Cercle aurait encore d'autres pouvoirs. Le 20 juillet 1878, la Chambre criminelle de la Cour de Cassation rendait un arrêt ainsi résumé : Il n'y a pas à surseoir au jugement d'une action introduite au nom des membres d'un Cercle, par cela seul qu'il est allégué que le Cercle aurait cessé d'avoir une existence légale, par suite d'infraction aux règles de son institution. L'action civile intentée à raison d'un délit par un membre du Cercle, tant en son nom qu'au nom et comme mandataire de tous les autres, est recevable, pareil mandat n'ayant rien de contraire aux

qui n'exécutent pas volontairement leurs obligations ; que surabondamment, il peut et fait observer qu'en conférant à un seul la mission d'exécuter les poursuites, l'association a voulu en même temps dégager de cette obligation l'universalité des membres du Cercle, qui, au nombre de plus de 1500, auraient dû être mis en mouvement chaque fois qu'une cotisation n'aurait pas été versée au terme échu » (Trib. civ. Seine, 6e ch. supp., 2 février 1902, *loc. cit.*).

règles du Code civil et à la maxime que nul en France ne plaide par procureur (Journ. Soc., 1880, p. 206).

256. — Ces facilités d'agir en justice concédées aux Cercles par la jurisprudence, sous l'observation d'un minimum de formalités, étaient excellentes. On y retrouvait la conséquence du principe posé par la jurisprudence de la Cour de cassation et des Cours d'appel, qui, à défaut de la « personnalité juridique » discernait ingénieusement dans les associations sans but lucratif, tantôt la « société de fait[1] » et tantôt « l'individualité », véritable création juridique imposée au juge par la force des faits.

La Cour suprême reconnaissait « l'individualité juridique » ou la « vitalité relative », plus spécialement aux Associations qui, sous la forme d'une autorisation administrative, obtenaient implicitement « l'adhésion de l'autorité publique[2] ».

256bis. — Les Cercles ne se trouvaient-ils pas placés *ipso facto* dans cette catégorie, puisqu'en présence des menaces

1. Cass., 30 décembre 1857, et Orléans, 29 février 1856, aff. de la communauté de Picpus, S. 58. 1. 226 et Paris, 8 mars 1858. S. 58. 2. 225; Alger, 27 mai 1860; aff. Parabère, Toulouse, 9 juin 1877, avec Cass. req., 9 janvier 1878, aff. Lacordaire, D. 78. 1. 85.

2. Cass. civ., 25 mai 1887, « qu'elles tiennent [les Associations chevalines] tant de la nature de leur objet que de l'adhésion de l'autorité publique à leur institution une *individualité véritable* » S. 88. 1. 161; Rev. soc., 1887, p. 412.

· A six ans de distance, la Chambre des requêtes de la Cour suprême a consolidé la construction juridique édifiée par la Chambre civile, en affirmant aussi pour des Associations chevalines, « qu'elles trouvent, tant dans la nature de leur objet que dans l'adhésion de l'autorité publique, une *individualité propre*, qui les rend idoines à fonctionner dans l'ordre de l'entreprise déterminée par leurs statuts». Cass. req., 2 janvier 1894. S. 94. 1. 129; D. 94. 1. 81,

de l'art. 291 C. P., ils ne s'ouvraient, s'ils se composaient de plus de vingt personnes, qu'en vertu d'un arrêté préfectoral, octroyé après enquête ?

257. — On a tenté[1] de dégager le caractère de ces associations à « individualité propre » ou « à vitalité relative » (but d'utilité générale, intervention de l'Autorité non seulement pour approuver, mais encore pour encourager l'association) et même d'en dresser la nomenclature :

1° Société d'arrosage (avant la loi du 21 juin 1865);

2° Comices agricoles;

3° Société de Courses réglementée par la loi du 2 juin 1891;

4° Compagnie de sapeurs-pompiers, organisée par décret du 29 décembre 1875;

5° Société pour le développement des facultés physiques, gymnastique, tir, aérostation, colombophilie, etc.;

6° Société de charité maternelle;

7° Association pour la protection de l'enfance;

8° Société de Secours mutuel non approuvée;

9° Congrégations religieuses enseignantes reconnues;

10° Écoles supérieures du Commerce;

11° Établissement d'enseignement supérieur.

Il n'est pas interdit d'allonger la liste, par analogie.

257bis. — La jurisprudence est allée plus loin, elle a reconnu une existence de fait à de simples Cercles, fondés pour l'utilité exclusive de leurs membres, et que l'autorité préfectorale, tout en permettant leur existence, n'avait eu cependant l'intention ni de patronner ni d'encourager.

---

1. M. Didier-Rousse, *Capacité iur. des Associations* (thèse). Paris, 1897, p. 81.

Cette « existence de fait » résultait de la double circonstance, que l'association avait duré un certain temps, et
qu'elle était en règle avec l'art. 291 C. P.[1].

258. — Les juridictions inférieures eurent bientôt fait
d'emprunter à la Cour suprême l'invention juridique si
expédiente de « l'individualité » et de l'appliquer aux différentes associations sans but lucratif même n'ayant pas en
vue un intérêt général, — comme à des associations de
pêcheurs à la ligne[2], à un Cercle quelconque[3]; et cela,
fort logiquement; car, devant le droit positif, toutes les
associations de même structure juridique rentrent dans la
même classification.

259. — Les Cercles furent donc admis comme l'on a vu
plus haut (n°s 251 et s.) à percevoir, par l'intermédiaire de
leurs Présidents, Trésoriers, Délégués, gérants ou mandataires, les cotisations de leurs membres, à les recouvrer
en justice[4], et même, à les exiger pour la totalité de

---

1. Aff. du Cercle de l'Union républicaine Constantinoise : « Attendu
qu'il est constant que ledit Cercle, constitué en vertu de l'autorisation
préfectorale, a fonctionné un certain temps ; — que cette *collectivité*
représentait *en droit*, une *association de fait* rendant tous ses membres
solidaires pour le paiement des fournitures commandées par les administrateurs du Cercle, et dont chacun des membres du Cercle profitait. »
Alger, Ire ch. Président, M. Ducroux, 22 août 1902, Mon. jud. Lyon,
8 novembre 1902.

2. Dijon, Ire ch., 15 mars 1899. Revue des sociétés, 1899, p. 303.

3. Trib. civ. de Narbonne, 3 janvier 1901, Cercle philharmonique
(jugement fortement motivé). Rev. soc., 1901, p. 289.

4. « Attendu que si le Cercle établi à Montbard n'a pas le caractère
d'une société civile et ne constitue qu'une réunion d'individus se cotisant pour des dépenses communes, il n'en résulte de là pour les membres
de cette réunion aucune interdiction de donner mandat à quelques-uns
d'entre eux, à l'effet d'opérer, soit à l'amiable, soit en justice, le

l'année quand un membre se retire du Cercle au cours d'un exercice[1].

260. — Toutefois les Cercles n'étaient pas libres d'augmenter leurs cotisations ou de les réduire à leur gré. Le chiffre de la cotisation devait figurer aux statuts, lesquels n'entraient en vigueur que par l'arrêté d'autorisation. Pour modifier l'article relatif aux cotisations, comme tout autre article des statuts, il fallait soumettre les changements à l'autorité administrative et obtenir son assentiment.

261. — Les Cercles étaient et sont « maîtres de leur tableau », comme on dit au barreau, pouvoir contesté aujourd'hui à l'Ordre des avocats lui-même[2]. Ils sont libres

recouvrement des sommes pouvant être dues collectivement à tous. » Cass. civ., 25 juin 1866. Giffard. S. 66. 1. 358.

— « Attendu que si [une Compagnie de Sapeurs-Pompiers] ne constitue pas une société civile, rien n'empêche que les membres qui la composent ne puissent s'engager *ut singuli*, les uns envers les autres, et poursuivre en justice, par l'intermédiaire de l'un d'eux, à qui ils donnent pouvoir à cet effet, l'exécution de ces engagements. » Cassation civ., 24 novembre 1875. Leté. S. 76. 1. 168. — Condamnation au paiement de la cotisation. (Trib. paix, Riez, 5 juin 1899, Monit. just. paix, 99. 515).

Cf. pour la cotisation des associations dénommées : Comices agricoles, Cass. civ., 30 janvier 1876. S. 78. 1. 265. Cette doctrine de la Cour suprême est précieuse à enregistrer encore à un autre point de vue. Il en résulte qu'une association licite, bien que n'ayant pas la personnalité civile, peut aboutir par « l'autonomie de la volonté » des sociétaires, suivant l'expression à la mode, à un état juridique conventionnel en lequel se fond et s'absorbe le droit de l'individu. De là, à « l'individualité » juridique, il n'y avait qu'un pas. La Cour de cassation l'a franchi par ses arrêts précités du 25 mai 1887 et du 2 janvier 1894. (V. suprà n° 256 et notes).

1. Trib. civ. de Marseille, 1re ch., 24 décembre 1878. Président, M. Maurel, aff. Roux c. Gasquet.

2. Me Cresson, notre regretté bâtonnier, dans son livre fondamental sur les *Usages et Règles de la profession d'avocat*, consacre plusieurs pages

d'admettre ou de repousser qui bon leur semble. Le principe
est indiscutable ; car un Cercle, à l'opposé d'un Casino qui
n'est qu'un établissement commercial et semi-public constitue une association, sans but lucratif, il est vrai, mais une
association. Or pour devenir membre d'une association, la
première condition est d'être agréé par les autres associés [1].
(cf. art. 1861 C. civ.)

262. — Les Tribunaux n'ont pas à intervenir dans les
questions touchant à l'admission d'un membre dans un
Cercle. Cette intervention ne se justifierait que si les statuts
n'attribuaient pas au Conseil d'administration le pouvoir
de recevoir les membres. En tel cas, si la candidature d'un
postulant faisait naître un désaccord entre les membres, les
tribunaux maintiendraient le droit de décider à l'assemblée
générale [2].

263. — Les Cercles avaient et ont un droit de police sur
les membres qui en font partie, ce droit va jusqu'à l'exclusion. A consulter les statuts des principaux Cercles, on
constate que cette exclusion est « réglementaire » ou « déli-
bérée ».

Le règlement prévoit des cas où l'associé est retranché
du Cercle en quelque sorte automatiquement (non paiement

à l'historique de cette question et défend avec énergie notre tradition,
venue des Parlements, sous cet axiome : « L'Ordre est maître de son
tableau » (t. I, Paris, 1888, p. 200-208). Mais, la décision du Conseil de
l'Ordre, qui refuserait l'admission au tableau d'un candidat, serait susceptible d'appel. Il y a peu de doute que la cour d'appel ne se recon-
naisse, en principe, le droit de réviser cette décision, et d'ordonner, s'il
lui plaît, l'inscription d'office au tableau de l'Ordre.

1. Cf. Dain, loc. cit., p. 100.
2. Trib. civ. Marseille, 1ʳᵉ ch., 24 août 1883. Présid. : M. Seguin :
Rybaud c. Rouch.

de la cotisation[1], dette de jeu non réglée après affichage[2]).

Dans les autres cas (infraction grave au règlement ou aux lois de l'honneur ou de la bienséance, ou « de la loyauté »), une délibération doit intervenir. Le pouvoir d'exclusion est en général exercé par le Comité ou le Conseil d'administration du Cercle[3], parfois par ces deux organes de représentation votant ensemble[4] ; il est réservé par certains statuts à l'assemblée générale[5].

L'associé mis en cause est appelé à se défendre par lui-même ou par un autre membre du Cercle[6] ; comme un minimum du droit de défense, ses parrains sont convoqués et entendus[7].

264. — Mais l'exercice du droit d'exclusion, — sans distinguer l'autorité à qui il est confié, et encore que certains statuts le déclare « sans appel[8] », — est contrôlé par les tribunaux qui doivent veiller à ce qu'une mesure aussi grave soit prise conformément aux statuts. Aussi, malgré les termes des statuts, le dernier mot appartient-il à l'autorité judiciaire.

1. Statuts du Cercle de l'Union artistique, art. 18, — du Jockey-Club, art. 7, — art. 11, de l'Automobile-Club, etc.

2. Statuts du Cercle de l'Union artistique, art. 30, — Jockey-Club, art. 25.

3. Statuts du Cercle de l'Union artistique, art. 28.

4. Certains Cercles possèdent le double rouage du Comité et du conseil d'administration faisant fonction de bureau du comité. V. le type récent des statuts de l'Automobile-Club de France (place de la Concorde), art. 3 et 4. D'après l'art. 27, l'exclusion est prononcée par la décision du Conseil et du comité.

5. Statuts du Jockey-Club, art. 25, — de l'Union, article 23.

6. Statuts du cercle l'Union artistique, art. 28.

7. Statuts du Cercle Volney, art. 38.

8. Statuts du Cercle Volney, art. 38.

265. — Quelques tribunaux ont soutenu que les Cercles avaient un droit d'admission ou d'exclusion absolu sur leurs membres. Trib. civ. Seine, 1re ch., 18 novembre 1872 (grand Cercle), le Droit, 1872, n° 269. — Trib. civ. Lons-le-Saulnier, 11 juillet 1881 (Cercle du commerce), le Droit, 7 septembre 1881.

Cette doctrine n'a pas prévalu (Douai, 28 janvier 1895. D. 95, 2, 408 [1]).

266. — L'exclusion d'un membre de l'association pourrait être annulée, si le Comité ou Conseil d'administration l'avait prononcée sans entendre la défense du sociétaire ainsi frappé, surtout si les statuts portaient qu'il devait être entendu (Lyon, 21 mai 1901, association dite « Société Philatélique Lyonnaise, » Le Droit, 1er novembre 1901. — Trib. civ. Lyon, 1re ch., 12 juin 1902. Président M. Potié ; Héraud c. Société de chasse de Tessin et Saint-Genis-les-Ollières ; Monit. judic. de Lyon, 4 août 1902) [2].

267. — *Adde* : Trib. civ. Lyon, 3e ch., 17 janvier 1902. Fédération Colombophile, Rev. Soc. 1902, 1, 112, la Loi, 1er février 1902 ; et même en ce cas, des dommages-intérêts pouvaient être prononcés solidairement contre les membres du comité directeur. — Trib. civ. Marseille, 2e ch., 28 février 1879. Cayol c. Reynier ; — et id., 21 juillet 1879, Gibassier c. Moureu.

1. Cf. par analogie (en matière de sociétés hippiques, qui, juridiquement, ne sont que des « Associations » sans but lucratif, assimilables aux Cercles) Trib. civ. Seine, 18 juillet 1894. Société sportive d'encouragement. D. 95. 2. 80. — Trib. civ., Oran, 4 juin 1894, D. 95.2.78.

2. Cf. Bordeaux, 5 et 19 février 1868. Soc. secours mutuels de Pessac (autorisée); S. 68. 2. 143. — Agen, 12 février 1874 et 31 mars 1881. Soc. Secours mutuels, la Bienfaisante, et Saint-Jean-Baptiste, Droit, 7 septembre 1881.

Mais il faudrait que l'expulsé démontrât l'abus du droit (Trib. civ. Seine, 3ᵉ ch., 1ᵉʳ février 1896, M. Lévrier, président. Dreyfus c. le Cercle des Capucines ; le Droit, 6 mars 1896.)

268. — A rapprocher : — Riom, 1ʳᵉ ch., 10 juillet 1901 (aff. la Prévoyance). Rev. Soc. 1902, p. 19, — dans les Soc. de secours mutuels. Trib. civ., Narbonne, 8 novembre 1900 ; Rev. Soc., 1901, p. 32 ; Cass. req., 25 mars 1891 (Gobin c. Soc. Secours mutuels du Couëron). S. 91. 1. 164, — dans un syndicat professionnel, Trib. civ., Toulouse, 14 février 1901. Rev. Soc. 1901, p. 246 ; Annuaire syndicats prof. (Minist. Comm.), 1902, p. 605, — mais la juridiction de droit commun doit exiger la preuve rigoureuse de la non justification de la mesure d'exclusion, Trib. civ. Bordeaux, 18 décembre 1901. Ch. Synd. coupeurs-tailleurs, *ibid.*, p. 634.

269. — Aussi a-t-il été décidé en une matière plus délicate encore, — celle des rapports d'une religieuse avec la Communauté ou Congrégation dont elle est membre, en prenant toutefois les statuts de la Communauté pour la loi imposée aux parties, — que s'il ne saurait appartenir aux tribunaux d'apprécier les raisons de discipline et d'ordre spirituel qui ont motivé l'exclusion d'une religieuse pour y puiser une cause de dommages-intérêts, ils ont le droit de vérifier en fait si l'expulsion a été régulièrement prononcée. L'exclusion irrégulière serait de nature à justifier une demande de dommages-intérêts[1].

---

1. Grenoble, 1ʳᵉ ch., 15 janvier 1901. Blanche Savoye c. Communauté du Très-Saint-Sacrement. *Journal des arrêts de Grenoble*, 1902, p. 61.

V. sur la matière, l'arrêt important de Cassation req., 18 juillet 1881,

270. — C'est dans le sens du droit de contrôle des tribunaux que s'est prononcée la jurisprudence anglaise, dont l'opinion est à considérer en la matière, car l'Angleterre est la terre classique des Cercles ou Clubs [1].

271. — Quelques Cercles ont eu la pensée de soustraire leurs querelles intestines au pouvoir modérateur des tribunaux. A cet effet, ils ont introduit dans l'acte social la clause suivante : « Les membres du Cercle s'interdisent formellement toute discussion devant les tribunaux, sous peine de se rendre coupables d'infraction aux présents statuts, entraînant les peines édictées dans l'art. 26 ci-dessus, [radiation par la commission du Cercle sauf recours à l'assemblée générale][2], » — ou celle-ci : « Les membres du Cercle s'interdisent toute discussion devant les tribunaux et veulent que toutes les contestations qui pourraient s'élever sur l'interprétation ou l'exécution du présent règlement, et sur tout ce qui peut s'y rattacher soient jugés, en dernier ressort et sans aucun recours, par deux arbitres nommés par les parties dissidentes et choisis parmi les membres du Cercle. Ces arbitres, avant de délibérer, s'en adjoindront un troisième et prononceront comme amiables compositeurs[3] » ;

avec le rapport de M. Féraud-Giraud (congrégation des Sœurs hospitalières de Besançon). D. 81. 1. 377 et la note.

1. Haute-Cour de justice. Chancellerie, 2 décembre 1878. Fischer c. Reane, Clunet, 1880, p. 592 ; — id., 28 novembre 1879, aff. du Beefsteak-Club, *ibid.*, p. 592 ; — id., 23 juin 1879, Dawkins, *ibid.*, p. 594, et Court of appeal, 1er février 1881, Clunet, 1882, p. 94.

Haute-Cour de justice Chancellerie, 2 février 1882, Lambert c. Addison, Clunet, 1884, p. 80

2. Art. 27 des statuts du grand Cercle (boulevard Montmartre, 16, Paris).

3. Art. 51 des statuts du Sporting-Club de Paris.

— ou encore : « Toutes contestations qui pourraient naître, soit sur l'interprétation du règlement, soit sur son exécution, sont jugées en dernier ressort et sans aucun appel par deux arbitres nommés par les parties dissidentes et choisies parmi les membres du Cercle. Les arbitres s'en adjoindront un troisième choisi également dans les membres du Cercle et prononce comme amiables compositeurs[1]. »

272. — Ces dispositions témoignent d'un louable désir de ne pas laisser des dissentiments parfois légers franchir le seuil quasi-familial du Cercle; elles ont la solidité morale d'une clause d'honneur, mais elles en ont aussi la fragilité juridique; elles ne résisteraient pas à l'épreuve de la mauvaise volonté d'un membre. L'une porte atteinte à une règle d'ordre public, suivant laquelle toute personne qui se croit lésée a accès au prétoire des tribunaux; l'autre, est entachée de clause compromissoire, et comme telle, nulle aux termes de l'art. 1006 C. Pr. civ.

273. — Toutefois, les tribunaux ne s'immiscent qu'avec prudence dans les débats existant entre les membres d'un Cercle, ou autres associations, et seulement lorsqu'ils portent sur des matières contraires à la loi ou aux statuts.

Lorsque les réclamations faites par un membre du Cercle contre les membres du Comité ou de la Commission administrative de ce Cercle aboutissent à un différend d'intérêt privé touchant uniquement à la police et à la réglementation du Cercle, c'est à l'aide des règlements de l'association et, à défaut, par les décisions des assemblées des sociétaires que l'on doit mettre fin à ces difficultés et rétablir, entre

1. Art. 25 des statuts du Jockey-Club.

les membres de l'association, l'harmonie troublée par leurs mésintelligences.

Aussi a-t-il été décidé que le tribunal n'avait pas qualité pour statuer sur un différend qui n'intéressait que l'ordre intérieur de l'association ; qu'il appartient entièrement aux membres de celle-ci de maintenir les pouvoirs donnés à la commission administrative ou de les lui retirer et de prendre toutes mesures nécessaires pour maintenir chacun dans le rôle et les attributions qui ont pu lui être conférés par les assemblées générales, de décider enfin sur les rapports devant exister entre le président et les autres membres du Cercle (Tribunal de Marseille, 2e chambre, 30 août 1881, Présid. : M. Verger. Taravellier c. Girard).

274. — Dans les rapports du Cercle avec des membres, qui seraient en réalité les entrepreneurs de son exploitation, ce ne serait pas à la mesure de l'exclusion qu'il faudrait recourir, mais, comme envers le gérant lui-même, à celle de l'expulsion, par la voie du référé ou du « principal », suivant les cas [1].

275. — Dans l'hypothèse où le Cercle aurait constitué une association illicite par son objet (par exemple s'il avait été fondé en vue d'exploiter le jeu), toute personne en faisant partie serait recevable à en poursuivre la nullité [2].

---

1. Référé, 10 décembre 1879, aff. du Paris-Club. Marguin c. duc de Bellune, le Droit, 11 décembre 1879.
Référé, 21 novembre 1882, aff. du Cercle protecteur des arts c. Okolowicz, le Droit, 22 novembre 1882.
2. Paris, 1re ch., 19 avril 1897. Présid. : M. de Viefville, aff. du Cercle de l'Escrime et des Arts. Rev. Soc., 97, p. 345 (arrêt important). La même cour a rendu le même jour un second arrêt annulant une convention visant le partage des jeux, Journ. soc. 97, p. 418.

D'une façon générale en effet une convention basée sur l'exploitation du jeu « ne peut produire aucun effet et, étant illicite de la part des deux contractants, aucun d'eux ne peut s'en prévaloir ni pour en demander l'exécution, ni pour revenir sur l'exécution accomplie » (convention pour l'exploitation du jeu au Cerle du casino de Menton [1].)

§ 3. **Rapports du Cercle avec les tiers. Actions judiciaires** (n°s 276-281). — **Responsabilité** (n°s 282-294). — **Valeur des décisions des Comités** (n°s 295-296).

276. — Au point de vue pénal et en cas de délit, par exemple de diffamation, les membres d'un Cercle agissant *ut singuli* ont qualité pour demander en justice la réparation d'un délit (Trib. corr. Meaux, 10 février 1888, suppl., 79).

Aussi faudrait-il décider qu'un Cercle étant une association, ses membres, s'ils étaient l'objet d'une injure ou d'une diffamation publique, auraient le droit individuel de poursuivre le diffamateur (cf. les cinq décisions rendues en faveur des Assomptionnistes par les Cours de Rennes, de Besançon, Douai, Paris et Pau. D. 1902. 2. 43. — *Adde* : Cass. civ., 6 septembre 1900 et 21 décembre 1900. D. 1901. 1. 63 et 6).

277. — Les membres d'un Cercle sont mal fondés à se plaindre d'articles de journaux qui, tout en visant certains membres du Cerle s'adonnant au jeu et s'occupant de

---

1. Trib. civ. Nice. Présid. : M. Cavalier, 12 juin 1894, le Droit, 18 août 1894. — Cf. Trib. civ. Seine, 5e ch., 15 mars 1894, le Droit, 5 juillet 1894.

Paris, 7e ch., Présid. : M. Caze, 1er avril 1894 (exploitation des jeux au Cercle des Deux-Mondes). Le Droit, 23 mai 1895.

son organisation, ne renferment ni faits précis, ni allusions propres à déconsidérer ou même à désigner les plaignants, alors surtout que la personnalité de ces derniers est aussi inconnue des auteurs que des lecteurs des dits articles (Bourges, corr., 17 juin 1897. Présid. : M. Morlon; le Droit, 11 juillet 1897).

278. — Au point de vue civil, le Président, ou à son défaut un membre du Cercle pourrait agir, au nom de tous les intéressés sans justifier d'un mandat, s'il s'agissait d'une obligation indivisible. C'est une application de l'art. 1217 C. civ. Ainsi jugé à propos de l'exécution d'un contrat passé pour l'éclairage des salles d'un Cercle (Cassation, 29 juin 1847, S. 48. 1. 211. D. 47. 1. 342); — pour la remise de documents honorifiques appartenant à un Cercle ou association (Trib. civ. Seine, 5e ch., 16 avril 1879. D. 80. 3. 22).

279. — Dans ce sens s'était prononcé le Trib. comm. de Marseille le 10 mai 1844, dans un jugement confirmé avec adoption de motifs par la Cour d'Aix, le 2 juillet 1844 (S. 46. 2. 29. Cercle philharmonique de Marseille et Compagnie de l'Éclairage au gaz). La Cour de Cassation (req.) a rejeté le pourvoi par l'arrêt précité du 29 juin 1847.

A cette date, la Cour suprême n'avait pas encore créé à l'usage des associations de fait « l'individualité juridique » ou « la vitalité juridique », mais la force des choses l'avait déjà amenée à permettre à ces associations de fonctionner, en interprétant en leur faveur les règles du droit commun. L'important arrêt de 1847 vaut la peine d'être transcrit : « Attendu que si le Cercle de la Soc. philharmonique ne constitue pas une société civile et ne peut être considéré que comme une réunion d'individus, rien ne s'opposait à ce que les membres de cette société puissent donner à quelques-uns d'entre eux le pouvoir de traiter au nom de chacun d'eux, et, par suite, et en fait, au nom de tous et qu'il peut en résulter entre ces tiers et ces mandataires une obligation tout aussi valable que si chacun des membres de la réunion avait traité individuellement avec ces tiers; attendu que l'arrêt attaqué n'est que l'application de ces principes; qu'il a reconnu formellement que le sieur X... n'avait point d'action en qualité de président trésorier et secrétaire du Cercle philharmonique; qu'il ne leur a reconnu de qualité qu'à leur propre et privé nom en ajoutant que l'obligation dont il s'agissait étant indivisible, chacun des membres du Cercle avait le droit d'en demander l'exécution entière; qu'en décidant ainsi, l'arrêt attaqué, loin de violer les principes s'y est exactement conformé; — Rejette. »

280. — Si le mandat *ad litem* résultant des statuts ou d'une délibération de l'assemblée générale, n'existait pas, les membres du Cercle auraient qualité pour intervenir individuellement dans un litige concernant l'association (aff. du Cercle de l'Union de Limoges, Cassation civ., 7 décembre 1880; Journ. Soc. 81, p. 6; le Droit, 7 décembre 1880, n° 291).

281. — Un Cercle, administré par un Comité choisi parmi ses membres, en dehors de toute préoccupation de lucre ne constitue pas une exploitation commerciale. Dès lors les tribunaux de commerce ne sont pas compétents pour connaître des demandes en paiement de fournitures faites pour le service de la table du Cercle (Trib. comm.

Seine, 11 mars 1892. Présid : M. Legrand. Cercle de l'Union, le Droit, 14 avril 1892).

282. — Il a été décidé que le Président du comité d'un Cercle qui réglait directement les conditions pécuniaires d'entrée d'une cuisinière au service de ce Cercle, faisait une opération d'un caractère commercial, mais qu'il ne pouvait cependant pas être déclaré en faillite lorsqu'il ne faisait pas des actes de commerce sa profession habituelle (Paris, 4e ch. Présid. : M. Dupont, 10 février 1897. Le Droit, 18 mars 1897). Mais il convient de faire observer que cet arrêt a été rendu dans l'affaire du « Paris-Club » contre le duc de Bellune, qui, fondateur de ce Cercle avec un gérant bailleur de fonds, s'était plus ou moins immiscé dans l'exploitation même de l'entreprise.

283. — Le mandat donné par les membres d'un Cercle à l'un d'eux, ou à un employé pris en dehors des sociétaires, relativement à la gestion du Cercle, engage leur responsabilité dans les dépenses, pour leur quote-part, même au delà de la cotisation, vis-à-vis des tiers, lorsque les dépenses ont été faites dans les limites des pouvoirs du gérant (Trib. paix, Bonaye, 25 mai 1900. Gaz. Pal. 1900, 2e sem., p. 24. — Cf. Lyon, 22 avril 1899, Monit. jud. Lyon, 2 septembre 1899).

284. — Cependant le fondateur du Cercle pourrait rester seul responsable vis-à-vis des tiers, si la création du Cercle était, pour lui, une entreprise de spéculation (aff. du « Cercle des artistes dramatiques »; condamnation de l'excellent artiste Dieudonné envers les fournisseurs, Paris, 5e ch. Présid. de M. de Bertheville, 5 janvier 1888, Rev. Soc., 88, p. 137). — Même doctrine, dans l'arrêt de la Cour

de Paris, 6ᵉ ch., 24 janvier 1888, Présid. de M. Villetard de Laguerie (aff. du New-Club de Paris). Rev. Soc., 88, p. 139. — Ces deux arrêts ont statué *par infirmation* : le 1ᵉʳ d'un jugement du trib. de Commerce de la Seine du 15 juin 1885 ; le 2ᵉ, d'un jugement du tribun. civ. de la Seine du 9 décembre 1886 (Rev. Soc:, 87, p. 133).

Dans le même sens et dans la même affaire (trib. civ. Seine, 3ᵉ ch., 1ᵉʳ juin 1888. Présid. : M. Maugis, Rev. Soc., 88, p. 386).

285. — Mais le fondateur, actionné comme responsable, devrait être assigné, à son domicile personnel et non au siège du Cercle (Paris, 3ᵉ ch., 25 août 1881, affaire du Paris-Club, Journ. Soc., 82, p. 546).

286. — Si le Cercle n'était en réalité qu'une opération commerciale, ceux qui auraient assumé cette entreprise, fondateurs et administrateurs, pourraient, au cas de mauvaises affaires, être individuellement déclarés en faillite (aff. du Cercle Continental, de la rue Castiglione, à Paris, Trib. Commerce de la Seine, 3 décembre 1880, Journ. Soc., 81, p. 488).

287. — Un Cercle constitue une association d'un caractère purement civil dont tous les membres, co-propriétaires du fonds social sont solidairement responsables envers les tiers, Paris, 9 avril 1897, 1ʳᵉ ch. Présid. : M. de Viefville. La Loi, 26 avril 1897; le Droit, 24 avril 1897; Rev. Soc., 97, p. 345 (Cercle des Sciences et des Arts).

288. — Cependant il y a controverse sur la solidarité de la responsabilité des membres d'un Cercle envers les tiers. La Cour de Rouen, 2ᵉ ch., 2 juin 1897, Présid. : M. Le Sénécal. Gaz. trib., 29 octobre 1897; Rev. Soc.,

98, p. 23), s'est prononcée contre la solidarité. — Sic, Vavasseur, *Sociétés*, 5e éd., n° 24 et note sous Paris, 19 avril 1897. Rev. Soc., 97, p. 345.

Nous enregistrons, également contre la solidarité, l'opinion répétée du Tribunal de Marseille, à plusieurs années d'intervalle : — Chaque membre du Cercle doit payer sa *quote-part* du passif, sans pouvoir d'ailleurs s'exonérer en donnant sa démission (Trib. civ. Marseille, 22 janvier 1874. Cohen c. Yacht-Club. Journ. civ. de Marseille, t. II, p. 106).

288bis. — Les membres de la commission administrative d'un Cercle sont personnellement responsables des engagements contractés par eux en leur qualité, alors même que le contrat a été stipulé dans ces termes : « loué aux membres du Cercle représentés par la commission administrative. »

289. — Toutefois la solidarité ne pouvant se présumer et alors qu'il ne s'agit point d'une obligation indivisible par son objet ou par sa nature, mais seulement d'une prestation pécuniaire susceptible au plus haut degré de fractionnement, l'obligation se divise entre tous les membres de la commission sauf leur recours contre chacun des membres du cercle; ceux qui engagés comme membres de la commission, ont cessé de faire partie du Cercle n'en restent pas moins tenus de leur obligation vis-à-vis des tiers, mais ils doivent être garantis par la collectivité des membres du Cercle sans que ce recours puisse excéder pour chacun de ceux contre qui il est exercé leur part contributive. — Trib. civ. de Marseille, 23 janvier 1877; Noël c. Meynier, Delphin, Raphaël, Mersanne et consorts, Jurisp. trib. civ., t. V, 69).

289bis. — Un Cercle n'est pas une personne civile. La dette qu'il contracte se répartit entre tous ses membres.

Celui d'entre eux qui est assigné pour sa part et portion n'est donc pas fondé à résister (Trib. civ. Marseille, 1re ch. Présid. : M. de Rossi, 13 février 1883, Jacquet c. Clément).

290. — Il semble plus conforme aux principes généraux, en matière de société, de décider que les membres d'une association qui n'est pas commerciale (et les Cercles sont expressément des sociétés non commerciales, puisqu'ils n'ont point pour objet la recherche des bénéfices) ne sont pas tenus solidairement, mais chacun seulement pour une portion égale. C'est le droit commun, tel qu'il est établi par les art. 1862 et 1863 C. civ.[1].

290bis. — Il faudrait, pour que la solidarité existât, qu'elle fût stipulée, conformément à l'art. 1202 C. civ. et conséquemment insérée au pacte social.

291. — C'était également l'opinion de l'Administration. Aussi dans les modèles de statuts qu'elle proposait à l'adoption des fondateurs de Cercles, elle avait dans son type du 10 juillet 1886 (V. infrà aux Annexes) inscrit la solidarité contractuelle entre tous les membres du Cercle.

292. — Aussi est-ce par un motif tiré du contrat social, que le plus récent arrêt publié a décidé pour les membres du « Cercle de l'Union républicaine constantinoise » que la solidarité existait entre eux, « attendu, dit la Cour d'Alger, que cette collectivité représentait en droit une association de fait, rendant tous ses membres *solidaires* pour le paiement des fournitures commandées par les administra-

---

1. La solidarité n'a pas été prononcée contre les membres d'une association à forme de société civile dénommée « Société hippique du Centre » qui avait « pour but une exploitation agricole en vue de l'élevage des chevaux » (Orléans, 28 juillet 1887, D. 88. 2. 258).

teur du Cercle et dont chacun des membres dudit Cercle profitait ; que cette solidarité résulte soit des termes mêmes de l'arrêté préfectoral qui en a fait une des conditions de l'existence du Cercle, soit de l'art. 23 des statuts qui déclare que le fonds social du Cercle et les valeurs qui le représentent sont la propriété collective et indivise de tous les membres sans distinction [1] ».

293. — Aussi certains Cercles, de création récente, ont-ils, pour rassurer les tiers, fournisseurs, etc. inscrits, dans leurs statuts, la solidarité contractuelle entre leurs membres [2].

294. — Si la stipulation avait été insérée dans l'arrêté préfectoral d'autorisation (pour les Cercles créés antérieurement à la loi du Ier juillet 1901), elle imposait la solidarité aux membres du Cercle, alors que l'on eût omis intentionnellement ou non, de la reproduire dans les statuts [3].

295. — Les associations, de la nature des Cercles et

1. Alger, Ire ch. Présid. : M. Ducroux, 22 avril 1902. Monit. jud. Lyon, 8 novembre 1902.

2. Kursaal-Club d'Enghien-les-Bains. Statuts du 29 mai 1902 ; art. 22 : « Tous les membres du Kursaal-Club sont conjointement et solidairement responsables de tous les faits et actes de gestion. Nul ne peut s'affranchir de ladite responsabilité et celle-ci ne peut être ni plus étendue, ni plus restreinte pour l'un que pour l'autre. »
Cependant, les tiers feront bien de lire un peu plus avant : art. 25 : « L'association ne peut contracter aucune dette ni prendre aucun engagement qui engage les membres au delà de leurs cotisations. »

3. « Attendu que les créanciers du Cercle, qui ont livré les marchandises, garantis qu'ils se croyaient par le principe de solidarité imposée à chacun de ses membres par l'arrêté d'autorisation, n'avaient pas à rechercher si l'administration du Cercle s'était ou non conformée aux prescriptions légales en mettant leurs statuts d'accord avec l'arrêté. » Alger, 22 avril 1902, suprà, n° 292

Clubs, peuvent être appelées à rendre des décisions à l'égard de personnes qui n'en sont pas membres. L'hypothèse se vérifie souvent pour les Cercles ou Clubs qui encouragent, organisent et surveillent la pratique des sports. Si, après s'être soumis à cette juridiction, le tiers intéressé refusait d'exécuter la condamnation portée contre lui par le Comité ou Conseil d'administration, il n'y aurait pas de moyen légal de contrainte pour l'obliger à exécuter la décision rendue. Il faudrait sur ce point s'en rapporter à la délicatesse ou au sentiment des convenances du membre condamné. En effet, « les commissaires n'étant ni des juges, ni des arbitres, mais de simples mandataires d'une société privée, leur sentence n'a d'autre autorité que celle que les parties lui reconnaissent et ne peuvent produire d'effet qu'autant que celles-ci consentent volontairement à l'exécuter[1] ». Mais par contre, sauf cas d'abus manifeste, le Cercle qui en telle occurrence aurait besoin de recourir, soit à la voie du référé, soit à celle du « principal », pour mettre a exécution la sentence de son Comité, par la main du commissaire de police, serait assuré d'obtenir de justice ordonnance ou jugement conforme.

296. — Et il pourrait même arriver, comme dans l'espèce citée, que les tribunaux refusant d'entrer dans la critique de la décision du Comité, se bornassent à déclarer que le Comité « est maître de son règlement » qu'il peut interdire aux contrevenants l'usage de ses établissements, et que l'unique recours de la partie contestante est d'intenter une « action

---

1. Trib. civ. Seine, 24 juillet 1899, Grardel c. Société d'encouragement, confirmé par Paris, 1re ch. Président : M. P. de Viefville, 3 avril 1901. D. 1902. 2. 467.

en dommages-intérêts dans les termes de l'art. 1382 C. civ. s'il est justifié d'un préjudice résultant d'une faute de droit commun imputable au Comité » et « que la preuve de cette faute incombe au demandeur[1] ».

§ 4. Dissolution et liquidation (n°s 297-305).

297. — La dissolution, la sortie de l'indivision, la liquidation des Cercles soulevaient des questions nombreuses et délicates dont quelques-unes avaient été abordées par la jurisprudence. L'intérêt de ces solutions persévère, comme on le verra, sous le régime de la loi du Ier juillet 1901.

298. — Suivant la conception en faveur, avant la loi de 1901, le Cercle constituant soit une société de fait, soit une « individualité juridique », en tout cas incapable de possession propre, — les biens meubles ou immeubles de l'association étaient « possédés » par ses membres *ut singuli*. Dès lors, en cas de liquidation, chaque membre du Cercle recevait sa part virile des fonds communs. C'était la théorie consacrée par un des articles « Dispositions à faire insérer dans les statuts de Cercle », du modèle proposé par le Ministre de l'Intérieur le 10 juillet 1886 ainsi libellé : « Le fonds social du Cercle et les valeurs qui le représentent sont la propriété collective et indivise de tous les membres sans distinction d'ancienneté, de priorité et de préférence. En cas de dissolution, il sera partagé par égales parts entre eux, sans exception et sans que la part de l'un puisse être moindre ou plus importante que celle des autres » (v. infrà, aux Annexes.)

---

1. Paris, 3 avril 1901, précité, et Paris, 1re ch. M. P. de Viefville, présid., 17 novembre 1899. D. 1902. 2. 469.

Cette disposition avait passé dans les statuts de plusieurs Cercles, sous la forme par exemple, de l'art. 34 des statuts du Cercle de l'Union artistique : « l'actif du Cercle au moment de sa dissolution sera la propriété des membres permanents qui le composeront alors... » ; de l'art. 52 des statuts du Cercle Volney ; de l'art. 43 des Statuts du Cercle des Chemins de fer, etc.

299. — Quelques Cercles décidaient au contraire, la dissolution advenant, « qu'en aucun cas il ne pourrait y avoir lieu à répartition d'actif entre des membres quelconques du Club[1] ».

Plusieurs enfin ne prévoyaient rien pour cette éventualité.

300. — D'autres conséquences, assez obscures d'ailleurs, découlaient de cette condition de société de fait ou de pseudo-personnalité.

Selon une doctrine, chaque membre de cette communauté peut demander à sortir de l'indivision conformément à l'art. 815 C. civ. Malgré les actes d'achats d'immeubles en commun « chacun reste maître de ses actions et peut à son gré reprendre sa liberté, et réclamer le partage de sa propriété quand elle est justifiée ». Ce droit à l'action en partage et licitation passe à l'héritier du sociétaire.

Ainsi avait-il été décidé dans une espèce où il s'agissait d'un immeuble appartenant à la loge maçonnique, « la Fraternité vendéenne » et acquis en commun pour cette asso-

---

1. Art. 32 des statuts (éd. de 1899), de l'Automobile-Club de France : « Si la liquidation terminée, il existe un excédent actif, il en sera disposé en faveur d'une œuvre ou fondation industrielle désignée par le Comité. »

ciation par les quinze personnes qui la dirigeaient. L'action en partage, introduite par les héritiers de l'une d'elles, fut accueillie successivement par le tribunal de la Roche-sur-Yon et la Cour de Poitiers, le 9 décembre 1876 (aff. Motheau c. Lardières : S. 78. 2. 89).

301. — Pour d'autres au contraire, — pendant la durée du Cercle, l'action en partage n'est pas ouverte au Sociétaire dissident; il n'a que le droit de se retirer, sans rien prétendre au fonds commun.

A l'opinion de la Cour de Poitiers de 1876, on oppose l'opinion précédente de la Cour d'Aix en 1873. Le Cercle ou « Société philharmonique » d'Antibes s'était séparé en deux fractions à peu près égales. Le tribunal civil de Grasse, par jugement du 6 juillet 1872, ordonne le partage des effets dépendant de l'association « non d'une manière individuelle entre tous les ayant droit, mais d'une manière collective entre les deux sociétés nouvelles ». La Cour d'Aix confirme, le 20 mars 1873, et incidemment, inscrit dans son arrêt : « que dans une société de ce genre la dissolution ne peut être prononcée que par la majorité des membres qui la composent et que les membres dissidents, s'ils sont en minorité, n'ont que la faculté de se retirer de la réunion sans pouvoir prendre aucune part sur les objets mobiliers qui leur appartiennent, et sur lesquels chaque membre a plutôt un droit de jouissance qu'un droit de copropriété » (S. 75. 2.103)[1].

1. Lorsqu'un Cercle n'est pas en état de liquidation et qu'il n'y a pas de déficit constaté, qu'au contraire ce Cercle est en cours normal d'existence et qu'il n'a jamais été question dans les assemblées, soit antérieures, soit postérieures à la démission d'un membre, d'une dissolu-

302. — On peut ranger dans le même sens : Tribunal d'Apt, 3 juin 1890. Cercle des amis réunis (Gaz. des Trib. 27 juin 1890 et Rev. Soc., 90, p. 452), « qu'il ne saurait y avoir là une simple communauté comportant l'indivision : que s'il en était autrement, il n'y aurait plus de Cercle assuré de son existence du lendemain » (l'appréciation est juste ; mais il resterait à prouver que la loi positive permettait avant 1901 de parer à ce grave inconvénient). *Adde* : Trib. civ. Seine, 2ᵉ ch., 18 juillet 1877 (intéressant ; aff. du Cercle des Agriculteurs de France c. Gofferel. Annales Lehir, 1877, p. 348) qui repousse la demande en partage d'indivision, — cf. Trib. civ. Havre, 22 août 1881, le Droit, 1861, n° 206[1].

303. — L'action en partage de l'art. 815 a été admise de la part des membres de la confrérie de charité de Sainte-Blaise, mais après sa dissolution prononcée par l'évêque d'Évreux (Trib. civ. des Andelys, 17 juin 1884 ; D. 85. 3. 38). Cette doctrine est approuvée par l'arrêtiste et aussi

tion, mais simplement des moyens à prendre ou des ressources à voter pour l'extinction d'une dette, le membre démissionnaire ne peut être tenu au paiement d'une quotité extraordinaire votée postérieurement à sa démission, alors surtout qu'en donnant sa démission le membre du Cercle abandonnait implicitement sa part dans l'actif, fût-elle inférieure à celle qui pouvait lui incomber dans le passif alors existant ; dès lors et par l'abandon de son droit, il supportait en réalité la part de la dette (Trib. civ. Marseille, 24 décembre 1878 — 1ʳᵉ ch., Présid. : M. Maurel Roux c. Gasquet).

1. *Sic.* Trib. civ. Havre 22 août 1861 le Droit, 1861, n° 206 (quand les statuts prévoient que le membre qui se retire perdra tout droit dans les valeurs et la propriété du Cercle). — Trib. civ. Marseille, 29 décembre 1873 ; Cohen c. liquid. Cercle du Yacht-Club. Rec. jur. civ. Marseille, t. II, p. 103.

par le nouveau code civil annoté de Dalloz, 1901, *sub.* art. 815 C. Civ., nᵒˢ 20 à 21.

303ᵇⁱˢ. — Au milieu de ces opinions un peu confuses, l'idée qui semble le plus en faveur est que l'action en partage dirigée contre une société, même ne constituant pas une personne morale, telle qu'une société formée entre co-héritiers au sujet d'une succession commune, ne trouve point sa justification dans l'art 815 C. Civ. et ne peut être accueillie avant que, par l'expiration du terme ou la dissolution de la société, l'indivision sociale prenne naissance (Montpellier, 29 novembre 1897 et Cassation civ., 15 mai 1899. Violet, D. 99. 1. 353).

« D'ailleurs, dit M. L. Sarrut, au sujet de cet arrêt (*ibid.*, p. 353, en note), même pour les sociétés qui ne sont pas des personnes morales, dont les membres sont dès lors à l'état d'indivision, l'art 815 C. Civ. n'est pas applicable ; il n'y a lieu à partage qu'à l'arrivée du terme fixé par la convention où à la dissolution. »

304. — Or, quelles sont les sociétés qui ne sont pas des personnes morales ? Ce ne sont, d'après l'avis général, ni les sociétés commerciales, ni les sociétés civiles. Ce sont alors les associations de fait « dont les membres sont à l'état d'indivision ». D'où les associations de fait, catégorie dans laquelle au pis aller rentraient les Cercles, étaient capables de conclure sur la durée de leur existence un pacte qui n'était pas réduit comme l'indivision passive des successions à la limitation quinquennale de l'art. 815 C. civ.

305. — Les inconvénients que présentaient ces controverses et les incertitudes qu'elles entraînaient, sont grandement atténués par le régime de la loi du 1ᵉʳ juillet 1901,

sous laquelle les Cercles vivent désormais. Cette loi a inscrit le « contrat d'association » sur la liste des contrats
du droit civil français. Elle constitue désormais un obstacle
à l'usage intempestif qui pourrait être essayé de l'art. 815
C. civ. et aux dissolutions anticipées dont le calcul ou la
rancune d'un dissident menacerait la collectivité dont il
se sépare.

306. — Enfin, sur les droits civils des Cercles, il convient
d'interroger une suite de textes qui ont été à tort négligés :
c'est la série des lois fiscales promulguées de 1871 à 1900,
les seules, d'ailleurs, où les Cercles figurent nommément. Il
est vrai qu'ils ont payé, au sens propre de l'expression, cette
faveur législative, — et plus lourdement, d'année en année.
Mais si la loi affirme l'existence juridique des Cercles, si
elle leur reconnaît certains droits d'occupation et de possession afin de mieux asseoir les impôts dont elle les frappe,
il en découle certaines conséquences de droit civil, qui
deviennent la légitime contre-partie de leur contribution
aux charges publiques. (V. infrà, Questions fiscales).

III. — CASINOS ET CERCLES ANNEXÉS.

§ 1. **Rapports avec l'Administration et le Public** (nos 307-332).

307. — Suivant les glossaires, le Casino[1] est un « établissement public où l'on se réunit pour lire, causer, chanter, danser, faire de la musique, jouer à différents jeux ». Il forme « aujourd'hui un complément indispensable aux stations thermales et aux villes d'eaux[2] ».

308. — La définition de l'Administration est la suivante : Casino, « établissement fermé au libre accès du public et aménagé en vue de mettre à la disposition des baigneurs, moyennant un droit d'entrée ou d'abonnement, des salles de lecture, de conversation et de fêtes leur offrant des distractions telles que bals, concerts et spectacles que l'on trouve habituellement dans les villes d'eaux ».

309. — Un Casino, étant un endroit où le premier venu, qui ne fait pas scandale et se conforme au règlement, pénètre en acquittant un droit d'entrée, participe, au point de vue pénal et administratif, du caractère de « lieu public[3] » ; comme tel, il est soumis, en vertu du 3° de l'art.

1. *Casino* en italien (maison de campagne, diminutif de *casa*) — qui a donné aussi « casin » nom appliqué en Italie à des maisons de plaisance (L. Knab, vo Casin, avec plans, *Grande Encyclopédie*, t. IX [sans date] p. 669. Paris, Ladmiraut).

2. Dict. Larousse (1867), vo Casino — Ch. Lucas, *Grande Encyclop.*, t. IX (s. d.), p. 669.

3. Trib. corr. de Narbonne, 8 avril 1889, Loi, 13 avril 1888. — Douai, 28 février 1899 (Casino de Calais). Pandect. fr. 1900. 2. 285. — V. Eden-Parc de Royan, Paris, 5e ch., 5 juin 1901. Rec. gaz. trib. 1901. 2e sem. : 2. 427.

97 de la loi du 5 avril 1884[1], au pouvoir de police du maire qui en réglemente les conditions d'ouverture et de fermeture.

310. — Le règlement de police qui fixe l'heure de la fermeture des lieux publics n'est pas applicable à un Cercle ou réunion non publique où les sociétaires seuls sont admis, alors même que celui qui tient le Cercle vend des rafraîchissements aux sociétaires; Cassation crim., 12 septembre 1851, aff. Kubler. Bulletin, n° 384.

311. — « Les Casinos sont des établissements publics assimilés aux lieux de réjouissance et de spectacle dont la police rentre dans les attributions du maire. Le maire peut donc les soumettre à la réglementation qu'il juge nécessaire dans l'intérêt du bon ordre, de la sécurité et de la morale publiques. Il ne faut pas confondre les Casinos avec les Cercles, qui dans les stations balnéaires y sont souvent annexés » (J. Brayer, ex-commissaire de police, *Diction. de police admin. et judic.* Paris (s. d.), t. I, p. 580)[2]. — Le vocable « Casino » est entré dans le langage juridique avec la loi du 15 juin 1907 sur le jeu (V. infra, n° 337).

312. — Tout Casino implique presque invariablement l'exploitation d'un Café ou « débit de boissons à consommer sur place ». Comme tel, le Casino est soumis aux dispositions de la loi du 17 juillet 1880[3] qui a remplacé le décret du 29 décembre 1851.

1. Loi du 5 avril 1884, art. 97 : « La police municipale a pour objet d'assurer le bon ordre, la sûreté et la salubrité publiques. Elle comprend, notamment,..... 3° le maintien du bon ordre dans les endroits où il se fait de grands rassemblements d'hommes, tels que : les foires, les marchés, réjouissances et cérémonies publiques, spectacles, jeux, cafés, églises et *autres lieux publics.* »

2. *Adde* : Dalloz, Rép. Supp., v° Commune (1888), n° 723.

3. La loi du 17 juillet 1880 oblige dans son art. 2, « toute personne

313. — La plupart du temps, les Casinos sont des concessions municipales de la ville où ils sont établis, et constituent, au point de vue de l'industrie privée, des monopoles de longue durée. Avant la loi du 15 juin 1907, il ne pouvait y avoir de monopole pour le Jeu [1].

314. — La question la plus fréquente, qui s'est élevée dans les rapports du public et des Casinos est celle de savoir si le Directeur d'un Casino est maître de refuser l'entrée de son établissement à un visiteur, et, le cas échéant, de lui faire vider la place.

315. — Pour résoudre la question, il convient de préciser la condition des rapports des commerçants avec les consommateurs. Les Casinos sont en effet des établissements de commerce (Cass. civ., 18 décembre 1888. D. 89.1.397). En principe le producteur est libre de ne pas produire, le commerçant de ne pas vendre, l'industriel de ne point faire d'affaires ou de n'en faire qu'avec telles personnes déterminées. De son côté, le consommateur est libre de ne pas acheter ou de réserver ses ordres à qui lui plaît.

L'art. 7 de la loi des 2 et 17 mars 1791 a consacré le principe de la liberté du commerce et de l'industrie [2].

qui voudra ouvrir un café, cabaret, ou autre débit de boissons à consommer sur place » à faire quinze jours à l'avance et par écrit une « déclaration » dont elle fournit les détails assez nombreux, sous peine d'amende (art. 4). Un certain nombre d'incapacités sont prévues par les art. 6 et 7. Les maires ont le droit d'interdire l'installation de ces établissements dans le rayon de certains édifices (art. 9).

1. V. supra, n°s 231 et s. Il y avait simple entente entre les départements de la Justice et de l'Intérieur pour ne pas poursuivre. La loi du 15 juin 1907 (V. texte à la fin du volume) a créé un régime légal.

2. Décret de l'Assemblée Constituante des 2-17 mars 1791, art. 7 : « à compter du Ier avril prochain [1792] il sera libre à toute personne de faire

316. — Les conséquences de ce principe sont très générales. Un marchand d'objets de première nécessité peut refuser sa marchandise à un acheteur : — ainsi jugé, pour un boulanger qui « pour des motifs de convenance personnelle a refusé absolument de vendre du pain et a interdit l'accès de son magasin à une personne déterminée [1] », — pour un hôtelier, qui a repoussé un voyageur [2], — pour un cafetier, un restaurateur qui ne veut pas recevoir un client [3].

317. — Il convient de ne pas confondre le droit pour le marchand de ne pas vendre, avec l'obligation de vendre une marchandise déterminée dont il a fait offre publiquement, à un prix par lui-même fixé. Il y a dans ce cas « pollicitation ». Dès que cette offre est agréée, il y a accord sur la chose et le prix. Le contrat de vente est consommé et devient obligatoire pour le vendeur comme pour l'acheteur, aussi « les étiquettes portant le prix d'un objet exposé dans un magasin destiné à la vente constituent une offre de vendre la marchandise pour le prix marqué et le premier passant venu qui consent à payer ce prix peut exiger la

---

tel négoce ou d'exercer telle profession, art ou métier qu'elle trouvera bon ; mais elle sera tenue de se pourvoir auparavant d'une patente, d'en acquitter le prix suivant le taux ci-après déterminé, et de se conformer aux règlements de police qui sont ou pourront être faits. »

1. Cass. crim., 11 janvier 1889, dame Fouque ; D. 89.1.222.

2. Trib. civ. Nice, 7 avril 1892, Schmidt ; D. 94.2.132. Une ordonnance du 20 janvier 1563 (Charles IX) enlevait aux hôteliers ce droit « d'interdit » sans motifs légitimes ; elle est considérée comme abrogée par la loi précitée des 2-17 mars 1791 — cf. Cass. crim. req., 2 juillet 1857 ; D. 57.1.376 — Cass. crim. 18 juillet 1862. Lechaudet ; D. 63.1.485.

3. Trib. paix, 8e arr. Paris, 18 février 1889, confirmé par Trib. civ. Seine, 23 mars 1892, Marcilly c. Sylvain D. 94.2.132.

livraison [1]. » Ainsi en est-il, pour celui qui fait stationner des voitures publiques sur les voies et places d'une ville ; il est présumé les offrir au prix du tarif, « à tout venant et mettre la voiture à la disposition de qui veut y monter [2] ».

318. — Le principe de la liberté du commerce est moins ferme quand il s'agit des commerçants qui exploitent des établissements où le public est particulièrement provoqué à venir et où il cède, en quelque sorte, à la voix qui l'appelle, tels que les Théâtres, Concerts, Bals publics et leurs succédanés.

319. — L'entrepreneur de spectacles qui offre au public, *cuivis è populo*, l'entrée de sa salle moyennant un prix arrêté, accepte à l'avance toutes les personnes qui remplissent les conditions de son offre. La pollicitation se transforme en contrat par l'achat du billet [3], — sauf le droit de l'entrepreneur d'opposer un refus à l'intrusion d'un spectateur inquiétant, tel qu'un employé congédié, animé de mauvaises intentions [4].

---

1. Planiol, t. II, Paris (1900), n° 1011, — « assez souvent elle (l'offre) s'adresse au public en général ; toute personne peut alors l'accepter et, du moment où une personne l'accepte, l'auteur de l'offre est obligé ». Ch. Lyon-Caen et Renault, *Droit commercial*, III (1891), n° 22.
Un marchand est tenu de livrer sa marchandise pour le prix affiché à celui qui la demande. Trib. comm. Seine, 5 janvier 1869 ; D. 69.3.14, — mais il faut que l'offre ait été acceptée dans les termes où elle a été faite au public, Trib. comm. Seine, 9 juin 1869 ; D. 69.3.55. — Cf. note intéressante de J.-E. Labbé, S. 93.2.193.
2. Trib. paix, 14ᵉ arr., Paris. Présid. : M. Gauthier-Passerat, 5 janvier 1882. Ridel c. Cⁱᵉ voitures de Paris ; D. 82.3.110 — Cf. Bordeaux, 2ᵉ ch., 8 mars 1881, Beau ; D. 82.2.208.
3. Trib. civ. de la Seine, Iʳᵉ ch. (M. Bondoux, présid.), Marinelli c. Casino de Paris (Borney et Desprez), Gaz. des tribun., 23 avril 1906.
4. Trib. paix, Paris, 13 janvier 1893. Zdzienski c. le Pôle Nord. S. 93.2.194 et note intéressante de J.-E. Labbé, ibid., p. 193.

320. — Encore ce droit de légitime défense est-il vérifié par les tribunaux, — qui ont estimé, par exemple, que le scandale causé précédemment par un spectateur ne justifiait pas la prudence d'un directeur de café-concert interdisant l'entrée de la salle à ce client peu rassurant[1].

321. — Que faudra-t-il décider pour les directeurs de Casinos? Pourront-ils refuser de vendre des billets d'entrée ou des cartes d'abonnement, comme le boulanger ses petits pains, à qui leur déplaira, en vertu des grands principes proclamés par la Constituante de 1791 ? Faudra-t-il au contraire que les « grands principes » s'accommodent, une fois de plus, à la force des choses et que les Casinos demeurent accessibles au public, dans les mêmes conditions que les théâtres ?

322. — Les Casinos ne sont ni tout à fait un lieu public, puisque certaines barrières, — pas très hautes, — les séparent de la foule, ni tout à fait un lieu privé puisque l'individualité des élus joue un rôle — imperceptible — dans leur admission. C'est une réunion d'un genre particulier, composée d'abonnés, d'habitués, que les limites étroites du cadre où ils sont enfermés obligent à se voir, à se coudoyer ou au moins à se rencontrer : ils subissent nécessairement l'agrément ou le déplaisir de leur mutuelle et inévitable présence. C'est un groupement hétérogène et fugitif, mais l'établissement où il se forme assume la charge de la distraction, de la sécurité et du bien-être des individus qui le composent. Ces avantages toutefois sont offerts

---

1. Trib. comm. Seine, 31 juillet 1897. Aff. Simon c. Le Divan Japonais. S. 98.2.85. — Cf. Trib. comm. Bruges, Senteyn, 25 décembre 1891 ; S. 93.4.23.

pour une somme d'argent, presque à tout venant, qui consent à l'acquitter.

323. — Sur cette situation, les tribunaux des régions où sont établis des Casinos importants, ont été appelés à se prononcer. Leur préoccupation a été d'armer les directeurs de Casinos de pouvoirs suffisants pour leur permettre d'assurer chez eux l'ordre et la bonne tenue sur lesquels le public est en droit de compter.

Pour parvenir à ce résultat, les tribunaux ont basé leurs décisions sur des systèmes différents : convention des parties résultant du règlement, principe de la liberté du commerce, nature spéciale de l'entreprise.

324. — a) Système de la convention : — Bien placée pour avoir de ces difficultés, une expérience particulière, le tribunal supérieur de la principauté de Monaco prend position sur le terrain contractuel. Il s'agissait d'un visiteur qui s'était vu refuser, par l'administration de la « Société anonyme des bains de mer et du Cercle des Étrangers à Monaco », le renouvellement de sa carte d'admission dans les « Salons ». Cette prohibition d'entrer dans la terre promise de la Roulette et du Trente-et-Quarante avait motivé un procès de la part de celui qui en était frappé. Il demandait à la justice tout à la fois l'autorisation d'y pénétrer par contrainte et des dommages-intérêts. Pour repousser cette prétention, le tribunal monégasque s'est appuyé sur un des articles du règlement de la Société attribuant pouvoir à l'administration du Cercle d'accorder ou de refuser à son gré, l'entrée des salons¹. Cette clause était connue du demandeur, qui

---

1. Règlement du Cercle des Étrangers de Monaco, art. 16, § 2 : « L'administration du Cercle détermine seule les conditions d'admission

avait précédemment sollicité et obtenu des cartes d'entrée, délivrées en conformité du règlement, — et ce n'était point au cours d'une période de permission que se produisait le refus. La Société conséquemment était libre de ne point renouveler le contrat avec le visiteur [1].

325. — Il convient de noter que si cette décision est intervenue à propos d'un établissement dénommé Cercle (le Cercle des étrangers à Monaco), elle se rattache en réalité à la question des Casinos. Le « Cercle des étrangers à Monaco », comme d'autres de même nature, n'a du Cercle que le nom. C'est un simple Salon ou Casino [2] où sont admis les visiteurs de passage sans discussion des titres du candidat, ni vote des associés, sur la présentation d'abonnés anciens ou actuels, et le plus souvent sur la seule exhibition de papiers d'identité, établissant la profession et le domicile. Ainsi en est-il du Cercle d'Aix-les-Bains [3], du Cercle international de Vichy [4], etc.

De même que les Casinos ont des Cercles annexés où

dans les salons. Cette admission pourra être libre ou avoir lieu sur carte personnelle, être gratuite ou payante; le tout au gré de ladite administration qui pourra établir un règlement spécial pour chaque salon et qui reste libre de refuser l'entrée à toute personne qu'il ne lui paraîtrait pas convenable d'admettre, sans être obligé d'en déduire les motifs. »

1. Trib. supér. de Monaco, 22-29 décembre 1876; le Droit, 1877, n° 6.

2. En pareil cas, la dénomination « Cercle » est employée pour synonyme de « Casino ». On en trouve la preuve dans le « préambule » de l'acte de société du Cercle d'Aix-les-Bains : « Le 20 avril 1824, trente-six habitants d'Aix se sont réunis pour créer un *Cercle* ou *Casino* destiné aux baigneurs qui fréquentent les thermes de cette ville. » Chambéry, éd. de 1886, p. 5. — Cf. loi du 15 juin 1907 sur le jeu. (V. texte à la fin du volume).

3. Art. 3 du Règlement intérieur, édition de 1901.

4. Art. 8 et 9 du Règlement du 28 août 1879.

l'on joue, les Cercles, qui sont en réalité des Casinos, sont assortis de salles de jeu où l'admission est réglementée spécialement, mais avec indulgence [1].

326. — Pour un véritable Cercle, la question de savoir s'il est maître absolu des admissions, ne pourrait pas se poser. Par nature, le Cercle est une association formée entre les membres qui le composent. Dans toute association, l'adjonction d'un nouvel associé est subordonnée au consentement des autres (art. 1861 C. civ., par analogie).

327. — Dans le sens du Trib. sup. de Monaco, s'est prononcée la Cour de Douai, le 28 janvier 1895 (D, 95.2.408), par infirmation d'un jugement du tribunal de Boulogne. Elle a décidé que c'était avec raison, et par application de l'art 23, § 1 et 2 du règlement, que MM. Curnier frères avaient expulsé du Casino de Boulogne M. Dubout, et lui avaient retiré sa carte d'entrée : c'était une condition par lui acceptée, lors de son abonnement qui comportait de plein droit acquiescement au règlement affiché dans le bureau, et dont tout abonné reçoit un exemplaire avec sa carte d'abonnement. Cependant la Cour proclame que le droit de police appartenant ainsi contractuellement aux directeurs de Casinos, relève toujours du contrôle des tribunaux.

328. — b) Système du principe de la liberté du commerce : — A propos du Casino de Luchon, le tribunal de Saint-Gaudens fonde le droit du Directeur à l'expulsion d'un visiteur sur le principe de la liberté du commerce [2].

—————

1. Art. 13 du Règlement intérieur du Cercle d'Aix-les-Bains, éd. de 1901, rubrique « Salle de Jeu ».

2. Trib. corr. Saint-Gaudens, 23 août 1881. Casino de Luchon ; S. 81.2.220.

Comme le boulanger, l'hôtelier ou le restaurateur, le directeur de Casino peut choisir ses clients.

329. — c) Système de la nature spéciale de l'entreprise : — C'est au tribunal de Pont-l'Évêque, statuant sur un cas intéressant le Casino de Trouville, que revient l'honneur d'avoir fourni sur la matière, le plus remarquable monument de jurisprudence. En termes excellents, le tribunal normand s'attache au caractère et à l'objet de ces établissements semi-publics que sont les Casinos, dégage les obligations qu'ils assument à l'égard du public, et sans recourir à des principes respectables mais si souvent entamés, il déduit de la nature des choses, les droits des directeurs [1].

1. Trib. civ. Pont-Lévêque, 25 juillet 1878. Présid. : M. Fauvel. Fourneau c. Casino de Trouville (S. 79.2.188. — D. 80.3,21). On nous saura gré de transcrire le passage essentiel de ce jugement :

« Le Tribunal, — ... Attendu que toutefois un salon ou Casino ne saurait être assimilé entièrement à un théâtre ; qu'une telle assimilation serait en contradiction avec le fond même des choses ; qu'un Casino, en effet, implique entre ceux qui s'y rencontrent et spécialement entre les abonnés, une continuité de rapports, une fréquence et une liberté de contact incontestablement plus intimes ; que ces relations journalières, qui sont de l'essence des salons et Casinos, doivent, à peine de déconsidération et de ruine pour l'établissement, offrir une certaine sécurité ; — Qu'on peut dire que la Société est, vis-à-vis de ceux qui contractent avec elle, garante, dans une certaine mesure, de cette sécurité, et qu'elle a par suite, non seulement le droit, au point de vue des intérêts sainement entendus, mais encore le devoir étroit de l'assurer dans la mesure du possible ; qu'on sait, en effet, quels dangers pourraient faire courir à des établissements où l'on joue, où l'on danse, où l'on se voit à chaque instant, certaines invasions ou simplement l'introduction accidentelle de quelques personnes interlopes ou seulement suspectes à un certain degré, auxquelles on ne peut pas toujours opposer des renseignements formels, émanant de la préfecture de police ; — Que, étant donnée cette condition particulière de tout salon ou Casino, il est hors de doute que l'obligation morale plus étroite, résultant du contrat, une fois réalisée, emporte nécessairement et par corrélation, de la part de la

330. — On a voulu tenter une distinction pour le cas où le Casino ne constituerait point une entreprise libre, à laquelle il pourrait être fait concurrence par une ou plusieurs exploitations du même genre, mais un monopole avec garantie municipale. La question s'est posée, en 1893, dans l'affaire du sieur Denis Bottone, musicien révoqué du Casino de Nice, qui s'était vu refuser l'entrée de cet établissement et demandait que les portes lui fussent ouvertes. Le tribunal de Commerce de Nice lui donna gain de cause, par cette considération que le principe de la liberté du commerce, qui permettrait au Directeur d'autoriser ou d'interdire à son gré l'entrée de son établissement, recevait exception, quand il s'agissait, comme pour le Casino de Nice, « d'une industrie privilégiée exerçant un monopole ». La Cour d'Aix en 1894 confirma, mais en faisant valoir des raisons qui se rapprochent beaucoup plus de celles adoptées par le Tribunal de Pont-l'Évêque (v. suprà

société, une liberté plus grande dans la faculté de contracter ; que cette liberté ne peut exister qu'avec une latitude d'appréciation illimitée ; qu'en effet obliger une société à discuter l'honorabilité des gens avec preuves à l'appui, serait lui faire une situation impossible, inextricable, féconde en procès et en récriminations de toute sorte, et qui serait la négation, en fait, de la liberté qu'on lui accorderait en principe ; qu'à la vérité cette liberté illimitée d'appréciation offre le danger de l'arbitraire ; mais que ce danger, qui sera atténué et en grande partie conjuré par l'intérêt même de la Société, ne saurait porter atteinte au droit d'épuration qu'elle possède et qui se justifie par la nécessité ; — Att. qu'il résulte de ces principes appliqués à la cause, que ce n'est pas seulement dans son droit de propriété pur et simple, que ne limitent les stipulations d'aucun cahier des charges, mais encore dans les obligations qu'elle prend vis-à-vis de ses contractants, que la Société du salon de Trouville puise le droit d'appréciation dont elle a usé sous sa responsabilité, en refusant un abonnement à Fourneau, pour des raisons que le Tribunal n'a pas à apprécier. »

n° 329). Enfin, en 1896, la Cour de cassation a rejeté le pourvoi du Casino de Nice, par un arrêt qui, tout en déniant aux entreprises monopoles le droit d'invoquer le principe de la liberté du commerce, rappelle surtout que si les directeurs de Casino ont un droit de haute police sur leurs établissements, les tribunaux ne permettent pas qu'ils l'exercent sans juste motif : « Attendu que la Cour d'Aix a décidé avec raison que la société demanderesse, qui bénéficie d'une situation privilégiée, ne peut invoquer à son profit les règles de la liberté du commerce et de l'industrie, et qu'en *l'absence de tout grief* contre le défendeur éventuel, c'est à tort que dans la circonstance ci-dessus indiquée elle a, *par caprice ou par rancune*, interdit à ce dernier l'entrée du Casino [1]. »

331. — Conclusion pratique : — Quel que soit le système auquel on subordonne les relations juridiques des Casinos et de leurs clients, — et en quelque situation que se trouve ce Casino, établissement libre ou monopole, — son directeur a le devoir d'assurer la sécurité et le bon ordre dans son établissement. Pour atteindre ce résultat, il demeure libre d'en interdire l'accès à des individualités qui seraient ou pourraient devenir un objet de scandale, de trouble ou d'insécurité. En exerçant son droit de police dans ces limites, le Directeur d'un Casino rencontrera toujours l'appui des tribunaux. Cette sanction lui ferait défaut, si, dans ses exécutions, le Directeur se laissait guider par un sentiment arbitraire ou un désir de vexation.

332. — Encore que le directeur d'un Casino n'engage

---

1. Trib. Comm. Nice, 2 janvier 1893 ; Cour d'Aix, 16 avril 1894; Cassation req., 19 février 1896. Teissier c. Denis Bottone ; D.96.1.449.

généralement par ses actes de gestion que la société en nom collectif, en commandite ou anonyme qui est le plus souvent propriétaire de cet établissement, il pourrait encourir une responsabilité personnelle si une faute était relevée contre lui. Ainsi en serait-il si, pour le théâtre annexe du Casino ou cercle qu'il administre, il avait engagé une femme mariée, et l'avait fait jouer « malgré le refus formel de son mari, refus qui lui aurait été signifié à lui-même [1] ».

§ 2. Les Cercles annexés et le Jeu (nos 333-337).

333. — En fait, tout le monde est admis dans un Casino. Mais, qui pouvait être admis dans les Cercles annexés [2], contenant les salles de jeux et à quelles conditions ? Des difficultés s'étaient élevées avant la loi du 15 juin 1907. Pour dissiper les obscurités et arrêter les abus [3], le Ministre de l'Intérieur avait, dans une circulaire du 17 janvier 1884 [4], adressée aux Préfets, d'accord avec le Garde des Sceaux, indiqué les conditions que ces Cercles devaient remplir pour bénéficier de « l'assimilation » à des « lieux privés ».

1. Trib. civ. Seine, 1re ch., 17 juillet 1901. Présid. : E. Baudouin ; av. pl. MMes Lalou (H.) et Alb. Le Cointe, confirmé par Paris, 1re ch., 4 mars 1903. Gaz. Trib., 13 mars 1903.

2. L'arrêt de Douai du 28 janvier 1895 (D 95.2.408) a analysé avec soin la distinction qu'il convient de faire entre les Casinos et leurs Cercles de jeux.

3. Sur les abus amenés avant cette époque, par le développement excessif des Casinos et des Cercles de jeux, v. le tableau peint de couleurs assez vives par Larousse, 2e supplément, vo Jeu (1890), p. 1588, 2e col.

4. Les circulaires s'étaient multipliées : Circulaires du Ministre de l'Intérieur du 30 avril 1887 et du 17 janvier 1888, Circulaire du Ministère de la Justice, 30 janvier 1888.

334. — Ces conditions, énumérées dans le spécimen d'arrêté d'autorisation préfectorale qui l'accompagnait, étaient au nombre de douze, dont les principales : « N'admettre dans les salles de jeu ni étrangers à la Société, ni femmes, ni mineurs; n'admettre qui que ce soit à faire partie du Cercle sans un vote de l'assemblée générale ou d'un comité responsable; afficher la liste des membres du Cercle dans un endroit apparent de la salle du jeu; remettre à chaque membre permanent ou temporaire une carte personnelle qui sera revêtue de la signature du président et de celle du sociétaire, et dont la présentation sera exigée à l'entrée des salles de jeu; sur cette carte seront également inscrits les noms des parrains. »

335. — Dès lors, la tenue d'un Cercle de ville d'eaux (ou plus exactement d'un Cercle quasi-public, provisoirement et conditionnellement considéré par l'Administration comme assimilé à un Cercle privé), où des jeux de hasard étaient tolérés, ne tombait pas *ipso facto* sous l'application de l'art. 410 C. P. qui prévoit l'exploitation de maisons de jeux de hasard avec admission du public[1], et le bail des lieux

1. Sous l'empire d'une législation identique à la nôtre (le Code pénal belge reproduit dans son art. 305 les dispositions de l'art. 410 du Code Pénal français), le célèbre jurisconsulte belge, Edmond Picard, a écrit une étude intitulée : *Les jeux de hasard et les Cercles privés* (Bruxelles, 2e éd. Larcier, 1893). Selon cet auteur, les Cercles des Casinos ne constitueraient pas, il est vrai, des « Cercles privés » mais pas davantage des lieux publics; ils formeraient une catégorie spéciale : « les Cercles particuliers » où les jeux de hasard ne tomberaient pas sous les prohibitions de la loi, puisque « le public n'y est pas admis ». L'éminent avocat ajoute : « il n'y a pas public admis, quand le public y subit un filtrage raisonné. »
Sur les « cahotements » de la jurisprudence belge en la matière, v. E. Picard, op. cit., p. 47, 58 et p. 64, 99.

où se tient ce cercle ne pouvait être annulé, comme ayant une cause illicite [1].

336. — L'article 3 (8°) de la formule d'autorisation administrative, supposant que les conditions énumérées sont respectées, portait : « Ne laisser jouer aucun jeu de hasard, sauf le baccara, qui pourra être toléré à titre provisoire à la condition que les prescriptions ministérielles soient scrupuleusement observées. »

Les circulaires récapitulatives du Ministre de l'Intérieur en date des 30 avril 1887 et 17 janvier 1888, énuméraient ces prescriptions (argent comptant; prohibition des jetons ou plaques, du prêt, du jeu sur parole ; teinte des cartes ; mêlée des cartes en les « saladant » ; affichage de la règle du jeu de baccara ; limite de fermeture : 2 heures du matin).

337. — L'ingénieux système de l' « assimilation à des lieux privés » par lequel l'Administration remplaçait, au profit des Cercles annexés aux Casinos, les illégales autorisations de jeux, a fait son temps. La matière est aujourd'hui réglée législativement. A un siècle de distance, le décret impérial du 24 juin 1806 ressuscite. Le Jeu, en marche vers sa revanche (V. supra, n°s 178 et s.) finit par l'emporter.

La loi du 15 juin 1907, « *réglementant le jeu dans les Cercles et Casinos des stations balnéaires, thermales et climatériques* », commentée par le décret du 21 juin 1907 (V. les textes, à la fin du volume), réinstalle partiellement le jeu public, à des conditions déterminées, sous la rançon d'un prélèvement de 15 % en faveur de l'Etat. Une fois de plus, les pouvoirs publics succombent à la tentation fiscale et l'ancien proscrit est officiellement « réintégré » dans la légalité.

1. Toulouse, 19 juillet 1900; *la Loi*, 13 novembre 1900.

II. – PÉRIODE POSTÉRIEURE A LA LOI DU 1ᵉʳ JUILLET 1901

I. — CRITIQUE HISTORIQUE ET THÉORÉTIQUE

§ 1. **Loi du 1ᵉʳ juillet 1901.** — **Abrogation de l'ancienne législation restrictive.** — **Régime de liberté pour les associations** (nᵒˢ 338-342).

338. — La loi du 1ᵉʳ juillet 1901 [1] qui a suscité de si
vives discussions, a apporté des nouveautés considérables
dans le régime des Associations sans but lucratif. Son avenir est plein d'imprévu. Ceux qui se sont plaints d'elle y
trouveront des consolations. Il s'agira de savoir s'en servir [2].

En attendant, elle a abrogé expressément les lois restrictives sur les Associations (art. 291 et s. C. P. ; loi du 10 avril
1834, etc.). Elle a donné l'existence légale à toutes les associations de quelque nature qu'elles fussent, mêmes religieuses
(ce qui n'est pas sa moindre conquête), non seulement sans
autorisation administrative, mais même sans déclaration
préalable (art. 1 et 2).

339. — Le mot « Cercle » ne se trouve pas dans la loi
nouvelle, et la situation de ces agrégations n'a été spécia-
ment examinée ni à la Chambre des députés ni au Sénat.
Incidemment, dans la discussion à la Chambre des députés,
entre M. le professeur Beauregard et M. Waldeck-Rousseau,

1. V. aux Annexes le texte de la loi du 1ᵉʳ juillet 1901 et du Décret
réglementaire du 16 août 1901.
2. « Une loi qui consacre de tels droits porte en elle-même toute une
révolution, révolution pacifique sans doute mais destinée à changer les
mœurs d'un pays et le cours de ses destinées », Piou, député de la
Haute-Garonne, Discours de Lille, 17 nov. 1901, apud Crouzil, *Liberté
d'association*. Paris, Bloud, 1907, p. 4.

président du Conseil, à la séance du 7 mars 1901 (Journ. off., 8 mars), il a été question de « Cercle », mais à titre de comparaison, et non de réglementation.

Mais comme les Cercles sont des Associations (le régime de l'autorisation nous l'a appris), ils subissent la loi du Ier juillet 1901, et en profitent, que leurs fondateurs le veuillent ou non !

340. — Donc : formation des Associations, Cercles ou autres groupements, sans recours à l'autorisation du Préfet de Police; droit à l'existence, sans interruption arbitraire par le retrait de l'autorisation octroyée.

341. — La liberté des Associations n'est limitée que par l'article 3 de la loi : « Toute Association fondée sur une cause ou en vue d'un objet illicite, contraire aux lois ou aux bonnes mœurs, ou qui aurait pour but de porter atteinte à l'intégrité du territoire, à la forme républicaine du gouvernement, est nulle et de nul effet. »

342. — La sanction est indiquée dans l'article 7 : « La dissolution de l'Association » constituée pour un objet illicite « sera prononcée par le tribunal civil, soit à la requête de tout intéressé, soit à la diligence du ministère public. »

342 *bis*. — Nous étudierons en détail, dans notre Tome second, les questions d'ordre administratif, civil et pénal qui concernent la vie juridique des Associations.

§ 2. **Les trois classes ou catégories d'associations reconnues par la loi nouvelle.** — **Critique terminologique** (n°s 343-351).

343. — Ainsi, depuis le Ier juillet 1901, le régime de la liberté légale a remplacé celui du bon vouloir administratif. C'est ce régime nouveau qui est applicable aux Cercles en

tant qu' « Associations de personnes », ainsi qu'à toutes
les autres associations « sans but lucratif », — régime
nouveau qui, ainsi qu'on le verra (nᵒˢ 351 et s.), n'est peut-
être destiné, — et il faut le souhaiter — qu'à être, au
point de vue civil, un droit intermédiaire.

344. — Remarquons, en passant, le terme « Associations de personnes » employé par la loi du 1ᵉʳ juillet 1901
(art. 2). Nous le répudions comme impropre. En effet, le
Code de Commerce (art. 20) connaît des « Associations
de personnes » qui ont pour but de rechercher des bénéfices : les sociétés en nom collectif[1]. Or, la caractéristique
de l'Association n'est pas le « groupement des personnes »[2],
mais leur groupement « dans un but autre que celui de
partager des bénéfices », c'est-à-dire, sans but lucratif.

Le texte de l'art. 1ᵉʳ est formel : « L'Association est la
convention par laquelle deux ou plusieurs personnes
mettent en commun d'une façon permanente leurs connaissances ou leur activité *dans un but autre que celui de
partager des bénéfices.* »

1. « La société en nom collectif est le type le plus parfait de la
société de personnes » (R. Rousseau, *Sociétés*, t. I, nᵒ 827. Paris, A. Rousseau, 1902).

2. Une même appellation, désignant deux objets différents dans leur
nature, constitue une terminologie vicieuse. C'est la faute où est tombé
le législateur de 1901 avec le terme « association de personnes » ; il
veut l'éviter en 1906. Dans le projet de loi sur le « contrat de travail »
(Ch. des députés, 2 juillet 1906, Annexe nᵒ 158), il s'est agi de qualifier
le traité passé entre un groupe d'employés et un employeur. Dans l'imprimerie, ce contrat a reçu le nom de « commandite ». Ce terme prêtait
à confusion avec l'art. 23 C. Comm. Pour écarter l'équivoque, dont
nous avons un exemple frappant en matière d'« association sans but
lucratif », l'art. 4 du projet adopte le terme « contrat d'équipe ». Un
bon point.

345. — D'autres terminologies ont été proposées : « Associations d'individus »[1], « Associations laïques »[2], « Associations contractuelles »[3] ; elles auraient l'avantage de les différencier extérieurement des « Associations de personnes » dont la dénomination est commune avec une classe d'Associations *à* but lucratif ; mais elles seraient atteintes du même défaut intrinsèque de ne point connoter l'idée essentielle de ces sortes de groupements : la non-recherche du gain. Le terme le moins imparfait semble donc être encore celui d' « Associations *sans* but lucratif », qui a pour lui l'avantage d'avoir été consacré, il y a plus d'un quart de siècle, par une monographie notable de la littérature du droit associationnel[4] et de s'être introduit depuis dans le vocabulaire juridique[5].

1. R. Perraud, *Les Associations d'*INDIVIDUS. Recherches d'individualisme normal. Paris, Rousseau, 1901.

2. P. Caillé, *Les Associations* LAÏQUES. Paris, Rousseau, 1902. — Cullaz, *Des associations non reconnues d'utilité publique*. Paris, Rousseau, 1902, p. 202. — Boitard, *Associations* LAÏQUES *ordinaires*. Rev. pol. et parlem., 1901, p. 259-79.

Ce terme est impropre ; il prêterait à la confusion avec les « Associations religieuses », — entièrement distinctes des « Congrégations » —, qui peuvent être fondées, en vertu de l'art. 2 de la loi de 1901, par des laïques ou par des clercs, et dont la loi fiscale a reconnu l'existence, en même temps qu'elle en consacrait la dénomination.

3. J. Laplace, *Capacité des associations* CONTRACTUELLES. Paris, Rousseau, 1903.

4. Van den Heuvel, *La capacité juridique des Associations* SANS BUT LUCRATIF. Louvain et Paris, 1881. 2e éd., 1884.

5. J. Épinay, *Capacité juridique des Associations formées* SANS BUT LUCRATIF. Paris, Rousseau, 1897. — H. Valleroux, *De la personnalité civile*. Rapport au Congrès intern. de droit comparé (1900), p. 3, 5 ; id. et *Droit pour les Associations étrangères d'ester en justice en France*, Clunet 1906, p. 628. — Maurice Beurdeley, *Personnalité des Associations* SANS BUT LUCRATIF. Paris, Rousseau, 1900. — H. Berthélemy, *Droit administratif*, 2e éd., Paris, 1902, p. 48. — R. Adenis, *Les Associa-*

346. — L'expression « sans but lucratif » ou « à but non lucratif » a même des chances d'être acceptée dans la langue juridique internationale. Déjà, elle est employée par les Anglo-Américains : association *not for găin* ou *not for profit* (Angleterre : 25 et 26 Victoria, ch. 89, art. 21. — Gore-Brown, Clunet 1903, p. 5. — États-Unis : Épinay, *La réforme et là législation sur les Associations*. Congrès du droit d'assoc. Paris, Rondelet, 1889, p. 143).

346 *bis*. — Des synonymes ont été mis en circulation : « Associations *désintéressées* »[1] ; nous les déconseillons, au moins comme dénomination typique; ils retombent dans l'inconvénient de l'équivoque. En effet des jurisconsultes ont proposé de distribuer les « personnes morales privées » (par opposition aux personnes morales publiques : État, Communes, etc.) en trois catégories : Les corporations *intéressées* : les Cercles, qui poursuivent un but égoïste ; les Corporations *mixtes*, but égoïste et but d'intérêt général : Sociétés littéraires, artistiques, sportives, etc. ; Corporations *désintéressées*, but exclusivement social : Sociétés charitables, de patronage, etc.[2]. Dans cette distribution, le terme « Associations désintéressées », à tort ne comprendrait pas les Cercles,

---

tions à but non *lucratif*. Paris, 1902. — R. Guiounet, *Droits patrimoniaux des associations à but non lucratif*. Paris, Rousseau, 1902. — Capitant, *Introd. à l'étude du droit civil*. Paris, Pedone, 1904, p. 200. — Cail, *De la personnalité des groupes à but non lucratif*. Gaz. des Trib., 26 nov. 1905. — Clunet, Tables générales (Paris, Marchal et Billard, 1906), III, v° *Associations sans but lucratif*, p. 128, etc.

1. Épinay, *Capacité*, etc., *op. cit.*, p. 477. — Morand, *La personnalité morale des Associations désintéressées*. Discours à la rentrée de la Cour de Caen, 1899.

2. L. Crouzil, *Des personnes morales*. Rev. catholique des Institutions et du droit, 1906, p. 223.

espèce qui rentre directement dans le genre : Association *sans* but lucratif. En outre, il n'y a pas d'associations réellement désintéressées ; toutes recherchent un intérêt moral ou matériel. « L'association désintéressée est un mythe [1]. »

347. — Il faut se garder d'entendre le terme « personnes morales privées », employé ici, comme l'équivalent de groupements *sans* but lucratif. On pécherait par inexactitude. Les groupements *à* but essentiellement lucratif, tels que les Sociétés commerciales, et même les Sociétés civiles (d'après la dernière jurisprudence) sont aussi des « personnes morales privées » : elles n'ont pas de place dans la distribution proposée.

348. — Les défaillances du vocabulaire nous choquent peu dans la conversation ou même dans la parole parlée publiquement. A la tribune, a la barre, dans la chaire du professeur ou du prêtre, les orateurs bénéficient d'une large indulgence ; on ne la marchande guère à celui qui est soumis à l'épreuve de l'improvisation, et qui doit, dans un instant de raison, réussir avec une approximation honorable, la double opération d'émettre la pensée et de lui trouver aussitôt un vêtement convenable. Instinctivement, les auditeurs se mettent à la place de l'opérateur, et ils lui accordent volontiers un satisfecit qu'ils seraient trop heureux d'obtenir eux-mêmes, si un hasard redoutable les substituait tout à coup à lui.

Mais il en est différemment dans la parole écrite et particulièrement dans le texte des lois où les citoyens sont obligés de quérir des règles de conduite. Ici, l'exigence de

---

1. Laplace, *op. cit.*, 1903, p. 161.

l'exactitude et de la précision est légitime. Or, — doit-on le dire ? — il ne semble pas que les oracles du législateur contemporain participent du progrès général dont nous sommes si fiers. Cent ans se sont écoulés depuis le Code civil. Comme tous les Livres Sacrés et les Tables de lois, le Code a aussi ses faiblesses, ses équivoques, ses obscurités d'expression ; mais la langue de nos lois modernes est sensiblement inférieure à la sienne, en netteté et en valeur verbale. Le législateur, dira-t-il, pour s'excuser que le fond absorbe à ce point sa réflexion et son temps, qu'il ne lui en reste plus pour la forme [1] ?

349. — On est frappé de ces défauts, dès qu'on se livre comme ici à l'exégèse d'une loi récente.

Le vrai progrès consisterait peut-être pour les candidats à la fonction législative — la plus haute dans un État démocratique, — à acquérir la clarté de la conception et l'exactitude du langage, par un retour aux exercices

---

1. L'excuse sera-t-elle admise ? La loi du 1er juillet 1901 encourt déjà le reproche de pécher par insuffisance et prétérition. — La loi de décembre 1905 sur la séparation des Églises et de l'État contient de telles obscurités que le Conseil d'État prépare un Avis officiel pour l'interpréter. — La loi du 13 juillet 1906 sur le repos hebdomadaire est jugée « incohérente » par la presse de tous les partis (Journaux quotidiens de septembre 1906).

Par ces trois lois, le législateur a certainement eu l'intention de contribuer au bonheur de ses contemporains. En attendant, par trois fois, c'est leur sang qui a coulé : expulsion des religieux (loi de 1901), inventaire des Églises (loi de 1905), fermeture dominicale des magasins (loi de 1906).

Le dieu Moloch, simple abstraction, exigeait pour son culte des victimes humaines. L'idole phénicienne menace d'être remplacée aujourd'hui par le Dieu-État, à qui les mêmes sacrifices sont offerts.

L'humanité serait-elle condamnée à adorer des abstractions successives, sans rien gagner au change ?

de dialectique et d'analyse philosophique où l'on soumettait les étudiants dans les grandes Écoles du moyen
âge [1]. « Quand on étudie d'un peu près le vocabulaire
de la Scolastique, on s'aperçoit qu'il était beaucoup plus
riche, plus précis et plus systématique que le nôtre. Les
philosophes du moyen âge n'observaient guère, mais ils
excellaient à faire des classifications de concepts. ...C'était
un art ingénieux de manier et de combiner le *genre*, l'*espèce*
et la *différence* [2] ».

350. — A suivre ce conseil, nos Politiques gagneraient
d'abord un solide bagage intellectuel, — et le reste par
surcroît. Le Parlement en fournit d'illustres exemples [3] :

1. Nous recommandons à ceux qui sont curieux de connaître les
fortes disciplines de la Scolastique en honneur dans les grandes Écoles de
France, du XIe au XIVe siècle, époque soi-disant barbare, le livre de haute
érudition de M. A. Clerval (*Les Écoles de Chartres au moyen âge*. Paris,
Picard [s. d.], XX–572 p.) surtout, le *trivium*, p. 116 et s. ; Dialectique et
philosophie, p. 224 et s. Le Trivium comprenait les trois arts : la grammaire (*lato sensu*), la rhétorique, la dialectique; le Quatrivium, les
4 sciences : l'arithmétique et géométrie (c'est le mot fameux de Platon :
Nul n'entre ici s'il n'est géomètre !), l'astronomie, la musique, la
médecine.
Cf. le programme de Platon pour la formation idéale d'une élite de
jeunes Grecs (gymnastique, musique, arithmétique, géométrie, astronomie, dialectique). Platon, *La République ou l'État*, œuvres (trad. Saïs-
set), VII, livre VII, p. 351. — Le disciple de Socrate n'admet « aux
exercices de la dialectique que les esprits graves et solides » (*ibid.*,
p. 380); il conviendrait, selon lui, d'y consacrer cinq années! (*ibid.*,
p. 381). Mais n'en faut-il pas davantage pour exceller dans la politique
des couloirs parlementaires ou simplement pour réussir à des jeux
innocents, comme le billard, le tennis ou le bridge?
2. E. Goblot, *Le vocabulaire philosophique*. Paris, Colin, 1901, p. VIII.
3. M. Émile Combes, qui, en qualité de Président du Conseil des
ministres, a gouverné la France pendant plusieurs années, a écrit un livre
(rare aujourd'hui) dont nous transcrivons le titre : *La psychologie de saint
Thomas d'Aquin*, Thèse présentée à la Faculté des lettres de Rennes, par
Just.-Émile Combes, ancien élève de l'École des Carmes, Professeur

351. — La loi de 1901 a réparti les associations sans but lucratif de toute nature, en trois classes ou catégories :

1° Associations ordinaires ou non déclarées,

de logique. Montpellier, typographie de Pierre Grollier, rue des Tondeurs, 9, 1860. 1 vol. gr. in-8, IV-536 p. Dans sa belle *Histoire de la philosophie scolastique* (2e partie, tome I. Paris, 1880, p. 245, note 1) M. Hauréau cite la « thèse savante » de M. Combes. C'est en ces termes que le docte candidat apprécie l'entraînement auquel l'École soumettait ses élèves : « Il est permis de payer un tribut d'admiration à cette immense étendue de savoir que le moyen âge, à tort, si l'on veut, exigeait de ses docteurs. Les Scolastiques, en effet, au lieu de rétrécir, comme l'ont fait quelques contemporains, le domaine de la philosophie, se plurent, en quelque sorte, à l'agrandir » (Émile Combes, ibid., p. 1).

Le Dr Georges Clémenceau, aujourd'hui ministre de l'Intérieur, a publié un volume intitulé *Le Grand Pan* (Paris, Charpentier et Fasquelle, 1896, 5e mille), recueil d'articles déjà parus, mais qui débute par un morceau d'où le livre a pris son titre, et qui est vraiment d'une belle envolée poétique et philosophique. On voit par les judicieux appels que l'auteur fait aux Docteurs et aux Pères de l'Église, précurseurs immédiats des grands Scolastiques (tel, St Augustin), avec quel profit il les a fréquentés. Dans les LXXXIV pages de cette introduction, nous relevons les citations suivantes : Théodoret [de Cyr], p. XL, XLII, XLIV ; Tertullien [de Carthage], p. XXXIX, p. L ; Eusèbe, évêque de Césarée, p. XLIV, p. LV, p. LVI ; Orose [disciple de saint Augustin], p. XLVIII ; Clément d'Alexandrie, p. LIV ; Lactance, p. LVII ; le pape St Grégoire, II, p. LIX.

A M. Jean Jaurès, qui présida la Chambre des députés, on doit l'ouvrage suivant : *De la réalité du monde sensible*, par Jean Jaurès, docteur ès lettres, 2e éd. Paris, Alcan, 1902. L'éloquent docteur, pour l'avoir étudiée, connaît la valeur méthodologique de la Scolastique : « La Scolastique prendra sa revanche, si l'on entend par là l'effort de l'esprit, et cette netteté d'idées sans laquelle il n'est pas de conduite loyale » (p. 38).

Il ne faut pas s'y tromper : « la Scolastique est dans son résultat général la première insurrection de l'esprit moderne contre l'autorité » (Barthélemy St-Hilaire, *De la logique d'Aristote*, II, p. 194).

Aussi l'Apôtre était-il avisé, à son point de vue, en disant : « Gardez-vous d'aller tomber dans les embûches de la philosophie. » Les combats des pieux philosophes du moyen âge nous ont conquis dans le domaine de la pensée, le bien le plus précieux, la liberté (cf. Hauréau, *Hist. de la philos. scolastique*, 2e partie, t. II (1880), p. 495).

2° Associations déclarées,

3° Associations reconnues d'utilité publique,
qui forment comme les trois degrés à franchir pour arriver
à la perfection juridique.

Nous nous proposons d'en marquer les caractères généraux et particuliers, après avoir indiqué les sources où le
législateur a puisé ses inspirations.

§ 3. — **Projets de remaniement des lois relatives au droit
d'association (n°s 352-353). — Droit syndical et droit commun associationnel (n°s 354-356). — L'intérêt du droit au
syndicat n'est pas d'ordre juridique, mais d'ordre politique
(n°s 357-362). — Les employés et fonctionnaires de l'État et
le droit syndical (n°s 363-364). — Tendances des corporations
à préférer le syndicat à l'association de droit commun et raisons de cette préférence (n°s 365-366 bis). — Avantages d'une
refonte et d'une unification du droit associationnel, mais
limitation des projets du Gouvernement (n°s 367-376). —
Le droit de coalition et le droit de grève (n°s 377-380). —
Situation spéciale des employés et fonctionnaires de l'État
(n°s 381-385). — Activité parlementaire et extra-parlementaire pour amender le droit associationnel (n° 387). —
Échéance incertaine des modifications législatives (n° 388).
— Nécessité de s'en tenir provisoirement à la loi du 1er juillet 1901 (n° 389).**

352. — Au moment d'aborder l'étude du nouveau
régime légal, dont l'ère datera du 1er juillet 1901, nous
avons craint de nous livrer à un effort prématuré et nous
avons arrêté le travail commencé. De divers côtés, au Parlement, dans la Presse, dans l'Enseignement, il était question de retoucher la loi nouvelle, de la fondre avec celles

qui l'avaient précédée. Un besoin d'harmonie, de liberté mieux définie et plus étendue se manifestait.

353. — Les inconvénients de la complexité et de l'état fragmentaire de nos lois en matière d'association ont été ressentis dès le lendemain de l'application de la loi du 1er juillet 1901. On aurait peut-être reculé *sine die* le moment d'y remédier, s'il n'avait été brusquement avancé par un intérêt politique qui ne souffrait pas le délai. La prétention des employés et fonctionnaires de l'État de se réclamer aussi bien du droit commun (loi du 1er juillet 1901) que du droit syndical (loi du 21 mars 1884)[1], solennisée et amplifiée par les partis politiques, a rompu la somnolence législative. Le gouvernement a estimé que quelque chose devait être fait. On verra tout à l'heure ses projets.

354. — A examiner la prétention des employés et fonctionnaires de l'État, au point de vue exclusivement juridique, il serait impossible de comprendre les ardeurs que soulève cette revendication du « droit syndical ».

La loi du 21 mars 1884 sur les syndicats a été la première manifestation à forme étendue du « droit d'association ».

---

1. V. sur les effets juridiques de la superposition des lois de 1884 et de 1901 : A. Fontaine, *Louage de travail*, Paris, Dupont, 1903, nos 445 et s. ; — Trouillot et Chapsal, *Du contrat d'Association*. Paris, Lois nouvelles, 1902, p. 401 ; — Barthou, l'*Action syndicale*, Paris, 1904, p. 293 ; A. Pichon, *Les caractères distinctifs des Associations*, Paris, Jouve, 1905, p. 199. — M. Leroy, *Le droit des fonctionnaires*, Paris, 1906, p. 86. — Martin St-Léon, *Ann. du musée social*, 1906, p. 61. — P. Pic, *Législation industrielle*, 2e éd. Paris, Rousseau, 1903, p. 240. — A. Wahl, *Défin. du droit d'association*, Journ. Sociétés, 1905, p. 393. — L. Michoud, *Th. de la personnalité morale*. Paris, Pichon, 1906, I, p. 449.

Cf. sur les Syndicats et les fonctionnaires, *infra*, no 381 et la note.

Jusque-là ce droit avait été parcimonieusement concédé à des groupements à action restreinte (loi du 20-25 mars 1851 sur les Comices agricoles ; loi du 21 juin 1865 sur les associations syndicales de propriétaires ; loi du 12 juillet 1875, art. 10, et 18 mars 1880 relative aux associations en vue de l'enseignement supérieur, etc.). Ce fut une conquête du monde ouvrier sur les Parlementaires anxieux de ménager la clientèle électorale. Mais enfin les autres citoyens, qui pouvaient attendre parce qu'ils représentaient des groupes moins cohésifs et moins militants, l'ont emporté à leur tour, dix-sept ans plus tard, et ont conquis, par la loi du Ier juillet 1901, le droit pour tous d'agir en commun. Cette dernière loi n'est donc qu'une évolution de la loi de 1884; elle est en progrès sur elle.

355. — La loi de 1884 ne contient *aucun avantage juridique*, réel et solide, sur celle de 1901, — sauf peut-être la création jurisprudentielle, — évocatrice de la loi future, plutôt qu'exacte interprète de la loi présente, — qui admet les « syndicats » à recevoir des dons et des legs, alors qu'une « association » pour jouir du même droit doit être reconnue d'utilité publique (Trib. civ. Seine, 2e ch., 16 juillet 1896, Gaz. des tribun., 22 juillet 1896. — Trib. civ. Seine, Ire ch., 3 août 1899, Recueil gaz. des trib., 1899, 2e sem., 359 et note. — Trib. civ. Seine, 2e ch. (Prés. M. Sureau), 17 mai 1905, Gaz. des trib., 10 et 11 juillet 1905). Ce dernier jugement a été déféré à la Cour de Paris, dont nous ne connaissons aucun arrêt sur la matière [1].

1. Un grand nombre d'auteurs, et non des moindres, dénient aux personnes morales, dans l'état du droit positif, la capacité à recevoir à

Or dans la masse des syndicats professionnels, combien en est-il qui aient reçu des dons et legs, ou soient exposés à cette agréable éventualité?

356. — La loi de 1901 contient au contraire sur celle de 1884 un avantage considérable pour le renforcement de la puissance groupale. Dans les syndicats professionnels (loi du 21 mars 1884, art. 7), par une dérogation au droit commun, l'associé a, malgré les stipulations du pacte social, « le droit de se retirer du syndicat à tout instant, nonobstant toute clause contraire ». Dans les associations (loi du 1er juillet 1901, art. 4), le retour au droit commun a été effectué. Un membre ne peut se retirer de l'association « nonobstant toute clause contraire » que lorsqu'elle « n'a pas été formée pour un temps déterminé ». Si les statuts stipulent une durée, l'associé ne pourra se retirer qu'après l'expiration du temps contractuellement déterminé (v. les déclarations formelles de M. Waldeck-Rousseau, président du Conseil des ministres. Ch. des députés, séance du 21 janvier 1901. Journal officiel du 22. Débats parlem.,

titre gratuit, à moins d'une disposition expresse, — que l'on ne rencontre pas dans la loi de 1884 : — Labbé, Rev. crit., 1881, p. 345; La Loi, 27 août 1881. — Baudry-Lacantinerie et Colin, *Des donations*, I, no 228. — Cassagnade, *Personnalité des Sociétés*. Paris, 1883. — Camberlin, La Loi, 8 mai 1881, p. 182. — Hubert-Valleroux, *Les corporations d'arts et métiers*. Paris, 1885, p. 368 et s. — V. Du Bled, Rev. des Deux-Mondes, 1er sept. 1889, p. 109. — Vavasseur, *Sociétés civiles*, no 27.

Nous souhaitons que la loi réformée tranche la controverse, en reconnaissant la capacité à recevoir gratuitement, non seulement des Syndicats professionnels, mais de toutes les Associations. Il n'y a aucune raison de traiter les différents membres de la Société, moins bien que les ouvriers ou les commerçants. Il sera très facile de trouver des limites à l'exagération des patrimoines collectifs qui pourraient en être le résultat. La formation de ces patrimoines est plutôt à souhaiter qu'à craindre pour le bien public.

p. 114). L'association l'emporte donc sur le syndicat, puisqu'aux autres éléments de cohésion, elle ajoute celui de la « durée ».

357. — L'intérêt du « droit au syndicat » n'est ni d'ordre juridique, ni d'ordre économique [1]. On l'avoue franchement; il est exclusivement d'ordre politique.

En effet, les syndicats professionnels légalement constitués d'après la loi du 21 mars 1884, sont aptes à occuper un local dans les Bourses de travail (décret du 17 juillet 1900, art. 2) et, par leurs délégués, à détenir en réalité le gouvernement de la Bourse (art. 10, modifié par le décret du 11 août 1905). A leur tour, les Bourses de travail sont fédérées entre elles. Cette fédération « est représentée par un comité qui siège à Paris et qui se compose d'un délégué par Bourse de travail adhérente ; il s'est appelé « le Comité fédéral des Bourses de travail ».

358. — Il convient de se reporter à l'ouvrage important de Fernand Pelloutier, qui fut le premier secrétaire de ce Comité fédéral [2]. Le livre de Pelloutier contient des « Documents complémentaires » qui se recommandent à l'attention : « Méthode pour la création et le fonctionnement des Bourses de travail», p. 186; « Statuts du *Viaticum* », p. 196; « Statuts

1. Les Syndicats professionnels sont en effet appelés à prendre part à l'élection des membres ouvriers du Conseil supérieur du Travail (v. un exemple de convocation à ces élections fait par le Ministère du commerce, de l'industrie et du travail, « pourvu que l'ordre ne soit pas troublé ». Journ. officiel, 29 sept. 1906, p. 6610, col. 3). Mais cette participation à un organisme, où ils ne sont pas les maîtres absolus, laissent les Syndicalistes plus qu'indifférents.

2. *Histoire des Bourses de travail*. Paris, Schleicher, 1902, in-18; L. Seilhac, *Syndicats ouvriers, Fédérations, Bourses du travail*. Paris, Colin, 1902. (Les renseignements sur les Bourses ont été empruntés à Pelloutier, v. p. 210.) Cf. *supra*, p. 70, note 1.

de l'office national ouvrier », p. 200 ; « Statuts-types des
syndicats de travailleurs », p. 202; « Statuts de la fédération
des Bourses de travail », p. 212. On y retrouve à un haut
degré l'esprit de réglementation, d'ordre et de discipline [1]

1. Nous n'entendons pas enfermer, dans la même classe, des « concepts » aussi distincts dans leurs « représentations » — sinon dans leurs
réalisations —, que le « collectivisme communiste révolutionnaire »
(à forme française) et « l'anarchisme ou nihilisme terroriste » (à forme
slave). Tous deux sans doute rêvent d'abolir par la force la société
actuelle. Mais, l'un tient en réserve une société toute neuve et meilleure
pour remplacer l'ancienne ; l'autre, la supprime simplement et laisse
aux générations futures la fatigue de la rebâtir, si, d'ici là, la science
n'a pas fourni le moyen de renvoyer au néant le monde sensible, ébauche
inacceptable d'un ouvrier maladroit.

Toutefois, il est intéressant de noter que tous ces réformateurs, pour
parvenir à détruire, commencent par construire. L'action ne comporte
qu'une méthode (v. *supra*, p. 69, note 1). Pas de désordre efficace,
sans un ordre parfait qui le mette en œuvre ; pas de désagrégation à
espérer, sans une forte agrégation préalable.

On lira donc avec un réel profit philosophique, les détails fournis par
une correspondance de Saint-Pétersbourg du 29 août 1906 (Débats du
4 septembre 1906) sur l'admirable organisme d'association offensive et
défensive créé par les anarchistes terroristes russes dans toute l'étendue
de l'Empire. Le manifeste du Tzar du 5 sept. 1906 (Débats du 7 sept.)
est obligé de constater cette « organisation révolutionnaire ». Son mécanisme compliqué, ses rouages savants, son fonctionnement régulier,
malgré les obstacles du milieu, révèlent des constructeurs émérites.

Ainsi, en se dépensant, la force de destruction développe précisément
la force qui lui est contraire et ramène l'équilibre, loi suprême de l'univers. — « Comme l'organisme individuel lui-même, la nature vivante
dans son ensemble est dans un état d'équilibre instable, sans cesse perdu,
toujours retrouvé. » Dr Laloy, *Parasitisme et mutualisme dans la nature*.
Paris, Alcan, 1906, p. 265 ; ib., A. Giard, préface, p. VI. Cf. F. Houssay, *Nature et sciences naturelles*. Paris, 1900, p. 49.

Autre exemple : la vie « associée » ou en communauté est une forme
acquise et nécessaire du développement de l'humanité, au moins pendant
la période quaternaire que traverse actuellement notre globe. Or
aucune vie « associée » n'est possible sans esprit d'ordre, de discipline et
d'abnégation; cet esprit se perd visiblement dans l'Armée, son conservatoire naturel. Le voici qui se réfugie et progresse parmi les troupes

qui anima tous ceux qui ont voulu pour l'action collecrive la force et la durée. On songe involontairement aux fondateurs des grands Ordres religieux ! Nous conseillons de lire la « Méthode pour la création d'une maison de marins et des syndicats de pêcheurs » (p. 207) et de parcourir ensuite les Épîtres de saint Paul. C'est le même zèle de propagande, la même horreur pour les Gentils (classe bourgeoise), etc.

359. — Cet organisme, constitué d'une façon remar

ouvrières que recrutent et dressent les Chefs syndicalistes pour la « lutte de classes ». Aucune lecture, *mutatis mutandis*, ne flatte les instincts « militaristes » comme celle de la *Voix du peuple* (journal syndicaliste paraissant le Dimanche ; organe de la Confédération générale du Travail). Nulle part, il n'est autant parlé d'organisation, d'entente, de solidarité, de discipline, d'énergie dans la lutte. Les délégués de la C. G. T. félicitent les troupes grévistes « de leur courage et de leur organisation » (G. Yvetot, *La grève des pipiers*, Voix du peuple, 9-16 sept. 1906). C'est le langage des généraux, commandants de corps d'armées, à leurs soldats.

Les forces élémentaires de conservation sont irréductibles, elles se retournent contre leurs contempteurs. Sous les transformations ou les déplacements en apparence les plus contradictoires à leurs fins, elles persistent dans leur vertu propre. — « Toute chose s'efforce autant qu'il est en elle de persévérer dans son être... et cela n'est pas vrai seulement de l'homme et des animaux, cela est vrai de tout » (Spinoza, Ethica III, p. 4, 6. — Chartier, *Spinoza*. Paris, Delaplane [s. d.], p. 57).

A rapprocher, — ce qui est advenu avec la Scolastique. Son plan philosophique (*intentio*) a été d'étudier les questions sur lesquelles le dogme ne renseignait pas ; elle comptait en tirer de nouvelles raisons pour fortifier l'autorité de la foi, et pour assurer la domination de la théologie, sur les autres sciences, ses humbles sujettes : « Theologia *imperat* omnibus aliis scientiis tanquam principalis et utitur *in obsequium sui* omnibus aliis scientiis » (Thomas, Lib. I, Sentent. Prolog. d'après la thèse de G. H. Bach, *Divus Thomas* de quibusdam philosophicis quaestionibus. Rouen, 1836, in-8o, Hauréau, *op. cit.*, 2e part., I, p. 446).

Sous la rude discipline de la Scolastique, l'esprit humain a reconquis et renouvelé entre le XIe et le XVe siècle les méthodes de raisonnement, un peu délaissées en Occident pendant les luttes des hordes barbares pour le partage du sol. Ainsi l'effort tenté par la Scolastique pour subjuguer « les autres sciences » a été la cause de leur affranchissement (v. *supra*, no 350, note 3, *in fine*).

quable suivant les meilleures méthodes de mise en valeur de « la dynamique associationelle » est l'instrument de guerre, à l'aide duquel, dans la « lutte de classes », destinée à remplacer la lutte des nations (la lutte toujours et partout ! [1]) les dirigeants du « Syndicalisme révolutionnaire » entendent déblayer la construction sociale actuelle pour créer « une société toute nouvelle ». C'est une théocratie d'un genre nouveau qui est en marche.

On comprend l'attrait qu'un plan d'une telle ampleur puisse exercer sur des intelligences, éprises de domination. Être les pasteurs omnipotents d'un peuple converti, enthousiaste et prêt à l'obéissance sans phrase *périndè ac càdaver!*

---

1. V. F. Le Dantec, *La lutte universelle*. Paris, Flammarion, 1906, p. 282.

La co-opération des individus et des groupements, — malgré la sentimentalité tendancieuse du livre (à lire : très intéressant pour l'idée d'association) du prince anarchiste Pierre Kropotkine (*L'entr'aide*, trad. L. Bréal. Paris, Hachette, 1906) —, n'est qu'une forme de l'organisation de la lutte contre les forces opposées et les agrégats hostiles. Ainsi fut fait « dans la vie de la tribu primitive » dont les religions et les théories socialistes n'auraient, dit-on, que préparé le retour (Kropotkine, *op. cit.*, p. 325).

La lutte est inscrite à la base de la loi naturelle. On peut le regretter ; mais nous n'avons pas été appelés à voter.

Cependant, comme le remarque excellemment Le Dantec (*op. cit.*, p. 286) : « il [l'homme] a des sentiments altruistes et généreux ; ces sentiments dérivent d'erreurs ancestrales, soit ! mais ils font partie de la nature de l'homme... et nous devons en tenir compte. »

Le conflit entre la loi naturelle, tendant à réduire par la force la force contraire et les constructions sentimentales, qui sont aussi un besoin chez l'homme, est très visible dans les luttes sociales de notre époque. Les sectateurs de nos sociologues réformateurs sont également prêts à tracer dévotement sur les murs de la Cité la devise idéaliste : Liberté, Égalité, Fraternité, — et à détruire cette même Cité par le fer et le feu, après pillage préalable, en cas de désobéissance aux ordres « syndicalistes ».

Ce rêve a été fait; il recommence; il est éternel! Nous ne parlons pas des esprits grossiers, qui, dans cette ascension, n'ont qu'un espoir de butin.

360. — L'organisme central en question se dénomme aujourd'hui « Comité de la Confédération générale du travail » ou « Bureau confédéral ». Il est le Syndicat des Syndicats : le Syndicat en soi, l'*être* syndical, l'*ens syndicalis*. Son action, — son agitation, en tout cas, — est réelle. Comme les termes militaires sont chers à ses docteurs, nous noterons que la « Confédération » se manifeste à l'aide de démonstrations fréquentes, comme au 1ᵉʳ mai 1905 en faveur de la journée de 8 heures « étape nécessaire rapprochant le peuple de la grève générale expropriatrice » (Débats, 1ᵉʳ mai 1905); comme dans les grèves du Nord, au printemps de 1906; comme à Paris, au 1ᵉʳ mai 1906 ; à Grenoble, en septembre 1906, et ce, — par l'exhortation des travailleurs à la grève générale, par des mobilisations de troupes, des formations de compagnies ou centuries, des nominations d'officiers, des remises de plis cachetés avec instructions secrètes, des marches en ordre dispersé suivies de concentrations [1], etc. Ce sont là les exercices classiques de « grandes manœuvres » qui permettent aux chefs intelligents de dénombrer leurs troupes, d'en éprouver le degré de discipline et d'en vérifier la puissance de destruction, de perfectionner les plans de mobilisation, de tâter les forces ennemies (ordre social capitaliste), etc.

Le militarisme combattu par ses propres méthodes, c'est

---

1. V. les événements qui se sont produits, à propos de la fermeture dominicale des magasins à Paris, le 24 sept. 1906 (Consult. les quotidiens de cette date).

de bonne guerre ! Mais quel hommage au système ! Et quel sûr moyen d'entretenir sa vitalité !

361. — L'instrument de propagande de la « Confédération générale du Travail » est un journal de combat hebdomadaire : « *La voix du Peuple* » (Paris, 33, rue Grange-aux-Belles), où il convient de suivre les articles signés : Griffuelhes, Pouget, Lévy, Merrheim, Delesalle, Yvetot, Janvion, Bousquet, etc. Tout y est traité, décidé, encouragé ou blâmé « confédéralement ».

362. — La partie théorétique et scientifique est exposée dans une revue tout à fait intéressante, dont les travaux méritent l'attention : *Le mouvement socialiste* (Paris, Cornely, 101, rue de Vaugirard, sous la direction de M. Hubert Lagardelle). Nous y signalons sur l'objet qui nous occupe : G. Sorel, *le Syndicalisme révolutionnaire*, 1905, p. 265; G. Beaubois, *les Syndicats de fonctionnaires*, 1906, p. 165. — *Adde* : G. Sorel, *L'avenir socialiste des syndicats*, Paris, Jacques, 1901, 1 br. in-12; G. Sorel, *Réflexions sur la violence*, Mouv. soc., 1906, p. 33; H. Lagardelle, *Le droit syndical*, ibid., 1906, p. 200, homélie prononcée au Congrès annuel des Postes, Télégraphes et Téléphones, le 6 juin 1906. Sur un mode, qui rappelle le ton enflammé des Pères de l'Église, l'orateur s'écrie : « Citoyennes et citoyens, je ne m'illusionne pas. La défense du droit syndical ainsi comprise demande un sentiment profond de la lutte, un courage peu ordinaire, une exaltation de l'individu, une conscience de la personnalité, une ardeur au combat et une acceptation du sacrifice qui ne sont pas courants. Oui, le droit syndical exige à certaines heures quelque héroïsme ! »

363. — On commence à apercevoir maintenant le véri-

table enjeu de la lutte pour « le droit syndical ». Le rattachement des employés et fonctionnaires de l'État au « mouvement syndicaliste » précipite, pour ceux qui le conduisent, la dislocation de l'édifice social actuel. C'est pour le parti en route vers les sommets de la puissance publique une position de premier ordre à enlever, et peut-être à occuper définitivement.

364. — Les plus actifs parmi ces employés et fonctionnaires, catéchisés d'ailleurs en conséquence, entrevoient, s'ils décident leurs camarades à cette union politique, la part de pouvoir qui peut être leur récompense prochaine dans la nouvelle « machinerie » sociale, destinée à remplacer l'ancienne, dont la ruine, au dire des prophètes, est imminente. De son côté, la masse amorphe et oscillante est disposée, comme toujours, à se porter du côté des courants fortement établis ; du même coup, elle est flattée de s'évader de l'obscurité et de l'insignifiance où elle végète pour se sentir vivre dans un vaste organisme, actif et menaçant, avec lequel les Pouvoirs publics sont obligés de compter [1] ; elle ressent le secret orgueil de contribuer à en augmenter la force, et espère obtenir du même coup pour son bien-être, des améliorations que les simples « associations amicales », qui ne disposent d'aucune foudre politique, sont incapables d'arracher à un patron aussi puissant que l'État. La « Con-

---

[1]. « Ce sont [les Syndicats] des armées puissantes, obéissant sans discussion à la voix d'un chef, et avec lesquelles il faut absolument compter. Elles constituent une force, aveugle souvent, « redoutable toujours » (p. 416). « Les pouvoirs publics redoutent extrêmement les syndicats et les traitent en véritables puissances. Tout le monde a les yeux fixés sur eux » (ibid. à la note), Gustave le Bon, *Psychologie du socialisme*, 4ᵉ éd. Paris, Alcan, 1905.

fédération générale » raille à l'avance les efforts du législateur pour lui enlever cette précieuse recrue. Le Gouvernement prépare des projets de loi. La Confédération redouble de prosélytisme; elle entrevoit la conquête du pouvoir dans les contingences prochaines. Qui l'emportera?

365. — Ces lignes étaient écrites lorsque nous est parvenu un article topique de M. Albert Petit, sur la question : « Le Syndicat seul est de nature à satisfaire les instituteurs d'avant-garde. Ce ne sont pas seulement les raisons de sentiment et de vague confraternité avec les Syndicats ouvriers. Les instituteurs tiennent à former des Syndicats pour avoir l'entrée des Bourses du Travail et pour participer à la curée prochaine [1]. »

Embrigader [2] la puissance psychologique par excellence, dans un État, les instituteurs, et cela, après les employés des chemins de fer, après les ouvriers des arsenaux, après les multiples variétés de travailleurs, qui peuvent, à leur gré, assurer ou suspendre les services publics, — c'est le couronnement de l'édifice. Les Chefs syndicalistes touchent au faîte vertigineux de leurs ambitions, à moins qu'une chute imprévue ne les en précipite.

366. — On remarquera la tendance chez la plupart des corporations à préférer le « Syndicat » à l' « Association ».

---

1. Albert Petit, *La crise de l'École* (les Débats, 12 septembre 1906).

V. les encouragements d'Anatole France : Droit syndical des institutions, *Vers les temps meilleurs*. Paris, 1906, III, p. 80.

2. Le terme militaire « brigade » entre dans la terminologie juridique avec les lois socialistes : art. 15 du *projet de loi sur le contrat de travail* (présenté par MM. Fallières, prés. de la République française; Sarrien, prés. du Conseil, garde des Sceaux, min. de la justice; G. Doumergue, ministre du commerce, de l'industrie et du travail (Annexe nᵒ 158, Chambre des députés, 2 juillet 1906, Journ. off., 12 sept. 1906) où il est parlé d'employés qui doivent « organiser ou conduire des *brigades* ».

Ainsi : les artistes dramatiques exerçant une « profession libérale » (Cass., 8 déc. 1875, S. 76.1.25 ; Cass., Ier mars 1877, D. 78.1.108; Bordeaux, 13 janv. 1887, D. 87.2.142) ne peuvent par définition se réclamer de la loi syndicale de 1884, telle qu'elle existe.

La jurisprudence en a toujours refusé le bénéfice aux professions libérales (Cass., 27 juin 1885 (médecins); Cass., 28 févr. 1902. S. 02.1.445 (médecins et pharmaciens réunis). — Paris, 4 juillet 1890 (professeurs libres de musique, etc.). Une association de chasseurs n'a pu se constituer en syndicat (Tribun. Évreux, 21 oct. 87; D. 88.3.136). Il a fallu une loi récente et spéciale pour l'accorder aux médecins (Loi du 30 novembre 1892, art. 13).

Cependant les artistes dramatiques au lieu de « s'associer » se sont « syndiqués ». Le Syndicat des artistes dramatiques, ayant M. Hervouet pour secrétaire général, existe depuis quatre ans, il compte plus de 2.000 adhérents. La considération de l'affiliation à la Bourse du travail, c'est-à-dire, à l'organisme dont nous venons de décrire la vertu agitative, a dû peser sur l'option en faveur du « Syndicat ». La preuve en est que le Syndicat a pris son siège social à la Bourse du travail [1]. Les musiciens, les choristes ont aussi leurs syndicats [2]. Nul doute que, dans l'état actuel et imparfait de la loi sur les syndicats, le « Syndicat des artistes dramatiques » et ses analogues, ne soient atteints du vice de nullité. Pour les conséquences juridiques, v. *infra*, n° 384.

366 *bis*. — La puissance, apparente ou réelle, du syndicalisme, prolonge le rayon de son attraction. Voici les artistes

---

1. R. Trébor, *Le repos hebdom. au théâtre.* Écho de Paris, 27 août 1906.
2. Le Journal, 22 septembre 1906 (rubrique des théâtres).

dramatiques, qui après l'avoir longtemps réclamé, ne veulent plus que leur carrière soit qualifiée de « libérale » ; ils aspirent à être traités de « salariés », et réclament le bénéfice des lois ouvrières [1].

Rien n'est plus symptomatique des dispositions accusées par les Pouvoirs publics à ne pas légiférer également pour tous, mais à avantager la classe dont il y a lieu d'espérer le plus gros gain électoral. La «classe ouvrière » représente aujourd'hui « cet enjeu de partie » ; toutes les faveurs législatives sont pour elle [2], et les autres citoyens en sont réduits à solliciter de lui être assimilés pour jouir de ses privilèges [3]. Dans le véritable État républicain, les privilèges doivent être supprimés, et non intervertis.

367. — En face de cette situation, les projets du gouvernement auxquels nous faisions allusion (*supra*, n° 352) prenaient corps. On remettait sur le chantier les deux principales lois du droit associationnel, les lois de 1884 et de

1. Le 24 septembre 1906, dans une réunion tenue au Théâtre-Antoine, l'ordre du jour suivant a été voté sur la proposition de M. Hervouet : « Les syndicats des Artistes dramatiques, lyriques, choristes, musiciens, réunis en assemblée plénière... repoussent énergiquement le qualificatif de « libérale » qu'on s'obstine à accoler à leur profession, réclament au contraire la qualité de « Salariés », persistent à demander à profiter de toutes les lois ouvrières en vigueur » (Écho de Paris, 25 sept. 1906).

2. Tout à fait inutilement d'ailleurs : « Il faut avoir une pauvre connaissance de la psychologie des foules pour croire que les bienfaits collectifs [les lois ont ce caractère pour celui qui les octroie] puissent provoquer de la reconnaissance. » G. Le Bon, *Psychologie du Socialisme*, 4e éd. Paris, Alcan, 1905), p. 393) — lire aussi (p. 392-398).

3. « Il semblerait quand on lit les discours prononcés au Parlement que la « classe ouvrière » soit la seule dont il y ait à s'occuper dans une société. Il est certain que c'est celle dont on s'occupe davantage... Les pouvoirs publics ou privés s'excusent sans cesse de ne pas faire assez. » G. Le Bon, 1905, *op. cit.*, p. 392, note 1.

1901. L'occasion s'offrait de procéder à une refonte générale de toutes les lois spéciales, conservées ou oubliées sur la route du droit commun, et d'aboutir à son épanouissement nécessaire le « Code général du droit d'association ». Le gouvernement était-il disposé à la saisir ?

368. — Dans l'attente d'une décision prochaine, nous avons suspendu pendant de longs mois l'achèvement du présent livre, désireux de lui éviter l'infériorité de n'être plus au courant de la législation en vigueur, au moment même de son apparition. L'attente a des bornes.

369. — Le Gouvernement paraît avoir renoncé pour l'instant à la tâche magnifique d'une codification générale. Il a préféré courir au plus pressé. Harcelé par les interpellations parlementaires qui lui reprochaient d'attenter à la liberté de ses fonctionnaires et employés, il a pensé trouver un palliatif contre ces attaques dans un adroit amalgame de lois, dont la coexistence même est le moindre défaut.

Le cas a été érigé à la hauteur d'une question de politique générale, et comme telle elle a été assumée par le chef du Gouvernement. Aussi, est-ce M. Sarrien, président du Conseil, garde des Sceaux, ministre de la justice, qui la traite et la suit, au Parlement comme en dehors : « Nous faisons, disait-il, sur la demande même de la Commission du travail de la Chambre des députés, étudier les modifications qu'il convient d'apporter à la loi de 1884 sur les syndicats[1], afin de *mettre en harmonie le droit spécial des*

---

1. Déjà dans une interpellation « sur les rapports du Gouvernement avec les syndicats d'employés », M. Barthou, ministre des travaux publics, des postes et des télégraphes, disait : « Ce qui est certain, c'est que le gouvernement a pris l'engagement de saisir la Chambre d'un

groupements professionnels et le droit des associations ouvertes à l'ensemble des citoyens » (Discours prononcé le dimanche 29 avril 1906, à Paray-le-Monial, Journal officiel, 1er mai 1906, p. 2980, col. 2).

370. — « Mettre en harmonie » des droits en discordance, est une œuvre recommandable ; mais les ordonner en une belle et sobre unité, serait une œuvre meilleure[1].

Quel besoin de maintenir un droit spécial aux « groupements professionnels » en face du droit d'association « ouvert à l'ensemble des citoyens » ? Cette multiplicité de statuts ne se justifie qu'historiquement.

On n'est arrivé au « droit commun » que par étapes. En 1884, on a voulu d'abord satisfaire les ouvriers, dont la masse électorale était à ménager. Pour eux seuls, on a détaché, d'un projet de loi générale sur le droit d'association, le profit du « syndicat professionnel » (Rapport Barthe, Journal officiel, juin 1882. Doc. parlem. Sénat, p. 68, nos 476 et s.). Tant pis pour les autres ! Mais maintenant que « l'ensemble des citoyens » est appelé à jouir de la liberté qui, pendant dix-sept ans, a été le « privilège » des ouvriers, à quoi bon ces statuts multiples et inégaux ? Si l'abolition des privilèges, d'en haut ou d'en

projet de loi modifiant la loi de 1884 sur les syndicats professionnels » (Ch. des députés, séance du 12 avril 1906. Journal officiel, 13 avril 1906. Chambre, p. 1750, 2e col.) ; il ajoutait à la tribune du Sénat : « Il est possible, il est nécessaire que le Parlement procède à une refonte de la loi de 1884 » (Sénat, séance du 14 avril 1906. Journal officiel du 15 avril).

1. Il faudra, « quand toutes les lois particulières auront prévu tous les cas, établir enfin, passant du particulier au général, la loi-synthèse de l'Association » (H. Brice, *Le droit d'association et l'État*. Paris, Rousseau, 1893, p. 22).

bas, n'est pas un vain mot, le même traitement doit être l'apanage de tous. L'unité aurait encore le mérite de supprimer des incohérences et des conflits juridiques inextricables.

371. — Il semblerait que les socialistes de la Chambre des députés ne fussent pas éloignés de cette opinion. Dans l'interpellation ci-dessus rapportée (Ch. des députés, séance du 12 avril 1906) : « Jusqu'au moment, disait M. Sembat, où le Parlement aurait pu se prononcer sur le projet nouveau qu'on élabore, et *qui aur apour objet la fusion des lois de 1884 et de 1901...* » (*loc. cit.*, Journal off., 13 avril 1906, p. 1749, col. 1). Il y a là une indication qui permet d'espérer que quand le projet gouvernemental sera présenté aux Chambres, l'idée d'*unicité* et de fusion totale du « droit associatif » aura des tenants [1].

372. — Si le seul plan rationnel et logique d'une loi

---

1. En ce sens : Cail, *Personnalité des groupements à but non lucratif*, Gaz. des tribunaux, 26 nov. 1905 : « les Associations, celles régies par la loi de 1901 n'ayant pas, à tout prendre, un autre caractère que celles réglementées par la loi de 1884. » — L. Minot, *Revue maçonnique*, sept-oct. 1905, et mai 1906, p. 71 : « Au lieu de parer par des mesures volontairement restreintes aux besoins les plus urgents, le législateur ferait bien de refondre dans une loi générale le régime des associations. Ce serait plus long, mais ce serait plus logique et il n'y aurait plus ce disparat législatif dont les Associations souffrent tant actuellement. » — J. Épinay, *La réforme de la législat. des Associations*, Congrès du droit d'association. Paris, Rondelet, 1899, p. 133. — Albert Sorel, *Le Code civil*; *Centenaire*, I, Paris, 1904, Introduction, p. XVII. « L'unification des lois civiles est une des formes de cette tendance à l'unité qui semble diriger toute notre évolution nationale. » — A. Houdard, *De la liberté d'association*. Paris, Guillaumin, 1904, p. 45 : « Avant toutes choses, édifier une loi générale sur les personnes morales. » — Pichon, *Les caractères distinctifs des Associations soumises à la loi du 1er juillet 1901*, 1905, p. 5 : « Il s'en faut qu'une loi unique fixe les conditions auxquelles les individus peuvent rejoindre leurs efforts en vue d'une fin déterminée ! »

unique l'emporte dans les délibérations des législateurs, il conviendra qu'elle réalise, au profit de tous, l'élargissement qui est réclamé aujourd'hui pour la future loi des syndicats : « La loi de 1884 n'a fourni en réalité que des demi-syndicats : il s'agit d'arriver à des syndicats véritables ayant une personnalité civile complète, une capacité illimitée de posséder, de recevoir par donation ou testament, etc. On se trouvera alors en présence de vrais syndicats, propriétaires et responsables. On établira un commencement de propriété ouvrière et peut-être aussi par là opposera-t-on une barrière au collectivisme proprement dit [1]. »

373. — Rien de mieux ; à la condition qu'une telle loi soit à la disposition de tous les citoyens et non des seuls ouvriers. Ce ne serait pas la peine d'avoir accumulé les Révolutions dans le but de jeter bas les privilèges d'en haut pour les reconstruire à un autre étage.

On ne comprend pas la raison pour laquelle les faveurs législatives iraient aux fumistes, zingueurs, épiciers, limonadiers, coiffeurs, etc., de préférence aux architectes, ingénieurs, artistes-peintres, etc.? Les uns comme les autres ont leur place marquée dans la Cité ? Parmi les professions libérales pourquoi celle des médecins, de par son statut spécial de 1892, serait-elle mieux traitée que celle des arpenteurs-géomètres ou des experts-chimistes ? Comment admettre que la corporation des laitiers, des bouchers, des employés de bazar, etc., aura la capacité d'ester en justice, de posséder, d'acquérir à titre onéreux

1. G. Blondel, Évolution sociale en France, *Blätter f. vergleich. Rechtswiss.* (F. Meyer), juillet 1906, p. 178. — Cf. G. Méry, *Les deux journées*, la Libre Parole, 20 avril 1906.

ou gratuit, — et nous sommes d'avis que la loi nouvelle leur confirme cette capacité dans la plus large mesure
— alors que ces facultés primordiales seraient refusées à
des êtres moraux à but idéal comme l'œuvre de la Pro-
pagation de la foi ou de la Franc-Maçonnerie, à des êtres
moraux à but utile comme le Touring, l'Automobile ou
l'Aéro-club ?

Une loi générale sur le droit d'association — une, dans
ses dispositions fondamentales, — libérale dans les facultés
reconnues à l'être moral et respectueuse de l'indépendance
de ce dernier dans ses rapports avec l'État, — impartiale
envers tous les groupements, quel que soit leur idéal — ne
retenant contre eux que les sanctions du droit commun, —
telle est la loi à laquelle il faudra aboutir. On ferait mieux
d'y arriver tout de suite.

374. — La mise à l'étude de la législation plus
modeste, annoncée par le ministère, a été promptement
organisée. Dans un rapport adressé, trois semaines plus
tard, à M. Fallières, président de la République française, le président du Conseil des ministres s'exprime
ainsi : « Paris, 21 mai 1906. Monsieur le Président. La
« loi du 1ᵉʳ juillet 1901 qui a consacré la liberté d'asso-
« ciation a reconnu à tous les citoyens le droit de se
« concerter pour la sauvegarde de leurs intérêts *moraux* et
« *matériels*. Mais en raison de la diversité et de la com-
« plexité de ses objets, elle n'a pas accordé à toutes les
« associations indistinctement, quelles qu'en fussent la
« nature et la forme, les droits spéciaux que la loi du
« 21 mars 1884 confère aux syndicats professionnels.
« Ces droits spéciaux ne sont, en effet, consacrés par cette

« dernière loi qu'en raison de son caractère limitatif qui a
« expressément restreint le but des syndicats à l'étude et à
« la défense des intérêts économiques, industriels, com-
« merciaux et agricoles. Il suit de là que les personnes
« dont les intérêts professionnels ne sont pas exclusive-
« ment économiques, industriels, commerciaux et agri-
« coles — et notamment les agents de l'État — ne peuvent
« invoquer les dispositions de la loi du 21 mars 1884 pour
« constituer des syndicats professionnels, mais il sera
« permis de se demander si certaines dispositions des lois
« de 1884 et de 1901 ne pourraient être conciliées et fon-
« dues dans un même texte. La loi nouvelle définirait nette-
« ment, pour les fonctionnaires, l'exercice du droit d'asso-
« ciation et leur donnerait à ce point de vue l'avantage
« d'un statut régulier..., il paraît impossible de recourir,
« pour la défense de leurs intérêts particuliers, à la
« grève... [1] » (Journal offic , 22 mai 1906, p. 3529).

[1]. Il convient de rendre hommage au rédacteur de ce rapport ; il a
réussi, par un ingénieux agencement des mots, à colorer d'une apparence
de don juridique et volontaire une concession, imposée par les nécessités de la conservation d'une majorité parlementaire et, conséquemment, d'ordre purement politique.

Nous l'avons indiqué (n° 354), et nous le répétons, il n'y a aucun
gain juridique, solide et réellement appréciable pour un groupement, à ajouter au bénéfice du droit commun (loi de 1901) celui du
droit spécial (loi de 1884), désormais réduit à une valeur simplement
historique. Le droit commun absorbe le droit spécial et l'élargit.

Le seul avantage — qui n'a rien à voir « avec leurs intérêts *moraux* et
matériels » — est pour les groupements de fonctionnaires, en se transformant « d'associations amicales » en « syndicats », de pouvoir se
relier aux Bourses de travail; par le moyen de celles-ci, ils s'incor-
porent à l'organisme syndicaliste, c'est-à-dire à la Confédération
générale du travail, dont le programme, loyalement proclamé, est
de bâtir une Cité neuve, éclatante de justice et de lumière, sur les ruines
de la Cité ténébreuse et dolente où nous languissons.

« Le syndicalisme emploie pour arriver à ses fins, le boycottage, le

Là-dessus est intervenu le décret présidentiel du 21 mai 1906, nommant une « Commission composée de représentants de tous les départements ministériels et chargée d'élaborer un projet de loi tendant à accorder aux associations formées entre fonctionnaires ou agents de l'État et des administrations publiques, certains des droits conférés pas la loi du 21 mars 1884 aux syndicats professionnels » (Journal off., ibid., p. 3580).

375. — La querelle sur le « droit au syndicat » à accorder ou à refuser aux employés et fonctionnaires de l'État pourrait recevoir une solution prompte et imprévue. Un acte du Gouvernement y pourvoirait, sans intervention du Parlement dont on économiserait l'éloquence et les controverses.

Personne ne conteste à cette catégorie de travailleurs le bénéfice de la loi du Iᵉʳ juillet 1901 ; le droit commun d'association leur appartient comme à tous les citoyens. La preuve en résulte des nombreuses « associations amicales » qu'ils ont fondées. Ce qu'ils réclament, et ce que les partis « révolutionnaires » exigent pour eux, sous l'étiquette économique du « syndicat », c'est le droit politique de s'affilier aux Bourses de travail. Le prix de la campagne engagée est tentant ; il consiste dans l'appoint d'une énorme force sociale venant renforcer l'armée syndicaliste, que les membres du comité de la C. G. T. (Confédération générale

sabotage, les grèves partielles ; et enfin, pour précipiter la chute de la société actuelle il éduque et prépare les travailleurs à agir par la grève générale expropriatrice » (Jean Latapie, *Partis politiques et Syndicalisme*, Tribune syndicale, Journal l'humanité, de J. Jaurès, nᵒ du 23 sept. 1906).

du Travail), ses chefs provisoires et déjà discutés, mènent à l'assaut de la Cité actuelle [1].

Pour leur permettre d'atteindre ce but, le procédé légal est à la portée de la main. Les Bourses de travail ont été organisées par voie de décret (D. du 27 juillet 1900[2] ; D. du 10 août 1905). C'est l'art. 2 du décret de 1900 qui ouvre la porte des Bourses de travail aux syndicats ; il peut l'ouvrir à d'autres groupements ; il n'y a qu'à compléter le texte malléable de l'art. 2 par un troisième décret où l'on intercallera les mots que nous écrivons en italique : « Les syndicats professionnels *et les associations* d'ouvriers et d'employés *même au service de l'État, les associations d'insti-tuteurs, d'agents de police,* etc., légalement constitués suivant les prescriptions de la loi du 21 mars 1884 *ou de la loi du 1er juillet 1901*, etc., sont admis à occuper un local de la Bourse du travail [3]. »

Les décrets sont essentiellement des actes du Pouvoir exécutif. On le voit, il suffirait d'un peu de bonne volonté de la part du Gouvernement, — pour fournir des armes à ses adversaires. Sa générosité ira-t-elle jusque-là ?

376. — Mais revenons aux projets en chantier. Le Gouvernement a déclaré au Parlement que cette modi-fication législative élaborée dans les conditions indi-

1. V. Discours de M. Clémenceau, ministre de l'Intérieur, Chambre des députés, Journ. off., 19 juin 1906, p. 2001, col. 5.
2. Le décret du 17 juillet 1900 est intervenu après les scènes dont la Bourse du travail avait été le théâtre et qui avaient obligé les syndicats de véritables travailleurs à se retirer (v. le détail des dévastations, l'Éclair du 21 avril 1905).
3. L'art. 2 du décret du 17 juillet 1900 est la clef de la situation. Car l'art. 10 permet à tous les groupements, qui sont admis à son bénéfice, de conquérir la direction des Bourses de travail.

quées *supra*, n° 369, lui serait soumise, « à bref délai »,
en même temps que des modifications à la loi sur les
syndicats. « Nous vous demanderons aussi, disait M. Sar-
« rien, président du Conseil, garde des Sceaux, ministre de la
« Justice, à la séance de la Chambre des députés du 12 juin
« 1906, de modifier la loi de 1884 en supprimant les délits
« et les pénalités d'exception[1] et en accordant aux syndi-
« cats le droit de posséder[2] et la capacité commerciale. Nous
« vous proposerons d'étendre le bénéfice de cette loi à

[1]. L'art. 9 de la loi du 21 mars 1884 punit d'une amende de 16 francs
à 200 francs les directeurs ou administrateurs des syndicats, pour les
infractions aux formalités prévues par les art. 2, 3, 4, 5 et 6 de la loi.
L'amende peut être élevée à 500 francs en cas de fausse déclaration relative
aux noms et qualités des administrateurs. S'agit-il d'effacer ces sanctions
légères ? Évidemment non ; l'art. 8 de la loi de droit commun du Ier juillet 1901 les a au contraire augmentées.
Il s'agit de supprimer les art. 414 et 415 C. P. qui répriment spécialement les atteintes, concertées ou non, à la liberté du travail, pour s'en
tenir au droit commun. Cette suppression compte des partisans autorisés : Garraud, *Droit pénal* (t. VI, n° 2436) ; L. Barthou, *L'action syndicale*, Paris, 1904, p. 268 et s. Après la terrorisation des majorités par les
minorités jusqu'au sein des syndicats rouges, après les violences inin-
terrompues, au cours de 1906, à Fressenville, à Lens, à Denain, à Henne-
bont (v. les faits énumérés par M. Clémenceau, ministre de l'Intérieur,
dans son remarquable discours à la Ch. des députés, le 18 juin 1906,
Journ. off., 19 juin 1906, Chambre, p. 1995 et s.), à Grenoble, etc. en
face de la prédication de l' « action directe » et de l'appel à l'insurrection, au meurtre et au pillage, — n'ont-ils pas changé d'avis ?
A des adversaires résolus et agissants (v. les citations faites à la tribune par M. Clémenceau, ministre de l'intérieur, Journ. off., 19 juin
1906, Chambre, p. 2001, col. 3), il y a un sentiment qu'il est préférable
de ne pas inspirer, celui de la pitié.
MM. J. Coutant, Allard, Allemane, Basly, Guesde, Jaurès, Fournier,
Brousse, Pressensé, Sembat, Rouanet, Vaillant, Wilm et autres députés,
ont déposé à la séance de la Chambre des députés, le 3 juillet 1906
(Annexe n° 194), une proposition de loi tendant à l'abrogation des
art. 414 et 415 du Code pénal.
[2]. L'octroi aux syndicats du « droit de posséder » est excellent ; mais,
alors, jusqu'ici, malgré la jurisprudence, ils ne l'avaient donc pas ?

« d'autres catégories de citoyens en refusant aux fonction-
« naires le droit de grève » (applaud. au centre et sur divers
bancs à gauche). — « M. Édouard Vaillant : ils le prendront
« si on ne leur donne pas » (Journal officiel du 13 juin
1906. Ch. des députés p. 1936, col 3). A la même séance,
M. Millerand, député, déposait également un projet de loi
modifiant la loi de 1884 sur les syndicats (Journ. off.,
ibid., p. 1538, col. 1).

377. — Le « droit de grève », dont il était parlé à la
Chambre des députés, scientifiquement, notre droit positif
l'ignore (v. dans les dictionnaires de Littré, 1873, et de Hatzfeld, 1900, le sens étymologique et historique de ce mot
qui désignait autrefois une place publique où se réunissaient les ouvriers sans travail) ; il est employé cependant [1] ;
— et même exclusivement, dans les syndicats ouvriers [2] ;
mais il n'y faut voir qu'une tournure elliptique de langage.
De même, il n'y a pas de « délit de grève [3] », mais un
délit prévu par les art. 414 et 415 C. P. et dénommé : délit
d'entrave à la liberté du travail (Montpellier, 18 mai 1905.
Monit. judic. du Midi du 10 juin 1906).

378. — Mais, depuis la modification du Code Pénal par la
loi du 25 mai 1864, il y a suppression de l'ancien délit de
coalition, et indirectement reconnaissance du « droit de coa-

1. Millerand, *Le droit de grève*, Conférence à l'Association internat.
pour la protection légale des travailleurs. Petit Temps, 1er juillet 1906.
2. V. l'Ordre du jour de l'Union des Syndicats parlant de la violation du « droit de grève ». *Troubles de Grenoble* (Le Temps, 21 sept.
1906).
3. De Monzie, *De la suppression du délit de grève*. Revue bleue, 9 janvier 1904, p. 42.

lition » [1]. La coalition n'implique pas nécessairement la grève qui est la suspension brusque du travail [2] ; elle peut aboutir soit à la continuation du travail à des conditions immédiatement agréées, soit à la grève, moyen de contrainte pour les obtenir. La loi du 25 mai 1864 a procédé par retouches des art. 414, 415 et 416 C. P. : « Il n'y a pas de droit de coalition dans la loi nouvelle, disait M. Rouland, mais un délit de coalition qui existait avec la législation de 1849, et n'existe plus avec la législation de 1864 » (Sénat, 17 mars 1864, Moniteur du 18, p. 780, col. 3 et 4). — Le rapporteur, M. Émile Ollivier, ajoutait : « Qu'est-ce en effet qu'une coalition ? L'accord intervenu entre plusieurs patrons ou ouvriers d'exercer simultanément le pouvoir qui appartient à chacun d'eux en particulier de débattre le salaire, de refuser ou d'offrir le travail. Si un ouvrier peut, sans s'exposer à aucune répression, débattre les conditions de son travail, l'accorder ou le refuser, pourquoi plusieurs ouvriers réunis ne pourraient-ils faire de même ? » Rapport nᵒ 6. Mais M. Émile Ollivier poursuit : « La coalition n'est pas l'association. »

1. Aussi, MM. Coutant, Allard, Allemane, Basly, Guesde, Jaurès, etc., dans leur proposition de loi du 3 juillet 1906 (v. *supra*, p. 234, note 1, *in fine*) observent-ils une terminologie exacte en parlant de « droit de coalition ».

2. A la condition de ne pas rompre le contrat de travail, c'est-à-dire de ne pas se mettre en grève, avant d'avoir rempli ses engagements (Tribun. civil Seine, 7ᵉ ch., prés. M. Salvador, 9 mai 1906, infirmant un jugement du Conseil des prud'hommes du 10 mars 1906. Gaz. des tribunaux, 22 sept. 1900).

Si les Syndicats poursuivent leur orientation actuelle, il y a peu de doute qu'ils n'obtiennent d'inscrire dans la législation future, la faculté unilatérale de respecter ou de violer le contrat de travail, *ad nutum*.

379. — Pour les auteurs de la loi de 1864, il ne peut s'agir que d'une *entente momentanée*. La loi de 1864 n'admet que les coalitions *accidentelles* et non les *coalitions permanentes* [1].

380. — Il a fallu la loi du 21 mars 1884 pour légitimer l'exercice du droit de coalition par des associations professionnelles, c'est-à-dire pour rendre licite une entente « permanente » dans le but de refuser collectivement le travail en déclarant la grève [2] ou d'offrir le travail à des conditions fixées par le groupe des intéressés. « Désormais le droit de coalition peut être exercé par des associations, mais sous la condition qu'elles soient constituées à titre d'*associations professionnelles*, c'est-à-dire conformément aux prescriptions des art. 4 et 7 de la loi du 21 mars 1884 » (Répert. Fuzier-Herman, v° Coalition, n° 50, t. II. 1894).

381. — La question se réduit donc à savoir si, dans l'état

1. Cass. civ., 23 fév. 1866, S. 66. 1. 129. — Cass. civ., 7 fév. 1868, S. 69. 1. 42. — Cf. J. Drioux, *Les associations*. Paris, 1884, p. 265

2. Si notre droit positif ne parle exactement que du « droit de coalition » et non du droit de grève, il n'en est pas moins vrai que là où la coalition pour cesser le travail par mesure concertée est licite, la grève qui en est l'aboutissant direct est licite également. C'est ce qui explique l'adoption du terme impropre de « droit de grève ».

L'exercice de la grève est légitime : Cass. req., 18 mars 1902 ; aff. Loichot, D, 1902. 1. 323.

Cons. Garraud, *Droit pénal*, V (1894), n°s 420 et s. — Fabreguette, *Le contrat de travail*, Paris, 1896, p. 61. —

Cons. Bouloc, *Les grèves* (th.), Paris et Toulouse (1897). — Hamelet, *La grève* (th.), Paris, 1903, p. 85. — Tirlemont, *Nature jurid. du droit de grève* (th.), Paris, 1904.

Il faut donc reconnaître qu'aujourd'hui, par suite d'un transport de signification dans les mots, que la science subtile des grammairiens dénomme hypallage ou métonymie, le « droit de grève » a remplacé le « droit de coalition » — jusque sous la plume des juristes.

actuel de la législation (octobre 1907), les employés et fonctionnaires de l'État jouissent du « droit de coalition », et s'il convient, au cas où ils ne l'auraient pas, que la loi nouvelle le leur donne[1].

Exemple : Le programme de l'Ecole des Hautes-Etudes sociales (Paris, 16, rue de la Sorbonne) pour l'année scolaire 1907-1908 annonce les conférences suivantes : Du droit de grève par Ch. Gide ; A qui doit être reconnu le droit de grève ? par Berthélemy et Eug. Fournière ; Comment concilier le droit de grève avec la liberté du travail ? par P. Bureau ; Quels sont les actes licites et illicites impliqués dans le droit de grève ? par Keufer, etc.

Parmi les socialistes, quelques-uns songeraient même à incorporer le « droit de grève » dans le droit positif. « Chaque fois qu'un conflit apparaîtrait comme imminent, il suffirait de faire procéder au lieu du conflit, à un vote, les ouvriers intéressés. Si la majorité décide la grève, la minorité devra s'incliner. Si au contraire elle se prononce pour la continuité du travail, la minorité devra également se soumettre à la majorité. Alors une fois la grève décidée, le patron n'aura plus qu'à fermer son usine, parce que il ne sera plus, comme on dit, « protégé ». Plus de troupes, plus de gendarmes pour escorter les renégats supprimés par ce fait, et plus, par conséquent de meetings, de bagarres et d'arrestations » (V. Renard, *La grève légale*, L'Humanité, 25 juillet 1907). L'auteur rapporte que cette proposition a été anciennement soutenue par M. Jules Guesde. — Il sera permis de faire observer que le procédé légal ne rentrerait pas dans « l'action directe » préconisée par les syndicalistes ; aussi M. P. Delessalle écrit-il : « Réglementer le droit de grève de quelque façon que ce fût serait en restreindre la pratique, et seuls les employeurs peuvent y avoir intérêt *(Les grèves*, 1905 ; la Voix du peuple, 8-15 juillet 1906).

M. G. Sorel fait ressortir les défauts pratiques de l'idée de « grève légale » : *L'avenir socialiste des syndicats*, Note A (Grèves), Paris, Jacques, 1901, p. 61. — M. Louis Revelin la combat aussi : un Parlement bourgeois ne la votera pas ; « quand le parti socialiste et la classe ouvrière auront assez de puissance pour faire la loi, ils n'auront plus besoin de cette mise en interdiction du capital parce qu'ils pourront inaugurer le régime socialiste lui-même. » (L. Revelin, *La grève et la loi*, L'Humanité, 5 août 1907).

1. Consulter sur la question : H. Berthélemy, *La crise du fonctionnarisme* (Quest. prat. de lég. ouvrière, Dir. P. Pic, juin 1906, p. 161). — Id., *Les syndicats de fonctionnaires* (Revue de Paris, 15 février

382. — *Lege latá,* les fonctionnaires et employés de l'État peuvent convenir entre eux qu'ils n'accorderont leur temps et leur intelligence à l'État, comme à un patron quelconque, qu'à des conditions déterminées. Il leur est loisible d'avoir à ce sujet une « entente momentanée ». Ce qui leur est interdit — ou tout au moins rentre dans le domaine de la controverse — parce que les agents de l'État n'appartiennent pas, à raison de leur caractère, à la catégorie des travailleurs pour qui la loi de 1884 a été faite — c'est d'exercer « associativement » le droit de coalition, quel que soit son aboutissement : pourparlers, accommodements ou grèves.

Si la loi en préparation leur accorde sans correctif le droit

1906, p. 883). — F. Faure, *Les syndicats de fonctionnaires* (Rev. polit. et parlement., 10 mars 1906). — L. Duguit, *id.*, ibid., 10 avril 1906. — Paul-Boncour, *Les syndicats de fonctionnaires*, Paris, Cornely, 1906. — Paul Louis, *Du principe d'autorité*, Mercure de France, juillet-août 1906, p. 15. — L. Minot, *Grèves de salariés, syndicats* (Revue maçonnique, mai 1906). — M. Leroy, *Le Droit des fonctionnaires*, Paris, 1, rue Jacob, 1906, p. 62; en annexe, dans cet ouvrage : Lettre de M. P. de Pressensé, député, présid. de la Ligue des droits de l'homme au ministre du commerce du 5 octobre 1905, p. 114; lettre du même au ministre de la justice, du 28 octobre 1905, p. 135. Note-circulaire de M. Dubief ministre du commerce du 7 septembre 1905, p. 126. — G. Cahen, Études sur les *Associations de fonctionnaires*, Revue bleue du 3 juin au 26 août 1905. — Paul Louis, *Socialisme et syndicalisme*, ibid., 7 octobre 1905. — G. Lanson, *Associations ou syndicats*, ibid., 2 déc. 05. — G. Fagniez, *Les syndicats professionnels*, La Réforme sociale, 1904, p. 750. — J. Dhur, *Les fonctionnaires hors la loi*, le Journal, 10 déc. 04 — *Le gouvernement et les syndicats de fonctionnaires* (Les Débats, 24 septembre 1906). — Ch. Valframbert, *Les syndicats de fonctionnaires et le droit de grève* (La Liberté, de l'Eure, 3 février 1907), etc. — E. Borel, *Les fonctionnaires et l'Etat*, Revue du mois, 10 juillet 1907, p. 88. — A. de Mun, *L'Etat et les fonctionnaires*, Revue hebdomadaire, 3 août 1907. — P. Pictet, *Droit de coalition et grève des fonctionnaires en Suisse*, Annales du Musée social, juillet 1907, p. 238. — Fuster, *Les associations des fonctionnaires en Allemagne*, ibid., p. 239.

au syndicat, ils auront du même coup acquis le « droit à la coalition », dont la grève est un des corollaires.

383. — Au cas où la loi nouvelle leur refuserait le « droit à la coalition » et les maintiendrait dans le *statu quo*, les fonctionnaires et employés de l'État le prendront-ils ?

S'ils le prennent, comme le prédit M. Vaillant (*supra*, n° 376), ils commettront une infraction aux lois actuelles. Alors même que des pénalités spéciales ne seraient pas édictées par la loi nouvelle, à quelle répression seraient-ils exposés ? S'ils se constituent en syndicats et n'en remplissent pas les formalités, seront-ils exposés à l'amende de 16 à 500 francs prévue à l'art. 9 de la loi du 21 mars 1884 ? de plus, le ministère public pourra-t-il poursuivre la nullité du syndicat, comme illicite [1] ? C'est une question qu'il ne faut pas se hâter de trancher affirmativement.

---

1. Le Gouvernement paraît devoir prendre cette mesure contre certains syndicats formés en dehors des catégories spéciales prévues par la loi. « Aux premiers jours de juillet 1907, la Bourse du travail d'Auxerre était avisée par le ministère du Travail qu'après examen des statuts des syndicats existants dans l'Yonne au Ier janvier 1907, il a été remarqué que deux d'entre eux — celui des Dames réunies et celui des Professions diverses — ne remplissaient pas les conditions stipulées par la loi de 1884... Or, cela ne peut entraver en rien leur fonctionnement ; tout au plus peuvent-ils être privés des « avantages » que procure la loi de 1884. La constitution de syndicats suivant les formes indiquées par la loi n'a rien d'obligatoire. Les organisations ouvrières ont toute liberté pour se créer et fonctionner en marge de la loi. » (E. Pouget, *Le Ministère du travail*, l'Humanité, 27 juillet 1907). Ce point de vue est juridique depuis la loi du Ier juillet 1901.
Il y a là un exemple frappant de l'incohérence juridique qui est la conséquence de la superposition des lois de 1884 et de 1901 ; ainsi se justifie le desideratum d'un droit associationnel uniforme (v. *supra*, n° 370-371 et la note 1). Mais, nous le répétons, ce droit devra être le même pour tous, et non l'apanage d'une classe ou d'une fraction de citoyens,

384. — Tout syndicat professionnel irrégulier constitue depuis la loi du 1er juillet 1901 (art. 2) au moins
une « Association déclarée ». De telle sorte qu'il
semble qu'un groupement, imparfait comme syndicat
professionnel et non admis dès lors aux avantages de
la loi de 1884, retombe automatiquement dans l'une
des catégories légalement reconnues par la loi de 1901,
« l'association déclarée » [1]. La seule conséquence serait une
capacité différente, — que nous ne considérons cependant
pas comme inférieure à la capacité syndicataire (v. *supra*,
n° 355 et s.).

384 *bis*. — Enfin, — sauf la distinction célèbre entre les
« agents d'autorité » et les « agents de gestion », — application pourra être faite, aux premiers tout au moins, de
l'art. 123 Code P. qui interdit aux fonctionnaires de se
coaliser [2]. Mais où est le Garde des sceaux qui prescrira à ses
Parquets de telles poursuites ? Et, quelle que soit la violence

à l'exclusion des autres. « Point de privilèges, point de faveur à un
individu ou à un groupe d'individus ; car en favorisant certains intérêts
particuliers, on néglige forcément, ou même, on lèse d'autres intérêts particuliers, et cela du même coup est contraire à l'intérêt général » (G. Renard, *Le régime socialiste*, 5e éd., Paris, Alcan, 1905, p. 12).

« Il [l'Etat] doit favoriser par une liberté absolue tous les groupements qui, loin d'être une menace dirigée contre lui, viennent coopérer
à son œuvre ou qui tendent sur tout à un but utile et sain » (Fr.
Thibault, *Les associations et leur capacité de recevoir*, Paris, 1904, p. 3).

1. Cf. Pic, *Législation industrielle*, Paris, 1903, 2e éd., n° 373.

2. C'est en vertu des art. 123 et 124 C. P. que, dans la crise viticole
qui désole quatre départements du midi, le Procureur général de la Cour
de Montpellier, en juin 1907, avait requis, et la Chambre des mises en
accusation de la même Cour décidé, l'inculpation et l'arrestation de Mar-
celin Albert, membre du comité d'Argeliers, du Dr Ferroul, maire démissionnaire de Narbonne, Faucilhon, 1er adjoint démissionnaire de Carcassonne, Paulet, maire démissionnaire de Quarante, Casamia, maire
démissionnaire de Capestang, Reynes, 1er adjoint de Montpellier, etc.,

avec laquelle ait été exercé le soi-disant « droit de grève »,
confirmé par la grâce d'une loi nouvelle, de quel genre de
sanction le ministre disposera-t-il ? En aura-t-il d'autre que
de congédier momentanément les plus turbulents pour les
réintégrer bientôt dans leur ancienne situation ? La grève
des agents-postiers en 1906 et sa solution amnistielle
presque immédiate constituent un précédent édifiant.

385. — Quoi qu'il en soit une législation nouvelle
s'annonce plus prochaine. Les projets du Gouvernement se
confirment ; le cabinet Clémenceau partage les vues du
cabinet Sarrien auquel il succède. Dans la déclaration
ministérielle lue à la Chambre des députés par M. Clémenceau, président du Conseil des Ministres, ministre de l'intérieur, à la séance du 5 novembre 1906, un passage visait,
d'une part les modifications de la loi sur les syndicats,
d'autre part la « liberté de l'association professionnelle » à
octroyer aux fonctionnaires :

« En ce qui concerne les syndicats professionnels, le
Gouvernement vous proposera d'introduire dans la loi du
21 mars 1884 les améliorations dont l'expérience a démontré la nécessité. Le moment lui paraît venu d'accroître la
capacité des syndicats, d'assurer par des sanctions civiles

comme coupables de s'être concertés sur des mesures contraires aux
lois (coalition de fonctionnaires).

Les articles 123-125 C. P. ont reçu, depuis 1810, une si rare application, que le savant criminaliste, M. le professeur Garçon, a pu écrire :
« Ces textes ont été inspirés par le souvenir de l'ancien régime où ces
coalitions s'étaient souvent produites ; mais on n'a pas songé à les
appliquer depuis la promulgation du C. P. et on a pu dire qu'ils constituaient aujourd'hui des crimes théoriques » (Garçon, *Code pénal annoté*,
Paris, 1901, p. 270, note 1). Cependant, après un sommeil presque
séculaire, ces articles trouvent, dans le malheur de nos compatriotes
méridionaux, l'occasion de se réveiller.

leur droit de se constituer et de se développer[1] ; il demandera en outre que la répression des atteintes à la liberté du travail soit restituée à la législation du droit commun.

« En même temps, le Gouvernement vous soumettra, pour régler le statut des fonctionnaires, un projet de loi qui, en assurant la liberté de l'association professionnelle et en la garantissant contre l'arbitraire, les maintiendra dans l'accomplissement de leur devoir envers l'État, responsable des services publics » (Journ. officiel, 6 novembre 1906, Ch. des députés, p. 2387).

Et à la séance du 8 novembre 1906, le titulaire du ministère complémentaire qui vient d'être créé sous le nom de Ministère du travail et de la prévoyance sociale, M. Viviani, s'exprimait ainsi : « C'est aussi cette liberté

---

1. Depuis 14 ans bientôt les propositions de loi modificatives de la loi du 21 mars 1884 sur les Syndicats se sont succédé au Parlement : Proposition Sembat (n° 320, Ch. des députés, 20 janvier 1094 ; rapport A. Lebon, n° 439). — Proposition Groussier (n° 657, Ch. des députés, 28 mai 1894). — Proposition Basly et Lamendin (n° 1606, Ch. des députés, 12 nov. 1895). — Projet du gouvernement pour la répression des atteintes portées à l'exercice du droit des syndicats (Ch. des députés, Séance du 4 février 1896, J. off., 5 fév. 1896, p. 167). — Propositions Dansette, Motte, de Pontbriand (n° 82, Ch. des députés, 20 juin 1898). — Proposition Lemire (n° 34, Ch. des députés, 12 juin 1906 ; n° 13, Ch. des députés, 12 juin 1906). — Proposition Millerand (n° 13, Ch. des députés, 12 juin 1906). — Proposition Vaillant (n° 498, Ch. des députés, 30 novembre 1906). — M. Louis Barthou avait déposé son rapport dès le 28 décembre 1903 sur l'ensemble de ces propositions, qui ont été reprises, comme il appert des dates ci-dessus, par leurs auteurs à la session de 1906 (V. texte du rapport Barthou, Annexe, n° 1418. Chambre, Annexes, Journ. off., 28 février 1904, p. 66), L'honorable député a publié une édition complétée, en un volume (L'action syndicale, Paris, Rousseau, 1904, in-18). On trouvera à la page 313 le texte des modifications proposées par la commission du travail de la Ch. des députés.

syndicale que nous ne voulons ni mutiler par la violence
ni tourner par la ruse, mais que nous voulons fixer
d'après la loi de 1884, que nous voulons respecter au
profit de ces syndicats qui sont le centre nerveux de l'organisme ouvrier.... Bien loin de diminuer cette liberté
syndicale, nous allons l'étendre en étendant la capacité
syndicale [1] » (Journ. off. du 9 nov. 1906, p. 2432, col. 2).

[1]. Les socialistes de nuances diverses voient avec défiance ces améliorations. L'idée de « capacité commerciale » (projet Barthou) est rejetée
par les socialistes parlementaires (V. exposé des motifs de la proposition
de loi sur les syndicats professionnels par MM. Vaillant, Allard, Allemane, Coutant, Pressensé, Rouanet, Sembat, Wilm, etc. — Ch. des
députés, annexe, n° 498, 2e séance du 30 nov. 1906. J. off., 30 avril
1907, Annexes, p. 204) : « La loi qui ferait du syndicat une société de
commerce, d'industrie ou d'échange, serait une loi de désorganisation syndicale et ouvrière ». — L'art 6 de la proposition Vaillant fait
cependant cette concession capitaliste : « Les syndicats professionnels ont
le droit d'acquérir sans autorisation des biens meubles et immeubles. »
Un grand nombre de catholiques repoussent la capacité commerciale,
(V. Barthou, L'action syndicale : opposition des socialistes à la capacité
commerciale, p. 190; opposition des catholiques, p. 202). — Au contraire, M. Jaurès trouve que si la Classe ouvrière la repoussait ce serait
« un aveu d'impuissance » et « qu'elle se frapperait elle-même pour
longtemps d'incapacité révolutionnaire » (Ibid., p. 215).
  Les syndicalistes révolutionnaires (fraction : nouvelle École Marxiste)
répudient logiquement toute organisation syndicataire par le moyen du
système législatif actuel, qui est un fonctionnement du régime capitaliste et qui aurait pour résultat de concourir à sa perpétuation. « Les
syndicats ne doivent pas rester dans la légalité : le syndicat ne doit
pas être une œuvre de conservation sociale, mais une œuvre de destruction capitaliste » (Bousquet, XVe congrès national corporatif d'Amiens,
Amiens, 1907, p. 142. — « ... porter à nos députés nos projets de loi,
je prétends que nous n'avons pas à le faire... Laissons donc au syndicat sa fonction de véritable lutte de classe. Que son action soit une
lutte incessante contre toutes les légalités, tous les pouvoirs...
(Merrheim, ibid., p. 153). — V. cependant Niel, ibid., p. 144
et s.; p. 149. — Le congrès d'Amiens a voté (loc. cit., p. 207 et 221)
au rapport de Vendangeon « de repousser par tous les moyens en son
pouvoir le vote du nouveau projet de loi sur les syndicats ».

385 *bis*. — Conformément à ses promesses, le Gouvernement a d'abord présenté un projet de loi portant abrogation des art. 414 et 415 C. P. (atteinte à la liberté du travail)[1]. Comme, à notre époque, la liberté du travail est scrupuleusement respectée, cette abrogation paraît opportune. En temps de grève, le droit au travail des dissidents, fussent-ils la majorité, en sera sans doute fortifié (cf. supra page 254, note 1).

Comme les Ordres mendiants, dans leur première ferveur, au début du XIIIe siècle, les syndicats révolutionnaires actuels dédaignent, et même redoutent, la faculté d'acquérir (« Le mécanisme du parti et des syndicats s'est alourdi [en Allemagne] dans la mesure où se remplissaient leurs coffres-forts. » R. Michels, *Les socialistes allemands et la guerre*, Mouvement socialiste, 15 fév. 1906, p. 139). — Même opinion, pour les mêmes raisons, sur les Trades-Unions anglais : « A l'absence des fortes caisses, les syndicats français suppléent par l'enthousiasme, l'énergie, le sentiment du sacrifice et le sens supérieur de la lutte ». Griffuelhes, *Les grèves et le syndicalisme français*, Mouvement socialiste, 15 mars 1906, p. 255).

Lire surtout les remarquables études de G. Sorel, *Réflexions sur la violence*, Mouvement socialiste, 15 janvier 1906, p. 5 ; ibid., 15 fév. 1906, p. 140 ; ibid., 15 mars 1906, p. 256 ; ibid., 15 avril 1906, p. 390 ; ibid., 15 mai et 15 juin 1906, p. 33.

1. Une proposition de loi en ce sens avait été déposée à la Chambre des Députés, le 3 juillet 1906, par MM. L. Coutant, Allemane, Guesde, Jaurès, etc. (V. supra, p. 254, note 1). Le gouvernement se l'est appropriée.

Sur le peu de profit, dans la répression, qu'apportera aux grévistes la suppression des art. 414 et 415 C. P., v. G. Sorel, *Le Prétendu Socialisme juridique*, Le Mouvement socialiste, avril 1907, p. 346 et s.

Voici le projet du gouvernement :

ANNEXE Nº 650. — (Chambre des Députés, Session ord. — Séance du 14 janvier 1907.) — Projet de loi portant abrogation des art. 414 et 415 du code pénal (atteinte à la liberté du travail), présenté au nom de M. Armand Fallières, Président de la République française, par M. Guyot-Dessaigne, garde des sceaux, ministre de la justice, et M. Viviani, ministre du travail et de la prévoyance sociale. — (Renvoyé à la commission de la réforme judiciaire et de la législation civile et criminelle.)

EXPOSÉ DES MOTIFS. — Messieurs, l'Assemblée constituante avait

385 *ter*. — Puis, le Gouvernement, sériant les questions associationnelles, a réservé pour une époque indéterminée

affirmé la liberté du travail, mais en même temps la loi des 14-17 juin 1791 proscrivait toute entente entre citoyens attachés aux mêmes professions, arts et métiers ; elle punissait toute coalition à son début, c'est-à-dire avant même que la cessation du travail se soit produite ou ait été tentée.

Sous l'empire du code pénal de 1810, les faits de coalition simple, résultant uniquement du concert des intéressés, sans violences, voies de faits, menaces ou manœuvres frauduleuses, demeura un délit, mais avec une condition nouvelle empruntée à la loi du 22 germinal an XI : la culpabilité devint en effet subordonnée à l'exécution ou à la tentative.

Cette législation subsista jusqu'à la loi du 25 mai 1864, qui, en modifiant les articles 414, 415 et 416 du code pénal, a supprimé le délit de coalition ; le législateur reconnaissait enfin dans l'accord des intéressés l'exercice le plus respectable de la liberté, de la liberté soit de travailler, soit de refuser son travail à certaines conditions.

Mais cette réforme était incomplète. D'une part l'art. 416 prohibait encore l'entente préalable en vue d'une atteinte au libre exercice du travail par amendes, défenses, prescriptions, interdictions. Ce texte, il est vrai, a disparu de nos lois en vertu de l'art. Ier de la loi du 21 mars 1884, portant en même temps abrogation de la loi de 1791.

Ainsi les dispositions restrictives édictées par l'Assemblée constituante et le Code pénal ont été successivement ou abrogées ou modifiées dans un sens plus libéral.

D'autre part, les art. 414 et 415 avaient maintenu à la coalition le caractère d'une infraction quand elle est amenée ou maintenue à l'aide de violence, voies de fait, menaces ou manœuvres frauduleuses, et la punissent plus sévèrement même si ces actes sont le résultat d'un plan concerté.

Le Gouvernement, fidèle à sa déclaration, croit le moment venu de faire un nouveau pas en avant et de restituer entièrement à la législation de droit commun la répression des atteintes à la liberté du travail.

Sous un régime de liberté, chaque ouvrier a la faculté intangible d'offrir ou de refuser son travail et d'en fixer les conditions. Plusieurs patrons ou plusieurs ouvriers peuvent évidemment, sans concert préalable, faire simultanément ce que chacun a le droit de faire en particulier. Comment ces actes licites, s'ils ne sont pas l'objet d'une entente, deviendraient-ils illicites et condamnables, s'ils ont été concertés entre ceux que réunit une communauté de besoins et d'intérêts ?

les améliorations de la loi syndicale [1] ; il a porté son acti-

Si une collectivité exerce parfois une pression morale sur ses membres qui ont librement accepté ses statuts, la loi pénale n'a pas à s'en préoccuper.

Le contrat d'association, comme tous les autres, comporte nécessairement pour ceux qui s'y engagent l'aliénation d'une partie quelconque de leur liberté.

Mais, si à l'occasion d'une coalition, des voies de fait, menaces, injures ou tous autres crimes ou délits caractérisés venaient à être commis, l'application des dispositions ordinaires de la loi, qui doivent suffire à tous et contre tous, en permettra la répression et garantira ainsi la liberté du travail et les droits de libre concurrence.

L'abrogation définitive des art. 414 et 415 du code pénal a d'ailleurs été proposée par M. Louis Barthou, dans un rapport déposé sur le bureau de la Chambre le 28 décembre 1903, au nom de la commission du travail, chargée d'examiner diverses propositions de loi tendant à modifier la loi du 21 mars 1884.

Nous avons en conséquence l'honneur de vous proposer le projet de loi dont la teneur suit :

Projet de loi. — *Art. unique.* — Les art. 414 et 415 du code pénal sont abrogés.

1. Il convient de noter que par les soins d'un jurisconsulte très pénétrant, M. Monier, alors directeur des affaires civiles au Ministère de la Justice, aujourd'hui procureur de la République à Paris, le gouvernement a fait préparer, en octobre 1906, un projet de loi remaniant la législation vieillie de 1884 sur les Syndicats. Le projet suppose malheureusement encore la co-existence des lois de 1884 et de 1901. Entr'autres améliorations, il contient : la possibilité de se syndiquer entre personnes, non seulement de même métier, mais de profession semblable ou connexe (art. 1) ; la faculté de se livrer au commerce (art. 4), d'acquérir sans autorisation, à titre gratuit ou onéreux (art. 4), de constituer des Unions (art. 6), l'admission de membres honoraires (art. 3), etc.

Nous sommes heureux de pouvoir donner ce document inédit. Il était précédé d'un exposé des motifs où on lit : « Il [le législateur] a manifesté qu'il était profondément pénétré de la nécessité d'accorder à ceux qui sont économiquement faibles et isolés, le moyen légal de trouver dans le nombre et la cohésion la force qui leur faisait défaut... Mais la loi de 1884 n'a été qu'une première étape dans la voie que le Parlement s'était tracée, tout en produisant d'importants résultats, elle a surtout fourni aux travailleurs l'occasion de faire l'apprentissage de la liberté syndicale. Aujourd'hui qu'ils sont formés à l'usage de cette liberté, le moment est venu de l'accroître encore, de

vité immédiate sur le statut des fonctionnaires; il a, le

fournir aux groupements syndicaux les instruments définitifs d'émancipation nécessaires à l'accomplissement intégral de leur rôle social et de la mission qu'ils doivent pouvoir remplir dans l'organisation libérale et démocratique de la France républicaine ».

PROJET DE LOI (non déposé au Parlement). Le président de la République Française. — Décrète : Le projet de loi dont la teneur suit sera présenté à la Chambre des députés par le Garde des Sceaux, Ministre de la Justice, et par le Ministre du Travail et de la Prévoyance sociale qui sont chargés d'en exposer les motifs et d'en soutenir la discussion :

Article premier. — Des associations peuvent se constituer, sous le nom de syndicats professionnels, entre toutes personnes exerçant, ou ayant exercé depuis moins de trois ans, la même profession, des métiers similaires ou des professions connexes, en vue de l'étude, de la défense et du développement de leurs intérêts économiques communs.

Pourront continuer à faire partie d'un syndicat professionnel, les personnes qui auront abandonné l'exercice de la profession pourvu qu'elles n'en exercent pas une autre. Seront seuls considérés comme ayant abandonné la profession, ceux qui durant trois années ne l'auront pas exercée. Toutefois, ceux qui n'auront quitté la profession que pour des causes indépendantes de leur volonté, pourront continuer à faire partie du syndicat.

Les personnes de l'un ou l'autre sexe qui seront chargées à un titre quelconque de l'administration ou de la direction d'un syndicat devront être de nationalité française, jouir de leurs droits civils et n'avoir pas subi une des condamnations auxquelles est attachée la privation des droits électoraux.

Art. 2. — Tout syndicat qui voudra bénéficier des avantages particuliers de la présente loi devra être rendu public par les soins de ses fondateurs.

A cet effet, ceux-ci déposeront à la préfecture du département ou à la sous-préfecture de l'arrondissement où sera situé le siège social du syndicat, les statuts et les noms, professions et domiciles de ceux qui, à un titre quelconque, seront chargés de la direction et de l'administration.

Ce dépôt sera renouvelé dans les trois mois à chaque changement de la direction, de l'administration ou des statuts. Ces changements ne deviendront opposables aux tiers, que du jour où cette formalité aura été accomplie.

Il sera donné récépissé de ces dépôts.

Art. 3. — Les statuts déposés devront obligatoirement déterminer avec précision :

11 mars 1907, présenté un projet de loi sur les « Associa-

L'étendue des pouvoirs délégués à chacun des directeurs et administrateurs ;

Les époques de renouvellement de la direction et de l'administration ;

Les conditions dans lesquelles des modifications aux statuts pourront être proposées, et le remplacement des directeurs et administrateurs pourra être demandé dans l'intervalle des renouvellements ;

Si le syndicat veut se livrer à l'industrie ou au commerce, les statuts l'indiqueront.

Ils détermineront dans tous les cas le mode de liquidation des droits appartenant dans l'actif aux membres qui cessent de faire partie du syndicat, ainsi que la destination des biens en cas de dissolution.

L'admission des membres honoraires sera licite ; ceux-ci ne pourront pas participer aux délibérations, ni prendre part aux votes.

Art. 4. — Les syndicats professionnels régulièrement rendus publics jouiront de la personnalité civile. Ils auront le droit d'ester en justice, et d'acquérir sans autorisation, à titre gratuit et à titre onéreux, des biens meubles et immeubles. Ils pourront emprunter, hypothéquer, donner en gage, transiger.

Ils pourront exercer l'action prévue à l'article 9 quand la partie lésée aura fait connaître son intention de ne pas l'exercer elle-même.

Ils pourront passer des contrats collectifs de travail, en surveiller et en assurer l'exécution.

Ils pourront se livrer à l'industrie et au commerce en se conformant aux dispositions ci-après.

Les syndicats de plus de sept membres seront admis à former des sociétés à responsabilité limitée régies par les lois du 24 juillet 1867 et du 1er août 1893, qui bénéficieront des exceptions suivantes aux dispositions desdites lois.

Le syndicat, personne civile, pourra être propriétaire de la totalité des actions. Dans ce cas, des syndiqués auront le droit d'être administrateurs sans être individuellement porteurs de parts ou actionnaires, et l'assemblée générale sera formée de mandataires désignés par le syndicat en assemblée générale, chaque mandataire possédant une voix, et tous étant considérés comme représentant chacun une part égale dans le capital social.

Si une société est formée par deux ou plusieurs syndicats, les statuts de cette société déterminent le nombre de mandataires délégués par chacun des syndicats actionnaires, tout délégué ayant une voix.

Quelle que soit l'importance du capital social, il pourra être divisé en actions ou coupures d'actions de 25 francs. La société ne pourra être

tions de fonctionnaires » où sont mêlées, suivant un savant

définitivement constituée qu'après la souscription de la totalité du capital et le versement en espèces, par chaque syndicat actionnaire, du quart des actions ou coupures d'actions souscrites par lui-même lorsqu'elles n'excèdent pas 25 francs. Si la société est à capital variable, le versement du dixième suffit.

Les syndicats pourront, en se conformant aux autres dispositions de la loi, constituer entre leurs membres des caisses spéciales de secours mutuels et de retraites. Ces caisses, ainsi que les sociétés prévues au paragraphe 5, devront avoir une administration et un patrimoine distincts de l'Administration et des biens du syndicat qui les aura constituées. Les syndiqués, administrateurs et directeurs du syndicat, pourront être également administrateurs et directeurs desdites caisses et sociétés.

Ils pourront librement créer et administrer des offices de renseignements pour les offres et demandes de travail.

Ils pourront être consultés sur tous les différends et toutes les questions se rattachant à leur spécialité.

Dans les affaires contentieuses, les avis du syndicat seront tenus à la disposition des parties qui pourront en prendre communication et copie.

Art. 5. — Tout membre d'un syndicat professionnel peut se retirer à tout instant de l'association, nonobstant toute clause contraire, mais sans préjudice du droit pour le syndicat de réclamer la cotisation de l'année courante, les cotisations versées restant la propriété du syndicat.

Dans aucun cas l'exclusion ne pourra être prononcée à titre disciplinaire contre un membre qui n'aurait pas été mis préalablement en demeure de présenter sa défense.

Toute personne qui cesse de faire partie d'un syndicat conserve le droit d'être membre des sociétés de secours mutuels et de pensions de retraite pour la vieillesse, des sociétés industrielles et commerciales, à l'actif desquelles elle a contribué par des cotisations ou versements de fonds.

Art. 6. — Les syndicats professionnels constitués conformément à la présente loi pourront, en France, former entre eux des unions en vue de l'étude de la défense et du développement de leurs intérêts économiques et communs.

Les unions, qui devront toujours être rendues publiques par l'accomplissement de formalités prévues aux articles 2 et 3 de la présente loi, pourront ester en justice ; elles pourront posséder les immeubles nécessaires à leurs bureaux, à leurs réunions et à leurs bibliothèques, cours d'instruction professionnelle, collections, laboratoires, champs d'expé-

dosage, les dispositions de la loi du 21 mars 1884 (Syndi-

rience, abris pour bestiaux, pour machines ou pour instruments, bourses du travail, ateliers d'apprentissage, hospices et hôpitaux et autres usages similaires. Elles pourront également posséder des immeubles destinés au logement de leurs membres.

Elles pourront disposer librement desdits immeubles.

Elles auront capacité pour recevoir des dons et legs avec affectation à ces institutions.

Art. 7. — Lorsque des syndicats ou des unions de syndicats auront acquis des biens contrairement aux dispositions des articles 4 et 6, la nullité de l'acquisition ou de la libéralité pourra être demandée par le Procureur de la République ou par les intéressés.

Dans le cas d'acquisition à titre onéreux, les immeubles seront vendus et le prix en sera déposé à la caisse de l'association. Dans le cas de libéralité, les biens feront retour aux disposants, ou à leurs héritiers ou ayants cause.

Art. 8. — Les infractions aux articles 2, 3, 4, 6, 7 de la présente loi, seront poursuivies contre les directeurs ou administrateurs du syndicat ou de l'union, et punies d'une amende de 16 à 200 francs.

Après une mise en demeure signifiée par le Préfet, d'avoir à se conformer aux dispositions susvisées, non suivie d'effet dans le délai d'un mois, les tribunaux civils pourront prononcer la dissolution du syndicat ou de l'union, à la diligence du Procureur de la République.

Art. 9. — L'entrave volontairement apportée à l'exercice des droits reconnus par la présente loi, par refus d'embauchage ou renvoi, mise en interdit prononcée par le syndicat dans un but autre que d'assurer les conditions du travail fixées par la loi, et la jouissance des droits reconnus aux citoyens par la loi, constituent un délit civil et donnent lieu à l'action en réparation du préjudice causé.

Art. 10. — Sont abrogés les articles 414 et 415 du Code pénal et la loi du 21 mars 1884.

Art. 11. — Il sera statué, par une loi particulière, sur les droits des associations de personnes qui, à un titre quelconque, sont au service de l'État, des Départements, des Communes et des Établissements publics.

Art. 12. — La présente loi est applicable à l'Algérie, à la Martinique, à la Guadeloupe et à la Réunion. Toutefois les travailleurs étrangers n'y pourront faire partie des syndicats.

Fait à Paris le... octobre 1906. — Le Président de la République française... — Par le Président de la République... — Le Président du Conseil, Garde des Sceaux, Ministre de la Justice... — Le Ministre du Travail et de la Prévoyance sociale...

Cf. texte du *Projet de loi sur les syndicats professionnels en Allemagne*

cats), de la loi du 1ᵉʳ avril 1898 (secours mutuel) et de la loi du 1ᵉʳ juillet 1901 (droit commun) : *Misce secundum artem* [1]. Au point de vue méthodique, le gouverne-

(gewerbliche Berufsvereine), L'association catholique, 15 mars 1907, p. 263.

— Le Conseil d'État (au contentieux) a rendu un arrêt notable le 3 août 1907 (texte inédit) dans l'affaire de la Chambre syndicale des Employés de la région parisienne (siège : 15, de la Reynie, Paris). Le Conseil a refusé de reconnaître la légalité de ce syndicat et son droit d'ester en justice : « Considérant qu'il résulte de l'examen des statuts que cette Association est formée par tous les employés des deux sexes occupés dans le commerce, l'industrie, le bâtiment, le transport, la banque, les administrations publiques et privées, etc. : qu'ainsi cette *Association formée entre personnes employées dans toutes les professions* n'est pas au nombre de celles auxquelles la loi du 21 mars 1884, reconnaît le droit d'introduire une action en justice pour la défense d'intérêts professionnels collectifs. »

Les organes syndicalistes (L'humanité, 6 et 7 août 1907) ont vivement critique cet arrêt. Juridiquement, il est irréprochable. Le coupable, c'est le système légal, hybride et confus, au milieu duquel le fait associationnel se débat. Aujourd'hui, les personnes « employées dans toutes les professions » peuvent *s'associer* (loi de 1901), mais non se *syndiquer* (loi de 1884). Cette distinction, exacte en droit positif, est intolérable en législation. Elle est d'autant moins défendable que dans l'une et l'autre de ces catégories. dont l'histoire seule explique la co-existence (supra, n° 370), les droits des intéressés sont d'égale valeur (supra, n° 355). Il est temps de fondre ces statuts divers en un « canon associationnel », unique, contenant pour tous la plus grande somme de liberté (supra, n° 373).

1. Nous donnons ce document à titre historique ; il marque le point de départ de la loi en formation. Il ne sera pas maintenu tel quel ; le travail des commissions lui réserve des modifications (v. infra, n° 385 *quinquies*).

ANNEXE N° 833. — (Session ord. — Séance du 11 mars 1907). — PROJET DE LOI sur les associations de fonctionnaires, présenté au nom de M. Armand Fallières, Président de la République française ; par M. G. Clémenceau, président du conseil, ministre de l'intérieur, et par M. Guyot-Dessaigne, garde des sceaux, ministre de la justice (Renvoyé à la commission de l'administration générale, départementale et communale, des cultes et de la décentralisation.)

EXPOSÉ DES MOTIFS. — Messieurs, parmi les questions qui sollicitent

ment s'éloigne de plus en plus du principe de l'unicité

d'une façon particulière et immédiate l'attention du Gouvernement, aucune n'est liée plus intimement à la bonne marche des services publics et, par suite, à l'intérêt même de tous les citoyens que celle du statut des fonctionnaires.

Aussi dans le programme de travaux législatifs qu'il s'était tracé à son arrivée au pouvoir, le Gouvernement avait jugé nécessaire d'envisager la solution prochaine de cette importante question, et il avait pris l'engagement de déposer un projet de loi qui, tout en maintenant les fonctionnaires dans l'accomplissement de leur devoir envers l'Etat responsable des services publics, leur assurerait la liberté de l'association professionnelle et les garantirait contre l'arbitraire.

Le Gouvernement tient aujourd'hui sa promesse et il soumet au Parlement un ensemble de dispositions qui lui paraissent réaliser le double but qu'il s'était proposé.

Résolu à donner aux fonctionnaires les droits qui appartiennent à tous les citoyens, il ne se réserve d'en contrôler l'usage que pour empêcher qu'ils ne puissent s'en servir que pour compromettre la marche des services publics ; c'est ainsi qu'il reconnaît à tous les fonctionnaires civils le droit de s'associer librement en vue de l'étude et de la sauvegarde de leurs intérêts professionnels. Et s'il soumet les associations ainsi créées à la formalité de la déclaration, par contre il leur laisse la faculté de se concerter et de s'affilier entre elles pour la protection de leurs intérêts communs.

Autorisées à se constituer librement, ces associations doivent pouvoir assurer leur existence matérielle ; dans ce but, le Gouvernement leur accorde le droit d'ester en justice, celui d'acquérir à titre onéreux, de posséder et d'administrer les cotisations de leurs membres, et un local de réunion, enfin la capacité de recevoir pour des œuvres d'assistance mutuelle, les dons et legs qui pourraient leur échoir.

Après leur avoir donné les moyens de se constituer et de vivre, il était indispensable de leur permettre de réaliser leur objet ; les associations de fonctionnaires jouiront, à l'avenir, de deux droits essentiels dont la loi leur garantira l'exercice ; d'une part, elles auront la faculté de présenter directement au ministre, après avoir avisé leurs directeurs ou directeurs généraux, les vœux qu'elles croiront devoir former sur des questions se rattachant à leurs intérêts professionnels. Elles pourront, d'autre part, poursuivre devant la juridiction compétente l'annulation des mesures prises contrairement aux lois ou aux règlements.

Mais, en raison de la liberté et des garanties qui seront ainsi assurées par la loi aux fonctionnaires civils, il a paru que les fautes contre la discipline qu'ils pourraient commettre, les agitations qu'ils tenteraient

(v. supra, n°s 370 et s.), pour se rallier à celui de la multiplicité.

en vue de porter entrave à la marche normale des services de l'Etat, deviendraient sans excuses ; aussi est-il légitime et nécessaire de prévoir des sanctions contre les cessations simultanées et concertées de service qui, si elles étaient tolérées, ne tarderaient pas à introduire dans les administrations des germes de désorganisation et de ruine.

Nous avons le ferme espoir que les fonctionnaires pénétrés de leurs devoirs envers l'Etat, mieux garantis de jour en jour contre l'arbitraire, libres désormais de s'associer pour la sauvegarde de leurs intérêts professionnels, sauront justifier la confiance qui leur est témoignée par le Gouvernement de la République.

Le projet actuel visant uniquement les fonctionnaires de l'Etat, un nouveau projet sera incessamment déposé pour fixer le statut des fonctionnaires départementaux et communaux.

PROJET DE LOI

ART. Ier. — Sont considérés comme fonctionnaires, pour l'application de la présente loi, tous ceux qui, en qualité de délégués de l'autorité publique, d'employés, d'agents et de sous-agents, font partie des cadres permanents organiques pour assurer le fonctionnement d'un service public régi par l'Etat.

ART. 2. — Les fonctionnaires civils (à l'exception des officiers de police judiciaires, énumérés à l'art. 9 du Code d'instruction criminelle et des agents du personnel chargés de la police) peuvent s'associer librement en vue de l'étude et de la sauvegarde de leurs intérêts professionnels.

Les associations ne peuvent être formées qu'entre fonctionnaires attachés à un même service ministériel ou à une même règle financière. Elles sont soumises à la déclaration et aux formalités prescrites par l'art. 5 de la loi du Ier juillet 1901.

ART. 3. — Les associations peuvent présenter directement aux chefs de leurs services et au ministre, après en avoir avisé leurs directeurs ou directeurs généraux, les vœux qu'elles croient devoir formuler sur les questions se rattachant à leur objet.

Elles ont le droit d'ester en justice sans autorisation spéciale.

Elles peuvent poursuivre devant la juridiction compétente l'annulation des mesures prises contrairement aux dispositions législatives et réglementaires, sans préjudice des recours individuels formés par les intéressés.

Elles peuvent acquérir à titre onéreux, posséder et administrer :

Nous voici menacés pour longtemps encore d'avoir à concilier les dispositions du droit commun associationnel

1º Les cotisations de leurs membres ou les sommes au moyen desquelles ces cotisations ont été rédimées.

Ces sommes ne pourront être supérieures à 500 fr.

2º Le local destiné à l'administration de l'association et à la réunion de ses membres.

Elles ont capacité pour recevoir, conformément à l'art. 910 du Code civil, des dons et legs dont le montant et les revenus ne peuvent être affectés qu'à la création ou à l'entretien des œuvres d'assistance mutuelle définies par l'art. 1er, § 1er, de la loi du 1er avril 1898.

Art. 4. — Les associations professionnelles régulièrement constituées entre fonctionnaires ne pourront se concerter ou s'affilier qu'entre elles et pour la sauvegarde de leurs intérêts communs.

Ces unions seront soumises aux règles prescrites par les § 2 et 3 de l'art. 5 de la loi du 21 mars 1884.

Art. 5. — Tout membre d'une association professionnelle peut s'en retirer à tout instant dans les conditions fixées par l'art. 7 de la loi du 21 mars 1884.

Art. 6. — Tout fonctionnaire qui, sans excuse légitime, simultanément avec d'autres et après une injonction à lui adressée, aura refusé sa coopération au service public auquel il est attaché, sera révoqué de sa fonction sans préjudice des sanctions pénales.

Tout fonctionnaire qui, par paroles, écrits ou menaces, en aura provoqué d'autres à refuser simultanément leur coopération aux services publics en vue d'en suspendre ou d'en empêcher le fonctionnement, sera puni d'un emprisonnement de six jours à six mois.

Si la provocation a été suivie d'effet ou si l'auteur de la provocation a usé de l'influence que ses fonctions lui donnent sur ses subordonnés pour les inciter à refuser le service, la peine pourra être portée à un an.

L'art. 463 du Code est applicable aux délits prévus par la présente loi.

Tout fonctionnaire condamné par application des §§ 1 et 2 du présent article, sera en outre puni d'interdiction de toute fonction ou emploi public pendant un an au moins et dix ans au plus.

Art. 7. — Seront punis d'une amende de 16 à 200 fr. et en cas de récidive d'une amende double, ceux qui auront contrevenu aux dispositions des art. 2 et 4 de la présente loi.

Les associations irrégulièrement formées pourront être dissoutes par jugement du tribunal civil prononcé à la requête de tout intéressé ou du ministère public.

de la loi du Ier juillet 1901, avec les dispositions spéciales de statuts propres à telle ou telle catégorie d'individus. Une pareille superposition n'a que des inconvénients [1] ; nous nous réservons d'y revenir dans notre Tome second.

385 *quater*. — Le projet gouvernemental a été fraîchement accueilli dans les milieux intéressés [2].

1. « Nous souffrions jadis de la multitude des crimes, aujourd'hui de celle des lois (*ut olim vitiis, sic nunc legibus laboramus*) ; Tacite, Annales, III, 25, apud Pascal (d'après Montaigne), *Pensées*, éd. Havet. Paris, 1866, I, p. 38.

2. L'attitude de la fraction syndicaliste des fonctionnaires a même été nettement hostile.

Le *Comité central pour la défense du droit syndical des salariés de l'État, des départements, des communes* — comité auquel adhèrent les travailleurs de la marine, la fédération des travailleurs municipaux, la fédération des tabacs, la fédération des allumettes, la fédération des syndicats d'instituteurs, les syndicats des sous-agents des postes, les ouvriers des postes, de la main-d'œuvre des postes, des monnaies et médailles, l'association des agents des postes, l'association des jeunes facteurs, le syndicat du Mont-de-Piété, les agents des lycées, l'association des gardiens de prison, l'association professionnelle des employés des ministères, les répétiteurs, les agents des douanes — a décidé dans sa séance du 22 mars 1907 de « rejeter entièrement le projet du gouvernement sur le statut des fonctionnaires et de continuer la lutte pour l'obtention intégrale de la loi de 1884 sur les syndicats » (le Temps, 31 mars 1907).

Il a décidé en outre d'adresser à M. Clémenceau une « lettre ouverte », qui a été affichée le 30 mars 1907 sur les murs de Paris et qui paraît moins l'œuvre d'un « manuel » que d'un « intellectuel » (Sur le discrédit où sont tombés les « intellectuels », voir l'étude très intéressante de H. Lagardelle, *Les intellectuels et le socialisme ouvrier*, le Mouvement socialiste, 1907, p. 105 et s., p. 217 et s., p. 338 et s. ; — G. Hervé, *Les intellectuels devant les ouvriers*, la Guerre sociale, 17-23 juillet 1907, p. 2, — où est rapportée l'opinion symptomatique du citoyen Caze, ouvrier trépointeur, recueillie dans l'enquête de la Revue des Revues).

Nous reproduisons ces documents précieux pour la notation des tendances du mouvement corporatif ouvrier.

Dans cette « lettre ouverte » (Mouvement socialiste, 1907, p. 316), le Comité central, constatant que le « cabinet maintient le mur qui existe actuellement entre les syndicats ouvriers et les associations de fonctionnaires » parce qu'il ne veut pas « admettre que l'on puisse

Au Parlement, il a été critiqué avant d'être mis en discus-

occuper un emploi public et sortir de son rôle officiel, en entrant dans une Bourse du travail où les conditions de l'organisation sociale sont souvent débattues », déclare :

« Nous n'admettrons jamais la validité d'un contrat d'où résulte l'aliénation de notre liberté.

« Car la liberté n'est pas à nos yeux une entité métaphysique, une abstraction vide de sens, un mot que l'on prostitue dans la lutte des partis. C'est une chose dont nous avons l'intuition directe, parfaite, une chose qui nous est personnelle et réside dans l'exercice du droit.

« Or, notre droit est formel. Pour nous, en effet, l'idée de contrat est exclusive de celle d'autorité et de gouvernement. Nous ne sommes pas des délégués du pouvoir central, des agents de la force répressive et policière, mais des travailleurs, des producteurs ordinaires, et nous voulons être traités comme tels.

« Vous nous parlez politique, raison d'Etat, Monsieur le Président du conseil ! Nous vous parlons industrie. Pour nous, l'Etat est un patron comme un autre. Il doit y avoir entre nous et lui simple échange de services et rien de plus. Il nous paye un salaire, nous lui vendons notre travail, mais nous voulons garder notre liberté, notre indépendance, rester maîtres de notre force de travail, notre unique, notre seule propriété.

« Jamais gouvernement a-t-il demandé aux propriétaires fonciers d'aliéner leurs biens, aux industriels d'aliéner leur outillage ? Non. Jamais on n'a exigé d'eux ce sacrifice à la collectivité.

« Mais avec nous, avec les faibles, avec ceux dont on a voulu faire des courtiers électoraux, on procède autrement.

« Monsieur le Président du conseil, votre contrat n'est qu'une spoliation systématique, puisqu'il implique notre déchéance économique et morale, notre asservissement !

« Dans l'antiquité, l'esclave était rivé, pour ainsi dire, à la meule de son maître. Aujourd'hui, sous prétexte que l'Etat s'est fait industriel, vous prétendez nous river à la machinerie de l'Etat.

« La puissance patronale se double ici de la puissance politique et coercitive. L'arbitraire de l'Etat s'ajoute au privilège du patron. On nous menace non seulement de révocation, de renvoi, mais on veut encore nous infliger des amendes et de la prison.

« Quelle ironie ! L'Etat devient de plus en plus implacable, sa tyrannie devient de plus en plus odieuse et on nous parle tous les jours de progrès !

« Défenseur du capital et des privilèges, vous nous interdisez l'accès

sion, à l'occasion des interpellations « concernant la politique

des Bourses du travail parce que les travailleurs y discutent les conditions de l'organisation sociale.

« Mais c'est leur droit et c'est aussi le nôtre.

« Pénétrés de plus en plus de l'importance de leur rôle et de leurs
fonctions économiques, les travailleurs, les vrais producteurs, les vrais
créateurs de richesses veulent s'affranchir non seulement de la contrainte
qui pèse sur eux dans l'atelier patronal, mais de la contrainte de la
société actuelle faite à l'image de l'atelier. Leur but est de substituer
la coopération libre à la coopération forcée, de libérer, d'ennoblir le
travail; de faire disparaître l'Etat traditionnel avec les groupes et les
hiérarchies qui vivent en dehors de la production; de faire cesser les
rapports de maîtres à serviteurs, dans une société productrice.

« Tel est leur idéal, tel est aussi le nôtre. Nous sommes avec eux.

« Comme travailleurs, nous avons non seulement le droit, mais le
devoir de nous occuper de l'organisation des forces productives, de
l'organisation sociale.

« Dans nos groupements respectifs, nous ne cesserons de combattre la
routine, le parasitisme, le favoritisme et surtout l'intrusion de la politique dans les services publics. Car cette intrusion provoque le découragement de tout le personnel; elle lui enlève tout sentiment de responsabilité, tout esprit d'initiative; elle paralyse toutes les volontés;
elle dégrade les caractères. Elle abaisse le niveau professionnel et le
niveau moral de tous.

« Le prolétariat de l'Etat, des départements, des communes a conscience qu'en revendiquant le droit d'exercer les prérogatives syndicales
au même titre que les travailleurs de l'industrie privée, il tend à substituer à l'anarchie administrative actuelle une organisation plus ration-
nelle et plus parfaite des services publics, et qu'il défend, en même temps
que ses intérêts propres les intérêts de la production.

« Nous voulons substituer à l'enseignement abstrait, idéologique,
encyclopédique de l'Etat, un enseignement pratique, concret, qui
réponde aux besoins réels des différentes populations, aux besoins réels
des producteurs; donner aux enfants l'amour du travail, car le travail,
jusqu'ici opprimé, spolié, méprisé, doit devenir l'idéal nouveau, le principe de toute vertu, le ciment de la cité moderne.

« C'est pour toutes ces raisons que nous repoussons votre contrat. Il
s'agit de notre travail, de la chose qui, « après l'amour, souffre le
moins l'autorité ».

« Pour nous, le travail est chose sacrée; nous refusons de le prostituer
à la raison d'Etat.

générale du Gouvernement et l'*exercice du droit syndical*, la

« Monsieur le Président du conseil, dans un de vos discours, prononcé au Sénat le 17 novembre 1903, vous disiez :

« L'Etat a une longue histoire toute de meurtre et de sang. Tous les crimes qui se sont accomplis dans le monde, les massacres, les guerres, les manquements à la foi jurée, les bûchers, les tortures, tout a été justifié par l'intérêt de l'Etat, par la raison d'Etat. L'Etat a une longue histoire, elle est toute de sang.

« Vous le savez mieux que personne : l'essence de l'Etat est immuable !

« Quant à nous, travailleurs, nous lutterons contre le « Moloch insatiable », contre le « monstre tyrannique et sanguinaire ». Nous lutterons pour le droit qui est l'attribut essentiel de la personnalité humaine. — LE COMITÉ CENTRAL. »

Le président du conseil des ministres ayant résolu de sévir contre les auteurs de ce manifeste, MM. Nègre et Désirat ont tenté de lui remettre une protestation au nom du « Comité central pour la défense du droit syndical » (V. le texte, Journal des Débats, 8 avril 1907). M. Clémenceau a refusé de recevoir les protestataires et leur protestation ; mais il a adressé à MM. Nègre et Désirat un long mémoire (v. texte, ibid.) en réponse à celui remis en mai 1907 pour justifier la légalité des syndicats d'instituteurs et leur admission dans les Bourses de travail.

D'autre part, le congrès des syndicats d'instituteurs et d'institutrices dans sa session de Nantes (mars 1907) a protesté par une adhésion publique à la Confédération générale du travail. L'ordre du jour suivant a été voté à l'unanimité sur appel nominal de tous les syndicats :

« Le congrès de la fédération nationale des syndicats d'instituteurs

« Considérant que la C. G. T. est l'expression vivante et agissante de la solidarité prolétarienne ;

« Qu'elle est actuellement le trait d'union indispensable entre toutes les organisations syndicales ;

« Qu'aucune organisation consciente de ses devoirs de solidarité ne doit rester en dehors de la C. G. T. ;

« Considérant d'autre part que les instituteurs salariés de l'Etat ont comme tous les autres salariés des revendications à présenter à leur employeur l'Etat-patron ;

« Qu'ils ne sauraient confirmer la thèse gouvernementale qui dresse une barrière entre le prolétariat administratif et le salariat de l'industrie privée ;

« Qu'en adhérant à la C. G. T., ils accomplissent leur devoir de solidarité ouvrière, et restent libres de leur méthode et de leur tactique ;

politique *syndicaliste*, l'attitude envers les *organisations syndi-*

« Que les syndicats ouvriers ont, en toute occasion, appuyé et encouragé les revendications des salariés de l'Etat ;

« Considérant enfin que les syndicats d'instituteurs sont déjà rattachés à la C. G. T. par leur adhésion à leurs unions de syndicats ou Bourses du travail,

« Déclare adhérer à la C. G. T. (Confédération Générale du Travail). »

En retour de cette adhésion, la Commission administrative de la Bourse du travail a élu pour président, M. Désirat, instituteur (Débats, 29 juillet 1907).

Les syndicats des instituteurs de la Seine et du Rhône avaient précédemment voté une adhésion conçue dans les mêmes termes (V. texte, Voix du peuple, 31 mars-7 avril 1907).

La « lettre ouverte » au président du conseil des ministres et les « adhésions » aux Bourses de travail et à la C. G. T. ont été lues presque entièrement à la tribune de la Chambre des députés, par M. Briand, ministre de l'Instr. pub., au cours des débats sur « l'exercice du droit syndical » (Séance du 13 mai 1907. Journ. off. du 14, Ch. dép., p. 978).

Nous avons ainsi la confirmation que la revendication du droit syndical est non d'ordre juridique, mais d'ordre politique (V. *supra*, n°s 357 et s.). Il est peu probable que cette revendication soit consacrée par la loi en préparation sur les associations de fonctionnaires.

La C. G. T. n'en a cure ; elle est en voie d'étendre son empire sur les deux groupes considérables des employés de l'Etat et des instituteurs. Elle ne se laissera pas arrêter dans sa conquête par un « légalitarisme » pour lequel elle professe un mépris non déguisé (« Lorsque les instituteurs auront un fort groupement national, de même que les facteurs, ils auront, ce jour-là, conquis le droit au syndicat. » Griffuelhes, Rapport du comité confédéral, *XVe congrès national corporatif*, Amiens, impr. du Progrès de la Somme, 1907, p. 9 ; — E. Pouget, *Le ministère du travail*, L'Humanité, 27 juillet 1907). A Nancy, le congrès socialiste a voté un ordre du jour spécial pour féliciter les fonctionnaires syndiqués de leur campagne et les engager « à continuer la lutte pour l'obtention du bénéfice intégral de la loi de 1884 », L'Humanité, du 16 août 1907, p. 2.

Toutefois, même à l'intérieur du parti, d'aucuns ne sont pas rassurés sur la force effective de la C. G. T. « Il se peut faire que la C. G. T. soit encore à l'heure actuelle une de ces « puissances » fragiles qui n'osent point trop se faire voir de crainte de montrer leur faiblesse » (H. Fabre, *La C. G. T. et la grève générale*, La Guerre sociale 10-16 juillet 1907 ; *Immobilité funeste*, même journal, 26 juin-2 juillet 1907).

Sur le projet gouvernemental relatif aux associations de fonctionnaires, V., en sens divers : E. Janvion, *Syndicats de fonctionnaires*, la

calistes, etc. (Ch. des députés, 7, 8, 10, 11, 13, 14 mai 1907)[1];

Voix du peuple, 3-10 mars 1907, 31 mars-7 avril 1907, 19-24 mai 1907. — A. Albert Petit, *Les Associations de fonctionnaires*, Débats, 23 mars 1907. — D. Frank, *Syndicats et associations*, Loi 7 mai 1907. — G. Demartial, *De l'opportunité d'une loi sur l'état des fonctionnaires*, Revue de droit public, 1907, p. 5-23. — L. Castex, *L'Etat et les syndicats de fonctionnaires*, L'Association catholique, 15 mai 1907, p. 382. — J. Bouchaud, *Le Projet de loi sur les associations de fonctionnaires*, Revue pénitentiaire, juin 1707, p. 779. — M. T. Laurin, *Le Syndicalisme et les instituteurs*, le Mouvement socialiste, avril 1907; on y lit, p. 309 : « il n'est pas utile de faire suivre l'analyse de ce projet de loi de longs commentaires; c'est tout simplement un défi au bon sens et au droit ».

1. Le long débat parlementaire, qui s'est institué pendant 6 jours sur ces interpellations, forme une documentation utile à consulter, notamment : sur le mouvement syndicaliste, l'organisation et l'esprit de la « Classe ouvrière » en même temps que sur les rapports de l'Etat avec ses fonctionnaires au point de vue associationnel (V. Albert Poulain, Journal officiel, 8 mai 1907, Ch. députés, p. 907) ; Gauthier (de Clagny) (ibid., p. 912); A. Rozier (ibid., p. 913) ; F. Buisson (ibid., p. 914) ; E. Vaillant (ibid., p. 926); Steeg (abus du favoritisme en matière de nomination de parlement, Journ. off., 11 mai 1907, p. 929) ; Massabuau (sur la légalité de la C. G. T., ibid., p. 935); P. Deschanel (sur l'organisation et les tendances du Syndicalisme révolutionnaire, ibid., p. 936); Allemane (ibid., p. 940); A. Willm sur la C. G. T., Journ. off., 11 mai 1907, p. 947); M. Jaurès (Généralités, ibid., p. 955 ; sur la C. G. T., journ. off., 12 mai 1907, p. 962, col. 3 ; le sentiment socialiste pour la patrie (ibid., p. 963), le sabotage (ibid., p. 964), encore la C. G. T. (ibid., p. 964, col. 5) ; Briand, ministre de l'Instr. publ., des Beaux-Arts et des Cultes, sur la C. G. T. (Journ. off., 14 mai 1907, p. 972; sur le syndicalisme des fonctionnaires (ibid., p. 974) ; les rapports des fonctionnaires avec la C. G. T. (ibid., p. 976, J. Coutant, ancien ouvrier, droit du travailleur, « le « damné éternel »; à l'action syndicale (ibid., p. 932); Ribot, sur les dangers d'une confédération générale des fonctionnaires (Journ. off., 15 mai 1907, p. 990); sur le véritable caractère que doivent avoir les syndicats (ibid., p. 991), sur le caractère illicite de la C. G. T. devant la loi du 1er juillet 1901 (ibid., p. 992); Sembat, Sur la C. G. T., simple « organisme de correspondance, de coordination de concert entre syndicats », un « bureau téléphonique central » pour les syndicats (ibid., p. 995); sur l'inutilité de poursuites légales contre la C. G. T. (p. 996) ; M. Clémenceau, président du conseil des ministres, sur les tendances syndicalistes à créer un état de gouvernement (ibid., p. 1000); sur le rôle de la

un orateur l'a traité irrévérencieusement de « monument disparate [1] ».

385 *quinquies*. — La Commission parlementaire de l'administration générale a choisi pour rapporteur notre distingué confrère et ami, M. Jules Jeanneney, député de la Haute-Saône ; il a paru que le texte du projet devait être remanié. M. Jeanneney a rédigé un contre-projet sur lequel la Commission a demandé l'avis du Gouvernement. M. Clémenceau, président du conseil des ministres, a formulé sa réponse dans une lettre du 10 juin 1907, adressée au président de la Commission [2], où il discute les modifications contenues au contre-projet.

Voici où en est l'état de la question au moment où nous écrivons ces lignes (septembre 1907) :

La commission de décentralisation a examiné le projet du gouvernement sur le statut d'association des fonctionnaires et du contre-projet déposé par M. Jeanneney. Elle a adopté un texte, où après avoir donné du mot « fonctionnaire » au sens de la loi en préparation une définition conforme à celle que proposait le gouvernement, elle pose en principe que tout fonctionnaire de l'Etat doit tenir de la loi la garantie d'un statut pour tout ce qui concerne notamment le recrutement, l'avancement, la discipline, etc.

C. G. T., et les raisons économiques pour ne la point poursuivre (ibid., p. 1002 et s.) ; sur les motifs jurdiques qui y forment obstacle (ibid., p. 1003).

1. M. Jaurès (Journ. off., 11 mai 1907. p. 954, col. 2, *in fine*).

2. Cette lettre, malheureusement trop longue pour être reproduite (V. texte Petit Temps du 14 juin 1907), contient un exposé de la doctrine du Gouvernement au sujet des rapports de l'Etat avec ses fonctionnaires et des limites que leur capacité syndicataire rencontre dans la nature même de la prestation spéciale qu'ils fournissent.

Ce statut sera élaboré par une sous-commission.

Le texte dispose ensuite que la grève ou la cessation concertée du travail donne lieu pour le fonctionnaire à la révocation, sans préjudice des sanctions des articles 123 et 126 du Code pénal.

Il règle enfin la question du droit d'association.

A cet égard, il se réfère au droit commun des lois des 1er juillet 1901 (contrat d'association), 20 mars 1884 (syndicat) et 13 avril 1898, sous réserve de dérogations déterminées (secours mutuel).

En particulier, l'association ou le syndicat ne peuvent être formés qu'entre fonctionnaires appartenant au même service ministériel ou à une même régie financière. Les Unions ne sont possibles qu'entre groupements de fonctionnaires dépendant d'un même département ministériel ou qui, bien qu'appartenant à des ministères distincts, y occupent le même emploi.

Toute affiliation à quelque groupement extérieur que ce soit est interdite. Ainsi se trouve notamment proscrite toute affiliation aux Bourses ou à la Confédération générale du travail.

M. Jeanneney a été maintenu dans ses fonctions de rapporteur et la Chambre des députés sera mise en mesure d'aborder la discussion du projet dès la rentrée d'octobre 1907 [1].

386. — Nous venons de voir l'activité des Pouvoirs publics. D'autre part, la commission extra-parlementaire

---

1. Le texte définitif de la loi sera donné aux Annexes, à la fin de ce volume, ou du volume suivant, selon l'activité parlementaire.

de revision du Code civil, instituée par le gouvernement au lendemain des fêtes du centenaire du Code civil (1804-1904)[1], et présidée par M. Ballot-Beaupré, premier président de la Cour de cassation, ne restait pas inactive. Elle vient d'aborder un avant-projet comprenant la revision de la loi du 1ᵉʳ juillet 1901 sur la personnalité civile des Associations et l'étude des Fondations. Dans la sous-commission présidée par M. Tanon, président de la Chambre des Requêtes à la Cour de cassation, une discussion engagée sur un thème préparé par deux distingués professeurs à la Faculté de droit de Paris, MM. R. Saleilles et F. Larnaude, a amené l'adoption des trois ou quatre premiers articles concernant cette question fondamentale. Le travail sera poursuivi après l'étude du titre relatif au Mariage. Nous devons déjà à ce premier effort un substantiel rapport de M. le professeur R. Saleilles, qui enrichit d'une excellente contribution la « littérature » des « personnes juridiques »[2].

387. — Ainsi de divers côtés, l'œuvre du législateur, en matière associationnelle, est reprise par les hommes d'État (V. supra, nᵒˢ 385 à 385 *quinquies*)[3], passée au crible de la

1. V. sur le centenaire et les travaux intéressants dont cette fête juridique et sociale a été l'occasion « *Le Code civil. Livre du Centenaire* », 2 vol. in-8. Paris, Rousseau, 1904. — « *Le Centenaire du Code civil* ». Paris, Imprim. nationale, MDCCCIV. 1 broch.

2. Rapport à la sous-commission de la Commission de revision du Code civil, sur la question de savoir s'il y aurait lieu de traiter de la matière des « personnes juridiques » dans le futur Code civil (Bull. de la Soc. d'études législatives. 1906, p. 251).

3. Sur l'extension de la loi de 1901 aux associations à but exclusivement économique, v. E. Rostand, *Le Mouvement social*, Journ. des Débats, 18 juillet 1905.

critique économiste et juristique (nº 386), refaçonnée, étendue [1], en vue d'un texte futur [2].

1. Le gouvernement a déposé le 2 juillet 1906 à la Chambre des députés (Annexe nº 158) un projet de loi sur le *Contrat de travail* où les syndicats joueront un rôle important (art. 12, 13, 15, 19, 20).

Ce projet est mal reçu par les syndicalistes révolutionnaires : « c'est l'étranglement du syndicalisme, des grèves et de toute l'action fédérale et confédérale ». Merrheim au XVe Congrès national corporatif d'Amiens (octobre 1906). Amiens, 1907, p. 123.

La Société d'études législatives a mis à son ordre du jour la question du « Contrat de travail »; elle a été savamment discutée, surtout au point de vue juridique, dans des débats et des rapports auxquels ont participé : MM. Perreau, R. Jay, Millerand, Cauwès, Colson, A. Colin, A. Fontaine, Lefas, Berthelemy, Thaller, Ch. Lyon-Caen, Escarra, L. Brocard, Truchy, Paulet, F. Faure, Tanon, Baudouin, Rau, Gastambide, Le Poittevin, Romieu, Depitte, Morin, B. Raynaud, A. Boissard, etc. (V. Bulletin de la Société d'études législatives, Paris, 1906, nºs 2, 5, 6; 1907, nºs 1, 2, 4).

Adde : B. Raynaud, *Le contrat collectif de travail*. Paris, Rousseau, 1901. — E. Bourdon, *Des contrats d'utilité générale passés au profit d'une collectivité* (Contrats syndicaux et municipaux). Paris, Rousseau, 1905. — F. Rome, subs. proc. gén. à la Cour de Paris, *Le Contrat collectif et les Syndicats professionnels*, Paris, Pedone, 1 br. in-8, 1906. — Douarche (Léon), *Les conventions collectives, relatives aux conditions du travail*. Paris, Marchal et Billard, 1907 (bonne bibliographie, p. 5).

Sur la validité du contrat collectif, — et en cas de rupture, le droit d'un syndicat à des dommages-intérêts : Trib. civ. Saint-Etienne, 11 juillet 1907, Monit. judiciaire de Lyon, 20 août 1907.

2. Tout ce qui touche au droit d'association, quel que soit le but poursuivi, avantage moral et matériel, ou gain exclusivement pécuniaire, a pris de nos jours une telle importance, que le législateur est sans cesse occupé à en reforger l'instrument.

On vient de voir de quels travaux est l'objet l'association « *sans* but lucratif ». L'association « *à* but lucratif » en provoque autant. A la séance du 18 juin 1906 de la Chambre des députés, M. Sarrien, ministre de la justice a déposé trois projets de loi : le 1er sur les sociétés par actions ; le 2e sur les obligations émises par les sociétés et les parts de fondateurs; le 3e sur les sociétés étrangères par actions. Journ. off., 19 juin 1906. Chambre, p. 2003, col. 1 ; 21 août 1906, Ch. Annexes, p. 609.

L'activité « collective », et la force associationnelle recevront bientôt

388. — Mais à quel moment et sur quels points, toute cette activité intellectuelle enrichira-t-elle de textes définitifs nos recueils de « lois usuelles » ? Le remaniement sera-t-il fondamental ou accessoire, — total ou partiel[1] ? Combien de temps vivrons-nous encore sous le régime des textes juxtaposés, et inadéquats aux besoins sociaux, des lois du 21 mars 1884 et du Ier juillet 1901 ? Des mois ou des années ?

Nous avons interrogé les prophètes marqués pour apporter au peuple les Tables de la loi nouvelle ; l'échéance souhaitée leur reste, comme à nous, mystérieuse.

389. — Aussi, comme il n'est pas impossible que les joies

---

un nouvel outil pour créer de la ' richesse, et réaliser du mieux-être. La 4e édition de l'excellent *Traité général des Sociétés civiles et commerciales* de C. Houpin, paru en mai 1907, ne contient pas la critique scientifique de ce projet. C'est une lacune.

1. « Le législateur s'est montré d'une timidité qu'il n'est pas excessi r de qualifier d'exagérée et d'une prudence qui doit faire souhaiter une réforme future plus complète » (Caillé, *Les associations laïques devant la loi nouvelle*. Paris, 1902, p. 79).

— « En somme la loi du Ier juillet 1901, comme la loi du 21 mars 1884 sur les syndicats, est une *loi d'essai*. On parle de modifier la loi sur les syndicats professionnels... La loi sur les Associations aura un sort analogue ; dans 20 ou 30 ans, on aura profité de l'expérience acquise et on songera à la modifier ou à la refondre » (J. Laplace, *Capacité des Associations contractuelles*. Paris, Rousseau, 1903, p. 403. V. aussi p. 228).

— « N'a-t-il pas [le législateur] ... édifié une œuvre qui exige de graves modifications » (A. Couprie, *L'Association déclarée d'après la loi du Ier juillet 1901*. Paris, Jouve, 1905, p. 100).

— « La loi de 1901, quoique préparée de longue main et depuis longtemps attendue, n'est pas la formule définitive qui doit couronner l'évolution » (A. de Faget de Casteljau, *Histoire du droit d'association de 1789 à 1901*. Rousseau, 1905, p. 489). La monographie de M. F. de C. nous est parvenue seulement au cours de l'impression de cette feuille. Les feuilles, où nous avons retracé succinctement l'histoire des Clubs ou Associations politiques (*supra*, n°s 53 et s.), étaient malheureusement

d'une législation remaniée soient réservées à nos petits-neveux, nous avons, sur des encouragements autorisés, remis la main à la besogne, nous réservant de récolter ultérieurement les moissons nouvelles que la diligence du législateur aura fait lever.

Nous en serons quitte pour développer les dispositions de la loi du 1er juillet 1901, en tenant compte de cette circonstance, qu'elle est pour les groupements par elle appelés à la vie juridique, un abri vraisemblablement provisoire [1].

§ 4. — **Genèse scientifique de la loi sur les Associations du 1er juillet 1901.** — Théories philosophiques et juridiques en présence desquelles s'est trouvé le législateur de 1901 (nos 390-393). — 1° Théorie de la personne morale, fiction légale (nos 394-407). — 2° Théorie de la personne morale réelle (nos 408-416). — 3° Théorie de la personne morale, fiction doctrinale (nos 417-440).

390. — En abordant le droit d'association, le législateur de 1901 se rencontrait avec le problème juridique de la

tirées depuis deux ans, autrement nous aurions eu l'occasion de citer avec éloge l'excellent travail de M. de Faget de Casteljau, notamment pour les Clubs ou Associations politiques pendant la Révolution (p. 91-131), sous l'Empire (p. 153-173), sous la Restauration (p. 180-218), sous la Monarchie de Juillet (p. 226-316), sous la Seconde République (p. 319-359), sous le Second Empire (p. 371-402).

1. Les jurisconsultes ont excusé à l'avance les imperfections de la première loi qui interviendrait sur l'épineuse matière des Associations : «Un premier essai présentera toujours et forcément des points défectueux que l'expérience fera voir, en même temps qu'elle enseignera les corrections à y faire » (H. Valleroux, *De la personnalité civile*. Congrès internat. de droit comparé. Paris, 1900, rapport p. 9).

Par anticipation, l'œuvre du législateur de 1901 était vouée à une prompte réfection.

personne morale qui touche aux fondements mêmes de la
métaphysique [1].

Pour en vérifier les bases scientifiques il ne serait pas
déplacé de remonter à travers les systèmes philosophiques
que la pensée occidentale a parcourus avant [2] et depuis Platon
et Aristote, son illustre disciple et adversaire, jusqu'à Karl
Marx (1818-1883), pris comme prophète du syndicalisme
contemporain, dernière évolution de l'idée associationnelle,

1. Nous entendons le mot « métaphysique » dans son acception aris-
totélienne : étude des principes premiers des choses. On oppose quelquefois, non sans dédain, ce terme à celui de « science positive » qui
est la recherche et la constatation des faits. Mais l'un n'exclut pas l'autre ;
la science tâche à distinguer le réel de l'apparent et à rassembler les
matériaux à l'aide desquels la métaphysique élève les édifices qu'habite
l'entendement. La science ne saurait se passer de la métaphysique, et
la métaphysique, sans l'observation et l'expérimentation, décheoit en
une technique purement verbale.

Les mathématiciens, les physiciens, les naturalistes, en route pour
conquérir la loi qui relie les phénomènes constatés, passent tour à tour
de la méthode inductive à la méthode déductive ; ils coordonnent les
résultats acquis, ils généralisent, recourent à l'hypothèse, — et se livrent
ainsi à une opération de métaphysique. « Si on se refuse à choisir
l'hypothèse pour guide, il faut prendre le hasard pour maître »
(Dr Gustave le Bon, *Évolution de la matière*. Paris, 1906, p. 297). « Le
rôle de l'hypothèse est tel que le mathématicien ne saurait s'en passer
et que l'expérimentation ne s'en passe pas davantage » (H. Poincaré,
La science et l'hypothèse. Paris [1902], p. 3).

C'est en ce sens que Royer-Collard, qui était un politique, doublé
d'un philosophe de profession — élément excellent, trop rare dans les
Parlements — disait avec justesse : « Ceux qui méprisent la métaphysique s'exposent à ne savoir se rendre compte ni de ce qu'ils disent
ni de ce qu'ils font » (cité par notre distingué et regretté confrère du
barreau de Grenoble, Eymard-Duvernay dans sa *proposition de loi sur
le droit d'association*, au Sénat, n° 40, session de 1882, p. 5).

Pour les « Kantiens », ils reconnaîtront que le problème juridique
engagé ici touche à la théorie *transcendantale* de la connaissance.

2. Sur cette période de la pensée antique, lire dans l'ouvrage magistral de J. Soury, *Le système nerveux central* (Paris, Carré et Naud, 1899),
les cent premières pages.

— en passant par Plotin, Porphyre, et les néo-platoniciens d'Alexandrie, la Scolastique[1] avec Roscelin[2] et Abélard, Thomas d'Aquin et Duns Scot, Descartes, Spinoza, Leibnitz, Kant, J.-J. Rousseau, Hegel, Proudhon, Comte, Spencer, Fouillée, Renouvier, Bergson, etc., pour ne citer que quelques sommets.

391. — Si un tel voyage paraît au premier abord constituer un singulier détour pour atteindre le simple concept juridique de l'association, la surprise diminue lorsque, au moment d'écrire la loi positive, on s'aperçoit que c'est le moyen héroïque d'examiner la valeur en soi des différentes théories, dont les séductions se disputent votre préférence. Or, cet examen n'a rien de frivole ; car, l'admission

---

1. V. Sur la Scolastique, supra, n° 230, notes 1 et 3 ; infra, n° 457, note 7.

2. Roscelin, Breton d'origine, chanoine de Compiègne (*Roscelinus Compendiensis*), le fondateur du « nominalisme », serait aujourd'hui, suivant l'expression anglaise, l'*auctor* (le divulgateur), et non l'*author* de la fameuse doctrine, qui aurait pour père, Jean, de Chartres[a], un médecin, celui du roi de France Henri Ier (1050). Médecin et artiste, il était aussi un profond philosophe, *potens sophista*. A cette époque, la haute culture intellectuelle du médecin était l'objet d'une préparation spéciale. Étudiée après les autres branches du *trivium* (grammaire, rhétorique, dialectique), la médecine les supposait toutes. La médecine elle-même appartenait au *quadrivium* (arithmétique et géométrie, astronomie, musique, médecine).

On trouvera dans la monographie de haute érudition de M. A. Clerval (*Les Écoles de Chartres au moyen âge*. Paris, Picard (s. d.), p. 123 et s.) des indications aussi étendues qu'intéressantes, touchant l'enseignement donné dans les grandes Écoles des provinces de France, rivales de l'Université de Paris, sur la dialectique et la philosophie (p. 116 et s. ; p. 244-264). Ce livre est une précieuse contribution à l'histoire de la philosophie scolastique, dont les distinctions pénétrantes

---

a. V. la controverse sur Jean de Chartres, entre Hauréau, 1872, *op. cit.*, 1re p., I, p. 247, et Clerval [s. d.], *op. cit.*, p. 121.

ou le rejet de tel concept[1] entraînera, pour la loi à faire, des conséquences pratiques et sociales, d'abord insoupçonnées.

Sans doute, dans des milieux comme celui du Parlement s'agitent sous les controverses contemporaines. Il a suffi qu'on légiférât en 1901 sur les Associations, pour que ces abstractions reprissent, dans l'empyrée philosophique, leur vol subtil et lumineux. (V. infra, n° 442 et s.)

Sur l'organisation de l'Université de Paris au début du XIIIe siècle, la formation de sa « personnalité morale », l'éclosion des Associations qui s'y agrégeaient, les mœurs de ses membres, V. Langlois, *Civilisation occidentale aux XIIe et XIIIe siècles*, dans Lavisse et Rambaud, *Histoire gén.*, Paris, t. II, 1893, p. 552. — Cf. Ch. Thurot, *Organisation de l'enseignement de l'Université de Paris au moyen âge*. Paris, 1850 (Cf. infra, n° 459).

1. Ce voyage philosophique a été partiellement entrepris par M. Perraud dans sa thèse d'une lecture un peu ardue, mais d'une valeur originale : *Les Associations d'individus*, recherche d'individualisme normal (Paris, Rousseau, 1901). M. P. a soumis l'idée d'association à une critique philosophique tirée de l'examen des systèmes métaphysiques et sociaux qui se sont succédé de l'antiquité à nos jours. Pour lui tout système métaphysique se ramène à deux hypothèses « irréductibles et d'ailleurs indémontrables » : l'hypothèse du déterminisme ou mécanisme universel et l'hypothèse de la liberté individuelle ; on dit aujourd'hui : « vitalisme ».

Cf. « déterminisme et vitalisme » (Le Dantec, *L'individualité*, etc. Paris, Alcan, 1905, p. 15-37). Ce physiologue, doublé d'un philosophe pénétrant, prétend qu'il n'y a pas irréductibilité entre les deux hypothèses et que la conciliation est possible entre elles (*ibid.*, p. 36). Mais nous n'en avons pas découvert la démonstration dans la suite de son ouvrage ; elle nous aura échappé.

Tous ceux qui admettent le « réalisme » platonicien sont rangés par M. P. parmi les déterministes ; et ceux qui tiennent pour le « nominalisme » d'Aristote, parmi les vitalistes. Les déterministes seraient les tenants de la théorie étatiste, théocratique, décidés à sacrifier l'individu à l'abstraction sociale ; les vitalistes ou psychologues seraient, au contraire, les protagonistes de la liberté et de la dignité individuelles. Cependant quand il s'agit de formuler un concept juridique, l'auteur par sa définition de l'association (p. 177) que nous donnerons à sa place dans la classification des différentes théories (V. infra, n° 415) « retombe dans les errements platoniciens et réalistes qu'il faut combattre sans relâche » (p. 92). L'horreur qu'il ressent pour le « réalisme platonicien », prend sa source dans le louable désir des nominalistes, d'assurer aux « Associations » une vie large et juridiquement indépendante. C'est également le souci des « réalistes ».

Les excursions à travers l'histoire de la philosophie s'imposent à tous

ou du Palais, où il importe avant tout d'expédier les
affaires, celles de la Nation ou des particuliers, — ne fût-
ce qu'approximativement —, la méditation des théories [1] est
considérée comme un luxe négligeable. On se tromperait
cependant si l'on croyait échapper à leur influence. Les
idées, « ces ouvrières silencieuses », comme les appelait
Caro, pénètrent les esprits les moins disposés à l'abstraction
et les modèlent à leur insu; contre leur insinuation, le cerveau du « légiféreur » [2] n'est pas mieux défendu que celui
du « légiféré [3] ».

392. — En 1901, le Parlementaire qui voulait étudier le
droit d'association, avant de le traiter, la plume à la main,
dans un rapport, ou par la parole à la tribune, se trouvait
en présence de nombreux travaux, monographies didac-
tiques, et trente-trois projets de loi, éclos depuis 1871 [4],
avec accompagnement d' « exposé des motifs » dont
quelques-uns d'une véritable valeur.

ceux, quelle que soit leur école, qui étudient la notion de groupement.
(Cf. E. Belfort Bax, *Rev. socialiste*, juin 1891, apud G. Deville, *Principes socialistes*, 2e éd. Paris, 1898, p. XVII, note 1.)

1. « Les rêveurs scientifiques qui semblent perdus dans leurs théories
sont à leur manière des hommes pratiques; l'application suit par surcroît. » Émile Picard, *La science moderne et son état actuel*. Paris, 1905,
p. 7.

2 et 3. « Légiféreur » (Pouget, *L'application du repos hebdomadaire*,
Voix du peuple, 9 sept. 1906). Le néologisme se justifie philologique-
ment. Nous proposons son « conséquent » : légiféré.

4. Nous en possédons la précieuse collection. Nous la réservons,
selon le vœu de notre éminent confrère, Me Henri Barboux, de l'Académie française, pour une future « Exposition » (section idéologique) :
« On peut regretter que les organisateurs de l'Exposition universelle de
1900 n'aient pas réservé une vitrine aux projets de loi sur l'exercice du
droit d'association. Il y aurait eu tout au moins de quoi la remplir. »
(H. Barboux, *Le projet de loi sur les associations*, publ. du Comité de
l'Union libérale républicaine. Paris (février 1901), p. 16.

Une telle abondance de productions n'est pas faite pour surprendre. Il ne s'agit de rien moins que des rapports de l'État et de l'individu, — ce dernier se manifestant soit comme « personne physique » soit, sous la modalité de groupement, comme « personne juridique civile ou morale » [1].

1. On attribue à Pufendorff (1622-1694), autorité de la science du droit international, le premier emploi de l'expression de « personne morale » (Laplace, op. cit., p. 42, note 2).

Son synonyme « personne civile » a pour lui l'autorité de la langue législative récente ; v. l'énumération des lois qui l'ont employé (Michoud, *Théorie de la personnalité morale*. Paris, Pichon, 1906, p. 3, note 1 ; Ducrocq et Barrilleau, *Droit administratif*, t. VI, 1905, p. 26 et la note).

Les non-juristes croient à tort qu'il y a une différence de valeur juridique entre ces deux expressions : « On pouvait reconnaître l'Eglise comme une personne morale ; on ne peut la reconnaître comme une personne civile » (Rémy de Gourmont, *Dialogue des Amateurs*. Les Encycliques. Mercure de France, 1er octobre 1906, p. 409).

L'expression « personne fictive » n'est pas recommandable, puisqu'elle implique l'adoption d'une théorie controversée.

« Personne juridique » ou « personne morale », encore que ne relevant ni l'une ni l'autre d'une terminologie rigoureuse, sont d'un emploi plus fréquent (v. Michoud, *op. cit.*, p. 4).

« Personnes sociales » (Vareilles-Sommières, p. 80) serait une expression juste, pour les partisans de la « théorie de la réalité » des personnes morales; mais, les personnes physiques sont aussi « sujets de droits » et constituent conséquemment des « personnes juridiques », ou des « personne sociales ».

M. Michoud (op. cit., p. 3, note) soumet à une critique exacte chacune de ces dénominations; aucune ne le satisfait. Nous sommes de son avis; car aucune ne contient exactement, selon le vœu des logiciens, le « genre prochain » et la « différence spécifique ».

Cependant M. Michoud se rallie à « personne morale », comme l'avait fait M. Lainé, *Des personnes morales en droit international privé*, Clunet 1893, p. 277, note 1.

En somme, l'expression de « personne morale » qui est la plus ancienne puisqu'elle date du XVIIe siècle est peut-être la moins défectueuse; elle éveille dans l'esprit du plus grand nombre, l'idée qu'elle renferme.

Autrement, la dénomination de « personnes collectives », proposée par notre éminent confrère de Bruxelles, M. Edmond Picard, sénateur socialiste, nous aurait paru très séduisante (V. infra, n° 414 *bis*, note 1).

Les philosophes en délibéraient déjà, il y a vingt-cinq siècles, dans les jardins d'Academus, à Athènes [1].

393. — De ce vaste mouvement d'idées, les jurisconsultes ont dégagé trois théories [2] principales autour desquelles continuent à évoluer inconciliées les controverses de la science juridique ; nous les fixerons d'un trait.

Nous laissons volontairement de côté quelques théories secondaires qui devraient être relevées dans un ouvrage didactique, ce qui n'est pas le caractère du nôtre. Une critique attentive permettrait d'ailleurs de les faire rentrer dans l'une des trois grandes divisions, auxquelles nous bornons notre analyse.

1° THÉORIE DE LA PERSONNE MORALE, FICTION LÉGALE.

394. — L'individu peut seul être sujet de droits. Il n'y a pas de droits sans titulaires. Cependant on constate que des biens ou des ensembles de droits n'ont pas pour titulaire un individu : c'est qu'alors, à côté de l'individu, un être fictif existe qui possède ces biens ou ces droits. Mais cet être fictif est l'œuvre de l'État. Le Créateur crée les personnes réelles ; l'État, les personnes morales [3]. La person-

---

1. Platon, *La République ou l'État* (trad. Saisset, t. VII, Paris, Charpentier, 1869).

2. « Une *doctrine* est fondée, quand l'*hypothèse* traitée par le raisonnement est devenue un *système*, quand le système vérifié par la critique expérimentale est devenu une *théorie*. » Alexandre Bertrand, *Principes de philosophie scientifique*. Paris, Delaplane [s. d.], p. 375.

3. « Les personnes dites civiles sont des êtres fictifs... à la voix du législateur, un être sort du néant et figure sur un certain pied d'égalité à côté des êtres réels créés par Dieu » (Laurent, *Principes*, I, 288). Cette image ne doit pas étonner chez le grand « civiliste », anti-catholique militant, mais déiste convaincu. Ceux qui ont eu l'honneur de s'entretenir avec lui, dans l'austère cabinet de travail de la maison de Gand, où s'écoulait sa vie laborieuse et désintéressée, ont gardé l'impression d'un

nalité fictive est une faveur que les Pouvoirs publics dispensent comme il leur plaît, largement ou à quantité dosimétrique. Sur cette catégorie de personnes, l'État, père de la fiction qui lui a donné le jour, retient le droit de vie ou de mort.

C'est la théorie classique. On lui a donné trop vite la triple autorité du droit romain [1], du droit monarchique [2] et du droit révolutionnaire [3] ; cette dernière est seule certaine.

commerce avec un de ces grands bénédictins laïques, dont notre Littré fut un si pur exemplaire.

1-2. Dans sa réponse à M. Ch. Lyon-Caen, M. de Vareilles-Sommières démontre que c'est au contraire la théorie de la fiction doctrinale qui trouve son appui dans le vieux droit français (*op. cit.*, p. 65) ; dans le même sens, Laplace, *op. cit.*, p. 220, note 1.

La fiction légale ne serait pas plus heureuse avec le droit romain : elle ne peut s'en réclamer : V. Mommsen, *De Collegiis et sodaliciis Romanorum*, 1843. Consult. Vauthier, *Études sur les personnes morales dans le droit romain et le droit français*, Bruxelles, 1887. — Saleilles, *Le domaine public à Rome*, Nouvelle Revue historique, 1888, p. 504, note 2 ; p. 558, note 2 ; p. 559. — Epinay, 1897, *op. cit.*, p. 36-45. — Vareilles-Sommières, 1902, *op. cit.*, n° 394 et s. — Laplace, 1903, *op. cit.*, p. 219. — Michoud, 1906, n° 65 et s.

3. Au fond de cette doctrine si aveuglément logique persistent très nettement, pour qui sait voir, les quelques idées très-vagues et très-simples à la fois jetées dans la circulation par les philosophes du XVIIIᵉ siècle et les députés révolutionnaires, leurs disciples. On avait comparé les corps à des jouets que l'État brise ou façonne à sa guise, à des marionnettes dont il tient les fils et qui ne participent à la vie que par lui et pour lui » (Epinay, *Capacité jurid. des Associations formées sans but lucratif*. Paris, 1897, p. 119). V. L. Crouzil, prof. de l'Institut catholique de Toulouse, *Des personnes morales*, Rev. cathol. des Inst. et du droit, mars 1906, p. 213.

V. sur la doctrine anti-corporative de la Révolution, Margat, prof. à la Fac. de dr. de Montpellier, Rev. trim. de dr. civil 1905, p. 235 et s. — Adde : P. Viollet, *Hist. du droit civil français*, Paris, Larose, 1905, p. 806 et s. ; Hauriou, dr. administr., 5ᵉ éd., 1903, p. 105.

Rien de plus explicable que ces mouvements de réaction. L'ancien régime avait souffert des abus des Corporations. Depuis, nous avons ressenti les inconvénients de l'isolement individuel. Maintenant, « la

Cependant le droit canonique, au moins au XIIIe siècle, lui était favorable [1]. On l'appelle communément la théorie de l'École, — à tort aujourd'hui, car nombre de professeurs s'en détachent.

395. — Son illustre protagoniste moderne a été l'allemand Savigny, qui a fait sortir la création artificielle des êtres moraux des textes du droit romain (*System des heutigen*

---

faveur s'attache à l'être corporatif » [a]. Le pendule ayant achevé sa course reprend son mouvement oscillatoire.

Même phénomène, en sens contraire, aux États-Unis. A un individualisme sans frein avait succédé une concentration sans limite, sous le nom de *trust*. Après avoir souffert des excès du principe associationnel, les Américains aspirent à l'individualisme. A sa rentrée d'Europe, M. Bryan, candidat démocrate pour 1908 à la Présidence de la grande République, a reçu à New-York un accueil triomphal. Dans le résumé télégraphique de son discours de remerciement, on lit : « he expresses anxiety to preserve *individualism* and he hopes that trusts vill be exterminated root and branch [jusque dans leurs racines] ». (Times, 31 august 1906, p. 3).

V. le mouvement contre les Trusts, Clunet, Tables des années 1904, 1905, v° Trust; 1906, p. 567.

Aux Etats-Unis, la « Standard Oil Company » et son président John Rockefeller interjettent appel d'une décision qui les a condamnés à une amende de 146 millions de francs pour violation de la loi sur les Trusts.

Le Trust des poissons, A. Boom et Cie, sont renvoyés devant la Cour de district des E.-N. sous 75 chefs d'accusation de la même infraction, la Compagnie chemin de fer N. J. Chicago, sous 51 chefs, etc. Chaque cas est passible d'une amende de 1000 à 20.000 dollars (New-York, 4 août 1907). Les poursuites se multiplient dans les divers Etats de l'Union.

1. « Innocent IV (1243-1254) a inventé et introduit en droit canonique la notion de la personnalité fictive ». Mater, *l'Eglise catholique*, Paris, 1906, p. 206 ; — *Contra* : l'abbé Blanc, *Philosophie scolastique*, III, 1893, n° 1293.

Cf. Ferraris, *Prompta bibliotheca Canonica*, Rome, 1748-1790. 9 vol. in-4°, v° Collegium.

---

a. M. l'avocat général Moraud à la Cour de Caen, le 16 octobre 1899, discours cité *infra* (n° 415, note 1).

romischen Rechts. Berlin, 1849, t. II, trad. Guénoux, t. II, §§ 85-102 [1]). Cette théorie a été soutenue en Allemagne par Arndst, Unger (Autriche), Puchta, Roth, Gerber, etc. ; puis attaquée dans la seconde partie du XIXᵉ siècle par Salkowski [2], Bolze [3], Windscheid [4], Ihering [5] et plusieurs autres [6].

396. — La théorie de la « fiction légale » est adoptée en France par des auteurs considérables. Son succès fut grand dans le passé ; il diminue, mais n'est pas épuisé :

Aubry et Rau, I, § 54. — Laurent, I, p. 287. — Huc, I, nº 202. — Baudry-Lacantinerie et Houques-Fourcade, I, nº 295. — Tissier, I, nᵒˢ 39 et s. — Ch. Lyon-Caen et Renault, II, nº 205 et s. ; nº 216. — Batbie, V, nº 1. — Gide, Les associations religieuses, p. 352. — Dufour, Droit admin., I, nº 331. — Aucoc, I, nº 198. — Laferrière, I, p. 310. — Esmein, Droit constit., p. 10. — Albéric Rolin [7].

---

1. L'origine romaine de cette théorie est aujourd'hui contestée (V. nº 394, notes 1 et 2).

2. Salkowski, *Bemerkungen z. Lehre v. d. juritisch. Personen*. Leipzig, 1863.

3. Bolze, *Der Begriff der Jurisiischen Personen*, 1879, p. 100 et s.

4. Windscheid, *Pandecten*, 49, 53, nº 2, § 7.

5. Ihering, *Esprit du droit romain*, trad. Meulenaere, IV, p. 216, 340-342.

6. V. sur les théories allemandes les excellentes monographies de J. Epinay, *Capacité juridique des Associations formées sans but lucratif*. Paris, Rousseau, 1897, p. 198 et s. — Laplace, *Capacité des Associations contractuelles*. Paris, 1903, p. 82 et s. ; p. 93 et s.

Pour le développement de la théorie associationnelle en Allemagne, R. Saleilles, *Des personnes juridiques dans le Code civil allemand*. Paris, Chevalier-Marescq, 1902 ; — Michoud, *Théorie de la personnalité morale*. Paris, Pichon, 1906, p.

7. Alb. Rolin, prof. à l'Univ. de Gand, *Principes de droit intern. privé*, I, nº 27.

— Moreau [1]. — Ducrocq, 1e éd., IV, n° 1372 et s. ; 7e éd., t. VI (1905), p. 13 et s. [2], etc. [3].

On verra plus loin que le législateur de 1901, avait en partant, mis cette théorie dans son bagage doctrinal ; mais avant d'arriver au terme de son voyage, il en a semé plus d'une pièce sur la route.

397. — Malgré la faveur dont jouit encore à l'École, dans les milieux législatifs et parmi le public [4] la « fiction légale », — si favorable aux conceptions étatistes et à la transition du système de l'indépendance individuelle au système de l'embrigadement collectiviste, — cette hypothèse scientifiquement recule.

Les meilleurs esprits hésitent à admettre une dogmatique, qui enseigne qu'une personne morale n'est pas une création volontaire et spontanée ; qu'elle doit demander à une divi-

---

1. F. Moreau, agr. à la Fac. d'Aix, *De la capacité des Etats étrangers*, etc., Clunet 1892, p. 342.

2. « La personnalité civile, fiction légale, concession bénévole de l'État, doit être considérée comme un axiome de notre droit public. » (Ducrocq, ibid., 1905, p. 25).

3. *Adde* : Plusieurs études anciennes et récentes : P. Jozon, Disc. Assemblée nat., 10 juin 1875. — Piébourg, *De quelques questions sur les personnes civiles*, Rev. de législ. ancienne et moderne, 1876, p. 83, p. 217. — Béjanin, *Capacité juridique des Associations*. Paris, Rousseau, 1904, p. 89 et s. — Petit, Revue polit. et parlement., 1905, p. 288.

4. Le Congrès du droit d'association tenu à Paris en 1899, sous la présidence de M. Étienne Lamy, avait rédigé un questionnaire dont la 3e question était : Comprend-on généralement autour de vous que la liberté d'association est un droit et non une concession de l'État ?

De nombreux correspondants répondirent, en repoussant l'idée que l'association fût « une concession de l'État », mais en constatant que le « sentiment de l'omnipotence de l'État avait à ce point étouffé le sens de la liberté » que la notion de la concession gouvernementale était la plus répandue (*Le droit d'association*, études, notes et rapports du Congrès de 1899, Paris, Rondelet, 1899, p. 121).

nité plus ou moins propice la permission de naître ; qu'elle ne peut, sans autorisation, monter à la surface de la vie.

Cette autorisation qui la donnera? L'État. Qu'est-ce que l'État? La personne morale par excellence qui embrasse dans son sein toutes les autres personnes morales ou physiques, — mais avec la fonction d'assurer, et non de paralyser, leurs existences [1]. Puis, a surgi la dernière question et la plus indiscrète : « L'État est une personne morale, mais, qui l'a investi de cette personnalité? qui a autorisé, dit Dahn [2], celui qui est appelé à donner des autorisations [3]?

398. — La « fiction légale » consacre la prépotence et l'antériorité du droit de l'État; elle entretient chez ce dernier la convoitise du bien d'autrui. Aussi est-elle attaquée par des adversaires nombreux et redoutables ; elle a contre elle les esprits généreux qui rangent l'indépendance au nombre des avantages les plus précieux à conserver et à augmenter dans la vie des communautés politiques, aussi bien que les impassibles disposés à ne considérer dans la tendance au groupement qu'un phénomène social lié nécessairement à la constitution des sociétés humaines ; elle est, dans le domaine abstrait, également repoussée par les réalistes,

---

1. « *Est autem ad præsidium juris naturalis instituta civitas, non ad inte ritum* » (Lettre encyclique du Pape Léon XIII : *de conditione Opificum* 15 mai 1891. Paris, Poussielgue, 1891, p. 8.)

2. Dahn, *Vernunft im Recht*, 1879, p. 167. L. Crouzil, loc. cit., 1906, p. 214.

C'est la répartie fameuse d'Adalbert de Périgord au premier Capétien : Qui t'a fait comte? interrogeait Hugues Capet. — Qui t'a fait roi? répliquait le comte.

3. « *Neque est, cur providentia introducatur reipublicæ : est enim homo, quam respublica senior* » (Lettre encyclique du Pape Léon XIII : *De conditione Opificum*, 15 mai 1891. Paris, Poussielgue, 1891, p. 8.)

continuateurs de Platon, et par les nominalistes qui procèdent d'Aristote.

« Le vieux système de la fiction légale » est une hypothèse
qui s'éteint[1].

1. Berthélemy, *Droit administratif*. Paris, Rousseau, 1902, 2e éd.,
p. 42. Dans la classification philosophique, le savant professeur à la
Faculté de droit de Paris a sa place parmi les « nominalistes » partisans
de la fiction doctrinale (*infra*, no 423 et s.).

Les jurisconsultes qui écrivent : « l'association' non reconnue [fiction
légale] : —...est un néant, l'être qui n'est pas encore conçu ou le mort
d'hier — sont dupes d'une illusion. » (Didier Rousse, *Capac. jur. des
Associations*, Paris, 1897, p. 85.)

Au point de vue scientifique pur, l'hypothèse de la « fiction légale »,
dont l'autorité s'affaiblit, a rendu des services ; elle a provoqué des
recherches qui ont amené des constructions juridiques nouvelles, mieux
appropriées à la réalité des faits, au moins dans le stade historique où
nous sommes.

« C'est avec des hypothèses religieuses que les plus importantes civi-
lisations ont été fondées, c'est avec des hypothèses scientifiques que les
plus grandes découvertes ont été accomplies... Les hypothèses servent
surtout à fonder ces dogmes souverains qui jouent dans la science
un rôle aussi prépondérant que dans les religions et la philosophie.
Les dogmes deviennent dangereux dès qu'ils commencent à vieillir. Il
importe peu que les hypothèses et les croyances qu'elles enfantent soient
insuffisantes ; il suffit qu'elles soient fécondes et elles le sont, dès qu'elles
provoquent des recherches » (Dr Gustave Le Bon, *L'évolution de la
matière*. Paris, 1906, p. 298. Livre à lire ; car il révolutionne les idées
acquises sur la « matière ». A la suite de recherches expérimentales
conduites depuis 1896, notamment sur la radio-activité des corps, l'auteur conclut de l'énergie interne des atomes à leur dissociation continue
et conséquemment, comme terme suprême de l'évolution de la matière,
à son retour à « l'éther primitif », qui « représente ainsi le nirvana final
auquel reviennent toutes les choses après une existence plus ou moins
éphémère » (p. 295 et aussi p. 9 ; p. 206 et s.). — Adde : Dr G. Le Bon,
L'Evolution des Forces. Paris, Flammarion, juin 1907. — Cf. sur ce
« merveilleux éther des physiciens » Edmond Perrier, *Les colonies animales et la formation de leurs organismes*, ch. IV, l'individualité. Paris,
2e édit., Masson, 1898, p. 780. — M. Jean Jaurès a touché ce sujet
avec sa magnificence oratoire coutumière dans : *La réalité du monde*

399. — Parmi ses contradicteurs décidés, nous mentionnons dans l'ordre du temps :

MM. Van den Heuvel, professeur et ancien ministre de la Justice en Belgique[1] ; de Vareilles-Sommières, doyen de la Faculté de droit à l'Université catholique de Lille[2] ; Lainé, professeur à la Faculté de droit de Paris[3] ; R. Saleilles, professeur à la Faculté de droit de Paris[4] ; J. Charmont, professeur à la Faculté de droit de Montpellier[5] ; J. Épinay[6] ; Didier Rousse[7] ; Maurice Hauriou, professeur à la Faculté de

sensible (Paris, 2e éd., 1902, p. 120 et s.) — Cf. infra, no 443 (les notes).

Sur le rôle de l'hypothèse : — dans la recherche spéculative, Cournot, Traité de l'enchaînement des idées fondamentales dans les sciences et dans l'histoire, I, p. 103 ; — dans les sciences naturelles, Claude Bernard, Introduction à la méthode expérimentale, 3e p., ch. III : H. Poincaré, La science et l'hypothèse. Paris, Flammarion, 1902, — en astronomie, L. Houllevigue, La voie lactée, Revue de Paris, 15 septembre 1906, p. 413 ; — dans les sciences juridiques, L. Michoud, op. cit., 1906, p. 9 ; Gény, Méthode d'interprétation et sources du droit privé positif, 1899, no 61. — Cf. Ernest Naville, La logique de l'hypothèse, 2e éd., Paris, Alcan, 1895 ; « Toute loi [scientifique] est au fond une hypothèse » L. Liard, La science positive et la métaphysique, 5e éd., Paris, 1905, p. 28.

1. Van den Heuvel, Situation légale des associations sans but lucratif, 2e éd., Bruxelles, 1884.

2. De Vareilles-Sommières, Du contrat d'association, etc., Paris, Pichon, 1893. Critique reprise et développée dans son bel ouvrage : Les personnes morales. Paris, Pichon, 1902 (passim et surtout chap. 8).

3. Armand Lainé, Des personnes morales en droit international privé, Clunet 1893, p. 283.

4. R. Saleilles, Étude sur l'histoire des sociétés en commandite, Annales de droit commercial, 1895, 1897. Paris, Rousseau.

5. J. Charmont, Compte-rendu de l'étude de Vareille-Sommière de 1893, Revue critique, 1895, p. 203 et s.

6. Jules Épinay, Capacité juridique des associations formées sans but lucratif. Paris, 1897 (p. 118 et s.).

7. Didier Rousse, Capacité juridique des associations en droit civil français. Paris, Rousseau, 1897 (p. 21 et s.).

droit de Toulouse [1]; Gény, professeur à la Faculté de droit de Nancy [2]; Léon Michoud, professeur à la Faculté de droit de Grenoble [3]; Planiol, professeur à la Faculté de droit de Paris [4]; Berthélemy, professeur à la Faculté de droit de Paris [5]; H. Capitant, professeur à la Faculté de droit de Grenoble [6]; R. Perraud [7]; Cullaz [8]; J. Valéry, professeur à la Faculté de droit de Montpellier [9]; J. Laplace [10]; Margat, professeur à la Faculté de droit de Montpellier [11]; Donnedieu de Vabres [12]; L. Crouzil, professeur à l'Institut catholique de Toulouse [13], Ch. Cézar-Bru, professeur à la

1. Maurice Hauriou, *De la personnalité envisagée comme élément de la réalité sociale*. Revue générale du droit, 1898, p. 1 et 5, — et dans son *Précis de droit administratif*. 5e éd., Paris, Larose, 1903, p. 89, note 1.

2. Gény, *Méthode d'interprétation et sources en droit privé positif*, Paris, Chevalier-Maresq, p. 122 et s., p. 134 et s.

3. Léon Michoud, *La notion de la personnalité morale*. Revue de droit public, 1899, — surtout dans son magistral et récent ouvrage, *La théorie de la personnalité morale*. Paris, Pichon et Durand Auzias, 1906, p. 16-38.

4. Planiol, Droit civil, t. I, *Propriété collective et personnes fictives*, 4e éd. (1906), p. 975.

5. Berthélemy, *Traité de droit administratif*. 2e édit., Paris, 1902, p. 42.

6. Henri Capitant, *Introduction à l'étude du droit civil*. 2e éd., Paris, Pedone, 1904, p. 164 et s.

7. Raymond Perraud, *Les associations d'individus*, Paris, 1901, p. 174, 177.

8. Albert Cullaz, *Des associations non reconnues d'utilité publique*. Paris, 1902 (p. 115-150).

9. Jules Valéry, *Contribution à l'étude de la personnalité morale*, Revue générale du droit, 1903, p. 23-36.

10. Jean Laplace, *De la capacité des associations contractuelles*. Paris, 1903, p. 62.

11. Margat, *Condit. juridique des associations non déclarées*. Revue trimestrielle de droit civil, 1905, p. 235.

12. Donnedieu de Vabres, *De la condition des biens ecclésiastiques*, Paris, 1905, p. 147 et s.

13. L. Crouzil, *Des personnes morales*. Revue catholique des Institutions et du droit, 1906, p. 215.

Faculté de droit d'Aix-Marseille [1] ; G. Théry, avocat à Lille [2], etc.

400. — M. de Vareilles-Sommières en particulier, dans son livre déjà cité et justement réputé [3], a mené contre la « fiction légale » les attaques les plus vives ; il lui décoche ce dernier trait : « toute la doctrine de l'École sur le droit d'association et la personnalité civile est une véritable hallucination [4]. »

401. — Le savant jurisconsulte soutient d'ailleurs que la théorie de la fiction « ne vient ni des jurisconsultes romains, ni de ceux de l'ancien droit », mais de l'erreur, où sont tombés les théoriciens oratoires de la Révolution, et qui s'appelle dans la science philosophique *la réalisation des Universaux*; ils s'imaginèrent que les biens des corporations, communautés religieuses ou laïques « appartenaient à une substance vague mais réelle et permanente nommée: clergé, communauté, corporation, association et dont les associés n'étaient que les manifestations et les modifications transitoires [5] ». C'est ainsi qu'ils ont construit la théorie de la confiscation légale, « après avoir dépouillé les associés au profit de l'*Universal*, ils dépouillaient l'Universal au profit de l'État ». Il suffisait, en effet, à l'État de retirer aux associa-

---

1. Charles Cezar-Bru, *La personnalité morale*, Rev. gén. de droit, 1906, p. 345 (V. infra, nº 415).

2. Gustave Théry, *Les personnes morales*, Rev. cathol. des Institut. et du droit, 1906, p. 205).

3. Vareilles-Sommières, *Les personnes morales*, 1902, chap. x, Origine et histoire de la doctrine de l'École. Il y combat en même temps Savigny et l'ancienne théorie allemande (p. 70).

4. Ibid., p. 592.

5. Ibid., p. 65.

tions la fiction de vie, que dans son omnipotence il leur avait concédée à titre précaire.

402. — Sous ces assauts donnés par des troupes venues des quatre points cardinaux de la science, « le vieux système de la fiction légale » fut ébranlé sur sa base. « Maintes lézardes [1] » y devinrent visibles. Loin de les réparer, la critique savante les élargit.

403. — Les Pouvoirs publics, mal disposés pour la liberté des particuliers, pensaient encore que le salut de l'État commandait le respect de cette formule : « La personnalité est un bienfait que le législateur distribue à sa guise aux uns et refuse aux autres en tenant compte de considérations d'intérêt général dont il est le seul juge [2]. » Mais son corollaire : « Cette création ne peut résulter en principe que d'un *acte individuel* donnant l'existence à *une* association spécialement déterminée [3] » ne s'imposait plus avec la même évidence.

404. — Le régime du bon plaisir administratif s'atténua. Il fut admis que l'État créateur renoncerait — par intermittence — à « se conduire par des vues particulières » [4].

Sans doute l'État interviendrait encore, par l'organe de son Conseil et sous la forme de Décret, pour la fabrication de quelques personnes morales à but particulier et recommandable [5] ; mais pour des familles entières d'associations à activité plus étendue, qu'il convenait socialement d'encourager

1. Didier Rousse, *Capacité jur.*, etc., *op. cit.*, 1897, p. 22.
2. Lyon-Caen, *La loi*, 27 avril 1881.
3. Maurice Beurdeley, *Personnalité juridique*, etc., op. cit., 1900, p. 124.
4. Malebranche, cité par Renan, *Dialogues philosophiques*. Paris, 1874.
5. Par ex. : la Société de géographie, l'Alliance française, la Société

ou de ménager politiquement, la personnalité civile cesse-
rait d'être distribuée par « acte individuel » et selon « notre
bon plaisir ». En vertu d'une loi générale statuant pour
une catégorie prédéterminée, un cadre serait établi, dans
lequel les personnes morales entreraient par l'acte volontaire des individus qui les composaient.

Il est vrai que dans cette théorie atténuée [1] « la volonté
individuelle ne fait que donner à la personne civile en
quelque sorte son substratum ; elle ne la crée pas. C'est à la
puissance publique qu'appartient ce pouvoir ». Cependant
on quitte l'atmosphère raréfiée du caprice et de l'arbitraire.
« La loi d'après cette théorie nouvelle donne la vie à une
espèce entière d'êtres moraux [2]. »

Ces êtres moraux tiendront désormais « leur existence
de la loi sans qu'un acte individuel soit nécessaire » [3].

405. — A titre d'exemples, avant la loi de 1901 :

Loi du 21-25 mars 1851 sur les Comices agricoles.

Loi du 21 juin 1865 (art. 5 : associations libres), et
22 décembre 1888, sur les associations syndicales de propriétaires.

de législation comparée, l'Association générale des Étudiants, l'Œuvre
de l'hospitalité de nuit, le dispensaire Furtado-Heine à Paris, l'Association des Dames françaises, l'Union des femmes de France, la Société
des restaurants économiques de Nancy, l'Association des inventeurs
industriels, l'Orphelinat des Arts, la Société générale des Prisons, la
Caisse des Victimes du devoir, l'Union centrale des arts décoratifs, la
Société astronomique de France, le Club Alpin, l'Association dite
« l'Union de Tir » à Paris, etc., etc.

1. V. Maurice Beurdeley qui, partisan de la « fiction légale », cependant se rallie au mode atténué, op. cit., 1900, p. 126. — Marcel
Béjanin, *Capacité juridique des Associations*. Paris, Rousseau, 1904,
p. 96.

2. M. Beurdeley, op. cit., 1900, p. 126.

3. M. Beurdeley, op. cit., p. 125.

Loi du 12 juillet 1875 (art. 10) et 18 mars 1880 sur les associations en vue de l'enseignement supérieur.

Loi du 21 mars 1884 sur les syndicats professionnels.

Loi du 30 novembre 1894 sur les habitations à bon marché (comités) [1].

Loi du 1er avril 1898 sur les Sociétés ou associations de secours mutuels (les sociétés libres : art. 15).

406. — Concurremment d'ailleurs le législateur continuait « la distribution individuelle » de la « personnalité civile » à des êtres de raison jouant le rôle de personnes publiques :

Les syndicats de commune (art. 169 et s. de la loi du 5 avril 1884 sur l'organisation municipale, modifiée par la loi du 22 mars 1890).

Les sociétés indigènes de prévoyance en Algérie (Loi du 5 avril 1893, art. 8).

Le corps formé par la réunion de plusieurs facultés de l'État (Loi de finances du 28 avril 1893, art. 71).

Les Musées nationaux (réunion des Musées du Louvre, de Versailles, de Saint-Germain et du Luxembourg) (Loi de finances du 16 avril 1895, art. 52) ainsi que les Musées départementaux ou communaux [2].

La Caisse de prévoyance entre marins français (Loi du 31 avril 1898, art. 2, § 1).

---

1. Toutefois l'art. 4 de la loi du 30 novembre 1894 prévoit l'acte individuel de l'État, intervenant sous forme de décret présidentiel.

2. Le règlement d'administration publique, devant déterminer les mesures d'exécution, promis par l'art. 56 de la loi du 16 avril 1895, a été rédigé onze ans après, le 30 septembre 1906, et promulgué au Journal officiel du 10 octobre 1906! Nous y reviendrons, en étudiant les Associations reconnues d'utilité publique.

Le Conservatoire national des arts et métiers (Loi du 13 avril 1900, art. 32).

L'École nationale supérieure des Mines (même loi art. 34).

L'Algérie, elle-même (Loi du 19 décembre 1900, art. 1).

L'Institut national agronomique (Loi du 23 février 1902, art. 57).

Et depuis la loi du Ier juillet 1901 :

La Caisse des recherches scientifiques (Loi du 14 juillet 1901. art. 1).

Le Musée Gustave Moreau (Loi du 31 mars 1902, art. 72).

L'École française d'Athènes et l'École française de Rome (Loi du 30 mars 1903, art. 71).

L'Office colonial (Loi du 18 février 1904, art. Ier), etc., etc.

407. — Ainsi au moment où la loi du Ier juillet 1901 entre en scène, la théorie officielle de la fiction légale aboutit à une autocratie tempérée. Certes, l'État en retient l'essence doctrinale; toute personne morale procède de lui [1]; il est le commencement et la fin de tout, simplement parce qu'il est : *Ego sum qui sum* [2]. Mais c'est un Jéhovah discuté, qui transige. L'infiltration des idées ambiantes amollit ses commandements. Il consent à ne pas apparaître sur le Sinaï législatif chaque fois qu'il s'agit d'engendrer des personnes morales; il pose des normes; en s'y conformant, ces personnes auront le droit de naître, — et même de continuer à vivre.

1. MM. Trouillot et Chapsal (*Du contrat d'association*. Paris, 1902, p. 80) font un bon exposé de la pure théorie de la fiction légale, fondée sur l'omnipotence de l'État, telle que l'ont soutenue, avec un insuccès partiel (nous le montrerons plus loin) M. Waldeck-Rousseau, président du Conseil et les rapporteurs de la loi devant le Parlement.

2. *Dixit Deus ad Moysen : Ego sum qui sum* (Bible, Exode, III, 14.)

La rigueur du système est tout entière réservée aux personnes morales qui ne peuvent se couler dans les moules préétablis.

2° THÉORIE DE LA PERSONNE MORALE RÉELLE

408. — La réaction contre l'opinion traditionnelle subordonnant la formation des personnes morales à l'intervention de l'État et remettant à son caprice le sort de leur existence et de leurs biens amena à examiner de près cette théorie [1]. L'étude de la réalité démontre que la formation des groupements de faible ou grande étendue est l'effet spontané d'une loi générale, observée dans la série des êtres vivants, et plus particulièrement dans les agrégats humains [2]. L'État, en s'efforçant de remplacer ce fait naturel par un acte providentiel distribué à son gré [3], commettait

[1]. « De toutes parts ont surgi des études contradictoires sur cette notion qui s'est trouvée beaucoup moins solide qu'on ne se l'imaginait. » Marcel Planiol, Droit civil, I, 4e édit., 1906, p. 973.

[2]. V. le beau livre d'Edmond Perrier, directeur du Muséum, Les colonies animales, Paris, Masson, 1898, 2e éd., p. 783 et s.

[3]. On a essayé de soutenir que les partisans de la théorie classique de la fiction légale étaient victimes d'une confusion regrettable, cause peut-être des controverses. Ils n'auraient jamais soutenu que le « législateur pouvait d'un coup de sceptre forger et créer de toutes pièces un être juridique » ; mais seulement que : « lorsqu'un être collectif, un groupe se forme il est certain qu'il existe en dehors de toute intervention législative », et « que ce que fait le législateur, c'est seulement de conférer certains attributs à ces groupes formés sans lui et en dehors de lui » (M. Béjanin, Capac. jurid. des Associations, 1904, p. 96).

D'abord cette proposition ne représente pas l'opinion classique dont Laurent a donné la formule orthodoxe : « A la voix du législateur, un être sort du néant » (v. supra, n° 394, note 2). Ensuite, qu'est-ce qu'un « être collectif ou un groupe » nécessairement mort-né s'il ne plaît pas au législateur de lui octroyer « par acte individuel » les organes qui lui assurent les fonctions de la vie? Cet « être collectif » insusceptible

une véritable usurpation, qui tendait seulement à réaliser un concept d'absolutisme.

409. — Bientôt se forma de la personne morale une notion différente dont voici quelques formules :

Il n'est besoin d'aucune fiction pour assurer la vie juridique d'une personne morale ; elle est par elle-même ; et dès lors, comme tout membre collectif ou individuel de la société humaine, elle est susceptible d'être « sujet de droit ».

Les personnes morales ne sont pas des êtres fictifs créés par la loi mais des êtres moraux doués d'une vie réelle : ce sont des êtres collectifs réels (*real gesammtperson*) comme les appelle Gierke, un des premiers naturalistes juridiques qui les ait décrits.

L'association est un « organisme volontaire », c'est-à-dire un être fait de diverses volontés qui se combinent en une volonté unique distincte de ses composantes. — L'association est un tout, une unité, une individualité, un être nouveau, un être purement sprituel, nullement fictif, mais incorporel. — L'association est une volonté organique, une âme sans corps. — Tout groupement humain engendre nécessairement, naturellement un être réel, composé d'hommes à la vérité, mais distinct d'eux et ayant tous les caractères, toutes les qualités qui déterminent l'aptitude à être sujet de droit. La loi n'a pas à intervenir dans la forma-

---

d'atteindre par ses propres moyens aucun degré de l'existence est difficile à classer dans le « règne juridique ». Si on le transportait dans le règne organique il faudrait l'accrocher à un échelon encore inconnu, au-dessous du dernier étage de la substance vivante, le « protoplasme » des physiologistes (Edm. Perrier, *Théorie de l'association et les lois de l'organisation. Les colonies animales*, 1898, p. 701).

tion des associations ou groupements; elle doit se borner à reconnaître la pleine capacité juridique dont ils sont originairement doués, en ne la limitant que dans la mesure où intervient l'intérêt du groupement supérieur, c'est-à-dire, de l'État.

« L'être de raison » n'est pas créé, il se crée. — « Le groupe, l'œuvre créée par l'homme sont institués pour défendre des intérêts propres, qui sont non pas ceux d'un individu, mais ceux d'une masse plus ou moins compacte. »

410. — Quel est, pour parler comme le « Saint Docteur » [1], le « suppôt » ou la « quiddité [2] » juridique de cette personne réelle ? Il varie selon ses partisans. C'est la volonté collective des parties composantes (Gierke) ; le faisceau des volontés des associés en tant que ces volontés se dirigent vers le même but; un organisme consensuel (Épinay); une réalité sociale; une construction juridique basée sur un ensemble de faits sociaux (Hauriou); les rapports humains organisés par le droit objectif (Capitant); l'être collectif ou individuel dont l'intérêt est garanti alors même que la volonté qui le représente ne lui appartiendrait pas en propre, au sens métaphysique du mot (Michoud, I, p. 105).

411. — Ceux qui fréquentent les sciences naturelles poursuivent des analogies avec l'objet de leurs recherches.

1. Emile Combes, *Psychologie de Saint-Thomas d'Aquin*, 1860, passim. (V. supra, nº 350, note 3.)

2. On trouvera une très claire définition de ces termes un peu abstraits mais en même temps si précis, employés par les Scolastiques, *apud*, Emile Combes, op. cit., p. 496.

M. Combes s'est expliqué sur l'utilité de maintenir cette terminologie, ibid., Avant-propos, III.

Les groupements humains à étendue limitée comme les associations privées, ou à grande étendue comme l'association fondamentale, l'État[1], sont des organismes vivants, assimilables au corps humain. Les hommes qui les composent et les constituent par la coordination établie entre eux jouent dans les groupements le même rôle que les cellules dans le corps humain. Les associés sont des cellules; chaque volition est la résultante d'un conflit entre les parties composantes, cellules ou hommes, dans lequel la victoire reste au plus fort[2]. Il y aurait ainsi, en quelque sorte, un quatrième règne — à ajouter au règne minéral[3],

1. Bluntschli, *Allgmeines Staatsrecht*, trad. Riedmatten, 2e éd. Paris, Guillaumin, 1881.— Schœffle, *Bau und Leben des socialen Korpers*. 4 vol. Tubingue, 1875-76. — Worms, *Organisme et Société* (thèse), 1896.

2-3. V. Spencer, *Principes de sociologie*, t. II, ch. VI et s. — Espinas, *Les Sociétes animales*, sect. III, ch. II. — Fouillée, *La science sociale contemporaine*, 3e édit., p. 222; p. 245. Paris, Germer-Baillière, 1877.

M. Vareilles-Sommière raille avec humour ces incursions sur le terrain de la zoologie et de l'anatomie (op. cit., p. 80).

Malgré le souvenir respectueux que nous gardons à la mémoire de notre éminent collègue à l'Institut de droit international, Bluntschli, nous sommes obligé de reconnaître qu'il s'est mal gardé contre une aimable ironie lorsque, dans l'assimilation aux êtres vivants, il attribue le sexe masculin à l'État et le sexe féminin à l'Église (*Allgmeines Staatsrecht*, Théorie générale de l'État (trad. Riedmatten. Paris, 1881, L. I, ch. I, 7).

Gierke est en butte aux mêmes traits, parce que, dans le développement de sa captivante théorie, il a soutenu que la personne morale, susceptible d'une capacité sans limite, pourrait être le « sujet des droits de famille ». M. Vareilles-Sommière lui demande avec componction : « quelle serait la valeur d'un mariage contracté avec une personne morale » ? (op. cit., p. 77).

Cependant le droit positif récent donne raison à Gierke. L'art. 17 de la loi française du 24 juillet 1899 « sur la protection des enfants moralement abandonnés » permet aux tribunaux de « déléguer à l'Assistance publique les droits de puissance paternelle » et de « remettre l'exercice de ces droits », même à des « Associations de bienfaisance régulière-

végétal, animal — le « règne social ». C'est l'École organique [1].

412. — Parmi les champions de la « personne réelle »,
— les uns croyant renforcer la théorie la poussent jusqu'à
l'extrême ; ils s'efforcent d'établir une analogie complète
entre la personne morale que forment le groupement et la
personne philosophique, catégorie spéciale à l'homme.

D'autres plus prudents [2] séparent le point de vue juridique du point de vue philosophique. Pour eux, la réalité
de la personne morale est une notion purement juridique ;
il n'est pas nécessaire que la personne morale constitue une
personne philosophique, la *rationalis naturæ individua sub-
stantia* de St Thomas d'Aquin ; il suffit qu'il soit démontré
qu'elle est une entité attributaire de droits subjectifs.

413. — Mais tous sont d'accord sur le dogme fondamental de la réalité de la personne morale impliquant l'aptitude propre à la possession de droits subjectifs, sans le
secours d'aucune fiction, ni l'intervention d'aucun créateur.

414. — Cette théorie, pleine d'attirance, a fait pendant
ces vingt-cinq dernières années des recrues considérables
parmi des juristes, philosophiquement aussi séparés que les
théologiens et les agnostiques. Avec des nuances dans les
motifs de conclusions, aboutissant au même dispositif, on

---

ment autorisées à cet effet. » Voilà donc les personnes morales, devenues « sujet des droits de famille ». Le fait est considérable et apporte
un appui appréciable à la théorie de la personne réelle.

1. La théorie organique est combattue par Boistel, *Cours de philosophie du droit*, II, n° 334. Michoud, la critique également et établit qu'elle
est répudiée aujourd'hui par les sociologues (op. cit., I, 1906, p. 73).

2. Michoud, op. cit., I, 1906, p. 7; p. 69; p. 76; p. 93.

peut rattacher à la doctrine du réalisme, — dans un ordre
à peu près chronologique [1], — en divers pays : Zitelman [2] ;
Meurer [3] ; Milone [4] ; Miraglia [5] ; Rosin [6] ; Gierke, l'un des
pères de la doctrine [7] ; Karlowa [8] ; Bernatzik [9] ; Tarapelli
d'Azeglio, père jésuite [10] ; Jellineck [11], Von Bar [12], etc., etc.

414 *bis*. — En Belgique : Edmond Picard [13] ; Beeck-

---

1. Emmanuel Kant (1724-1804) paraît être, sur ce point de doctrine,
l'ancêtre immédiat des juristes modernes. La démonstration que l'union
de divers éléments est autre chose que leur addition se retrouve dans
l'*Introduction à la critique de la raison pure*. On en connaît la formule
mathématique et chimique : $7 + 5 = (7 + 5)$ et $7 + 5 = 12, (7 + 5)$
analytique, et 12 synthétique, sont égaux; néanmoins 12 constitue une
quantité nouvelle : L'eau est composée d'oxygène et d'hydrogène ; cet
élément forme cependant un corps différent de ses composants (Laplace,
op. cit., p. 94).

2. Zitelman, *Begriff u. Wesen d. sogenann. juristichen Personen*.
Laplace, 1903.

3. Meurer, *Der Begriff u. die Eigenthumer der heiligen Sachen zugleich.
eine Revision der Lehre von den juristichen Personen*, p. 84.

4. Milone, *Filangieri*, 1877, p. 202.

5. Miraglia, *Le persone incorporali nella filosofia del diritto*. Filangieri,
1883, p. 343.

6. Rosin, *Annalen des deutschen R.*, 1883, p. 286.

7. Gierke, *die Genossenschafttheorie u. die Rechtssprechung*, 1887 ; *Lettre
sur la question des Fondations*, 29 janvier 1907, Bull. Soc. d'études législ-
lat., 1907, p. 70.

8. Karlowa, *Grunhut's Zeitschrift*, 1888, p. 381 et s.

9. Bernatzik, *Archiv fur Offentliches Recht*, 1890, p. 169 et s.

10. Taparelli d'Azeglio, père jésuite, *Essai de théorie de droit naturel
basé sur les faits*, 4 vol. in-8. L. II, ch. VI, n°s 441 et s.

11. Jellineck, *System der subjectiven Rechte*, p. 13 ; p. 28 (et ses critiques :
Preuss, Conrad, analysés par Michoud, op. cit., I, 1906, p. 98).

12. V. Bar, *Theorie und Praxis des internationalen Privatrechts*, I,
p. 301 et s.

13. Edmond Picard, que la profondeur et l'originalité de ses points de
vue ont placé au premier rang des jurisconsultes européens, a écrit cette
belle page : « Depuis les récents et curieux travaux sur la psychologie
des groupes, des foules, des nations, des races, ces notions [sur les êtres
collectifs] commencent à se rectifier. Bien que les liens qui unissent

man[1] ; Ad. Prins[2] ; la Commission royale pour la répression des abus relatifs aux affaires de Bourse[3] ; Dewailde,

les unités humaines qui forment ces agglomérations organiques n'apparaissent pas sous forme matérielle, on en comprend désormais la solide réalité et on tient l'ensemble où s'unissent les individualités qui les composent pour parfaitement distinct de celles-ci, ayant une vie propre et formant « un corps » à part, qu'il n'est pas possible de confondre avec la simple collection de leurs éléments. Il ne faut donc pas des fictions pour admettre leur existence. Celle-ci est parfaitement naturelle et réelle en soi, quoique non matérielle, et la loi, loin de les créer, doit se borner à les reconnaître absolument comme elle reconnaît et accueille les nouveau-nés. Quand elle leur attribue l'existence juridique, quand elle les revêt de la *toga civilis*, elle met celle-ci non pas sur un fantôme, sur une simple conception intellectuelle, mais sur un être vivant. Un Etat vit, une Commune vit, la grande compagnie des pauvres ou des malades vit dans l'ensemble des êtres et des besoins qui les constituent. Jadis (et encore actuellement dans certaines parties du Monde) la Famille, la Tribu, le Clan, la *Gens* avaient ces caractères et agissaient, étaient traités comme un seul organisme juridique.

« C'est la manifestation à l'état permanent dans l'histoire, des aspirations collectivistes contemporaines se révélant en des formations de plus en plus nombreuses. Aussi serait-il plus exact de nommer ces groupements *personnes collectives* de préférence à « personnes fictives ». La fiction n'apparaît que lorsqu'un législateur fantaisiste, au lieu de prendre pareille entité dans la réalité sociale, invente de toutes pièces un être ou un groupe chimérique et en fait abusivement et mensongèrement un sujet de droit, comme serait le Collège des Fées, le Conseil des Dieux, le Patrimoine du Diable. La Lune, sous le nom de Tanit, avait des propriétés à Carthage » (*Le Droit pur*, Paris, Alcan, 1899, p. 87. — Cf. *Les quatre éléments essentiels de tout droit*. Le canon juridique, Introduction au tome 88e des Pandectes belges, Bruxelles, 1907, p. VII).

1. Note de M. Beeckman *Sur la personnification civile des Associations privées de bienfaisance* (23 décembre 1896), procès-verbaux de la Commission royale de la réorganisation de la bienfaisance, p. 16 et s. (impr. Levigne, Bruxelles, 1900).

2. Ad. Prins, *L'organisation de la liberté et le devoir social*.

3. Commission royale, etc. : « La science juridique affirme de façon de plus en plus nette que tel est le cas [la loi se borne à les reconnaître] pour la plupart des personnes morales qu'on s'était longtemps accoutumé à considérer comme fictives, alors que toutes en réalité correspondent à des composés organiques de personnes humaines, de choses ou d'inté-

procureur général à la Cour de Liège [1] ; M. Hermans [2], etc.
414 *ter*. — En Suisse : Ernest Roguin [3], etc.

rêts, unis par des liens qui, pour matériellement invisibles et intangibles
qu'ils soient, n'en ont pas moins une existence et une puissance indé-
niables (4ᵉ rapport et avant-projet de loi sur les obligations et les droits
des titulaires d'obligations, etc., décembre 1895, réimprimé par le
Moniteur belge en 1902 — apud : Pandectes belges d'Edmond Picard,
t. 76 (1904), vᵒ *Personne civile*, col. 348).

1. Dewailde, *La personnalité de l'Etat*, discours à l'audience solennelle
de rentrée de la Cour d'appel de Liège du 1ᵉʳ octobre 1906 (Bruxelles,
De Ghilage, 1906, p. 9) : « Comment s'organiseraient, se maintiendraient les sociétés humaines si les êtres qui se succèdent dans un même
groupe humain ne jouissaient pas d'une certaine propriété ou aptitude
native à combiner leurs actes communs, d'une manière propre à former
une unité distincte de celles qui les constituent individuellement, unité
dont la nature est supérieure en puissance et en durée, mais rationnel-
lement inférieure en ce qu'elle n'a pas son but dernier en elle-même,
unité vivante néanmoins et manifestant tous les attributs de la personnalité humaine. »

En lisant le discours substantiel du procureur général Dewailde, composé à l'occasion de la reprise de la vie judiciaire par la Cour de Liège,
en 1906, on constate le profit très réel de ces solennités traditionnelles.
En France, nous en avons retranché récemment les Mercuriales juridiques, philosophiques ou littéraires. Notre goût de l'austérité nous a
conduits à les remplacer par des lectures de statistique judiciaire, que l'orateur du Parquet débite d'un ton effacé, et que l'auditoire, sur les bancs
de la Cour, comme dans la salle, écoute d'une oreille déférente, mais
distraite. On aperçoit mal, au premier abord, la supériorité du rite nouveau sur l'ancien.

2. Maurice Hermans, *De la personnification civile des Associations*. Discours à la Confér. du jeune barreau belge, Bruxelles, 26 mars 1907 :
« La place que le système de la fiction occupait dans la science du droit
se restreint chaque jour au profit de la théorie qui représente la personne
morale comme un être naturel et réel formé des associés, mais cependant
distinct d'eux, pourvu des caractères essentiels de la personne et possédant de plein droit, comme l'individu, la qualité juridique. C'est l'union
des individus, la combinaison de leurs activités qui la fait naître spontanément. Son existence ne procède pas de celle de l'Etat. Celui-ci n'a
d'autre rôle à remplir vis-à-vis d'elle que celui qu'il remplit vis-à-vis des
individus : enregistrer sa naissance et soumettre son existence aux règles
appropriées à sa nature. » (Journ. trib. Bruxelles, 28 mars 1907).

3. Ernest Roguin, professeur à l'Académie de Lausanne, *La règle*

415. — En France :

Terrat, professeur à l'Université catholique de Paris [1],
H. Brice [2], J. Epinay [3] ; M. Hauriou, professeur à la
Faculté de droit de Toulouse [4]; R. Saleilles, professeur à la
Faculté de droit de Paris [5] ; Boistel, professeur à la Faculté de

du droit, Lausanne, Rouge, 1889, ch. X, Les sujets de droit (notamment
nos 216, 220, 224) : « Les personnalités collectives doivent être expli-
quées sans faire appel à aucune fiction parce qu'il n'en existe pas... » ;
et note 1, p. 404 : « Merkel dit dans son § 188 «qu'il est fou, thöricht, —
ce qui est aussi notre avis — de représenter l'Etat comme une simple
abstraction et il affirme que les corporations ne sont nullement des êtres
fictifs. »

1. Terrat, De la personne morale, Rapport au 4e Congrès scientifique
internat. des catholiques à Fribourg, 1897.

2. Hubert Brice, Le droit d'association et l'État, Paris, Rousseau, 1893 :
« L'association est une organisation, non une juxtaposition d'individus.
Elle n'est donc pas uniquement la somme de ses membres... Ici nous
trouvons les caractères naturels suivants : un second accord de volontés
individuelles formant une unité morale indépendante de l'individu et
s'imposant à lui. C'est ce caractère d'entité distincte et impérieuse
qu'on rencontrera toujours et quoi qu'on fasse dans toute association »
(p. 24).

3. Jules Épinay, De la capacité des associations formées sans but lucratif.
Paris, Rousseau, 1897 (excellente monographie) : « L'association des
intéressés constitue une personne collective réelle, un être organique
vivant, libre dans le monde des idées, mais limité à la satisfaction de
son but, en matière de capacité patrimoniale » (p. 598).

4. Maurice Hauriou, La personnalité comme élément de la réalité sociale.
Revue générale du droit, t. XXII (1898), p. 5-23 ; p. 119-140. —
Leçons sur le mouvement social, 1899, p. 85 et 92 ; 2e append. p. 144-146
(Du fondement de la personne morale). — Précis de droit administratif.
5e éd., Paris, 1903 : « La réalité de la personnalité morale est tellement évidente que le droit est obligé d'en tenir compte à certains
égards » (p. 84). — Ibid., note 1, d'excellentes remarques sur l'idiosyncrasie des Associations (Capucins et Jésuites, Syndicats rouges et Syndicats jaunes, Crédit lyonnais et Société générale, etc.) (6e édit. en 1907).

5. Raymond Saleilles, De l'association dans le nouveau droit allemand,
Rapport au Congrès sur le nouveau droit d'association. Paris, 1899.
— Le domaine public à Rome, etc. Nouv. rev. historique, 1888, p. 557.

droit de Paris [1] ; L. Michoud, professeur à la Faculté de droit de Grenoble [2] ; A. Mestre [3] ; J. Morand, substitut du procureur général à la Cour de Caen [4]; Larnaude, professeur à la Faculté de droit de Paris [5] ; D. Négulesco [6] ; R. Per-

1. Boistel, *Cours de philosphie du droit*, t. III, p. 23. Paris, 1899 ; — *Conception des personnes morales*, Rapport au 2e Congrès international de philosophie à Genève. 5 septembre 1904. Genève, Kundij, éditeur, p. 16 : « Ce qui constitue la personne morale c'est le faisceau de volonté des associés en tant que ces volontés se dirigent d'accord sur le but social. »

2. Léon Michoud, *La notion de la personnalité morale*, Revue du droit public. 1899, *Théorie de la personnalité morale*, t. I, Paris, Pichon, 1906. V. pour la critique, élogieuse cependant, Vareilles-Sommière, op. cit., p. 100-108; Laplace, op. cit., 1903, p. 160 et s.

L'ouvrage de premier ordre de M. Michoud est le plus considérable en langue française qui soit consacré aux théories de la personnalité morale.

L'auteur doit faire paraître prochainement le t. II, qui est impatiemment attendu par les juristes.

3. A. Mestre, *Les personnes morales et leur responsabilité*. Paris, 1899, p. 137 et s. ; p. 191 et s.

4. M. Jules Morand, *De la personnalité morale des associations désintéressées*, Discours pron. à l'aud. solenn. de rentrée du 16 octobre 1899 de la Cour de Caen. « L'idée d'une *unité organique, créée par la volonté collective de ses membres*, idée vraie et vers laquelle la jurisprudence elle-même paraît s'acheminer lentement, se répand à cette heure où partout, dans toutes les branches de l'activité humaine, la faveur s'attache à l'être corporatif» (Caen, imprim. Lanier, 1899, p. 36).

5. Larnaude a son *Cours de droit public*, à la Faculté de droit de Paris pendant l'année 1900-1901 : « Au point de vue philosophique et psychologique, il est bien vrai qu'il y a entre individus et associations des différences irréductibles, mais au point de vue juridique, la personnalité des uns et des autres est de même nature. Chez les uns comme chez les autres, la personnalité est toujours « réelle. » Rapporté par L. Jouitou, *De la petite personnalité des associations*, etc. Paris, 1903. p. 49.

6. Démètre Négulesco, *Problème juridique de la personnalité morale*, etc. Paris, 1903, p. 150-59 (disciple de M. Michoud).

raud [1] ; Hébrard [2] ; Adenis [3] ; J. Valéry, professeur à la
Faculté de droit de Montpellier [4].

1. Raymond Perraud, *Les associations d'individus*. Paris, 1901. Nous
nous excusons auprès de M. R. P. de la peine que nous lui faisons en
le rangeant parmi les« réalistes » qu'il anathématise (p. 92). Il semble
cependant qu'il ait prévu cette ironie (p. 96). Mais la définition qu'il
donne de l'association ne nous a pas permis de lui épargner cette contra-
riété : « L'association, être de pure raison, ne doit être traitée civilement comme une personne que dans la mesure où cette personnalité
publique juridique concourt à la fin en vue de laquelle, les *Volontés
individuelles* qui en sont le *substratum*, l'ont créée. » (p. 177)

C'est la « Willenstheorie » de Zitelman, Meurer et Gierke, c'est-à-
dire des Pères de l'Église réaliste. M. R. P. admet le même substratum.

2. François Hébrard, *Du sort des biens d'une association en cas de dissolution*. Paris, 1902 : « Le sujet du droit, c'est l'association elle-même,
réalité bien vivante qui unit du seul fait que les volontés se sont unies
et organisées pour une fin. » (p. 177)

3. René Adenis, *Les associations à but non lucratif et le droit de succession*. Imprim. Melloté, Châteauroux, 1902 : « Il n'y a pas en droit plusieurs espèces de personnes juridiques ; toutes sont également réelles et la
personnalité dont est investi l'être physique n'est pas d'une nature différente de celle dont est investi l'être qui n'est pas doué de la vie physiologique » (p. 19).

4. Jules Valéry, *Contribution à l'étude de la personnalité morale*. Revue
générale du droit (Paris), 1903, p. 23-26 : « ...un homme considéré
isolément a des besoins, des sentiments, une manière de penser et
d'agir différents du groupe auquel il peut appartenir [a]. Ce sont précisément ces besoins, ces sentiments, cette manière particulière de penser et
d'agir qui caractérisent la personne morale, qui démontrent qu'elle a une
existence distincte de ses membres » (p. 26). « Une personne morale
existe donc par cela seul qu'un groupement de personnes ou de capitaux
présentant des caractères différents de ceux des divers éléments qui le
constituent, est organisé d'une façon suffisamment systématique pour
pouvoir agir au gré de ses intérêts et de ses besoins... Idiosyncrasie,
organisation, durée, telles sont, par conséquent, les trois conditions

a) « C'est ce qui a été mis en lumière par les différents travaux qui ont été
publiés sur la psychologie et la criminalité des foules ».

V. notamment : *L'opinion et la foule*, par G. Tarde, professeur au Collège de
France. Paris, Alcan, 2ᵉ éd., 1904 ; *Psychologie des foules*, par Gustave Le Bon,
11ᵉ éd. Paris, Alcan, 1906 (G. Le Bon est le premier qui ait abordé cette étude
dans son édition de 1895).

H. Capitant, professeur à la Faculté de droit de Grenoble[1]; L. Josserand, professeur à la Faculté de droit de Lyon[2]; L. Crouzil, professeur à l'Institut de droit catholique de Toulouse[3]; L. Le Fur[4], professeur à la Faculté de

d'où dépend l'existence d'une personne morale. Mais il appartient à la loi de lui reconnaître la capacité juridique dans une mesure plus ou moins large, de la lui donner, et même de lui enlever toute existence en prononçant la dissolution du groupement qui l'a engendrée... Les pouvoirs de la loi sont les mêmes à l'égard des personnes physiques : ne peut-elle pas, en effet, limiter leur capacité, leur dénier toute personnalité si elles sont frappées de mortalité, esclaves ou simplement étrangères, leur ôter même la vie lorsque leur mort est jugée utile au bien public? » (p. 28).

1. Henri Capitant, *Introduction à l'étude du droit civil*, 2ᵉ éd. Paris, Pedone, 1904 : « L'être moral nous apparaît comme une entité correspondant à la réalité des phénomènes sociaux. Elle est vraiment un être doué d'une vie propre : elle est comme l'homme, une personne. » (p. 171).

2. Louis Josserand, *Essai sur la propriété collective. Code civil. Livre du centenaire*, Paris, t. I, 1904 : « ...la puissance d'unification inhérente à la notion de la personnalité juridique : elle ramasse en une résultante unique toutes les forces engagées dans une entreprise; elle réalise la synthèse des volontés individuelles qui, au prix de leur individualité même, viennent se fondre dans le creuset commun, pour constituer l'être moral en qui se résumeront tous les droits, toutes les aspirations comme toutes les charges de la collectivité » (p. 364).

3. Lucien Crouzil, *Les personnes morales* (rapport au XXIXᵉ Congrès des jurisconsultes catholiques). Revue catholique des institutions et du droit, mars 1904 : « La personnalité juridique des collectivités organisées ayant le même fondement que la personnalité juridique des individus, il semble bien qu'on doive en principe les soumettre aux mêmes règles : les personnes morales auront donc les mêmes droits que les personnes physiques, à l'exception de ceux qui ne seraient pas compatibles avec leur nature » (p. 216). — Du même auteur, *La liberté d'association*. Paris, Bloud, 1907, 1 vol. in-18.

4. Louis Le Fur, *L'État, la souveraineté et le droit*, Paris, 1906 : « La personne morale n'est pas une réalité en tant que personne, ce n'est pas une personne réelle, mais d'autre part cependant l'expression recouvre une réalité qui est l'association, réalité à laquelle on peut reconnaître une vie interne et externe (Louis Le Fur, apud P. Lerebours-Pigeonnière,

droit de Caen ; Cézar-Bru, professeur à la Faculté de droit d'Aix-Marseille [1], etc.

416. — Les critiques n'ont pas manqué à la théorie de la « personne réelle » ou « naturelle ». Les partisans de la fiction légale lui objectent qu'elle ne fait « pas une moindre part à la fiction que la doctrine classique » et qu'en outre elle ne repose que sur l'existence objective d'une abstraction [2] ; on avait déjà dit sous une forme plus philosophique qu'elle renouvelait l'erreur de la « réalisation des universaux » [3]. Erreur ! C'est bientôt dit : Erreur en deçà d'une certaine métaphysique, vérité au-delà [4].

profess. adj. à la Fac. de droit de Rennes et René Demogue, agrégé à la Fac. de droit de Lille, *Bibliogr. ouvr. dr. civil*, Rev. trimestr. de droit civil, 1906, p. 664).

1. Charles César-Bru, *La personnalité morale* (compte-rendu du livre de L. Michoud), Rev. gén. du droit, 1906 : « Le système classique et commode de la fiction qui n'explique rien, qui même est contraire à la réalité. On ne peut nier en effet qu'un groupement est une individualité distincte de celle de ses membres » (p 344). Toutefois l'auteur prend pour critérium la formation même du groupement : personnel invariable ou variable. En cas de personnel invariable, le patrimoine est indivis et sous le régime de la main commune. En cas de personnel variable, deux hypothèses : 1º le groupement poursuit un avantage pécuniaire ou patrimonial (Cercles, sociétés d'agrément, etc.), il y a simple indivision ; 2º le groupement poursuit un but désintéressé, idéal, scientifique, religieux, charitable, politique, il y a patrimoine collectif et personnalité (ibid., p. 348-350).

2. Ducrocq et Barillcau, *Droit administratif*, 7e éd., VI (1905), p. 32.

3. R. Perraud, 1901, op. cit., p. 92. — Vareilles-Sommières, 1902, op. cit., p. 117 : « Pour se séparer de la théorie de l'École èt pour la combattre..... ils ont réalisé des universaux encore plus vigoureusement et plus pleinement qu'elle ne l'avait fait ». — J. Laplace, 1903, op. cit., p. 165.

4. Nous résumons infra, nos 446 et s., cette question des Universaux à laquelle on ne peut échapper quand on conduit une recherche (*inquisitio*) sur le fondement du droit associationnel. En attendant, il n'est pas inutile de donner la formule du « réalisme » raisonnable auquel ont

Les champions de la « fiction doctrinale » ont attaqué toute notion de personnalité morale, avec beaucoup de vigueur et d'esprit[1]. Pour eux, il n'y a pas de personne fictive, qu'elle procède de la loi (fiction légale) ou d'une opération synthétique de l'esprit (personne réelle). L'association n'est pas « une personne d'une espèce indéfinissable, mais elle est plusieurs personnes, plusieurs hommes, les associés et rien de plus ». La prétendue personne réelle n'est qu'une fiction d'un autre genre, « elle est bien une personne fictive, c'est-à-dire rien du tout ; elle n'a aucune réalité, ni en fait, ni de droit, elle n'est qu'un moyen ingénieux et exact de peindre une situation »[2]. La conception sociologique des groupements, « personnes naturelles,

---

abouti, après Platon, et même avec Aristote, plusieurs grands esprits, notamment saint Thomas d'Aquin : « Le réalisme sous la forme péripatéticienne qui admet au sein de l'être un élément général distinct de l'individu bien qu'il ne se réalise que par l'individu » (Ch. Jourdain, *Philosophie de Sᵗ Thomas d'Aquin*, Paris, 1858, I, p. 263). Il semble que les partisans de la « personne morale réelle » se réclament de cette belle formule.

On peut en rapprocher cette variante dont l'énoncé est également satisfaisant. « Quoique l'Universel ne subsiste pas universellement, il a cependant au sein des choses une indubitable réalité ; la communauté de genre et d'espèce est plus qu'un vain mot [*flatus vocis*] ; elle a son fondement dans les êtres, et ce fondement est aussi réel que peut l'être un attribut, quand le sujet lui donne d'exister comme attribut. Si donc l'essence n'est pas dans les choses en tant qu'essence universelle, elle y réside cependant comme essence adhérente à un suppôt individuel ». Emile Combes, *La psychologie de saint Thomas d'Aquin*. Montpellier, 1860, p. 512.

1. Vareilles-Sommières, 1902, op. cit. Dans une polémique aussi vive que courtoise, l'éloquent doyen de la Faculté catholique de Lille, fait le procès détaillé des idées de Zitelmann et Meurer (p. 81), de Gierke (p. 82), de Terrat, professeur à l'Université catholique de Paris (p. 85 et p. 109), de De Lamarzelle (p. 89), de Zaparelli (p. 92), de Hauriou (p. 93) et Jellinek (p. 99), de Michoud (p. 100).

2. Vareilles-Sommières, 1902, op. cit., p. 121.

est juridiquement inexacte » [1]. « L'assimilation de la volonté collective à une volonté d'homme... est une fiction » [2].

Cependant, c'est une théorie « pavée de bonnes intentions » [3]. Elle a « le sentiment très net de cette vérité que l'association a le droit naturel de posséder et d'acquérir de toutes façons. Elle a porté le premier coup dans le château de carton où cette vérité était captive et qui n'était fort que parce que tout le monde croyait à sa solidité » [4]; aussi, est-ce plutôt « une alliée qu'une ennemie » [5]. De telle sorte que voilà les théories contraires qui se réconcilient sur le dos de la théorie classique.

On reconnaît d'ailleurs galamment que la théorie de la personne réelle gagne visiblement du terrain [6].

416 *bis*. — Si elle a pour elle l'avenir, elle a aussi de fortes racines dans le passé associationnel : « La Corporation [au Moyen-Age] est un être moral. Ce mot désigne non pas seulement une collectivité d'hommes réunis par des intérêts communs. Il désigne un être idéal et abstrait dont les existences individuelles sont bien la condition nécessaire, mais qui ne se confond pas avec elle; type permanent de l'organisation du travail, moteur et régulateur de l'activité humaine, la Corporation existe en soi et est distincte et indépendante des unités qui la composent [7]. »

1-2. H. Berthélemy, *Droit administratif*, 2e éd., p. 42 ; ibid., note 1.

3-4. Vareilles-Sommières, 1902, op. cit., p. 119.

5. Vareilles-Sommières, 1902, op. cit., p. 122.

6. H. Berthélemy, 1902, op. cit., p. 42. — Vareilles-Sommières, 1902, op. cit., p. 75.

7. E. Martin Saint-Léon, av. à la Cour de Paris, *Histoire des Corporations et Métiers*. Paris, Guillaumin, 1907, p. 101.

THÉORIE DE LA PERSONNE MORALE, FICTION DOCTRINALE

417. — Par réaction contre la théorie de la fiction légale, armant l'État de pouvoirs qui le rendent maître souverain et capricieux tant de l'existence que du patrimoine des Associations, des jurisconsultes considérables se sont placés au pôle opposé. Pour eux, c'est la notion même de personne morale qui scientifiquement n'est pas vérifiée. Il n'y a pas de personne morale du tout. La création des personnes morales, par le législateur ou par la volonté des individus, a pour point de départ une fiction ; la personne morale n'a aucune réalité ; elle ne peut être sujet de droit ; les droits qu'on feint de lui attribuer appartiennent à un « sujet de droit » très réel, masqué par la personne imaginaire.

C'est ce « sujet de droit » qu'il s'agit de dégager. On verra si cette analyse délicate donne le produit exempt de toute fiction qui est annoncé.

418. — Les extracteurs du « sujet de droit » juridiquement pur ne sont pas d'accord sur le résidu qui demeure au fond de l'alambic, et qui forme le substratum du corps étudié.

Pour les uns, Brinz[1], Bekker[2], Demelius, Helmann, Kœppen, Dietzel, Winscheid, Forlani, Bonelli[3], c'est le

---

1. Brinz, *Pandecten*, 2ᵉ éd., 1873, I, p. 213 ; et brochure *Zweckvermögen*.

2. Bekker, *Goldsmiths Zeitsch.*, d. gesammt. Handelsrecht, IV, p. 499 et s. — *Zur Lehre von Rechtssubjekt*, Iherings Jahrbücher, XII, p. 1.

3. V., pour les sources relatives à ces différents auteurs, Vareilles-Sommières, 1902, op. cit., p. 124 (notes). — Laplace, 1903, op. cit., p. 82, note 1. — Sur Brinz et Bekker, v. Épinay, 1897, op. cit., p. 218 et s. — Vareilles-Sommières, 1902, op. cit., p. 124-131. — Laplace, 1903, op. cit., p. 82-88. — Michoud, 1904, op. cit., p. 39 et s.

bien, l'ensemble des biens affectés au but poursuivi par la personne morale. C'est la *res ipsa* que l'usage personnifie et qui est le sujet de droits. Le nom donné à cette conception est le mot allemand composé qui la résume exactement : *Zweckvermögen* [1].

419. — Pour les autres : Ihering [2], Van den Heuvel [3], et le plus marquant de tous, Vareilles-Sommières [4], les vrais sujets de droit masqués par la personne fictive (légale ou réelle), ce sont les associés.

Ihering dit que la personne juridique est « la forme spéciale dans laquelle les membres isolés manifestent leurs rapports avec le monde extérieur » [5].

M. Van den Heuvel: « Elle est la réunion de quelques

1. V. la critique du « Zweckvermögen », Geouffre de Lapradelle, *Fondations* (th.). Paris, 1894, p. 425.

2. Ihering, *Der geist des römischen Rechts* (traduct. Menelenaere de 1888, t. IV), approuvé par Salkowski (*Bemerkungen für Lehre den juristichen Personen*, 1888); Bolze (*Der begriff den juristischen Personen*, 1879, p. 192).
Sur Salkowski et Bolze, v. Laplace, 1903, op. cit., p. 139, note 1. — Sur Ihering, v. Epinay, 1897, op. cit., p. 208; Vareilles-Sommières, 1902, op. cit., p. 133 ; Laplace, 1903, op. cit., p. 135 ; Michoud, 1906, I, op. cit., p. 61.

3. Van den Heuvel, *De la situation légale des associations sans but lucratif en France et en Belgique*, 2e édit., 1884.

4. Vareilles-Sommières, *Contrat d'association*, 1893. — *Les personnes morales*. Paris, Pichon, 1902.

5. Le patronage illustre de Ihering sous lequel on prétend placer la fiction doctrinale est contesté : « Il est bien vrai que Ihering voit dans la personnalité morale une simple construction juridique recouvrant la réalité des faits. Mais il ne propose nullement d'en faire bon marché ; il la considère comme tout à fait indispensable ; il estime que l'être moral est *l'ayant cause technique nécessaire* des individus composant la collectivité et il comprend la personnalité juridique comme le correctif obligé de leur indétermination ». (Josserand, *Essai sur la propriété collective*. Le Code civil. Livre du centenaire, t. I, Paris, 1904, p. 360, note 2).

privilèges particuliers, de quelques rares dérogations aux principes usuels et généraux du droit positif actuel [1]. » Elle n'est « qu'une manière d'être des droits individuels, qu'une forme particulière de la société ordinaire, qu'un manteau destiné à couvrir, non pas une existence abstraite et fictive, mais des individus réels vivants et pratiques » [2].

M. de Vareilles-Sommières : « La personne morale est une personne fictive, *d'origine purement doctrinale*, qui, dans les associations soumises à un certain régime, et pour les seuls besoins de la pensée et du langage, est censée unique propriétaire, créancière, débitrice des biens, des créances, des dettes, dont les associés, comme tels, sont en réalité co-propriétaires, co-créanciers, co-débiteurs [3]. »

420. — Dès 1881, M. Labbé, professeur à la Faculté de droit de Paris, avait esquissé cette doctrine : « La personnification des sociétés n'est qu'une *forte concentration de droits individuels* ; elle est une fiction de personnalité ; elle n'est pas la création d'un être moral absolument distinct des individus qui sont ses membres, ses agents, ses instruments [4]. »

421. — Deux auteurs considérables du droit international privé se rangent à la même opinion. M. Ch. Brocher, professeur à l'Université de Genève : « La distinction pro-

1. Van den Heuvel, 1884, op. cit., p. 52.
2. Van den Heuvel, 1884, op. cit., p. 56.
3. Vareilles-Sommières, 1902, op. cit., n° 325. L'auteur avait donné au n° 319 une définition moins complète ; à rapprocher aussi le chap. xiv : Idées vagues et fausses qui portent tant d'esprits à chercher dans l'association un autre sujet de droit que les associés, n°ˢ 293 et s.
4. J. Labbé, note sous Paris, 25 mars 1881. S. 81.2.249. — Revue critique, examen doctrinal, 1882, p. 345.

fonde que l'on voudrait établir entre les personnes morales et les personnes naturelles est-elle bien facile à maintenir en termes absolus ? Les secondes ne se retrouvent-elles pas sous les premières ? N'est-ce pas en elles que gît la véritable vie et la raison d'être de celles-ci ? » [1] — et M. A. Lainé, professeur à la Faculté de droit de Paris : « Les personnes morales ou civiles ne sont pas autre chose que des modalités de la vie juridique des personnes naturelles [2]. »

422. — Aux idées de M. de Vareilles-Sommières se rattachent directement [3] : M. R. Jay [4], M. Didier Rousse [5],

---

1. Brocher, *Cours de droit international privé*, p. 187.

2. A. Lainé, *Des personnes morales en droit international privé*, Clunet 1893, p. 279. Dans cette étude, fréquemment et justement citée, le savant auteur insiste une deuxième fois sur cette définition, p. 288. Et ailleurs : « C'est ce concours de personnes réelles pour former une personne morale qu'il importe de ne pas méconnaître lorsque l'on se demande si les personnes morales étrangères doivent dans le silence de la loi être comprises parmi les étrangers... En l'absence de toute distinction, de toute réserve « les étrangers », ce sont les étrangers à l'état d'associations douées de personnalité, comme les étrangers à l'état d'individus » (Clunet 1893. p. 281).

3. Rapprocher : Sauzet, *Nature de la personnalité des syndicats professionnels*. Revue critique, 1888, p. 319, 328, 397. — Mongin, *Etude sur la situation des sociétés dénuées de personnalité*. Revue critique, 1890, p. 697.

4. R. Jay, *La personnalité civile des syndicats professionnels*, Grenoble, 1888, p. 30 : « L'être juridique n'est qu'un masque ».

5. Didier Rousse, 1897, op. cit. Cette adhésion est d'autant plus honorable pour M. de Vareilles-Sommières, que M. D. R. s'est converti en lisant le « contrat d'association ». « A parler franc, j'en ai abordé l'examen avec un sentiment de défiance qui allait jusqu'à la prévention ! et c'est de la meilleure volonté que j'ai soulevé une à une ces périodes dans le but d'y découvrir le sophisme. Je ne l'ai point trouvé. Je n'ai pu vérifier au contraire que l'enchaînement logique des propositions, etc. » (p. 26). « Nous établissons l'inanité de la conception anthropomorphique de l'association et posons qu'il n'y a que des associés, un ensemble d'associés usant de leurs droits individuels » (p. 152). — Cependant, l'auteur

M. Yves Guyot, ancien ministre du commerce[1], M. J. Laplace[2], M. A. Cullaz[3], etc.

423. — Parmi les négateurs de toute personnalité, fictive ou réelle, certains ne veulent plus voir comme raison du groupement des individus qu'une intention patrimoniale de nature particulière.

Cette intéressante variété de « fiction doctrinale » est due notamment à deux distingués professeurs à la faculté de droit de Paris, MM. Marcel Planiol et H. Berthélemy.

ne paraît pas avoir brûlé complètement, ce qu'il avait autrefois adoré, lorsqu'il écrit : « Il faut prendre les mots au pied de la lettre, croire à la réalité juridique d'un être corporatif, et donner à cet être pour atteindre sa fin l'ensemble des droits dont jouissent les personnes physiques » (p. 175).

1. Yves Guyot, Le droit d'association, Rev. politiq. et parlement., 1898, p. 556 : « Il n'y a qu'une réalité, l'individu... C'est une fiction empruntée au droit romain, créée pour la commodité de la jurisprudence que de dire qu'un être moral est propriétaire ; en réalité, il n'y a que des associés qui sont propriétaires, etc. » Cf. E. Baudoux et Et. Lambert, publicistes belges : Les syndicats professionnels et l'activité corporative (Lebègue, Bruxelles, 1895) ; 2° Les Syndicats professionnels et le régime des associations modernes (ibid., 1897), analysés par Laplace, op. cit., p. 129. — Des mêmes auteurs : Le droit commun d'association, Rev. des Deux-Mondes, 15 août 1907, p. 842.

2. Laplace, 1903, op. cit., se rallie à la formule de M. de Vareilles-Sommières (p. 147) et conclut prophétiquement : « M. de V.-S. a donné la formule définitive. Le système de cet auteur est, croyons-nous, celui de l'avenir » (p. 164).

3. A. Cullaz, Des assoc. non reconnues d'utilité publique. Paris, 1902. « Il ne saurait y avoir dans l'association que des associés, capables de s'engager selon les principes du droit commun » (p. 105). — La personne morale n'est « qu'une expression synthétique de la réalité, une image juste et puissante, un faisceau gracieux de règles juridiques, affectant les patrimoines propres des individus associés ou bien encore un point de vue d'où l'on peut les envisager sous un même aspect » (p. 135). Si la conception de la personnalité avait conservé cette signification métaphorique, si cette fiction était restée le « mensonge technique » d'Ihering, il faudrait s'en louer » (ibid.).

424. — Il y a 15 ans, M. Planiol s'exprimait ainsi : « Les personnes morales ne sont qu'une très pâle imitation des personnes vivantes; elles sont moins des personnes, ce qui veut dire des sujets de droit, que des moyens ou instruments dont se servent les personnes véritables; on devrait les considérer comme des patrimoines sans propriétaire actuel et pourvus seulement : 1° de gérants pendant leur durée; 2° d'ayants droit éventuels en vue de leur liquidation. Il y aurait sans doute une thèse intéressante à soutenir sur l'inexistence des prétendues personnes morales et sur leur réduction à l'état de simples masses de biens [1] ».

Depuis, cette thèse a exercé sur le savant auteur toutes ses séductions. En effet, en 1906, M. Planiol écrit : « La personnalité fictive n'est pas une addition à la classe des personnes, c'est une manière de posséder les biens en commun, c'est une forme de propriété [2] », la propriété collective qu'il ne faut pas confondre avec la propriété individuelle dans son état de co-propriété indivise [3]. « Sous le nom de personnes civiles, il faut entendre l'existence de biens collectifs à l'état de masses distinctes possédées par des groupes d'hommes plus ou moins nombreux et soustraites au régime de la propriété individuelle [4]. » On résout toutes les difficultés « si on ne voit plus sous ce nom de personne fictive qu'un *état particulier de la richesse,* la propriété *sous sa forme collective* et si l'on n'admet qu'il n'y a pas d'autres personnes que les personnes humaines » [5].

1. Planiol, Note sous Paris, 3 juin 1893, D. 93.2.513.
2. M. Planiol, Droit civil, 4ᵉ éd., 1906, p. 971, note 1. — Cf. « La propriété dite collective n'est qu'une des formes de la propriété individuelle », Vareilles-Sommières, 1902, op. cit., nᵒ 255.
3. M. Planiol, op. cit., p. 970, nᵒˢ 3005 et s.
4. M. Planiol, op. cit., p. 971, nᵒ 3017.
5. M. Planiol, op. cit., p. 977, nᵒ 3019.

425. — M. H. Berthélemy : « Nous pouvons être propriétaires individuellement [1], indivisément [2], collectivement [3]. Or, si nous sommes propriétaires *collectivement*, les règles de droit s'appliqueront, comme si nous formions une seule personne, la personne morale ». « La fiction ainsi comprise n'apparait plus que comme un procédé pour expliquer plus simplement le fonctionnement des règles de droit à cette situation particulière.... la personnalité morale n'est en résumé qu'un moyen d'expliquer les règles de la propriété collective [4] ». Quand des associations jouissent de la personnalité morale, cela signifie simplement : « La pratique de la propriété collective est dorénavant permise aux associés : on *feint* qu'ils ne forment à eux tous qu'un seul sujet de droits [5]. ». « Nous sommes en présence d'une forme particulière de la propriété » [6].

M. Pierre Caillé se rallie à cette opinion [7].

Elle paraît aussi avoir l'adhésion de M. Margat [8].

426. — Cette « propriété collective » ne doit pas être confondue avec l'indivision.

L'indivision n'est qu'une modalité et un état transitoire de la propriété individuelle. Dans l'indivision, les droits de co-propriétaire sont distincts, les parts individuelles restent autonomes. Dans la propriété collective, au contraire, la caractéristique, c'est la non-autonomie des parts individuelles

---

1-2-3. H. Berthélemy, *Droit administratif*, 2e éd. Paris, 1902, p. 43.
4. H. Berthélemy, 1902, op. cit., p. 43.
5. H. Berthélemy, 1902, op. cit., p. 46.
6. H. Berthélemy, 1902, op. cit., p. 48.
7. L. Caillé, *Les associations laïques*, Paris, 1902, p. 28.
8. Margat, prof. à la Faculté de droit de Montpellier (au moins dans son 2e article : *De la capacité des associations déclarées*, Rev. trim. de droit civil, 1907, p. 1-33 ; spécialement p. 21 et s.)

et la gestion unitaire du patrimoine collectif par un système de représentation générale des ayants droit particuliers : représentation obligatoire dans les associations formées par la loi naturelle, comme l'État, et volontaire, dans les associations que forme la convention, comme celles à but lucratif ou *sans* but lucratif. Certaines personnes morales comme la commune sont parties de l'indivision pour arriver à la propriété collective. Le Code civil contient la notion de la propriété collective au moins implicitement[1].

Ainsi coexistent dans nos lois ces deux formes de propriété. « Des particuliers en s'associant peuvent, par un ensemble de conventions licites, former à leur profit un patrimoine, objet de copropriété collective à côté de patrimoines collectifs de formation naturelle (ceux de l'État, de Communes, etc.) qui appartiennent aux associations que la loi naturelle a créées[2]. »

427. — Cependant, quelques jurisconsultes, qui se rattachent à cette doctrine, n'ont pas cru pouvoir, dans l'état du Code civil, s'avancer jusqu'à la construction élégante du patrimoine collectif, ils s'en sont tenus prudemment à la notion de l'indivision : « La personnalité est une fiction, un voile qui cache un temps le fait de la copropriété pour laisser reparaître la *réalité*, c'est-à-dire la juxtaposition de droits individuels en *état d'indivision*[3]. »

---

1. Code civil, liv. II (des biens et des différentes modifications de la propriété), titre Ier (de la distinction des biens), ch. III (des biens dans leurs rapports avec ceux qui les possèdent), art. 537, al. 2.

2. V. un excellent exposé de la théorie du « patrimoine collectif », Laplace, 1903, op. cit., p. 153-160.

3. J.-E. Labbé, professeur à la faculté de droit de Paris. Note au Sirey, 1881.2.249.

La formule de M. Labbé confirme plutôt qu'elle ne contredit l'opi-

428. — Comme « l'état d'indivision », assorti, au profit des communistes par l'art. 815 Code civ., de la faculté d'en sortir, est impuissant à assurer à l'association la continuité de son existence, on a prétendu que la propriété « collective », à la différence de la propriété indivise, ne comportait pas le partage [1]. Certes, la réponse est ingénieuse; mais une telle modalité de la propriété individuelle existe-t-elle dans notre droit positif [2]?

429. — L'ensemble de ces opinions, qui ont pour point de départ la non-existence de la personne morale et son inutilité a été baptisé par ses propres parrains, du nom de « fiction doctrinale » [3]. Le choix du nom ne laisse pas que d'être piquant de la part de juristes qui se proposent de démontrer que la « personnalité des êtres moraux n'est qu'un vain artifice de langage », et s'efforcent à débarrasser le domaine juridique de l'idée de fiction; ils le reconnaissent de bonne grâce [4], mais ils ont soin d'ajouter que leur fic-

nion des adversaires de la fiction légale. En effet, « quand on ne veut pas de la propriété collective d'une personne morale de fait, il ne reste plus que la propriété individuelle ou la propriété par indivis ». Épinay, 1897, op. cit., p. 171.

1. Planiol, *Droit civil*, 3e éd., p. 977, note 1.

2. M. Michoud, 1906, *Théorie de la personnalité juridique*, p. 66 à la note, constate qu'on n'essaie même pas de répondre.

3. Laplace, 1903, op. cit. Exposé de la « théorie de la *fiction doctrinale* », p. 141-165.

« La *fiction doctrinale* qui a été, est et sera toujours légitime » (Vareilles-Sommières, 1902, op. cit., p. 3 à la note; id., nos 319 et s.). « La théorie de la *fiction doctrinale* qui pour nous est la vérité traditionnelle », no 230 : « L'imagination peut encore feindre et feint qu'elle [la personne morale] en a », no 320, no 325.

Les adversaires ont également adopté cette dénomination pour désigner la théorie en question, « elle n'est plus qu'une *fiction doctrinale* ». Ducrocq et Barrilleau, 1905, op. cit., p. 43.

4. « Théorie de la *fiction*... Ce nom est incomplet et vague ; il pour-

tion à eux se différencie de celle des autres par un sens abs-
tractif plus raffiné.

430. — La personne morale n'est point autre chose que
les individus qui la constituent; mais ces individus, pris
en un état juridique spécial. Quand ils parlent ainsi, c'est
pour exprimer qu'il y a lieu de recourir à une fiction
immatérielle; cette fiction est une conception, une hypothèse *doctrinale* [1]; un composé imaginaire de tous les associés; c'est une personne fictive qui est aperçue en eux,
mais qui n'est qu'un moyen de les indiquer comme associés; « par considération de l'intellect », elle n'est qu'eux-
mêmes désignés en bloc par une figure; un procédé de la
pensée, une résultante, une projection [2]; une simple
manière d'exprimer des réalités; un masque intellectuel [3];
un état de choses et non une chose; un arrangement de
substance et non une substance [4]; une élégante substitution aux associés par une opération synthétique de l'esprit [5]; une comparaison ramassée dans une image [6]; un
signe représentatif [7]. La personne morale ou personne

rait tout aussi bien désigner la théorie qui est la nôtre » (Vareilles-Som-
mieres, 1902, op. cit., p. 4). Mais « quand nous prononçons la même
formule, ce que nous entendons par association, c'est l'ensemble des
associés; leurs personnes sont condensées en une seule; ils deviennent
un seul homme; c'est leur groupe qui est ainsi personnifié, simplifié »
(ibid., p. 161).

1. V. sur l'hypothèse et son rôle dans les sciences, supra, n° 398,
note 1.

2. Vareilles-Sommières, 1902, op. cit., n° 125; cf. id., n° 83 : une
fiction commode, élégante... un mensonge artistique.

3. Vareilles-Sommières, id., n° 138.

4. Vareilles-Sommières, n° 239.

5. Vareilles-Sommières, n° 255, n° 275.

6. et 7. Vareilles-Sommières, n° 479.

fictive continue à jouer son rôle immatériel, c'est « la personne composée avec une partie de chacun des membres du groupe [1] » ; « c'est une personne fictive certes, car un tel prodige n'existe pas dans la nature, mais cette personne fictive est faite pour ainsi dire de toutes les personnes réelles des associés ; elle est, eux tous fondus en un par l'imagination... Elle est, eux-mêmes concentrés en un seul être [2] ».

430 *bis*. — Les zélateurs de la fiction doctrinale apportent à la défense de leur credo l'ardeur des néophytes. L'enthousiasme des religions nouvelles les possède. L'avenir leur appartient [3]. Les conversions s'opèrent à leur contact [4]. Ils s'élancent pour délivrer la science « de l'élaboration des faux dogmes et des conceptions mythologiques [5] » ; pendant des siècles, les juristes ont été en proie à un paradoxe, à une hallucination [6], à un fantôme, à « une folie partielle, qui peut-être ne sera pas héréditaire ». On a cru aux personnes morales « comme le vulgaire croit aux fantômes, comme nos paysans croient au loup-garou [7] ».

1. Vareilles-Sommières, n° 358. « C'est leur groupe qui est ainsi personnifié, simplifié, c'est cette personne fictive composée « qu'on regarde et qu'on représente comme seule propriétaire des biens communs seule créancière et débitrice des obligations actives et passives qui sont nées à l'occasion des besoins communs » (ibid., n° 361).

2. Vareilles-Sommières, op. cit., nos 359 et s. Et encore : « la résultante dans l'esprit humain d'un régime social, la projection sur notre écran intellectuel de l'association » (n° 363) soumise au régime personnifiant... « la projection d'une personne unique ayant pour tout patrimoine l'avoir social » (id., n° 363).

3. V. supra, Laplace, page 326, note 2.

4. V. supra, page 325, note 5.

5. Vareilles-Sommières, op. cit., 1902, p. 6.

6. Id., p. 37.

7. Id., p. 22.

431. — Une foi qui traite les dissidents avec la verve imagée des vieux sermonnaires [1], attire des représailles. Les répliques n'ont pas manqué : elles sont venues de toutes parts.

La fiction doctrinale a été, comme il était naturel, prise à partie d'abord par ceux qui sont les plus éloignés d'elle, les adorateurs de la fiction légale : MM. Beudant [2], Th. Ducrocq et G. Barrilleau : « tout n'est plus qu'hypothèse ; depuis cette prétendue association légale dont la trace n'est nulle part, et dont on invoque pour les besoins de la cause les statuts naturels et évidents, jusqu'à cette singulière copropriété faite d'indivision obligatoire et perpétuelle et dont les parts se transmettent aux associés par accroissement [3] »

432. — Les « alliés [4] », ceux qui voient dans l'accord des volontés individuelles la formation d'une entité, distincte des individus qui la composent, d'une personne réelle susceptible d'être « sujet de droit » comme la personne physique, « les réalistes », loin de déposer les armes, ont considéré à leur tour les tenants de la fiction doctrinale comme en proie aux erreurs d'un « nominalisme » aveugle, qui ignore les faits. Et enfin, ce qui doit être tout à fait sensible aux « doctrinalistes », on leur reproche même de sacrifier à l'idole que leur zèle prétend abattre.

1. V. Bibliogr. des vieux sermonnaires, infra, n° 457 *bis*.

2. Beudant, Note au Dalloz, 1894.2.333. Rev. critique, 1895, p. 314. — Cf. la répl. de Vareilles-Sommières, Rev. critique, 1895, p. 233 et s.

3. Th. Ducrocq et Barrilleau, *Droit administratif*, 7ᵉ éd., t. VI, Paris, 1905, n° 2194, p. 44 ; ils ajoutent au point de vue du droit positif : « cette thèse n'est pas sérieusement soutenable depuis la loi du 1ᵉʳ juillet 1901 », p. 45.

4. Cf. supra, n° 416 (avant-dernier paragraphe).

433. — J. Épinay : « Le concept vaporeux de l'ensemble des associés dissimule mal un retour vers l'idée toute classique de la personnalité... la restauration de la personnalité si décriée [1] » ; « à notre époque il y a une poussée universelle de tous côtés en faveur de la reprise des tendances traditionnelles à la personnalité morale [2], un grand courant traverse tout le droit et le peuple d'entités et d'êtres de raison. Il est directement contraire aux tendances individualistes à outrance dont M. de Vareilles-Sommières s'est fait l'interprète attardé » [3]. Le chef des doctrinalistes et ses fidèles sont accusés de ne pas marcher avec leur siècle, et de tourner le dos à l'avenir [4].

434. — M. Hauriou leur oppose un frappant exposé du phénomène psychologique qui s'opère dès qu'une association fonctionne : « l'esprit commun » [5].

435. — M. Valéry, « l'éminent doyen de la faculté catholique de Lille, encourt en effet le reproche, mérité d'ailleurs par la plupart des auteurs qui se sont occupés en France de la personnalité morale, d'étudier cette question à un point de vue trop livresque, sans prendre en considération les réalités naturelles ». Si, s'arrachant de son cabinet, il avait ouvert les yeux sur le spectacle du monde extérieur il aurait aperçu... qu'un homme considéré isolément a des

1. Epinay, 1897, op. cit., p. 172, 185.
2. M. Épinay est partisan de la personnalité « réelle » (p. 191), « à tous les tournants de raisonnement apparaissent les êtres de raison que l'on voudrait proscrire ».
3. Epinay, 1897, op. cit., p. 186.
4. Epinay, ibid., p. 187, 189.
5. M. Hauriou, *Droit administratif*, 1903, p. 89, note 1. — *Leçon sur le mouvement social*, 2e appendice. — Cf. Thaller, *Traité de droit commercial*, 2e éd., p. 166 et s.

besoins de sentiments, une manière de penser et d'agir différents de ceux du groupe auquel il appartient [1]. « Aveugles ceux qui nient la réalité des personnes morales [2] ». « On ne recule devant aucune raison pour étayer une théorie qui ne tient pas debout d'elle-même [3] ».

436. — M. Capitant renvoie aux « doctrinalistes » le reproche de « prendre des ombres pour des réalités : le prétendu droit qu'elle [leur théorie] accorde à chacun des membres du groupement n'est qu'une apparence, un fantôme. Elle a encore un autre défaut. Elle amoindrit et dénature la notion même d'association » [4].

437. — M. Michoud : « Nous ne croyons pas que cette notion corresponde aux besoins actuels [5]. » ...« Il est nécessaire et conforme à une saine technique du droit de considérer le groupe comme un sujet de droit distinct de ses membres [6]. »

438. — L'intéressante variété de la théorie du patrimoine collectif (supra, nos 423 et s.) n'a pas été davantage épargnée par les critiques.

Combattue par MM. Ducrocq et Barrilleau [7], elle a soulevé chez M. Capitant de redoutables objections :

1. J. Valéry, *Contribution à l'étude de la personnalité morale*, Revue générale de droit, 1903, p. 26.
2. J. Valéry, ibid., p. 33.
3. J. Valéry, ibid., p. 35.
4. H. Capitant, *Introduct. à l'étude du droit civil*, 2e éd. Paris, 1904, p. 169.
5. L. Michoud, 1906, op. cit., p. 68.
6. L. Michoud, id., p. 172.
7. V. supra, no 431.

« La propriété dite collective ne présente aucun des caractères de la propriété ; elle ne donne à ceux qu'on dit en être investis aucune des facultés dont l'ensemble constitue la propriété. Prenons par exemple les rues et les places d'une ville. Comment, par quels avantages se manifeste le droit de propriété des habitants sur ces parcelles du terrain communal ? Par le droit d'en user, de s'en servir, d'y passer ? Mais ce droit appartient à tous les Français, à tous les hommes même, nationaux ou étrangers, qui viennent visiter la ville. Pourquoi dire que les habitants de la commune seuls sont propriétaires collectifs ? De même, un Français a-t-il plus de droits sur le Musée du Louvre qu'un étranger ? Si le Louvre appartient à une collectivité, cette collectivité, c'est le monde tout entier [1]. Ainsi apparaît le vice de cette seconde théorie : le prétendu droit qu'elle accorde à chacun des membres du groupement n'est qu'une apparence, qu'un fantôme. Mais elle a encore un autre défaut. Elle amoindrit et dénature la notion même d'association. Ne voir dans un groupement d'individus que les biens qui ont été acquis, c'est méconnaître l'idée même qui préside à la constitution même du groupe, à la fin qu'il se propose. Le patrimoine n'est pas toute l'as-

---

1. L'argument est un peu tendu. Si la qualité de propriétaire se reconnaît à certains signes, tels que le droit de réglementer l'usage d'une chose, de l'aliéner, etc., elle se révélera dans la collectivité, Commune ou État, capable d'exercer de tels droits avec ou sans l'intervention du pouvoir législatif. C'est bien une personne réelle, vivante et organisée qui possède, mais elle s'appelle la Commune, l'Etat, et non le « Monde tout entier ». Ce vaste personnage est encore dans le devenir.

sociation, il n'est que le moyen d'atteindre le but poursuivi » [1]. — Sic : Béjanin [2].

439. — De son côté, M. L. Josserand s'est attaché à démontrer dans une étude approfondie que « la notion de la personnalité morale n'est pas une chimère inopérante qui se puisse dissiper impunément, qu'autre chose est le patrimoine des personnes juridiques, autre chose la propriété en main commune (*gesammte Hand*) [3] ». Combien « de personnes juridiques qui ne possèdent pas de richesses ou dont les richesses ne jouent dans leur existence ou dans leur fonctionnement qu'un rôle tout à fait secondaire ou presque négligeable ? Dira-t-on d'une association d'étudiants, d'un syndicat professionnel que leur personnalité est synonyme de propriété collective des personnes ? Ce serait fausser l'esprit même de pareils groupements : les personnes qui s'unissent pour se prêter une mutuelle assistance, pour défendre leurs intérêts professionnels, pour se créer un lieu de rendez-vous où elles pourront se réunir, causer et lire en commun ne songent guère à constituer un état particulier de la richesse. Ce qu'elles entendent mettre en commun, ce ne sont pas leurs biens, mais leur activité,

1. H. Capitant, *Introd. à l'étude du Code civil*, 2e éd. Paris, 1904, p. 169.
2. Béjanin, 1904, op. cit., p. 90. « Il n'y a, en l'état actuel des textes, que deux formes de propriété possible... 1o la propriété individuelle ; 2o la propriété indivise » ; ibid., p. 99 : « cette théorie de la propriété collective est donc une théorie forgée de toutes pièces qui ne correspondra à rien dans notre législation. Ses efforts embarrassés démontrent une fois de plus la nécessité et l'exactitude de la conception classique, c'est-à-dire d'un être impersonnel qui est quelque chose de plus que les associés envisagés comme n'étant qu'un ».
3. L. Josserand, *Essai sur la propriété collective*, Code civil. Livre du Centenaire, 1904, I, p. 360.

leurs intérêts vitaux, leurs aspirations, leurs loisirs, et jusqu'à leurs infortunes. La richesse, à supposer qu'elle existe,
se limitera assez souvent au produit de cotisations modiques
qui constitueront le moyen et non le but de l'entreprise,
qui resteront sans influence sur sa physionomie et qui, à
plus forte raison, ne lui insuffleront pas la vie » [1].

440. — Ce langage sera entendu de tous ceux qui ont
pratiqué la vie associationnelle et l'ont observée sur le vif ;
il suffit pour en constater la justesse de lire les annonces
du Journal officiel, où l'on voit une partie des associations
monter à la surface de l'existence juridique sous la forme
« d'Associations déclarées ».

Quel sourire mélancolique ne provoquerait-on pas chez
les fondateurs d'associations si on leur disait qu'en se
groupant pour faire de la musique, pêcher à la ligne, jouer
aux échecs, organiser des fêtes, répandre l'instruction, pro-
pager des idées sociales, religieuses, philosophiques, secou-
rir des malheureux, etc., ils constituent un « certain état
de la richesse » !

§ 5. — Persistance, sous le conflit des théories relatives à la
personne morale, des systèmes qui ont divisé et divisent les
philosophes (n°s 441-445) — La question des Universaux
jadis et aujourd'hui. Ses origines platoniciennes et aristo-
téliennes (n°s 446-451). — Son développement au Moyen
âge et pendant le règne de la Scolastique (n°s 452-456) — Le
fait associationnel au XIIIe siècle, et depuis (n°s 457-459).

441. — La multiplicité des opinions sur la notion fondamentale de l'Association, c'est-à-dire sur l'être juri-

1. L. Josserand, 1904, op. cit., p. 363.

dique qui s'agite en elle, offre au regard de l'observateur
un spectacle attachant. Il salue au passage, sous des noms
à peine changés [1], les hautes controverses instituées, cinq
siècles avant notre ère, par les plus réfléchis d'entre les fils
de cette race heureuse, qui vécut au bord de la mer Egée,
et trouva pour le raisonnement pur [2] des concepts définitifs [3] en même temps que pour la beauté des apparences des
réalisations insurpassées.

Notre âge de méthode expérimentale et de science
positive entend à nouveau les discussions qui, sans cesse

---

1. « Elles [les questions scientifiques] semblent s'éteindre et disparaître, mais on les voit renaître sous un nom différent ; certaines que
l'on croit entièrement modernes sont au fond très anciennes. » F. Houssay, *Nature et sciences naturelles*. Paris, Flammarion [s. d., 1900 ?],
p. 212.

2. Et même pour les hypothèses à l'aide desquelles notre intelligence, limitée et avide de savoir, tâche à débrouiller l'énigme de l'univers : « Depuis Gassendi, et par Descartes, Newton et Boyle, la théorie
capitale de Démocrite [460-357 av. J.-C.], la doctrine des atomes et
l'explication systématique de tous les phénomènes de l'univers par le
mouvement de ces corps est devenu le fondement même de ces
sciences. » Jules Soury, *Le système nerveux central*. Paris, Carré et Naud ;
Paris, 1899, I, p. 91. — Cf. Dr Gustave le Bon, *L'évolution de la matière*.
Paris, 1906, et *L'évolution des forces*. Paris, 1907.

« J'avoue que les plus fines critiques de la nature et de la valeur des
sensations me semblent se trouver dans l'antiquité chez Aristippe, de
Cyrène [IVe siècle avant. J.-C.], et chez les Cyrénaïques, et que les physiciens et les physiologistes les plus savants, un Helmholtz, un Du Bois-
Reymond, un Mach, un Tyndall, un Huxley n'ont guère poussé plus
loin que ces philosophes l'analyse subtile de ces prolégomènes à toute
théorie de la connaissance ». J. Soury, 1899, op. cit., p. 97.

3. « Il n'y a aucune proposition d'Héraclite [576-480 av. J.-C.] que
je n'admette dans ma Logique. » Hegel, *Geschichte der philos*. Berlin,
1833, I, p. 328, apud J. Soury, op. cit., p. 27. — Cf. R. de Gourmont,
Une loi de constance intellectuelle, Mercure de France, 15 mai 1907,
p. 193.

reprises et renouvelées au cours des générations, ne seront probablement jamais épuisées[1].

442. — Dès qu'on touche à la notion de « groupement », elles ressuscitent, et l'on voit se dresser le « problème du réalisme ou du nominalisme social, c'est-à-dire la question de savoir s'il faut avec les Platoniciens réalistes regarder la société comme une entité distincte des individus et supérieure à eux ou s'il faut avec les Péripatéticiens nominalistes croire que la société n'est rien en dehors des individus[2] ».

443. — Ce problème d'ailleurs étend au loin sa domination, il se pose dans les recherches des principes fondamentaux de toutes les sciences, même des sciences dites exactes[3]. S'accorderont-elles un jour pour lui fournir une solution[4]?

---

1. C'est le *perennis quædam philosophia* de Leibnitz.

2. J. Palante, *Précis de sociologie*, 2e éd. Paris, Alcan, 1903, p. 24.

3. « Elles [certaines personnes] ont abouti ainsi à ce que l'on appelle le *nominalisme* et elles se sont demandé si le savant n'est pas dupe de ses définitions et si le monde qu'il croit découvrir n'est pas tout simplement créé par son caprice. » H. Poincaré, *La science et l'hypothèse*. Paris, 1902, p. 3 ; « Et cette mécanique nouvelle ne laisse rien debout. On nous annonce déjà qu'il n'y a plus de matière et que ce que nous appelons ainsi n'est qu'une illusion d'origine électrique ». V. Disc. à l'Acad. des Sciences, 17 déc. 1906, Journ. off., 18 déc., p. 8304, col. 1. — Cf. supra, G. Lebon, p. 299, note 1, et, du même auteur, *Evolution des forces*. Paris, Flammarion (juin 1907), p. 1-9. — Cf. Émile Picard. *La science moderne et son état actuel*. Paris, 1905 (Introduction, p. 2 et s.), A. de Lapparent, *Science et Apologétique*. Paris, Bloud, 5e éd. Paris, 1907 (quoique non daté, suivant le calcul enfantin de quelques éditeurs), p. 9.

4. « L'intelligence humaine a peu changé depuis l'aurore de l'histoire... Je ne crois pas que l'esprit humain, ni ses diverses formes, soient incapables d'évolution ultérieure, malgré que nous n'en constations aucune depuis que nous pouvons les suivre » (Fr. Houssay, *Nature et sciences naturelles*. Paris, 1900, p. 217).

444. —Dans les débats, que nous avons résumés, sur la nature juridique de la personne morale, les «doctrinalistes» élèvent contre les « légalistes » et les « réalistes » les mêmes reproches que les Thomistes adressaient aux Scottistes, au XIII⁰ siècle. C'est le différend des Réaux et des Nominaux qui renaît tel qu'il passionna la Scolastique, au plus grand profit de l'entendement humain.

M. Didier-Rousse repousse la théorie de la volonté commune des associés, proposée comme substratum de la personne morale, pour ne pas retomber dans les « Universaux scolastiques » avec « la Volonté indépendante réalisée » [1].

M. R. Perraud, fervent adversaire de la personne morale réelle, incite les juristes à combattre sans relâche ce qu'il appelle les « errements platoniciens et réalistes » [2]. M. de Vareilles-Sommières dénonce l'erreur des fidèles de la fiction légale, qui pèchent par « réalisation des Universaux » [3].

M. G. Théry : « L'erreur judiciaire que nous dénonçons est avant tout une erreur philosophique ; on réalise ce qui n'a pas de réalité [4]. »

445. — M. Laplace le dit plus explicitement encore : « Si

1. Didier Rousse, 1897, op. cit., p. 172.
2. R. Perraud, 1901, op. cit., p. 93.
3. Vareilles-Sommières, 1902, op. cit., nᵒˢ 127, 249, 361. Nous ne sommes pas bien sûr que dans son zèle « nominaliste », M. de Vareilles-Sommières ne se mette en désaccord avec la doctrine du docteur Angélique sur les Universaux (V. infra, les notes du nᵒ 465).
4. G. Théry, *Les personnes morales*, Rev. cathol. des instit. et du droit, 1906, p. 208.
G. Théry, *Des personnes morales*. Rapport au XXIX⁰ Congrès des jurisconsultes catholiques, Rev. cathol. des Instit. et du droit, 1906, p. 213, *in fine*.

l'on voulait exprimer en un mot la nature et le résultat des discussions qui ont eu pour objet la personnalité morale on pourrait dire que le problème de la personnalité est la transposition dans le domaine de la théorie juridique moderne de la querelle des Universaux qui remplit toute la Scolastique. Toutes les théories qui ne rattachent pas aux individus isolés les droits des personnes morales objectivent ces idées générales qui sont l'association, la fondation, l'établissement, l'Etat, et reprennent la vieille thèse de Guillaume de Champeaux, la thèse de la réalisation des Universaux. Elles ne varient que sur le degré de réalité qu'elles reconnaissent à ces Universaux, les personnes morales. A ces doctrines, la théorie de la fiction doctrinale a opposé avec succès, à notre avis, le nominalisme d'Okkam et de Roscelin ou le conceptualisme d'Abélard » [1].

Le débat est plus ancien; il remonte au moins à Platon, et c'est la dissidence de son disciple Aristote qui l'a ouvert [2]. Il est loin d'être clos [3].

446. — Cette « querelle des Universaux », que nous rencontrons sur notre route en étudiant la matière des associations et dont les penseurs contemporains signalent

1. Laplace, 1903, op. cit., p. 165. — La « vieille thèse » réaliste de Guillaume de Champeaux (Guilelmus Campellensis, mort en 1121) fut brillamment reprise par Albert le Grand (1193-1280), Duns Scott (1274-1308) ; et, même en partie par l'adversaire de ce dernier, saint Thomas d'Aquin (1227-1274). V., en effet, sur le réalisme de saint Thomas, *la Philosophie Scolastique*, par le Père Kleutgen de la Cie de Jésus (trad. Sierp), I, p. 326-333. — Cf. infra, notes du n° 465.

2. « Les mêmes questions qui avaient autrefois divisé l'Académie et le Lycée furent agitées avec passion au fond des cloîtres et des monastères. » L'abbé Cacheux, *Philosophie de saint Thomas d'Aquin*. Paris, 1858, p. VIII.

3. V. supra, n° 441.

la robuste perdurée, d'où vient-elle ? quels en étaient les
termes ? comment a-t-elle passionné les esprits ? quelle
est la raison de sa persistance ? Une brève recherche pour
satisfaire à cette curiosité ne sera pas déplacée, puisqu'elle
peut guider notre choix entre les différents systèmes qui,
dans le domaine théorique du droit associationnel, sollicitent notre adhésion. (Cf. supra, p. 319, note 4.)

447. — Nous l'avons indiqué. La controverse, renouve-
lée, ravivée, élargie, vient à nous du fond de l'âge d'or de
la pensée humaine, des temps bénis où l'on dialoguait sur
le monde sensible et le monde intelligible, au jardin d'Aca-
démus et dans les allées du Lycée.

448. — Les Universaux, ce sont les idées générales,
Une idée ou un terme général peut être considéré au point
de vue de son extension, c'est-à-dire des objets particuliers auxquels il s'étend : le genre et l'espèce. Cette idée
générale peut encore être envisagée au point de vue de sa
compréhension, c'est-à-dire des qualités qu'elle comprend
dans l'objet : la différence, le propre et l'accident. D'où les
cinq Universaux : le Genre, l'Espèce, la Différence, le
Propre et l'Accident [1].

449. — Platon estimait que les Universaux sont nécessairement « avant les choses » (universalia *ante* rem)
comme principes, et jouissent comme tels d'une existence
propre et permanente, tandis que les individus soumis à la
loi du mouvement [2] n'ayant rien de stable sont de pures

1. MM. de Port-Royal ont donné de substantielles définitions de
chacun des Universaux, au chapitre VII de leur *Logique, ou l'art de
penser* (édit. Barré. Paris, Delalain, 1879, p. 52).

2. « Aucune chose n'est ceci ou cela ; elle le devient dans le mouvement de la vie et de la nature. » Héraclite d'Ephèse, apud Jules Soury,

apparences de l'être. Les Universaux répondent donc à des réalités distinctes de notre pensée et de la nature, ils ont leur réalité suprême dans l'essence et la pensée divine, en Dieu, c'est-à-dire, dans le principe éternel de l'être et de la pensée ; aux dernières limites du monde intelligible est l'Idée du Bien », suprême réalité [1]; les Universaux sont donc les seules réalités véritables.

450. — Aristote, son disciple, lui répond par une contradiction directe : les Universaux sont « après les choses » (universalia *post* rem); en eux-mêmes, séparés des choses, ils ne sont qu'une idée, un concept de l'entendement humain [2]. « Il est évident que rien de ce qui se trouve universellement dans les êtres n'est une substance et qu'aucun des attributs généraux ne marque l'existence, mais qu'ils désignent le mode de l'existence [3]. » On a même donné de la divergence doctrinale du maître et du disciple, une formule kantienne ; l'Universel de Platon est objectif, l'Universel d'Aristote est subjectif. D'aucuns prétendent que la distance entre eux est moindre qu'on ne l'a faite [4].

op. cit., p. 33. — « Pour rien, il n'est de nature constante ». Empédocle d'Agrigente (444 av. J.-C.).

1. Platon, *De l'État ou de la République*, VI (trad. Saisset), p. 332 et s. — Phédon (trad. Saisset), t. V, p. 50.

2. Platon n'a pas déclaré son sentiment sur la valeur des espèces et des genres avec une clarté qui fasse l'évidence. On l'interprète d'après certains passages du *Timée* (V. Henry Martin, Étude sur le Timée, I, p. 25, et du *Phédon* (Platon, trad. Cousin, I, p. 233). Consulter le chap. V : Conclusions diverses de Platon et d'Aristote sur le problème scolastique, Hauréau, *Hist. de la philosophie scolastique*. Paris, 1872, Ire partie, 1, p. 61 et s.

3. Aristote, *Métaphys.* (trad. Pierron et Zevort, IX, 1).

4. « Platon avait par trop séparé l'Universel du particulier, l'objet de l'occasion de la science. Aristote les a rapprochés. Mais pour lui aussi, la vraie nature d'une chose est dans sa notion ou son concept, et non

451. — Prendre parti entre Platon et Aristote, c'était mettre le doigt entre l'arbre et l'écorce. En tout cas, l'examen du problème des Universaux exigeait un courage que tous les philosophes ne se ·sentirent point. Porphyre, quoique rompu aux subtils raisonnements de l'École Alexandrine [1], en sa qualité d'éditeur des Ennéades de Plotin [2], recula ; il avait commenté un grand nombre d'ouvrages d'Aristote et écrit une Introduction aux Catégo-

dans ce qu'il y a en elle de purement phénoménal, de passager, et les empiristes ne peuvent se réclamer de lui. Ils ont bien compris l'un et l'autre que la pure substance, ce qui est réellement, est en dehors du monde des sens. » A. Penjon, *Pr. hist. de la philosophie.* Paris, 1896, p. 109. — M. Hauréau se prononce contre cette tentative de conciliation (op. cit., 1872, p. 71 et s.) ; Abélard l'avait essayée sous le nom de « conceptualisme » (Abelardus, *Glossulæ s. Porphy.,* apud Abelard de Ch. de Rémusat, II, p. 160, 108 ; Janet et Séailles, *Hist. philosoph.,* p. 505 et s.). — Cf. infra, n° 464.

On sait que Jean de Salisbury (*Métalogicus,* II, 17) fait une distinction entre le conceptualisme et la théorie d'Abélard (V. texte apud Janet et Séailles, op. cit., p. 505).

1.-2. On connaît, sur cette École, les ouvrages réputés de Jules Simon, *Hist. de l'École d'Alexandrie,* Paris, 2 vol. in-8, 1845 ; Barthélemy Saint-Hilaire, *De l'Ecole d'Alexandrie,* 1 vol. in-8, Paris, 1845 ; E. Vacherot, *Hist. critique de l'Ecole d'Alexandrie,* 3 vol. in-8, Paris, 1846-1851.

Nous n'avons pas eu ces ouvrages à notre disposition, mais un travail beaucoup plus récent, le tome IV de l'histoire de la philosophie des Grecs, de Chaignet (*Psychologie de l'Ecole d'Alexandrie.* Paris, Hachette, 1892). Cet auteur explique que l'influence exercée par Plotin (205-270 apr. J.-C.) et ses disciples dure encore. A leur insu, Leibnitz, Schelling, Hegel s'en sont « approprié les idées », et « malgré ce qu'il y a d'hyperbolique dans l'image, on peut répéter le mot d'Eunape : le feu allumé sur ses autels n'a perdu même aujourd'hui ni sa lumière ni sa chaleur » (Chaignet, 1892, ibid., IV, p. 44).

L'influence de Plotin sur les philosophes médiévaux vient d'être mise en relief par M. F. Picavet dans le chap. V de sa remarquable étude : *Esquisse d'une histoire générale et comparée des philosophies médiévales.* Paris, Alcan, 1907, p. 84.

ries du Stagirite, connue par la traduction latine que Boëce [1] en donna au VIe siècle. Voici le passage fameux où Porphyre fait l'aveu de sa lâcheté intellectuelle : « Puisqu'il est nécessaire pour comprendre la doctrine des catégories d'Aristote (*apud Aristolem Prædicamentorum doctrinam*) de savoir ce qu'est le genre (*genus*), la différence (*differentia*), l'espèce (*species*), le propre (*proprium*) et l'accident (*accidens*), et puisque la connaissance de ces choses est utile à l'établissement des définitions et à tout ce qui concerne la division et la démonstration, j'essaierai de te transmettre dans un abrégé succinct, et en forme d'introduction, ce que les Anciens ont enseigné à ce sujet, m'abstenant des questions trop élevées, m'arrêtant même assez peu aux plus simples. Ainsi en ce qui concerne les genres et les espèces : 1° s'ils existent ou consistent seulement en de pures pensées (*in solis nudis intellectibus*); 2° si, en tant qu'existants, ils sont corporels ou incorporels; 3° s'ils existent enfin séparés des objets sensibles ou dans ces objets (*utrùm separata à sensilibus an in sensilibus posita*) et consistant avec eux (*circa hoec consistentia*); je me récuserai de le dire, car une entreprise de ce genre est très ardue (*altissimum enim negotium*) et exige de trop grandes recherches (*majoris egens inquisitionis*) [2]. »

1. Jusqu'au XIIe siècle, on connut les grandes théories grecques et alexandrines, non seulement par Boëce (480-524), mais par les autres rhéteurs latins, Marius Victorinus (450), Marcianus Capella (470), Cassiodore (468-562). Consulter, pour les textes, Prantl, *Geschichte der logik*, II, p. 4, apud Janet et Séailles, op. cit., p. 500.

2. Hauréau, op. cit., Ire p., I, p. 47, a fourni le texte de Boëce (Stag., ou Introduct. aux Catégories d'Aristote) et la traduction dont nous avons cru devoir nous écarter sur certains points.

On trouvera aussi ce texte important — en grec, en latin et en fran-

452. — Ainsi, par le secours de la version latine fournie par Boëce, Porphyre transmit aux docteurs du Moyen Age, la formule de la grande controverse. Elle produisit sur eux l'effet d'une seconde Révélation : « Les trois questions qu'elle renferme ont agité pendant environ six siècles toutes les écoles philosophiques ; elles ont passionné toutes les intelligences et en ont dérangé quelques-unes [1]. »

Aujourd'hui que l'observation directe des faits et le contrôle de l'expérimentation [2] occupent le premier rang dans la spéculation scientifique, « les trois questions » ont quitté ce que l'on pourrait appeler « le contentieux de la philosophie » pour habiter la région plus sereine où règne la seule métaphysique, dans son activité indépendante et féconde [3].

453. — Aux différentes époques, la tâche de ceux qui tissent l'étoffe de l'histoire varie suivant l'acte le plus

çais — dans la belle Introduction de Victor Cousin, *Ouvrages inédits d'Abélard*. Paris, Impr. royale, 1835, in-4, p. LX et s.

1. Hauréau, op. cit., 1re p., I, p. 49.

2. Claude Bernard, *Introduction à l'étude de la médecine expérimentale*. Paris, 1865.

3. Sur le rôle de la métaphysique, v. supra, n° 390. — Cf. Paul Bert, *La physiologie générale et le principe vital* (Leçon d'ouv. à la Fac. des Sciences de Paris, le 18 janvier 1869). Paris, Charpentier, 1881, in-18, p. 58 ; 2e leçon en 1870, p. 142. — Fouillée, *L'avenir de la métaphysique fondée sur l'expérience*. Paris, Alcan, in-8, 1899 (surtout conclusion, p. 285 et s.) : « On tend aujourd'hui à faire consister la métaphysique dans l'analyse radicale et la synthèse ultime de l'expérience prise telle qu'elle est, sans hypothèse antécédente, sans présupposition d'aucune sorte, sans dogmatisme plus ou moins déguisé. » V. les renvois aux ouvrages de Schopenhauer, d'Avenarius, d'Hodgson et des néo-hégéliens anglais (ibid., p. 286). — L. Liard, *La Science positive et la métaphysique*, 5e éd. Paris, 1905, 1 vol. in-8, p. 485. — La métaphysique possède une revue très autorisée, parvenue à sa 15e année (1892-1907), sous la direction de M. Xavier Léon : *Revue de métaphysique et de morale*. Paris, Colin.

opportun. Au ıxᵉ siècle, malgré l'effort d'un chef de génie, Charlemagne, l'opération de « liquidation et partage » des territoires n'est pas terminée. Les solides coups d'épées ont toute leur valeur. En vain le grand Empereur excite ses compagnons à l'étude. L'ignorance reste en honneur parmi les laïques [1] ; elle répond à une concentration des énergies sur un autre point, plus immédiatement utile, l'art de se battre [2].

454. — En pareille nécessité, le pays de France produit alors peu de maîtres de philosophie. La Bretagne d'au-delà et l'Hibernie moins tourmentées sont plus propices à cette délicate floraison. C'est de là que Charlemagne et ses successeurs tirent les professeurs qu'ils mettent à la tête des

1. Au xııᵉ siècle, la question de savoir si le profit qu'on tirait des études valait tout le temps qu'elles exigeaient était agitée, même parmi les gens d'Eglise. La secte des Cornificiens dirigée par le moine Reginaldus (1130) tenait pour la négative (A. Clerval, op. cit., p. 217). Jean de Salisbury raconte que maître Gilbert, chancelier de Chartres, puis vénérable évêque de Poitiers, avait coutume, lorsqu'il le voyait, lui et ses camarades, courir aux études, de leur conseiller le métier de boulanger (ibid., p. 228). C'était un peu l'avis de l'admirable moine, qui fonda Clairvaux et, de sa cellule, domina l'Europe chrétienne pendant 30 ans, saint Bernard. Il combattait l'hérésie scolaire, la « stultilogie » (v. Luchaire, Hist. de France de Lavisse, t. II, 2ᵉ p., 1901, p. 278).

Au xxᵉ siècle, il y a aussi des gens pour trouver qu'on fabrique trop de bacheliers ; mais d'autres en revanche estiment qu'on n'en fabrique pas assez et réclament « l'instruction intégrale », le baccalauréat pour tous. C'est à ce dernier résultat qu'on aboutira en le remplaçant par le certificat d'études (V., sur l'abolition du baccalauréat projeté par M. Briand, min. de l'Instr. pub., La suppression du baccalauréat, l'avis de MM. Ribot, Faguet, Ch. Dupuy, Journal des Débats du 1ᵉʳ et 2 déc. 1906).

2. « La grande affaire pour eux [les chevaliers du temps de Roland] est de se battre et d'éviter toute félonie ». A. Luchaire, L'Eglise, Hist. de France (de Lavisse), t. II, 2ᵉ part. (1901), p. 143.

Écoles : Maître Alcuin d'York [1], Clément l'hibernien, puis l'extraordinaire Jean Scot Erigène l'Irlandais [2]. Mais si les laïques, contraints à de plus rudes besognes, dédaignent l'enseignement philosophique et tirent vanité de rester illettrés [3], il n'en est point de même des clercs. Au milieu des hommes en armes, qui s'entre-choquent pour la possession du sol, condition de tout établissement durable, les gens d'Église représentent le « superflu nécessaire » de la pensée spéculative [4]. Ils apprennent; et bientôt, à leur tour, ils enseignent.

1. *Alcuin et Charlemagne*, par Fr. Monnier, précepteur du prince impérial, 2e éd. Paris, Plon, 1864, in-32. — *Renaissance carolingienne*, les sources de l'histoire de France, par A. Molinier, prof. à l'Ecole des Chartes. Paris. Picard, 1902, p. 185 et s., p. 191 et s. — Alcuin est « le père de la Scolastique en France et en Allemagne » (F. Picavet, op. cit., 1907, p. 170; sur Alcuin, p. 118 et s.).

2. Jean Scot Erigène ou Erigène aura la gloire « d'avoir au IXe siècle devancé G. Bruno, Vanini, Spinosa, Schelling et Hegel ». Hauréau, 1872, op. cit., p. 151 ; de Gérando, *Hist. comp. du système de philosophie*, IV, p. 353. — V. Saint-René Taillandier, *Jean Scot Erigène et la philosophie scolastique*. Strasbourg, Levrault, in-12, 1843.

J. Scot est jugé assez sévèrement par les théologiens, voir le récent et très utile *Dictionnaire de philosophie* (point de vue de l'orthodoxie catholique), par l'abbé Elie Blanc, professeur de philosophie à l'Univ. cathol. de Lyon. Paris, Lethielleux, 1906, vo Scot (Erigène), p. 1068.

3. Cette gloriole eut un contre-coup que ne purent entrevoir ceux qui la blâmaient. C'est à elle que nous devons les peintures murales de beaucoup d'églises. Comme ces durs guerroyeurs ne savaient pas lire, on couvrit les parois des lieux saints de figures pour leur enseigner l'histoire de la religion. *Pictura est laicorum litteratura*, écrit au XIIe siècle l'écolâtre d'Autun, Honoré (*Gemma animor*, lib. I, cap. CXXXII, apud Hauréau, op. cit., 1re p., p. 14). « Les simples, les ignorants, tous ceux qu'on appelait la sainte plèbe de Dieu, apprenaient par les yeux presque tout ce qu'ils savaient de leur foi » (E. Male, *L'art religieux du XIIIe siècle en France*, 1902, p. 1).

La rusticité volontaire des hommes d'armes nous a valu des documents d'art d'une valeur inestimable : *Felix simplicitas !*

4. Cf. Houssay, *Nature et sciences naturelles*, Paris, 1900, p. 23.

455. — Ce sont d'abord de simples moines comme saint Heiric[1], saint Rémi[2], d'Auxerre, puis des évêques, des chefs d'Ordre, des maîtres glorieux : Gerbert d'Aurillac, devenu archevêque de Reims et pape sous le nom de Sylvestre II, « qui donna naissance à une légende merveilleuse et grandiose[3] » ; l'archidiacre Bérenger de Tours[4]; le clerc de Compiègne, Roscelin[5] et son adversaire, saint Anselme[6], archevêque de Cantorbéry, le plus grand métaphysicien du XIe siècle ; l'évêque Guillaume, né à Champeaux[7], près Melun ; maître Pierre Abélard, le « divin péripatéticien », qui s'éteignit, moine édifiant, au prieuré bourguignon

1 et 2. Sur Heiric et Remi d'Auxerre, V. Picavet, *Philos. médiév.*, op. cit., 1907. p. 171.

3. V. l'intéressante monographie de F. Picavet, *Gerbert, un pape philosophe*. Paris, Leroux, 1897 (la légende : p. 197 et 209). M. P. le compte « parmi ceux qui ayant été grands aux yeux de leurs contemporains le seront plus encore pour la postérité » (ib., p. 221). — Sur son renom de magicien, cf. Lea, *Histoire de l'Inquisition au Moyen âge* (trad. Salomon Reinach), t. III. Paris, 1902, p. 501, note 1.

A. Otteris, *Œuvres de Gerbert, pape* etc., Clermont-Ferrand et Paris, 1807, in-4. — Julien Havet, *Lettres de Gerbert*. Paris, Picard, 1889.
— Id., *L'existence secrète de Gerbert*, Paris, impr. nat., 1 br. in-8, 1887.

4. Clerval, op. cit., les renvois de la Table des noms, v° Bérenger de Tours, p. 496. — J. Ebersolt, *Essai sur Bérenger de Tours*. Paris, Leroux, 1903.

5. F. Picavet, *Roscelin, philosophe et théologien d'après la légende et l'histoire*. Paris, impr. nationale, 1896, 1 br. in-8.

6. Ch. de Rémusat, *Saint Anselme de Cantorbéry*, Paris, 1853-1868 ; Ragey, *Histoire de Saint-Anselme*, Paris, 1890. — M. le chanoine G. Ubachs a donné, en textes latin et français, plusieurs opuscules de saint Anselme, entre autres le : « De fide Trinitatis et de incarnatione verbi contra blasphemias Ruzelini sive Roscelini », sous le titre : *Du réalisme en théologie et en philosophie*. Louvain, imp. Vaulinthout et Cie, 1856, in-16.

7. E. Michaud (l'abbé), *Guillaume de Champeaux, etc.*, 2e éd. Paris, Didier, 1889, in-12.

de Saint-Marcel[1] ; Gilbert de la Porrée, évêque de Poi-

1. V. Lettre de Pierre, abbé de Cluny [près Mâcon], « à sa respectable (venerabili) et très chère sœur en Jésus-Christ, Héloïse, abbesse (Heloissæ abbatissæ) ». La lettre [sans date] n'est pas écrite spécialement pour lui annoncer la mort d'Abélard. C'est une réponse à une précédente missive d'Héloïse. Les deux tiers en sont consacrés à un éloge vraiment académique d'Héloïse : *Mulieres omnes evicisti et pene viros universos superasti !* (V. texte latin-français, apud O. Gréard, *Lettres d'Abélard et d'Héloïse.* Paris, 1875, 2e éd., p. 548). Dans notre carrière, il nous fut donné d'entendre adresser aux femmes des louanges parfois dithyrambiques, mais jamais de pareilles. Cependant elles émanent de Pierre, le grand réformateur des « Clunistes » : « cognimento *Venerabilis* ob eximiam divinarum et humanarum scientiarum cognitionem cum insigni vitæ probitate conjunctam (*Gallia Christiana*, t. VI, p. 1117), qui fit traduire l'Islam en latin et en composa une réfutation (Mandonet, *Pierre le Vénérable et son activité littéraire contre l'Islam* (Rev. thomiste, juillet 1893). Donc, ces louanges étaient méritées. Quelle femme extraordinaire fut alors cette Héloïse[a], cette abbesse mariée, *nupta*, que chantaient les petits vers latins de l'époque :

Nupta quœrit ubi sit suus Palatinus.

C'est dans le dernier tiers de cette épître que Pierre, « Cluniacensium abbas », conte la vie d'Abélard au monastère : « Cujus sanctæ, humili ac devotæ inter nos conversationi », et sa pieuse mort à l'âge de 63 ans, le 21 avril 1142, à Saint-Marcel : « Hoc magister Petrus fine dies suos consummavit et qui, singulari scientiæ magisterio toti pene orbi terrarum notus.., mitis et humilis perseverans, ad ipsum [Jesum Christum], ut dignum est credere, sic transivit » (ibid., p. 558 et 560).

Maître Pierre était un ardent controversiste ; disciple de Roscelin, il avait violemment attaqué son maître. Roscelin riposta cruellement à son élève diminué, l'*imperfectus Petrus* (V. le texte de la réplique « nominaliste » de Roscelin, apud Janet et Séailles, *Hist. de la philosophie,* p. 502).

V. sur Abélard, outre les ouvrages relatifs à la Scolastique indiqués plus loin, *Abélard*, par Ch. de Rémusat, Paris, Ladrange, 1845, 2 vol. in-8 (le livre 1er, p. 1-274, est consacré à la vie extraordinaire de maître Pierre). — F. Picavet, 1906, op. cit., p. 183.

a. « Sæculum felix illud, talem tueri feminam, in quâ quid primum, quid postremum admireris, adhibetur » (argument de la lettre 6e, Réponse d'Héloïse à Abélard, apud O. Gréard, op. cit., p. 140).

tiers [1]; Jean de Salisbury qui mourut évêque de Chartres [2];
Pierre le Lombard, évêque de Paris, le maître des Sentences [3];

456. — Les illustres dominicains : Albert le Grand,
le docteur universel [4], saint Thomas d'Aquin, le docteur
angélique [5]; Vincent (de Beauvais) le mangeur de livres

1. Berthaud (l'abbé), *Gilbert de la Porée*, Poitiers, 1892 ; Clerval, op.
cit., p. 261 ; de Wulf, op. cit., 1905, no 175 ; Hauréau, 1re p., op. cit.,
p. 447.

2. Demiduid (l'abbé M.), *Jean de Salisbury*, Paris, Thorin, 1873, in-8 ;
Clerval, op. cit., passim, et p. 230 ; Hauréau, op. cit., 1re part., p. 533 ;
de Wulf, op. cit., no 788 ; Picavet, op. cit., p. 175. — Le plus intéressant de ses écrits est le *Policratus sive de nugis curialium*, qui contient
de précieux renseignements sur les mœurs du XIIe siècle. L'abbé Demiduid en donne une bonne analyse, op. cit. (p. 69-126).

3. Hauréau, op. cit., 1re part., p. 481 ; Clerval, op. cit. (Table,
vo Lombard Pierre, théologien, évêque de Paris, p. 530 ; nombreux
renvois).

4. Hauréau, op. cit., 2e part., I, p. 214 ; de Wulf, op. cit., p. 317 ; Van
Weddingen, *Albert le Grand, le maître de Saint-Thomas d'Aquin*, Bruxelles,
3e éd., 1881. — Cf. Lacordaire, *Mémoire pour le rétablissement en France
de l'ordre des Frères Prêcheurs*, par M. l'abbé H. Lacordaire. Paris, Debecourt, 1839, in-8, p. 120. — Le grand moine dominicain Albert le Grand
(1193-1280), Allemand d'origine, véritable macrobite, a démontré par
l'exemple que le travail conserve ; son œuvre forme 21 vol. in-folio
(éd. du dominicain Jamony. Lyon, 1651). Il a donné son nom à l'une
des places les plus populaires de Paris, la place Maubert (magister Albertus ou magnus Albertus). Ne trouvant pas de salles assez vastes pour
contenir ses auditeurs, il fut obligé de donner ses leçons en plein air,
sur « la place Maubert » et rue du Fouarre (G. Pessard, *Nouveau dictionnaire des rues de Paris*, Rey, Paris, 1904, p. 909 et 938).

5. Saint Thomas d'Aquin (1227-1274), la plus grande figure de la
Scholastique, le plus éminent des 4.400 savants et écrivains de mérite
qu'a nourris (Lacordaire, op. cit., p. 134) l'ordre des Frères Prêcheurs
fondé à Toulouse, en 1216, par saint Dominique (l'Espagnol Dominique
de Gusman. — J. Guiraud, *Saint-Dominique*, 4e éd. Paris, Lecoffre,
1901, in-16).
La littérature relative au docteur Angélique est tellement abon-

(*librorum helluo*), lecteur et bibliothécaire de Saint-Louis,

dante qu'elle peut constituer à elle seule une longue monographie. Nous nous bornerons à renvoyer d'abord à Hauréau, op. cit., 2ᵉ part., t. I (1880), p. 339-408, puis aux ouvrages, déjà nombreux, que nous indiquons ci-après (page 356, à la note) comme ceux que nous avons consultés sur la Scholastique en général. Saint Thomas d'Aquin y est toujours placé sur le premier plan.

« Il y a trois types éminents au xiiiᵉ siècle, Albert le Grand, Roger Bacon et leur lien synthétique, l'incomparable saint Thomas d'Aquin, aussi grand d'esprit que de cœur. » Auguste Comte, *Cours de philosophie positive*, 2ᵉ éd., t. III, p. 488, apud F. Picavet, *Essai sur l'éducation d'un grand orateur*, Revue internat. de l'enseignement, 15 décembre 1905, p. 502.

La caractéristique de ce puissant esprit c'est qu'à une distance de six siècles, son influence, loin de décroître, grandit. Saint Thomas semble jouer, dans la théologie catholique, le rôle dominateur d'Aristote sur la pensée philosophique jusqu'à Descartes.

Au xixᵉ siècle, avec le mouvement romantique, la période médiévale attire l'attention des artistes, des érudits, des littérateurs et des philosophes. Les laïques s'éprennent de saint Thomas... En 1850, l'Académie couronne le mémoire d'Hauréau sur l'histoire de la philosophie scolastique, première forme de ses trois volumes sur la matière. En 1856, l'Académie des sciences morales propose pour sujet de prix la philosophie de saint Thomas d'Aquin. En 1860, M. Émile Combes, depuis Président du conseil des Ministres, publie une thèse notable sur la psychologie de saint Thomas d'Aquin (v. supra, nᵒ 350, note 3).

Dans l'Association catholique, le thomisme, conservé par les Dominicains, repris avec éclat par Lamennais, est solennellement recommandé par le cardinal Pecci, pape sous le nom de Léon XIII, dans la très ample lettre encyclique *Æterni patris* du 4 août 1879 : « Jam vero inter Scholasticos Doctores, omnium princeps et magister longè eminet Thomas Aquinas », *Léon XIII (Lettres apostoliques de)*, etc., Paris, rue Bayard, 5 [s. d.], in-12, t. I, p. 62; — et dans le bref du même Pape, *Cum hoc sit* du 4 août 1880 : « ...S. Thomam Angelicum... patronum declarans... scholarum catholicarum » (ibid., p. 116). Son successeur le Pape Pie X a confirmé cette orientation théologique, dans sa lettre du 8 septembre 1907, *Pascendi dominici gregis*, contre les Modernistes (V. infrà, nᵒ 484, note 2).

Comme conséquence d'une direction donnée de si haut, un mouvement thomiste très puissant s'est manifesté dans toute l'Europe catholique à la fin du xixᵉ siècle. De nombreuses revues de langues française et alle-

auteur de l'encyclopédie théologique, embrassant toute la science de son temps, et appelée le Miroir du Monde (*Speculum majus*)¹.

457. — Les non moins célèbres franciscains : Alexandre de Halès, le docteur irréfutable²; saint Bonaventure (Jean Fidenza), le docteur séraphique, général de son ordre³; Roger

---

mande lui sont consacrées ou lui réservent une place importante. L'arbre que planta, il y a six siècles, la main puissante du Maître dominicain, dans le champ théologique, reverdit d'une frondaison nouvelle. (Lire le chapitre aussi intéressant que fortement documenté : *La restauration thomiste au XIXᵉ siècle*, dans Picavet, op. cit., 1907, p. 216-288.)

1. Vincent (de Beauvais) (1190-1264) : « Si saint Thomas d'Aquin a été le cerveau le plus puissant du Moyen Age, Vincent de Beauvais en fut certainement le plus vaste » (E. Mâle, *L'art religieux du XIIIᵉ siècle, etc.* Paris, Colin, 1902, p. 40). — Adde : E. Boutaric, *Vincent de Beauvais*, etc., Rev. des questions histor., 1875, t. XVII, p. 5-57.

Il nous semblerait commettre presque un acte d'ingratitude en ne mentionnant pas ici une autre célèbre encyclopédie de la même époque, *Le Livre du Trésor*, composé en français à Paris pendant la durée de son exil (1240), par l'illustre notaire florentin, l'un des maîtres de Dante, Brunetto Latini (Brunet Latin, comme l'appelait notre Alain Chartier). La Bibliothèque Nationale en possède plusieurs beaux manuscrits, où nous apprîmes, pendant notre première année de l'École des Chartes, à déchiffrer l'écriture, d'ailleurs facile, des scribes impeccables du xiiiᵉ siècle. « Rien n'est aussi facile à lire qu'un beau manuscrit du xiiᵉ ou du xiiiᵉ siècle ». Lecoy de La Marche, *Les Manuscrits*. Paris, Quantin, 1884, p. 72).

M. Chabaille en a donné une savante édition, avec introduction et notes : *Li Livres dou Tresor*, par Brunetto Latini, dans la Collection de Documents inédits de l'histoire de France. Paris, Imprimerie Impériale, MDCCCLXIII. — Cf. Littré, *Glanures*, 1880, p. 180.

2. Alexandre de Halès († 1245) : Hauréau, *op. cit.*, 2ᵉ partie, I, p. 120.

F. Picavet, 1906, op. cit., p. 188, note 2, estime qu'Alexandre de Halès, après Abélard, doit être considéré comme le créateur de la méthode scolastique ; de Wulf, 1905, op. cit., p. 293 et 298.

3. Saint Bonaventure (1221-1274) : Hauréau, op. cit., 2ᵉ part., II, p. 1 ; de Wulf, 1905, op. cit., p. 299-307 ; vᵒ Bonaventure (saint), Dictionn. de philosophie de l'abbé Elie Blanc, 1906, p. 187.

Bacon, le docteur merveilleux [1] ; Duns Scot, le docteur
subtil [2] ; Guillaume d'Occam, le prince des Nominaux, le
docteur invincible [3] ; Raymond Lulle, le docteur illuminé [4];
— pour clore avec la fin du XIIIe siècle qui marque l'apogée de la Scolastique [5].

1. Roger Bacon (1210-1294) : Hauréau, op. cit., 2e part., II, p. 75;
Emile Charles, *Roger Bacon, sa vie, ses ouvrages, etc.*, Bordeaux, Gou-
nouilhou, 1861, 1 vol. in-8; de Wulf, 1905, op. cit., p. 419-426.

2. Duns Scott (1266-1308) : Hauréau, op. cit., 2e part., II, p. 171 -
260; Pluzanski, *Essai sur la philosophie de Duns Scott*, Paris, 1887; de
Wulf, 1905, op. cit., p. 394-407.

3. G. d'Occam (12. .-1347) : Hauréau, op. cit., 2e part., II, p. 356-
436; de Wulf. 1905, op. cit., p. 445-453.

4. Raymond Lulle (1235-1315) : Hauréau, op. cit., 2e part., II,
p. 292 et s.; Renan, *Averroès et l'Averroisme*, 3e édit., Paris, 1886,
p. 255 et s.; de Wulf, 1905, op. cit., p. 427-430.

Le génie étrange de ce moine aventureux, mystique et artiste
(V. Delecluze, Revue des Deux-Mondes, 15 novembre 1840), exerce
encore de l'influence. En 1901, il s'est fondé à Barcelone une *Revista
Luliana* (de Wulf, ibid., p. 430, n° 357).

Il a passé pour hérétique ; mais son martyre à Alger l'a fait béatifier
(*Le bienheureux Raymond Lulle*, par Marius André, 2e édit. Paris,
Lecoffre, 1900, in-16). La préface (p. III et s.) en contient le curieux
Officium.

5. A ce que nous avons dit au sujet de la Scolastique (supra, p. 230,
notes 1 et 3), adde: «La pensée déploya au Moyen Age une pénétration
formelle, une habileté de distinction et d'argumentation qui sont absolument sans exemple» (Harold Höffding, professeur à l'Université de
Copenhague, *Hist. de la philosophie moderne*, trad. Bordier. Paris, 1906,
Alcan, t. I, p. 9.)

C'est à la Scolastique, et à son représentant autorisé saint Thomas
d'Aquin, que recourent les ouvrages les plus récents pour certains concepts juridiques, tels que celui de la personne morale. (V. Michoud, 1906,
op. cit., p. 76.)

Par la Scolastique ou l'Ecole, on entend généralement la philosophie
médiévale, c'est-à-dire celle qui fut enseignée dans les Ecoles au Moyen
âge; elle embrasse une grande variété de doctrines. Il convient d'en
retenir principalement la méthode, surtout empruntée à Aristote, alors
même qu'elle était employée à défendre les théories platoniciennes.

457 bis. — En touchant à ce moment historique, il est

D'ailleurs Platon n'a pas eu moins d'action que son disciple sur la philosophie du Moyen âge. (Cf. Rousselot, t. III, p. 360.)

La littérature scolastique est immense, elle remplit les Bibliothèques publiques. Elle s'enrichit tous les jours (V. *Dictionnaire de philosophie*, par Elie Blanc, Paris, 1906, p. 1247, la liste des auteurs compris sous la rubrique : Renaissance de la Scolastique). — Cf. F. Picavet, *La renaissance des études scolastiques*, Revue Bleue, 10 oct. 1896, p. 455.

N'ayant, dans un ouvrage comme le nôtre, qu'à effleurer la question, nous nous sommes limité aux modestes ressources de notre bibliothèque privée.

Nous signalons d'abord comme hors de pair les trois ouvrages suivants :

Histoire de la philosophie scolastique, 3 vol. in-8, 1872-1880. Paris, Pedone-Lauriel, par B. Hauréau, membre de l'Institut (ouvrage remarquable, point de vue indépendant. Tables nulles). M. Hauréau (1812-1896), avant d'entrer à l'Institut, a été Bibliothécaire de l'Ordre des Avocats ; plusieurs d'entre nous, au barreau, lui conservent encore un souvenir ineffacé.

Histoire de la philosophie médiévale, par M. de Wulf, professeur à l'Université de Louvain, docteur en philosophie thomiste (point de vue catholique. Table onomastique, mais pas de Table analytique), 2e édit. Louvain et Paris, Alcan, 1905, in-8.

Esquisse d'une histoire générale et comparée des philosophies médiévales, par François Picavet, secrét. du Collège de France, direct. adj. à l'École prat. des Hautes Études, chargé du cours de philosophie du Moyen Age à la Sorbonne (point de vue indépendant. Table insuffisante). Paris, 2e éd., Alcan, 1907, 1 vol. in-8. Histoire, tout à la fois synoptique et comparée, qui fait le plus grand honneur à la science française.

Viennent ensuite dans un ordre à peu près chronologique :

Ouvrages inédits d'Abélard, par Victor Cousin (très belle introduction de 203 pages). Collection de docum. inédits sur l'histoire de France. Paris, Imprimerie Royale, MDCCCXXXVI.

Manuel de l'histoire de la philosophie, trad. de l'allemand de Tenneman, par V. Cousin, 2e éd., t. I. Paris, Ladrange, 1839, p. 332-392 (Scholastique).

Étude sur la philosophie dans le Moyen âge, par Xavier Rousselot. Paris, Joubert, 1842, 3 vol. in-8.

La philosophie scolastique, par le R. P. Kleutgen, de la Compagnie de Jésus, trad. par le R. P. Constant Sierpe. Paris, Gaume, 1868, 4 vol. in-8.

La philosophie de saint Thomas d'Aquin, par Charles Jourdain (plus

difficile de ne point saluer ce grand xiiiᵉ siècle à qui la critique
moderne[1] assigne une place de plus en plus importante dans

tard secrétaire gén. du ministère de l'Inst. publique). Paris, Hachette,
1858, 2 vol. in-8.

La philosophie de saint Thomas d'Aquin, par l'abbé Cacheux. Paris,
Douniol, 1858, 1 vol. in-8.

La psychologie de saint Thomas d'Aquin, par Jus.-Émile Combes, etc.,
1860 (V. supra, page 230, note 3).

Histoire gén. de la philosophie, par V. Cousin. Paris, Didier, 1864,
in-8, éd., 5ᵉ leçon, p. 188-247.

Dictionnaire de philosophie et de théologie scolastique, par Fr. Morin,
agrégé de philosophie (édit. Migne). Paris, 1856-1865, 2 vol. gr. in-8.

La philosophie au Moyen âge (Essais de critique philosophique par
Ad. Franck). Paris, Hachette, 1885, p. 59.

Guillaume de Champeaux et les Écoles de Paris au XIIᵉ siècle, par l'abbé
Michaud. 2ᵉ éd., Paris, Didier, 1887, in-12 (chap. I et V du livre Iᵉʳ),
p. 31-72, p. 118-144.

Traité de philosophie scolastique, par Élie Blanc, prof. de philos. aux
Facultés catholiques de Lyon. Lyon et Paris, Vic et Amat, 3 vol. in-12,
1893. (En tête du t. I, Vocabulaire de la philosophie scolastique ; au
t. III, Table analytique.)

Les origines de la Scolastique, par l'abbé A. Mignon, prof. de théologie
au grand séminaire du Mans. Paris, Lethielleux (1895 ?), 2 vol. in-8.

Les Écoles de Chartres au Moyen âge, par A. Clerval (l'abbé). Paris
(sans date, omission volontaire, trop fréquente chez les éditeurs, probablement après 1893). Livre remarquable, mentionné (supra, p. 230, note).

Dictionnaire des sciences philosophiques de Ad. Franck, 3ᵉ tirage. Paris,
Hachette, 1885, vᵒ Scolastique (par B. Hauréau), p. 1574 ; vᵒ Nominalisme (par É. Charles), p. 1198 ; vᵒ Réalisme (par É. Charles), p. 1462.

Grande Encyclopédie, vᵒ Scolastique, par François Picavet. Paris [s. d.],
p. 29.

Adde : Les diverses monographies citées, passim, à propos des personnages qu'elles concernent et les études suivantes de François Picavet,
De l'origine de la philosophie scolastique (Paris, Leroux, s. d.) ; *De la théologie et de l'exégèse catholiques au XIIIᵉ siècle* (Paris, Leroux, 1905) ; *La
valeur de la scolastique* (hist. de la philos. Paris, Colin) ; *Le Moyen âge
caractéristique, théologique, etc.* (Paris, Alcan, 1901).

1. F. Picavet, 1907, op. cit., p. 180. — H. Mazel prévoit que la
faveur des médiévistes remontera avec raison aux temps mérovingiens
(*La synergie sociale*. Paris, Colin, 1896, p. 49).

Contrà : Gustave Hervé, agrégé de l'Université, *Histoire de France*.

l'histoire; — époque merveilleuse, — où l'esprit humain a
ressenti pour « la science des principes ou des premières
causes » un enthousiasme que nul autre âge n'a connu [1], —
où en Europe notre Communauté nationale se dégage, avant
les autres, de la rudesse du haut Moyen Age, prend la tête
du mouvement intellectuel de l'Occident [2] et s'épanouit

Paris, Biblioth. d'éducation [s. d.], 1903 ? « Grâce à elle [L'Eglise], le
Moyen Age est un âge d'obscurantisme et de médiocrité intellectuelle »,
p. 106. « L'esprit [de ce cours d'histoire] a quelque chose de nouveau :
au lieu d'être seulement laïque et républicain comme l'esprit de quelques
récents manuels, il est en outre résolument pacifique et nettement hostile au patriotisme, tel qu'on l'a enseigné, jusqu'à ces dernières années,
dans les écoles de la République », ibid., p. v.

1. « Le XIIIe siècle est possédé par la passion de la philosophie. On
s'étonne peut-être que la philosophie ait jamais été une passion dominante.
Qu'on s'en étonne (V. infra, n° 468), les témoignages de l'histoire sont
là. Deux écoles, deux sectes philosophiques se partagent tous les esprits
qui pensent (réalistes et nominalistes) ; les chefs de ces deux écoles
sont de modestes disciples d'Aristote ; tout ce qu'ils promettent à la
foule par eux invitée à venir les entendre, c'est de lire devant elle et
de fidèlement commenter les écrits de leur maître ; et ceux de ces écrits
qu'ils lisent et commentent de préférence ce sont précisément ceux où
ce maître universel s'est proposé de résoudre les problèmes métaphysiques. Eh bien, la foule accourt à leur appel ; avec eux, elle s'en-
flamme, elle s'agite, elle veut combattre pour faire valoir un système,
une simple formule, et quelquefois moins encore, un pur mot. Nous
ne croyons vraiment pas qu'il y ait eu en aucun temps un zèle égal
pour les plus hautes études ». Hauréau, 1872, op. cit., 2e p., t. II, p. 6.

2. « Dans ces temps où la France était si forte, si exubérante de
sève, où toute l'Europe venait à l'envi étudier les arts et se pénétrer
de l'enseignement de sa grande Université » L. Gonse, L'art gothique,
Avant-propos, p. I, May et Motteroz [s. d.], in-4°. — Cf. infra, n° 459,
note 3.

«... Cette belle époque du Moyen Age pendant laquelle la France,
intellectuellement et politiquement, tenait la première place en Europe».
A. Luchaire, L'Université de Paris sous Philippe-Auguste, 1899, p. 6.

« C'est en France que la doctrine du Moyen âge a trouvé sa forme
parfaite. » E. Mâle, Art religieux du XIIIe siècle, 1902, p. 6).

en une « renaissance française » toute fleurie d'art [1] —

1. « Le xiiie siècle fut dans notre pays un de ces moments d'intense activité esthétique, comme Athènes et Florence en ont connu, où l'habileté technique s'associe à la force créatrice » (Ch.-V. Langlois, prof.- de l'Univ. de Paris. *Histoire de France* (Lavisse), tome troisième, II, Paris, Hachette, 1901, p. 413. Lire le chapitre : l'activité artistique, p. 413). — Taine, *Philosophie de l'art*. Paris, Hachette, 1881, in-18 (Moyen Age, p. 92-97).

Lecoy de la Marche, professeur honoraire à l'Institut catholique de Paris, *Le XIIIe siècle artistique*, Desclée, Lille, 1892. Id., *Les manuscrits et les miniatures*. Paris, Quantin, 3e éd. (s. d.).

Emile Mâle, *L'art religieux du XIIIe siècle en France*. Paris, Colin, 1902, in-4°, 127 gravures (livre remarquable et d'une critique très avertie). V. sur la part qu'il convient de faire à la direction du symbolisme théologique exercée par l'Eglise et au libre génie des artistes médiévaux, p. 51-52 ; p. 440.

Louis Gonse, *L'art gothique*. Paris, May et Motteroz [s. d.], in-4° :
« Depuis la Grèce imposant au monde antique les lois d'une formule admirable et créant des types dont l'autorité victorieuse, la sereine et tranquille beauté nous subjuguent encore, on n'avait rien vu de semblable et peut-être l'humanité ne reverra-t-elle pas une si puissante manifestation de vitalité artistique » (Cf. La Réhabilitation du Moyen Age, ibid., p. 6). — « L'honneur d'avoir créé de toutes pièces un aussi expressif et aussi riche organisme constitue pour notre pays un titre incomparable. Il a fallu une transposition radicale du goût comme celle qu'a produite l'invasion de la Renaissance italienne pour faire oublier à la France de si beaux quartiers de noblesse et amener une rupture avec les traditions nationales, pour lui faire dédaigner puis honnir un art qui lui avait valu la domination du monde (Ibid., p. 6). — « Pendant cette grande période de l'expansion française, au moment où notre pays sortait de toutes ses frontières à la fois pour conquérir l'Angleterre, Naples, Jérusalem ; surtout pendant les règnes illustres de Louis VI, Louis VII, de Philippe-Auguste et de saint Louis, Paris est véritablement le foyer intellectuel de l'Europe » (Ibid., p. 6).

Enlart, *Origines françaises de l'architecture gothique en Italie*. Paris, Thorins, 1894 ; *Manuel d'archéologie française*. Paris, Picard, 2 vol., 1902-1904. — André Michel, *Histoire de l'art, depuis les premiers temps chrétiens jusqu'à nos jours*, I et II (formation, expansion et évolution de l'art gothique). Paris, Colin, 4 vol. in 4° 1904-1907 (avec nombreuses gravures). — A. Chaumeix, *Une histoire de l'art* (Journ., 10 oct. 1907) : « comment la France, dans le grand xiiie siècle, s'apprête à jouer le premier rôle. »

« Les époques qui ont le plus usé de la raison et de l'expérience sont

d'un art qui pense, qui charme et qui enseigne — de celles où la civilisation fut la plus brillante, où les lettres et les arts furent les plus florissants. Cela est vrai pour Byzance, Bagdad, Cordoue, *pour le XIIIe siècle* et les admirables cathédrales où s'unissaient harmonieusement l'architecture, la peinture, la sculpture et la musique » (F. Picavet, *Esq. Philosophies médiévales*, etc., op. cit., 1906, p. 38).

A noter, que dans cette œuvre « associée », leurs créateurs ne cherchaient pas l'exaltation de leur individualité mais la plus haute réalisation de l'idée : « On a souvent signalé la pauvreté des renseignements sur les grands artistes gothiques. Parmi les anciens qui sculptaient les images des cathédrales, il y avait des hommes d'un talent supérieur qui semblent être demeurés toujours confondus dans la masse des compagnons ; ils ne produisaient pas moins des chefs-d'œuvre » (G. Sorel, *Moralité de la violence*, Mouvement socialiste, juin 1906, p. 121).

— Au Palais de Justice de Paris, ancien palais de la Cité, « résidence des princes suzerains, jusqu'au XIVe siècle, puis Parlement » (Viollet-le-Duc), il nous est donné la quotidienne jouissance d'avoir sous les yeux, en la Sainte-Chapelle, un des plus beaux échantillons de l'Art gothique que les Allemands appelaient justement au Moyen Age l'art français (*opus francigenum*, Gonse, loc. cit.). On sait que cet oratoire, vrai bijou d'architecture, fut construit par les ordres de Louis IX (saint Louis), en 1248, pour y abriter la couronne d'épines et un morceau de la Croix du Christ qu'il avait acquis de Baudouin II, empereur de Constantinople.

La Sainte-Chapelle fut admirée, dès sa naissance. Voici comment en parla quelqu'un qui la vit à peu près en sa nouveauté, de Jandon, dans son Éloge parisien (1323). L'écrivain suppose un visiteur pénétrant dans la Sainte-Chapelle (*capella Regis*), et peint son ravissement : « ut in eam sub ingrediens, quasi *raptus ad cœlum*, se non immeritò *unam de Paradisi potissimis cameris* putet utrare », apud Leroux de Lincy et Tisserand, *Paris et ses historiens aux XIVe*, etc., impr. impériale, 1867, p. 46.

V. Viollet-le-Duc, *La Sainte-Chapelle*. Paris, Guide I, Paris, Lacroix, 1867, p. 685). Adde, F. Bournon, Sainte-Chapelle de Paris, v^o Chapelle, *Grande Encyclopédie*, Paris, t. 10, p. 558. V. Taunay et Riffard, le *Palais de Justice de Paris*. Paris, Quantin, 1892, p. 6. C'est là où, avant que la circulaire du Ministre de la Justice du 22 décembre 1900 nous eût libérés des gestes de la superstition, était célébrée, à chaque rentrée judiciaire, la cérémonie traditionnelle de la Messe du Saint-Esprit (H. Vonoven, la Messe rouge, *Palais de Justice*, op. cit., p. 108).

La Commune de 1871 — (V. Karl Marx, *La Commune de Paris*. Paris, Jacques, 1901, surtout, la Préface (p. v) et les appendices (p. III) de Ch. Longuet ; aussi, l'introduction de Fr. Engels (p. XXIX); Da Costa, *La commune vécue*, 3 vol. Paris, Quantin, 1903-1905 ; G. Bourgin, *Hist. Commune*. Paris, Cornély, 1907, avec bibliogr. L. Lucipia : Histoire

lettres, d'éloquence et de savoir[1], moins élégante et

de la Révolution (Commune révolutionnaire), v° Commune, *Grande Encyclopédie*, t. 12, p. 138, donne *in fine* (p. 145), une bonne bibliographie de la Commune de 1871, mais pas au delà de 1889) —la Commune tenta de faire disparaître par l'incendie ce monument des âges bourgeois. Des circonstances défavorables s'opposèrent à la réussite de ce dessein. Il échoua également pour la Bibliothèque Nationale, le Louvre, les Archives nationales et Notre-Dame de Paris. Au contraire, il fut couronné de succès avec l'Hôtel de Ville, le Palais des Tuileries, la Bibliothèque du Louvre, la Cour des Comptes, la Légion d'honneur, etc.

L'œuvre de destruction n'épargnait pas les plus modestes demeures, même illustres ; celles de Michelet et de Littré, rue d'Assas, durent leur salut à l'arrivée des troupes régulières (E. Littré, *Comment j'ai fait mon Dictionnaire*. Glanures. Paris, Didier, 1880, p. 429).

Pour l'intelligence de cette manie incendiaire, il convient de faire observer que c'était un propos courant parmi les soldats, affectés à la défense de Paris, pendant le siège de 1870-71 (*quorum pars parva fui*), qu'il valait mieux détruire la Ville par le feu que de la laisser souiller par l'entrée des Allemands vainqueurs.

Cette mentalité inclinée vers la violence (v. les fortes études de G. Sorel, *Réflexions sur la Violence*, le Mouvement socialiste, janvier-avril 1906) se manifesta également pendant les guerres que soutint la première Révolution.

Une fois la « violence » déchaînée par la lutte, peut-être vaudrait-il mieux la tourner contre les hommes que contre les choses, surtout quand celles-ci sont des trésors d'art ? Les premiers se remplacent aisément ; les autres pas.

1. Les lettres : — E. Littré, *Histoire de la langue française*, 3e éd.. 2 vol. Paris, Didier, 1863. — Id., Sur la suprématie de la langue française en Europe aux XIIIe et XIVe siècle, *Glanures*, 1880, p. 180.

Ch. Aubertin, *Histoire de la langue et de la littérature française au Moyen Age d'après les travaux les plus récents*. Paris, Belin, 1876-1878, gr. in-8.

A. Lecoy de la Marche, *Le treizième siècle littéraire et scientifique*, Lille, Desclée, 1887.

Petit de Julleville, *Histoire de la langue et de la littérature françaises des origines à 1900*, t. I et II. Paris, Colin.

Gaston Paris, *La littérature française au Moyen Age*, 2e éd. Paris, Hachette, 1890 (3e éd. par P. Meyer et J. Bédier. Paris, Hachette, 1905).

Gaston Paris, *La poésie du Moyen Age*. Paris, Hachette, 1887 et 1895, 2 vol. in-12.

Gaston Paris, *Esquisse historique de la littérature française au Moyen Age*. Paris, Colin, 1907 (surtout p. 92-205).

raffinée certes, que la renaissance gréco-latine de François Ier, mais plus originale et plus inspirée.

Ferdinand Brunot, *Histoire de la langue française, des origines à 1900*, 2 vol. in-8. Paris, Colin, 1905-1906 (ouvrage de premier ordre) : « C'est du xII^e au xIII^e siècle que l'ancien français atteint son apogée et qu'il arrive à une beauté linguistique, dont il n'a fait depuis que décheoir. » (I, p. xII).

V. sur l'Université de Paris, infra, n° 459, note 2.

L'éloquence : — L'éloquence sacrée était la manifestation presque exclusive de l'art oratoire, à une époque où le barreau était si distant de son institution actuelle. Les avocats n'étaient encore que des « avant-parliers » réduits au maniement habile « de formules auxquelles la procédure attribue une influence décisive sur le fond du débat » (Ch. Mortet, v° *Avant-parlier*, Gr. Encyclopédie. Paris, s. d., t. I, p. 856).

C'est au xIV^e siècle qu'avec la tenue régulière des audiences du Parlement de Paris commencent l'histoire et le rôle de la plaidoirie (V. Lachenal, *Histoire des avocats au Parlement de Paris*. Paris, Plon, 1885 ; Notes sur les principaux avocats au Parlement de Paris, p. 331).

Quant à l'éloquence politique, elle devait attendre jusqu'à la fin du xVIII^e siècle l'occasion de déployer sa magnificence et ses bienfaits.

Au sujet de l'influence de la prédication sur la littérature et la formation de la langue vulgaire au xIII^e siècle, V. Aubertin, *Hist. de la angue et de la littérature française au Moyen Age*. Paris, Belin, 1858, in-8, t. II, p. 308 et s. — Lecoy de la Marche, *La chaire française au Moyen Age*, spécialement au xIII^e siècle, 2e éd. Paris, Renouard, 1886 (aux p. 495-542 se trouve une riche bibliographie des sermonnaires du xIII^e siècle). — Leroux de Lincy et Tisserand, *Paris et ses historiens aux XIVe et XVe siècles*. Paris, impr. impériale, 1867 (Prédicateurs et harangueurs populaires, p. 402).

Les querelles théologiques étaient d'ailleurs des occasions de rencontres oratoires et judiciaires auprès desquelles nos luttes du Palais paraissent misérables. Quelle ampleur devait avoir une audience, comme celle pour laquelle Abélard, anxieux de justifier ses doctrines théologiques, citait à comparoir, le 3 juin 1140, devant le Concile tenu en l'église métropolitaine de Saint-Étienne à Sens, et érigé en tribunal, saint Bernard, l'illustre abbé de Clairvaux. Des évêques, des maîtres en théologie, une multitude d'ecclésiastiques accouraient de toutes parts. Le roi de France Louis VII s'y rendait, escorté de ses grands officiers. C'est au milieu d'un tel auditoire qu'est introduit le grand *debater*, Abélard, *ille vir bellator ab adolescentiâ* (S. Bernardi op. Ep. 189). Cepen-

457 *ter*. — Au XIIIᵉ siècle également — circonstance

dant, par une ressource dilatoire que notre code laïque de procédure civile ne nous fournit pas, le célèbre « bellator », quoique demandeur, soulève un déclinatoire de compétence et, y échouant, déclare porter appel devant le pape, à Rome ; son appel fut régularisé par écrit, le lendemain. Peut-être avait-il des raisons de ne plus croire à l'impartialité de son tribunal, et usait-il simplement de l'action en renvoi devant d'autres juges « pour cause de suspicion légitime », que connaît notre Code d'Instruction criminelle (art. 542).

Le Concile retint l'affaire par une distinction habile, et condamna Abélard. La Cour de Rome rejeta l'appel d'Abélard quelques mois plus tard (juillet 1140).

Sur ce procès ecclésiastique d'un palpitant intérêt, V. Ch. de Rémusat, *Abélard*, 2 vol. Paris, Ladrange, 1845, t. I, p. 177-245 (livre excellent dont se sont fortement inspirés les auteurs qui suivent) — J. Æmilius Combes [ancien président du Conseil des Ministres], *De Sancti Bernardi adversus Abælardum contentione* dissertationem proponebat facultati litterarum Redonensi Just. Æmilius Combes, licentiatus, logicæ professor. Monspelei. Excudebat P. Grollier, in via dicta des Tondeurs 9. M.DCCCLX (p. 89 : in Concilio). — E. Vacandart (l'abbé), *Abélard, sa lutte avec saint Bernard*. Paris, Roger et Chernovitz, 1881, p. 79. — Id., *Vie de saint Bernard*, t. II, p. 149.

Le savoir : — « Le XIIIᵉ siècle, le plus intellectualiste du Moyen Age a eu passionnément confiance dans la raison ; il a essayé de savoir ; il a tout démontré. » Ch.-V. Langlois, *Tendances générales du XIIIᵉ siècle*, Hist. de France (Lavisse), t. III, part. II. Paris, 1901, p. 387.

Voici que les savants du XXᵉ siècle en étudiant la constitution élémentaire des lointains soleils de l'espace sidéral se demandent si les audacieuses hypothèses de Roger Bacon et autres alchimistes du XIIIᵉ siècle ne se vérifieront pas « dans les phénomènes qui ont leur cours dans les effroyables fournaises de l'au-delà ».

Ainsi, « l'hydrogène, l'hélium, l'astérium des étoiles jeunes fait place dans les étoiles anciennes aux métaux. Y a-t-il là transmutation au sens des alchimistes du Moyen Age ? Il semble. Et ces vues hardies sont admises par nombre de savants modernes ». R. de Montessus, *La chimie des étoiles*, Journ. des Débats, 3 novembre 1906). — A consulter : Berthelot, *Origines de l'alchimie*. Paris, Steinheil, 1885. Adde, du même auteur, le mot : *Alchimie*, Grande Encyclopédie, t. 2 [sans date], pp. 11-24. — Adde : F. Picavet, *Esq. philosoph. médiévales*, 1907, p. 202-208.

« Le rêve des vieux alchimistes était-il donc réalisé ? Etait-on en présence de la transmutation des éléments ? » H. Poincaré, *Disc. à l'Acad. Sciences*, 17 déc. 1906, Journ. off., 18 déc. 1906. — Transmutation des pierres par le radium (prof. Bordas, Comm. Acad. Sciences, 28 oct. 1907).

notable pour l'objet de nos études — le « fait associationnel[1] »
atteint un degré de cohésion et d'efficacité sociale, auquel
tout l'effort moderne vers l'action corporative ne parvien-
dra peut-être pas à se hausser[2]. Les facteurs idéologiques

1. « Le principe d'association qui a joué un si grand rôle dans les
institutions du Moyen Age », A. Luchaire, *Man. des institut. françaises*
(Capétiens directs), Paris, Hachette, 1892, p. 453.

2. « Notre Moyen Age fut une époque d'association par excellence,
toute classe religieuse, militaire ou industrielle formant une association
de fait, une stratification sociale dont les molécules humaines n'étaient
pas seulement en contact par juxtaposition, mais en communication...
Souvent, elle s'opposait à l'Etat, se substituait à lui ou simplement
remplissait les fonctions dont il n'avait cure : telles les ligues féo-
dales, la chevalerie, les corporations judiciaires déléguées ou spontanées : telle encore l'Eglise assurant les services publics d'assistance et
d'enseignement. » Eug. Fournière, *L'individu, l'association et l'Etat.*
Paris, Alcan, 1907, p. 27.

V., sur les services publics d'assistance assurés par l'Eglise au Moyen
Age, le remarquable article de A. Luchaire, *La charité et les établissements d'assistance à l'époque de Philippe-Auguste*, Revue du mois. Paris,
10 février 1907, p. 150-161 ; Id., *Manuel*, etc., 1892 (les institutions de
charité : Aumôneries, Charités, Hôpitaux, Maison et Hôtel-Dieu,
Maladreries), bibliogr. importante, p. 138.— L. Lallemand, *Hist. Charité*, t. III (Moyen Age). Paris, Picard, 1906. — Roch de Chefdebien,
Les hospitaliers au Moyen Age, Rev. augustinienne, 15 juillet 1907, p. 84.

Il y avait moins d'hygiène qu'aujourd'hui (la terreur microbienne ne
régnait pas encore), mais plus de charité, au sens stoïcien ou chrétien
du mot. On lit dans les chartes du XIIIᵉ siècle : *domini pauperes,
domini leprosi*, les seigneurs pauvres. Le malade est passé à l'état de
puissance ayant domaine et juridiction. Faire du bien au pauvre,
c'est mériter envers le Christ lui-même. La laïcisation à outrance
nous fait perdre le gain social de l'utilisation charitable du sentiment religieux. Le goût philanthropique (qui a sa revue, bien rédigée : *Revue philanthropique*, 1907, 10ᵉ année, P. Strauss, directeur. Paris,
Masson) est, socialement, d'un rendement plus faible.

En Extrême-Orient, on recourt aux congrégations traquées en
France. Le gouverneur général de l'Indo-Chine s'adresse à la Propagande, la Congrégation de *propagandâ fide* du Saint-Siège (V. sur l'organisation, les syndicats de la Propagande, Mater, *L'Église catholique.*
Paris, 1906, p. 242, p. 370 et s.); il l'avise qu'il s'est adressé aux reli-

qui travaillent à la formation des groupements contemporains n'ont, il est vrai, pas encore donné la mesure de leur
valeur [1].

458. — C'est d'abord le plus admirable groupement réalisé
en Occident depuis la Rome antique. L'Église catholique [2].

gieuses de la colonie pour assister les lépreux indigènes. « La demande,
autorisée d'avance par le gouvernement de Paris, a été causée, dit-on, par
l'impossibilité de trouver des infirmières laïques disposées à assister les
malades frappés de la répugnante épidémie. Les religieuses sollicitées
ont accepté sans difficulté l'invitation » (Le Temps, 15 septembre 1907).

Un « communiqué » officieux a contredit le fait. Il est aussi fâcheux
d'être accusé aujourd'hui de cléricalisme, qu'autrefois d'hérésie.

En matière hospitalière, le « fait associationnel » se manifeste au
XIIIᵉ siècle. De nombreuses confréries, associations laïques de commerçants et industriels, qui n'étaient pas de simples sociétés de secours
mutuels, avaient créé des établissement spéciaux d'assistance chargés de
recevoir les non-associés, rentrant dans la même catégorie professionnelle.

1. Sur la puissance des « facteurs idéologiques » en matière de
groupements, V. E. Fournière, Les théories socialistes au XIXᵉ siècle, de
Babeuf à Proudhon. Paris, Alcan, 1904 : Association et socialisation :
« Les hommes ne se laissent pas uniquement guider par les intérêts
matériels, selon la vue qu'ils en ont communément », p. 396.

2. Cf. Taine, Les origines de la France contemporaine, Le régime
moderne, II. L'Église (Paris, 1898), p. 115 et s.

V., sur l'organisation de l'Église catholique, considérée comme un
événement humain: André Mater, prof. à l'Univ. nouvelle de Bruxelles,
L'Église catholique, sa constitution, son administration. Paris, Colin, 1906,
1 vol. in-12 de 165 p. Les catholiques prétendent que l'auteur doit
être rangé parmi les historiens qui parlent de l'Église, « sans en connaître l'âme », et que son livre contient des lacunes (J. Guiraud, Revue
pratique d'apologétique. Paris, 15 août 1906).

M. J. Guiraud, à qui nous nous sommes adressé, pour la consultation de sources complémentaires (au point de vue catholique), a
bien voulu — ce dont nous le remercions — nous indiquer les ouvrages
suivants : De Casaregis, professeur de droit ecclésiastique au Collège
romain de l'Apollinaire, Institutiones juris publici ecclesiastici (en usage
dans les grands séminaires). — Delahaye, Memento juris canonici (collection textes canoniques) (cité par A. Mater, p. 42, comme Deshayes,
Paris, 1895). Adde : les indicat. bibliograph. de Mater (1906), p. 38-43.

qui, appuyée sur les agrégats complémentaires de ses ins-

Les catholiques reconnaissent le mérite du livre de M. Mater, et regrettent qu'aucun des leurs n'en aient composé un sur le même sujet.

A consulter également les articles de E.-H. Vollet qui résument cinquante années de travail sur l'histoire de l'Eglise, dans la *Grande Encyclopédie*. Paris [s. d.]. Parmi ces mots, nous signalons : v° Eglise catholique romaine, t. 15, p. 618 (avec tous ses renvois) ; v° Vollet (ibid., t. 31, p. 1111), en même temps qu'une courte notice sur l'auteur, on y trouve la distribution méthodique de ses travaux sur l'histoire de l'Eglise, étudiée à un point de vue non apolégétique. — V. sur la doctrine de l'Eglise envisagée comme *societas perfecta*, Mater, op. cit., p. 77. — Adde : Thomassin, *Ancienne et nouvelle discipline de l'Eglise* (éd. de 1725). — A. Luchaire, Manuel, etc., 1892, 1re partie, *Les institutions ecclésiastiques*, p. 3-144.

« L'Eglise catholique était l'âme et la lumière du Moyen Age, le bienfaisant contre-poids de la fortune et de la puissance, le refuge toujours et quelquefois le marchepied de la pauvreté fière et du mérite roturier. » Cousin, *Défense de l'Université et de la philosophie*. Disc. à la Chambre des Pairs, 21 avril 1844. Paris, Joubert, 1844, in-8°, p. 22).

A l'Eglise revient, dans l'ordre associationnel, dès le XIe siècle, l'idée de la « paix de Dieu » pour protéger les clercs et les paysans contre les instincts violents de la féodalité. Les menaces d'anathème ne suffisant plus, une sanction par les actes est nécessaire. L'Eglise organise des « ligues de la paix », *pactum pacis*, où elle fait entrer des nobles et des prélats. Ce sont des associations assermentées avec milices diocésaines. Les forces réunies des associés doivent être déployées contre le contempteur de la paix. Il y avait « grève » du clergé envers les parjures ; refus de messe, de sacrements, de sépulture, etc. L'idée s'étend à la notion de guerre intérieure et entre les nations. La « Trêve de Dieu » interdit la guerre pendant certaines périodes. Robert le Pieux de France et Henri II d'Allemagne (1023) caressent l'idée d'un groupement établissant la paix universelle. — V. A. Luchaire, *L'Eglise*, Hist. de France (Lavisse), t. II, 2e partie, 1901, p. 123-138 ; Id., *Manuel des institutions françaises* (Capétiens directs). Paris, Hachette, 1892, p. 231.

Cf. au XXe siècle les nombreuses Ligues nationales, internationales, interparlementaires, etc., pour la Paix, la Paix par le droit[a], pour l'Arbitrage entre nations, etc. ; les différentes conventions de la Conférence internationale de la Paix, à La Haye en 1899 (V. textes, Clunet, Journal, 1900, p. 852) ; les travaux de la nouvelle Conférence de La Haye de

---

a) « La paix par le droit pourrait être un excellent article d'exportation. » G. Sorel, *La ruine du monde antique*, Paris, Jacques, 1901, p. 212.

tituts religieux ¹ (Ordres, Communautés, Congrégations,

uillet à octobre 1907. (V. Cp^{te} rendu : le Temps, les Débats de cette époque. Textes officiels encore non publiés) V. Clunet (Journal), n°I-II, 1908.

— « Je n'espère point de pouvoir faire convenablement passer dans l'esprit du lecteur la profonde admiration dont l'ensemble de mes méditations philosophiques m'a depuis longtemps pénétré envers cette économie générale du système catholique du Moyen Age que l'on devra concevoir, de plus en plus, comme formant jusqu'ici le chef-d'œuvre politique de la sagesse humaine. » A. Comte, *Cours de philos. positive*, (Physique sociale), t. V, 5e éd. Paris, 1894, p. 261 ; p. 264, p. 276.

— « L'histoire ne connaît pas d'exemple d'un triomphe plus complet de l'intelligence sur la force brutale. A une époque de troubles et de batailles, les fiers guerriers durent s'incliner devant des prêtres, qui ne disposaient d'aucune force matérielle et dont le pouvoir n'était fondé que sur les consciences » (H.-Ch. Lea, *Hist. de l'Inquisition*, trad. Salomon Reinach. Paris, 1900, I, p. 1).

— « Le catholicisme a repris au cours du XIXe siècle une vigueur extraordinaire, parce qu'il n'a rien voulu abandonner ; il a renforcé ses mystères, et chose curieuse, il gagne du terrain dans les milieux qui se moquent du rationalisme jadis à la mode dans l'Université. » G. Sorel, *Réflexions sur la violence*, le Mouvement socialiste, 15 mars 1906, p. 187.

— « Son but essentiel est de faire la police du sentiment religieux : rien de pareil n'avait existé dans le passé, et par suite, on ne saurait comparer l'Église à aucune des *associations* historiques. » G. Sorel, *L'Eglise et l'Etat*. Paris, Jacques, 1901, p. 38.

1. Les Instituts religieux comprennent les Ordres et les Congrégations ; V. sur ces fortes organisations, Mater, op. cit. (1906), le droit d'association dans l'Eglise, p. 205 et s.; nombreuses indications bibliographiques. — H. Vollet, v° Religieux, Grande Encyclopédie, t. XXV, p. 336; A. Luchaire, Manuel, etc. (Capétiens directs), *Le clergé régulier*, 1872, p. 65-109; A. Giry, *Man. diplom.*, 1894. Titres et qualités des personnes. Ordre, clergé régulier, p. 340-346.

Il faut toujours consulter comme le plus complet, l'ancien ouvrage du religieux du Tiers-Ordre franciscain de Picpus, Pierre Hélyot (et non Héliot, comme le cite fautivement de Rémusat : *Abélard*, t. l, 1845, p. 247): *Histoire des Ordres monastiques religieux et militaires et des Congrégations séculières de l'un et l'autre sexe qui on été établies jusqu'à présent, contenant leur origine, fondation, progrès, événements considérables, leur décadence, suppression ou réformes*. Paris, 1714-1719, 8 vol. in-4, fig. Nous ne possédons que la réimpression, donnée par l'abbé Migne, 4 vol., XX-XXIII, dans son *Encyclopédie théologique*. Paris, 1847-1859. Mais le

Sociétés, etc.), parvient au faîte de sa domination

4e volume de cette édition (1859) contient les additions importantes des abbés Badiche et Tochou).

Sur l'excellence de la vie monastique pour réaliser l'idéal de la vie chrétienne, V. Renan, *Marc-Aurèle*. Paris, 1882, p. 617 ; « les parfaits se créèrent des lieux à part où la vie évangélique trop haute pour le commun des hommes puisse être pratiquée sans atténuation » (ibid., p. 558). — Sur les satisfactions psychologiques de l'existence céno-bitique, Taine, *Origines de la France contemp.*, Le régime moderne, II, L'Eglise, chap. III, p. 101. — « Certaines âmes y vont [à la vie cénobitique] par une pente naturelle ; ce sont des âmes claus-trales... elles quittent le monde et descendent avec joie dans le silence et la paix. Plusieurs sont nées lasses... elles embrassent la vie religieuse comme une moindre vie et comme une moindre mort... Pour d'autres, un deuil secret leur a gâté l'univers... Il en est d'autres enfin qu'attire au couvent le zèle du sacrifice et qui veulent se donner tout entières dans un abandon plus grand que celui de l'amour... L'Eglise leur prodigue les doux noms de lis et de rose, de colombe et d'agneau ; elle leur promet par la bouche de la Reine des Vierges la couronne d'étoiles et le trône de candeur. Mais prenons garde de renchérir sur les theologiens » (Anatole France, *Le jardin d'Epicure*. Paris, C. Lévy, 1895, p. 155 et s.).

On connaît le processus du « fait associationnel » qui aboutit à l'Ordre et à la Congrégation catholiques. A l'exemple de ce que l'on relève dans plusieurs religions orientales, — aux premiers siècles de notre ère, des chrétiens, non pour fuir les persécutions, mais dans le seul désir de réali-ser par le renoncement et l'austérité l'idéal de sainteté, se retirent au désert, notamment en Egypte (Thébaïde) ; ils vivent d'abord seuls : ce sont des anachorètes (ἀνὰ, éloignement ; χωρεῖν, aller), des ermites (ερημος, désert), des moines (μόνος, seul). Ils sont bientôt un certain nombre, animés des mêmes aspirations, établis aux mêmes lieux. La vertu associationnelle opère ; leurs cabanes se rapprochent ; ils élèvent des édifices communs pour célébrer leur culte ; ils se soumettent à une disci-pline uniforme. L'isolement fait place au groupement ; les voici devenus des cénobites (κοινός, commun et βίος, vie). Palladius rapporte qu'à la fin du IVe siècle, saint Pacôme gouvernait 1.400 cénobites dans la maison et 7.000 dans les annexes (H. Vollet, v^o Anachorètes, Grande Encyclop.). La communauté est fondée. Elle fournira l'élément des groupements supérieurs : Ordre, Congrégation, Société ; groupements soumis à des règles canoniques diverses, mais d'identique valeur, au point de vue purement associationnel. (V. ces règles : A. Mater, *L'Eglise catholique*. Paris, 1906 ; Ordres, p. 209 ; Congrégations, p. 218 ; Sociétés, p. 220),

spirituelle, et exerce sur les âmes, ravies en leur servitude,

En Occident, les communautés se maintiennent sous la forme de monastères (*monasterium*, *moustier*, *münster*, habitation de moines) — terme générique comprenant les Abbayes, Commanderies, Chartreuses, Couvents, Ermitages, Prieurés, etc. Dès le vıᵉ siècle, elles adoptent la célèbre *regula monachorum* rédigée au Mont-Cassin par le grand instituteur d'Ordre, saint Benoît, de Nursia (Ombrie). La règle bénédictine gouverne sans rivale les couvents d'Occident, jusqu'à l'apparition, au xıııᵉ siècle, d'autres groupements religieux, les Ordres mendiants[a] (Franciscains, Dominicains).

Malgré l'ampleur de ses vues, saint Benoit ne paraît pas avoir songé à étendre la puissance de son œuvre en la poussant jusqu'au second ou jusqu'au troisième degré de l'association. Il ne tente pas de « fédérer » d'abord, puis de « confédérer », comme on dirait aujourd'hui, les agrégats formés sous son inspiration, de manière à concerter leur action, et à leur assurer une influence généralisée, sous l'impulsion d'un organisme central.

Mais cette idée fut aperçue, dès le xıᵉ siècle, et admirablement traduite en fait par « la grande maison de Cluni », l'*Universitas nigra*, comme on l'appelait à cause de la couleur du vêtement de ses moines (Giry, *Manuel diplom.*, 1894, p. 342), qui devint « la plus haute expression de la puissance monastique ». Au bout de deux siècles « elle était la capitale du plus vaste empire monastique que la chrétienté eût connue ». Son chef suprême s'intitulait modestement : *Ego frater N... humilis abbas Cluniacensis* (A. Giry, *Man. de diplomatique*. Paris, Hachette, 1894, p. 341).

Pour agir puissamment et régner au loin, « Cluni s'était faite congrégation » (*congregatio Cluniacensis*). — Sur l'organisation de ce groupement, sa règle, sa réussite dans la « réalisation étendue du principe d'affiliation », son habileté et sa chance d'avoir eu des chefs d'une capacité hors ligne et vivant vieux, son autorité morale dans tout l'Occident, sa décadence sous le triple effet de son opulence, de ses divisions intestines et de la concurrence des groupements nouveaux : V. les pages remarquables de A. Luchaire, *L'Eglise, Cluni*, Hist. de France de Lavisse, t. II, 2ᵉ partie. Paris, Hachette, 1901, p. 123-132. — Sur la formation d'associations cénobitiques concurrentes : les Chartreux du Dauphiné (1086) ; les Trappistes (1140) ; les Cistériens (abbaye de Citeaux, xııᵉ s.), d'où l'abbaye de Clairvaux et l'illustre Saint-Bernard, etc.,

---

a) Mendiants : Jean Grave, « Cela m'a réduit au rôle de *mendiant*, plus d'une fois, mais je considère qu'un journal d'idées a droit au concours de tous ceux qui approuvent sa ligne de conduite, et qu'en le demandant, je ne réclame que ce qui nous est dû. » *Les Temps nouveaux*, 31 août 1907.

un gouvernement impérieux et doux que les puissances

sur la grandeur et la décadence de ces groupements à mobiles religieux, v. A. Luchaire, *Manuel des instit. françaises* (Capétiens directs). Paris, Hachette, 1892, p. 91.

Cluni et les Clunistes avec leur succès d'environ cinq siècles (X-XIVᵉ s.) présentent un exemple typique de la réussite du fait associationnel; il dépasse singulièrement les tentatives de groupement, jusqu'ici abordées par les laïques les plus actifs (Franc-maçonnerie, Club des Jacobins, Association internationale des Travailleurs, Fédération des Bourses de travail, Association internationale antimilitariste, Parti ouvrier, Confédération générale du travail, etc., etc.). Il convient cependant, à raison de leur récente formation, d'accorder crédit à ces dernières associations à tendance universelle, — par conséquent catholiques, quoique laïques (καθολικός : κατά, vers : ὅλος, tout).

On sait que les Grecs, qui ont fait le tour du monde moral, connaissaient l'association à but idéocratique. Pythagore, réfugié de Grèce à Crotone en Italie, y établit une Association ou Communauté avec caractère religieux : habitation et repas en commun, règle de vie, noviciat, etc. La critique moderne (ne pas s'en rapporter à l'abbé Barthélemy : Voyage du jeune Anacharsis. Paris, 1788) estime avec G. Rodier (vᵒ Pythagore, Grande Encyclopédie, t. 27, p. 1079) que malgré la rareté des textes anciens que nous possédons sur le fondateur de la philosophie pythagoricienne, on peut affirmer l'existence de cette Congrégation, près de 600 ans avant l'ère chrétienne. Sous l'influence du mouvement démocratique venu de Grèce vers le second tiers du Vᵉ siècle, elle fut persécutée : ses membres bannis ou dispersés, leurs maisons confisquées ou détruites.

Relire les lois du 1ᵉʳ juillet 1901 (art. 13 et s., Congrégations), du 9 décembre 1905 sur la Séparation des Eglises et de l'Etat, et sa complémentaire du 2 janvier 1907. — Se rappeler les incidents de leur application (expropriation sans indemnité des propriétés monastiques et ecclésiastiques; assaut des couvents, des églises, des presbytères, à l'occasion des inventaires et de la main-mise par les liquidateurs, les séquestres, etc., dispersion des personnes et des biens relevant des groupements religieux à vie en commun).

Nihil sub sole novum (Ecclesiastes, cap. I, 10).

La première Révolution avait déjà tenté d'extirper du sol français[a] les

---

a) Parmi les études récentes : Pierre Bliard, *Les Religieuses et la Révolution* (étude sur leur mentalité, d'après les découvertes du dépôt des Archives nationales), Etudes des Pères de la Cⁱᵉ de Jésus, 5 sept. 1907, p. 615; 5 oct. 1907, p. 102.

concurrentes de l'esprit ou de la chair ne sont

associations monastiques. Elle a déployé dans cette besogne l'habituelle
rudesse de ses procédés d'exécution. Un siècle plus tard, ces associations
« débarrassées des excroissances, des moisissures, des parasites, qui, sous
l'ancien régime, les défiguraient, les étiolaient » (Taine), sont plus vivaces
que jamais. « De toutes parts et sans interruption, depuis le Consulat
jusqu'aujourd'hui, on les voit surgir et se multiplier. Tantôt sur les
vieux troncs que la hache révolutionnaire avait touchés, des bourgeons
nouveaux repoussent... Souvent sur la souche rasée par la Révolution,
la végétation nouvelle est bien plus riche que l'ancienne » (H. Taine, *Le
Régime moderne*. Paris, 1898, t. II, p. 109-110)... « En sorte que
parmi les effets de la Révolution française, l'un des principaux et des
plus durables est la restauration des instituts monastiques »... « Jamais
contrat social n'a été souscrit à meilleur escient... Les conditions que
la théorie révolutionnaire exigeait de l'association humaine sont toutes
remplies, et le songe des Jacobins se réalise, mais ce n'est pas sur le
terrain qu'ils lui assignaient » (ibid., p. 109).

A l'aide des art. 13 et s. de la loi du 1ᵉʳ juillet 1901, interprétés
politiquement, la 3ᵉ République française renouvelle la tentative révolutionnaire. Elle tourne à son tour son omnipotence contre les associations à forme congréganiste ; leurs principes communistes ne les ont
point sauvées. Législativement, l'opération, secondée peut-être par des
groupements ennemis (francs-maçons, protestants, juifs, libres penseurs,
socialistes, etc.), a été vite enlevée. Quand on tient la hache, il est facile
de « trancher » l'arbre. Mais, comme jadis, des « bourgeons » ne repar-
tiront-ils pas du pied ? Les naturalistes attentifs observent ; ils ont sous
es yeux, pour l'étude de la puissance énergétique du « fait associationnel », un cas admirable.

En tout cas, la sève ne paraît pas desséchée ; elle circule dans les racines
de l'arbre abattu ; il y a si longtemps que ces racines cheminent dans les
profondeurs du sol !

Les associations ou instituts monastiques, réduits à une vie discrète en
France, sont en plein développement dans l'univers catholique. Les
évêques, le Saint-Siège sont à ce point assaillis de demandes à fin d'approbation des constitutions de groupements nouveaux que le Pape Pie X
vient d'être obligé par le *motu proprio* ou Décret *Dei providentis benigni-
tate*, du 16 juillet 1906, de reprendre la réglementation corporative.
La constitution *Conditæ*, du 8 déc, 1900, augmentée des *Normæ* ou règles
de 1901 n'y suffisaient pas. Le *motu proprio* de 1906 fixe les rapports des
groupements naissants avec l'Ordinaire, les conditions auxquelles l'approbation du Saint-Siège est subordonnée, etc. Le « rôle » de la Sacrée Con-

pas encore parvenues à détruire ou à remplacer [1].

459. — Dans la direction laïque, la *vis sociativa* n'est pas moins active. De toutes parts se manifestent des associations qui ont pour objet tout à la fois un but idéal et un but de défense professionnelle, ou l'un des deux seulement : associations militaires [2], associations de maîtres [3] et

grégation des Evêques et réguliers de Rome, qui, depuis 1587, connaît de ces questions, ne tardera pas à être encombré (V. Mgr Battandier, Chronique de Rome, *Etudes ecclésiastiques*, septembre 1907).

« ...La vie religieuse fait peur à la nature et cependant elle a des raisons d'être et de durer. Le peuple et les philosophes n'entrent toujours pas dans ces raisons. Elles sont profondes et touchent aux plus grands mystères de la vie humaine. Le cloître a été pris d'assaut et renversé. Ses ruines désertes se sont repeuplées » (Anatole France, *Le jardin d'Epicure*, Paris, C. Lévy, 1895, p. 154).

1. Sur les raisons de la vitalité persistante de l'Eglise catholique : P.-J. Proudhon, *De la justice dans la Révolution et dans l'Eglise*, études de philos. prat. adressées à S. E. Mgr le cardinal Matthieu, archevêque de Besançon. Paris, Lacroix, t. I, 1868, in-12, p. 87. — V. aussi les pages d'une rare profondeur de H. Taine, *L'Eglise* (p. 3-152), *Le Régime moderne*, II, 5e éd. Paris, Hachette, 1898.

2. Les principales associations de ce caractère, avec but et règlement religieux, sont les deux ordres militaires : les Hospitaliers de Saint-Jean de Jérusalem (fondé au XIe s.) et surtout les Templiers (fondé au XIIe s., détruit par Philippe le Bel). A Luchaire, *Manuel*, op. cit., 1892, les ordres militaires, p. 110 et s. (import. bibliogr.). — Sur les Ordres hospitaliers et militaires (titres et qualités), V. A. Giry, *Man. diplom.*, 1894, p. 346-349.

3. « L'importance des associations puissantes et privilégiées d'étudiants était si grande, à la fin du XIIe siècle, que la Papauté jugea bon de s'emparer de cette force pour la diriger. » A. Luchaire, *La papauté et le mouvement universitaire*, Histoire de France (Lavisse), t. III, 1re part., 1902, p. 336. « C'est à la fin du XIIe siècle et au commencement du XIIIe que les collectivités scolaires s'organisent en corporations puissantes, *Universitates magistrorum et scolarium* » (ibid., p. 338) ; associations de professeurs et d'étudiants qui fonctionnent électivement. — Adde : Maire, s.-biblioth. de la Sorbonne, *l'Université de Paris au Moyen âge* (compte rendu trop succinct d'une Conférence à la mairie du

d'étudiants (*Universitates magistrorum et scolarium*), associa-

V^e arr.), n^o de juillet 1907 (p. 247), de l'Université de Paris, Revue mensuelle de l'Association générale des Etudiants (Président du Comité de l'A. en 1907 : Campinchi, avocat à la Cour de Paris).

- V. A. Luchaire, *Man. inst. fr.* (Capétiens directs), 1892 (les Universités), p. 128-137 ; nombreuses indications bibliogr., p. 126. — Sur l'emploi du latin dans les actes officiels de l'Université, A. Giry, *Manuel de diplomatique*, 1894, p. 471 ; Ch.-V. Langlois, *Les Universités du Moyen Age*, Revue de Paris, 1896.

A. Luchaire, *L'Université de Paris sous Philippe-Auguste*. Paris, Chevalier-Marescq, 1899, 1 broch. (indic. bibliogr., notamment, p. 59) : « Il est des gens à courte vue, pour qui l'histoire du pays commence en 1789... ils ne comprendront pas que nous voulions nous rattacher à une « société de clercs » née à l'ombre d'une cathédrale et qui faisait graver sur son sceau la figure de la Vierge. Il est sage d'être de son temps : mais nous pensons que le patriotisme consiste à aimer son pays jusque dans le passé, à souffrir des épreuves qu'il a traversées comme à triompher de ses gloires d'autrefois... La prépondérance française au Moyen Age fut en grande partie fondée sur la renommée universelle de cette grande école de logique et de théologie qu'on appelait l'Université de Paris. Cette gloire nous appartient ; gardons-la avec un soin jaloux » (ibid.), p. 6. — R. Delègue, *L'Université de Paris (1224-1244)*. Paris, Chev.-Mar., 1902, 1 br. — Chefdebien, *le « Chartularium Universitatis »*, etc. Rev. Augustinienne, 15 oct. 1907, p. 480 (importante documentation).

Les « bons enfants » et les « mauvais garçons » dont se composait la jeunesse des Ecoles étaient répartis dans des pédagogies (maisons privées), puis dans de nombreux collèges (aulæ, hostels), bâtis dès le XIIIe siècle, tels : celui de la Sorbonne (la « pauvre maison » de Robert de Sorbon ; combien transformée au XXe siècle !) à l'usage des « pauvres maistres et escoliers » ; le collège « d'Harcourt » fondé en 1280 (Raoul d'Harcourt, chanoine de Paris) pour les pauvres étudiants de Normandie. Leur ensemble forme la *parisiensis Universitas* (Adde, sur les Universités et les collèges, A. Luchaire, *Man.*, 1892, p. 128-137).

Ceux qui ont visité l'Université d'Oxford (essaimée de Paris en 1229) ou de Cambridge, composée de collèges ayant leur indépendance, leurs propriétés, leurs statuts particuliers et ne se rattachant à l'*alma mater Universitas* que par le lien scolaire, ont une représentation matérielle, approximative, d'une Université médiévale.

V., sur les nombreux collèges de l'Université de Paris au Moyen âge, les notes de bas page (p. 168-174), apud : Leroux de Lincy et L. M. Tisserand, *Paris et ses historiens aux XIVe et XVe siècles*. Paris,

tion d'avocats [1], — complétée par la confrérie de Saint-

Imprimerie impériale, 1867, 1 fort vol. in-4 (Collection de la munici-
palité parisienne).

Les cours des deux Facultés de théologie et des arts se sont longtemps donnés dans une rue percée en 1202 sur le clos Galande, la rue
du Fouarre (feurre ou fouarre, paille ou fourrage) parce que, dans les
salles des Ecoles, les jeunes gens étaient assis à terre sur des bottes de
paille, et non sur des bancs, pour éviter toute tentation d'orgueil (*ut
occasio superbiæ juvenibus secludatur*).

Jean de Jandun, dans son « Éloge de Paris » (précieux document
sur l'aspect et les mœurs de Paris, au début du XIVe siècle, 1323), trouve
que la rue du Fouarre réjouissait l'odorat par le parfum le plus suave du
nectar philosophique : « *In vico vocato straminum* (Stramen, inis : paille)...
philosophici nectaris suavissima fragrantia tam subtilis diffusionis suscepti-
vos olfactus oblectat* ».

Le texte complet du *Tractatus de laudibus parisius* de Jandun a été
donné, en latin et en français, par MM. Leroux de Lincy et Tisserand,
op. cit., 1867, p. 32-78. — Adde : V. Le Clerc, *Hist. litt. Fr.*, t. 24, p. 269.

1. Le barreau est une association professionnelle organisée : 1° par
les pouvoirs publics, en vue du service d'ordre général, qu'elle est
appelée à rendre, comme organe auxiliaire des tribunaux, aussi nécessaire
à la distribution de la justice que la magistrature elle-même ; 2° par ses
membres, qui ont peu à peu construit une éthique conforme à sa
dignité et à son indépendance, véritable rempart des droits des justiciables, c'est-à-dire de tous les citoyens.

Les premières ordonnances qui ont réglementé l'association des avocats remontent au XIIIe siècle, 1274 et 1291 (V. R. Lachenal, cité infra,
note 2, Paris, 1885, p. 1). Le barreau de Paris est donc, non seulement
en France, mais dans les pays de civilisation européenne, une des plus
anciennes associations laïques encore existantes.

En 1907, cette association aborde le septième siècle de son existence
organisée. Elle ne paraît avoir rien perdu de sa vitalité ; les besoins qui
l'ont fait établir demeurent. Elle ne détient, en réalité, aucun monopole,
puisqu'elle est ouverte à tous, sans distinction de confession, d'opinion
ou de classe. Il suffit pour y entrer d'un léger bagage juridique (*modica
juris copia*), d'un engagement public de respecter les lois, et d'une
volontaire soumission à des règles élémentaires de tenue, de loyauté
et de délicatesse, qui reposent sur l'accord commun [a].

---

a) Cf. la belle formule des associations professionnelles du Moyen âge :
« Quiconque veut estre.... en la ville de Paris, estre le peut franchement, pour
tant que il œuvre selonc les us et coustumes du mestier faites par l'acort du
commun » (Registre des Estuveurs, apud *Le livre des métiers d'Etienne Boileau*,
op. cit., p. 154).

Nicolas où le barreau se rencontrait amicalement avec les
Procureurs et même à certaines féries, solennisées en la
Chapelle du Palais, avec les magistrats du Parlement, les
mestres de la Cort le Roi, et les gens du Roi, *gentes domini*

Son organisation est essentiellement démocratique ; elle se gouverne elle-même d'après le principe électif, et confie le pouvoir disciplinaire à des jurés, gardes du métier ou prudhommes (conseil de
l'Ordre) qu'elle désigne chaque année. Au talent près, l'égalité est
absolue entre les associés. Le plus obscur stagiaire est sur le même
pied que l'ancien le plus réputé. Pas de chef ; un bâtonnier[a], choisi
par ses pairs, *primus inter pares*, qui rentre dans le rang, après un ou
deux ans de gestion. Le nombre des associés est illimité : il est généralement dix fois supérieur aux besoins du public. Le barreau de Paris
compte 2.000 membres ; 200 suffiraient à une tâche professionnelle,
dans laquelle rentre l'assistance gratuite des pauvres, et de ceux qui
se prétendent tels. Le service rendu n'y est sanctionné d'aucune contrainte envers celui qui en a profité.

Les membres de cette association ne sont pas plus vertueux qu'ailleurs ; ce sont des hommes (*res infirma homo*). Cependant les défaillances y sont plus rares que dans les autres milieux. La « valeur »
associationnelle, renforcée par la tradition, les soutient.

Des Parlementaires proposent de temps en temps d'abolir législativement cette association. Une réflexion moins courte les conduirait à une
conclusion contraire. Si une telle association n'existait pas, le bien
public commanderait qu'elle fût instituée. De plus, vouloir la supprimer ou simplement l'asservir, c'est méconnaître la tendance marquée de
notre époque, qui est d'ouvrir toujours plus largement le droit positif
au « fait associationnel » et de favoriser la libre initiative des groupements (agrégats de toute forme, organismes collectifs de tout rouage :
Unions, Syndicats, Amicales, Comités, Fédérations, Confédérations,
Interfédérations, etc.).

Il est vrai que l'association connue sous le nom de barreau est ancienne.
Mais parce qu'une chose a résisté à l'épreuve du temps, elle n'est pas
nécessairement mauvaise. Le retour offensif au XXe siècle du « fait
associationnel » si florissant au Moyen Age, en est une preuve.

---

a) Le drapeau associationnel : le « baston de confrairie ». — « Le directeur de
la Confrérie, celui qui la représente et gère son trésor porte des noms différents
suivant la région : prévôt (dans la France du Nord) ; maître, gouverneur ou
bâtonnier (à Paris) ; recteur, bayle ou prieur (dans le Midi) » (A. Luchaire, *Manuel*,
etc. (Capétiens directs), 1894, p. 368).

regis [1] —, associations professionnelles ou corporations

De jeunes associations, à forme complexe et à ambition étendue, comme par exemple la Confédération générale du travail, comprendraient ce point de vue. Si d'aventure, le pouvoir venait à leur échoir, loin d'abolir l'association du barreau, elles le recommanderaient sans doute à l'attention publique, comme une preuve vivante de la force du principe associationnel, cause efficiente de leur propre succès.

1. Le chap. II du « Tractatus de laudibus », de Jandun, cité supra, p. 374, à la note ., consacré au Palais du Roi et aux Maîtres du Parlement (ibid., p. 49), sera lu avec intérêt par les magistrats et les avocats. Il y est parlé de la *marmorea mensa*, en six morceaux, sur laquelle on dînait dans les grandes occasions; d'où il suit que, si comme l'idée en fut émise sans écho en 1900, à l'occasion de l'Exposition universelle, l'on donnait un banquet corporatif des barreaux de France dans la Salle des Pas-Perdus, loin de commettre une nouveauté, on ne ferait que rafraîchir un ancien usage.

Nous apprenons, au même chapitre de « l'Eloge », que la grande « Chambre (*Camera verô spaciosa et speciosa*), dont l'actuelle première Chambre du tribunal civil de la Seine perpétue le souvenir, fut bâtie dans la partie septentrionale du Palais (*boreali palatii*) parce que le caractère difficile des affaires qui s'y traitent (*pro negociorum arduitatibus*) exige plus de recueillement (*majoris eget tranquillitate secreti*). C'est là que siégeaient les magistrats clairvoyants et habiles (*sedent pro tribunalibus oculatæ peritiæ viri*). La tradition n'est pas interrompue.

MM. Leroux de Lincy et Tisserand (op. cit., p. 131) publient le texte in extenso de la « Description de la ville de Paris et de l'excellence du royaume de France », par Guillebert de Metz, rédigé en langue vulgaire, vers 1433. Les gens de Basoche y trouveront des détails curieux sur le Palais (p. 158) : « Là est l'audience. Et devant le Palais demeure ung pottier d'estain, bon ouvrier de merveilleux vaisseaux destain. Et tenait des rossignols qui chantaient en yver » (p. 139). Au lieu de ce gracieux tableau de genre, cinq siècles plus tard, en sortant du Palais, on contemple les façades du Tribunal de Commerce et de la Préfecture de Police — spectacle austère où l'art a peu de place.

Adde, sur le Parlement de Paris, A. Luchaire, *Manuel*, op. cit., 1892, la *curia parlamenti*, section judiciaire de la *curia regis*, p. 562-576 (avec indic. de nombreuses sources); sur les attributions respectives, au Parlement, de la Grand'Chambre, de la Chambre des Enquêtes, des Greffiers, sur la procédure civile et orale, les styles, etc., P. Guilhermoz, archiv.-paléo., *Enquêtes et procès* (Parlement au XIVe s.). Paris, Picard, 1892 (introduction, p. v-xxx) (très documenté, textes). — F. Aubert,

d'arts et de métiers [1], associations de piété, charité et

anc. élève de l'Ec. des Chartes, *Histoire du Parlement de Paris de Philippe le Bel à Charles VII* (1314-1422). Paris, Picard, 1887-1890, 2 vol. in-8, 434 et 385 p. (très documenté, textes). — Fayard, conseiller à la Cour de Lyon, *Aperçu histor. sur le Parlement de Paris.* Paris, Picard, 1877-78, 3 vol. in-8. — R. Lachenal, anc. élève Ecole des Chartes, *Histoire des Avocats au Parlement de Paris,* 1300-1688. Paris, Plon, 1885, 1 vol. in-8. — Ch. Bataillard et Nusse, *Histoire des procureurs et des avoués.* — A. Tardif, *La procédure civile et criminelle aux XIIIe et XIVe siècles.* Paris, Picard, 1885, 1 vol. in-8.

1. Sur ce sujet, dans la grande « collection de documents publiés sous les auspices de l'édilité parisienne », on consultera avec profit le magnifique volume in-4 : *Les métiers et corporations de la ville de Paris, XIIIe siècle, le livre des métiers d'Etienne Boileau.* Paris, Impr. nationale, MDCCCLXXIX, CLIV p. et 420 p., avec fac-similes de manuscrits. C'est un recueil des statuts de corporations dressé vers 1268 par le « prévost royal de Paris, homme de confiance du roi Louis IX », Etienne Boileau (Boisliaue, Boitleaue, Boillesve, Boilève, Boyliau, *Stephanus Bibens aquam, præpositus Parisiensis*), à qui succéda R. Barbou ou Barboux, dont l'homonyme appartient, en 1907, au barreau et à l'Académie française.

A lire : l'avant-propos de L.-M. Tisserand et l'introduction historique, savant travail de René de Lespinasse et François Bonnardot, anciens élèves de l'Ecole des Chartes (p. I-CLIV) complété *in fine* par un excellent glossaire-index (Coup d'œil sur le fort organisme associationnel du « monde des Métiers, vraie seigneurie collective » ; « Nul n'eût impunément molesté un maître, un valet, un simple apprenti régulièrement agrégé à la communauté ouvrière..... Membre d'une communauté ouvrière qui était quelque chose par elle-même et qui comptait dans le vaste syndicat des corporations, il se savait appuyé, défendu, et il l'était en effet comme l'homme d'Eglise par l'Évêque, l'homme de loi par le Parlement, le clerc par l'Université. »)

Les ouvriers travaillaient par corporations permanentes ou temporaires : « Mieux nous connaissons la cité du Moyen Age, plus nous nous apercevons qu'en aucun temps, le travail n'a joui d'une prospérité et d'un respect tels qu'aux temps florissants de cette institution. Il y a plus encore : non seulement beaucoup des aspirations de nos radicaux modernes étaient déjà réalisées au Moyen Age, mais des idées que l'on traite maintenant d'utopies étaient acceptées comme d'indiscutables réalités » (P. Kropotkine, *L'Entr'aide,* trad. L. Bréal. Paris, Hachette, 1906, p. 211).

Les syndicats contemporains sont loin de jouir d'une telle autorité. Il est vrai que les anciennes communautés ouvrières se mettaient d'abord

festoiements ¹ (confréries) ², associations de méde-

en règle avec la communauté générale, ou ses représentants, le Roi et l'Evêque. Le syndicalisme actuel ne reconnaissant d'autre centre d'autorité que lui-même, s'ajuste péniblement dans la « machinerie » sociale en fonction ; il ne tente pas de s'y accommoder ; il préfère la détruire.

Adde : Husson, *Nos métiers à travers les âges*. Paris. Arnault, 1887. p. 256, et *Artisans et Compagnons*. Paris, Marchal et Billard [s. d.].

G. Fagniez, *L'industrie et la classe industrielle à Paris aux XIIIᵉ et XIVᵉ siècles*. Paris, Vieweg, 1877 (très documenté, avec un appendice contenant 61 documents du xivᵉ siècle et un index-glossaire). « Les corporations d'artisans étaient indépendantes jusqu'à un certain point de l'Etat et constituaient des *personnes morales* » (p. 26).

E. Martin Saint-Léon, *Histoire des corporations de métiers*, 1 vol. in-8. Paris, Guillaumin, 1897 (très documenté ; bons renseignements bibliogr., p. v) ; La corporation au xiiiᵉ s., p. 63-192.

H. Monin, vᵒ *Corporations*, Grande Encyclopédie. t. 12, p. 1025, avec bibliographie utile, in fine.

A. Luchaire, *Manuel*, op. cit. (Capétiens directs). Paris, 1892, la société marchande, p. 356 ; la corporation industrielle, p. 360 (nombr. indic. bibliogr.).

G. Fagniez, *Corporations et syndicats*. Paris, Lecoffre, 1905.

1. « Il va de soi que le plaisir a sa large part dans les réunions de confrères et qu'ici comme en bien d'autres circonstances, le lien de communauté est symbolisé par des réjouissances gastronomiques. On est tenu d'assister aux baptêmes et aux mariages qui ont lieu dans la confrérie, et la fête patronale se termine le plus souvent par un repas de corps, qui, pour les gens du Moyen Age, n'est pas la partie la moins importante des traditions de la société ». A. Luchaire, *Manuel*, etc. (Capétiens directs), 1892, p. 369.

Cf. l'usage des Inns ou Corporations d'avocats, à Londres, de prendre plusieurs fois par an des repas en commun où l'on invite des personnalités notoires (*distinguished guests*) d'Angleterre ou de l'étranger. A deux reprises, en ces dernières années, le barreau de Paris, en la personne de ses bâtonniers, MMᵉˢ Danet et Chenu (1906) a été l'hôte de Middle Temple, de Inner Temple ou de Lincoln's Inn à Londres, dans les magnifiques halls de leurs collèges. La corporation des Avocats du barreau de Paris n'a point cette tradition, ni le local pour l'exercer. En n'accueillant pas l'idée du bâtonnier Allou, en 1872, de construire un hôtel des deniers de ses membres sur les terrains alors disponibles de la Préfecture de Police, incendiée par la Commune, le barreau de Paris a perdu, probablement pour toujours, l'occasion de posséder la « Maison des Avocats ».

2. A Luchaire, *Manuel*, etc., op. cit., 1892, la Confrérie, p. 366

cins¹, « mires, physiciens et cyrurgiens », associations d'ar-

(V. association ou confrérie fondée au village de Louvres en Parisis, en 1270 pour la reconstruction de l'église, et la conservation des droits de la localité (p. 369, note 3). On dirait une de ces « associations déclarées » dont on lit, de nos jours, l'annonce légale au Journal officiel de la République française). — Id., *Confréries*, Hist. de France (Lavisse), t. III, 1re partie (1902), p. 402.

G. Brun, *Les confréries ouvrières*, La Quinzaine, 1er janvier 1907, p. 98.

Martin Saint-Léon, *Histoire des corporations de métiers*. Paris, Guillaumin, 1897, p. 158.

O. Houdas, v^o *Confréries*, Grande Encyclopédie, t. 12, p. 396. — Pierre Kropotkine, *L'entr'aide dans la cité du Moyen âge*, L'Entr'aide (trad. L. Bréal). Paris, Hachette, 1906, p. 166-240. Nombreuses indications de sources, surtout pour l'Allemagne, l'Angleterre, l'Italie). L'art. 1er de la loi du 18 août 1792 supprima avec les congrégations et corporations d'hommes et de femmes « les *familiarités* et *confréries*, les pénitents de toutes couleurs, les pèlerins et toute autre association de piété ou de charité. »

V., sur les ressemblances et dissemblances des collèges ou associations privées à Rome, avec les corporations et gildes du Moyen Age, Waltzing' *Ét. histor. sur les corporations professionnelles chez les Romains*. Peeters, 1895, 4 vol. in-8, I, p. 161 et s. ; p. 332 et s. (ouvrage important, très documenté, composé sur les sources épigraphiques). — Adde : G. Boissier, *La religion romaine d'Auguste aux Antonins* (associations ouvrières et charitables à Rome). Paris, 1884, 3e éd., II, p. 238-305.

R. de Lespinasse et F. Bonnardot, introd. au Livre des Métiers d'Étienne Boisleau, op. cit. (supra, p. 377, note 1), La confrérie : « Au point de vue des secours, la communauté ouvrière prenait le nom de confrérie, mais ce mot ne semble pas encore très répandu au XIIIe siècle... on se bornait à dire (p. XCVII) simplement « la boëte », « l'aumône du mestier ». On secourait les enfants pauvres. L'art. XIV des « Oyers et Cuiseniers » porte que le tiers des amendes « soient pour soustenir les povres vieilles gens dudit mestier qui seront decheuz par fait de marchandise ou de viellece » (ibid., p. 146)ᵃ.

Le repos hebdomadaire par roulement aux « festes et diemenche » est établi par l'art. 8 du statut, ou tytre des orfèvres ; l'argent gagné dans « l'ouvroir que chascun ouvre à son tour » est mis dans la boîte. « Et de tout l'argent de cele boiste done un chascun an, le jor de Pasques i disner as povres de l'Ostel Dieu de Paris » (ibid., p. 33).

1. Outre Pierre de La Brosse, pendu sous Philippe III, les *phisiciens*,

a) Cf. pour l'antiquité, J. P. Waltzing, *Les corporations romaines et la charité*. Louvain, Peeters, 1895, 1 br. in-8.

tistes, de ménestrels, et rhapsodes, de jongleurs, d'escrivains,

myres et *cyrurgicus* abondaient auprès de Louis IX (Dr Cabanès, vo *Médecin*, Grande Encyclopédie, t. 23, p. 503).

Les limites de la profession médicale — d'abord aux mains des clercs, puis des laïques — sont mal définies au XIIIe siècle ; y rentrent plus ou moins : les *baigneurs*, qui avaient le droit d'exercer la petite chirurgie dans « leurs maisons » ; les *barbiers*, qui remplissaient les fonctions de prosecteur dans les Universités, et étaient autorisés à pratiquer la saignée, à traiter les fractures, luxations et plaies, avec l'obligation de rédiger des rapports, de surveiller les maisons de femmes et le traitement chirurgical des pestiférés : les *chirurgicus*, longtemps confondus avec les précédents, exerçaient des professions variées et voyageaient avec tambour, trompette et bouffons comme charlatans de foires ; d'autres sédentaires, les *opérateurs* (Dr L. Hahn, *Exercice et organisation de la médecine au Moyen Age*, vo Médecine, Grande Encyclopédie, t. 23, p. 535).

Parmi les statuts des corporations, nous trouvons ceux des Baigneurs ou Estuveurs (*Le livre des métiers d'Etienne Boileau*, op. cit., p. 154), des « Cireurgiens ou Cyrurgiens » (ibid., p. 208) ; l'art. II impose à ces derniers de faire la déclaration des blessés au Prévost de Paris.

La confrérie des chirurgiens, confrérie de Saint-Côme, fut fondée en 1278 [a] par Jehan Pitard, chirurgien de Louis IX, homme bienfaisant. Bien qu'étranger, et pour cause, aux théories microbiennes, il redoutait pour le public l'usage de l'eau de Seine. Aussi avait-il en sa maison de la rue de la Licorne (cloître Notre-Dame) fait creuser un puits avec cette inscription :

> Jehan Pitard, en ce repaire
> Chirurgien du roi fit faire
> Ce puits en mille trois cent dix,
> Dont Dieu lui doint son paradis.

Sur la vie professionnelle des médecins, chirurgiens au Moyen Age, voir R. de Lespinasse, *Les métiers et corporations de la ville de Paris*. Paris, Imprim. nationale, gr. in-4, p. 622-626 (très documenté).

Les femmes pratiquaient la médecine. La Taille de Paris de 1292 porte dans les métiers 29 mires et 8 « meiresses ». Leroux de Lincy et Tisserand, d'après Thomas de Pisan, *uxoratus* (cas exceptionnel), Thomas de Saint-Pierre, Gilles sous le Four ou Soulphour (*de sub Furno*), etc., dans leur recueil de documents *Paris et ses historiens aux XIVe et XVe siècles*. Paris, 1866, Imprim. impériale, p. 438-447.

Ce même ouvrage contient le *Tractatus de Laudibus parisius* de Jean de Jandun. Le chap. IV est intitulé, *De laude medicorum* ; il est écrit

---

a) Controverse sur cette date, v. R. de Lespinasse. *Métiers et corporations*, III, p. 622, où l'on trouvera des renseignements intéressants sur ce groupement.

escrituriers et enlumineurs, de « paintres et tailleurs
d'ymaiges » [1], associations d' « escremisseurs » ou de

sous l'inspiration de cette prudente recommandation de l'Ecclésiaste :
Honora medicum propter necessitatem! etenim illum creavit Altissimus (Ecclesiastes, cap. XXXVIII, 1).

Les médecins y sont représentés (p. 38) comme facilement reconnaissables pour les clients ; car ils marchaient dans les rues coiffés du
bonnet doctoral et richement vêtus (*in suis preciosis habitibus et capitibus
birretatis*). Selon le Dr Achille Chéreau (*Notice sur les anciennes écoles
de médecine de la rue de la Bucherie*, p. 6), la réalité était plus modeste.
La vie associationnelle des médecins était plutôt indigente ; ils étaient
incapables, après s'être séparés des autres écoles de la rue de Fouarre,
de « s'acheter la plus petite baraque » et réduits à demander « aux
églises, aux abbayes un petit coin où ils pussent s'assembler ». Leurs
descendants se consolent, du petit coin qui manqua aux ancêtres, en
officiant [a] dans les bâtiments de la Faculté de médecine, qui, depuis
1882, profilent leur magnifique ordonnance, en bordure du boulevard
Saint-Germain. Notre temps, fidèle à l'esprit corporatif, reconnaît en
la Faculté de médecine une « personne morale ou civile » (Répert.
Fuzier-Herman, Carpentier, v^o Instruction publique, t. 24, p. 427,
n° 548; avec autonomie budgétaire (n° 555), aux termes des art. 5 de
la loi du 17 juillet 1889 et des décrets du 10 août 1863, et des 21, 22 et
29 décembre 1897 (Ducrocq et Barrilleau, *Droit administratif*, 7e éd.,
t. VII. Paris, 1905, n° 2405).

1. Eug. Munz, v^o *Corporations* (Beaux-Arts), Grande Encyclopédie,
t. 12, p. 1030 (Bibliographie, p. 1032). — C. Enlart, v^o *Maîtres
d'œuvres*, ibid., t. 22, p. 1022.

La poésie et la musique populaires, la « menestrandie », s'organise de
bonne heure. La Confrérie de Saint-Julien, fondée en 1330, réunit les
rapsodes qui promenaient de châteaux en châteaux leur muse vagabonde. M. B. Bernhard, en 1841, a consacré une monographie à cette
association (Biblioth., Ecole des Chartes, 1re série, t. III et IV) ; il en
donne les statuts rédigés « à l'accort du commun des menestreux
et menestrelles, jongleurs et jonglleresses demourant en la ville de
Paris » (V. Le Roux de Lincy et Tisserand, *Paris et ses historiens
aux XIVe et XVe siècles*. Paris, 1869, Impr. impériale, p. 438). — Adde :
R. de Lespinasse, loc. cit., p. 573 (notice intéressante, avec texte de
statuts). — Eugène d'Auriac, *La corporation des ménétriers et le roi de
violons*. Paris, Dentu, 1881, p. 17.

a) Voici, d'après G. Pessard (*Nouv. dictionn. histor. de Paris*, Rey. Paris,
1904, p. 501), le texte du serment prêté par les anciens mestres : « Nous jurons et
promettons solennellement de faire nos leçons en robe longue [les barbiers chirurgiens étaient de robe courte], à grandes manches, ayant le bonnet carré de
drap noir, à mèche écarlate sur la tête : le rabat au cou et la chausse d'écarlate
à l'épaule. »

maitres d'armes [1], etc., etc. (Adde : infra, n° 492).

Le joli vocable « ménestrel », éveilleur de fabliaux et de chansons de gestes :

Ménestrel s'appareillent pour faire leur mestier,

a vieilli. Il faut savoir gré à M. Henri Heugel de nous le conserver, dans le titre du Journal « le Ménestrel », qu'il dirige avec un zèle si heureux pour l'art musical.

Sur les escrivains, escrituriers et enlumineurs, V. Leroux de Lincy et Tisserand, op. cit., p. 447 ; sur leur association, R. de Lespinasse, op. cit., III, p. 665 ; Paul Lacroix et Ed. Fournier, *Histoire de l'imprimerie et des arts qui s'y rattachent*. Paris, 1853, in-8.

« En cours de copie, la corporation des écrivains s'assurait par de fréquentes visites dans les *Scriptoria* laïques que les règles du métier étaient bien et dûment observées » (Leroux de Lincy et Tisserand, op. cit., p. 451). Surveillance salutaire qui devrait bien être rétablie par les compagnies actuelles d'avoués et d'huissiers pour éviter la honte des copies de pièces illisibles dues à leurs clercs ! Et cependant le décret du 29 août 1813 (art. 2) et la loi du 2 juillet 1862 (art. 20) punissent d'une amende de 25 livres les officiers ministériels « transcripvains » d'actes illisibles ou incorrects. Nous avons vu la Cour de Paris, il y a quelques années, appliquer ces textes ; mais depuis sa vigilance protectrice s'est relâchée ; les gribouilleurs de copies s'en donnent à cœur joie.

Sur la confrérie et les associations des « paintres et tailleurs d'ymaiges », consulter : Notice et statuts, R. de Lespinasse, *Métiers et corporations*, op. cit., II, p. 187-223. On y voit la genèse des règlements de nos modernes associations artistiques qui tiennent leurs « salons » au grand palais des Beaux-Arts, aux Champs-Elysées : Société des artistes français (Présid. Tony Robert-Fleury), Société nationale des Beaux-arts, (présid. Roll), Société du salon d'automne (présid. Frantz Jourdain).

Plus tard, une association de musiciens et compositeurs de musique, sans rapport avec les communautés ouvrières, se forma, en vertu de lettres patentes de Henri II, de mai 1575 (R. de Lespinasse, III, op. cit., p. 577). L'art de la danse eut sa confrérie, et sous Louis XIV son Académie (ibid., p. 577). L'Académie de peinture et de musique l'avait précédée (Statuts de 1648).

C'est le temps où se placent les origines immédiates de plusieurs existences corporatives considérables de notre époque : l'Académie des Beaux-Arts (personne morale, Ducrocq et Barrilleau, *Droit administratif*, 7e éd. Paris, Fontemoing, 1905, p. 458) ; le Conservatoire national de musique et de déclamation (personne morale, ibid., p. 471) ; l'Académie nationale de musique, aujourd'hui Théâtre national de l'Opéra (personne morale ?)

1. Escremie, Escrime (*Scrama*, épée large et tranchante). — V.

§ 6. — Sources où s'est alimentée la Scolastique pour le développement de la querelle des Universaux (n⁰ˢ 460-462). — Formules de la querelle au moment de son apogée ; Réalisme, Nominalisme, Conceptualisme (n⁰ˢ 463-466 *bis*). — Intérêt philosophique de la querelle des Universaux (n⁰ 467). — Intérêt matériel et dramatique de cette querelle pour les membres d'une société, comme celle du Moyen Age, qui était fondée sur la foi (n⁰ˢ 468-469). — Cette querelle mettait en jeu des questions de dogme (n⁰ 469 *bis*). — Or, l'attaque contre le dogme, c'est-à-dire l'hérésie, était punie des peines spirituelles et temporelles les plus sévères (n⁰ˢ 470-471 *bis*). — Accord sur ce point de la doctrine ecclésiastique et des lois civiles (n⁰ˢ 472-473). — Défense de l'association catholique et de la société médiévale contre l'action dissolvante de l'hérésie (n⁰ 474). — L'Inquisition (n⁰ˢ 474 *bis*-474 *ter*). — Dolet, Bruno, Vanini (n⁰ˢ 475). — Même procédé dans la Genève calviniste. Michel Servet (n⁰ 475 *bis*). — Prolongation du système inquisitorial en Espagne. Beata Dolores en 1781 (n⁰ˢ 475 *quater*). — La Justice séculière en France (n⁰ 475 *quater*). — Les temps modernes, sous le rapport de la violence, n'ont rien à envier au passé (n⁰ˢ 476). — Retour possible de la « manière forte » dans l'évolution des associations humaines (n⁰ˢ 476 *bis*-477). — Antagonisme et coexistence des facteurs de la violence et de la solidarité (n⁰ˢ 478). — « O, bien-aimée cité de Jupiter ! » (n⁰ 478 *bis*).

460. — Comme on l'a vu, cette question des Universaux[1] avait atteint avec l'apogée de la Scolastique, au XIII⁰ siècle,

détails intéressants sur leur corporation, R. de Lespinasse, *Métiers et Corporations de la ville de Paris*, XIV⁰-XV⁰ siècles. Paris, impr. nation., 897, p. 597. On y trouve des lettres patentes de Charles IX (décembre 1569) « confirmant les statuts des « maistres », joueurs et escrimeurs d'espée de la ville de Paris » ; les lettres patentes de Louis XIV (mai 1656) accordant des armoiries à leur « compagnie », avec le droit « de prendre pour armes le champ d'azur à deux espées mises en sautoir les pointes hautes, les pommeaux, poignées et croisées d'or avec timbre au-dessus de l'escusson. » Ces armoiries furent inscrites par d'Hozier.

Adde : Maurice Maindron, v⁰ *Maîtres d'armes*, Grande Encyclopédie, t. 22, p. 1022.

1. Au point de vue simplement spéculatif, l'excuse de s'arrêter à la

une ampleur spéculative dont il est juste de ne pas oublier les sources.

461. — Au viatique philosophique du xᵉ siècle ne dépassant guère le Timée de Platon, la logique d'Aristote, les commentaires de Porphyre, les traductions des rhéteurs latins [1], s'étaient peu à peu ajoutés, au contact des Arabes, les principaux trésors de la pensée grecque jusqu'en son épanouissement alexandrin. Au cours de leurs conquêtes en Asie Mineure et en Afrique, les fils du Prophète les avaient rencontrés chez les peuples imbus d'hellénisme que leurs armes avaient soumis ; touchés de leur beauté, les vainqueurs les avaient pieusement recueillis, puis traduits, expliqués, commentés [2].

question des Universaux, et à son historique, se trouve dans cette circonstance qu'elle continue à s'agiter sous les controverses philosophiques les plus actuelles (V. supra, n⁰ 390, note 4; n⁰ˢ 441 et s.).
Nous signalons une illustration notable de ce fait dans un article de G. Vailati, *Le mouvement philosophique contemporain en Italie*, La Revue du Mois, 10 février 1907, p. 162 : « un réveil d'intérêt pour les questions philosophiques, chez les savants et dans les Facultés de sciences, en particulier chez les mathématiciens et les physiciens », p. 163. — *Pragmatisme*, et son premier introducteur, le mathématicien américain, Ch.-S. Peirce » (p. 164). — « La lutte engagée par les Nominalistes contre les *Universaux* se présente, en un certain sens, comme un cas particulier de celle que poursuivent les pragmatistes » (p. 168).
C'est ce que note encore avec justesse un savant historien de la philosophie : « ...l'évolution de la pensée au Moyen Age, et par suite dans les temps modernes qui le continuent à tant d'égards, sans peut-être se rendre un compte assez exact de ce qu'il y a encore de médiéval dans leurs conceptions et de ce qu'il y avait déjà de moderne dans celles du Moyen Age ». G.-H. Luquet, prof. agr. de philosophie, *Aristote et l'Université de Paris, pendant le XIIIᵉ siècle*. Paris, Leroux, 1904, Introduction, p. 1.
1. V., sur les textes de l'antiquité grecque que les Chrétiens occidentaux eurent à leur disposition avant le XIIIᵉ siècle, F. Picavet, *Esq. Philosophies médiévales*, op. cit., 1907, p. 91, 143 et s.
2. C'est surtout en Espagne que les Arabes, lassés de la guerre et

462. — Ainsi la Scolastique avait successivement reçu l'aliment nécessaire à entretenir la grande querelle par laquelle elle renouait la chaîne qui la rattachait au passé hellénique [1]. Héritière indirecte de la sagesse antique [2], elle en perpétuait les nobles soucis [3]. Plus vivement que jamais, la pensée humaine était reprise par cette anxiété supérieure qui la tourmentera tant qu'elle s'interrogera sur la valeur de notre connaissance. Car, la question des universaux n'est au fond que celle de la substance ou de l'être, de l'être et de sa nature.

désireux de jouir de leurs conquêtes, se livrèrent à la culture intellectuelle. Des académies s'élevèrent de toutes parts en Andalousie, à Cordoue, Séville, Grenade et dans les autres villes soumises à leur domination : Tolède, Valence, Murcie, etc.

Le sultan Hakem II avait réuni 400.000 volumes. On peut imaginer l'espace nécessaire au logement d'une pareille bibliothèque, avant l'invention de l'imprimerie . Pour les transporter d'un pays à un autre, il ne fallut pas moins de six mois (Renan, *Averroes et l'Averroïsme.* Paris, 1866, in-8, p. 3).

« Ainsi les Arabes s'assimilent, en quatre siècles, les sciences et les philosophies grecques, font eux-mêmes des additions parfois considérables aux acquisitions antiques et deviennent, au XIIIe siècle, les principaux maîtres des Chrétiens de l'Occident, alors qu'eux-mêmes, ayant renoncé à la science et à la philosophie pour conserver leurs croyances religieuses, cessent de figurer au premier plan parmi les hommes civilisés. » F. Picavet, *Esq. Philos. médiévales,* op. cit., 1907, p. IX.

1. « La Scolastique sort de Platon et d'Aristote.... au point de vue métaphysique cette double filiation est incontestable, il ne peut pas y en avoir d'autres : elle embrasse toute la philosophie depuis son origine connue jusqu'à nos jours » (Rousselot, op. cit., II, p. 359 et s.).

2. V. les vrais maîtres des philosophes médiévaux, F. Picavet, *Esq. Philos. méd.,* op. cit., 1907, p. 85-116.

3. « Il est clair que la Scolastique se trouve comprise dans ces deux grandes classes (Réalisme et Nominalisme); qu'elle se lie par là à l'antiquité qu'elle continue à sa manière dans ces deux Ecoles, et comme pouvaient le faire des Francs, nouveaux venus dans la philosophie » (Rousselot, ibid., p. 362).

463. — Quant à la formule de la question, la Scolastique ne l'exprimait point autrement que les penseurs grecs avant que son tour vint d'informer (*inquisitio*) sur les Universaux. Le résumé que nous en avons donné plus haut (nᵒˢ 448 et s.) la retrace suffisamment. Le Moyen Age a essayé pourtant d'ajouter aux deux anciennes théories du Réalisme et du Nominalisme, une troisième : le Conceptualisme. Abélard a attaché son nom à ce système conciliatoire [1] qui repose sur le raisonnement suivant : « L'universel ou le genre n'est pas sans doute, comme l'affirment les Réalistes, la seule réalité, parce qu'on arriverait à soutenir qu'un seul être existe et que les individus divers sont au fond la même chose ; mais on ne peut cependant soutenir avec les nominalistes que les genres et les espèces sont de purs mots, car ces mots représentent une idée de l'esprit, un concept [2]. Les Universaux ou l'Universel n'est donc ni *ante rem* (réalisme), ni *post rem* (nominalisme) mais dans les choses mêmes, *in re* ; il est immanent au particulier. Rien n'existe en dehors de l'individu, mais celui-ci, selon les points de vue, est espèce, genre généralissime *nihil omnino est præter individuum, sed et illud aliter, et aliter attentum species et genus et generalissimum est* [3].

1. Cette paternité intellectuelle lui est même contestée (v. supra, nᵒ 450, note 4). D'ailleurs cette doctrine, comme toutes les constructions métaphysiques, a une origine grecque (V. Rousselot, op. cit., II, p. 63-66).

2. V. Abélard, *De generibus, et speciebus*, éd. Cousin, p. 524. — Rousselot (op. cit., II, p. 28) cite le texte, avec traduction, des passages caractéristiques, où Abélard expose sa doctrine personnelle, avec l'aide de Dieu, *Deo annuente*. — Adde : *Abélard*, par Ch. de Rémusat, 1845, II, p. 108.

3. Abélard, *De gener. et Spec.*, p. 518, apud Janet et Séailles, op. cit., p. 507.

464. — Le Conceptualisme, malgré l'effort d'Abélard pour le différencier des deux doctrines en présence, le Réalisme et le Nominalisme, est-il parvenu à construire une doctrine distincte? il est permis d'en douter puisque le philosophe du Palet a été rangé par ceux-ci au nombre des Nominalistes, tandis que ceux-là l'accusaient d'être en coquetterie avec Platon [1], et même d'être presque aussi réaliste que Guillaume de Champeaux, son ancien maître et adversaire, — opinion assez plausible après le passage que nous avons transcrit [2].

465. — Il n'est point dans le plan de cet ouvrage de rechercher comment, entre les théories en conflit, se répartissent les docteurs dont nous avons rappelé les noms glorieux. Nous nous en félicitons; *altissimum enim negotium*, pourrait-on répéter avec Porphyre (supra, nº 451).

En effet, les théories des concepts ne sont pas limitées aux trois principales : Réalisme, Nominalisme, Conceptualisme. On a compté jusqu'à treize opinions sur les Universaux [3]. Puis, on n'est pas d'accord sur le critérium à l'aide duquel chacune d'elles peut reconnaître ses champions [4]. Sans doute, quelques chefs d'École sont classés facilement; les nominalistes se réclament de Roscelin, de

1. « Ainsi cette psychologie empirique [celle d'Abélard] aboutit à une ontologie platonicienne », Janet et Séailles, op. cit., p. 507.
2. V. sur ce point, l'argumentation, aussi étendue qu'intéressante, de Rousselot (op. cit., II, p. 33-71), tendant à établir le « réalisme » d'Abélard : « Le père du conceptualisme est aussi près de Guillaume de Champeaux que de Roscelin ; le conceptualisme est proche parent du réalisme » (ibid., p. 33). — Cf. F. Picavet, *Esq. Philosoph. méd.*, op. cit. (1907), p. 174.
3. Prantl, *Geschichte der Logik im Abendlande*. Leipsig, 3 vol., t. II, p. 119, apud Janet et Séailles, op. cit., p. 500.
4. Hauréau a présenté un critérium (op. cit., I, p. 28) : « Nous appel

Guillaume d'Occam; les réalistes, de saint Anselme, de Guillaume de Champeaux[1], d'Albert le Grand, de Duns Scott, mais on vient de voir combien il est difficile d'assigner une catégorie aux plus illustres d'entre ces docteurs, au divin Abélard, et même à saint Thomas d'Aquin, l'ange de l'École[2].

466. — Une rigoureuse classification des opinions de ces grands esprits d'après une méthode exclusivement scientifique, est une tâche qui n'a peut-être pas encore rencontré son ouvrier; elle est tentante pour un analyste qui en aurait la force et le loisir; elle porterait sa récompense en elle-même; car elle serait l'occasion de pénétrer, jusque dans leurs principes et dans leurs détours les plus

lerons nominalistes les docteurs scolastiques, qui sont demeurés dans les limites tracées en commun par l'expérience et la raison, et nous appellerons réalistes ceux qui les ont franchies. »

Ici l'éminent historien se départit de l'objectivité scientifique : il nous communique son jugement sur les doctrines; mais il oublie que la « différence » est un des cinq Universaux et a ses règles propres en dehors du sentiment.

1. V. *Guillaume de Champeaux*, par l'abbé E. Michaud, op. cit. Paris, 1887.

2. Penjon (op. cit., p. 196) estime que le Docteur Angélique, tout en penchant du côté du nominalisme, est un réaliste modéré. Rousselot soutient que c'est à tort qu'il est compté parmi les réalistes (op. cit., II, p. 259, avec textes de la 15e question de la Somme théologique).

Pour Hauréau (I, 2e p., p. 460), saint Thomas d'Aquin a évité les extravagances de l'ultra-réalisme; néanmoins, « toute l'idéologie de saint Thomas, nous le disons à regret, écrit M. Hauréau, mais sans hésiter, appartient au réalisme ». Cf., sur le réalisme de saint Thomas, le Père Kleutgen, de la Compagnie de Jésus, supra, page 342, note 1.

Ch. Jourdain rattache aussi le Docteur Angélique au réalisme de Platon, non tel qu'Aristote l'attribue à son maître pour les besoins de sa discussion, mais tel qu'il est énoncé au VIIe livre de la République (*Philos. de saint Thomas d'Aquin*, I, p. 268) : « Sur la question des Universaux, saint Thomas a été platonicien sans le savoir » (ibid., p. 270, et II, p. 375).

subtils, les divers systèmes philosophiques au milieu desquels l'esprit humain, anxieux, mais non découragé, cherche à tâtons la vérité, — la *veritas ipsa* d'Abélard.

466 *bis*. — Mais, sur cette querelle des Universaux où nous renvoyait l'étude des théories qui sont à la base du droit associationnel, nous avons voulu simplement nous renseigner. Nous laissons à de plus compétents le soin d'aller au delà[1].

467. — Il est impossible toutefois de ne pas reconnaître l'extrême intérêt qui s'y attache, malgré les abus logistiques où elle a parfois versé[2].

Il suffit de rappeler que « la grande querelle des Nominalistes et des Réalistes changea les Écoles d'Europe en véritables champs de bataille »[3] et aussi que « toute la

1. V., sur le problème des Universaux, et ceux qui s'y attachèrent au Moyen âge, F. Picavet, *Esq. Philosophie médiévale*, etc., op. cit., 1907, p. 173 et s.

2. Ces abus n'infirment pas la valeur de la discipline scolastique. L'abbé Michaud dit avec raison : « Quelques esprits d'autant plus enclins à la moquerie qu'ils sont moins aptes à la réflexion l'ont traitée avec légèreté comme s'il se fut agi d'une simple question de mots. Mais les hommes sérieux sont d'un avis tout opposé » (*Guillaume de Champeaux*, op. cit., 1887, p. 69). C'est une flèche à l'adresse du Père Merlin qui lançait cette boutade dans les *Mémoires de Trévoux* (novembre 1738, p. 2237) : « Une jouxte fameuse ou deux champions scolastiques se mesuraient avec appareil et se poussaient des bottes métaphysiques qui intéressaient tout ce qu'il y avait de savants et de plus honnêtes gens dans Paris. On s'aperçut à la fin, quoique bien tard, que c'était une pure question de mots ; et les différentes parties eurent honte de se contredire en pensant de la même façon, et de se battre, étant d'accord. »

3. A. Fouillée, *Histoire de la philosophie*, nouvelle édit., p. 212. — G. Renard : « ...Cette Scholastique que nous nous figurons volontiers sèche et pétrifiée, telle qu'elle l'a été dans sa phase de décadence, mais qui a été vivante, passionnée, pleine de sève et d'une activité fiévreuse en son époque d'épanouissement», p. 589, cité infra, p. 390, note 2.

philosophie est en germe dans la question que cette querelle représente » [1], — ce qui explique sa persistante actualité [2].

468. — Des historiens ont trouvé que l'on avait peine à comprendre aujourd'hui l'intérêt de querelles pareilles à celles des Nominalistes et des Réalistes, dont le redoutable appareil échappait à la grande masse du public qui s'échauffait pour elles.

L'attention ardente, prêtée alors par tant de gens à cette controverse, ne s'explique pas suffisamment par le fait qu'elle touchait au fondement même de la philosophie [3]. A notre sens, il y avait de cette excitation générale des raisons moins abstraites et plus humaines.

469. — En effet, l'étonnement cesse si l'on y regarde de plus près. Au Moyen Age, le fond des idées reste fixé par le dogme. On pose a priori un principe d'autorité, les Écritures ; comme chez les Alexandrins, « Platon, qui pour eux était aussi le Livre Saint [4] » ; mais la liberté est entière sur la méthode d'explication et d'application [5].

1. Cousin, apud Rousselot, op. cit., II, p. 258.

2. G. Renard, *L'actualité de la philosophie scolastique*, Rev. polit. et parlement., 10 juin 1905, p. 588-592.

3. « Le débat des Universaux constitue le problème fondamental de la philosophie, problème qui varie selon le temps mais qui reste inévitable. » Cantu, *Hist. universelle*, t. X. p. 478. — « C'est là le problème même de la philosophie », Cousin, *Fragm. philosophie du Moyen Age*, p. 70, apud Michaud, *Guillaume de Champeaux*, op. cit., 1867, p. 69.

4. Chaignet, *Psychologie des successeurs de Plotin*, Hist. de la psychologie des Grecs, t. V, Paris, Hachette, 1893, p. 310.

« Le Moyen Age canonisait un certain nombre de livres qui étaient pour lui la vérité démontrée et par cela même il réduisait toute science au syllogisme... De cette façon toute vérité religieuse étant dans la Bible, toute vérité juridique dans le *Corpus juris*, toute vérité naturelle ou politique dans Aristote. » Ed. Laboulaye, introd. à la *Politique* d'Aristote (trad. Thurot et A. Bastien). Paris, Garnier, s. d., p. VIII.

5. Fouillée, Hist. de la philosophie, nouv. éd., p. 198.

Saint Thomas d'Aquin disserte sur la nature et sur les opérations de l'âme [1]. Usant de la licence, les docteurs scolastiques commencent par philosopher pour satisfaire leur goût de la science. Bientôt les plus zélés entreprennent de justifier la foi par la philosophie (ainsi, au XIe siècle : saint Anselme, l'un des Pères de la Scolastique, dans son *Monologium* et son *Proslogium seu fides quærens intellectum*). A l'objurgation de l'Apôtre [2] et au prudent avertissement de Tertullien : « les philosophes sont les patriarches des hérétiques », ils opposent le *Crede ut intelligas et intellige ut credas* ; ils dissertent sur les miracles, sur les sacrements, sur le postulat de la foi, comme sur des vérités logiques. Tout en restant étroitement attachés au dogme, et en répétant, avec l'un des plus hardis d'entre eux : *Nolo sic esse philosophus ut recalcitrem Paulo, non sic esse Aristoteles, ut secludar à Christo* [3], ils n'en sont pas moins entraînés à des explications périlleuses, sur le dogme de la Transsubstantiation, comme Bérenger de Tours [4] ; sur le mystère de la Trinité, comme le clerc Roscelin de Compiègne (de Compendio), qui faillit être massacré par le

1. Hauréau, op. cit., I, p. 31.
2. Cf. le « Videte ne quis vos decipiat per philosophiam et inanem fallaciam » de saint Paul, Epist. ad Colossentes, cap. II, 8.
3. Abélard, opp. Parisiis, 1849, in-4, p. 680.
4. L'affaire Bérenger, comme on dirait aujourd'hui au Palais, était un cas d'hérésie eucharistique ; il faut en lire les détails caractéristiques de la mentalité religieuse et sociale du XIe siècle, apud A. Clerval, op. cit., p. 132-141.
Les controverses sacramentaires ne sont pas éteintes. La Revue Augustinienne (15 août 1907) publie le texte latin et français du décret de Pie X : *Lamentabili sane exitu* ; elle fait précéder cette publication de l'observation suivante : « Il s'agit toujours... des sacrements ; et sans nul doute les erreurs qu'il faut combattre ont déjà été réfutées souvent.

peuple de Reims[1], pour ses propositions trithéïstes » ; comme Gilbert de la Porrée, pour son réalisme trinitaire[2], etc.

Tertullien avait raison ; ils étaient devenus hérétiques.

469 *bis*. — Ainsi, sous l'apparence d'une bataille de concepts, s'agite en réalité la question capitale pour un membre de la société du Moyen Age, celle du fondement de sa foi. Les docteurs les plus subtils dans leurs efforts pour multiplier les raisons de croire côtoient à tout instant la ligne idéale qui sépare l'orthodoxie de l'erreur.

470. — On comprend l'émotion qu'un tel spectacle, avec ses chances de chute ou de succès pour les acteurs, soulève chez des croyants. Un puissant intérêt dramatique s'y attache. Car, pour les philosophes, friands de disputes théologiques, il n'est pas indifférent de tomber, en fin de lutte, de l'un ou de l'autre côté de la frontière ; le danger, cette volupté des vaillants, attise leur énergie[3].

Mais les problèmes ont pris un nouvel aspect... Dieu n'acceptera jamais pour son Église militante des apologistes inactifs ou des apôtres désœuvrés » (ibid., p. 147). — A rapprocher, cette notion de la lutte, comme valeur morale, chez les catholiques et chez les syndicalistes révolutionnaires (V. infrà, n° 476).

1. Hauréau, op. cit., I, p. 264. L'élève de Roscelin, le divin Pierre Abélard, fut, pour la même raison, presque lapidé par le peuple de Soissons, au Concile tenu dans cette ville en 1120, où d'ailleurs il fut condamné : *ut pene me populus paucosque, prima die nostri adventus lapidarent, dicentes me tres Deos prædicare, et scripsisse (Historia calamitatum Abælardi, ad amicum scripta*, apud O. Gréard, Lettres d'Abélard et d'Héloïse, 2e éd. Paris, texte latin et français, Garnier, 1875, p. 30).

2. A. Clerval, op. cit., p. 261-264. Gilbert de la Porrée fut cité devant le Concile de Reims (1148) ; mais il sut se défendre et ne fut pas directement condamné.

3. Bérenger de Tours, pour ses thèses sur la transsubstantiation, avait été menacé, à Paris, en 1051, des foudres ecclésiastiques et laïques. A Rome, au synode de 1078, il avait dû, en garantie d'une profession de

471. — L'hérétique en effet est excommunié, emprisonné, souvent mis à mort. Pour ses erreurs eucharistiques, Bérenger, le célèbre écolâtre de Tours, est réduit à méditer l'Evangile selon saint Jean, dans la prison du roi Henri Ier; ainsi préparé, il comparaît au Synode de Paris (1051)[1], où « les évêques décrétèrent à l'unanimité que si l'auteur de ces erreurs et ses complices ne venaient pas à résipiscence, toute l'armée de France, le clergé en tête, les poursuivrait et les assiégerait jusqu'à l'abjuration ou la mort »[2].

foi orthodoxe, s'offrir à l'épreuve du feu; la bienveillance du pape Grégoire VII lui avait épargné ce genre de *probatio* un peu cuisant.

L'année suivante, en 1079, craignant l'anathème et la vengeance du peuple qui voulait sa mort, il se jette à terre, reconnaît son erreur et jure qu'il ne disputera plus sur les saints mystères; à peine est-il de retour en France, qu'il rompt son serment, et, à son dam, recommence. V. Ebersolt, *Berenger de Tours et la controverse sacramentaire*. Paris, 1903, p. 35; p. 37 et s.; p. 58 et s.

La vie si tourmentée d'Abélard renferme les mêmes alternatives d'assauts, de controverses, de condamnations, de soumissions devant le danger, et de reprises de combat.

1. Deoduin, évêque de Liège, porte-parole de la papauté, écrivait au roi Henri Ier en ces termes : « Nous supplions votre Majesté de ne pas daigner entendre leurs assertions impies, sacrilèges, néfastes, jusqu'à ce que, le siège de Rome ayant donné son avis, vous ayez la permission de les condamner (*damnandi potestatem haberetis*). Au lieu d'entendre les gens de cette espèce et au lieu de réunir un Concile on ferait mieux de songer à leur supplice (*de illorum supplicio exquirendum*) ». Labbe, *Sacrosancta Concilia*, t. IX, p. 1059, apud Ebersolt, op. cit., p. 35.

2. A. Clerval, op. cit., p. 140. — Cf. Jean Ebersolt, *Bérenger de Tours et la controverse sacramentaire au XIe siècle*. Paris, Leroux, 1903, p. 34 et s. « Il y avait 30 ans à peine, les hérétiques d'Orléans avaient été conduits au bûcher sur l'ordre de Henri Ier » (p. 36).

Ebersolt donne (eod. loc.) le texte de la décision du Concile ou Synode de Paris, d'après Migne, *Patrologie latine*, t. CXLIX, col. 1422 et s., col. 1423.

Un peu plus tard, lors de la réunion du Synode de Tours (13 janvier 1076), on discuta une question qui agitait tous les esprits : le corps

471 *bis*. — Telle est la doctrine orthodoxe ; les auditeurs des brillants controversistes de la Montagne Sainte-Geneviève et du Cloître Notre-Dame la connaissent ; elle donne une saveur particulière à ces joutes de dialectique raffinée, dont l'enjeu peut être le bûcher. Les exercices du dompteur ont eu de tout temps des spectateurs passionnés ; car, un jour arrive, où il est dévoré ; et cela est vraiment une « représentation extraordinaire ».

472. — La règle est acceptée du consentement général :

« Les hérétiques convaincus doivent être non seulement excommuniés mais punis de mort (*juste occidi*). L'Eglise témoigne d'abord sa miséricorde pour la conversion des égarés ; car elle ne les condamne qu'après une première et une seconde réprimande. Mais si le coupable est obstiné, l'Église désespérant de sa conversion et veillant sur le salut des autres le sépare de l'Église par sa sentence d'excommunication et le livre au jugement séculier pour être séparé de ce monde par la mort. Car, ainsi que le dit saint Jérôme, les chairs putrides doivent être coupées et la brebis galeuse séparée du troupeau, de peur que la maison tout entière, tout le corps, tout le troupeau ne soit atteint de la contagion, gâté, pourri et perdu [1]. »

et le sang de Jésus sont-ils réellement présents dans l'Eucharistie ? « Les esprits étaient tellement excités que Bérenger faillit y perdre la vie » (Ebersolt, ibid., p. 56).

[1]. Saint Thomas d'Aquin, *Somme*, II, II, q. 11, art. 3, apud A. Fouillée, *Histoire de la philosophie*. Paris, nouv. édit., p. 208.

D'après un document fondamental, le 4e Concile de Latran (1215) : « Les biens des hérétiques et de leurs fauteurs sont confisqués. Les hérétiques jugés tels sont livrés au bras séculier *animadversione debita puniendi*. Les princes sont obligés de chasser (*exterminare*) les hérétiques de leurs Etats ; et, s'ils ne les chassent point, ils perdront eux-mêmes leurs dignités. » P. Viollet, *Hist. du droit civil français*. Paris, 1905, p. 373.

473. — En conformité de cette doctrine où s'accordent le pouvoir séculier et l'autorité ecclésiastique, « pendant le XIIIᵉ siècle [1] se sont établies dans tous les pays des lois ou des coutumes qui condamnaient les hérétiques au feu ; et ce supplice est ainsi devenu universellement la peine légale de l'hérésie » [2]. Les dissidents sont avertis.

La prescription remonte loin dans le passé. Les livres sacrés des Juifs recommandent le lynchage de l'hérétique : « Si ton frère, ton fils, ta fille, ton épouse, l'ami que tu chéris le plus te disent : Allons et servons des dieux étrangers... aussitôt tu le tueras (statim interficies). Que ta main lui donne le premier coup et tout le peuple ensuite (Sit primum manus tua super eum, et postea omnis populus) ». Deutéronome, XIII, 9, 15 et s.

L'Evangile selon saint Jean reste dans la « manière forte » des anciens Hébreux ; il estime aussi que la vocation des dissidents est d'être jetés au feu : « Si quis in me non manserit, mittetur foras sicut palmes et arescet, et colligent eum, et in *ignem* mittent, et *ardet* » (Cap. XV, 6).

1. De la chute de l'empire romain à la fin du Xᵉ siècle, les hérétiques sont justiciables de l'autorité ecclésiastique et passibles de peines ecclésiastiques. Du XIᵉ au commencement du XIIIᵉ siècle, le dernier supplice leur est infligé, surtout dans les pays de langue germanique et d'oïl ; dans les pays de langue italienne et de langue d'oc, la répression est très souvent moins rude (J. Havet, op. cit., p. 66).

2. Julien Havet, *L'hérésie et le bras séculier au Moyen Age jusqu'au treizième siècle.* Paris, Champion, 1881, p. 67.
V., sur la peine capitale pour les hérétiques, les lois pénales du temps : *Etablissements de Saint-Louis*, LXXXV : « De pugnir mescreant et herite [hérétique] — se aucuns est souspeçonneux de bouguerie [Cathare [a], Albigeois, Bulgare, hérétique], la justice laie le doit prendre et envoyer à l'evesque, et se il en estoit prouvés, l'en le doit *ardoir* et tuit li mueble sont au baron. » — Beaumanoir, *Coutumes de Beauvoisis*, XI, 2. « ... Et s'il ne les veut croire, ancois se veut tenir en se malvese erreur, il soit justiciés comme bougres et ars. » — *Assises de Jérusalem*, livre des assises de la cour des bourgeois, ch. CCLXXVIII... :« Les jurés ne les doivent laisser vivre [l'omecide, le traitour, ni l'*erege* (hérétique, irésie, αἵρεσις, opinion)]...ains tantost devent estre juges à morir ». — Briton [jurisconsulte anglais, 1291] : soient *arses*... « mescreauntz apertement atteyntz », Sodomites, etc. : V. textes apud J. Havet, op. cit., p. 38-60.

_____

a) Cf., sur l'association cathare. « association religieuse opposée à l'association de même nature que forme le catholicisme », Charles Molinier, *Revue historique*, Paris, juillet-août 1907, p. 225 ; sept.-oct. 1907, p. 1.

474. — Contre l'action dissolvante de l'hérésie, qui s'attaque au principe cohésif de la foi, l'Association catholique se défend et défend avec elle la société médiévale dont elle a la garde [1].

Dans ce combat, l'Inquisition lui servira d'arme défensive et offensive.

474 bis. — Aux délégations inquisitoriales (*hæreticæ pravitatis inquisitio*) données par les Papes aux Évêques ou aux Légats apostoliques, Grégoire IX substitue, en 1238, une institution permanente, le tribunal de l'Inquisition. Les bulles et constitutions pontificales édifient le Code applicable, la procédure, les pénalités. Cet établissement juridique coïncide avec l'apparition des Ordres Mendiants [2], puissantes associations [3] qui s'étendent rapidement sous

1. L'hérésie relève alors du droit public. Dom J. M. Besse, *Rapports de l'Eglise et de l'Etat*, etc. Paris, 1907, p. 38.
2. Sur la variété d'associations monastiques, dénommées : les Ordres mendiants, outre l'ouvrage classique du P. Hélyot cité supra (page 367, note 1), v. A. Luchaire, prof. Fac. lettres de Paris, *Manuel des institutions françaises* (Capétiens directs). Paris, Hachette, 1892, p. 104 et s.
3. Dominique de Gusman, d'une noble famille d'Osma, dans la Vieille Castille, fut un puissant organisateur d'association. La règle de saint Dominique fut reconnue par le pape Innocent III, puis par Honorius III, en 1216, avec privilège de prédication et confession en tous lieux. En 1220, le premier chapitre de l'Ordre réuni à Bologne se déclara pour la mendicité. A 700 ans d'intervalle, existe toujours le groupement idéocratique qu'il fonda sous le nom d'Ordre des Frères Prêcheurs, *fratres prædicatores* (Dominicains, Jacobins, à raison de leur maison de Saint-Jacques, à Paris; plus tard la maison des Jacobins de la rue Saint-Honoré donna son nom à une association d'un caractère très différent : le Club des Jacobins. V. supra, n° 57).
Ce grand chef succomba le 6 août 1221, à Bologne, dans la cellule d'un frère de son Ordre; il ne possédait même pas la robe dans laquelle il mourut (et in ejusdem fratris Moneta tunicâ obiit. quia cum quo mutaret illam quam diu portaverat aliam non habebat). Martène, *Veterum Scriptorum et monumentorum amplissima Collectio*, Paris, 1724, t. VI, ch. 339, apud Tanon (infra cit.), p. 42, note 5.

l'impulsion de grands manieurs d'hommes, comme saint Dominique d'Osma et saint François d'Assise [1].

V. sur les événements religieux qui préparèrent le succès des Dominicains et des Ordres Mendiants, sur l'ébauche associationnelle des « Pauvres Catholiques », avec l'approbation papale en 1208, A. Luchaire, *Innocent III et la croisade des Albigeois*. Paris, Hachette, 1905, p. 103-113. « Il importait à la papauté, et Innocent III le comprit à merveille, d'encourager ces *Associations*. Elles servaient de dérivatif au besoin de changement qui tourmentait les consciences » (Ibid., p. 104 et s.).

Par le choix délibéré de Grégoire IX, dès 1233, le rôle des Dominicains fut prépondérant dans le tribunal de l'Inquisition (Tanon, 1893, op. cit., p. 172 ; Mgr Douais, op. cit., p. 56 ; P. Mortier, *Histoire des Maîtres généraux des Frères Prêcheurs*. Paris, Picard, I, p. 192. — Contrà : P. Lacordaire, *Vie de saint Dominique,* ch. VI, p. 132.

L'institution d'un tribunal permanent de l'Inquisition n'est pas antérieure à 1233. Il n'est donc pas le fait de saint Dominique mort, comme nous l'avons dit, à Bologne, le 6 août 1221, à 51 ans.

En outre, l'Association catholique s'est défendue par le bûcher contre les dissidents, 200 ans avant même que l'Ordre des Dominicains fût fondé.

En effet, au XIe siècle, un assez grand nombre de documents sont datés par synchronisme avec des événements plus ou moins notoires. Une donation du roi de France à l'abbaye de Micy est datée du premier autodafé qui eut lieu en France, à Orléans, en 1022 : « lorsque l'hérétique Étienne et ses complices, *damnati sunt et arsi sunt, Aurelianis* ». A. Giry, *Manuel de diplomatique*. Paris, Hachette, 1894, p. 580, note 8.

1. François, fils de Bernardone, bourgeois fortuné d'Assise, d'abord un des plus ardents parmi ses compagnons de plaisir, puis converti; une des plus grandes figures du monachisme médiéval, instituteur de l'Ordre des Franciscains (les pauvres Pénitents d'Assise, les Frères mineurs (*minoritæ fratres*) ; en France, les Cordeliers. Ordre important, reconnu par le pape Honorius III en 1223, avec privilège de confesser et prêcher en tous lieux, adopte la pauvreté volontaire comme facteur moral. Branches diverses : Mineurs de l'étroite observance, Franciscains déchaussés, Récollets (*Recollecti*), Capucins, Minimes; pour les femmes, Clarisses (1212), Urbanistes (1260), Capucines ; pour les laïques, Tiersordre (tertiaires), Tiers-ordre régulier (Congrégation de Picpus).

Aboli en France comme congrégation depuis 1901, le groupement créé par le Père Séraphique en 1209 existe toujours et présente, parallèlement avec le groupement dominicain, un magnifique exemple de longévité associationnelle. Dépouillant tout caractère côngréganiste ou cultuel, et se plaçant sur le terrain du droit commun (art. 1-12 de la loi du 1er juillet 1901), l'association franciscaine poursuit le but idéal de son fon-

474 *ter*. — Fortement secondés par la volonté vigilante de Rome, et le zèle de la foi populaire, les tribunaux du Saint-Office[1] ont pourvu largement pendant trois siècles la

dateur. Elle se manifeste par un bulletin mensuel : *l'Action franciscaine*. Paris, 117, Boulevard Raspail (1907).

Bibliogr. : R. P. Hélyot. *Dict. des ordres religieux* (éd. Migne, 1848), t. II, v° Franciscains, p. 326. — F. Morin, *Saint François d'Assise et les Franciscains*. Paris, Hachette, 1893, in-16. — Paul Sabatier, *Vie de saint François d'Assise*. Paris, 1893, in-8. — E.-H. Vollet, v° *François d'Assise*, Grande Encyclopédie, t. 18, p. 44. — Pour les travaux récents : Jean Chevalier, *Thomas de Celano*, Revue augustinienne, 15 février 1907, p. 191 (documentation importante). — H. de Barenton, *Saint François d'Assise* (le tiers-ordre aujourd'hui). *L'action franciscaine*, oct. 1907, p. 296.

1. La littérature relative à l'Inquisition est abondante. Nous avons consulté :

Ch.-V. Langlois, *L'inquisition* (La grande Revue, septembre 1901, p. 573 ; 1er oct. 1901, p. 68 ; 1er nov. 1901, p. 428 : coup d'œil historique et philosophique).

L. Tanon, Président à la Cour de cassation, *Histoire des tribunaux de l'inquisition en France*. Paris, Larose, 1893, 1 vol. in-8 (ouvrage documenté ; l'auteur est un jurisconsulte de grande expérience).

Mgr Douais, évêque de Beauvais, *L'inquisition, ses origines, sa procédure*. Paris, Plon, 1906, 1 vol. in-8 (ouvrage documenté ; origine historique, p. 1-114 ; procédure inquisitoriale, p. 115-273 ; pièces historiques, p. 275-362).

L'abbé Vacandard, *L'inquisition*. Paris, Bloud, in-18, 1907 (ouvrage documenté).

J.-A. Llorente, chanoine de l'Eglise de Tolède, *Histoire critique de l'inquisition d'Espagne*, trad. de l'espagn. par A. Pellier. Paris, Treuttel, 1817, 4 vol. in-8 (documents historiques : auto-da-fé ; l'expression correcte d'après la langue espagnole serait : auto *de* fe).

H.-Ch. Lea, *Histoire de l'inquisition au Moyen Âge*, trad. de l'anglais par Salomon Reinach. Paris, 1900-03. Paris, Soc. nouv. d'édit., 3 vol. in-18 (Erudit américain ; Documents ; Index général. En tête du tome I, Bibliogr. de l'inquisition, par P. Fredericq, 1900).

L. v° *Saint-Office*, Grande Encyclopédie, t. 29, p. 234.

G. Romain, *L'inquisition*. Paris, Bloud (s. d.), in-16.

A. Luchaire, *Manuel des Institutions françaises* (Capétiens directs). Paris, Hachette, 1892, p. 107 et s. ; p. 123-125.

Le Pape est, en vertu d'un mandat divin, commis à la garde de la foi catholique. L'inquisiteur est un juge délégué par le Pape pour informer

justice *laïe* de *souspeçonneux de bouguerie,* de *mescreants*

contre le crime d'hérésie. « En droit, et pour les canonistes, *l'inquisitio est criminis, vel criminosi, per judicem legitimè facta indagatio* (Mgr Douais, op. cit., p. 2). Le juge, temporaire d'abord, devient permanent et spécial, dès 1233. En 1307, avec le dominicain Guillaume de Paris, apparaît un inquisiteur général pour la France (*inquisitor generalis hæreticæ pravitatis regni Franciæ*). » A. Luchaire, *Manuel* (Capétiens directs), etc., 1892, op. cit., p. 107.

L'inquisiteur ne prononçait pas seul. L'affaire était « mise en délibéré » après une procédure très formaliste : citation, interrogatoire, preuve, etc. A ce « délibéré » prenaient part l'évêque du lieu et des assistants laïques, sorte de jurés, les *boni viri* ; les formules des jugements débutent par des constatations semblables à celles d'aujourd'hui : « Ouï... Entendu... » « *Communicato bonorum virorum consilio ; Communicato multorum prelatorum et aliorum proborum virorum consilio* » ; souvent avec les noms (Mgr Douais donne une demi-douzaine de ces formules, op. cit., p. 237, et l'une, contenant 52 noms, en 1329, p. 248).

Le tribunal inquisitorial appliquait des peines variées (v. Mgr Douais, op. cit., 1906, ch. VI, *La papauté,* p. 220) ; le *murus largus, strictus* ou *strictissimus,* la prison temporaire ou perpétuelle suivant les cas (*secundum gravitatem culparum*) où le condamné recevait le pain de la douleur et l'eau de la tribulation (ubi *panis doloris* in cibum et *aqua tribulationis* in potum tantum modo ministrentur, Bernard Gui, practica, p. 102, apud Mgr Douai, op. cit., 1906, p. 222). — « Ad perpetuam carcerem muri, sententialiter comdempnamus ad peragendum ibidem in *pane doloris* et *aquâ tribulationis,* pœnitentiam salutarem ». *Limborch Sent.,* p. 158, apud Tanon, op. cit., p. 465.

Les peines de séquestration, prison, confiscation, interdiction, exclusion, etc., ressortissaient de son pouvoir ; mais il ne disposait pas de la vie des hérétiques : *Ecclesia abhorret a sanguine.*

Aussi la peine la plus grande qu'appliquait l'inquisiteur était l'exclusion de l'association catholique, c'est-à-dire le retranchement du corps de l'Eglise ; cette exclusion était accompagnée de l'abandon au bras séculier : « *eumdem relinquimus brachio et judicio curiæ sæcularis* » (Bernard Gui (inquisiteur instruit) *practica Inquisitionis,* p. 127 (éd. Douais), apud Mgr Douais, op. cit., p. 322). Cet « abandon » était prescrit par les Décrétales : « *damnati vero per Ecclesiam seculari judicio relinquantur animadversione debita puniendi* (Decret. Lib. V. De hæreticis, tit. VII, c. XV, apud Mgr Douais, p. 263).

Or, les lois laïques n'étaient pas tendres aux mécréants ; elles prévoyaient la suppression de la vie par le feu (*incendio*) (v. supra, n° 473). « L'inquisiteur ne pouvait pas ignorer que le supplice ordonné par le juge

apertement atteynts, tous *mauvais hommes a ardoir,* comme

séculier serait le bûcher » (Mgr Douais, op. cit., p. 223). Aussi l'inquisiteur, en conformité des canons, invitait-il le juge d'exécution à conserver la vie et l'intégrité du corps du condamné : *affectuosè rogantes,
prout suadent canonicæ Sanctiones, quatinùs citra mortem et ejus mutilationem
circa ipsum suum judicium et suam sententiam moderetur* (Bernard Gui,
Practica, p. 127, apud Mgr Douais, op. cit., p. 264. — Tanon (op.
cit., p. 473, note 1) donne à peu près la même formule.
    Le bras séculier n'était pas tenu de livrer au feu l'hérétique (Mgr Douais,
p. 264). Mais la loi civile était formelle (v. supra, n° 473). Frédéric II,
empereur d'Allemagne, dans sa Constitution de 1224, reproduisait la
règle générale : *Auctoritate nostra ignis judicio concremandus* (Mgr Douais,
p. 265).
    Pratiquement, le juge séculier n'aurait-il pas payé cher son indulgence
envers de tels coupables, — à supposer qu'une idée, si exorbitante pour
le temps, eût germé en son cerveau. « Celui qui aurait été assez simple
pour la prendre à la lettre [la prière de forme adressée par le juge inqui-
sitorial] et pour faire grâce de la vie au condamné, aurait encouru l'excommunication, et se serait exposé à toutes les peines réservées aux
fauteurs de l'hérésie » (Tanon, op. cit., p. 473).
    Il convient en effet de ne pas oublier que d'après le *Directorium* à
l'usage des inquisiteurs, rédigé en 1242, par saint Raymond de Peñafort,
le grand canoniste Dominicain, il y avait au moins huit catégories d'hérétiques, ou assimilés : les *heretici,* les *credentes,* les *celatores,* les *occulta-
tores,* les *receptatores,* les *defensores,* les *fautores,* les *relapsi* (Mgr Douais a
publié le texte de l'intéressant « Directorium » de saint Raymond de
Peñafort, d'après le ms. 109, p. 5, ancien vol. XIIIJ-XVIIJ de la Bibliothèque de Dôle, op. cit., p. 275-285). Or les *fautores* sont ceux qui, d'une
façon quelconque, favorisaient les hérétiques (*quocumque modo eis dederunt
auxilium consilium vel favorem*). Des juges à tendances absolutoires
auraient pu aisément être classés comme *fautores.*
    Jusqu'au XVIe siècle, le Pape a gouverné l'association catholique par
le moyen des Conciles, des Consistoires, de la Rote, des Légations, de
la Daterie, de la Pénitencerie, du Camerlingat. Paul III, le premier, créa
la Congrégation du Saint-Office ou de l'Inquisition par bulle du 21 juin
1542 ; Pie V, par la bulle *Immensa æterni* du 22 janvier 1587, institua d'un
seul coup les quinze Congrégations, véritables ministères qui concentrent
les affaires du Saint-Siège. De cette époque, date le système actuel de
l'administration centrale de l'association catholique (Mater, *L'Eglise
catholique.* Paris, Colin, 1906, p. 239, et les ouvrages cités).
    La Congrégation du Saint-Office ou de l'Inquisition, continuateur des
tribunaux inquisitoriaux, ne dispose plus que de sanctions morales ;

s'exprimaient le « livre de justice et de plet », les coutumes de Touraine et d'Orléanais[1], etc.

475. — Une fois allumés, les bûchers ne s'éteignirent pas de sitôt.

Pour ne citer que les plus notoires de leurs victimes, on compte, même aux jours élégants de la Renaissance :

— à Paris, Etienne Dolet[2], « natif d'Orléans », poëte

elle examine les matières qui concernent le maintien et l'unité de la foi catholique, la répression des crimes d'hérésie, schisme, judaïsme, apostasie, magie, polygamie. Son personnel comprend notamment un cardinal-assesseur, un Dominicain, un avocat fiscal, un avocat des coupables, etc. ; pour les affaires très importantes, elle délibère, dans la salle du Saint-Office, au Vatican, en présence du Pape (A. Mater, ibid., p. 240).

Le décret *Lamentabile sane exitu* du 3 juillet 1907 (v. texte latin et français, Revue augustinienne, 15 août 1907, p. 148) est rubriqué : *Sacræ Romanæ et Universalis Inquisitionis Decretum*; il est signé du notaire inquisitorial : Petrus Palombelli, S. R. U. J., notarius.

1. Cf. supra, p. 395, n. 2. — Ce sont ces coutumes qui forment les Etablissements de Saint-Louis (V. Viollet, *Histoire du droit civil français*. Paris, 1905, n° 182).

2. L'importance donnée de nos jours à Dolet par les « Associations de la Libre-Pensée » retient l'attention sur le personnage, devenu symbolique.

Estienne Dolet d'Orléans (*Stephanus Doletus Aurelius*) (1509) ; les Inquisiteurs une première fois (1542) le déclaraient « maulvais, scandaleux, schismatique, hereticque, fauteur et deffenseur des heresies et erreurs », et comme tel « le delaissaient reaulment au bras seculier ». Grâce à l'intervention de Pierre du Chastel, évêque de Tulle, Dolet s'en tira avec 15 mois de cachot.

Deux ans après, en 1544, la faculté de théologie de Paris, consultée, déféra à des députés en matière de foi (*deputatis in materiâ fidei*) une « proposition françoyse » extraite d'un ouvrage de Platon qu' « un certain Dolet » (quidam Doletus) avait traduite du latin en français. L'auteur fut reconnu relaps hérétique.

La justice séculière, c'est-à-dire le Parlement de Paris, saisie du cas, statua conformément à la loi : « ladicte Cour a condamné ledict Dolet, prisonnier pour réparation desdicts cas, crimes et delicts a plains contenuz audict procès contre lui faict, à estre mené et conduict par l'exécuteur de la haulte justice en ung tombereau

latin et de langue vulgaire, grammairien, « maistre impri-
meur » à Lyon, y « tenant boutique de librairie », « affin

depuis lesdictes prisons de ladicte Conciergerie du palais ᵃ jusque en
la place Maubert où sera dressé et planté au lieu le plus commode et
convenable, une potence ; à l'entour de laquelle sera faict un grand
feu, auquel après avoir été soublevé en ladicte potence, son corps sera
jetté et bruslé avec ses livres, et son corps voué et converty en cendres ;
et a déclairé et déclaire tous et chascuns les biens dudict prisonnier
acquis et confisquez au Roy... et ordonne ladicte Cour, que auparavant
l'exécution de mort dudict Dolet, il sera mis en torture et question
extraordinaire pour enseigner ses compaignons ».

Un *retentum* suivait l'arrêt : « et neantmoins est retenu dans l'intention de la Cour (*in mente Curiæ*) que où le dict Dolet fera aulcun
scandale, ou dira aulcun blasphème, la langue lui sera coupée et sera
bruslé tout vif ».

Comme l'avait indiqué le Parlement (cf. art. 26 C. pénal actuel), le
3 août 1546, Dolet fut conduit en tombereau sur la place, où quelques
siècles auparavant les auditeurs se pressaient pour entendre Albert le
Grand. (Cf. supra, page 352, note 4). La foule se précipitait aussi sur
le passage de Dolet.

Croyant que le peuple regrettait sa perte, Dolet proféra ce vers latin :

> Non dolet ipse Dolet, sed pia turba dolet

« sur quoy à l'instant du contraire luy fut sagement respondu par le
lieutenant criminel sis à cheval » :

> Non pia turba dolet, sed dolet ipse Dolet.

Ce « lieutenant criminel sis à cheval » connaissait ses contemporains. Pour eux, un autodafé était un divertissement, et non un
sujet d'indignation. La torture et l'arrachement de la langue furent
épargnés à Dolet ; il fut pendu d'abord, son cadavre livré aux flammes.

Le prétexte de la condamnation de Dolet fut l'erreur théologique que
la Faculté de Paris voulut découvrir dans « le dialogue mys en françois » de l'*Axiochus*, attribué à Platon : « Pourquoy elle [la mort] ne peult

---

a) Estienne Dolet composa dans sa prison une complainte sur lui-même de
27 strophes en langue vulgaire ; elle est intitulée : « Cantique d'Estienne Dolet
prisonnier en la Conciergerie de Paris, sur sa désolation et sa consolation, Dolet,
imp. l'an MDXLVI (Boulmier, op. cit., p. 239, en donne le texte intégral). Dans
ce cantique d'inspiration religieuse, Dolet proteste de son innocence (« estre
captif sans riens avoir mesfait ») et montre une grande fermeté d'âme :

> Tout gentil cueur, tout constant bellicqueux
> Jusqu'a la mort sa force a maintenue.

qu'il peust avec ce peu d'intelligence et d'industrie que
Dieu luy avait presté gaigner quelque honneste moyen de

rien sur toy, car tu n'es pas encore prest à décéder, et quand tu seras
décédé, elle n'y pourra rien aussi, attendu que *tu ne seras plus rien du
tout.* » La version latine de l'auteur grec, d'après laquelle Dolet travailla,
porte : *tu enim non eris* (tu ne seras plus). « Rien du tout », ajouté
par Dolet, est un pléonasme. Au XVIᵉ siècle, le purisme était extrême,
surtout en tout ce qui touchait aux textes antiques. Cependant, même
aux yeux de ces raffinés de lettres, une redondance grammaticale ne
méritait pas la potence.

Dolet, croyons-nous, fut surtout victime de son caractère. Dolet était
doué d'un esprit indépendant, il écrivait et parlait à merveille ; il avait
l'ironie facile, le mérite bruyant, la rancune vivace et extraordinairement
injurieuse. Ce mélange de qualités et de défauts ne concilie pas que des
amis à celui qui les possède. Dolet s'était attiré des ennemis, sans compter : à Toulouse, pour y avoir défendu les étudiants en attaquant la cité ;
à Lyon, pour avoir excité « la grande jalousie et secrette envie » des
«aultres maistres imprimeurs et librairies». Les moines dégénérés ne lui
gardaient aucune reconnaissance d'avoir dénoncé le parasitisme des

> ...Cucullati, quod iners terræ sunt onus,
> Ad rem utiles nullam, nisi ad scelus et vitium.

Parmi les érudits, le grand Scaliger (Jules César), prince des humanistes, savait mauvais gré à Dolet de son intervention, même favorable,
dans la querelle des Cicéroniens qu'il menait contre Erasme. Il n'avait
que faire de partager avec un lieutenant l'honneur de la victoire.

Quant aux graves personnages qui siégeaient en Sorbonne, ils
n'avaient guère trouvé de leur goût la plaisanterie de Dolet, les affublant
de sobriquets indécents dans son édition de Rabelais (*Ducatiana*, I,
p. 178). Et voici que par un hasard dont ils ne s'affligeaient point, il
leur échéait d'avoir à se prononcer sur un cas où le bras séculier pouvait
s'abattre sur leur railleur. La charité chrétienne leur commandait l'ou-
bli des injures ; l'instinct naturel les inclinait aux représailles. Ce conflit
de sentiments coûta la vie à Dolet, et à la France le « Grand Dictionnaire de la langue vulgaire »ᵃ que projetait le maître érudit. Il n'avait

---

a) Dolet était, on l'a vu, partisan de mettre en langue vulgaire « la Saincte
Escripture », opinion dangereuse. Le 11 décembre 1533, Etienne Lecoult,
curé de Condé-sur-Sarthe, avait été brûlé à Rouen pour « avoir hasardé que
la Saincte Escripture avait été longtemps cachée sous le latin et qu'il fallait
que chacun eut des livres en français. » F. Brunot, *Hist. de la langue française*, etc. Paris, Colin, 1906, II, p. 20, note 1.
Les théologiens en maintenant l'emploi exclusif du latin pour les Livres
saints comme pour leurs propres ouvrages, jusqu'au XVIIᵉ siècle, rendirent à la
communauté française un service inappréciable, — et ne s'en doutèrent pas.

vivre, et aulcunement s'abstenir et aider la décoration des bonnes lettres et sciences », ayant pour enseigne sa

que 37 ans; Littré avait dépassé la cinquantaine quand il aborda le sien. Théodore de Bèze chanta Dolet en vers latins; il n'avait pas encore composé son *de hæreticis*, etc. (infra, p. 410, n. 1). D'une façon générale, catholiques et protestants paraissent s'être réunis pour ne point regretter Dolet : « *Malè apud multos cum papistas tum protestantes* ». Quant à l'illustre Scaliger, sa joie fut féroce : la flamme a beau faire, dit-il, elle ne peut venir à bout de purifier l'impuissant rabâcheur (*ignarus locutuleius*); c'est plutôt lui qui souille la flamme, etc. (*Hypercritique*, p. 305).

Sur l'emplacement du supplice, une statue a été élevée à Dolet par la piété de notre âge; elle est l'objet d'un pèlerinage [a]. A ses pieds,

---

« Il y a eu un très grand bonheur pour les peuples catholiques, c'est que la théologie y a évolué en latin, c'est-à-dire dans une langue inaccessible à la fois au peuple et aux femmes de la société polie. Elle a passé au-dessus du monde français, sans toucher ni son intelligence, ni sa sensibilité, et cela pendant les années les plus délicates pour une nation, les années de sa formation. » Rémy de Gourmont, Avant-propos de *La sottise espérantiste*, par Ernest Gaubert. Paris, Grasset, broch., septembre 1907, p. VIII.

a) « Déjà les curés rouges remplacent les noirs; il y a des pontifes, des évangiles, des catéchismes, des conciles, des excommunications maçonniques ou socialistes, des baptêmes laïques, des communions humanitaires, des Pâques et des Noëls civiques, des banquets du Vendredi-Saint, des *processions de saint Etienne Dolet*, au lieu des neuvaines de Saint-Etienne-du-Mont, un culte de saint Zola au lieu du culte de saint Labre » (Urbain Gohier, apud L. Charpes, *La question religieuse*, Mercure de France, 1er juin 1907, p. 451).

Le socialisme est une religion (V. Dolléans). « Curés de la sociale, nous avons promis le paradis à nos ouailles, où les avons-nous conduites? » Eug. Fournière, *La Course à l'abîme*, Revue socialiste, août 1907, p. 155.

« Notre Science produira aussi des superstitions, on n'en sortira pas. L'intelligence est en horreur à la nature humaine. Des religions naissent sous nos yeux. Le spiritisme élabore en ce moment ses dogmes et sa morale. Il a aussi sa pratique, ses Conciles, ses Pères et ses millions d'adhérents » A. France, *Pierre Nozière*. Paris, 1899, Lemerre, p. 164.

En 1793, Marat, Neufchâtelois d'origine espagnole, philosophe « ami du peuple », grand inquisiteur de la foi terroriste et pourvoyeur de la guillotine tombe sous le poignard de Charlotte Corday. La France se couvre de ses statues; une chapelle laïque lui est élevée, place du Carrousel; il entre au Panthéon. Mais on découvre qu'il a écrit un « projet de constitution monarchique ». Ses bustes sont jetés à l'égout; son autel démoli; sa dépouille exhumée du Panthéon, est enfouie au cimetière Sainte-Geneviève (8 ventôse an III). On parle de rehisser sa statue sur un piédestal à Paris (J. de Bonnefon, *Autour des statues de Marat*, 30 sept. 1907 ; — Victor Méric, *Marat*. Paris, Librairie du Progrès, 1907, apologétique; indicat. bibliogr., p. 76). « L'Ami du Peuple, malgré ses exagérations dues à un maladie qui le rongeait..., malgré ses appels au meurtre, provoqués par une pitié excessive, demeure l'une des figures les plus belles et les plus pures de la Révolution », Méric, p. 73).

A quand la reconstruction de la Chapelle Marat sur la place du Carrousel ?

« doloire » (sorte de hache) avec cette devise sur les livres
français : « Preserve moy, o Seigneur, des calumnies des

les « athéistes » et les associations de la Libre-Pensée célèbrent, en paroles
combatives, le récent avènement de la Justice et de la Bonté sur la terre.
Nos contemporains y échangent des propos violents, et parfois des
horions. Cette ardeur n'est pas pour déplaire au rude polémiste que
fut Dolet ; il était d'une époque où les savants s'invectivaient furieuse-
ment en un latin délicieux.

Certaines louanges doivent le surprendre davantage. Dolet, très libre
d'esprit, était cependant bon catholique : « La seule religion qui me
plaît est celle qui nous a été apportée et transmise depuis tant de siècles
par ces saints et pieux héros de notre croyance. Je ne saurais donc
approuver en rien ces nouvelles opinions qui ne sont nullement nécessaires ; je n'observe que celle dont nos pères ont jusqu'à ce jour pratiqué
les rites » (Harangues contre Toulouse (orationes suæ in Tholosam), p. 55,
apud Boulmier, op. cit. (infra), p. 257.

Huit ans avant sa fin tragique, en 1538, il publia un poème plein
d'onction et d'élégance (Carm. III, 35) en l'honneur de la Sainte Vierge,
Christiparæ Virginis :

> Illa est, illa poli quæ imperium tenet,
> Illa est quam haud, celebris Pallas, Apollove,
> Quam non ipse Helicon cum Aonidum choro
> Dignis cantibus efferat !

Douze ans plus tôt, en 1532, à Toulouse, Dolet avait été précédé dans
les flammes expiatoires du bûcher par son professeur de droit, Jean
Caturce, qui fut aussi trouvé hérétique [a]. On ne brûlait pas que les
élèves ; les maîtres y passaient également, même avec un tour de faveur.
Nos professeurs de faculté expliquent aujourd'hui les Pandectes et les
lois civiles à moins de risques. L'enseignement du droit semble avoir
passé l'âge héroïque.

En 1907, il est permis de se déclarer « athéiste » sans risquer le bûcher.
On peut même traiter publiquement de l'athéisme, et conserver son
cours à la Sorbonne, à quelques pas de la place Maubert, de redoutable

---

a) Aussi Rabelais recommandait-il d'éviter l'Université de Toulouse : « De la
vint a Toulouse... mais il n'y demoura gueres quand il veit qu'ils [les escholiers]
faisaient brusler leurs régents tout vifs comme harencs soretz disant : Ja Dieu ne
plaise que ainsi je meure car je suis de ma nature assez attisé sans me chauffer
d'advantage » (Pantagruel, liv. II, ch. V).

En 1295, deux illustres professeurs de droit romain avaient été poursuivis comme
hérétiques à Carcassonne ; ils s'en étaient tirés avec le supplice du « mur » et une
forte contribution pour l'érection d'une chapelle (Hauréau, de l'Institut, Bernard
Délicieux et l'inquisition albigeoise. Paris, Hachette, 1877, p. 21).

hommes » (le vœu ne fut pas exaucé) ; auteur aventureux d'ouvrages comme « le brief discours de la respublique françoyse désirant la lecture des livres de la Saincte Escripture luy etre loysible en sa langue vulgaire » (Lyon, Dolet, 1544, in-16) alors « qu'il se falait autant cacher pour lire en une Bible traduite en langue vulgaire, comme on se cache pour faire de la fausse monnoye ou quelque aultre meschanceté encore plus grande[1] », — *latiné loqui, piè vivere*[2] — et par-

mémoire (Félix Le Dantec, chargé de cours à la Sorbonne, *L'Athéisme.* Paris, Flammarion, 1906, dédié à M. Alfred Giard, professeur de la Sorbonne. — Cf. la page 103 du livre de M. Le Dantec, avec la traduction de l'*axiochus* reprochée à Dolet, supra, p. 402, à la note).

Il est licite pareillement de se dire « catholique »; mais, quand on appartient à l'armée, à la magistrature, et à l'administration en général, il est préférable de s'abstenir des rites extérieurs de cette croyance.

SOURCES. — *Procès d'Estienne Dolet* (1543-46), précédé d'un avant-propos sur la vie et les ouvrages d'Est. Dolet, par A. T. (Taillandier). Paris, Techener, 1836, in-12. — *Estienne Dolet, sa vie, ses œuvres, son martyre*, par Joseph Boulmier. Paris, Aubry. MDCCCLVII (éd. artist. avec portrait : panégyrique, souvent oratoire). J. B. le proclame : « Je ne suis pas un greffier : je suis un avocat et Dolet est mon client. » Mais l'auteur a consacré « dix années » à étudier son sujet; son ouvrage est très documenté. A la fin, excellente « Bibliographie Doletienne ».

1. Henri II Estienne, *Apologie p. Hérodote*, ch. 30. Paris, Lizeux, 1879, II, p. 151.

2. Le groupe médical, dans ses manifestations corporatives, par l'organe de la Faculté de médecine, n'était pas moins exigeant sur l'usage exclusif de la langue latine, que le groupe ecclésiastique représenté par la Faculté de théologie.

En 1578, le Doyen Rousselot obtient de poursuivre l'empirique Roch Baillif de la Rivière, devant la Cour du Parlement de Paris, assistée d'une commission de six délégués médecins, « au premier examen, la plus grande part de l'apres-disée fut consommée en ce différend, qu'iceluy [Roch le Baillif] proteste qu'il ne peut parler latin. Les Médecins disent au contraire qu'ils ne doivent ny ne peuvent examiner de la Médecine en langue vulgaire, Luy remonstre, que les maladies ne se guerissent ny en Latin, ny en Grec; que c'est assez que la chose soit entendue et les remedes cogneuz. Davantage, que luy est Medecin françois et qu'Auicenne a escrit en sa langue, Hippocrate et Galien, en leur », *Vray discours des interrogatoires faicts*

dessus tout, l'un des meilleurs humanistes d'une époque
qui en comptait tant et de si parfaits [1] ;

en la presence de MM. de la Cour du Parlement, par les Drs Regents en
la Faculté de Médecine... à Roc le Baillif, surnommé la Rivière sur certains points de sa doctrine. Paris, l'Huillier, rue Saint-Jacques. A
l'Oliuier, avec privilège, apud F. Brunot, Hist. de la langue française,
t. II (le XVIe siècle). Paris, Colin, 1906, p. 10, notes.
  Roch le Baillif fut condamné à être banni du ressort du Parlement. La
Faculté de médecine fut tellement enthousiasmée du réquisitoire de l'avocat du roi, Barnabé Brisson, qu'elle s'engagea solennellement « quoiqu'il
lui arrivât, à lui, à sa femme, à ses enfants, et aux enfants de ses enfants
[l'honorable M. Jules Brisson, président de la Chambre des Députés,
compte-t-il parmi ces descendants ?] des maux qui atteignent l'homme,
quelque fut celui des docteurs qu'il appelât, quelque fut le nombre de
ceux qu'il manderait lui ou les siens, à le soigner à perpetuité avec diligence, affection et gratuitement ». V. les détails de ce curieux procès
pour exercice illégal de la médecine, Brunot, op. cit., II, 1906, p. 10-
11. — Cf. les art. 1, 16 à 27 de la loi du 30 novembre 1892 sur l'exercice de la Médecine.
  A distance, et depuis Molière, l'acte de « self-defence » des médecins
du XVIe siècle fait sourire, en sa forme pédantesque et linguistique.
  A y regarder de plus près, il est conforme à la norme essentielle
des Associations. Tout groupe constitué, dont la vertu plastique per-
siste, n'abandonne que reluctante animo, les particularités qui le diffé-
rencient des groupes étrangers ou de la foule amorphe ; si l'évolution
des idées ou la contrainte légale l'obligent à renoncer à quelqu'une
d'entre elles, une autre surgit. La vis sociativo travaille spontanément
à remplacer l'organe de cohésion qui a péri. L'existence contemporaine
des Associations en fournit de nombreux exemples.
  1. E. Dolet, au tome I (colonnes 1156-1158) de son savant Commen-
tarium linguæ latinæ tomi duo. Lugduni, apud Gryphium, 1536-38,
2 vol. gr. in-fo, énumère un grand nombre d'humanistes de la Renaissance
et les loue magnifiquement (V. trad. fr. Boulmier, op. cit., p. 123).
  Parmi eux : Ange Politien, Pic de la Mirandole, qui à 20 ans se
déclarait prêt à soutenir 900 thèses de omni re scibili et quibusdum aliis,
Marsile Ficin, le cardinal Pietro Bembo (1470-1527), qui fut l'ami du
pape Léon X (Jean de Médicis) et qui, par permission supérieure, lisait
le bréviaire en grec de peur de gâter sa latinité classique au contact de
la Vulgate, le cardinal Sadoleto, N. Campani (il Strascino) qui dédia
à la belle Impéria, l'Aspasie de la Renaissance, son poème : sopra
il male incognito, etc. ; Machiavel (Nicolo Machiavelli, 1469-1527),
l'auteur du Prince et de l'Histoire de Florence ; Egnacio (Egnatius, de

— A Rome, l'ex-dominicain Giordano Bruno (Brunus), en coquetterie avec Calvin et Th. de Bèze, incliné au genre satirique et suspect de panthéisme [1] ;

qui Dolet suivit les explications sur le *De Officiis* de Cicéron et le poème de Lucrèce) ; Navagero (Navagerius, idolâtre de Catulle, en l'honneur de qui il brûlait tous les ans un exemplaire de Martial) ; Pontano (Pontanus, philosophe, orateur et poète) ; J. Sannazar (*De partu Virginis*, en 3 chants): M. Nizzoli (Nizolius) ; le médecin Jean Manardo ; le juriconsulte Alciat (Andræas Alciati) ; Jules-César Scaliger (1484-1558), médecin italien et critique inexorable des morts et des vivants ; Erasme (Desiderius Gerhard , de Rotterdam), le prince des lettres ; l'Allemand Melanchton (Schwarz-Erd, terre noire, l'ami de Luther) ; le chancelier anglais More (Morus, 1480-1535, auteur du traité de l'*Utopie*) ; l'Espagnol J.-L. Vivès (1492-1540) ; les Français : Guillaume Budée (Budœus, 1467-1540, jurisconsulte et philologue, l'Erasme de la France) ; Robert Estienne (1503-1559, *Thesaurus linguæ Latinæ*, 1532) ; Ch. de Longueil (1490-1522) ; Lefèvre d'Estaples (Faber stapulensis, 1455-1537) ; Nicolas Berauld (Beraldus, 1473-1550) ; le conseiller Lazare de Baïf († 1547) : Orontius Fineus le Dauphinois ; Maurice Scève (l'avocat poète de Lyon) ; Salmon Macrin (de Loudun, l'Horace français) ; l'illustre magistrat Michel de l'Hospital (1505-1573) ; les médecins Symphorius Campegius, Jacques Sylvius, Jean Ruel, Jean Cop, Charles Paludanus, François Rabelais (1495-1553), prêtre, franciscain, bénédictin, médecin à Lyon et à Montpellier, curé de Meudon, l'immortel chroniqueur du *Grand Gargantua* et de *Pantagruel*.

Rabelais, comme Clément Marot, fut lié d'amitié avec Dolet, qui lui consacra trois poésies latines ; dans l'une, Dolet fait parler « le cadavre d'un pendu qui s'applaudit d'être disséqué publiquement » par François Rabelais, médecin à l'hôpital de Lyon, expliquant l'œuvre habile de la nature (*medicus doctissimus planum facit, quam pulchrè*, etc.). V. les passages des œuvres de Dolet en vers et en prose, consacrés à l'un et à l'autre, apud Boulmier, op. cit., 1857, p. 197 et s.).

Supplicié en 1543, Dolet ne put connaître les célèbres humanistes de la seconde moitié du XVIᵉ s. : Joseph Juste Scaliger (1540-1607), fils de Jules-César ; Juste Lipse, 1547-1606, prédécesseur de Joseph-Juste Scaliger à l'Université de Leyde ; Henri II Estienne (De la precellence du langage françois, 1573, Apologie pour Hérodote), etc.

1. G. Bruno (1550-1600), Napolitain, fit paraître à Paris le « spaccio della bestia trionfante » (1584), dialogue ou les Vertus sont expulsées du ciel par les Vices, avec allusion hétérodoxe à la hiérarchie de l'Eglise. Saisi à Venise par l'Inquisiteur (1598), il fut emprisonné,

— A Toulouse, sous Louis XIII, le prêtre napolitain Vanini [1], aumônier du galant maréchal de Bassompierre [2].

475 *bis*. — Maîtres du pouvoir, ceux qui avaient protesté le plus contre la « tyrannie papistique » s'empressent à leur tour de supprimer les gens assez coupables pour ne pas penser comme eux sur l'énigme de l'univers. Calvin [3],

transféré à Rome, condamné à mort pour apostasie et rupture de vœux monastiques. Brûlé sur le Campo de Fiori, il possède maintenant sa statue à Naples et à Rome.

1. Vanini publia à Paris le livre *de admirandis naturæ arcanis*, qui lui valut la censure de la Sorbonne [1617]. Accusé d'athéisme, il fut condamné à être brûlé vif, avec arrachement préalable de la langue (1619). Le supplice symbolique de l'arrachement de la langue, qui avait péché en propageant l'erreur, figurait de longue date dans la pénalité contre les hérétiques. On en recommandait l'application cumulativement avec le bûcher, ou séparément. Dans l'un et l'autre cas, le retranchement de l'ivraie hors le champ du Seigneur était assuré : *Ut vel ultricibus flammis pereat aut... eum linguæ plectro deprivent*, Constit. à l'archev. de Magdeburg, dans Mon. germ. leges, sect. IV, t. II, p. 106, apud l'abbé Vacandard, op. cit. Paris, Bloud, 1907, p. 129.

2. Sur le point d'être embastillé (1631) pour avoir été infidèle... au Roi, le maréchal de Bassompierre, à l'en croire, brûla six mille lettres d'amour (Mémoires du maréchal de B. (éd. Chanteral, Soc. hist. franç., Paris, 1897) ; — Rott, vo Bassompière, Gr. encyclopédie, t. 5, p. 652.

3. Calvin et Servet. — Michel Servet (Michael Servetus, Miguel Serveto y Revès), né en 1511 à Tudela, en Navarre; son père était notaire; il fut reçu docteur en médecine de la Faculté de Paris; il exerça son art à Lyon et en Dauphiné; il découvrit la circulation pulmonaire, mais par malheur « la théologie lui avait planté son clou au cerveau ». Il discuta de cette science dangereuse à Paris, avec Calvin, en 1534. Plus tard, il composa un livre, « *Christianismi restitutio*, etc. », où il différait d'avis avec les Protestants — et les Catholiques — sur la Trinité, le baptême des enfants, etc., comme au beau temps des querelles sacramentaires du XIe siècle (V. supra, no 469). Pendant un voyage en Suisse, il traversa Genève. Mal lui en prit. Calvin y était maître. La prison d'abord, un procès criminel ensuite, échurent à Servet. A toutes ses hérésies n'avait-il pas ajouté des calomnies contre Moïse, en prétendant, dans une note de son édition de Ptolémée, que la Palestine n'était pas une contrée fertile ! « J'estimais, je ne le dissimule pas, qu'il était de mon devoir de réprimer autant qu'il

tout-puissant à Genève, provoque le supplice de Michel Servet, et Théodore de Bèze l'approuve [1].

Tuer son contradicteur étant le plus sûr moyen d'avoir raison, il paraît difficile de renoncer à ce procédé de discussion, quand il est à la portée de la main [2].

475 *ter*. — Le régime inquisitorial installé plus tard en Espagne [3] y sévit aussi plus longtemps; la *beata Dolorès* qui

était en moi, un homme d'une obstination sans exemple, afin d'éviter la contagion. Nous voyons avec quelle licence l'impiété exerce ses ravages et comme l'erreur pullule de toutes parts; et nous sommes témoins de l'apathie de ceux que Dieu a armés du glaive pour venger l'honneur de son nom » (Calvin à Sulzer, 9 sept. 1553, Bossert, p. 171).

Le 26 octobre 1533, les juges du Conseil, « ayant Dieu et ses saintes Ecritures devant leurs yeux, disant au nom du Père, du Fils et du Saint-Esprit », condamnèrent Michel Servet a être brûlé tout vif avec son livre tant écrit de sa main qu'imprimé », ce qui fut exécuté le 27 octobre 1553, sur le plateau de Champel, aujourd'hui l'un des faubourgs de Genève. A cette même place, le 27 octobre 1903, la ville de Genève a élevé un monument expiatoire (V. *Calvin*, par A. Bossert. Paris, Hachette, 1906, le procès de Servet, p. 152-179, avec indication de sources).

Adde : Rilliet de Candolle, apud Mémoires de la Soc. d'hist. et d'archéologie de Genève, t. III, 1844; — H. Tollin, *Michel Servet* (trad. de l'allem. par Mme Picherat-Dardier). Paris, 1879. — Ch. Merki, *Jean Calvin et la réforme protestante à Genève*, Merc. de France, Ier octobre 1907, p. 405. — A. Dide, *M. Servet et Calvin*. Paris, 1907. — Monument prochain de Servet à Vienne (Isère), L'Humanité, Ier nov. 1907, p. 4.

1. Th. de Bèze, Bourguignon d'origine, excellent helléniste, réformateur zélé, ami et successeur de Calvin à Genève, président de la Vénérable Compagnie des Pasteurs, soutient que le glaive de l'autorité civile doit être suspendu non seulement sur les hérétiques, mais encore sur ceux qui demandent l'impunité pour l'hérésie. (V. son traité *De hæreticis a civili magistratu puniendis*. Genève, 1554, Bossert; op. cit., p. 176; F. Puaux, v[o] Bèze, Gr. Encyclopédie, t. 6, p. 563.) V. supra, n° 472.

2. Cf. Théroigne de Méricourt, de P. Hervieu, supra, p. 41, note 3.

3. « Ferdinand et Isabelle [d'Espagne] se décidèrent après de longues hésitations à établir ou rétablir l'Inquisition dans leurs domaines en 1480. La pensée de Ferdinand et d'Isabelle en cette circonstance est très claire; il visent à l'unification de l'Espagne ». Ch.-V. Langlois, *L'Inquisition en Espagne*. La Grande Revue, Ier novembre 1901, p. 435.

« avait de longues conversations avec son ange gardien et
la Vierge, saint Joseph et saint Augustin, témoins de son
mariage avec l'enfant Jésus dans le céleste séjour[1] », fut
« brûlée avec le san benito et la mitre peinte de flammes
et de démons », le 25 août 1781[2].

Cependant, l'Inquisition fonctionnait déjà depuis deux siècles dans
les Etats de Ferdinand d'Aragon. « Vers 1235, la justice inquisitoriale
était en plein exercice dans chacune des principales contrées de l'Europe,
dans le comté de Toulouse, en Sicile, dans l'*Aragon*, en Lombardie, en
France, en Bourgogne, en Brabant, en Allemagne (Mgr Douais, op.
cit., 1906, p. 37).

    1. Langlois (*L'inquisition en Espagne*, loc. cit., p. 450).
    2. Dans cette remarquable étude, M. Langlois présente une suite de
reflexions qui touchent aux conditions essentielles de la vie des grandes
communautés ou associations nationales, et de leurs rapports internationaux.
    Le savant historien expose : que l'Inquisition d'Espagne fut un
instrument au service de la couronne et du Saint-Siège pour gouverner les nations (loc. cit., p. 451) et lui assurer le bienfait chimérique de l'uniformité nationale par l'uniformité confessionnelle
(p 649) ; que dans ce but, et par ce moyen, la « fermentation
vitale » fut suspendue chez le peuple espagnol pendant trois siècles ;
que cependant cette tentative de compression quasi théocratique,
historiquement a échoué : qu'en effet « le peuple espagnol, à la fin du
XVe siècle, c'est-à-dire lorsque l'Inquisition prit charge de son salut,
était le premier du monde, et, à la fin du XVIIIe siècle, lorsque l'Inquisition l'eut marqué de son empreinte, le dernier (p. 443) ; qu'à cette
époque « l'empire espagnol est lamentablement dépecé, lambeaux par
lambeaux, par des nations bruyantes, agitées, divisées, qui ne jouissent
pas des bienfaits de l'unité religieuse et qui s'en moquent » (p. 453).
    A l'objection : cela ne prouve pas que le Saint Office ait été la cause
de la décadence de l'Espagne, — le savant historien répond impartiale-
ment : « Assurément, car les causes d'un phenomène si complexe ne
sont pas simples » (p. 454).
    Ces causes sont en effet loin d'être simples ; il convient de
remarquer que l'Espagne atteignit l'apogée de sa puissance sous
Charles-Quint (1500-1558) ; or l'Inquisition florissait pendant le règne
de ce prince. Il est vrai que le fils de Philippe le Beau et de Jeanne la

475 *quater*. — En France, l'autorité séculière ne s'était
pas bornée à être le bras de la justice ecclésiastique. Dès

Folle^a fut un chef aussi habile qu'énergique. Il sut employer tout instrument, que sa main rencontra, aux fins utiles de l'association espagnole.

En fait, le système autocratique aux mains d'un commandement insuf-
fisant ne s'est pas montré supérieur au système théocratique dont
l'essai échoua en Espagne. Un exemple éclatant en est fourni par la
Russie qui, depuis 1904, glisse lamentablement de la défaite à la désorganisation et de la désorganisation à l'aliénation mentale ^b et à l'entre-
tuerie ^c.

Que faut-il attendre du système démocratique ^d ?

Au rebours, il n'est pas démontré davantage que pour être en
mesure de « dépecer » les autres, une nation doive être « bruyante,
agitée, divisée » et « se moquer des bienfaits de l'unité religieuse ».

Provisoirement, la France répond à ce programme à un degré appréciable ; or, loin d'être en état d'absorber ses voisins, elle ne doit qu'à leurs
rivalités la chance provisoire de ne pas être partagée entre eux. A s'en
rapporter à ses manifestations les plus bruyantes, la communauté française
incline pour l'instant vers une négation destructive ; l'*a* privatif des Grecs

---

a) V. Auguste Brachet, *Pathologie mentale des Rois de France* (ouvrage pos-
thume). Paris. Hachette, in-8, 1903, introd., p. vIII ; p. vI et cxxxv.

b) Exemple : « Association de bouts de chandelles » entre Lycéens et Etudiants
des deux sexes. Réunis le soir, ils placent au centre d'une table couverte de
bouteilles de bière et de liqueurs, un bout de bougie. Ils devisent sur la politique, la société, l'injustice du Monde, etc. Puis, la bougie éteinte, les adeptes
« filles et garçons se cherchent à travers la nuit et ressuscitent la volupté de
hasard que Rome reproch..it à l'anarchie des premiers chrétiens et l'Inquisition
aux sorciers du Moyen âge » (Paul Adam, *La Société des bouts de chandelle*, Le
Journal, 25 sept. 1907).

c) Lire la série des remarquables « Lettres de Russie » envoyées de Saint-
Pétersbourg, au Journal des Débats, de Paris en 1906 et 1907.

Une amélioration est à noter dans les relations internationales de la Russie.
Par les soins du Ministre des affaires étrangères, Isvolsky, deux « Accords » ont
été conclus, en 1907, avec deux anciens antagonistes, le Japon et l'Angleterre.
C'est, momentanément, la paix extérieure pour la Russie, en Asie et en Europe
(Lettre de Saint-Pétersbourg, 6-19 sept. 1907, Journ. des Débats, 17 sept.).

d) V., sur la philosophie du « système démocratique », ses vices et ses avantages : G. Tarde, prof. au Collège de France, *La logique sociale*. Paris, 1898,
p. 295 et s. Ce système convient aux groupements ou associations nationales
dont le « patriotisme apaisé.... tourne au cosmopolitisme. Reste à savoir si cette
fraternisation internationale peut s'opérer ou se maintenir autrement que par
une grande conquête militaire telle que la romanisation de l'univers civilisé des
anciens » (ibid., p. 298).

le XIVᵉ siècle, le Parlement de Paris s'était attribué, sous l'autorité du roi, un rôle important dans les affaires de foi.

est son préfixe favori ; elle est a-militaire [a], a-nationale [b], a-religieuse [c],

---

a) « Quelle proie pour l'étranger que le pays habité par un tel peuple ! L'étranger n'a qu'à passer la frontière, à réduire en esclavage mérité ces hommes plus vils que le bétail. » Joseph Reinach, député, *Disc. à l'inauguration du monument Gambetta à Cavaillon.* en Vaucluse, en présence de MM. Thomson, ministre de la marine. H. Brisson, président de la Ch. des députés, etc., le 4 sept. 1907. Petit Temps du 5 sept. 1907). Cf. *Discours de M. Clémenceau, présid. du conseil des ministres, à l'inauguration du monument de René Goblet*, ancien présid. du Conseil des min., à Amiens, le 6 octobre 1907 (Petit Temps, 7 oct. 1907, « pour la patrie », p. 3, col. 3).

> Sans dents, ni griffes, le voilà
> Comme place démantelée.
> On lâcha sur lui quelques chiens ;
> Il fit fort peu de résistance.
> Lafontaine, *Le lion amoureux*, liv. IV, I.

« Ceux qui ne peuvent affronter les dangers avec courage sont les esclaves des premiers qui entreprennent de les attaquer ». Ariostote, *La Politique*, L. IV, ch. XIII, § 17 (trad. Thurot et Bastien). Paris, Garnier, s. d., p. 186.

b)
> C'est la lutte finale,
> Groupons-nous et demain,
> L'Internationale
> Sera le genre humain.
> *L'Internationale*, paroles de E. Pothier, musique de Degeyter. Paris, libr. popul., 1904.

La Fédération des cuirs et des peaux, forte de 61 syndicats et de 9.134 cotisants, réunie cette semaine en son Congrès national, à Limoges, vient de voter à l'unanimité moins deux abstentions la motion suivante : Le Congrès de Limoges.... les invite [les travailleurs] à répondre aux ordres de mobilisation par un refus en masse de marcher.... Le Congrès décide que la masse ouvrière doit affirmer son action antimilitariste par ces mots : « Plutôt l'insurrection que la guerre » (La Guerre sociale (Dir. Gustave Hervé, 25 sep.-1ᵉʳ oct. 1907).
Cette décision est au fond très conservatrice. Elle implique le maintien de trois facteurs militaristes : celui de la discipline, pour obéir au syndicat ; celui de l'organisation, pour assurer l'action directe : celui de la lutte, pour faire la guerre civile. Les principes demeurent ; seule, leur destination change. (Cf. supra, p. 237, note 1).
c) V. une lettre curieuse du pasteur protestant Edouard Soulier du 30 août 1907 (Débats, 4 sept. 1907, p. 2, col. 1) : Le Président de la République n'accompagne pas à l'église les victimes du *Iéna* ; il ne répond plus au synode national des Églises réformées évangéliques qui lui envoient un « message de respect » ; « toute *Association*, même sportive, dans la dénomination de laquelle apparaît un terme religieux n'aura plus désormais droit d'obtenir de réduction sur le réseau de l'Etat ».

L'Université avait pris part aux sentences à porter contre les hérétiques ; les Docteurs de la Faculté de théologie

a-morale ,   a-tolérante ᵃ et, malgré qu'elle en ait, a-scientifique.

Car c'est d'une psychologie sans observation, que de jeter bas tous les abris qu'habitent les âmes moyennes, pour les pousser dehors sous un ciel sombre où l'on se vante d'avoir éteint les étoiles. Et c'est encore ignorer le premier mot des sciences expérimentales que de s'abstraire des réalités, pour se repaître de formules logistiques et de morceaux d'éloquence (*flatus vocis*).

Le groupement français est atteint d'un fort accès d'*aboulie* sociale, suivant l'expression de Tarde (*Logique sociale*, 1898, p. 112). C'est parfois le prodrome de la dissociation.

Aussi, secrètement averti par l'instinct de conservation, le groupement français a-t-il conscience des ménagements que lui impose sa pathologie actuelle. Il recule devant tout contradicteur sérieux. C'est une retraite par échelons ; à Fachoda (1898), devant l'Angleterre ; à Algésiras, devant l'Allemagne (1906), — deux étapes, dans la logique historique de Sedan et de Metz (1870). Son salut lui apparaît comme situé aux confins de l'abdication et de l'effacement ᵇ. La crise en est au stade aigu. Le malade peut y succomber, ou en sortir plus vigoureux. *Di meliora piis !*ᶜ.

a) Que de villes, à commencer par Paris, où les processions sont interdites et les cortèges athées, collectivistes, anarchistes protégés » (Lettre du pasteur Soulier, ibid.).

« Dans les départements présidentiels et ministériels, les corps dirigeants des diverses Eglises ne sont plus convoqués aux réceptions, mais des syndicats, des associations, qui n'ont en aucune façon de caractères officiels y sont invités et accueillis avec faveur » (Lettre du pasteur Soulier, ibid.).

b) Assurément, « l'orgueil des rois, et aussi bien des consuls et des sénateurs, fut de tout temps la condition de la grandeur des peuples » (G. Tarde, op. cit., p. 116, note 1). Mais l'orgueil collectif est un luxe à l'usage des peuples ayant conservé le « sentiment de la communauté nationale », comme l'appelait Taine. Les sénateurs américains peuvent être orgueilleux. La modestie sied aux sénateurs français.

c) Jusqu'à sa mort survenue le 5 mars 1893 (V. E.-M. de Vogüé, *Devant le siècle* ; Hippolyte Taine, près de son lit de mort. Paris, Colin, 1896, p. 207), Taine inclinait à la solution pessimiste. « Ces conclusions sur la France, diagnostic suprême du docteur sur un malade chéri, il les prévoyait comme devant être de nature si désolante, qu'il en était lui-même terrifié : « Je me demande, disait-il parfois, si j'aurai le courage de les formuler et de les écrire. » Ce douloureux dilemme lui fut épargné : en septembre 1892, alors que quelques pages seulement sur l'*Association* étaient rédigées, la plume lui tomba des mains pour toujours » (H. *Taine, sa vie et sa correspondance*, t. IV, Hachette, 1907, p. 195 et s.). Lire lettre à E. Boutmy, 31 oct. 76, ibid., p. 17 ; L. à M. Denuelle, 21 mai 1877, p. 22, etc.).

Mais l'illustre historien était d'une médiocre santé ; il souffrait fréquemment.

étaient souvent consultés, par les Inquisiteurs ou par le Parlement, comme ce fut le cas pour Etienne Dolet.

Au XVIᵉ siècle, le Parlement prit la direction de la répression contre la Réforme. Des poursuites concurrentes furent exercées par les Inquisiteurs et par les évêques, mais la principale part revint à la juridiction laïque. Les réformés

Cependant d'autres nations font tête au lieu de fuir : l'Angleterre, l'Allemagne, le Japon, etc. (la liste n'est pas indéfinie). Elles se présentent avec des organismes gouvernementaux de structure différente ; mais où l'on distingue les éléments essentiels de stabilité, de fixité, de continuité dans l'effort vers le plus-être. Ces groupements ont la perception nette des contingences immédiates ; ils cultivent aussi la métaphysique, surtout quand elle conclut pour eux à un avantage concret ; ils ne sont exempts ni « de bruit, ni d'agitation, ni de division», mais la solidité du tempérament national y résiste mieux que chez d'autres communautés ethniques en proie à la neurasthénie ; aussi dominent-ils ces dernières, tantôt en les gouvernant directement, tantôt en les enfermant *volente, nolente*, dans la sphère de leur influence.

De telle sorte qu'il est malaisé de déterminer pour un groupement à grande extension, comme une nation, et même pour un groupement à moyenne extension, comme une association privée, quelles sont les conditions de succès ou de décadence. L'énergie gouvernementale n'est pas toujours une faiblesse; ni « le bruit, l'agitation, les divisions», une force ; en renversant les termes, on n'obtiendrait pas davantage un résultat exact. Il semble que pour la culture du « ferment vital », le milieu associationnel doive être composé de ces éléments divers, à un dosage heureux, que la main de l'homme ne peut pas toujours régler.

Chacun s'accorde à reconnaître la complexité du phénomène ; car d'autres éléments y ont leur rôle ; l'âge de la race, la durée du groupement, le degré de développement et d'énergie des agrégats concurrents, la chance qui met en valeur les forces latentes, *the right man in the right*

Encore que la situation, dont il redoutait l'issue pour son pays, se soit aggravée depuis quinze ans, la solution optimiste compte des partisans chez les gens bien portants. A toutes les objections, ils se contentent de répondre : « relisez l'histoire de France, y compris la guerre de Cent ans ». C'est leur tarte à la crème. La réplique est : souvenez-vous de l'histoire de la Pologne et du démembrement prémonitoire de la communauté française en 1871.

Cf. H. Mazel, *La synergie sociale*. Paris, Colin, 1896, p. 352. — Ch. Benoist, *L'anarchie provoquée*, Rev. Deux-Mondes, 15 oct. 1907.

n'y gagnèrent rien (Tanon, *Trib. Inquisition*, op. cit., 1893, p. 550-554). Le dernier tribunal de l'Inquisition fut supprimé à Toulouse sous Louis XIV : il était nominal. « Le dominicain, qui était revêtu du titre d'Inquisiteur, avait encore une pension du roi; mais il ne faisait plus aucun acte de sa fonction et ne résidait même pas sur les lieux » (ibid., p. 555).

476. — Les âmes sensibles, que de tels souvenirs affligeraient, se garderont de dépenser toute leur indignation à propos du passé; il ne leur en resterait plus pour les temps modernes.

Nous avons fait bien pis en France, entre 1792 et 1794 [1];

place [a], enfin la capacité des chefs des groupements, leur maintien en fonction, leur longévité [b]. La plus modeste association commerciale ou sportive est à même, tous les jours, d'apprécier l'importance pour sa prospérité d'avoir et de conserver à sa tête des directeurs, délégués, administrateurs, commissaires, etc., intelligents, dévoués et énergiques [c].

1. V. supra, p. 41, note 3; p. 48, note 1; p. 55, note 1, Adde: toutes les histoires de la Révolution française, quels que soient l'a priori ou la méthode dont relève l'écrivain; toutes les collections de documents de cette époque empruntés aux Archives de l'Etat ou des communes, etc. — Adde un livre récent : Lenôtre, *Les massacres de septembre*. Paris, Perrin, 1907. Rapprocher des tribunaux de salut public de l'Inquisition, ceux du même ordre qui fonctionnèrent à l'Abbaye, à la Force, aux Carmes, en

a) Le capitaine Bonaparte songea à devenir marchand de meubles au faubourg Saint-Antoine; Bismark pouvait entrer au service de l'Autriche, etc. La réalisation de ces contingences eut certainement modifié l'orientation des groupements français, allemands, etc.

b) Cf. l'association de Cluni (*Cluniacensis Congregatio*) au XIIIe siècle, supra, p. 369, à la note : — les longs règnes: saint Louis, Louis XI, Louis XIV, la Reine Victoria d'Angleterre, etc., etc.

c) V., l'action des grandes individualités sur les associations humaines, Stuart Mill et Tarde c. Macaulay, apud G. Tarde, *L'opposition universelle*, 1897, p. 329.

Nous reviendrons sur cette idée, infra, § 7.

à Paris, en 1871 [1]. De combien d'autres dates, la mémoire n'est-elle pas chargée ?

Nous continuons sous des formes provisoirement atténuées [2], qui n'excluent pas une certaine préoccupation

1792. Beaucoup de choses aussi sont particulières dans les tribunaux révolutionnaires : *multa sunt specialia*, comme disait l'Inquisiteur Bernard Gui, de Toulouse, dans sa *Practica* ; il y est également procédé « simplement et *de plono* », « sans noise d'avocats ni figure de jugement », *sine strepitu et figura judicii* (V. Ch. V. Langlois, *L'Inquisition*, Gr. Revue, 1er octobre 1901, p. 70 ; id., p. 73).

Mais quels sont de ces deux sortes de « tribunaux de salut public », ceux qui ont présenté le plus de garanties à l'accusé ? (V. la procédure inquisitoriale, supra, n° 474 *ter*. — Cf. Berriat-Saint-Prix, *La justice révolutionnaire*. Paris, M. Lévy, 1870).

La tyrannie sanguinaire de la Terreur et la résignation des victimes ne s'expliquent que par la décadence de l'organisation associationnelle en France. « Si la France avait conservé, comme l'Angleterre, ses institutions du haut Moyen Age, assemblées locales, vote des impôts, jury ; si elle avait gardé le goût de l'action individuelle et la pratique de l'action associée, libre elle n'aurait jamais connu la monarchie absolue, ni la Révolution : à ce point de vue, on peut dire que depuis le XIVe siècle, la Terreur mûrissait en France. » H. Mazel, *La synergie sociale*. Paris, 1896, Colin, p. 108.

1. Pour la bibliographie sur la Commune révolutionnaire de 1871, adde : aux écrivains apologétiques cités suprà, page 360, — en sens contraire : Maxime du Camp, *Les Convulsions de Paris*. Paris, 1889, 4 vol. in-8, 7e éd. ; J. Claretie, *Histoire de la Révolution de 1870-1871*. Paris, 1875-77, 5 vol. in-8.

2. SUR LA QUESTION D'ARGENT. — Les tribunaux de l'Inquisition et les tribunaux séculiers (*curia sœcularis*) prononçaient, à titre de peine principale ou accessoire, la confiscation des biens des propriétaires qui ne pensaient pas de façon orthodoxe (*in fide aberrantes*), Tanon, op. cit., 1893, ch. VII, Confiscation, p. 523 ; *Sentences de Bernard de Caux et de Jean de Saint-Pierre*, p. 238, 49, 73, 75, 76, apud Mgr Douais, op. cit., 1906, p. 222. Ces tribunaux n'inventèrent rien : c'était un simple rappel du droit romain (Tanon, op. cit., 1893, p. 524).

Le Saint Office et les princes laïques ou ecclésiastiques se partageaient es profits des confiscations dans des proportions variables (Tanon, ibid., p. 533 ; Ch.-V. Langlois, *L'Inquisition*, Grande Revue, 1er octobre 1901, p. 84). « Sans le *stimulant du pillage*, l'Inquisition n'aurait pas survécu... Nulle sécurité non plus dans les transmissions héréditaires,

d'élégance, et la mise en œuvre d'un appareil juridique ingénieux.

puisque ceux dont on avait hérité pouvaient toujours être l'objet de soupçons [et de procès] rétrospectifs » (Léa, op. cit., 1901, I, p. 542, 561, 563, 600). — Adde : Ch.-V. Langlois, loc. cit., p. 82.

Pendant la Révolution française, la confiscation des biens appartenant à des groupes ou à des individus inconvertis au régime nouveau devint systématique. Le 28 vendémiaire an VIII (20 octobre 1800), les Consuls rendirent un arrêté... ; « seraient effacés de la liste [des Emigrés] les catégories suivantes : .....enfin, les victimes des tribunaux révolutionnaires, les suppliciés dont les noms avaient été portés sur la liste dans le but de spolier les héritiers... » Vandal, *Avènement de Bonaparte.* Paris, 1907, t. II, p. 480 (ouvrage remarquable).

Sous la troisième République, la mainmise de l'Etat, sur la propriété privée, à l'aide de formes judiciaires, ne s'exerce encore que sur les biens des personnes morales privées ou publiques à caractère religieux. Aux termes de l'art. 18 du Ier juillet 1901 sur le contrat d'association, les congrégations non autorisées (toutes les demandes d'autorisation ont été écartées depuis la loi nouvelle) sont dissoutes et « les biens détenus par elles » mis en liquidation. On sait que l'appât offert a été l'affirmation que cette liquidation rapporterait au Trésor public environ un milliard ; cet énorme butin devait être réparti parmi le peuple sous forme de pensions, retraites et autres largesses. Depuis sept ans que la liquidation des biens congréganistes est ouverte, les premiers millions de la razzia légale ne sont pas encore en vue : l'Etat a dû même consentir des avances à l'opération. Les Chambres se sont émues de ce résultat imprévu ; elles ont demandé des comptes ; d'où le *Rapport du minist. de la Justice* (Guyot-Dessaigne) *au Prés. de la Rép. s. les opér. rel. à la liquid. des Congrégations supprimées,* impr. nat., 1907, in-4, 492 p. Le Sénat, sur la proposition de M. Combes, a ordonné une enquête (Janvier 1908).

D'après l'art. 2 de la loi du 2 janvier 1907, complémentaire de la loi du 9 décembre 1905 sur la séparation des Eglises et de l'Etat : « Les biens des établissements ecclésiastiques (Menses, Fabriques, Conseils presbytéraux, Consistoires, etc.) qui n'ont pas été réclamés par des associations constituées dans l'année qui a suivi la promulgation de la loi du 9 décembre 1905, conformément aux dispositions de ladite loi, seront attribués à titre définitif, dès la promulgation de la présente loi, aux établissements communaux d'assistance ou de bienfaisance, etc. »

Or, en fait, pour des raisons confessionnelles, aucune association cultuelle n'avait été constituée par les Catholiques.

L'existence d'*associations cultuelles* n'aurait d'ailleurs pas garanti aux groupements, détenteurs réguliers de ces biens, une propriété incommu-

476 *bis*. — Mais, le retour du mode aigu, ou suivant

table. « En combattant l'amendement Allard, le rapporteur [M. Trouil-lot] a lui-même affirmé que les associations cultuelles « n'auront pas la pleine, entière et absolue propriété » des biens à elles dévolus (Ch. Députés, séance du 17 avril 1901, J. Off., p. 1703); c'est dire qu'il y aura derrière elles un autre propriétaire avec des droits supérieurs. Ce propriétaire, ce sera pratiquement l'Etat, et il usera largement de cette qualité dans un avenir plus ou moins prochain. Dès maintenant, ainsi que l'a fait remarquer M. Beauregard, c'est chose grave et inquié-tante pour toutes les personnes morales d'entendre un Président du Conseil affirmer que, distincte de la propriété individuelle, leur propriété ne peut s'exercer que dans la mesure et pour le temps fixés et toujours modifiables par l'Etat (Ch. Députés, séance du 16 mai 1901. J. Off., p. 1728; Auffray, 20 avril 1907, J. Off., p. 1619) », Gustave de Lamarzelle, sénateur, prof. Fac. libr. de dr. de Paris, et Henry Taudière, prof. Fac. libr. de dr. de Paris, *Comm. th. et prat. de la loi du 9 décembre 1905*. Paris, Plon-Nourrit, 1906, 1 vol. in-8, p. 113.

Nous dirons un mot plus loin des conséquences éventuelles d'un tel précédent pour le patrimoine des autres personnes morales, même laïques, (Institut de France, Associations charitables ou scientifiques, Musées, Ordre des Avocats, Compagnies judiciaires, Sociétés d'assurances, etc.).

L'attribution des biens ecclésiastiques aux Communes, la suppression du budget des Cultes, 40 millions (Loi du 5 décembre 1905, art. 2 : « La République ne reconnaît, ne salarie, ni ne subventionne aucun culte »), faisaient naître l'espoir de l'allègement des impôts ; les recherches, expé-riences, « sondages », etc. de M. le Ministre des Finances Caillaux tendent au contraire à les augmenter. Le Budget est en déficit.

SUR LA QUESTION DE LIBERTÉ, laissée ou retirée aux individus en raison de leurs opinions religieuses : — « Sous la troisième République, l'Etat voit dans l'Eglise une rivale et une adversaire : en conséquence, il la persécute ou il la tracasse, et nous voyons aujourd'hui de nos yeux comment la minorité gouvernante....... dissout les congrégations d'hommes et chasse de leur maison des citoyens libres dont l'unique délit est de vouloir vivre, prier et travailler ensemble » (Taine, *Le Régime moderne*, II, Paris, 1898, p. 138).

Cependant, la Déclaration des droits de l'homme et du citoyen des 20-26 août 1789 (V. l'historique des différentes Déclarations des droits, supra, page 44, note 3) contient les articles suivants : art. 10. « Nul ne doit être inquiété pour ses opinions, même religieuses, pourvu que leur manifestation ne trouble pas l'ordre public établi par la loi » ; — art. 17. « La propriété étant un droit inviolable et sacré, nul ne peut en être privé, si ce n'est lorsque la nécessité publique, légalement

l'expression consacrée, de la « manière forte [1] », nous guette.

Des groupements nouveaux s'assemblent, en route vers la Justice et la Vérité, et aussi vers une répartition diffé-

constatée, l'exige évidemment, et sous la condition d'une juste et préalable indemnité. »

Sur la question de pénalité. — Le tribunal inquisitorial condamnait à la prison douce ou rigoureuse, temporaire ou perpétuelle (V. extrait des sentences de Bernard de Caux, apud Mgr Douais, L'Inquisition. 1906, p. 222, aux notes ; et supra, nᵒ 474 et les notes); mais de nos jours, en certains pays, la prison perpétuelle des assassins ne le cède pas à l'ancien murus strictissimus. V. l'existence de Bresci, l'assassin du roi Humbert, dans les prisons italiennes (E. Drumont, En marge, La Libre Parole, du 24 septembre 1907).

1. Il y a de grandes probabilités pour le « retour de la manière forte », car « la violence » est rangée au nombre des vertus cardinales préconisées par la fraction d'avant-garde du socialisme.

Les métaphysiciens autorisés de la doctrine syndicaliste révolutionnaire « anarchisante » (G. Sorel, loc. cit., ci-après, p. 90), estiment que « la violence » peut seule fournir une base éthique à la vie sociale : « On peut se demander s'il n'y a pas quelque niaiserie dans l'admiration que nos contemporains ont pour la douceur » (G. Sorel, La moralité de la violence, Mouvement socialiste, 15 mai-15 juin 1906, p. 34). « La notion de lutte de classe étant fondamentale pour le socialisme, celui-ci doit être révolutionnaire ; l'idée de grève générale peut alimenter la notion de lutte de classe, et cette idée peut être entretenue par des conflits courts et peu nombreux (id., p. 409); « engager les travailleurs à ne pas reculer devant la brutalité quand celle-ci peut leur rendre service (id., p. 42) ; pour une « morale digne d'être admise », il faut se « demander si la violence prolétarienne ne devient pas susceptible de produire les effets que l'on demanderait en vain aux tactiques de la douceur » (id., p. 69). Il n'y a pas de morale sans idée de sublime ; il faut que la conviction domine toute la conscience (p. 71) : dans une guerre qui doit se terminer par le triomphe ou l'esclavage [de l'un des combattants] le sentiment du sublime doit naître tout simplement des conditions de la lutte (p. 76). « Dans le pays où existe la notion de grève générale, les coups échangés durant la grève... peuvent engendrer du sublime » (p. 88) ; les actes de violence peuvent se grouper autour du tableau de la grève générale et produire ainsi une idéologie socialiste, riche en sublime (p. 81). La nouvelle école [marxiste], « en raison des valeurs morales nécessaires pour perfectionner la production, a un souci considérable de l'éthique (p. 71) ; on ne crée pas une morale avec des prédications tendres, des fabrications ingénieuses d'idéologie ou de

rente — meilleure, sans doute — des biens terrestres. Les groupements, qui détiennent peu ou prou de ces biens, en

beaux gestes » (id., p. 92). Les valeurs morales sont en baisse, nous vivons de l'ombre d'une ombre, de quoi vivra-t-on après nous ? dit Renan, « c'est l'absence de sublime qui fait peur à Renan » (p. 97). « Ce ne sont pas des considérations sur l'Univers qui pourront donner aux hommes ce courage que Renan comparait à celui du soldat qui monte à l'assaut. Le sublime est mort dans la bourgeoisie et celle-ci est donc condamnée » (p. 98) ; «... curieuses analogies entre les qualités les plus remarquables des soldats qui firent les guerres de la Liberté [1re Révolution française], et celles qu'engendre la propagande faite en faveur de la grève générale, et celles que l'on doit réclamer d'un travailleur libre dans une société hautement progressive » (p. 111) ; « les batailles... deviennent des accumulations d'exploits héroïques accomplis par des individus qui puisent dans leur propre enthousiasme les motifs de leur conduite » (p. 112) ; « le même esprit se retrouve dans les groupes ouvriers qui sont passionnés pour la grève générale » (p. 114-119) ; « les anarchistes sont entrés en masse dans les syndicats depuis que ceux-ci ont beaucoup accusé des tendances favorables à la grève générale » (p. 114) ; « la grève générale tout comme les guerres de la Liberté est la manifestation la plus éclatante de la force individualiste dans des masses soulevées » (p. 115) ; « la morale n'est pas destinée à périr parce que ses moteurs seront changés... elle peut trouver encore un enthousiasme capable de vaincre les obstacles qu'opposent la routine, les préjugés, et les besoins de jouissances immédiates... Il n'y a qu'une seule force qui puisse produire cet enthousiasme sans lequel il n'y a point de morale possible, c'est celle qui résulte de la propagande en faveur de la grève générale » (p. 123) ; « l'idée de la grève générale, rajeunie par les sentiments que provoque la violence prolétarienne, produit un état d'esprit tout épique » (ibid.) ; telle est la signification de la violence prolétarienne (ibid.) ; pas de déchéance des « valeurs morales » : « si les travailleurs ont assez d'énergie pour barrer le chemin aux corrupteurs bourgeois, en répondant à leurs avances par la brutalité la plus accusée » (p. 124) ; « la violence reliée à l'idée de grève générale » (ibid.) ; « toutes les vieilles dissertations abstraites deviennent inutiles sur le futur régime socialiste » (ibid.). « C'est à la violence que le socialisme doit les hautes valeurs morales par lesquelles il apporte le salut au monde moderne » (ibid.). — Adde : G. Sorel, *L. à M. Daniel Lévy*, Mouvement socialiste, 15 août-sept. 1907, p. 161 ; H. Lagardelle, *Sur l'idée de patrie de A. Croiset*, ibid., 15 février 1908, p. 147.

Ce sont là de fortes paroles ; elles aboutissent à cette conclusion que

vertu du « régime juridique » actuel accepteront-ils, avec résignation d'en être dénantis « parce qu'un nouveau régime

la lutte est la fonction héroïque de l'homme. La classe, la catégorie, le groupement dont l'intérêt ou l'idéal entretient le goût de cette fonction est le gardien de l'éthique humaine. La douceur, le pacifisme sont pour la morale des anesthésiques mortels. Dans la veulerie générale d'une société capitaliste, égoïste et jouisseuse, le prolétariat, en marche vers « la grande bataille qui décidera de l'avenir » (G. Sorel, ibid., p. 36) est le réservoir de l'enthousiasme, de la tendance au sublime, du sentiment épique, sources pures de la moralité ; le prolétariat, à l'instar du soldat qui monte à l'assaut, possède cet état d'esprit ; il y est entretenu par l'idée de la grève générale, étape décisive, vers la conquête sociale ; les conflits économiques accidentels (grèves partielles, émeutes ouvrières, etc.) sont des escarmouches utiles où se réchauffe l'ardeur des militants.

Rapprochement : en 1880, nous prîmes part à la session de l'Institut de droit international, tenue à Oxford, où fut préparé un « Manuel des lois de la guerre, conforme au progrès de la science juridique et aux besoins des armées civilisées ». L'ambition de ce travail était, non de raréfier les conflits armés des associations à grande extension, comme les nations, mais d'en atténuer l'inévitable cruauté. Le Manuel fut communiqué au feld-maréchal allemand de Moltke ; il l'approuva dans une réponse célèbre, où il mit en relief la « valeur morale » de la « violence » dans la destinée humaine. Cette belle lettre a été publiée in extenso dans la « Revue de droit international, de Bruxelles » (Rolin, avocat, directeur), en 1881.

Nous extrayons de la lettre du feld-maréchal de Moltke, les lignes suivantes : « Berlin, 11 décembre 1880..... Avant tout, j'apprécie pleinement les efforts philanthropiques faits pour adoucir les maux qu'entraîne la guerre. La paix perpétuelle est un rêve, et ce n'est même pas un beau rêve. La guerre est un élément de l'ordre du monde établi par Dieu ^a. Les plus nobles vertus de l'homme s'y développent ; le courage et le renoncement, la fidélité au devoir et l'esprit de sacrifice. Le soldat donne sa vie. Sans la guerre, le monde croupirait et se perdrait dans le matérialisme » (Rev. de droit intern. de Bruxelles, 1881, p. 80).

Contrà. — « ... La guerre et la lutte ne constituent pour la Nature,

---

a) Ce terme respecté est, suivant les croyances, interchangeable avec les vocables : Jupiter, Jéhovah, Allah. le Grand Architecte de l'Univers, le grand Pan, le Destin, la Catégorie de l'idéal, les Lois du Monde, les Forces naturelles, etc.

L'opinion exprimée par l'illustre correspondant est indépendante de tout « piétisme » ; elle est celle d'un homme qu'un long contact des réalités, pendant une carrière de premier plan, a libéré des chimères.

juridique doit succéder à l'ancien pour s'adapter aux conditions où se trouvent les moyens les plus avancés de

et surtout pour l'Humanité, qu'une « déviation ». Le progrès humain
pouvait s'opérer autrement, sous l'influence d'une « religion démilitari-
sée ». V. les développements de cette construction hypothétique, avec
des vues originales sur le « fait de la lutte » ainsi que sur le « fait associationnel », et leurs réactions réciproques, G. Tarde, prof. au Collège
de France, *L'opposition universelle*, 1897, p. 391 et s. ; notamment
p. 399 et s. — Cf. Tarde, *Les lois sociales*, 4ᵉ éd. Paris, 1905, p. 87.
L'éminent sociologue y condamne, philosophiquement, « l'œuvre du
militarisme » avec la même énergie (ibid., p. 405) que les antimilita-
ristes poursuivis devant la Cour d'assises de la Seine (Gazette des tribunaux, années 1907, 1908), sauf que ces derniers ne proscrivent la guerre
qu'entre les Groupes-Nations, pour l'entretenir à l'état endémique entre
les Groupes-Classes sociales.

Mais l'humanité ayant *dévié*, il s'agit de savoir si, d'un point de vue positif,
G. Sorel et le feld-maréchal de Moltke n'ont pas raison contre G. Tarde.

Il n'est pas à craindre que la violence soit « entraînée dans la
déchéance générale des valeurs morales » (G. Sorel, loc. cit., p. 124).
Dans le bouillon de culture, où elle est entretenue à l'usage des associations ouvrières, les « préparateurs » de la société future versent d'une
main vigilante la haine, la « colère » et « l'esprit de révolte » : « Si
cela se faisait [entente entre les patrons et ouvriers agricoles dans la
crise viticole du Midi] les ouvriers perdraient pour longtemps *l'esprit
de combat* et *l'énergie révolutionnaire* qui leur sont si indispensables pour
lutter contre leurs éternels adversaires... au contact permanent de leurs
adversaires dans les syndicats mixtes d'ouvriers et de patrons, les exploités affaiblissent leur courage, émoussent leur *esprit de révolte*, et les
exploiteurs profitent de cet amollissement des nécessaires *colères* des
travailleurs » (L. Niel, *Mouvement tournant dans le Midi*. L'Humanité,
29 août 1907). — Cf. V. Griffuelhes, *Chez les Vignerons*, Voix du peuple,
24 nov.-1ᵉʳ déc. 1907 ; E. Pouget, l'*Action directe* (15 janvier 1908).

Le congrès anarchiste tenu à Amsterdam du 25 au 31 août 1907 a
voté la motion signée Emma Goldman, Malatesta, Marmande, Monatte,
Dutrois, etc. : « Les anarchistes, considérant le mouvement syndicaliste et la grève générale comme de puissants moyens révolutionnaires
mais non comme les succédanés de la Révolution, pensent que la *destruction* de la société capitaliste et autoritaire peut se réaliser seulement
par *l'insurrection armée* et *l'appropriation violente*... » (Compte rendu du
Congrès anarchiste d'Amsterdam, La Guerre sociale. Directeur : Gustave
Hervé, nᵒˢ 4-10, septembre 1907).

On peut avancer sans témérité, que, si, au jour « de la grande bataille

production[1] » ? Par un geste renouvelé de la « Nuit du 4 août [1789], événement exceptionnel, bien rare dans la vie des peuples[2] », s'en dessaisiront-ils dans un bel élan fraternel, en faveur d'assaillants qui marchent sur eux l'injure et la menace aux lèvres ?

Dès lors, il n'est pas impossible que les Associations aient entre elles des frictions aussi rudes que les individus. Mais, comme l'a dit un éminent sociologue, « dans la marche de l'humanité vers l'émancipation, combien d'étapes qui ne soient marquées d'une tache de sang[3] ? »

de l'avenir » (G. Sorel, loc. cit., p. 36), les groupements destructeurs et appropriationnistes se heurtent à des adversaires, décidés à vendre chèrement leur vie et leurs biens, il y aura, quel que soit le vainqueur, une effusion de sang et même des excès de rapine et de cruauté, dont les tortures inquisitoriales, les confiscations et les bûchers pour cause d'hérésie, voire les massacres terroristes du passé, n'auront été que des « images affaiblies ».

Cette contingence est pour la méditation un sujet très sain ; sa « valeur morale » est considérable. Rien n'est plus propre à entretenir l'idée du « sublime » et « l'état d'esprit épique[a] » que la perspective d'une lutte prochaine[b], et sans merci.

1. G. Sorel, Préface au livre de S. Merlino, *Formes et essence du socialisme*. Paris, Giard et Brière, 1898, p. xxxv.

2. Aristide Briand, *Grève générale*, etc., p. 18.

3. A. Briand [ministre de l'Instruction publique et des Cultes en 1907, de la Justice en 1908], *La grève générale et la révolution*, Discours du citoyen A. Briand devant le Congrès gén. du Parti socialiste, p. 13. (V., pour la description bibliogr. de cette brochure, devenue rare, infra, p. 432, à la note.)

a) « Etre c'est lutter ; vivre c'est vaincre », ainsi que l'écrit F. Le Dantec en épigraphe à son livre : *La lutte universelle*. Paris, Flammarion, 1906.

b) « Nous courons vers une catastrophe qui n'aura rien de révolutionnaire, sinon le décor de violence » (Eug. Fournière, *Course à l'abîme*, Revue socialiste, août 1907, p. 152. — Cf. E. Faguet, *La révolution sociale est-elle possible ?* Revue française (Dir. : Louis Dausset), 25 août 1907, p. 840.

V. le thème de la « révolution méthodique » : 1° résistance passive » ; 2° grève générale » ; 3° « insurrection générale et autres moyens commandés par les circonstances ». (Lettre Pressensé, à propos de la lutte contre l'empire ottoman (l'Humanité, 12 janvier 1908, p. 2).

477. — Les autres peuples nous suivent; quelques-uns nous dépassent[1]; car nous ne sommes pas parmi les pires.

Pendant les douceurs de la paix, une simple divergence de concepts sur des matières de politique, de religion, de race, d'organisation du travail, etc,. précipite rageusement les hommes, associations ou individus, les uns sur les autres: *Homo homini lupus*[2]. Un vernis de civilisation, très

1. Cf. seulement, de nos jours : des actes contre des collectivités, tels que les massacres des Arméniens en Turquie d'Asie, des Grecs et des Bulgares dans la péninsule des Balkans, etc; — des actes contre des individus, représentatifs de collectivités, par exemple jets de bombe sur Alphonse XIII et la reine Victoria d'Espagne, le 30 mai 1906, à l'issue de la cérémonie nuptiale, calle Mayor, à Madrid, broyant, estropiant les spectateurs. (V. Clunet, Journal, 1906, p. 766) ; id., sur le premier ministre russe Stolypine, en 1906, dans sa maison, tuant des visiteurs, des employés, mutilant les enfants, — Les attentats de ce caractère ont été presque quotidiens en Russie en 1907[a], etc., etc.

« Leur fracasser la tête, les bras, leur déchiqueter le ventre et les poumons avec des éclats d'obus, [de bombe] *plus tortionnaires que tous les bourreaux d'ancien régime* ; en vérité, cela ne peut plus se soutenir », G. Tarde, *L'opposition universelle*. Paris, 1897, p. 411.

Cf. les atrocités, les monstruosités lubriques et les actes de délire sadique commis ces temps derniers par les Marocains sur des naufragés, sur les habitants de maisons isolées, et sur les gens de Casablanca en août 1907, sans distinction d'âge ni de sexe, de religion ou de race. Naudeau, *Tribus de satyres* (lettre de Casablanca au Journal du 12 oct. 1907).

2. C'est de ce nom que Jésus désignait les hommes, en envoyant ses disciples leur porter la bonne parole : *Ite, ecce ego mitto vos sicut agnos inter lupos* (Evang. S. Luc, X, 3). — Cf. Evang. Mathieu, X, 16. Dans ces dix dernières années, nous avons formé un dossier dont la cote porte pour épigraphe : « *Homo homini lupus* »[b]. Nous y avons collectionné, au fur et à mesure qu'ils se produisaient, les principaux faits qui justifient cet aphorisme. Nous renonçons à le dépouiller, non parce qu'il est affligeant, mais simplement parce qu'il est trop volumineux, — « être pessimiste ou optimiste, cela est permis aux poètes et aux artistes, non aux hommes qui ont l'esprit scientifique ». (Taine à Georges Lyon, 9 déc. 1891. *Taine, sa vie, sa corresp.*, t. IV. Paris, 1907, p. 331.)

a) Cf. massacre de la famille royale de Portugal à Lisbonne (1er février 1908); jets de bombes sur le Shah de Perse, sur le président de la Rép. Argentine, Alcorta (28 fév. 1908).

b) L'aphorisme complet est : *Homo homini deus et homo homini lupus*. Hobbes (1588-1679) d'après F. Bacon (1556-1626) (v. texte G. Lyon, Gr. Encycl. v° Hobbes).

mince, recouvre la barbarie originelle : il s'écaille au moindre choc, et le dessous réapparaît dans sa sévère réalité[1].

477 *bis*. — Les termes de Bonté[2], de Charité[3], de Fraternité[4] ne seraient-ils que d'éblouissants « Universaux » n'ayant au delà du verbe mental qu'une réalisation inter-

---

1. « Le triomphe de la tolérance parmi nous n'est pas sans doute aussi complet qu'on le suppose volontiers. Les formes les plus brutales de l'intolérance instinctive reparaissent aussitôt que les circonstances le permettent. Et les formes silencieuses dues au « progrès de la civilisation » comme la mise à l'index et le boycottage, sont parfois les plus cruelles de toutes. Enfin, les Eglises proprement dites ont cessé d'en avoir la spécialité ; l'intolérance a été laïcisée comme le reste ; et les « chapelles » politiques la pratiquent, sous nos yeux, dans la mesure de leurs forces ». Ch.-V. Langlois, *L'Inquisition*, Grande Revue, Ier sept. 1901, p. 580.

« Les grands furieux qui se sont déchirés en 1793 semblent nous avoir légué leur pensée et leur vengeance. Tous ces morts nous oppriment, nous hallucinent. Plus vivants que jamais, ils reprennent par nos bouches leur dialogue de haine » (Eugène Fournière, *La course à l'abîme*, Revue socialiste, août 1907, p. 151).

« L'avenir immédiat est obscur. Il n'est pas certain qu'il soit assuré à la lumière ». Renan, apud G. Sorel, *La moralité de la violence*, Mouvement socialiste, juin 1906, p. 93.

2. V., sur la Bonté, considérée métaphysiquement et dans le plan de l'univers, G. Tarde, *L'opposition universelle*, 1897, p. 397.

3. La Charité au sens philosophique, et au sens chrétien : V. une définition des diverses acceptions de ce mot, vo Charité, *Vocabulaire philosophique*, publié sous la direction de MM. Xavier Léon et André Lalande, Bull. de la Soc. fr. de Philosophie. Paris, Colin, juin 1903, p. 168.

4. « La fraternité contient tout pour l'Institut comme pour l'atelier... Si l'on nous demande : Quelle est votre science ? La Fraternité, répondrons-nous. Quel est votre principe ? La Fraternité. Quelle est votre doctrine ? La Fraternité. Quelle est votre théorie ? La Fraternité. Quel est votre système ? La Fraternité... » E. Cabet, ex-procureur général, *Voyage en Icarie*, 1842, p. 567. — « La Fraternité constitue toute la loi », d'après Jésus, Cabet, *Le vrai Christianisme*, Paris, 1848, p. 114.

Il y eut des « arbres de la Fraternité ». Le plus célèbre fut planté solennellement, le 23 janvier 1793, place du Carrousel, en présence du Conseil général de la Commune et des autorités de Paris (C. G. Gr. Encycl., t. 3, p. 589).

Ces arbres sont morts ; ils n'ont pas été remplacés.

mittente[1] ? On parle maintenant de solidarité[2], de solidarisme[3], avec appel à la solidarité biologique des naturalistes.

1. Ces Universaux sont d'ailleurs condamnés par les groupements
socialistes, animés de la foi marxiste ou néo-marxiste. Le « socialisme
est une question morale » ; « en fait, il apporte au monde, pour employer une célèbre expression de Nietzsche, une nouvelle évaluation de
toutes les valeurs ». Conséquemment, « d'après ce principe, le socialisme
doit être comparé au christianisme des premiers siècles ».

Mais « le socialisme chrétien est incapable de résoudre la question
sociale », parce qu' « il nie la nouvelle évaluation de toutes les valeurs »
(Peut-être le christianisme ayant apporté, en son temps, une nouvelle
évaluation de toutes les valeurs, estime-t-il que cette évaluation n'est pas
périmée ?) « Plus le socialisme chrétien multiplie ses appels, à la *charité*,
à la *bonté*... plus aussi il s'éloigne de l'esprit prolétarien » (G. Sorel, préface au livre de S. Merlino, *Formes et essence du socialisme*. Paris, Giard
et Brière, 1898, p. XLII. — Les passages guillemetés appartiennent seuls
au préfacier).

2 et 3. Gambetta avait déjà remis en honneur cette abstraction, dans
les années qui ont suivi la guerre de 1870.

«.... De manière à les amener [les peuples] à ne régler leurs rapports
que par les principes communs et par les lois de cette *solidarité* supérieure qui substitue le règne du droit aux entreprises toujours ruineuses
de la force » (Gambetta, *Discours au Banquet offert à Littré, auteur du
Dictionnaire de la langue française*, le 5 janvier 1873, apud F. Picavet ;
Essai sur l'éducation d'un grand orateur, Rev. intern. de l'enseignement,
15 décembre 1905, p. 489. — « Il y a, chez A. Comte, une ambition
irrésistible et sentie par tous de remettre la France à son véritable rang
de grande nation par le travail, par la science, par la *vertu*, par la SOLI-
DARITÉ » (Gambetta, *Discours à la Société philotechnique*, le 22 décembre
1880, apud F. Picavet, ibid., p. 491).

Le livre de M. Léon Bourgeois (*Solidarité*. Paris, Colin, 1897,
3e éd., 1902) a de nouveau attiré l'attention sur cette notion. Le
mérite personnel de l'auteur n'a pas été étranger à ce succès. — Cf.
Marion, *La solidarité morale*. Paris, Germer-Baillière, 2e éd., 1883 ; —
Tarde, *Solidarité et Charité*, Revue polit. et parlement., juin 1901, p. 230;
— G. Vaes, *La solidarité sociale*. Disc. rentrée jeune barreau d'Anvers.
Journ. des tribunaux (Bruxelles), 10 nov. 1901; — Darlu, Rauh,
F. Buisson, Gide, X. Léon, La Fontaine, Boutroux, *Essai d'une philo-
sophie de la solidarité*. Paris, Alcan, 1902 ; — P. Budin, Ch. Gide, H.
Monod, Paulet, Robin, Siegfried, Brouardel (préf. de Léon Bourgeois),
Les applications sociales de la solidarité. Paris, Alcan, 1903 ; — C. Bouglé,
prof. de philos. soc. à l'Univ. de Toulouse, *Le Solidarisme*. Paris,

Enfin, dans une ambition généreuse, qu'il convient de ne

Giard et Brière, 1907 ; — G. Kurnatowski, *Esquisse d'évolution solida-
riste*. Paris, M. Rivière, 1907, br. — G.-L. Duprat, *Solidarité sociale*.
Paris, Doin, 1907. — V. sur la Solidarité biologique, Dʳ Vuillemin,
L'Association pour la vie, Nancy, impr. coopér. de l'Est, 1902, p. 4 ;
Leclerc du Sablon, *Association pour la vie* (symbiose), Revue du mois,
10 déc. 1907, p. 677.

« Le mot de solidarité n'est entré que depuis peu d'années dans le
vocabulaire politique. » Littré, en 1877, dit seulement : c'est la responsabilité mutuelle qui s'établit entre deux ou plusieurs personnes » (L.
Bourgeois, op. cit., 1897, p. 6) ; « la doctrine de la solidarité apparaît...
comme l'achèvement de la théorie politique et sociale dont la Révolution
française, sous les trois termes abstraits de liberté, d'égalité et de fraternité, avait donné la première formule au monde » (ibid., p. 156).

« Le « solidarisme » semble en passe de devenir pour la République
une manière de philosophie officielle. Il est le fournisseur attitré de ces
grands thèmes moraux qui font l'accord des consciences et que le
moindre personnage public se sent obligé de respecter aux occasions
solennelles. Déjà l'Exposition de 1900 avait été placée par le discours
de M. Loubet [président de la République] ᵃ aussi bien que par celui de
M. Millerand [ministre du commerce] ᵇ sous l'invocation de la solidarité.
Le prestige de cette figure nouvelle, depuis, n'a fait que croître. Elle
siège au plafond du Parlement, comme la patronne désignée des lois
d'hygiène sociale et d'assistance mutuelle » (Bouglé, 1907, p. 1).

— « Mélange de l'idée messianique et des concepts de J.-J. Rousseau :
Quand il n'y aura plus ni riche ni pauvre, quand le famélique n'aura
plus à regarder le repu d'un œil d'envie, l'amitié naturelle pourra
renaître parmi les hommes, et la *religion de la solidarité* étouffée aujour-
d'hui prendra la place de cette religion vague, qui dessine des images
fuyantes sur les vapeurs du ciel. La révolution tiendra plus que ses pro-

---

a) E. Loubet, présid. de la Républ. fr., *Discours pour la distribution des prix de
l'Exposit. de 1900*, 18 août 1900 : « L'Exposition de 1900 aura fourni à la solidarité son expression la plus brillante. La solidarité à qui nous devons déjà de
grandes choses... nous permettra d'apercevoir d'un peu plus près le but suprême
vers lequel tendent les intelligences libres et les causes généreuses; la diminution des misères de toutes sortes et la *réalisation de la fraternité* » (apud Ch.
Gide, *Economie sociale*. Paris, Larose et Tenin, 1907, p. 55, note 1).

b) Millerand, ministre du Commerce, *Discours à l'ouverture de l'Exposition
de 1900* : « Elle [la Science] livre le secret de la grandeur matérielle et morale
des sociétés, la *solidarité*.... Institutions de prévoyance, d'assistance, de mutua-
lité, Syndicats, Associations de tout genre destinées à grouper en un faisceau
résistant les faiblesses individuelles; autant de témoignages de la solidarité
humaine » (apud Ch. Gide, op. cit., 1907, p. 56).

pas décourager, quelle que soit la leçon des faits, on parle

messes ; elle renouvellera les sources de la vie.... » Elisée Reclus, préface à la *Conquête du pain* de P. Kropotkine. Paris, Tresse et Stock, 1892, p. XIV. — Cf. Kropotkine, ibid., p. 296.

Des groupements ouvriers, du type des « associations déclarées » de l'art. 5 de la loi du 1er juillet 1901, se placent sous ce vocable : 6 sept. 1907, *La Solidarité ouvrière*, association mutuelle de secours après décès. Poissy. S.-et-O. (J. officiel, 12 sept. 1907, p. 6496). — V. la plaquette-médaille de Petiot : « La République montrant au Travail le soleil de la Solidarité » (chez H. Audouin, Paris, 81, r. Beaubourg).

Le culte de la nouvelle divinité se heurte déjà à des critiques irrévérencieuses :

Mgr d'Hulst, *Carême*, 1876, 1ere confér., 23 févier 1896 : la fraternité humaine ; — Tarde, *Compte rendu* (Académie des sciences morales et politiques), 1903, p. 421 ; — Brunetière, *Discours de combat*, II, p. 61 et s. ; — A. O. Welson, *Solidarité et charité*, Revue prat. d'apolégétique, 1er fév. 1906 ; — G. Goyau, *Solidarisme et Christianisme* ; — M. Barrès, *Scènes et doctrines du nationalisme.* p. 15 ; — P. Bourget, *L'Etape*, p. 304 ; — R. Dauly, *La solidarité*, Rev. augustinienne, 15 octobre 1906, p. 458.

E. Gebhart : « Peut-on lire un discours d'homme politique, de ministre, de Président de la République sans y voir ce mot surprenant de « solidarité » ? C'est le refrain lourd et dénué de sens de la jeune chanson. » *Croisade contre l'orthographe*, L'Eclair, 18 déc. 1906.

« Le pouvoir des mots n'est pas près de disparaître... La solidarité qui est à la base de la plupart des grèves... est un fond d'intérêt personnel plus féroce... Pour obtenir satisfaction, ils ne regardent nullement à côté d'eux et ne s'inquiètent pas le moins du monde de savoir si l'amélioration de leur sort n'est pas poursuivie au prix de souffrances absolument étrangères à l'état de choses dont ils souffrent [répercussion de la grève des inscrits maritimes de Marseille sur le trafic des primeurs d'Algérie etc.].... la solidarité corporative, c'est la lutte sans merci pour des intérêts particuliers.... Chacun pour soi. Voilà ce que signifie cette « solidarité ». C'est la « solidarité » des égoïstes ; elle ne peut engendrer que la solidarité des ruines » (*La solidarité d'aujourd'hui*, Le Temps, 7 juin 1907).

Paul Olivier : « Le développement du solidarisme est un des traits les plus inquiétants de l'heure présente. Il est la marque et la cause d'un très-grand affaissement des énergies.... Un système juridique, moral ou religieux ne parvient à s'imposer à une société que s'il est apporté par un groupe d'hommes qui aient rompu avec les représentants de l'état social antérieur. On pourrait dire que le solidarisme est proprement la négation des conditions mêmes de l'avenir du

même de solidarité internationale avec la Science, comme lien religieux, et la Fraternité, comme but[1].

L'homme moderne va tâter de cette nouvelle abstraction en passe d'être déifiée[2]; il s'en trouvera mieux sans doute.

478. — Toutefois, le psychisme humain est un composé très riche; il n'y entre pas que des éléments d'égoïsme[3]

droit, de la morale » (*Compte rendu du livre : « Le solidarisme »*, de C. Bouglé, Mouvement socialiste, 15 juillet 1907, p. 90. — Dans son nᵒ du 15 février 1908, le Mouvement socialiste annonce comme article à paraître : Paul Olivier, *Le Mensonge et le danger du « Solidarisme »*.

1. « Il serait très important de trouver quelque principe général sur lequel s'appuierait *la solidarité internationale*. On parle de culture commune aux divers peuples, sans bien songer que ce terme est trop peu précis. La reconnaissance du vrai but de l'existence humaine et de la Science comme unique moyen pour l'atteindre peut servir d'idéal pour l'union des hommes; ils se grouperont autour de lui, comme autrefois ils se groupaient autour de l'idéal religieux », Elie Metchnikoff, prof. à l'Institut Pasteur, *Etude sur la nature humaine*. Paris, Masson, 1905 (lire de la p. 388 à la p. 390).

L'idéal religieux n'a pas empêché les groupements et les associations de s'entrechoquer. Avec la science pour idéal et la fraternité pour but, ils passeront leur temps à s'embrasser.

2. Cf., à raison de son aptitude aux généralisations et aux méthodes déductives, la tendance de l'esprit français à systématiser et diviniser une idée générale abstraite : la Déclaration des Droits de l'homme « est une sorte de dogme *religieux* ». De là « le fanatisme avec lequel elle a été défendue et attaquée; l'enthousiasme qu'elle excite encore ». L'esprit classique est « analogue à la *foi* des quatre premiers siècles; c'est une croyance irrésistible, systématique... » (*Taine, sa vie, sa correspondance*, III, 1905 (notes préparatoires pour les Origines de la France contemp.), p. 318-320.

« Ces matières et ces forces par lesquelles nos savants expliquent tout sont d'anciens dieux sous de nouveaux noms. Il n'y a pas très loin de l'Allah de Mahomet, à l'Inconnaissable de Spencer » (G. Tarde, *La logique sociale*, l'esprit social). Paris, Alcan, 1898, p. 113.

3. L'égoïsme n'est pas une propriété de l'être individuel : il sévit à l'état aigu chez l'être collectif.

V. aux Etats-Unis la lutte engagée par le Gouvernement contre les excès des groupements ou associations d'industries connues sous le

et de férocité; à dose égale, s'y combinent des éléments d'altruisme [1], de désintéressement, d'entr'aide [2].

nom de Trusts (v. supra, page 295, à la note) et dont « une expérience déjà longue a permis de mesurer l'*égoïsme* et la malfaisance » (E. Martin-Saint-Léon, *Le Président Roosevelt et les Trusts*, Le Correspondant, 10 septembre, 1907, p. 919). « L'issue du combat est incertaine » (ibid.). Les « honnêtes gens au type flasque flétris par l'auteur de la *Vie intense* » sont obligés de réagir; les voici amenés à « lutter sans trêve contre l'oppression d'où qu'elle vienne, d'en haut ou d'en bas » (ibid.).

Voilà encore un coin du monde où la « valeur morale de la violence » (v. supra, p. 420, note 1) n'est pas en baisse. La lutte des individus s'y renforce de celle des associations.

1. Lire les sept discours sur les prix de vertu prononcés au xxe siècle à l'Académie française, par Jules Lemaître en 1900 (plusieurs pages sont parmi les meilleures qui aient été écrites depuis Renan), par le comte A. de Mun en 1901, par H. Houssaye en 1902, par Thureau-Dangin en 1903, par P. Hervieu en 1904, par P. Deschanel en 1905, par P. Bourget en 1906, par M. Barrès en 1907. Paris, Firmin-Didot, in-16.

Chaque discours est assorti d'un document précieux. C'est le « livret contenant le récit des actions vertueuses pour lesquelles des prix et des médailles ont été décernés ». Lecture reposante!

2. V. Pierre Kropotkine, L'entr'aide chez nous (p. 241-283); L'entr'aide de nos jours (p. 284-317); Conclusion (p. 319), *L'Entr'aide*, op. cit. Paris, Hachette, 1906 (documenté surtout pour l'Allemagne, et pour l'Angleterre, où vit l'auteur); — à rapprocher, du même auteur, *Le Communisme anarchiste*, p. 37, dans la Conquête du pain, op. cit., 1892, p. 37. La faiblesse scientifique des conclusions de Kropotkine vient de ce que, dans les êtres du règne animal et du règne humain par lui observés, il ne tient compte que du facteur altruiste. Or, le facteur égoïste domine dans la nature. V., sur l'antagonisme de l'égoïsme et de l'altruisme chez l'individu et dans les associations, F. Le Dantec, *Les influences ancesirales*. Paris, 1904, p. 183 et s.

M. S. Merlino estime aussi que l'homme assujettira l'instinct de lutte comme il a assujetti la foudre : « Ne pourrait-il pas substituer l'association à la lutte ? Ne l'a-t-il pas déjà fait ? L'association n'est-elle pas aussi une loi de nature ? » *Formes et essence du socialisme*. Paris, 1898, p. 51. — Prof. A. Coutance, *La lutte pour l'existence*. Paris, Reinwald, 1882, p. 473.

Contrà : Gumplowicz, *La lutte des races*, p. 261 ; p. 344-346. Cet auteur nous paraît beaucoup plus près que ne l'était M. Merlino en 1898, du concept syndicaliste actuel sur la « valeur » de la notion de lutte.

M. Aristide Briand, ministre de l'Instruction publique en 1907, de la Jus-

Le même individu, suivant les circonstances de temps et
de lieu, est tour à tour disposé — à égorger son semblable,

tice en 1908, rappelait, avec beaucoup d'autorité, la nécessité de la violence et du « coup de pouce décisif » (A. Briand, *La grève générale et la
révolution*, p. 18, Disc. du citoyen Aristide Briand devant le Congrès gén.
du parti socialiste, chez le citoyen H. Gérard, 13, Michel-le-Comte, Paris,
[s. d.], prix : 10 cent. — Brochure rare ; 1re éd., de 1 fr. à 1 fr. 50).

L'association peut se « substituer » à l'individu, mais non au principe
même de la lutte. Atténuée entre individus, elle promet d'être plus
aiguë entre associations. La « lutte des classes » est la raison d'être du
syndicalisme révolutionnaire (V. suprà, p. 420, note 1).

— Dans le sens optimiste : V. aussi Th. Ruyssen, *Le Recul du Darwinisme social*, Revue du mois, 10 nov. 1906, p. 558-579.

— G. Tarde n'est pas convaincu de ce « recul ». « Le Darwinisme
social n'a pas seulement justifié le militarisme, il en a fait une religion,
source d'un mysticisme nouveau, d'un délire farouche : Hors de la
guerre, point de salut. C'est la devise de cette école » (*L'opposition universelle*. Paris, Alcan, 1897, p. 364).

Le nouveau militarisme (*id est* : Socialisme anarchique, Syndicalisme
révolutionnaire, etc.) dépasse sur ce point les théories de l'ancien, en
ce sens, qu'il repousse la notion de paix comme a-morale : *abhorret a
pace* (V. suprà, p. 421, à la note). — « En vérité, pas plus que les soldats,
ce n'est la guerre que les syndicalistes redoutent, mais la paix démocratique ». Paul Olivier, *Compte rendu du Solidarisme de Bouglé*, Mouvement socialiste, 15 juillet 1907, p. 91.

« Maintenant, c'est la guerre sociale armée de ses haines salvatrices, de
ses haines bienfaisantes et créatrices dont parlait Jaurès un jour ; c'est un
socialisme qui ne prend pas la peine d'excuser les grévistes de la Corrèze
qui auraient saboté les locomotives ; un socialisme qui ne se croit pas
obligé de dire que ceux qui ont fait flamber à Anvers [grève des dockers en
septembre 1907] des hectares de bois ce ne pouvaient être des socialistes, c'étaient des voyous, des policiers ; un socialisme qui considère
que ce n'est point par le bulletin de vote qu'on arrive à mettre la main
sur les instruments de travail et d'échange ; qui considère que la force
est restée la grande accoucheuse des sociétés » (G. Hervé, *Conf. sur le
Congrès de Stuttgart et l'antimilitarisme*, La Guerre sociale, 18-24 sept.
1907).

« Socialisme et coopératisme... s'accordent d'ailleurs à proscrire la guerre
entre nations » (Th. Ruyssens, loc. cit., p. 577) ; mais ils s'accordent
non moins à la maintenir et à l'attiser entre les classes sociales. La valeur
progressive ou régressive (suivant les concepts éthiques) de la notion de

pour le profit, par vengeance, mais souvent pour la gloire [1],
pour le plaisir, sans raison, ou à lui sauver la vie au péril

guerre n'y perd rien. Par une antinomie déjà signalée (supra, p. 238,
p. 413 en note), l'antimilitarisme est le conservatoire de l'esprit militaire.

Au point de vue associationnel, il faut noter que la guerre prédite et
prêchée (nouvelle forme de croisade) se manifestera plutôt par des chocs
de groupes que par des heurts individuels.

1. Il suffit d'interroger un Juge d'instruction familier avec les affaires
d'Apaches. Henry Maret résume la conversation qu'il a eue avec un
magistrat expérimenté, au sujet des coups de couteau et de revolver, que
ces Barbares d'un nouveau genre administrent tantôt aux passants et
tantôt à eux-mêmes (Le Journal, 19 septembre 1907, p. 1).

Les Apaches ont été ainsi baptisés du nom de l'une des dernières
tribus de Peaux-Rouges du Far-West américain, qui proteste, d'ailleurs,
de l'usurpation de son nom pour un tel usage.

Les Apaches parisiens forment de véritables associations de malfaiteurs, désignées par des sobriquets pittoresques empruntés à l'argot
faubourien. Elles ont leur organisation, leurs chefs, leurs plans de
dévalisation ou de meurtre, leurs batailles entre elles par individus ou
par groupes [a], leur point d'honneur, leurs jugements des traîtres ou
des dissidents, leurs exécutions. Les membres de ces associations [b] sont
jeunes (entre 16 et 25 ans), très près de la nature, partisans décidés de

---

a) Avant les carrousels élégants, décrits par les chroniqueurs chevaleresques
du XIVe et du XVe siècles, les tournois, aux XIIe et XIIIe, étaient des rencontres
brutales et sanglantes où s'entrechoquaient non seulement des individus,
mais des groupes entiers. Les Papes, les Conciles, les Rois de France multi-
plièrent les prohibitions (A. Luchaire, *Manuel*, etc., Capétiens directs, 1892,
p. 229). Il en fut tenu compte, comme aujourd'hui du Code pénal, voire des Ordonnances du Préfet de police par les clans guerroyeurs et pillards de Belleville ou
de Montparnasse qui s'affrontent dans les rues pour soutenir les droits d'une
Terreur ou d'une Panthère, placée à leur tête, — ou pour reconquérir une belle
Hélène de carrefour, casquée de l'or de sa chevelure.

Un gouvernement réaliste étudierait le meilleur moyen d'encourager ces
luttes fratricides et leur réserverait des terrains de combat.

Nous avons déjà des terrains-communaux de foot-ball, de tennis, de courses
à pied, à cheval, en vélo, en moto, en auto, en aéro, etc.

b) M. Louis Puech : « Certains quartiers de la capitale sont devenus de véritables repaires. Des bandes de jeunes gens, d'adolescents, s'y organisent ouvertement pour le crime, avec une méthode, un cynisme, une audace incroyables.
Ce sont de véritables écoles professionnelles du brigandage. Le guet-apens, le
viol, les jeux sanglants du couteau passent à l'état de sports sinistres. Ils ont
leurs amateurs et leurs records » (*Le Rappel*, 26 sept. 1907).

Cf. Eugène Tardieu, *Chez les Nervi* [de Marseille], Echo de Paris, 26 sept.
1907, — la série d'articles publiés par *Le Matin* sur les Apaches de Paris, dans
les numéros d'août, septembre, octobre 1907, notamment sur les Associations de

de la sienne, — à le dépouiller de pied en cap ou à lui
offrir sa bourse.

la peine de mort, surtout pour les autres, et de l'appropriation violente
de tout objet que son propriétaire n'est pas en mesure de défendre ;
ils enserrent Paris d'une armée d'environ 20.000 hommes, entre-
prenants, entraînés à la lutte. A la première défaillance de l'ordre établi, par suite de guerre extérieure ou civile, ces associations se fédéreront
spontanément sous l'impulsion d'un chef intelligent et populaire. Paris
sera mis à sac et à sang, — tel Casablanca au mois d'août 1907 par les
Kabyles marocains, — sans distinction de race, de religion, de nationalité, ou de parti politique.

« Les Barbares... n'étaient autre chose que des réfractaires, rôdant par
formidables bandes dans l'Empire romain. Les Alaric, les Attila, les
Clovis furent les chefs d'Apaches de leur époque. » (Ch. Malato, *Les
Classes sociales*, etc. Paris, Giard, 1907, p. 29).

Au lieu de trembler et de se lamenter sur le malheur des temps, le
mieux serait de capter cette source d'énergie et de l'utiliser. Pourquoi
ne pas tenter de former, à l'aide de ces contingents turbulents et pillards,
une légion spéciale, bien payée, bien commandée, employée sans
relâche dans les entreprises lointaines qu'un groupe à grande extension,
comme une nation, a toujours à soutenir ?

Les Révolutionnaires intelligents comptent bien trouver là une armée
toute prête pour imposer à la société leurs plans de justice et de mieux-
être. (V. les idées de Weitling, précurseur de K. Marx, apud Ch. Andler,
Manifeste communiste, etc. Paris, 1901, II, p. 30.) — C'est le « 5ᵉ Etat

---

perceurs de murailles, les Associations de roulottiers, *Paris aux Apaches*, Le
Matin, 28 sept. 1907, p. 2. — Il y a, au pays des castes, dans l'Inde, des « castes
de voleurs », E. Senart, *Les castes dans l'Inde*. Paris, Leroux, 1896, p. 43.

— Sur la nécessité-même pour les associations de malfaiteurs d'observer
entre eux « la loyauté et la discipline indispensables à la vie de toute organisation », Scipio Sighele, *Littérature et criminalité*, Paris, 1908 (extrait, *Rev.
sociol.*, mai 1908, p. 329). — « Les associations de malfaiteurs parviennent à
maintenir dans leur sein une excellente discipline grâce à la brutalité. » G. Sorel,
Réflexions sur la violence. Paris, 1908, p. 175.

Dʳ Ernest Dupré, médecin de l'Infirmerie spéciale de la Préfecture de police :
« La vanité est un des éléments du caractère de ces jeunes gens auxquels a
manqué l'éducation ; ils *s'associent* et poursuivent un idéal de malignité ; ils
arrivent à cultiver l'idéal du crime et de la violence » (Interview, *Nos Apaches*,
L'Eclair, 27 sept. 1907).

Maurice Talmeyr, *L'heure du Nervi* [Apache], Liberté, 29 sept.1907 (la police
est désarmée). — Gaston Mery, *Les Apaches*, Libre Parole, 4 oct. 1907. — Clément Vautel, *Apachomanie*, La Liberté, 6 oct. 1907. — Edouard Drumont, *La
guerre aux Apaches*, Libre Parole du 15 octobre 1907. — Paul Matter, *Chez les
Apaches*, Revue bleue, 16 nov. 1907, p. 626.

478 *bis*. — Enfin, une loi s'impose, inéluctable. L'homme actuel ne peut vivre hors de l'existence associée ; il faut

immense et amorphe » (Malato, *Les classes sociales*. Paris, 1907, p. 82) à l'aide duquel le 4ᵉ Etat espère exproprier le 3ᵉ.

Une objection viendrait peut-être des associations humanitaires et pacifistes ? Alors, qu'elles rendent la paix à nos faubourgs et la sécurité à nos places publiques en convertissant les Apaches et en les faisant entrer dans les Ligues pour les Droits de l'homme, pour la Paix, la Paix par le Droit, la Paix par la Justice, etc. Ce jour-là, l'utilité et l'efficacité sociales de ces respectables groupements ne rencontrera plus de sceptiques. En attendant, l'histoire de l'ancienne France nous enseigne qu'il a toujours fallu neutraliser, en les employant, les associations de brigands, Grandes Compagnies, Routiers, Écorcheurs — ou les exterminer ª.

Consulter : H. Géraud, *Les routiers au XIIᵉ siècle*, Biblioth. Ecole des Chartes. Paris, Didot, 1841-1842, t. III, p. 125 ; id., *Mercadier et les routiers au XIIIᵉ siècle*, ibid., p. 417. — E. de Fréville, *Les grandes Compagnies au XIVᵉ siècle*, ibid., p. 258. — S. Luce, *Hist. de la Jacque-rie*. Paris, 2ᵉ éd., 1895 ; id., *La jeunesse de B. du Guesclin*, 1875, p. 315-342. — A. Coville, *Les Compagnies*, Hist. France (Lavisse), 1902, t. IV, I, p. 161, pour les sources (leurs chefs s'affublaient aussi de noms truculents : Hogre l'Escot, Brisebarre, Trousse-vache, Taille-Col, etc., p. 165). — G. Guigne, *Les Tard-Venus en Lyonnais*, 1886.

« Détruites sur un point, les bandes [de Routiers] se reformaient un peu plus loin... Du Guesclin se mit à leur tête et les emmena se faire tuer en Espagne au service d'Henri de Transtamare (1366) ». P. Durrieu, *Les Gascons en Italie*, Auch, imp. Foix, 1885, p. 16.

Les Écorcheurs, les Retondeurs, associations de gens de guerre sans emploi, semèrent le pillage, le meurtre, l'incendie, le viol sur leur passage au XVᵉ siècle (A. Tuetey, *Les Écorcheurs sous Charles VII*, Montbéliard, 1874, in-8). Charles VII et les Dauphins les conduisirent en Lorraine, en Alsace, en Suisse ; ils y périrent en grand nombre. Ces expéditions mirent à peu près fin à l'*écorcherie*.

Sous la magistrature d'Etienne Boileau, prévôt de Paris énergique choisi par Sᵗ Louis, roi très miséricordieux (V. *supra*, p. 377, note 2). les malfaiteurs pullulaient dans la capitale ; ils s'enfuirent épouvantés ;

---

a) On propose aujourd'hui d'appliquer le fouet aux apaches (les quotidiens de Paris, 17, 20, 21 mai 1908 ; Opinions de MM. Cheysson, A. Rivière, L'Eclair, 22 mai 1908 ; de J. Bertillon, Bérenger, etc., Eclair du 23 mai, du 1ᵉʳ juin 1908). Plusieurs villes d'Angleterre, du Danemark ont été désinfestées par le procédé. Son efficacité ne paraît pas douteuse ; mais notre sentimentalité s'opposera à son application en France. — On songe aussi à instituer des « Colonies de travail » sur le modèle belge et hollandais (V. projet parlementaire, E. Flandin, député, Le Matin, 6 juillet 1908).

donc, sous peine de mort, qu'il en pratique les vertus nécessaires [1].

478 *ter*. — C'est au milieu du conflit de ces facteurs moraux [2], et sur « le fond tragique et antinomique de ces réa-

car d'après Joinville : « Nul n'en demeura que tantôt ne fut pendu ou détruit » (Martin-Saint-Léon, *Corporations*, etc. Paris, 1897, p. 65).

Les associations de malfaiteurs sont punies par les art. 265 et s. C. P. (loi du 18 déc. 1893). Comm. p. Laborde. Paris, Marchal, 1896.

Quant à celles qui, de nos jours, ont l'intelligence de remplacer la violence par la ruse, elles sont assurées de bénéficier d'une indulgence relative.

« Les associations politico-criminelles qui fonctionnent par la ruse ont une place reconnue dans une démocratie parvenue à sa maturité ». — G. Sorel, *Réflexions sur la violence*. Paris, 1908, p. 185.

1. «....*L'association* est la loi même, la condition inéluctable de la durée et du progrès chez les êtres vivants »..... une triple condition est commune à toutes les associations : « la durée, la sécurité et la multiplication des individus qui les composent »... « quelques formes qu'elles aient revêtues par la suite, les *associations*, d'abord lâches et restreintes, se sont graduellement fortifiées par les sacrifices réciproques auxquels se sont astreints les individus associés sans jamais abandonner leur personnalité »... « La discipline, la constitution d'organes communs, celle de réserves sociales, accompagnées toujours de réserves personnelles, souvent héréditairement transmises, ont été les facteurs les plus actifs du perfectionnement : ainsi apparaissent les conditions de persistance et de puissance des *associations*, et ces conditions résument justement la pratique de ce que nous avons nommé les vertus sociales ». Edmond Perrier, directeur du Muséum d'hist. nat., *Les colonies animales et la formation des organismes*, 2e éd. Paris, Masson, 1898, p. 785.

« L'homme est un animal social [Aristote : politique] ; ce que l'on appelle vertu, ce sont les caractères qui le rendent apte à vivre en société » F. Le Dantec, *L'Athéisme*. Paris, 1907, p. 73.

V., sur les conditions et mécanisme des associations naturelles et des associations volontaires, *Taine, sa vie et correspondance*, op. cit., 1905, III, p. 337-344 (notes préparatoires pour les Origines, etc.).

« Les instincts d'entente sociale priment ceux de la lutte pour la vie. » E. Pouget, *Bases du syndicalisme*. Paris, s. d., p. 11, broch. — V. l'entente dans la vie associée par le « Souci d'autrui ». Ch. Albert, *Idoles de la Caverne*, les Temps nouveaux (de J. Grave), 13 juin et 4 juillet 1908.

2. « Elle [la nature] nous offre le mélange le plus confus de nécessité et de contingence, les exemples les plus contradictoires de furieux égoïsme et d'abnégation touchante, de concurrence et de solidarité »

lités [1] », que les associations humaines s'édifient, se déve-

(Th. Ruyssens, *Le recul du Darwinisme social*, Rev. du Mois, 10 nov. 1906, p. 578). — « La concurrence, comme la solidarité, est une des données que l'expérience doit enregistrer avec soin, une force sociale dont il serait puéril et dangereux de ne pas tenir compte » (ibid., p. 579).

« Outre les luttes entre hommes pour la possession du numéraire... il y a aussi des luttes entre groupements d'hommes réunis par des intérêts ou des sentiments communs ». F. Le Dantec, *La lutte universelle*. Paris, Flammarion, 1906, p. 285.

« Redescendons de notre pays d'Utopie et constatons que la lutte est la loi universelle, la condition même de toute existence. Mais n'oublions pas que l'homme est un homme et que, à côté de ses tendances utilitaristes, il a des sentiments altruistes et généreux ; ces sentiments dérivent d'erreurs ancestrales ; soit, mais ils font partie de la nature de l'homme et nous ne pouvons pas faire comme s'ils n'existaient pas » (ibid., p. 286).

V., sur les frictions probables des divers agrégats dans la même Nation, supra, p. 424 et la note. — Cf. Vict. Griffuelhes, *Conflit des Terrassiers*, Le Matin, 9 juillet 1908. — La « refonte sociale » est inévitable. « Ce sera un bouillonnement et une tempête de plusieurs années ». Ch. Malato, *Les classes sociales au point de vue de l'évolution zoologique*. Paris, 1907, p. 73 ; Adde : « l'impossibilité de prophétiser avec certitude sur le lendemain de la Révolution », p. 77 ; V. les 5 hypothèses, ibid.

Cf. les luttes imminentes entre les Groupes-Nations, sous la pression des besoins économiques : J. Norel, *Le prochain conflit pour le Pacifique*, Mercure de France, 1er mars 1908, — et infra, p. 441, à la note.

V., sur l'amour de dévouement ou le don de soi aux choses idéales, E. Boutroux, *Science et religion*. Paris, 1908, p. 371.

Cf. H. Mazel, *La synergie sociale* Paris, Colin. 1896.

1. G. Tarde, *L'opposition universelle*, théorie des contraires. Paris, Alcan, 1877, p. VII. — L'éminent sociologue résiste à la pensée qu'il pourrait être entraîné à considérer l'univers, du point de vue « de l'opposition de ses êtres et de ses forces » sous un jour manichéen. Aussi s'empresse-t-il, pour rasséréner le lecteur et lui-même, d'affirmer que « le progrès en tout genre est le fruit non de la lutte, non de la concurrence non de la discussion même, mais de la série des bonnes idées apparues dans d'ingénieux cerveaux et appropriées à leur temps ». G. Tarde ne pouvait méditer en 1897 ni sur les *Réflexions sur la violence* de G. Sorel, citées supra, parues en 1906, ni sur les « Symboles des Apôtres » syndicalistes, tant de fois formulés dans ces dernières années.

G. Sorel attache à la violence la plus haute valeur éthique (V. op. cit., 1908, ch. III, les préjugés contre la violence, p. 59 ; chap. VI,

loppent et se dissolvent[1]. Aussi loin que notre courte vision peut percer les ténèbres où s'élabore l'avenir[2], il ne semble pas que le spectacle doive changer dans ses lignes essentielles.

Les associations humaines revêtiront d'autres noms, prendront d'autres formations, s'amalgameront[3] en d'autres

la moralité de la violence, p. 161). C'est « à la violence que le groupement socialiste doit les hautes valeurs morales par lesquelles il apporte le salut au monde moderne », ibid., p. 253.

Contrà : il faut « supprimer la violence », car « toute violence est du temps perdu ; donc, une niaiserie et une absurdité ». J. Novicow, *Le problème de la misère et les phénomènes économiques naturels*. Paris, Alcan, 1908, p. 361 et s.

Cf. P. Jury, *Kipling* (récompensé du prix Nobel de la paix en 1907) *et l'impérialisme*. Etud. des Pères de la Cie de Jésus, 5 fév. 1908, p. 383.

Cf. G. Sorel et le maréchal de Moltke, supra, p. 422, à la note. — Adde : sur les frictions des groupes-Nations, Lagorgette, *Le rôle de la guerre*. Paris, 1906. — Ch. Richet, *Le passé de la guerre et l'avenir de la paix*. Paris, 1907. — E. Faguet, *Le Pacifisme*, Soc. fr. d'impr. Paris, 1908. — E. d'Eichtal, *Guerre et paix internationales*. Paris, Doin, 1908, 1 vol. in-12.

1. « Sans atteindre ce degré d'incohérence [celle de l'Univers], la vie d'une nation, si l'on se borne à personnifier la Nation, est elle-même une suite, sinon un *faisceau de contradictions*. Cette « douce France » pour laquelle tant de héros sont morts, et morts avec amour, cette France si vivante au cœur de ses enfants, qu'est-elle autre chose elle-même qu'une succession de révolutions contradictoires, quand ce n'est pas une mêlée de partis qui s'entredéchirent ? » G. Tarde, *L'opposition universelle*, 1897, p. 399.

2. « Trop d'exemples mémorables nous démontrent que les plus grands hommes ont commis des erreurs prodigieuses en voulant se rendre maîtres des futurs, même les plus voisins. Les erreurs commises par Marx sont nombreuses et parfois énormes. » G. Sorel, *Réflexions sur la violence*. Paris, éd. des Pages libres, 1908, p. 92, et la note 1.

3. G. de Greeff, *Structure des Sociétés*, t. III. Paris, 1908, p. 177.

Cf. Durkheim, *Division du travail social*. Paris, Alcan, 1902, Préface de la 2e éd., p. XXVIII, à la note; dans l'état présent du droit européen, « l'organisation internationale ne peut résulter que de libres arrangements conclus entre corporations nationales. »

combinaisons. Les habitants du globe, les « terriens » —
quelques-uns l'assurent — ne seront plus répartis par Patries,
par Nations, mais par Classes, par Fédérations, par Confédérations, « formant le grand Etat *surnational* ou mondial »
entrevu par les sociologistes [1]. L'étiquette des cloisons importe peu, si les cloisons subsistent. La loi de la lutte aujour-
d'hui en vigueur sera-t-elle abrogée aux temps de ces
agrégations idéales? Les plus optimistes n'osent l'affirmer [2].

Sur leurs drapeaux aux couleurs changeantes, les groupements en présence inscriront de nouvelles abstractions ;
d'autres enthousiasmes feront tressaillir leurs bataillons [3] ;
d'autres appétits allumeront leurs convoitises. Quant à la
« paix planétaire », dépassera-t-elle la valeur d'un mythe [4] ?

478 *quater*. — La complexité, le contraste [5], la lutte font

1. Cf., sur l'internationalisation éventuelle de l'Europe, de Greef,
apud Duprat, *Solidarité sociale*, 1907, p. 98. — Colajani, *Latins et Anglo-
Saxons*. Paris, Alcan, 1905, p. 427. — R. Broda, *Vers la fédération universelle*, Documents du Progrès, juillet 1908, p. 612. — Cf. supra, p. 438, n. 3.
2. « Je n'affirme pas qu'au sein de l'Europe unifiée demain, de la pla-
nète unifiée plus tard, les faits de violence soient à jamais impossibles.
Les guerres « ne mettraient plus aux prises des collectivités nationales
et elles auraient un sens ; tandis que nos guerres actuelles n'en ont
plus » [?] Naquet, *Désarmement ou alliance anglaise*. Paris, 1908, p. 16.
3. « Les syndicats ouvriers forment tout naturellement les *bataillons*
réguliers de l'armée prolétarienne. » Ch. Malato, *Les classes sociales*, etc.
Paris, 1907, p. 72.
4. Sur le pouvoir et l'influence des mythes sociaux, G. Sorel, *Réfl.
sur la violence*, 1908, p. 92 et s.
5. Exemple frappant, pris dans la physiologie : « Le fonds vital, la
cellule organisée, et le milieu où elle vit : le sang est commun à tous
[l'homme et les animaux] et presque fixe. Au contraire, les assem-
blages morphologiques en organes, appareils, formes individuelles,
formes spécifiques sont prodigieusement diversifiées. Si l'on met cette
unité du fond vital en regard de l'infinie variété des formes, des struc-
tures, des aspects, on ne peut s'empêcher de comparer l'œuvre de la
nature à celle d'un fondeur qui jetterait dans des moules spécifiques, à

visiblement partie du plan universel[1]; le repos, la molle rêverie y ont une moindre place.

chaque instant modifiés et adaptés aux besoins du jour ou aux suggestions de l'heure présente un métal toujours le même. Et ainsi, en face du transformisme illimité, effréné, éperdu des formes zoologiques, se dresse en *un saisissant contraste* la fixité relative du fond physiologique. » A. Dastre, prof. de physiologie à la Sorbonne, *Le rôle biologique du sel*, séance des 5 Académies, 25 oct. 1906, Journ. officiel, 30 oct. 1906, p. 7329, col. 3.

En zoologie et en biologie : « Du haut en bas de l'échelle [des associations des êtres vivants], nous trouvons donc le parasitisme et le mutualisme, ou, comme le dit le Dr Vuillemin, l'antagonisme et la synergie ». Dr Laloy, *Parasitisme et mutualisme dans la nature*. Paris, Alcan, 1906, p. 268 (Le livre du Dr Laloy est signalé par le professeur A. Giard comme une nouvelle revue des faits « *d'association* au sens le plus large », préface p. VII).

Lameere, *Associations biologiques*. Bruxelles, Moreau, 1900.

J.-L. de Lanessan; prof. agrégé fac. médecine de Paris, *La lutte pour l'existence et l'association pour la lutte*. Paris, Doin, 1882.

« La loi de la lutte et la loi de solidarité traduisent deux aspects d'une même réalité. Cherchez la lutte et vous trouverez la solidarité; cherchez la solidarité et vous trouverez la lutte. Ces antinomies se concilient en s'éclairant réciproquement... On a parlé de la lutte pour l'existence et de l'association pour la lutte; nous voyons un aspect plus profond de la vérité dans la lutte pour l'association et l'association pour la vie », Dr Vuillemin, prof. fac. de médecine, *L'association pour la vie*. Disc. rentrée Univ. Nancy. Nancy, impr. coopérat., 1902, p. 23 et s.

1. « Le combat, de toute chose, est le père et le roi ».

Πόλεμος πάντων μεν πατήρ εστι παντων δέ βασιλεύς.

(Héraclite d'Ephèse, 500 ans av. J.-C.), apud E. Boutroux, *Science et religion dans la philosophie contemporaine*. Paris, Flammarion, 1908, p. 385.

Pour les forces capables de résistance, c'est dans la lutte qu'est déposé le principe de leur progression : « Quand luttent ensemble deux puissances douées l'une comme l'autre de vitalité et de fécondité, elles se développent et grandissent par leur conflit même. » E. Boutroux, ibid., 1908, p. 393.

Mais « s'il est vrai que l'antagonisme des agrégats sociaux les amène en général à une concentration croissante avec l'âpreté de la lutte, il n'en est pas moins inévitable que certains de ces agrégats, moins aptes que les autres au progrès et au succès, succombent dans les incessants

Le plus sage est de répéter l'oraison jaculatoire du phi-

conflits des collectivités. » G.-L. Duprat, *La solidarité sociale*. Paris, Doin, 1907, p. 42. « Le choc des collectivités entraîne ou précipite la dissolution de celles qui présentaient une moindre cohésion » (ibid., p. 43).

Notre époque sera fertile en « chocs de collectivités »; les rapports actuels du capital et du travail, l'état du sentiment religieux et économique[a] les font prévoir. Après une phase, où la violence éprouvera la valeur respective des groupes antagonistes, l'équilibre s'établira entre eux.

« En face des syndicats patronaux, les syndicats ouvriers, chaque jour plus puissants, mieux disciplinés, se dressent. Dans cette formidable concentration des armées en présence, il est facile de découvrir sans paradoxe le meilleur gage de paix sociale. Car la grève est une guerre, et les guerres n'ont perdu de leur intensité que du jour où les tribus éparses, livrées à l'anarchie, ont fait place à des Etats solidement constitués. » Me Philippe de La Cases, *La grève et la loi*. Disc. confér. Avocats, 7 déc. 1907. Paris, 1908, p. 29.

Au début du XXe siècle, des « chocs de collectivités » plus étendues s'annoncent; ils mettront aux prises des races entières, les Blancs, les Noirs et les Jaunes. L'Australie en est déjà le théâtre: elle délaisse le champ des expériences sociales pour aviser aux moyens de s'opposer à son absorption par les Asiatiques. — Cf. Yann Morvran Goblet, *L'Australie, les Jaunes et le service militaire obligatoire*, Rev. du palais, 10 avril 1908, p. 592. — Louis Aubert, *Les Américains et les Japonais*. Paris, Colin, 1907. — P. Germain, *Inévitables chocs entre Blancs et Jaunes*, Rev. du palais, 10 juin 1908, p. 545.

Les groupements de race blanche limitent leur natalité (Edouard Drumont, *Le culte de Malthus*, la Libre Parole, 15 avril 1908. — Dr J. Vidal, *Le droit à l'avortement*, critique médicale et sociale. Paris, Maloine, in-8, 1908). Ils paraissent avoir renoncé à la force du nombre; leur chance de salut est dans leur énergie et leur intelligence.

Cf. J. Arren, *Un Suicide social*, L'Eclair, 27 avril 1908. — Un Sans-Patrie, *Le droit à l'avortement*, Guerre sociale (G. Hervé), 20-26 mai 1908. — E. Chapelier, *Ayons peu d'enfants : pourquoi et comment*, br. Ixelles (Bruxelles), s. d. (1907 ?). — *Moyen d'éviter les grandes familles* (Ligue néo-malthusienne), broch. — F. Kolney, *La grève des ventres*, 1908. Paris, éd. de *Génération consciente*, organe populaire pour la limitation volontaire des naissances (nombreuse bibliothèque)[b].

---

a) V. lutte pour l'Ecole entre assoc. cathol. et maçonn. (Rev. maç., juil. 1908, p. 96); et assoc. syndic. révolut. (*L'Enseign. prim.*, etc., V. du Peuple 2 août 1908).
b) Médecin condamné à 2 mois de prison avec sursis et 300 fr. d'amende par trib. corr. Bayonne, 15 juin 1908, pour publication de brochures de pratiques malthusiennes, etc. (Petit Temps, 16 juin 1908).

losophe antique : « Tout me convient qui te convient, ô Monde.... Un personnage de théâtre a dit : Bien-aimée cité de Cécrops ! Et toi, ne diras-tu pas : O bien-aimée cité de Jupiter ! [1] »

« Les peuples jeunes, non seulement ignorèrent les doctrines de Malthus, mais eurent tous de la stérilité une horreur profonde. Ils n'imaginaient point de fléau plus redoutable », P. Saintyves, *Les Vierges-mères et les naissances miraculeuses*. Paris, Nourry, 1908, p. 5. — « L'esprit créateur [d'un groupe, tel qu'une nation] s'augmente parallèlement à sa population, à ses rivalités, à ses concurrences... Voilà pourquoi le premier devoir social, c'est de favoriser la vie », P. Adam, *La morale de la France*. Paris, Bauche, 1908, p. 296. — Guillard, *La France disparaît*, Echo de Paris, 21 juillet 1908.

Dans ces conditions, personne ne peut prévoir quelle sera, sur l'échiquier mondial, la couleur du groupement victorieux.

1. *Pensées de Marc-Aurèle* (121-170 ; empereur, surnommé « Verissimus » par Adrien, son prédécesseur), liv. IV, XXIII, trad. Pierron, 3 éd. Paris, Charpentier, 1898, p. 11 ; — id., trad. Michaut. Paris, Fontemoing, 1901, p. 53.

« Je ne désire rien que ne veuillent les Dieux, et je désire tout ce qu'ils veulent » (Eucrite à Dorion). Anatole France, *Thaïs*. Paris, collec. des Dix, 1900, p. 117.

« Si l'on regarde l'Univers comme une réelle unité, on doit le concevoir comme une somme de contradictions, synthèse d'ailleurs unique et terminale à laquelle rien ne s'oppose. Si... on personnifie l'Humanité comme l'a fait Comte... quoi de plus incohérent, de plus dément, de plus continuellement discordant que la vie de cet Etre majestueux, tissu de batailles, de disputes, de conflits sanglants et sans fin. » G. Tarde, *L'opposition universelle*, op. cit., 1897, p. 398.

Au demeurant, les volontés obscures et contradictoires des dieux aboutissent à un résultat plutôt avantageux pour l'homme et l'association humaine :

« Si le bilan du monde ne se soldait pas par un boni au profit des actionnaires, il y a longtemps que le monde n'existerait plus. De l'immense balancement du bien et du mal sort un profit, un reliquat favorable. Ce surplus de bien est la raison d'être de l'Univers et la raison de sa conservation. Pourquoi être, s'il n'y avait pas du profit à être ? Il est si facile de n'être pas ! » (Renan, *Examen de conscience philosophique* sept. 1888), Feuilles détachées. Paris, C. Lévy, 1892, p. 427).

§ 7. — Justification du voyage entrepris à travers les théories juridiques sur la personne morale, et les concepts philosophiques qui s'y rattachent (nᵒ 479). — D'illustres exemples, et spécialement celui d'un grand orateur, montrent le profit qui peut en être retiré (nᵒˢ 480-482). — Utilité des recherches de cette nature pour l'intelligence des questions contemporaines, et notamment des questions d'associations (nᵒˢ 483-486).

479. — Le voyage à travers les théories juridiques, qui s'efforcent vers la connaissance transcendentale de la personne morale, et parmi les concepts philosophiques d'où elles procèdent, confirme notre impression du début.

En suggérant avec révérence au législateur, en mal d'une loi sur les associations, le désir de s'élever jusqu'aux notions premières de l'objet de ses délibérations, nous ne l'entraînions pas à un emploi frivole du temps qu'il doit au Pays, et au soin de sa propre fortune.

479 bis. — De telles recherches sont instructives, puisqu'on y passe en revue les anciennes disputes d'idées, qui, sous des vocables à peine différents, agitent nos contemporains [1].

1. V. supra, nᵒ 441, note 1 ; nᵒ 460, note 1.
— T. de Visan, *Le Pragmatisme* : « L'antique querelle des Universaux reparaît sous une autre forme. Nos philosophes contemporains, pour faire échec à l'ancien réalisme, ont adopté une attitude délibérément nominaliste. » Mercure de France, 1ᵉʳ déc. 1907, p. 385. — La doctrine philosophique qui s'intitule « Pragmatisme » en Amérique, se dénomme « Humanisme » en Angleterre, et « Philosophie de l'Action » en France : cf. ibid., p. 387 et s.
— Adde : Dessoulavy, *Le Pragmatisme*, ibid., 1ᵉʳ juillet 1905 ; Dʳ G. Le Bon, *Le Pragmatisme*, L'Opinion, 11 avril 1908 ; A. Lalande, *Pragmatisme et Pragmaticisme*, Rev. philosophique, février 1906 ; T. Boutroux, *Science et religion*, le Pragmatisme, Paris, 1908, p. 270 ; Hébert, *Le Pragmatisme*. Paris, Nourry, 1908.
« Le Pragmatisme n'est cependant pas une découverte, ce n'est qu'un nom nouveau pour quelques anciennes façons de penser. » J. Bour-

Elles sont saines par elles-mêmes. Elles élargissent le point de vue et permettent d'apercevoir, sur le vaste canevas de la vie sociale, la place occupée par la petite broderie que l'on y ajoute. L'esprit y gagne en finesse, le langage en précision [1], le raisonnement en solidité. Enfin — considération rassurante — des exemples fameux prouvent que,

deau, *Le pragmatisme contre le rationalisme*, Journ. des Débats, 21 janv. 1908 ; « n'étant rien de neuf, il se rapproche des vieilles tendances *nominalistes* en faisant toujours appel au particulier, non au général » (ibid.). —« Le dernier terme auquel soit parvenue la pensée bourgeoise est le pragmatisme ». G. Sorel, *Les illusions du progrès*. Paris, Rivière, 1908, p. 276.

Les nouveaux détenteurs de la vérité sociale, les glossateurs du prophète Karl Marx [a], reprennent de la Scolastisque au moins l'appareil de subtile dialectique. « On se croirait parfois revenu aux beaux jours des disputes du Moyen Age »(G. Sorel, préface au livre de Merlino, *Formes et essence du socialisme*. Paris, Giard et Brière, 1898, p. XII).

G. Tarde : « M. Durkheim nous rejette en pleine scolastique.... Allons-nous retourner au *réalisme* du Moyen Age ? » *La Logique sociale*, Paris, 1898, p. VIII : à propos des théories sociologiques de M. Durkheim (sans doute dans Durkheim, *Les règles de la méthode sociologique*. Paris, 1904. Mais les ouvrages de M. G. Tarde, si remarquables par l'originalité des aperçus, sont très succincts au point de vue bibliographique).

P. T. Richard, *Actualité de la méthode scolastique*, Revue Thomiste, 1908, p. 6.

« M. Le Dantec s'est donné une peine fort inutile en réfutant Claude Bernard avec quelque vivacité [b] ; quant à lui, il a prétendu donner une théorie nouvelle de la vie, qui s'exprime en équations symboliques et qui est un des plus remarquables exemples de la persistance de l'esprit scolastique chez les savants qui se croient les plus affranchis du passé. » G. Sorel, *L'Evolution créatrice* de H. Bergson (1907), Le Mouvement socialiste, 15 avril 1908, p. 280.

1. « La scolastique a été pour notre race une éducatrice de clarté. » L. Roure, *Scolastiques et modernistes*, Et. Pères Cie Jésus, 5 fév. 1908, p. 296. — Cf. supra, n° 349.

a) « Les erreurs commises par Marx y sont nombreuses et parfois énormes. » G. Sorel, *Réflexions sur la violence*. Paris, Pages libres, 1908, p. 92, note 1.
b) M. Le Dantec, *Théorie nouvelle de la vie*, p. 225-245.

même dans le « règne politique », elles n'ont jamais empêché un honnête homme de parvenir.

480. — Aux illustrations topiques que fournit l'histoire parlementaire (supra, n° 350, note 3), il est intéressant de joindre celle que nous offre un grand orateur. Dans une chronique, non signée, mais qui avait pour auteur un érudit et brillant écrivain, un journal quotidien [1], avait affirmé que Gambetta [2], travaillant à devenir un orateur consommé, s'était livré à une étude approfondie de l'éloquence dans Bossuet, et de la dialectique dans Saint Thomas d'Aquin.

1. Georges Montorgueil, directeur de l'*Intermédiaire des Chercheurs et des Curieux*. Paris.
L'Eclair de Paris, 13 décembre 1904 (date donnée par M. Picavet, mais erronée : nous n'avons pas trouvé l'article dans le n° indiqué. Le 13 novembre 1904, l'Eclair a publié un article différent, du même écrivain : *Gambetta chez Madame de Païva*). -

2. Il est question d'exhumer Gambetta du cimetière de Nice, où il repose près de son père, pour le transférer au Panthéon (V. Opinions de M. E. Arène, J. Reinach, Débats du 20 avril 1908). — J. Reinach, *Gambetta orateur*. Paris, 1884, in-8 ; id., *Léon Gambetta*. Paris, 1884, in-12 ; id., *Le ministère Gambetta*. Paris, 1884, in-8. — *Discours et plaidoyers politiques de Gambetta*, publiés par J. Reinach. Paris, 1881-1886, 11 vol. in-8. — M. Talmeyr, *Le vrai Gambetta*, Libre Parole, 26 août 1908.
Gambetta y voisinerait avec Emile Zola, dont la « panthéonisation », assurée par les lois du 31 décembre 1907, du 17 avril 1908 (Journ. officiel du 19 avril, p. 2801) et le décret du 24 mars 1908, a eu lieu le 4 juin 1908 (*Cérémonie nationale de la translation des cendres d'Emile Zola au Panthéon*, et Disc. de M. G. Doumergue, ministre de l'Instruct. publ. et des Beaux-Arts, Journ. officiel, 5 juin 1908, p. 3853. — Nombreux incidents ; 2 coups de revolver par M. Gregory sur M. Alfred Dreyfus, ex-condamné pour crime contre la sûreté extérieure de l'Etat, quotidiens de Paris des 5 et 6 juin 1908).
Gambetta est décédé en 1883 (V. détails, supra, p. 57, à la note).
En 1881, E. Zola publiait sur Gambetta, orateur et homme politique, les critiques les plus dures : « ce ne sont pas des actes qui l'ont fait, ce sont des phrases » (V. extraits, l'Eclair, 19 avril 1908).
Ces deux hommes ne paraissaient pas destinés à dormir côte à côte leur

481. — M. F. Picavet — un maître dans l'histoire des idées philosophiques, et plus spécialement de la philosophie médiévale [1] — a employé — pour élucider cette particularité, deux fois curieuse à raison du personnage où elle se rencontrait et de la valeur éducative de certaines études — l'appareil critique, exact et consciencieux de la méthode historique. Il a consulté tous les témoins de la vie de notre ancien confrère [2], les souvenirs de ses camarades de jeunesse et de ses compagnons d'étude, les notes de ses amis, les articles des journaux, les recueils de ses discours, etc. ; il a réuni tous ces documents, il les a groupés, contrôlés l'un par l'autre ; il en a dégagé des probabilités, et plusieurs certitudes [3].

« Cette enquête nous a appris, dit M. Picavet [4], que Gambetta sut le latin comme le grec (M. Péphau [5]) ; qu'il lut fréquemment la Logique de Port-Royal et admirait les

---

dernier sommeil. « Faire entrer bras dessus, bras dessous comme deux frères, Gambetta et Zola au Panthéon, c'est à peu près comme si on ensevelissait dans la même tombe Henri IV et Ravaillac » (H. Rochefort, *Les deux Cercueils*, La Patrie, 20 avril 1908).

Zola se trouve dans la proximité d'un autre grand homme, Victor Hugo, qu'il goûtait peu, et qui le lui rendait. V. le délicieux pastiche inédit : « A Zola » par l'historien Albert Sorel, qui excellait dans le genre. Intermédiaire des curieux, de G. Montorgueil, 30 avril 1908, p. 661.

Sur Zola, voir G. Sorel, *Les illusions du progrès*. Paris, Rivière, 1908, p. 128, note 1.

1. F. Picavet, *Esq. philosophies médiévales*, 1907, et les autres ouvrages cités supra, p. 356 et s., à la note.

2. V. supra, n° 69, note 1.

3. F. Picavet, *Essai sur l'éducation littéraire, philosophique et politique d'un grand orateur, Gambetta*, Rev. internat. de l'Enseignement. Paris, Pichon, 15 décembre 1905, p. 487-511.

4. F. Picavet, loc. cit., p. 499.

5. M. Péphau, ancien directeur des Quinze-Vingts, condisciple de Gambetta au Lycée de Cahors, et son ami à Paris.

travaux des solitaires (M. Ranc, sénateur); qu'il connut Bossuet et fit grand cas de son éloquence; qu'il recommandait de ne pas ignorer les doctrines théologiques [1] (M. Decrais, ancien ambassadeur); qu'il faisait allusion au style théologique et que probablement il avait lu la *Somme* ou des études sur la théologie de saint Thomas d'Aquin (M. Joseph Reinach, député); qu'il parlait assez souvent de la *Somme* de saint Thomas (professeur Lannelongue); qu'il n'y a aucun doute sur ce fait que Gambetta avait étudié sérieusement la *Somme* (M. Cayla [2]).

482. — Ainsi, d'un côté, Gambetta « est occupé par l'étude de la Révolution, de ses principes et de ses conséquences, par l'acquisition des conquêtes de la raison et de la science, des généralisations et des déductions dues à Auguste Comte et à Littré, à Taine [3] et à Renan, comme

1. Probablement, à l'instigation du cousin de sa mère, l'archiprêtre Massabie, qu'il voulut, en 1880, faire nommer évêque d'Annecy, Gambetta avait fait ses études jusqu'à la quatrième, exclusivement, dans un établissement ecclésiastique.... Voir les notes de Gambetta, au petit séminaire de Montfaucon, canton de Labastide-Murat, arrondiss. de Gourdon (Lot), dans l'*Intermédiaire des Chercheurs et des Curieux* (Direct. : Georges Montorgueil), 10 septembre 1905, p. 351-352; F. Picavet, loc. cit., 1905, p. 503.

2. En 1905, M. Cayla était conseiller à la Cour de Poitiers. Un autre magistrat, M. Chambareaud, ancien avocat à la Cour de cassation, devenu président de Chambre à la même Cour, avait beaucoup connu Gambetta ; mais il mourut avant que M. Picavet ait pu faire appel à ses souvenirs.

3. Du grand ouvrage de Taine sur *la Révolution française*, le premier volume parut en mars 1878 (V. *Taine, sa vie et sa correspondance*, t. IV. Paris, Hachette, 1907, p. 3) ; le deuxième, en mai 1881 (ibid., p. 85); par conséquent, l'un cinq ans, le second dix-huit mois avant la mort de Gambetta. Celui-ci avait eu le temps de les lire et de les méditer. « Un mois avant sa mort [31 décembre 1882], dit Paul Arène, il trouvait, de minuit à 3 heures du matin, le temps de lire et de faire sien, à peu près tout ce qui se publie » (F. Picavet, Revue, loc. cit., p. 505).

à Garnier et à Proudhon. Mais il l'est presque autant par celle des doctrines royalistes, cléricales et ultramontaines qu'il va chercher chez Joseph de Maistre, Bossuet, saint Thomas d'Aquin, et les thomistes. Par l'une et par l'autre, il a été fortement et presque également préparé à ses tâches présentes ou futures » [1].

483. — L'historiographe occasionnel du grand orateur est persuadé comme nous de l'utilité immédiate que présentent de telle études pour les hommes d'Etat, surtout dans le stade historique que nous traversons ; aussi avons-nous de moins en moins de remords de les leur avoir respectueusement conseillées. Si nous nous sommes laissé entraîner à les effleurer pour notre propre compte, les lecteurs,

Le troisième volume de la « Révolution » de Taine ne parut qu'en novembre 1884 (ibid., p. 87); vingt-deux mois après la disparition du tribun.

V. André Chevrillon, *Taine, notes et souvenirs*, Rev. de Paris, Iᵉʳ mai et Iᵉʳ juin 1908.

M. Aulard, prof. à la Faculté des lettres de Paris (chaire créée par le Conseil municipal de Paris pour l'enseignement de l'histoire de la Révolution française ; émolument : 12.000 fr. au budget de la Ville pour 1908. V. Rapport Chautard, 1907, n° 19), a publié un volume intitulé, *Taine : historien de la Révolution française*. Paris, Colin, 1907, in-18.

La conclusion du professeur officiel (p. 325-330) sur l'œuvre des « Origines de la révolution française » est que « Taine avait le don de l'inexactitude (p. 327) ; c'est « une pyrotechnie littéraire (p. 327); une mutilation et déformation des textes et des faits » (p. 328); il condamne, il ne cherche pas à comprendre (p. 329), il voulut justifier « sa théorie traditionaliste » ; « son livre est presque inutile à l'histoire » (p. 380).

On possède heureusement les livres de M. Aulard.

V. sur l'influence de « l'immense labeur » de Taine, G. Sorel, *Réflexion sur la violence*. Paris, 1908, p. 63 : sur le genre « mélodramatique » de l'*Histoire socialiste* de J. Jaurès, ibid., p. 63. — P. Laserre, *Aulard contre Taine*, L'Action française, 31 mars 1908.

1. F. Picavet, loc. cit., p. 510.

plus avertis que nous en ce domaine, nous seront indulgents, *ament meminisse periti*.

Mais, sans elles, à moins d'un génie divinatoire, fréquent chez les Politiques, rare en dehors, comment comprendre le caractère et l'esprit des plus puissantes associations de notre monde moderne, celle, par exemple, de l'Eglise catholique et de ses agrégats complémentaires [1], — et même

1. V., sur l'Association principale de l'Eglise catholique, et les fortes organisations de ses associations secondaires (Ordres, Instituts religieux, Congrégations, Communautés, etc.), supra, nº 458, et les notes. —

« Lorsque le découragement vient pour nous surprendre, rappelons-nous l'histoire de l'Eglise, histoire étonnante, qui déroute tous les raisonnements des politiques, des érudits et des philosophes ....maintes fois, les gens les plus réfléchis ont pu dire que sa disparition n'était plus qu'une question de quelques années ; et cependant les agonies apparentes étaient suivies de rajeunissement. .... L'Eglise s'est sauvée malgré la faute des chefs, grâce à des organisations spontanées ; à chaque rajeunissement se sont constitués de nouveaux Ordres religieux qui ont soutenu l'édifice en ruines, et mieux, l'ont relevé [a]. Ce rôle du moins n'est pas sans analogie avec celui des syndicats révolutionnaires qui sauvent le socialisme.... La prodigieuse expérience que nous offre l'histoire de l'Eglise [c'est-à-dire de l'Association catholique] est bien de nature à encourager ceux qui fondent de grandes espérances sur le syndicalisme révolutionnaire » [b] (G. Sorel, *La décomposition du Marxisme*. Paris, Rivière, 1908, p. 63).

V., sur la solidarité omnifonctionnelle des ordres religieux, les services par eux rendus « à cette œuvre gigantesque que fut l'Eglise catholique ». G.-L. Duprat, *Solidarité sociale*. Paris, Doin, 1907, p. 74.

Sur l'Eglise envisagée comme corporation, comme association religieuse, V. Guizot, *Hist. de la civilisat. en Europe*. Paris, Pichon-Didier. 1828, 5e et 6e leçons ; sur l'œuvre des moines, ibid., 6e leçon, p. 29-36.

— « A travers tant d'assauts et d'épreuves, le Catholicisme [l'Association catholique] manifeste une vitalité merveilleuse » J. Bourdeau, *L'inquiétude religieuse*, Les Débats, 26 mai 1908.

V. les manifestations de l'activité associationnelle catholique, G. Des-

a) « C'est une conception de l'activité des premiers franciscains qui a été très populaire au Moyen Age » (G. Sorel, ibid., 1908, p. 64).

b) « Si elles [les Congrégations] se fussent souvenues des théories communistes exposées dans l'Evangile, elles seraient maîtresses de l'époque. » P. Adam, *La morale de la France*, Bauche. Paris [1908], p. 225.

des associations qui, partant d'une idéologie opposée, se forment, inconsciemment ou non, sur son modèle et n'en sont qu'une pâle image ?

buquois, *Guide d'action religieuse*, 1908, in-8, Reims, Bureaux de l'action populaire, 48, rue de Venise. — P. Fesch, *L'année sociale*, etc. Paris-Rivière, 1908, in-8, les Catholiques, p. 126-202 ; action sociale catholique en Italie, p. 663).

« Par sa forte organisation, par l'éclat de son culte, par plusieurs de ses institutions et de ses maximes, cette Eglise répond à de puissants instincts de la nature humaine ». Guizot, *L'Eglise et la société chrétiennes*. Paris, Michel Lévy, in-8, 1861, p. 69.

— Le même phénomène se présente dans une autre puissante association religieuse et politique, l'Islamisme, dont l'influence et la propagande mondiales égalent, si elles ne surpassent, le rayonnement catholique. Les Ordres ou confréries religieuses, à forme spontanée et à tendances rénovatrices, sont l'âme même du mouvement panislamique, qui gagne l'Afrique et l'Asie. V. la très intéressante introd. de O. Dupont et X. Coppolani, *Les Confréries religieuses et musulmanes*. Alger, Jourdan, 1897, p. IX-XV (Cet ouvrage remarquable est dû aux encouragements de M. Jules Cambon, alors gouverneur de l'Algérie, aujourd'hui ambassadeur de France à Berlin). V. particulièrement la tendance des Musulmans à l'association, ibid., p. X. — P. Bruzon, *Les Confréries sahariennes*, la Vie contemporaine, mars 1908, p. 61. — Cons. Th. Houtsma, *Encyclopédie de l'Islam* (en cours de publication). Paris, Picard, 1908, gr. in-8. — Sur les motifs générateurs de la Confrérie et de la Confédération religieuse musulmanes (le commerce des pasteurs caravaniers), V. E. Demolins, *Répertoire des répercussions sociales*. Paris, 1907, p. 122.

A noter que l'Association religieuse qui renferme dans son sein environ un demi-milliard d'êtres humains, le Bouddhisme (V. infra, p. 459, à la note), repose sur l'association monastique. « Le Bouddhisme ne fut à l'origine qu'une simple confrérie de moines, un Ordre mendiant ; on peut même avancer qu'il est toujours resté tel, et que, aujourd'hui encore, il n'est pas autre chose » (L. Féer, v° *Bouddhisme*, G. Encycl., t. 7, p. 588) ; sa doctrine a été constituée dans une suite de Conciles (ibid.).

L'Association bouddhique se partage en deux catégories : les Moines et les laïques. Les premiers, voués au célibat et à la retraite, sont constitués en Ordre mendiant. Les seconds doivent l'aumône (aliments, vêtements, asile) aux premiers, et reçoivent d'eux en retour, l'instruction l'enseignement religieux et moral (ibid., p. 599). — V. L. de Milhoué,

484. — « S'il fallait déjà au temps de Gambetta, conclut M. Picavet, se rendre un compte exact des principes auxquels obéissent les Églises, il y a aujourd'hui des raisons infiniment plus fortes d'imiter son exemple. L'Etat complètement laïcisé reprend sa liberté [1]. Les Églises régleront leur conduite et celle de leurs membres d'après un système théologico-philosophique qui explique leur formation et leur développement comme leur action dans le présent et le passé.

« Les catholiques de France [2] et de l'étranger, tous

conservateur du Musée Guimet, *Bouddhisme*. Paris, Leroux, 1907 : L'Eglise bouddhique, p. 132 ; laïques et religieux, p. 133 ; monastères, p. 158; conciles, p. 12.

Cf. le rôle des associations monastiques chrétiennes en Occident, dès le xie siècle (supra, p. 369, à la note); la formation des Ordres mendiants au xiiie siècle (supra, no 474 *bis* et les notes).

1. Loi du 9 décembre 1905, art. 2 : « La République ne reconnaît, ne salarie, ni ne subventionne aucun culte ». Adde : Question 159 Clunet (Journal) 1907, p. 102 et s.

2. La « société des » Fidèles de France vient de fournir, coup sur coup, des preuves non douteuses de la force cohésive de l'Association catholique :

1er EXEMPLE : — L'art. 4 de la loi du 9 décembre 1905 prévoit que les biens mobiliers et immobiliers des Etablissements publics du Culte ne peuvent être transmis qu'à des associations cultuelles formées avant le 9 décembre 1906. Nombre de catholiques, et des plus marquants (F. Brunetière [a], etc.), — que l'on surnomma les « cardinaux verts » — parce que la plupart d'entre eux avaient droit à l'habit brodé de palmes vertes, costume officiel des membres de l'Institut de France — adressèrent une humble remontrance au Saint-Père, dans laquelle ils se prononçaient pour la constitution des associations cultuelles.

Des ecclésiastiques considérables, des prélats partageaient cette opinion.

Pie X condamna expressément la formation des Associations cultuelles dans sa lettre Encyclique *Vehementer Nos* du 11 février 1906 (Actes de S. S. Pie X, t. II, p. 122. Paris, éd. des Questions actuelles).

a) V. Eloge, à l'Académie française, par Me Barboux, 20 février 1908.

groupés autour du pape infaillible, tiennent de saint

Les Catholiques s'inclinèrent sans protestation. Aucune association cultuelle ne fut formée a.

L'art. 2 de la loi du 2 janvier 1907, faute d'associations cultuelles, a transféré les biens ecclésiastiques à d'autres propriétaires. V., à titre d'exemples, une série de « décrets portant attribution des biens ecclésiastiques ». Journ. officiel du 24 avril 1908, p. 2894; id., des 17, 19, 22 mai, 2, 14 juin 1908.

Le pape Pie X, par sa lettre du 17 mai 1908 (V. texte La Croix, 21 mai 1908), a mandé aux Cardinaux français Lecot, Coullié, Luçon et Andrieu : « Il ne Nous est pas possible d'autoriser la formation de *mutualités approuvées.* »

Quel que fut leur sentiment individuel, les Catholiques ont obéi au *dictum* réfléchi du Chef suprême de leur groupement (V. Lettre en réponse des Cardinaux au Pape, 29 mai 1908, et adhésion des Evêques, La Croix, 30 mai 1908 ; adhésions de Mgr Fuzet, Mgr Touchet, La Croix, 31 mars 1908). La célèbre parole de saint Augustin reçoit, une fois de plus, son application : *Roma locuta est, causa finita.*

C'est le triomphe de l'esprit associationnel.

2ᵉ EXEMPLE : — Des apologistes, exégètes, historiens, — clercs pour la plupart, — avaient, dans une louable intention, proposé une inter-prétation philosophique ou moderne des dogmes catholiques. Par l'Encyclique *Pascendi dominici gregis* du 8 septembre 1907, le Pape Pie X les a condamnés solennellement « sans formules sentimentales ni litotes diplomatiques » (V., pour les sources, infra, p. 455, à la note). Les Modernistes, avec un accord édifiant, se sont soumis b.

La discipline fait la force des associations. Les syndicalistes révolutionnaires connaissent la valeur du principe et l'appliquent.

Il y a bien eu quelques résistances isolées, celles du Père Tyrrell, jésuite anglais, de l'abbé Loisy, de Langres. Les sanctions ecclésiastiques ne se sont pas fait attendre. Le P. Tyrrell a été suspendu *à divinis* (Le Temps, 1⁰ʳ nov. 1907) comme le professeur Schwitzer, de Munich (La Croix, 19 fév. 1908) ; l'abbé Loisy a été frappé de l'excommunication

a) Le Journal officiel publie des déclarations d'associations cultuelles. Mais, depuis longtemps, ces déclarations ne concernent que des cultuelles protestantes ou juives. V., à titre d'exemple: Association paroissiale de l'Eglise évangélique luthérienne de Blida (J. off., 20 juin 1908. p. 4196).— Association cultuelle israélite de Mustapha et Belcourt (J. off., 25 juin 1908, p. 4283).

b) Cf. l'exemple célèbre de Fénelon (François de Salignac de la Mothe), archevêque de Cambrai. L'illustre prélat avait composé *con amore* les « Maximes des Saints » (1697) où il avait défendu le Quiétisme de la mystique Mᵐᵉ Guyon ; poursuivi avec un zèle un peu amer par Bossuet, le livre fut condamné par le pape Innocent XII. Fénelon se soumit.

Thomas d'Aquin leurs règles morales, politiques, religieuses et philosophiques.

majeure, par décret du Saint-Office du 7 mars 1908 (V. texte, La Croix, 10 mars 1908). L'abbé Loisy est dès lors frustré de ce qu'on appelle la communion *in humanis*. Désormais « toute relation de conversation, correspondance, tout rapport de vie civile ou privée avec lui est interdit aux Catholiques, hors les cas de nécessité temporelle ou spirituelle pour l'excommunié ou les Fidèles, et les autres cas prévus par les canons » (La Croix, ibid.). La sévérité de cette peine était « à peu près inusitée depuis des siècles » dans l'Eglise (ibid.).

V. T. Ortolan, v⁰ *Censure ecclésiastique*. Diction. de théologie catholique de Vacant et Mangenot, t. II (Paris, 1905), col. 2113-2136.

Cf. l'exercice du droit associationnel d'exclusion dans les castes indoues, et la résipiscence du condamné, incapable de supporter la douleur morale du retranchement corporatif : E. Senart, *Les Castes dans l'Inde*. Paris, Leroux, 1896, p. 73, 84-86.

La rigueur de l'excommunication ancienne est pratiquée de nos jours, par les associations ou syndicats ouvriers, sous forme de boycottage [a], mise à l'index [b], mise en interdit, chasse aux « Jaunes », aux « Renards », aux Traîtres, aux Fainéants (ceux qui veulent travailler pendant les grèves, fussent-ils la majorité), aux Renégats [c], etc. ; les châtiments corporels s'y ajoutent aisément (V., sur l'explication de la brimade du « Bayard », escabeau hérissé de clous. L'Eclair, 6 avril 1908). Il n'est pas rare que les dissidents soient hués, battus, parfois assommés, que leurs demeures soient saccagées, leurs maisons dynamitées, etc. C'est une autre forme du *panis doloris* et de l'*aqua tribulationis* des nouveaux Inquisiteurs, gardiens de la foi syndicaliste (V. supra, p. 399, à la note).

— Consulter, sur ce point, le bulletin très intéressant publié chaque jour à la 3ᵉ et 4ᵉ page du journal « l'Humanité » (Direct. J. Jaurès), sous la rubrique « *La Vie sociale* ». — V., à l'occasion de la grève sanglante de Draveil, les actes des grévistes contre les non-grévistes, G. Clémenceau, président du Conseil des Ministres, Ch. des députés, 11 juin 1908, Journ. off., 12 juin, p. 1162, col. 3 ; p. 1163, col. 1. — « Le 4 juin, pendant l'enterrement de M. Le Foll [gréviste tué], des manifestants ont fait mettre à genoux, au bord de la fosse, des ouvriers

a) Cf. le boycottage, jusque dans les prisons, entre groupes de détenus politiques russes. M. Corn, *A propos d'une lettre*, Temps nouveaux (de J. Grave), 11 juill. 1908.

b) V. G. Duchêne, *Les mises à l'index* (organisation), Voix du peuple, 14-21 juin 1908 ; — *La Chasse aux renards*, L'Humanité, 29 juin 1908, p. 4.

c) « Renégat », expression ecclésiastique, « celui qui renonce à la foi de Jésus-Christ pour embrasser une fausse religion », v⁰ *Renegat*, Dict. de droit canonique (André et Condis). Paris, III (1897), p. 348. — V. le socialisme comme religion, infra, p. 462, à la note.

484 *bis.* — « De même les Protestants de toute confession, luthériens, calvinistes, etc., remontent au XVIe siècle ; puis, combattant les Catholiques [1] du XIIIe au XVIe siècle,

qu'ils avaient surpris travaillant dans les chantiers sur le parcours du cortège, les traitant de lâches, renégats, fainéants, et les frappant. » Rapport Autrand, Préfet S.-et-O., ibid., p. 1165, col. 2 [a].

La mesure de l'exclusion s'impose aux Associations de toute nature comme moyen de légitime défense. Mais il est des Associations qui ne se contentent pas d'exclure le dissident ; elles ont une tendance à le supprimer.

1. V., sur la renaissance du mouvement thomiste au XIXe et au XXe siècle [b], sur la direction donnée en ce sens par les Encycliques du Pape Léon XIII, supra, p. 353, à la note.

Son successeur, le Pape Pie X, vient de renouveler ces recommandations dans la lettre encyclique *Pascendi Dominici gregis,* du 8 septembre 1907, contre les Modernistes (*de modernistarum doctrinis*) [c], 3e partie (Remèdes) : « Nous voulons et ordonnons que la philosophie scolastique (*philosophia scholastica*) soit mise à la base des sciences sacrées (*studiorum sacrorum fundamentum ponatur*)... Et quand Nous prescrivons la philosophie scolastique (*philosophiam scholasticam quum sequendam prescribimus*) ce que nous entendons surtout par là — ceci est capital (*quod rei caput est*), c'est la philosophie que nous a léguée le Docteur Angélique (*quæ a sancto Thoma Aquinate est tradita*). Nous déclarons donc que tout ce qui a été édicté à ce sujet par Notre Prédécesseur (*quidquid a Decessore Nostro sancitum est*) reste pleinement en vigueur, et en tant que de besoin. Nous l'édictons à nouveau (*et qua sit opus instauramus*) et le confirmons (*confirmamus*)...

« Que les professeurs sachent bien que s'écarter de saint Thomas

---

a) V., sur la genèse de l'acte de violence chez les hommes réunis, groupés ou associés, Scip. Sighele, *Psychologie des sectes.* Paris, Giard, 1896, passim, notamment p. 71 et s. ; id., *La Foule criminelle.* Paris, Alcan, 1892. — G. Tarde, *Essais et mélanges sociologiques.* Lyon, Stock, 1895, p. 46. — G. Lebon, *Psychologie et foules.* Paris, Alcan, 1895. — Bouglé, *Régime des castes.* Paris, Alcan. 1908.

b) Suivre le mouvement thomiste, dans la *Revue thomiste* (1908, 10e année), publiée par M.-Th. Coconnier, maître en Sacrée théologie (décédé). Toulouse, 7, rue Vélane.

c) Au sujet de la condamnation des Modernistes par l'Eglise, comme du refus d'autoriser les « associations cultuelles », il est opportun de rappeler ce que disait Littré à l'occasion du Concile de 1870 décrétant l'infaillibilité du chef de l'association catholique : « A mon avis, ni libre-penseur, ni positiviste n'est autorisé à juger doctrinalement cette mesure ; les catholiques seuls savent ce qui convient au catholicisme. Ceux qui n'appartiennent pas à cette communion ne le savent pas. » Littré, *De l'établissement de la 3e république.* Paris, bur. de la philosophie positive, in-8, 1880, p. 207.

s'inspirent des chrétiens des premiers siècles, parmi

(*Aquinatem deserere*), surtout dans les questions métaphysiques (*præsertim in re metophysica*), ne va pas sans détriment grave (*non sine magno detrimento*)... Que le doctorat en théologie et en droit Canon (*Theologiæ ac Juris canonici laurea*) ne soit plus conféré désormais (*nullus in posterum donetur*) à quiconque n'aura pas suivi le cours de philosophie scolastique (*qui statum curriculum in scholastica philosophia antea non elaboraverit*). Conféré, qu'il soit tenu pour nul et sans valeur (*Quod si donetur, inaniter donatus esto*). »

Sources. — Texte français : *Les Doctrines modernistes*. Lettre-Encyclique de N.S. Père le Pape Pie X. Rome, typographie Vaticane, 1907, p. 52 et 54. — Texte latin et traduct. fr. Éditions des « Questions actuelles ». Paris, 5, rue Bayard, [1907].

Adde : le texte du « Motu proprio *Præstantia* » de Pie X du 18 novembre 1907. Études Pères Cie Jésus, 5 déc. 1907, p. 641, et commentaire par L. Choupin, Et. Pères Cie Jésus, 5 janv. 1908, p. 116; le Bref du 7 nov. 1907 au R. P. Pègues sur son *Commentaire français littéral de la Somme théologique* : « l'œuvre qui est en théologie l'œuvre royale, et qui aujourd'hui plus que jamais est d'une actualité suprême, alors que ceux qui se séparent de saint Thomas semblent par là même être conduits à cette extrémité, qu'ils se détachent de l'Église. Pie X, Pape » (La Croix 19 nov. 1907).

A l'occasion de la 5e année de son pontificat, Pie X a reçu des mains du Cardinal Merry del Val, le 24 juin 1908, une médaille autour de laquelle on lit :

Modernismi. Errore Damnato.

VI., Id., sept. MCMVII (La Croix, 30 juin 1908).

Bibliogr. — *La Politique de Pie X, le Vatican et les Modernistes*. Lettre de Rome, 10 et 18 septembre 1907. Débats, 13 et 22 septembre. — Georges Fonsegrive, *L'Encyclique « Pascendi »*, Le Temps, 28 septembre 1907. — J.-A. Chollet, *La Morale moderniste*, La Croix, 17-18 nov. 1907. — J. Baylac, *Autour de l'Encyclique*, Bullet. de littérat. ecclésiastique, nov. 1907 et janv. 1908. — Simeterre, *Condamnation d'Aristote et Saint Thomas au XIIIe s.*, Rev. prat. d'apologétique, 1er janv. 1908. — Tyrrell (l'abbé), *L'Excommunication salutaire*, Grande Revue, 10 oct. 1907. — A. Loisy (l'abbé), *Simples réflexions sur le décret... et l'Encyclique*. Paris, 1908. — Mgr Fuzet, de Rouen, *L'Encyclique et le progrès*, lettre pastorale, La Croix, 24 déc. 1907. — L. Daudet, *La Filière moderniste*, Libre Parole, 23 fév. 1908. — Ch. Guignebert, *Modernisme et tradition catholique en France*, Grande Revue, 25 oct. 1907; 25 déc. 1907; 10 janv. 1908 (paru en vol. Paris, 37, rue Constantinople, 1908). — L. Roure, *Scolastiques et Modernistes*, Études des Pères de la Cie de Jésus,

lesquels Origène et saint Augustin occupent la place d'honneur [1].

« Les Musulmans et les Juifs [2] de tous pays con-

5 fév. 1908. — L. Olivier-Lacroye, *L'Église et les Modernistes*, Rev. de psychologie sociale. Paris, fév. 1908, p. 31. — *Le Programme des modernistes* (réplique à l'Encyclique du Pape Pie X : Pascendi, trad. de l'ital., avec préface de G. Quadratto). Paris, Nourry, 1908. — Steph. Harent, *Expérience et Foi*. Études des Pères Cie Jésus, 5 avril 1908, p. 20. — A. Loisy (l'abbé). *Quelques lettres sur des questions actuelles et sur les événements récents*, 1908, chez l'auteur à Ceffonds, Haute-Marne. — P. de Quirielle, *Le Cas de l'abbé Loisy*, Les Débats, 24 février 1908. — Fl. Anciaux, *Les Bases philosophiques du modernisme*, Revue Augustinienne. 15 fév. 1908, p. 207. — L. Froment, *Prohibition des livres d'Aristote au XIIIe s.* Revue augustinienne, 15 avril 1908, p. 443. — Mgr Douais, de Beauvais, *La Liberté intellectuelle après l'Encyclique Pascendi*. Paris, Beauchesne, 1908. — J.-A. Chollet, *La Morale moderniste*, les Questions ecclésiastiques, janv.-fév. 1908.

Mgr Mercier, Cardinal-Archevêque de Malines, *Le Modernisme*, Action catholique. Bruxelles, 1908 ; id.. *La Conscience moderne*, Disc. à la Confér. du jeune barreau d'Anvers, 28 avril 1908 (Note de M. Ch. Dumercy, avocat à Anvers, sur le disc. du « grand coadjuteur thomiste de Léon XIII ». Journ. trib. Bruxelles, 3 mai 1908). — *Kantisme et Scolastique*, La Croix, 3-4 mai 1908. — X. Moisant, *Qu'est-ce que le Modernisme?* Et. Pères Cie de Jésus, 5 mai 1908, p. 289, et 20 mai 1908, p. 463 (étude intéressante qui montre, sous le « modernisme », le retour des querelles du Nominalisme et du Réalisme qui jadis « ont ensanglanté la montagne Sainte-Geneviève ». V. suprà, n° 467, n° 471 bis). — J. Brucker, *Le Modernisme en Allemagne*, Et. Pères Cie Jésus, 5 juin 1908, p. 580.

Adde : G. Sorel, *La crise morale et religieuse*, Mouvement socialiste, 15 juillet 1907, p. 13 (avant l'Encyclique). — Paul Lafargue, *Le Syllabus moderniste*, L'Humanité, 29 juillet 1907. — Gustave Hervé, *La vieille bourrique romaine*, La Guerre sociale, 18-24 septembre 1907.

1. V., sur le régime juridique des Protestants ou Religionnaires jusqu'au XIXe siècle, v° *Religionnaires*, Merlin, Rép. de jurisp, 5e éd., t. XIV (1830), p. 474-532. — Jusqu'à la loi du 9 décembre 1905, v° Culte, Rép. gén. dr. fr. (Fuzier-Herman), t. XV (1896), nos 687-1215. — Depuis la loi de 1905 (Sép. des Eglises), consulter la nombreuse littérature provoquée par cette loi.

2. « La Société juive est une société » ; encore qu'elle ne forme pas un Etat, « elle manifeste toutes les propriétés sociales ». G. de Greef, *Structure des Sociétés*. Paris, Alcan, I (1908), p. 66.

servent ou reprennent les doctrines analogues qu'ont éla-
borées leurs ancêtres du Moyen Age. Nos bouddhistes

La communauté juive qui, pour le moment, « contrôle » par sa
puissance financière et conséquemment politique, le groupement chrétien, ne compte que 11 millions d'individus, dont plus de 10 millions en
pays de Chrétienté. V. Clunet (Journal), 1908, p. 288. — 8 millions et
demi seulement, d'après Théodore Reinach, op. cit., infra.

V., sur les Juifs, Renan, *Histoire d'Israël*. Paris, C. Lévy, 1887-
1891, 5 vol. in-8. — Id., Préface de *l'Ecclésiaste*. Paris, C. Lévy, 1882.

Apologétique : Bernard Lazare (l'instigateur de l'affaire Dreyfus en
1897), l'*Antisémitisme*. Paris, 1894. — Joseph Reinach, *Histoire de
l'affaire Dreyfus*, 6 vol. in-8. Paris, Fasquelle, 1908. — Théodore Reinach, v° *Juif* (art. important), Gr. Encyclopédie. Paris, t. XXI, p. 256-
280 ; particul., p. 278 ; Nombr. bibliogr., p. 279. — *Archives israélites*
(Paris, 26, rue Baudin) ; *L'Univers israélite* (Paris, 43, rue Condorcet).

Sur l'aff. Dreyfus, G. Sorel, *Réflexions sur la violence*. Paris, 1908, p. 39.

Point de vue spécial : l'ouvrage dramatique, pénétrant, représenté au
théâtre de Fémina en 1907 : Nozière et Savoir, *Le Baptême*. Paris, 1908.

E. Drumont, *La France juive*, 2 vol. in-12, 1886 ; les nombreux et
importants articles de E. Drumont dans la « Libre Parole ». —
J. Soury, Lettre du 18 mars 1904, Libre Parole du 23 mars. — Urbain
Gohier, *La Terreur juive*. Paris, l'Edition, 4, rue Furstenberg, 4e éd.,
1908, etc.

Au point de vue juridique, v° *Juifs*, Merlin, Répert. jur., 5e éd.,
t. IX (1830), p. 1-44 — v° *Culte*, Rép. gén. dr. fr. (Fuzier-Herman),
nos 1216-1300. — G. Baugey, *Condition légale du culte israélite en
France et en Algérie*. Paris, Rousseau, 1899, 1 vol. in-8. — L.
Lucien-Brun, *Condition des Juifs en France depuis 1789*. Lyon, Effantin,
1900, 1 vol. in-8.

Depuis la loi du 9 déc. 1905 (séparation des Eglises et de l'Etat)
consulter la nombreuse littérature sur la Séparation.

Sur la cause de l'influence, très supérieure à son importance numé-
rique de la communauté juive, Edm. Demolins donne pour motif :
l'écart de la vie politique et administrative pendant des siècles, l'obligation de se rejeter sur les situations privées [même observation pour les
communautés protestantes]. Il signale l'erreur actuelle des membres de
ces communautés qui se précipitent « étourdiment vers les situations
politiques administratives » et « veulent goûter, à leur tour, au fruit si
longtemps défendu ». Edm. Demolins, *L'Action politique et l'action
privée*, lettre à la revue « Demain », 15 juillet 1907. Bull. de la soc.
intern. des Sciences sociales, nov.-déc. 1907, p. 327.

Ces remarques sont insuffisantes pour expliquer le fait social consi-

d'Indo-Chine en viendront peut-être un jour, comme ceux du Japon, à se rallier à des affirmations syncrétiques où le Christianisme et le monothéisme se fondent avec le panthéisme bouddhiste [1].

dérable que les Juifs, qui ne sont que 72.000 en France (chiffre de Théodore Reinach, op. cit.), sur une agrégation de 38 millions d'individus, soient arrivés, en fait, à dominer son gouvernement et à peser sur ses destinées.

Une raison plus profonde de ce phénomène historique est donnée par l'américain Brooks Adams : c'est, avec la fin du xviiie siècle, « l'ouverture de l'âge économique ». L'influence a appartenu, en Occident (suivant les âges guerriers, imaginatif ou économique), au guerrier, au prêtre ; elle passe aujourd'hui à l'homme économique. L'esprit économique se substitue à l'esprit guerrier ou croyant, « la nature commence à passer au crible les esprits économiques eux-mêmes, élisant une aristocratie favorite parmi les types les plus âpres et les plus rusés ; choisissant, par exemple, l'Arménien à Byzance, le Marwari dans l'Inde et le Juif à Londres » (p. 416). « A mesure que vers la fin du xviiie siècle, les grandes épargnes de Londres passèrent aux mains des hommes de ce dernier type [les prêteurs d'argent], la troisième et la plus redoutable variété d'intelligence économique s'éleva à la prééminence. Le plus remarquable exemple de cette variété est peut-être la famille Rothschild..., Mayer [Amschel, dit *Roth Schild*, maison de l'écu rouge] eut cinq fils, auxquels il laissa sa maison et sa richesse. Il mourut en 1812. A son lit de mort, il leur dit comme dernières paroles : « Vous serez bientôt riches parmi les plus riches et le monde vous appartiendra. » Reeves, *The Rothschilds*, p. 51. Brooks Adams, *La Loi de civilisation et de la décadence* (trad. Dietrich). Paris, Alcan, 1899, p. 382.

Il faut lire les deux derniers chapitres du livre de Brooks Adams : ch. XIII, la centralisation moderne, et ch. XIV, la décadence.

V., pour les motifs de la subordination de l'esprit imaginatif et guerrier à l'esprit économique depuis 1810 (ibid., p. 384) ; depuis 1870, « les gouvernants du peuple français passèrent nettement du type guerrier au type capitaliste » (ibid., p. 409).

- — Le règne de « l'homme économique » *homo œconomicus* (variété : capitaliste) paraît fortement installé et pour longtemps. Sans doute, il sera à son tour remplacé par un type social qui se sélectionne, lentement, dans le laboratoire obscur des groupements sociaux.

Qui remplacera l'homme économique ? L'homme syndical (*homo syndicalis*) prétend à cette succession zoologique.

1. Exemple des courants contraires au milieu desquels flottent les associations humaines, quel que soit leur radeau : race, langue, religion,

« Les hommes qui veulent penser librement, qui ne demandent qu'à la science, et à la raison d'ordonner la vie individuelle et sociale, ne sauraient plus se dispenser de connaître toutes ces doctrines philosophico-théologiques [1] ».

patrie, idéal social, etc. Un courant les emporte vers l'uniformisme et l'internationalisation ; l'autre les ramène vers la différenciation et le particularisme : elles naviguent dans un remous.

V. la communication de Kaikioku Watanabé au Congrès de Bâle, Rev. internat. de l'enseignement, 15 octobre 1904, p. 302. F. P. — Cf. Anesaki, prof. à l'Univ. de Tokyo, *Le Sentiment religieux chez les Japonais*. Rev. du Mois, 10 juin 1908, p. 655.

Le pontife du groupement religieux bouddhiste est le grand Lama du Thibet, Ta-Laï, âgé de 35 ans, qui résidait à Lhassa, la Mecque bouddhiste et capitale du pays jusqu'à l'occupation de la ville sainte par les Anglais.

Depuis, l'Empereur de Chine a offert au grand Lama, pour lui éviter le contact de l'étranger, un domicile dans le monastère de Wu-Taï-Chan, sur une haute montagne, à 200 kilom. de Taï-Suen-Fou, point terminus de la ligne du chemin de fer de Cheu-Kia-Tchouang (Corresp. de G. Guidon-Lavallep, Cheu-Kia-Tchouang, Chine, 10 mars 1908, Echo de Paris, 20 avril, p. 3).

Le groupement bouddhiste est l'association religieuse qui compte le plus d'adhérents dans le monde : 500 millions environ répandus surtout en Asie (d'après le savant indianiste L. Féer, de la Biblioth. nat., v° *Bouddhisme*, Grande Encycl., t. 7, p. 609). — Les mots *Bouddha* (ibid., p. 579) et *Bouddhisme* (ibid., p. 588) du même auteur, très développés, sont tout entiers à lire.

V., sur « l'active tentative de renaissance du Bouddhisme dans les groupements de l'Inde », L. de Milhoué, *Bouddhisme*. Paris, Leroux, 1907, p. 201.

Le groupement religieux musulman est évalué à 260 millions de sectateurs (Chantepie de la Saussaye, prof. univ. de Leyde, *Manuel d'histoire des religions*, trad., 2e éd. allem. par Hubert et Isidore Lévy. Paris, Colin, 1904, p. 308.

Le groupement chrétien (catholiques, protestants, grecs, etc.) renferme environ 400 millions de membres.

La communauté juive, dont la puissance est relatée supra, p. 457, à la note, comprend, d'après Théodore Reinach (op. cit., supra), 8.500.000 membres, dont 72.000 en France.

1. F. Picavet, Rev. internat. de l'Enseignement, loc. cit., p. 511.

Il convient d'ajouter que le fait religieux, *lato sensu*, paraît avoir

484 *ter*. — Leur connaissance s'impose donc pour les combattre, comme pour les défendre. Elles ne sont pas moins nécessaires pour traiter avec leurs représentants; car il n'y a pas de guerre qui ne se termine par un accord, — dût-elle renaître un jour.

485. — Pour pénétrer la raison fondamentale du droit associationnel dont la loi du Ier juillet 1901 présente une formule, plus ou moins satisfaisante — mais obligatoire — nous avons été amené à examiner les théories qui servaient de suppôt au concept de la personne morale. Aussitôt, nous avons croisé sur notre chemin la Scolastique et la querelle des Universaux. En face de ce puissant mouvement d'idées, véritable onde lumineuse de la pensée grecque, en route à travers les âges pour venir jusqu'à nous, il a paru qu'il n'était pas inutile d'en noter sommairement le caractère et l'amplitude.

486. — Pratiquement, la besogne n'était pas vaine. Au point de vue des applications immédiates, les sociologistes modernes sont loin de tenir pour indifférente la question du Nominalisme et du Réalisme. Ils estiment qu'elle fournit la justification théorique des sacrifices que commande le prin-

redoublé d'importance au xxe siècle et ce n'est pas sans raison qu'un catholique a pu écrire que « dans notre pays, à l'heure présente, il y a une question qui domine toutes les autres.... la question religieuse. » L. Roure, *En face du fait religieux*. Paris, Perrin, 1908, p. v. — Id., *Autour de la question religieuse*, Et. Pères Cie Jésus, 5 juill. 1908, p. 97.

Cf. F. Charpin, *La Question religieuse*, enquête internationale (environ 170 opinions diverses). Paris, Mercure de France, 1908, in-18.

Nous avons entendu, en 1890, E. Renan soutenir que le xxe siècle reverrait des guerres religieuses ; ses auditeurs se récriaient. Depuis les lois du Ier juillet 1901 et du 9 décembre 1905, véritables armes de combat contre l'association catholique, la période prédite par l'illustre historien des Origines du Christianisme et d'Israël est ouverte.

cipe associationnel : « La vie... de combat, dit M. G. Tarde, a seule pu faire considérer le groupe social conçu à son image comme un tout plus réel, plus personnel que ses unités, dont il ne serait pas seulement le rapport intime et complexe, mais la cause et le principe supérieur [1]. » Et plus loin : « Si les sociétés [Associations, Groupements, etc.] sont des êtres supérieurs et distincts, conditionnés, mais non constitués par les êtres individuels dont ils ne seraient pas seulement la mutuelle pénétration, mentale et morale, mais la sublimation et la transfiguration *réelles*, existant en dehors de la conception que chacun d'eux s'en fait, le sacrifice des intérêts individuels, des vies individuelles [2] même en totalité. aux fins, aux simples caprices, de ces êtres transcendants est la chose la plus naturelle du monde [3]...

1. G. Tarde, *L'opposition universelle*, 1897, p. 401.

2. « Etre membre est n'avoir de vie, d'être et de mouvement que par l'esprit du Corps et par le Corps », Pascal, *Pensées*, éd. Havet. Paris, Delagrave, 1866, II, art. XXIV, 59 *bis*, p. 112. — « Pour faire que les membres soient heureux, il faut qu'ils aient une volonté et la conforment au Corps », ibid, 60 *ter*, p. 114.

3. Cf. Maeterlink, *La vie des abeilles*. Paris, Fasquelle, 1906, l'admirable chapitre sur l'esprit de la ruche et l'essaimage, p. 27 et s., p. 30 : « l'immolation aux dieux exigeants de la race (p. 31), la renonciation héroïque à l'abondance et à l'allégresse plénière pour perpétuer la vie associée en un groupement nouveau (p. 32) ; le sacrifice, qui paraît raisonné de la génération présente à la génération future (p. 39) ; le délire du sacrifice peut être inconscient (p. 54) ; elles [les abeilles] sont heureuses sans qu'on sache pourquoi ; elles accomplissent la loi. Tous les êtres ont ainsi un moment de bonheur aveugle que la nature leur ménage quand elle veut arriver à ses fins » (p. 90).

Cf. les expériences sur la vie collective, le « raisonnement collectif » des abeilles, l'immolation de tous et de chacun à l'Association, apud Gaston Bonnier, prof. à l'Univ. de Paris, *Le socialisme chez les abeilles*, conf. à l'Institut psychol., le 21 déc. 1907. Paris, 14, rue Condé, in-8, p. 34.

« On voit l'importance pratique de cette question de la
société-organisme [1] que les sociologistes agitent et qui, à

Il y a là une manifestation, consciente ou non, d'un véritable sentiment religieux, qu'engendre souvent l'effort collectif vers un but commun.
Cf. P. Goehre (pasteur protestant socialiste, député au Reichstag
allemand), *Le Socialisme comme religion*, les Documents du Progrès
Paris, Alcan, mars 1908, p. 216.

Contra : « J'ai expliqué (nov. 1906), que M. Dolléans s'était grave-
ment trompé en croyant discerner un caractère religieux dans le socialisme ». G. Sorel, *La crise morale et religieuse*, Mouvement socialiste,
15 juillet 1907, p. 32.

En tout cas, le socialisme est empreint d'un mysticisme fervent.
« Les socialistes sont généralement d'une ignorance qui frappe du
plus profond étonnement... ; ils ont la foi du charbonnier; ils nagent
en pleine métaphysique dans les nuages de la fantaisie : ils ne sont
pas de ce monde. L'analogie entre l'état d'esprit des premiers chrétiens et celui des socialistes modernes est frappant. Les uns et les
autres ont l'idée que le monde va périr par une catastrophe immense,
et que sur ses ruines, va s'édifier un monde nouveau où les hommes
deviendront des anges ». J. Novicow, extrait du livre *Les phénomènes
économiques naturels et la misère*. Paris, Alcan, 1908, Rev. sociologie,
Direct. P. Worms, avril 1908, p. 258. Adde, les propos recueillis par
Novicow, chez les socialistes russes, ibid., p. 259.

P.-G. La Chesnais, *Individualisme et Socialisme* (à propos du livre de
A. Schatz, *L'Individualisme économique et social*, Colin, 1908), Pages
libres. Paris, 21 mars 1908, p. 329 : « leur enthousiasme, parfois,
donne au socialisme l'apparence d'une religion nouvelle ».

— Sur le livre de H. Schatz : M. Ajam, *Le radicalisme individualiste*,
L'Opinion, 2 mai 1908.

— « Chez les Anarchistes règne un grand fond de mysticisme qu'on
retrouve chez les révolutionnaires de toutes les époques. Beaucoup qui
se croient de bonne foi des matérialistes et des athées considèrent la
Révolution comme une sorte de personne vivante, douée d'une force
intrinsèque, qui opèrera des miracles, et l'anarchie comme une divinité
dont l'apparition établira, en un instant, l'harmonie dans le monde. »
Charles Malato, *Les Classes sociales au point de vue de l'évolution zoologique*. Paris, Giard et Brière, 1907, p. 76.

1. V., sur la faveur puis l'abandon de la théorie de la société-organisme, suprà, n° 411, et les notes.

— « Une association est une réunion de personnes agissant comme une

première vue, pouvait paraître une simple matière à discussion *scolastique*[1] ».

§ 8. — Un coup d'œil sur les siècles passés n'est pas du temps
    perdu pour l'étude du fait associationnel en général et du
    fait associationnel au XXᵉ siècle en particulier (nº 487). —
    Epanouissement du fait associationnel au Moyen Age (nº
    488). — Le fait associationnel, dans les institutions ecclé-
    siastiques. — Clergé séculier : Paroisses, Doyennés, Dio-
    cèses, Evêques, Chapitres, etc. (nº 489). — Clergé régulier :
    Associations monastiques, canoniales, etc. (nº 490). —
    Groupements scolaires, Universités (nº 491). — Le fait
    associationnel dans les institutions laïques : Communautés
    Communes, Villes libres, Quartiers, Hanses, Confréries, Corpo-
    rations et Métiers, Compagnons, Francs-Maçons, etc. (nº 492).
    — De quelques effets de l'ancienne organisation corporative
    (nᵒˢ 493-497). — Rôle des confréries autour des associations
    (nᵒˢ 497 *bis*-499).

487. — Cette étude nous a retenu quelque temps sur
l'époque médiévale[2].

seule dans un but arrêté d'avance et nettement défini. Il faut avoir plus
que de la bonne volonté pour comprendre sous ce vocable les innombrables faits d'interpendance végétative. » E. Waxweiler, *Esquisse d'une
sociologie*. Bruxelles, Misch et Throu, 1906, p. 52 ; V. ibid , la critique
des abus terminologiques des biologistes.
    — « En passant de la réalité sociale aux analogies biologiques, on
ajoute donc beaucoup.... Car une Corporation ne parvient ainsi à
modeler son organisme suivant une loi de développement un peu régulière qu'en vertu de beaucoup de particularités qu'on ne rencontre pas
dans la biologie. » G. Sorel, *L'évolution créatrice de H. Bergson* (1907),
Mouvement socialiste, 15 avril 1908, p. 285. — « Il y a une distance
énorme des Corporations aux êtres vivants.... » Ibid., p. 283.
    1. G. Tarde, op. cit., 1897, p. 482.
    Cf. théorie de la personne morale réelle (l'école organique), supra,
nº 411 et les notes.
    2. Le terme de « temps médiéval », de « Moyen Age », viendrait des
philologues, qui s'habituèrent à désigner comme « Age Supérieur » celui

Mais ici encore nos investigations, malgré le détour apparent, loin de nous écarter de notre sujet, nous ont renseigné sur ses origines directes.

du latin classique, comme « Age Moyen » celui de la basse latinité, comme « Age Inférieur » celui de l'abandon du latin pour la langue usuelle (Elisée Reclus, *L'Homme et la Terre*, IV, s. d. [1905], p. 4).

Le Moyen Age, comme nous l'avons dit (supra, p. 356), grandit de nos jours dans l'estime de la critique historique (V. *Histoire littéraire de la France*, t. XXIII, XXIV (Victor Le Clerc et Renan, — Littré, *Étude sur les barbares et le moyen âge*. Paris, Perrin, 4e éd., 1888). Il tient une place considérable dans l'évolution du groupement français.

« Il y a eu trois cultures françaises. La première eut comme aboutissement ce merveilleux XIIIe siècle, qui marqua une éclosion magnifique du génie français, en même temps qu'une époque de prospérité extraordinaire. Cette période de culture active, qui débute avec le XIe siècle, voit l'affranchissement des communes et la naissance de la bourgeoisie ; elle se répand avec force au dehors, fonde un royaume à Naples, un autre à Jérusalem, un autre en Espagne ; elle déborde sur l'Allemagne ; elle conquiert l'Angleterre, où elle importe sa langue, ses mœurs, ses institutions, son art ; par les Croisades, où la France entraîne après elle tous les autres peuples de l'Europe, elle reprend le mouvement mondial des échanges, rompu depuis Rome ; elle fonde les Universités et le Parlement ; elle crée l'art ogival, dont les origines purement françaises sont maintenant nettement établies. » L. Dumur, *Nietzsche et la culture*, Mercure de France, Ier février 1908, p. 399.

Cf. H. Mazel, *La Synergie sociale*. Paris, Colin, 1891, p. 49.

Le Moyen Age français est, depuis le début du XIXe siècle, étudié avec ferveur dans toutes les directions, en France, en Allemagne, en Angleterre. Pour ne citer que quelques ouvrages français dans le domaine de la philosophie, v. supra, p. 356, à la note : de l'art (supra, p. 359, à la note) ; de la littérature (supra, p. 361, 362, aux notes) ; de l'histoire (supra, passim, les notes des p. 358-400 ; — Molinier, prof. à l'Ecole des Chartes, *Sources de l'histoire de France*, Ire partie, t. I-V. Paris, Picard, 1902).

L'association des élèves de l'Ecole des Chartes, fondée en 1839 sous le nom de « Société de l'Ecole des Chartes », publie un bulletin intitulé « Bulletin de l'Ecole des Chartes » ; il forme chaque année un volume qui contient les contributions les plus précieuses sur le Moyen Age.

Cet âge a sa revue spéciale, *Le Moyen Age* (1908, t. XXI. Directeurs : MM. Marignan, Prou et Willmote ; secrét., M. A. Vidier. Paris, Champion, 5, quai Malaquais), excellente Bibliographie et revue des

488. — « Le principe d'association a joué un grand rôle dans les institutions du Moyen Age[1]. »

périodiques. — Adde : *Revue Bénédictine*, publication de grande érudition, 25e année (1908). (Direction : Abbaye de Maredsous, Belgique). Paris, Champion. — « Durant le haut Moyen Age, les Bénédictins apportèrent dans l'Europe redevenue barbare un procédé de travail supérieurement organisé et une technique savante ; ils eurent aussi un très-grand rôle dans la civilisation naissante. » G. Sorel, *Crise morale et religieuse*, Mouvement socialiste, 15 juillet 1907, p. 33. — V. Heurtebize, v° *Bénédictins (Travaux des)*, Dictionnaire de Théologie catholique de Vacant et Mangenot. Paris, Letouzey et Ané, t. II, 1905, col. 604-628.

Au point de vue des institutions politiques, du mouvement social, de l'évolution historique de cette époque, il suffira de mentionner l'ouvrage fondamental de Fustel de Coulanges, qui s'attaque au haut Moyen Age, et s'arrête à la fin du Xe siècle avec l'élection de Hugues Capet (987)[a] *Histoire des institutions politiques de l'ancienne France*, 6 vol. in-8. Paris, Hachette, 1888-1893 (chaque vol. porte un sous-titre spécial ; les 4 derniers, revus par C. Jullian).

V. aussi Glasson, *Hist. du droit et des institutions de la France*, 8 vol. Paris, 1887-1903.

Viollet, *Hist. des institutions politiques et administratives de la France*, 3 vol. in-8, 1890-1903.

Les Xe et XIe siècles sont particulièrement étudiés dans un ouvrage de haute érudition (en cours de publication) dû à notre ancien confrère au barreau de Paris, M. Jacques Flach, aujourd'hui professeur au Collège de France, *Les Origines de l'ancienne France*. Paris, Larose, 3 vol. in-8, 1886-1904 (V. sur sa méthode, Introd., 1, p. 3, p. 13 : travail de toute une vie, p. 5). Ouvrage de premier ordre.

1. A. Luchaire (*Manuel*, etc., Capétiens, 1892, p. 453). — A. Thierry, *Considérations sur l'histoire de France* (en tête des Récits des temps mérovingiens). Paris, C. Lévy, 1880, p. 190.

G. Jellineck, *L'État moderne* (trad. Fardis). Fontemoing, 1904 (les Associations et l'État), p. 184 et s.

Comme à notre époque, le principe d'association ne fut pas l'équivalent de l'idée de paix.

a) Hugues Capet (Huon Chapet) possédait toutes les qualités d'un formateur et d'un chef de groupement. V. le discours de l'archevêque de Reims Adalbéron, pour le faire nommer roi « *quis enim ad eum confugit, et patrocinium non invenit* » ? Richer, IV, 11, apud Fustel de Coulanges, *Hist. des instit. polit. de l'anc. Fr.*, la transform. de la royauté, 1892, p. 702.

On le retrouve partout :

1° DANS LES INSTITUTIONS ECCLÉSIASTIQUES [1].

489. — A. *Auprès du clergé séculier* : Associations de paroissiens pour acquitter les charges de l'église, pour percevoir,

V. « La lutte entre les associations des grands : 1° que les guerres civiles du VIIe siècle n'ont été des luttes ni de classes, ni de partis, ni de races, ni de pays » (Fustel de Coulanges, *Hist. des institut. politiques de l'ancienne France* (les transformations de la royauté pendant l'époque carolingienne, éd. C. Jullian). Paris, Hachette, 1892, chap. VII, p. 85). — « Les luttes viennent uniquement de ce que cette classe d'hommes [les grands, les évêques, etc.] est divisée en coteries ou groupes, qui, sous deux chefs différents, se disputent les fonctions, les dignités, le pouvoir » ibid., p. 109).

Il paraît donc contraire aux enseignements de l'histoire d'affirmer que la suppression violente des classes, aboutissement annoncé de la « lutte des classes » (K. Marx, *Manifeste communiste*, § 54, éd. Andler. Paris, Cornély, 1906, p, 55) amènera la cessation des conflits entre les individus ou les groupements.

V., sur le travail d'action et de réaction auxquels sont soumis, aux Xe et XIe siècles, les divers groupements (groupement ethnique [a], groupement domanial, groupement religieux) d'où sortira, avec les Capétiens, l'Etat français, J. Flach, *Les Origines de l'ancienne France*. Paris, Larose, t. III (1904), p. 127 et s.

La société d'alors se trouvait « dans un état de violente instabilité » (J. Flach, ibid., I, 1886, p. 128). L'avènement certain, pour quelques historiens, du quatrième Etat, au XXe siècle (E. Drumont, *Les deux cortèges* du terroriste russe Guerchoni et du syndicaliste parisien Pérault, Libre Parole, 2 avril 1908), remettra l'agrégat français en même posture.

La destinée de la France serait, paraît-il, d'être vouée aux expériences de laboratoire des sociologistes. A. Naquet, *Désarmement ou alliance anglaise à Paris*. Paris, Sansot, 1908, p. 85 et s. ; p. 90 ; p. 96 et s.

Cf. E. Drumont, *Le Juif et l'idée de patrie*, Libre Parole, 20 avril 1908.

1. *Ecclesiasticus* (homme de l'*Ecclesia*). Un membre du clergé à un degré quelconque ne s'appelait pas *ecclesiasticus* mais *clericus*.

Celui qu'on appelait *homo ecclesiasticus*, celle qu'on appelait *femina*

---

a) Le groupe ethnique n'a rien de commun avec le groupe « racique ».
Le premier est un groupe « social » ; le second un groupe « anthropologique ».
Cf. Flach, ibid., III, 1904, p. 127, note 1.

garder et administrer en commun ses revenus, par l'intermédiaire d'un conseil d'administrateurs-trésoriers (*fabrica*
ou *thesaurus*) chargés d'encaisser l'argent, de seconder et
de surveiller le curé [1] dans la gestion des intérêts tempo-

---

ecclesiastica étaient d'anciens esclaves ou des descendants d'esclaves, qui
restaient, à titre d'affranchis, sous la puissance d'une collectivité ecclésiastique, d'une Eglise, et qui lui appartenaient. V. Fustel de Coulanges,
Hist. des institut. polit. de l'ancienne France, l'alleu et le domaine rural.
Paris, Hachette, 1889, p. 345.

« Le dogme était fixé [au Ve siècle] et l'Eglise était une société constituée hiérarchiquement. Une première distinction, et la plus radicale,
était celle qui séparait les clercs des laïques.... Le christianisme eut
d'abord un sacerdoce, de nature démocratique. Dans chaque ville, les
chrétiens formèrent une communauté qu'ils appelaient « l'assemblée »,
ἐκκλησία [a]. Cette petite communauté se donna elle-même ses chefs religieux qui s'appelèrent « les plus âgés », πρεσβύτεροι. Elle se donna aussi
un « surveillant », ἐπίσκοπος. Elle eut enfin quelques fonctionnaires
chargés des services matériels du culte ou de l'administration des biens ;
ou les appela « serviteurs », διάκονοι. Ainsi furent fondés les « ordres
majeurs » des évêques, des prêtres et des diacres. Il s'y ajoutait des sous-
diacres, des lecteurs, des chantres ou psalmistes, des martyraires ou gardiens des reliques, des exorcistes. Tous ces hommes n'étaient d'abord
que les serviteurs de la communauté ; mais peu à peu leur caractère plus
sacré, plus voisin de Dieu, les éleva au dessus-d'elle. Ils se présentèrent
aux yeux des hommes comme un corps choisi, κλῆρος, c'est-à-dire
choisi de Dieu, et tout ce qui n'était pas eux fut seulement une foule,
λαός. Voilà le clergé et les laïques. » Fustel de Coulanges, *Hist. des
instit. pol. de l'anc. France*, La monarchie franque. Paris, 1888, p. 511.

Adde : B. Dolhagoray, v[o] *Clercs*, Dict. de théol. cathol. de Vacant
et Mangenot, t. III (1908), col. 225-235.

1. Curé, *curatus*, celui qui a reçu de l'autorité ecclésiastique compétente la charge des âmes (*cura animarum*) d'une paroisse (*curatus paro-
chiæ*). — Cf. B. Dolhagaray, v[o] *Curés*, Dict. de théol. cathol. de Vacant
et Mangenot, t. III, 1908, col. 2429-52.

Pendant longtemps, le curé porta le titre de *capellanus*. Le titre équivalant à celui de curé était *rector* dans certaines contrées, et notamment

---

a) « Eglise, toute association d'adultes pour la poursuite d'un idéal, que cet idéal
soit religieux, philosophique ou humanitaire, qu'il s'appelle christianisme ou
fraternité maçonnique. » A. Coste, vice-président Soc. sociol. de Paris, *L'Expérience des peuples et les prévisions qu'elle autorise*. Paris, Alcan, 1900, p. 629.

rels de la paroisse [1], de réaliser les clauses des fondations, de passer les actes relatifs aux biens paroissiaux, de faire certaines dépenses d'intérêt commun (écoles, hôpitaux, maladreries, entretien de l'église et du cimetière etc.).

489 *bis*. — Groupement des paroisses en « doyenné [2] » ou archiprêtré [3] » dont les doyens ou archiprêtres réunissent,

en Bretagne, où il s'est conservé jusqu'à nos jours. A. Giry, *Manuel de diplomatique*, 1894, p. 339.

Depuis le XIIIe siècle, les personnages ecclésiastiques s'intitulent *magister* « maître ». C'est un titre universitaire équivalant à celui de docteur ; on l'employait aussi bien dans la Faculté de théologie que dans celle des arts ; il fut plus tard réservé à cette dernière (ibid.), maître ès arts.

Le titre de « maistre » était porté au XIVe s. par les magistrats du Parlement de Paris. V. liste des maistres (clers et lays) du Parlement de 1336, Guilhiermoz, *Enquêtes et procès*, etc. Paris, 1892, p. 636.

On dit aujourd'hui, au Palais, « Monsieur » à un magistrat en faisant suivre cette appellation de sa qualité hiérarchique : Monsieur le Premier [Président], Monsieur le Président, Monsieur le Conseiller, Monsieur le Juge, Monsieur l'Avocat de la République, etc. Les avocats inscrits au barreau sont traités de « maître » ; aussi, par extension, les greffiers, avoués, notaires, commissaires-priseurs, huissiers et leurs principaux clercs.

1. A. Luchaire, op. cit., p. 5.

L'Empire [romain] était divisé en provinces et en cités. La cité qui était l'unité administrative devint aussi l'unité ecclésiastique. On ne l'appela pas d'abord un diocèse (Διοίκησις, diocèse, administration ; Διοικεῖν, administrateur, faire le ménage ; διὰ et οἴκια, maison) ; on l'appela παροικία (voisinage, παρὰ, près ; et οἴκια, maison), une paroisse. Ce terme se retrouve chez Grégoire de Tours ; il désignait le ressort tout entier de l'évêque, c'est-à-dire, tout le territoire de la cité ecclésiastique. Fustel de Coulanges, ibid., 1888, p. 511.

Sur la paroisse, « groupement organisé », V. H. Sée, *Les Classes rurales au M.-A.* Paris, Giard, 1901, in-8, p. 603 (avec extraits de cartulaires), p. 603 et s. — Clément, *Recherches sur les paroisses et les fabriques au commencement du XIIIe siècle*, Mélanges d'archéologie et d'hist., t. XV, p. 387 et s. — Imbart de la Tour, *Les Paroisses rurales dans l'ancienne France*, Rev. historique, t. LXIII, LXVII et LXVIII.

2. Doyenné (*decanatus*), Doyen (*decanus*).

3. Archiprêtré (*archipresbyratus*), archiprêtre (*archipresbyter*).

pour les diriger, les desservants; groupement des paroisses, en chapitres ou synodes[1].

— Groupement des doyennés en diocèse[2], élément principal de l'église séculière. A la tête de ce groupement supérieur du diocèse est l'Evêque[3], colonne

[1]. Chapitre ou synode, groupement des curés de paroisse (*capitula, kalendæ, synodi decanales*). A. Luchaire, op. cit., p. 17.

[2]. Διοικεῖν, administrer, faire le ménage, διά et οἰκία, maison.

[3]. L'Evêque (*Episcopus, præsul, pontifex*) procède des anciens sur-veillants de l'Eglise primitive.

« L'évêque conservait son ancien titre *episcopus*; il y joignit ceux de *sacerdos* et de *pontifex*. Or ces deux termes étaient ceux par lesquels on avait désigné jusque là dans la religion païenne de l'empire les grands-prêtres provinciaux. Les évêques prirent leurs titres en prenant leur place. » Fustel de Coulanges, ibid., 1888, p. 511.

Au VIe siècle, l'évêque est appelé aussi souvent *sacerdos episcopus*. Grégoire de Tours, passim. Dans le procès-verbal du concile de 511, les évêques se désignent eux-mêmes par le mot *sacerdotes*.

V., sur les titres d'évêque et d'archevêque, Giry, *Manuel de diploma-tique*, 1894, p. 336 et les notes. — En écrivant, on désignait l'évêque par cette formule : *reverendus Pater in Domino*; en lui parlant, *Pater-nitas Vestra* (ibid., p. 338).

V., sur les formalités de l'élection épiscopale au XIIIe s., et la *licencia elegendi episcopum* demandée au roi, A. Luchaire, op. cit., p. 29-35 (avec indic. bibliogr.). Imbart de la Tour, *Les élections épiscopales dans l'Eglise de France du IXe au XIIIe* s. Paris, 1890; Jules Doizé, *L'élection épiscopale et les chapitres cathédraux au XIIIe siècle*, Etudes des Pères de la Cie de Jésus, 5 décembre 1906, p. 627.

M. Charles, *Elections épiscopales au IVe siècle* (La Croix, 1er avril 1908).

V., sur le mode ancien et moderne de la nomination des évêques, A. Mater, op. cit., 1906 (l'Evêque), p. 274; bonnes indications bibliogr. en note.

—Depuis la loi du 9 déc. 1905 sur la séparation des Eglises et de l'Etat, la nomination des Evêques, en France, appartient au Pape seul. Par lettre de la secrétairerie d'Etat, tous les évêques de France sont invités à envoyer chaque année à Rome les noms de trois prêtres qui leur paraissent dignes d'être élevés à l'épiscopat, avec réponses aux question-naires précis. Il y a, en France, 82 évêques ou archevêques; d'où 250 noms, sur lesquels le Pape exercera son choix. Une commission de 8

vivante de l'Église catholique, *in episcopo est Ecclesia*[1].

489 *ter*. — Groupement des évêques, qui se forme et agit :
— 1° autour de ses supérieurs immédiats, les archevêques (*archiepiscopus, metropolitanus*), dont le pouvoir s'étend sur plusieurs évêchés suffragants (*suffraganei*), réunis eux-mêmes en province (*provincia*). Les évêques prennent contact entre eux et avec les chefs des principales associations monastiques de la « province », dans des assemblées ou « synodes provinciaux », provoqués sur la simple initiative de l'archevêque ou métropolitain[2] ; — 2° dans les conciles

Cardinaux examinera les titres. Le Pape pourvoira *motu proprio* aux vacances épiscopales, avec droit de nommer les futurs évêques, en dehors des listes de présentation (G. Latouche, *Comment seront nommés les évêques*, L'Eclair, 21 avril 1908).

Relire la formule du serment de Boniface (Winfrid), évêque de Germanie (VIIIe siècle), au pape Grégoire II, en recevant la dignité épiscopale (P. Lacroix, *Vie militaire et religieuse au Moyen Age*. Paris, Didot, 1877, p. 310). A douze siècles de distance, les évêques, cadre supérieur de l'association catholique. professent les mêmes sentiments de respect et d'obéissance envers le Chef suprême du groupement.

1. « L'Eglise est devenue surtout la hiérarchie des Evêques ». A. Luchaire, op. cit., p. 36.

Sous le contrôle éminent du Pape, ce sont les évêques qui, canoniquement, exercent le pouvoir disciplinaire sur les associations catholiques dues à l'initiative privée (Fr. Joseph Pie Mothon, O. P., *Les droits et les devoirs des Evêques dans la fondation et le gouvernement des œuvres catholiques*, Rev. cathol. des institut. et du droit, mai 1908, p. 415).

> Evesque est moult haute personne
> Il porte moult haute couronne ;
> Si a bien faire s'abandonne,
> Sainte chose est, et digne, et bone.

(Texte autographié de *Le livre des Manières*, par Etienne de Fougères, évêque de Rennes (1168-1178), publ. par F. Talbert. Paris, Thorin, et Angers, Barassé, 1887, p. 12.)

2. Les archevêques ou métropolitains peuvent être considérés, à leur tour, comme un groupe, relevant d'un groupe supérieur formé de quelques-uns d'entre eux, et dénommés *Primats* dans l'Eglise d'Occident et

nationaux [1], convoqués par le Pape qui, seul, donne force de loi à ses décrets, conciles restreints à l'intérêt d'un seul pays ; — 3° dans les assemblées épiscopales, qui s'ajoutent aux assemblées conciliaires et sont d'institution plus récente que les conciles proprement dits [2] ; — 4° dans les conciles œcuméniques ou généraux, assemblées générales de l'épiscopat, réunies sous l'autorité du Pape, présidées par lui ou par ses légats spéciaux (le 1er concile œcuménique à Nicée, en 325 ; le 19e et dernier, au Vatican, présidé par Pie IX, en 1870) [3].

Exarques dans l'Eglise d'Orient. Les Primats étaient qualifiés pour tenir les conciles nationaux, les présider, pour y couronner le roi ; ils avaient juridiction sur les Métropolitains. Cependant la « primatie » était plutôt un titre qu'une véritable fonction : elle donna lieu, entre les archevêques ou métropolitains, à de vives contestations, que n'apaisa pas toujours la haute intervention des Papes (A. Luchaire, op. cit., p. 26).

Les Primats n'ont plus qu'une prééminence honorifique, parfois contestée, comme il arriva au prince-primat de Hongrie, au Concile du Vatican, en 1870 (A. Mater, op. cit., 1906, p. 252).

1. V. A. Mater, op. cit., 1906, p. 252.

2. Le Saint-Siege paraît encourager la pratique des assemblées épiscopales extra-conciliaires. V. lettres du Pape Léon XIII du 31 octobre 1899 pour les évêques de l'Italie du Sud, des 2 et 11 novembre 1899 pour les évêques des Abruzzes et de Toscane, *Le Canoniste contemporain.* 1901, p. 347,442 et s., apud A. Mater, op. cit., p. 254. — G. Latouche, *Pie X crée des assemblées régionales d'évêques* (en attendant l'assemblée plénière des évêques de France), L'Eclair, 29 décembre 1907.

L'assemblée des Evêques de la région de Paris s'est ouverte à Paris le 1er avril 1908, dans le grand salon de l'archevêché, rue de Bourgogne, sous la présidence de Mgr Ardin, archevêque de Sens. Six provinces ecclésiastiques étaient représentées chacune par leur archevêque ou par un de leurs évêques. Ces six provinces sont celles de Sens, de Rouen, de Rennes, de Tours, de Paris et de Bourgogne. Les évêques présents étaient ceux de Nevers, de Séez, de Vannes, d'Angers, d'Orléans et de Clermont (Le Temps, 2 avril 1908. Cf. La Croix, 2 avril 1908).

3. V., pour la littérature conciliaire, bonnes indications bibliogr., Mater, id., p. 32-33.

J. Forget, v° *Conciles*, Diction. de théologie catholique, de Vacant et

— Groupements complémentaires, qui gravitent autour des groupements ecclésiastiques essentiels, sous l'impulsion de chefs hiérarchiquement superposés, depuis le Curé de paroisse jusqu'au Primat, ils constituent des *corps* ou *communautés* [1] qui concourent à l'administration du spirituel et du temporel. Ces « corps » sont appelés « chapitres » (*capitula*); leurs membres, chanoines (*canonici*) [2]. Ils sont dits « Chapitres cathédraux » [3] quand ils desservent l'église qui est le siège de l'évêché, et « Chapitres collégiaux » quand ils sont attachés à d'autres églises, — puis encore (par opposition aux chanoines « séculiers ») « réguliers », asssujettis à une règle monastique.

490. — *B. Auprès du clergé régulier :*

— Associations monastiques : à la fin du XIIIe siècle, les monastères « couvraient, comme d'un réseau aux mailles innombrables, toute l'étendue du territoire national » [4].

Mangenot. Paris, Letouzey et Ané, t. III (1908), col. 636-676 (art., documenté, avec nombr. indicat. bibliograph., in fine).

Dans les rapports du pouvoir civil et du pouvoir religieux (avant la loi du 9 déc. 1905 sur la séparation de l'Eglise et de l'Etat), v⁰ *Concile*, Rép. gén. de dr. fr. (Fuzier-Herman, Carpentier, t. 13, 1895).

1-2. A. Luchaire, op. cit., p. 51. — Chanoines (*canonici*). Le nom provient de ce qu'ils étaient inscrits dans les tables matriculaires servant de règle aux églises, ou de ce que leur vie était spécialement réglée par les canons (ibid.). — Sur les chapitres cathédraux (ibid.), avec bonnes indications bibliogr. et détails sur le recrutement, la réception, les obligations, l'organisation, les prébendes, la juridiction, les conflits avec l'évêque et les seigneurs laïques des corps capitulaires et cathédraux (ibid., p. 55-61).

3. V. sur les Chapitres collégiaux et les Collégiales (Luchaire, ibid., p. 62-64).

Cf. v⁰ *Chapitre*, Dict. de droit canon. (André et Condis). Paris, Waltzer, t. I (1894), p. 363-388.

4. A. Luchaire, op. cit., p. 65. — Montalembert (Cte de), *Hist. des moines d'Occident depuis saint Benoît jusqu'à saint Bernard*, 5e éd. Paris,

Nous avons déjà signalé la genèse de ce magnifique mouvement associationnel [1] (supra, p. 368, à la note. — Adde :
sur l'éclosion ascétique, des moines et anachorètes, leurs
groupements en monastères, etc., l'intéressant chapitre,
« les moines en Orient », apud Mgr L. Duchesne, directeur
de l'Ecole française de Rome, *Histoire ancienne de l'Eglise*.
Paris, Fontemoing, II, 1907, p. 485-522). — E. Ameli-
neau, *Les Moines égyptiens*. Paris, Leroux, in-12, 1889;
— et, infrà, p. 478, à la note.

Chaque fois qu'on en parle il convient de rappeler les
services que ces associations particulières rendirent à l'association générale, l'Eglise catholique [2], dont elles ont ranimé
l'énergie vitale [3].

1874-1877, 5 vol. in-8. — Brooks Adams, *La Loi de la civilisation et de
lo décadence* (trad. Diétrich). Paris, Alcan, 1899 : « Entre le VIᵉ et le
XIIIᵉ siècle, le tiers environ du sol de l'Europe passa aux mains des
Corporations religieuses, tandis que la plupart des esprits d'élite de l'é-
poque trouvèrent une carrière dans la vie monastique », p. 152.

V. l'excellence des règles de saint Benoît pour la prospérité des
associations bénédictines au point de vue moral et productif (G. Sorel,
Introd. à l'économie moderne. Paris, Jacques, 1902 ?, in-18, p. 117) ; « en
voulant faire de bons moines, saint Benoît s'est trouvé, grâce à son
esprit pratique, faire de bons travailleurs, c'est pour cela que son
œuvre a été si florissante (ibid., p. 122); analogies avec les corporations modernes de production (p. 123).

1. Adde : sur les causes de cette renaissance de fondations monastiques (réforme de la vie religieuse au XIᵉ siècle, moyen d'assurer son
salut, barons désirant avoir un monastère à proximité du donjon, etc.).
A. Luchaire, p. 65 et 66.

2. V. supra, p. 449, à la note. (G. Sorel, *La Décomposition du Marxisme*,
1908.)

3. Dutilleul, avocat à la Cour de Paris, *Hist. des Corporations religieuses en France*. Paris, Amyot, 1846 (petite documentation). V. cependant, sur la querelle des Ordres mendiants avec l'Université au XIIIᵉ s.,
Rutebeuf, etc. (p. 125); les Jésuites et Jansénistes, p. 265; la question
devant les Chambres en 1845, p. 467.

Les monastères ont à leur tête un abbé [1] ou prieur.

490 *bis*. — Le « Monastère » est étymologiquement une habitation de moines (μονός, seul). Cependant il a pour synonyme le couvent (*conventus*, réunion, assemblée[2]). En effet, il abrite et il groupe les anachorètes, les cénobites, les ascètes [3], les mystiques [4], tous ceux en somme qui ont consacré leur vie à un but religieux[5].

1. V. A. Luchaire, op. cit. (l'abbaye et l'abbé), p. 65-77. V. sur les titres et qualités des abbés et autres dignitaires, Giry, *Man. de diplomatique*, 1894, p. 340. — Pie de Langogne, vo *Abbés*, vo *Abbesses*, Dict. de théol. cathol. de Vacant et Mangenot. Paris, t. I (1903), col. 10-22.

V., sur la hiérarchie dans l'intérieur des ordres religieux, les titres des dignitaires, etc., Giry, op. cit., 1894, p. 340-349.

2. « La pure solitude fut toujours une exception. Elle était peu goûtée des Chefs de l'Eglise et de tous ceux qui avaient le souci de ses grands intérêts. Il arriva donc de bonne heure que les solitaires se groupèrent entre eux. Les moines devinrent des cénobites. Ces deux mots moine et cénobite, qui au sens littéral signifient le contraire l'un de l'autre, furent synonymes : cela tint sans doute à ce que les idées s'associaient; les mêmes hommes étant cénobites entre eux puisqu'ils vivaient en communauté ; mais ils étaient solitaires à l'égard du monde extérieur. Un monastère et un couvent (*conventus*) furent une même chose. » Fustel de Coulanges, *Hist. des instit. pol. de l'anc. France*. La Monarchie franque. Paris, Hachette, 1888, p. 521. — Cf. infra, p. 478, à la n.

3-4. Dans le groupement chrétien, l'ascétisme (ἀσκέω, s'exercer) comporte des modalités différentes (V. E. Dublanchy, vo Ascétique, col. 2037-55, et vo Ascétisme, col. 2855-77, *Dictionn. de Théologie catholique*, p. Vacant et Mangenot. Paris, Letouzey et Ané, t. I (1903). L'ascétique est divisée en 3 degrés qui correspondent aux 3 degrés de la vie spirituelle selon saint Thomas : la purgative, l'illuminative, l'unitive (Dict. de théol. cathol., I, col. 2043).

L'Ascétique confine à la Contemplation (V. ce mot *Dict. de théologie catholique* Vacant et Mangenot, t. III, 1908, col. 1618-31) et à la Mystique (V., sur le mysticisme, L. Roure, *En face du fait religieux*. Paris, 1908, p. 122-203 ; « l'*indéisation* de l'âme », p. 175 ; « l'*imbibition* divine des mystiques », p. 200. — *Dictionn. de Mystique chrétienne*. Paris, 1858 (35e vol. de la 3e et dern. Encycl. théol. de l'abbé Migne. — Martial Démery, *L'étude de la mystique* (d'après les P. Roure, Poulain et M. A. Sandreau), La Croix, 25 juin 1908.

E. Boirac, vo *Mysticisme*, Gr. Encycl., t. 24, p. 670.

5. Sur l'attrait de la vie monastique : « il s'en dégage un indéfinissable

Le Monastère est le siège matériel des diverses communautés religieuses des Eglises chrétiennes [1] avant la Réformation, — et aussi des communautés bouddhistes (V. supra, 484 bis, à la note).

Le vocable « Monastère » comprend les Abbayes, les Prieurés, Commanderies, Chartreuses, Couvents et Ermitages (V. Enlart, v° Monastère, Gr. Encyclopédie, t. 24, p. 52). « Pour mener à bonne fin leur œuvre spirituelle et matérielle, les tribus d'ascètes se sont groupées en monastères [2]. »

Du IVe siècle à la fin du XVIIIe siècle, il a été fondé en France sous diverses appellations 2.577 monastères. Au IVe siècle, 11 ; au Ve, 40 ; au VIe, 262 ; au VIIe, 280 ; au VIIIe, 107 ; au IXe, 251 ; au Xe, 157 ; au XIe, 326 ; au XIIe 702 ; au XIIIe, 287 ; au XIVe, 53 ; au XVe 36 ; au XVIe, 15 ; au XVIIe, 46 ; au XVIIIe, 4 (E.-H. Vollet, v° Abbaye, Gr. Encycl., t. I, p. 35).

La dénomination « Abbaye » paraît s'appliquer de préférence à l'agrégat monastique plus important, gouverné par un abbé ou père. A l'époque florissante des XIe et '

parfum de joie et de bien-être dans la pauvreté, d'insouciance et de tranquillité au milieu du tumulte, de savoir dans l'ignorance, de sentiment esthétique très vif au sein même de l'indigence et des plus vulgaires occupations, d'égalité et de fraternité enfin dans la servitude collective ». A. Coste, L'Expérience des peuples, etc. Paris, Alcan, 1900, p. 233.

— « La vie commune est attrayante et coercitive. » S. Durkheim, Division du travail. Paris, Alcan, 1902, p. XVII. — Cf. supra, p. 368, à la note. — V. Renan, Orig. Christ., II, p. 127.

Adde : E. Littré, Etudes sur les Barbares et le Moyen-Age. Paris, Didier, 1883, p. 114. — Dom Besse, Le Moine bénédictin, Ligugé (Vienne), 1898.

1. « Les abeilles ne constituent pas une société sans la ruche. » G. de Greef, Struct. des Sociétés. Paris, 1908, I, p. 62.

2. G. Goyau, Le Rôle social du monastère au Moyen-Age, la Quinzaine du 1er mai 1901, p. 64.

XIIe siècles, l'abbaye constitue « un véritable petit Etat féodal » avec ses nombreux officiers ou serviteurs qui, au sens de la maison-mère ou dans les prieurés, sont « comme les yeux et les bras de l'abbé[1]. »

C'est un organisme social complet[2].

« La seule abbaye de Saint-Denis pouvait, dit-on, armer 10.000 hommes. Peut-être est-ce de l'exagération ; mais il est certain que sa corporation était organisée sur une échelle gigantesque[3]. »

---

1. Brooks Adams, *La Loi de la civilisation et de la décadence* (trad. Dietrich). Paris, Alcan, 1899, p. 227.

D'Ayssac (Mme Félicie). *Hist. de l'abbaye de Saint-Denis*, 1860, t. I, p. 361 et s.

Sur la puissance du groupement monastique de Cluny, Brooks Adams, loc. cit., p. 155.

Tanon, *Hist. des justices des anciennes églises et communautés monastiques de Paris.* Paris, 1883.

2-3. V. L. Bruhat, *Le monachisme en Saintonge et en Aunis* (XIe et XIIe siècles). La Rochelle, Foucher, in-8, 408 p., p. III (avant-propos) ; les officiers et serviteurs de l'abbaye, p. 235 ; à l'occasion, l'association abbastique se fait défendre par un avocat, *multum valens in causis* (ibid., p. 239).

Mais, comme toute association qui tient à l'existence, elle compte sur son bon droit et sur son aptitude à se protéger elle-même.

L'abbaye se présente sous l'aspect d'une ville fortifiée, d'un vaste camp retranché dans lequel ses membres peuvent vivre, travailler et prier en paix.

V. le fac-simile de gravures publiées dans le *Monasticon Gallicanum* 168 pl., éd. Peigné-Delacourt, Préface de Léop. Delisle. Paris, Palmé, 1871, 2 vol. in-4 ; surtout, pl. 22, 29, 162.

Adde : V. dans Albert Lenoir, *Instr. sur l'Architecture monastique au M.-A.* Paris, 1852-56, 2 vol., I, le prieuré des Bénédictins de Cantorbury (1530), l'abbaye de Saint-Jean-des-Vignes à Soissons, en 1076 : « une barbacane et des bastilles en défendaient l'entrée ».

— V. l'abbaye du Mont-Saint-Michel, à la pl. LVIV des *Très riches heures de Jean de France, duc de Berry* (trésor de prédilection du duc d'Aumale, à Chantilly). Paris, Plon, 1904, in-f°.

C'est peut-être l'image qu'offriront les usines de l'avenir, quand les

490 *ter*. — Le travail est l'institution fondamentale de ces organismes ; car, selon la parole de saint Paul, *Si quis non vult operari, non manducet* (Epist. ad Th. 3). De plus, le travail

groupements ouvriers qui voudront produire auront à repousser les assauts des groupements ouvriers qui voudront détruire. Chaque groupement aura ses sections de combat, chargées de défendre ou d'attaquer.

Jusqu'ici, les groupements d'offensive sont seuls organisés militairement (à Corneilla-del Vercol, près Perpignan... des patrouilles de grévistes parcourent la campagne pour empêcher les étrangers de la commune de travailler. « L'humanité », 8 avril 1908, p. 4. — Cf. la militarisation des grévistes et le « picketing system » aux Etats-Unis, Clunet (Journal), 1906, p. 869, 873, 1222). —

L'abus de puissance des associations ouvrières a déjà suscité des forces contraires. Aux grévistes destructeurs, les associations patronales ont opposé des troupes adverses. Sous le nom de « briseurs de grèves » (*Strike-breakers*), ils ont levé de véritables bataillons, qui protègent les non-grévistes (J. de Tessan, *Le Briseur de grèves*, La Liberté, 8 mai 1907). — Griffuelhes, de la C. G. T., prévoit le développement des associations patronales de combat (Le Matin, 9 juillet 1908).

Au XIIe siècle, quand une fraction paisible du peuple eût été suffisamment battue et pillée par une autre, plus turbulente, associée sous le nom de Routiers, Cottereaux, Pillards, Tondeurs, etc. (V. supra, p. 434 à la note. — Adde : A. Luchaire, *Un essai de révolution sociale sous Philippe-Auguste*, Grande Revue, t. XIII, p. 318 et s.), un artisan du nom de Durand, sorte de précurseur de Jeanne d'Arc, simple charpentier auvergnat, se leva sans faire appel à une société, impuissante à protéger ses membres ; il organisa une force populaire de résistance. « Les associés s'intitulèrent Confrères ou Sectateurs de la paix » (H. Géraud, loc. cit., supra, p. 434). « En quelques mois, ils étaient 5000. Leur association s'étendit rapidement à toute la France (1183). Les bandes d'agresseurs furent mises à mal à leur tour ; « la paix qui fut faite au païs par ce preudhomme dura moult longuement » (Chronique de Paris, éd. Paulin. Paris, IV, p. 23).

Au XXe siècle comme au XIIe, la loi d'équilibre rétablira les choses, avec ses réactions parfois un peu sèches.

Les exagérations collectives appellent, suivant l'heureuse expression de Greef « l'apparition de forces antagoniques et militantes » (J. de Greef, *Structure générale des sociétés*. Paris, Alcan, 1908, III, p. 190).

— Adde sur l'organisation de l'association monastique : Bᵒⁿ Cauchy, de l'Académie des Sciences, *Considérations sur les Ordres religieux*, ch. III ; des associations, apud Dictionnaire des Ordres religieux du R. P. Hélyot (éd. Badiche et Migne). Paris, 1850, t. III, p. 1084. — Abbé de B. et

est sanctificateur. Saint Jérôme le recommande comme
l'arme la plus sûre contre le Malin : *facito aliquid opus ut*

B. de B., *De l'état religieux*, ibid., p. 957. — L'abbé Badiche, *De l'état
religieux*, ibid., t. IV, p. 10 et s.

Montalembert, *Les moines d'Occident*. Paris, 5e éd., 1874-1877, 5 vol. —
Marin, *Les moines de Constantinople*. Paris, 1897. — Dom Besse, *Les
Moines d'Orient*. Paris, 1900 ; id., *Les Origines du monachisme et la cri-
tique moderne*, Rev. bénédictine, janvier-février 1901. — Amélineau, *Les
Moines égyptiens*. Paris, Leroux, 1889.

André (Mgr) et Condis (l'abbé), *Dictionnaire de droit canonique* (édit.
chanoine L. Wagner. Paris, Waltzer, 3 vol. gr. in-8, v° Abbaye, I, p.
2 : v° Congrégation religieuse, p. 536 ; v° Couvent, p. 572 (« on écrivait quelquefois convent^a pour conserver le sens étymologique : *conventus pro monachorum collegio sumitur* ; en effet : conventus autem est cum
homines conveniunt in unum ») ; V. ibid., t. III, v° Monastère,
p. 662 ; ibid., t. IV (supplément), v° Monastère, p. 338.

V. Vacant et Mangenot, *Dictionnaire de théologie catholique*. Paris,
Letouzey et Ané, gr. in-8, 3 vol. parus, 1903-1908. — Hemmer, v°
Anachorète, col. 1134-1142 ; — t. I (1903) : E. Dublanchy, v° Ascétique, col. 2037, et v° Ascétisme, col. 2055 ; E. Portalié, v° Augusti-
nisme, col. 2268-2559 ; — t. II (1905) : Heurtebize, v° Bénédictins,
col. 604 ; E. Vacancard, v° Bernard (saint), col. 746-85 ; E. Smets, v°
F. Bonaventure (saint), col. 962 ; S. Autore, v° Chartreux, col. 2275-
2318 ; J. Besse, v° Cisterciens, col. 2532-50.

F. Lichtenberger, anc. profes. à la Fac. de Théologie de Strasbourg,
Encyclopédie des sciences religieuses (protestant). Paris, Sandoz et Fis-
bacher, 1877-1882, 13 vol. ; v° Association catholique, I, p. 450 ; v°
Confréries, Congrégations, t. III, p. 357 ; v° Moines, t. IX, p. 261.

E.-H. Vollet indique comme formant un ensemble exposant « l'histoire et l'organisation du régime monastique » (point de vue laïque) les
articles suivants publiés par lui dans la Gr. Encyclopédie, et qui sont le
résultat de longues études : v^{is} Abbaye, Anachorète, Bénéfices, Biens
ecclésiastiques, Chefs d'ordres, Congrégation, Couvent (simple renvoi), Monastère, Ordres religieux (simple renvoi), Religieux.

Voltaire, *Dict. philosophique*, v° Abbaye, v° Abbé : « l'abbé spirituel
était un pauvre à la tête de plusieurs pauvres ; mais les pauvres pères
spirituels ont eu, depuis, 200, 400.000 livres de rente... »

— Consulter, dans la savante *Revue Bénédictine* (direction : abbaye de
Maredsous. Paris, éd. Champion), le Bulletin d'histoire bénédictine.
Le n° d'avril 1908, par exemple, contient, p. 277, un bulletin où l'on

---

a) Les Francs-Maçons ont retenu le mot « convent » pour leurs assemblées.

le semper diabolus inveniat occupatum (S. Hier., Epist. XCV ad Rusticum mon., t. IV, part. II, col. 773).

Aussi saint Benoît de Nurcie, le patriarche des religieux d'Occident (480-543. V. supra, p. 369, à la note), avait-il inscrit le travail manuel au nombre des règles essentielles du groupement religieux : *Otiositas inimica est animae* (Regula, S. Benedicti, c. XLVIII).

Dans les lieux privilégiés où s'abritent les associations monastiques, en même temps que les traditions des métiers, se conservent celles des arts et des études libérales [1].

Ces associations rendent au monde laïque les services sociaux les plus étendus et les plus variés : défrichement, assainissement, assistance, prévoyance, réserve de capitaux, réhabilitation et organisation du travail et de l'industrie [2].

trouve l'indication des ouvrages et des articles les plus récents, dans les divers pays, sur le Monachisme primitif, les biographies monastiques, l'histoire des Monastères, etc.

1. V. Levasseur, *Hist. des closses ouvrières*, etc., I (Paris, Rousseau, 1900), p. 184-194 (ouvrage notable). On y trouvera l'indication bibliograph. et des citations de nombreuses « regulæ » monastiques.

D'Arbois de Jubainville, *Etudes sur l'état intérieur des abbayes cisterciennes aux XIIe et XIIIe s.* Paris, Durand, 1858.

De Rancé (l'abbé), *La règle de saint Benoît nouvellement traduite et expliquée*, 1689, 2 vol. in-4. — Cf. Voltaire, *Essais sur les mœurs*, ch. CXXXIX.

2. Pierre Laffitte, *Le Catholicisme, saint Paul, saint Augustin, Hildebrand, saint Bernard*, etc. Paris, libr. positiviste, 1897, p. 303, 349. « La vie monastique a offert au M. A. un premier règlement moral de la richesse et du travail », ibid., p. 304.

G. Goyau (catholique), *Le Rôle social du monastère au Moyen Age*, la Quinzaine, 1er mai 1901, p. 59.

— « ...Les monastères, combinaisons nouvelles de mysticisme où s'élaborent tout un monde nouveau de croyance et de morale, et où se conservaient en même temps les premiers restes de la civilisation écroulée, non seulement dans le domaine des lettres mais aussi dans celui des

490 *quater*. — Depuis la réforme grégorienne, la papauté réussit « à réunir, en un faisceau, les forces [du clergé régulier] jusque là dispersées par la formation de la congrégation [1], c'est-à-dire à en faire un corps organisé capable de se mouvoir et d'agir harmonieusement et promptement sous l'impulsion d'une volonté maîtresse [2] » (V. supra, p. 367, note 1).

arts techniques... les monastères, les abbayes sont presque toujours devenus des centres d'agglomération qui, avec le temps, se sont développées en villes industrieuses et commerçantes. » A. Coste, *L'Expérience des peuples*, etc. Paris, Alcan, 1900, p. 233.

1. Dans l'association monastique, le Couvent, le Monastère, la Maison, forment le degré primaire.

La Congrégation s'entend, *lato sensu*, de la réunion de plusieurs établissements d'une même obédience, se rattachant à une Maison-mère et gouvernée par un supérieur. C'est le degré secondaire.

Au troisième degré est l'Ordre religieux, institut administré par un général ou provincial général qui peut embrasser plusieurs Congrégations ou Réformes. Ainsi les Bénédictins comprennent 14 congrégations, à savoir : Cassinienne d'Italie, Cassinienne de la primitive observance, de Hongrie, de France, de Suisse, d'Angleterre, d'Ecosse, de Bavière, etc., etc. (V. la liste des Ordres religieux, avec leurs Congrégations, André (Mgr), et Condis (l'abbé), *Dictionnaire de droit canonique*, III, vᵒ Ordres religieux, p. 68. Paris, Waltzer, 1894 ; ibid., vᵒ Dominicains, I, p. 670.

Specialiter : on dénomme « Congrégations ecclésiastiques » des groupements de prêtres ayant des constitutions approuvées par le Saint-Siège en vue d'un but à atteindre en faisant des vœux simples, ou des communautés de prêtres séculiers qu'unit une simple promesse ou engagement d'honneur (même Dict. de droit canonique, I (1894), vᵒ *Congrégations ecclésiastiques*, p. 533). — Cf. infrà, nᵒ 497 *quater*, à la note.

Par exemple : les Doctrinaires, les Prêtres de la Mission (Lazaristes), les Oratoriens (A. Chauvin, *Fondation de l'Oratoire*, la Quinzaine, 1ᵉʳ mai 1901, p. 35), les Eudistes (mission dans les campagnes, — organisation prosélytique imitée par les socialistes révolutionnaires ; V. « *Propagande chez les Ruraux*... plus de 50 petites communes ont été touchées par la parole de notre Camarade. » L'Humanité de J. Jaurès, 13 avril 1908 ; la vie sociale, p. 4, col. 3).

2. A. Luchaire, op. cit., p. 91. « Il fallait une milice plus agile contre la multitude conjurée. » Grégoire IX, Bulle canonis S. Domin.

Cette concentration répondait encore à un autre besoin. Tant que les monastères furent isolés, la haute et la petite féodalité exercèrent sur eux une domination qui se traduisait par des charges et des vexations souvent lourdes. En syndicant leurs établissements par le lien fédéral de la Congrégation, les moines représentèrent une force temporelle, qui leur assura l'indépendance [1].

— Communautés de chanoines réguliers, vivant hors du siècle, constituant Chapitre ou Collégiale, devenues très nombreuses dès le XIIe siècle ; à l'exemple des associations monastiques, elles s'agglomèrent en congrégations modèles auxquelles s'affilient d'autres maisons constituées sur le même type, par exemple : les chanoines Prémontrés, en 1120; les

De cette forte organisation, la Papauté fit l'instrument de la civilisation médiévale.

« [La philosophie positive] a réagi avec une force victorieuse contre la philosophie révolutionnaire du XVIIIe siècle qui ne voyait dans le Moyen Age et son Eglise que ténèbres, superstitions et tyrannies de prêtres. » E. Littré, *De l'établissement de la 3e république.* Paris, bureau de la philosophie positive, 1880, p. 209.

E. Rebillon, *L'Eglise au Moyen Age,* 1 broch. Paris, Pages libres, 1904. Sur les Congrégations religieuses, *lato sensu,* consult., au point de vue du droit civil (avant la loi du 1er juillet 1901), v° *Communauté religieuse,* Rép. gén. de dr. fr., Fuzier-H., t. 12 (1894) ; — (depuis la loi du 1er juillet 1901, art. 13 et s.), Trouillot et Chapsal, *Du contrat d'association.* Paris, Lois nouvelles, 1902, p. 172 et s., etc., etc.

Nous aborderons cette matière en traitant ultérieurement des Associations régies par un statut particulier.

1. « L'association des faibles est la solution légitime de la plupart des problèmes que soulève l'organisation de l'humanité; le christianisme peut donner sur ce point des leçons à tous les siècles. » Renan, *Marc-Aurèle.* Paris, 1882, p. 644.

V., sur les relations des abbayes avec le pouvoir seigneurial, A. Luchaire (organisation des Etats féodaux), *Manuel,* op. cit., p. 275-278. — V., sur leur association entre elles « pour lutter avec avantage contre le clergé séculier, ou pour résister aux violences des laïques ou même des autres moines ». L. Bruhat, op. cit., 1907, p. 358.

CLUNET. — Associations.   31

chanoines de Saint-Victor, en 1113, fameux par leur École dirigée par un Écolâtre, où l'on enseigne tout le programme scolastique des sept arts, le *trivium* et le *quadrivium* (V. supra, p. 230, note 1 ; p. 289, note 2).

Ordres mendiants [1], Ordres militaires [2], etc.

491. — Comme rentrant également dans les Institutions ecclésiastiques :

Les groupements scolaires (Ecoles épiscopales, capitulaires, monastiques, presbytérales ; Ecoles urbaines, rurales, municipales). Les Ecoles les plus importantes sont attachées aux chapitres des cathédrales, des collégiales, des monastères, des grandes paroisses urbaines. Les *scholie* ou *studia* de Paris et d'Orléans, grâce à l'afflux des étrangers que leur renommée attire, présentent « le caractère d'écoles internationales [3] ».

Ces *scholæ* les plus réputées deviennent des corps privilégiés chargés de conférer des grades reconnus par l'Église et les pouvoirs laïques. Les maîtres sont nombreux et influents. L'association des maîtres apparaît d'abord [4] (*consortium, societas, universitas magistrorum*), puis l'association des écoliers (*communitas scholárium*) [5].

Enfin l'Association générale des maîtres et écoliers (*Uni-*

1. V. supra, nᵒ 458, note ; nᵒ 474, notes 1 et 2.
2. V. supra, nᵒ 459.
3. A. Luchaire, op. cit., p. 127, et les auteurs cités, infra.
4. A. Luchaire, op. cit., p. 128. L'association des maîtres apparaît dans la vie de Jean Iᵉʳ, abbé de Saint-Alban (1165-1214), et dans un acte (1208 1209) d'Innocent III, le Pape qui favorisa la fondation des puissantes associations monastiques, les Ordres mendiants (V. supra, nᵒ 474 et la note 1).
5. L'association des écoliers est signalée dans une charte d'Eude, évêque de Paris en 1207. A. Luchaire, op. cit., p. 129.

versitas magistrorum et scholarium) (V. supra, n° 459, note), nom officiel de la puissante corporation [1], qui sera inscrit en légende autour du sceau universitaire, dès la fin du XIIIe siècle. C'est la naissance de la grande Université de Paris [2], exaltée, attaquée, défendue, « disparue dans la tourmente révolutionnaire, en 1794 », restituée, sous la troisième République, dans ses dignités et avantages de personne civile, par la loi de finances de 1893 [3] et la loi spéciale du 10 juillet 1896 [4].

1. Le plus ancien exemplaire connu du sceau universitaire est appendu au bas d'un acte de 1292. A. Luchaire, op. cit., p. 129. — V., sur les sceaux au M.-A., Giry, *Man. de diplom.*, 1894, p. 622-657.

2. A. Luchaire, *L'Université de Paris sous Philippe-Auguste*. Paris, 1899, p. 5. — V., sur le rôle et l'importance du Chancelier de l'Université, Roch de Chefdebien, *Maître Philippe de Grève et la Chancellerie de Paris au XIIIe siècle*, Revue augustinienne, 15 déc. 1907, p. 657. Un des plus anciens chanceliers connus fut Pierre le Mangeur (*Petrus comestor* ou *manducator*), ibid., p. 658. — Ch.-V. Langlois, *Le Chancelier Philippe*, Rev. bleue, 16 et 23 nov. 1907.

Cf. L. Liard, v.-recteur de l'Acad. de Paris, *La vieille Université de Paris*, Rev. de Paris, 1er mai 1908, p. 85 ; id., *La nouvelle Université de Paris* (détails sur l'Association générale des Etudiants de Paris; présidents en 1907 et 1908 : MM. Campinchi et Jullien), Rev. de Paris, 1er juin 1908.

3. V. supra, n° 406. — La loi de finances de 1893 reconnaît le « corps » formé par la réunion de plusieurs Facultés de l'Etat. — Le groupement « Faculté », avec sa signification étroite de « corps particulier », pour les Arts, la Théologie, le Droit et la Médecine, apparaît dans le statut des maîtres ès-arts ou artistes de 1225.

L'association universitaire ne comptait pas seulement les groupements de Faculté; elle comprenait un groupement géographique. Suivant leurs origines ethniques, les étudiants se répartissaient en « corps de nation ». L'Université de Paris connaissait les quatre nations d'Angleterre, de France, de Normandie et de Picardie (A. Luchaire, op. cit., p. 129).

Aujourd'hui, elle tend au fédéralisme national et à l'action internationale par le « Groupement des Universités et gr. Ecoles de Fr. », p. favor. relations avec l'Amérique latine (Rev. hist. de G. Monod, août 1908, p. 46).

4. L'association ou l'université des maîtres et écoliers, « l'Université » par excellence (*Urbs* équivalait à *Roma*), est à ranger parmi les institutions ecclésiastiques. Elle y rentrait nécessairement.

— Associations ou confréries, fondées dans une vue pieuse et charitable (supra, n° 457 *ter*, note 1 ; n° 459, notes 3 et 4, et infra, n° 497 *bis*) [1], et comprenant parfois « tous les bourgeois d'une ville ou d'une commune » [2], tantôt « créées uniquement en vue de constituer entre les confrères, sous des dehors religieux, un lien étroit destiné à leur faciliter l'œuvre de leur affranchissement civil ou même de leur émancipation politique » [3].

Au Moyen Age, il n'y a qu'un corps lettré, c'est le Clergé. L'Association catholique ou l'Eglise, seule, est en état d'assurer le service de l'instruction publique. (V., sur la mentalité des classes influentes dans ces temps de lutte armée, supra, n°s 453 et 474.)

En outre, comme la théologie et la morale catholiques sont, à cette époque, la clef de voûte de tout système d'éducation, il est naturel que le clergé catholique ait le monopole de l'enseignement. Les professeurs sont des clercs : les écoles, des annexes de la cathédrale, de l'abbaye, de l'église paroissiale. Au XIIIe siècle, les besoins d'instruction augmentent, apparaissent les Associations des maîtres et élèves (Universités). Mais l'Université reste une dépendance de l'Association catholique; peu à peu, elle cherchera à relâcher cette attache pour ne reconnaître que les pouvoirs plus éloignés, et moins gênants du Pape et du Roi. A. Luchaire, *Manuel*, p. 126 et s. — Adde : Clerval, cité supra, p. 230, note 1, p. 289, note 2 ; Michaud, cité supra, n° 455, note 2, et n° 457, note 7.

1. Les statuts de ces associations [confréries et compagnonnages d'Alsace] sont des modèles du genre; ceux des boulangers assurent à chaque compagnon malade un lit à l'hôpital : « à son arrivée, le malade se confessera et recevra le Saint-Sacrement; il aura un lit bien propre qu'on renouvellera selon les exigences de la maladie. On lui servira à chaque repas un cruchon de vin, du pain en suffisance, une bonne écuelle de soupe, autant de viande, d'œufs, de poisson qu'à un autre malade ». Schmoller, l'abbé Hanauer, apud Martin Saint-Léon, *Hist. des corporations de métiers*, 1897. p. 287.

2. A. Luchaire, op. cit., p. 138-144 (nombr. bibliogr., p. 138).

3. A. Luchaire, ibid., p. 366-369.

A citer dans cette direction : les corporations de valets, celle des valets pelletiers de la paroisse Saint-Germain-l'Auxerrois (ordonnance des Rois de France, VII, 638, novembre 1394, apud, Martin-Saint-Léon, op. cit., 1897, p. 215, note 6.

A l'origine, le service de valet n'implique aucune idée humiliante.

2° DANS LES INSTITUTIONS LAÏQUES :

492. — *Groupements partiels et collectivités.*

— Groupements de vilains en communautés formant un « corps constitué » (*universitas*) en face de l'autorité seigneuriale, arrivant à la dignité de Commune, « association armée se gouvernant elle-même » [1], de « Ville libre [2] »

Dans le régime féodal, les valets (*valleti*) étaient de jeunes nobles venant hiérarchiquement après les écuyers (*armigeri*) et remplissant des fonctions domestiques auprès du chevalier. On les dénommait aussi : Damoiseau (*domicellus*) dans le Nord, et Donzel, Dauzet, Daudet, dans le Midi. Mais on confondait, sous le même nom, les roturiers attachés, dans les maisons seigneuriales, aux plus humbles offices : portiers, courriers, tailleurs (A. Luchaire, op. cit., p. 180).

Dans les corporations marchandes et industrielles, les « valets » ou « sergents » étaient les employés, les ouvriers ; beaucoup étaient fils de maîtres. Plus tard, on les désigne sous le nom de « compagnons » ; ils faisaient partie de la Corporation, à laquelle appartenait le maître ; et devenaient « maîtres » à leur tour (A. Luchaire, 1892, ibid., p. 358 ; — Martin-Saint-Léon, op. cit., 1897, des valets (p. 84-90), des maîtres (p. 90, n. 100). — H. Blanc, *Les corporations de métiers.* Paris [1885 ?], p. 138 et s. — E. Levasseur, *Hist. des classes ouvrières*, I (1900), le valet, p. 309-312.

V., sur « les degrés de la hiérarchie corporative », E. Levasseur, ibid., I (1900), p. 279, p. 313.

1. Karl Marx et Fr. Engels, *Manifeste du parti communiste* (trad. Laura Lafargue). Paris, Giard, 1901, p. 17.

2. V., sur la formation de la « Communia jurata » dérivant de la « ghilde », A. Thierry, *Considér. sur l'hist. de France* (en tête du vol. Récit des Temps mérovingiens, nouv. éd. Paris, C. Lévy, 1880, p. 194 et s., avec les renvois v[is] Amicitia, Communia, Gulda, Juratus, dans Ducange, *Glossarium ad script med. et infim. latinitatis*). — A. Luchaire, op. cit., p. 353 ; — Id., *Les Communes françaises à l'époque des Capétiens*, 1 vol. in-8. Paris, Hachette, 1890 ; — A. Giry, v° *Commune*, Grande Encyclopédie (1891) ; — Glasson, *Histoire du droit et des Institutions de la France*, t. II (1888). — Nombreuse Bibliogr. : A. Luchaire, *Manuel*, etc., op. cit., 1892, p. 370, p. 407, p. 409. — A. Giry, *Documents sur les relations de la royauté avec les villes en France de 1188 à 1314*, IV, 1884 (nombr. bibliogr. dans la préface). — L. Dimier, *Les préjugés ennemis de l'histoire de France.* Paris, libr. nation., 1907, in-18, I, p. 140.

« Les anciennes communes rurales n'étaient que des communautés

« lorsque ses habitants, liés entre eux par une association

ou associations, ou syndicats de serfs, de paroissiens, de cultivateurs. »
A. Mater, *Bourgeois et Manants dans les anciennes communes rurales*,
Pages libres, 25 avril 1908, p. 455. — « La commune était une réu-
nion de corporations et elle s'est formée sur le type de la Corporation. »
E. Durkheim, *Division du travail social*. Paris, Alcan, 1902, p. xxv.
— H. Sée, *Les Classes rurales au Moyen Age*. Paris, Giard, 1901, p. 288
et s.

Sur l'origine et les causes du groupement communal (p. 18-23),
les groupements de défense et de bataille (p. 48), leurs divisions par la
lutte des classes (p. 63), leurs manifestations architecturales (p. 76).
Elisée Reclus, *L'Homme et la Terre*. Paris, t. IV, librair. univ., 1905-
1908 (ouvrage réputé, où l'auteur apprécie parfois le Moyen Age, ses
mœurs, ses institutions, avec l'esprit d'un socialiste du xxᵉ siècle; V.
le chap. VI : Communes. — Adde, à titre d'exemples de subjectivité :
jugements sur Henri IV, p. 456; sur Louis XIV, p. 480, 498, etc. ᵃ.

En touchant au passé, il semblait à Tite-Live qu'il devenait un
homme des temps anciens : *animus fit antiquus*. E. Littré, *Barbares et
Moyen Age*. Paris, 5ᵉ éd., 1883, p. 171.

---

a) « Pour sentir l'esprit d'un temps qui n'est plus, pour se faire contemporain des hommes d'autrefois, une lente étude et des soins affectueux sont nécessaires. Mais la difficulté n'est pas tant dans ce qu'il faut savoir que dans ce qu'il
faut ne plus savoir. Si vraiment nous voulons vivre au xvᵉ siècle [ou au
xɪɪᵉ] que de choses nous devons oublier : Sciences, méthodes, toutes les acquisitions qui font de nous des modernes.... Tel historien, est impuissant à nous
faire comprendre les contemporains de la Pucelle. Ce n'est pas le savoir qui lui
manque, c'est l'ignorance, l'ignorance de la guerre moderne, de la politique
moderne, de la religion moderne. » Anatole France, *Vie de Jeanne d'Arc*. Paris,
C. Lévy, 1908, I, p. ʟxxv.

« Heureuse formule, règle excellente, M. A. France n'en a pas le monopole
et peut-être trouvera-t-on, en étudiant de près son récit, qu'il ne les a pas toujours observées lui-même avec une extrême rigueur. » A. Luchaire, *La Jeanne
d'Arc de M. A. France*, Rev. du Palais, 25 mars 1908, p. 221; ...« livre singulier et difficile à classer, où se décèle avec une rare facilité de vision historique
et un véritable effort d'érudition, l'inexpérience de l'historien de fraîche date »
(ibid., p. 233). — V. R. Doumic, *La Jeanne d'Arc de M. A. France*, Rev. des
Deux-Mondes, 15 avril 1908, p. 921-933. — L. Minot, *Encore Jeanne Darc*, Rev.
maçonnique, mai 1908, p. 70. — G. Dumas, *La Jeanne d'Arc de M. A. France*,
Rev. du mois, 10 mai 1908, p. 596. — H. Dunand, *La Jeanne d'Arc de M. A.
France*. Paris, Poussielgue, 1908. — M. Spronck, Débats, juillet 1908. — G. Monod,
Rev. hist., juillet 1908, p. 410. — G. Lefèvre-Pontalis, Débats, 12 avril 1908.

— « L'homme d'aujourd'hui qui écrit sur le passé ajoute nécessairement quelque
chose aux documents qu'il emploie, mais quoi ? Les réflexions personnelles, qu'il
impose au lecteur. Or ces réflexions sont.... elles y sont
dangereuses, si ...elles y sont
incorporées de façon que l'on ne puisse plus reconnaître, sans un travail d'analyse et de vérification, le témoignage ancien de la réaction qu'il a produite sur
l'esprit de l'historien moderne. Le vrai rôle de l'historien c'est de mettre en

assermentée, constituent à leur tour une « seigneurie et entrent à ce titre dans la hiérarchie féodale ».

Le groupement communal procède du groupement corporatif et en élargit l'activité [1].

— Groupements ruraux ou « communautés d'habitants » entre paysans [2], d'abord rapprochés les uns des autres par

1. C'est l'opinion générale fondée sur les faits.

Isolément, M. Paul-Boncour paraît parfois considérer la corporation comme une conséquence de l'organisme communal, *Le Fédéralisme économique*. Paris, Alcan, 1900, p. 120. Cependant, il ajoute « les métiers, après avoir affranchi la ville sont appelés à la gouverner », p. 123.

La corporation précède la commune, Ch.-E. Lefèvre, *Evol. hist. des associat. profess.* Paris, Jouve, 1894, p. 62.

2. H. Sée, *Les Classes rurales et le régime domanial en France au Moyen Age*. Paris, Giard et Brière, in-8, 1901, p. 605 et s.; p. 624.

A. Bouthors, *Les Sources du droit rural cherchées dans l'histoire des communaux et des communes.* Paris, 1865, in-8.

André l'Elèu, *Des communautés dans l'ancienne France jusqu'à la fin du XIIIe siècle.* Paris, 1896, in-8.

André Réville, *Les Paysans au Moyen Age* (XIIIe et XIVe s.). Paris, 1896 (Extr. Rev. internat. de sociol.).

« La vie de ces communautés était très curieuse. Ces associations étaient formées de plusieurs familles de paysans qui travaillaient le bien social — qui ne pouvait jamais être divisé — sous la direction d'un chef *élu* et par contrat purement taisible. Le maître de la communauté ou du *chanteau* dirigeait le travail, traitait avec les tiers sous la raison sociale : X... et ses *comparçonniers*. » A.-D. Bancel, *Le Coopératisme.* Paris, Schleicher, 1901, p. 164.

Ces associations rurales ont vécu et prospéré du XIIe au XVIe siècle.

Guy Coquille, célèbre avocat au Parlement de Paris (1523-1603 ; il s'était préparé en travaillant chez un procureur), pouvait encore les

contact, dans les meilleures conditions possibles, les gens de maintenant avec les documents originaux qui sont les traces laissées par les gens d'autrefois, sans y rien mêler de lui-même. » Ch.-V. Langlois, *La Vie en France au Moyen Age d'après quelques moralistes du temps.* Paris, Hachette, 1908, Introd., p. III.

— « Si l'historien doit avoir dans sa vie « une cuisante passion », c'est de n'être qu'un liseur de textes, c'est d'oublier son temps, de s'enfermer dans les documents et d'y voir la vérité. » C. Jullian, préface à Fustel de Coulanges, *Hist. des inst. pol. de l'anc. France*, les transformations de la royauté pendant l'époque carolingienne. Paris, 1892, p. XIII.

l'exercice des droits d'usage, de pacage, etc., puis s'organisant peu à peu sous la pression des mêmes nécessités que les gens des villes pour résister aux excès de la domination seigneuriale.

— Groupements partiels dans les villes par *quartiers* [1], par *paroisses* [2].

— Groupements dans un but d'entraide et d'amitié entre bourgeois voués au haut commerce et apparaissant dans les chartes sous le nom de : *hansæ, gildæ, conjurationes,*

étudier de son temps. « En ces communautés, on fait compte des enfants qui ne savent encore rien faire, par l'expérience qu'on a qu'à l'avenir ils feront ; on fait compte de ceux qui sont en vigueur d'âge, par ce qu'ils font ; on fait compte des vieux et pour le Conseil et pour la souvenance qu'on a qu'ils ont bien fait ; et ainsi de suite de tous les âges et de toutes façons, ils s'entretiennent comme un corps politique, qui par subrogation doit durer toujours » (Guy Coquille, apud A.-D. Bancel, loc. cit., p. 165).

1. V., sur la division, au XIIIe siècle, des villes de Paris, Besançon, Albi, par quartiers, l'élection à deux degrés des Echevins, Consuls ou autres administrateurs, l'organisation des milices urbaines, bâtie sur ces agrégations bourgeoises, A. Luchaire, *Manuel*, op. cit. (1892), p. 355.

« La cité du M. A. nous apparaît avec le produit naturel de deux éléments d'association, d'abord celui des individus groupés suivant les intérêts de profession, d'idées, de plaisir, puis celui des voisinages, des quartiers, petites unités territoriales qui ne devaient pas être sacrifiées au centre de la cité. Ainsi la ville type était à la fois une fédération de quartiers et de professions, de même que celle-ci était une association de citoyens. » Elisée Reclus, *L'Homme et la Terre*, IV (Paris, 1905), p. 18.

2. Les groupes paroissiaux constituaient une sorte de communauté jouissant à certains égards d'une vie propre et d'une organisation particulière. A. Luchaire, *Manuel*, op. cit., p. 355.

Les paroisses servaient de circonscription financière pour le prélèvement de la taille. Le rôle de la taille pour la Ville de Paris de 1313 a été conservé. Paris était alors divisé en 33 paroisses ; les plus importantes, en *questes* comprenant un certain nombre de rues (ibid., p. 356. note 1 ; V. la note 2, pour Tournai).

confratriæ, amicitiæ [1], *fraternitates* [2], *charitates* [3], et quelquefois de *convivia*, à cause du repas solennel où se réunissaient à date fixe les membres de l'association. (V. suprà,
p. 378, à la note ; infrà, n° 501, note finale [4]).

— Groupement de collectivités ou Fédérations par le
moyen d'associations inter-urbaines : les Hanses [5], dont l'une,
la Hanse de Londres, à laquelle sont affiliées nombre de villes
de la Flandre française, de la Picardie, du Vermandois et
de la Champagne, avec comptoir principal sur les bords de
la Tamise, et à sa tête un « comte de la Hanse », présente
l'ébauche lointaine de « l'association internationale [6] » des
travailleurs.

— Associations libres et autonomes du travail industriel
en corps ou corporations de métiers (V. supra, p. 377,

1 et 2. Rudolph Eberstadt, *Magisterium und Fraternitas*, IV, 1897.
Ce sont les ancêtres de nos *Amicales* et de nos *Fraternelles* contemporaines qui se manifestent presque quotidiennement dans les
annonces légales du Journal officiel, sous forme « d'associations déclarées » de la loi du 1er juillet 1901.
Le vocable « Fraternité » continue même à être employé par plusieurs de ces associations : la Fraternité de Chivy-les-Estouvelles, Aisne
(Société de tir), J. off., 9 mai 1908, p. 3256.
3. Cf. Ch.-V. Langlois, *Confréries de charité*, v° Charité, Gr. Encyclop., t. X, p. 652. La dénomination est conservée : Ex. la Charité de
Séez-Mesnil-Nagel, Soc. de Pompes funèbres. Déclaration au Journ-
officiel du 25 janvier 1908, p. 647.
« Dans les bourgs et dans les villes, ce sont des *fraternités*, des *charités* qui constituent les Associations les plus anciennes et les plus fortes. »
J. Flach, *Les Origines de l'ancienne France*, II. Paris, Larose, 1893, p.578.
4. A. Luchaire, op. cit., p. 357. Nombr. bibliogr., ibid., p. 356. —
5. E. Levasseur, *Hist. des classes ouvrières*, I (1900), La Hanse parisienne, p. 354-64.
6. A. Luchaire, *Manuel*, etc., op. cit., p. 359.
« Sollicités par leurs intérêts solidaires, les marchands d'une cité
s'associaient à des correspondants de cités voisines ou lointaines ; un
corps international naissait ainsi, indépendant des conditions de langues
de gouvernements et de coutumes.... de part et d'autre, les bourgeois de
la ligue fraternisaient par-dessus terre et mer. Cette vie nouvelle qui

note 1), avec leurs statuts, leur hiérarchie, leurs fêtes, leurs bannières, leurs sceaux [1], leurs insignes, leurs confréries, leurs emblèmes religieux [2], etc.

pénétrait le corps de l'Europe et créait à son usage un organisme nouveau, annonçait un monde futur complètement distinct de celui qu'on avait expérimenté jusqu'alors, régi par le pape ou par l'empereur, par les moines ou par les barons. » Elisée Reclus, *L'Homme et la Terre*, t. IV (1905), p. 54.

1. A. Luchaire, ibid., p. 360. — A la suite des Communes, les Métiers, les Corporations, les Confréries et tous les groupements urbains ou ruraux ont, dès le XIIIe s., des sceaux collectifs où figurent souvent des emblèmes industriels (Giry, *Man. de diplomatique*, 1894, p. 648. — Indic. bibliogr., p. 623).

V. les figures des sceaux de plusieurs corporations, d'après les documents originaux : P. Lacroix, *Mœurs, usages et costumes au M. A.* Paris, Didot, 1877, p. 301 ; — ibid., fac-simile de gravures sur bois du XVIe s. (Métiers), p. 303-307 — bannières de corporations, p. 315 et s. ; — diverses reproductions d'après le « Livre des confréries (Bib. Nat. de Paris), p. 314 ; — d'après des vitraux du XIIIe s. (p. 317), les stalles de la cathédrale de Rouen, les manuscrits et miniatures du XVe siècle (p. 318).

— Adde qq. sceaux de communes très intéressants (Rouen, Soissons, Maubeuge, Dunkerque, Pontoise, Meulan, d'après les Archives nat.) Elisée Reclus, *L'Homme et la Terre*, 1905, IV, p. 49.

V. en général, sur la corporation au Moyen Age, outre les sources indiquées supra, p. 377 : G.-E. Wilda, prof. Université Breslau, *Les corporations au M. A.* Halle (allem.), 2e édit., Berlin, 1838. — Toussaint Gautier, *Dictionn. des confréries et corporations*. Paris, Migne, 1854, in-8 (50e vol. de la Nouvelle Encyclop. théologique de l'abbé Migne). — Viollet-le-Duc, *Dict. raisonné de l'architecture française du XIe au XVIe siècle*. Paris, B. Bance et A. Morel, 1854-1868, 10 vol. in-8, v^o *Corporations*, v^o *Ouvrier*. — G. Fagniez, de l'Institut, *L'industrie et la classe industrielle à Paris aux XIIIe et XIVe siècles*. Paris, Vieweg, 1877; id., *Corporations et Syndicats*. Paris, Lecoffre, 1905. — L. Gautier, *Hist. des Corporations ouvrières*, 2e éd. Paris, Soc. bibliogr., 1877. — H. Blanc, *Bibliographie des corporations ouvrières avant 1789*. Paris, Soc. bibliogr., 1885 (très documenté ; rare). — Id., *Les Corporations de métiers*. Paris, Letouzey et Ané, 2e éd. [sans date, par la faute impardonnable des éditeurs; postérieur à 1885], avec bibliogr., p. 409. — Martin-Saint-Léon, avocat à la Cour de Paris, *Histoire des corporations de métiers*, etc. Paris, Guillaumin, 1897, 1 vol. in-8, très documenté. — Levasseur, *Hist. des classes ouvrières*, I (1900), le corps de métier, p. 258-298.

2. Martin Saint-Léon, op. cit., 1897, p. 215.

Les insignes extérieurs destinés à marquer les offices et les dignités

—Associations de compagnons nées à l'ombre des cathédrales gothiques[1] entre les milliers d'ouvriers venus de
toutes parts autant pour gagner leur vie que pour participer
à une œuvre magnifiant leur foi[2].

corporatives étaient fort en usage dans les groupements ecclésiastiques
ou laïques au Moyen Age.

Il y avait aussi les signes propres à dénoncer l'infamie ou le contact
périlleux; ceux qui y étaient soumis avaient l'obligation de les porter
sur leurs vêtements. Ul. Robert, *Les Signes d'infamie au Moyen Age*
(Juifs, Sarrasins, Hérétiques, Lépreux, Cagots et Filles publiques). Paris,
Champion, 1891. — A. Prudhomme. *Les Juifs en Dauphiné* aux XIVe et
XVe s. Grenoble, Dupont, 1883, p. 59. — L. Guillouard, prof. fac. de
dr. de Caen, *Condition des lépreux ou Moyen Age*. Caen, Le Blanc-
Hardel, 1875, p. 19, avec le rituel de la messe à l'intention des
lépreux, p. 55. — J. Trévedy, présid. trib. civ. de Quimper, *Des Gens
infâmes selon la très ancienne coutume de Bretagne*. Paris, Thorin, spécialement : l'infamie (infameté), p. 25.

Les corporations modernes professent le même goût pour les insignes
(V. le catalogue pour 1907 de la maison H. Audouin. Paris, 81, rue
Beaubourg, Fabrication de bannières, insignes, attributs... pour Soc.
de Secours mutuels, Fanfares, Orphéons, Syndicats. Spécialités d'insignes pour Libre-Pensée). V. aux annonces de l'Humanité du 26 octobre 1907 : « Epingle de cravate représentant l'insigne socialiste : « Pro-
létaires de tous pays, unissez-vous ! »; l'insigne de la Libre-Pensée :
« Séparons la famille de l'Eglise ! »

Cf. le texte de l'Ordonnance de Mgr Douais, évêque de Beauvais,
créant une décoration ecclésiastique (Le Temps, 23 juillet 1908).

« C'est un effet de la conscience sociale que de créer des insignes
pour tous les membres du groupe et surtout d'exiger de nouveaux
affiliés qu'ils satisfassent à certaines conditions, comme cela a été le cas,
par exemple, à l'origine des communes médiévales », E. Waxweiler,
Esq. d'une sociologie. Bruxelles, 1906, p. 254.

1. Pour M. Elisée Reclus, l'art ogival est une revanche de l'esprit
artistique et laïque contre l'esprit chrétien : *L'Homme et la Terre*, t. IV,
(1905, p. 68. — Cf., sur l'art ogival, supra, p. 359, note 1.

Adde, E. Levasseur, *Hist. des classes ouvrières*, I (1900). Arts et
industrie (au M. A.), p. 391-418 : intéressant chap. sur l'architect.
romane, gothique (motifs de maintenir cette dénomination, p. 398),
sur la statuaire, le mode de construction, les vitraux, les émaux, etc.

Emile Mâle, *Comment l'art du Moyen Age a fini*, Revue de Paris,
15 juin 1908.

2. L'antagonisme apparut au XIVe siècle, à mesure que les ouvriers

Dans les villes, les villages, les habitants, chevaliers et vilains, se lèvent en masse, s'associent spontanément, se transportent en tous lieux pour bâtir des églises [1].

ou compagnons sont éliminés des assemblées corporatives et amenés à se donner des gardes jurés particuliers (G. Fagniez, *Corporations*, etc., 1905, p. 21).

Les associations de compagnons devinrent bientôt de véritables Sociétés secrètes créées en dehors de la corporation et en opposition avec elle pour défendre les intérêts des ouvriers (Martin Saint-Léon, *Les Anciennes corporations de métiers et les syndicats professionnels*. Paris, Guillaumin, 1899, p. 36). V. leurs désordres au XVIe siècle, infra, n° 502.

Le compagnon fait son tour de France. Quelle que soit la ville où il arrive, il trouve chez la « mère des compagnons » conseil et appui. Un membre de l'association, le « rouleur », lui cherche place. Malade, il est reçu dans un hospice et visité par les compagnons. Quand il part, ceux-ci l'accompagnent en corps, c'est « la conduite » (id., p. 36).

L'émulation mutuelle met aux prises les associations de compagnons les unes avec les autres. « Les Enfants de Salomon, de Maître Jacques, de Soubise, se jalousent et se battent entre eux (id., p. 36).

Lire, sur les « Associations de Compagnonnage », leurs usages, leur hiérarchie, leurs rites, leurs sanctions contre le mauvais patron (mise en interdit) et contre le mauvais compagnon (conduite de Grenoble) du XIIe au XVIIIe siècle, Martin Saint-Léon, ibid., p. 462-468, et l'ouvrage très complet du même auteur : E. Martin Saint-Léon, *Le Compagnonnage*. Paris, Colin, 1901 (liv. I, le compagnonnage de ses origines à la Révolution; liv. II, de la Révolution à nos jours ; liv. III, le compagnonnage en 1901).

Adde : Ch.-E. Lefèvre, *Evol. hist. des assoc. profess.* Paris, Jouve, 1894, p. 90. — H. Blanc, *Les Corporations de métiers*, 2e éd. Paris [1885 ?], p. 137, et son excellente *Bibliographie des corporations ouvrières avant 1789*. Paris, Soc. bibliogr., 1885, v° Compagnonnage, aux Tables. — L. Morin, *Police des Compagnons imprimeurs sous l'ancien régime*. Paris, Claudin, 1898.

Adde, sur le Compagnonnage au XIXe siècle : Perdiguier (Agricol) dit Avignonnais la vertu, compagnon menuisier, *Le Livre du Compagnonnage*, 3e éd., 2 vol. in-12. Paris, Perdiguier, 1857 (avec 17 curieuses lithographies, chansons, etc.).

Cf. gravures sur bois représentant le Compagnon du Devoir ou de la Grande Cognée (Charpentier), fin du XVe siècle, d'après dessin de Wohlgemuth pour la Chronique de Nuremberg, P. Lacroix, *Mœurs, usages et costumes au M. A.* Paris, Didot, 1877, p. 323.

1. V., sur cette croisade d'un genre spécial, les intéressants détails

— « Associations de franc-maçons » dont « les origines se confondent avec la formation des écoles d'architectes du moyen âge » vers les « xie et xiie siècles [1], à l'époque où s'est sécularisée la direction des constructions religieuses qui semble avoir été, pendant la première période de la féodalité, le privilège » des associations monastiques [2].

contenus dans la lettre d'Haimon, abbé de Saint-Pierre-sur-Dives, aux moines de Tatteburg (texte latin et trad. apud E. Levasseur, *Hist. des classes ouvrières*, I (1900), p. 404, note 1.

1. Les maçons, par leur protestation architecturale, étaient déjà des Francs-Maçons. Elisée Reclus, ibid. (1905), p. 70.

Si l'on fait abstraction des légendes rattachant la Franc-maçonnerie à la reconstruction du temple de Salomon. Cette association paraît avoir surgi parmi les travailleurs agglomérés pour l'édification des grands temples chrétiens du M. A.

Sa ressemblance avec le culte de Mithra, un des noms du soleil chez les Perses, qui envahit le monde gréco-romain aux iie et iiie siècles de l'ère chrétienne, est une simple analogie signalée par Renan, *Marc-Aurèle*. Paris, 1882, p. 577. La raison de réussite de ce culte, rival du christianisme naissant, est qu'il « créait un lien de fraternité entre les initiés..... C'était là un besoin du temps. On voulait des congrégations où l'on pût s'aimer, se soutenir, s'observer les uns les autres, des confréries offrant un champ clos (car l'homme n'est pas parfait) à toute sorte de petites poursuites vaniteuses » (ibid.). « Il est si doux de s'envisager comme une petite aristocratie de la vérité, de croire que l'on possède, avec un groupe de privilégiés, le trésor du bien » (ibid., p. 570).

V. sur les milices religieuses formées par les mystes de Mithra, d'Isis, la *militia Christi* des chrétiens, la *militia Veneris* des païens. F. Cumont, *Les Religions orientales dans le paganisme romain*. Paris, 1907, p. XII et s.

2. Levasseur, *Hist. des classes ouvrières*, I (1900), p. 269. — Les historiens véritablement critiques de la Franc-Maçonnerie la font procéder des corporations « inséparables de l'architecture dite gothique ».

Le symbolisme maçonnique a sa source dans les traditions de ces corporations et dans des coutumes monastiques, v[o] *Franc-Maçonnerie*, Gr. Encyclop., t. 17, p. 1182, et les nombreux auteurs allemands dans le même sens, ibid., p. 1181.

Adde : Findel, *Hist. de la Fr.-Maç.* (Trad. de l'all., p. Tandel), Bruxelles, 1866, 2 vol. — P.-T.-B. Clavel, *Hist. pittor. de la Franc-Maçonnerie, etc.* Paris, Daguerre, 1843, p. 86. — F. Bournand, *Hist. de la Franc-Maçonnerie* (catholique). Paris, Daragon, 1905. — E. Goblet d'Al-

La franc-maçonnerie, à ses débuts, est une association « professionnelle ». Elle ressemble « à quelques égards au compagnonnage par ses rites, mais l'esprit est très différent puisqu'elle unissait sous une même discipline maîtres, compagnons et apprentis [1] ».

« Aucune association ouvrière ne parait avoir été pénétrée d'un esprit religieux plus profond et plus sévère. C'est au nom du Père, du Fils, et du Saint-Esprit, et de la Vierge Marie, et aussi de ses quatre serviteurs, les quatre couronnés, que les statuts sont publiés [2]. »

Une fortune singulière était réservée à cette association plus puissante que jamais au XXe siècle [3].

viella, *Des origines du grade de maître dans la Franc-Maçonnerie*, concours du Grand-Orient de Belgique, 1907. — E. Nys, *Idées modernes, droit international et Franc-Maçonnerie* (Bruxelles, libr. fr. et intern., 1908, nombr. bibliogr., p. 115). — M.˙. Hiram, *Pr. d'hist. de la Fr. Maçonnerie fr.* dans *l'Acacia* (Ch.-M. Limousin, gér.). Paris, juin 1908, p. 401. V. passim : *Revue maçonnique* (L. Minot), Paris.

1. Levasseur, ibid., p. 608. — 2. Levasseur, ibid., p. 610.

3. Nous nous occuperons spécialement de l'association des Francs-Maçons lorsque nous examinerons, en son lieu, la question de savoir si, depuis la loi du 1er juillet 1901, il y a encore des « Sociétés secrètes ».

Il suffira de constater ici que cette association s'est trouvée douée d'une longévité égale à celle de plusieurs associations monastiques, nées comme elle, il y a 6 ou 7 siècles (V. supra, p. 396, n. 3 ; p. 397, n. 1).

Rompant avec son inspiration originelle, la Franc-Maçonnerie est devenue en France, au XXe siècle, surtout une association politique et anti-religieuse. — Cf. O. Wirth, *Gr. Orient de France et Maçonnerie allemande*, Rev. Maçonnique, juillet 1908, p. 87.

Les dirigeants de la « Classe ouvrière », qui pensent n'être séparés de la maîtrise de la société que par un laps de temps assez court, résistent aux tendances envahissantes de la Franc-Maçonnerie et prononcent le « caveant consules ». E. Janvion, *Le Péril maçonnique dans le syndicalisme*, Voix du peuple, 31 mai-7 juin 1908 ; — Id., La Guerre sociale, 4-10 juin 1908.

V. les nombreuses études sur le socialisme, le collectivisme, le syndicalisme dans les « *Travaux des Loges de la région parisienne sur la question sociale*, Année sociale (P. Fesch). Paris, Rivière, 1908, p. 226.

493. — Sans doute, l'organisation corporative ne mettait pas toujours les travailleurs à l'abri des calamités économiques : mévente, chômage, « impécuniosité », etc., et il arriva que

> Tous Métiers firent laide chère ;
> Si n'orent a mettre a leur bec,
> Ce ne fut un poi de pain sec [1].

494. — Mais cette organisation assurait protection à

Comment les militants syndicalistes ont-ils pu se laisser circonvenir par l'association des Francs-Maçons? « La vérité, c'est que, dans le syndicalisme français, une crise d'arrivisme se dessine..... la notoriété acquise par des ouvriers à l'occasion du mouvement syndical très intense en a grisé quelques-uns..... la captation par la Franc-Maçonnerie d'énergies ouvrières a été facilitée par l'action démoralisante déjà accomplie de la réclame journalistique.... donner du « frère » aux patrons, aux politiciens et aux policiers dont se compose la Franc-Maçonnerie, c'est avoir une étrange conception de la lutte de classe et du syndicalisme. » Ch. Desplanques, *La Corruption franc-maçonnique*, Les Temps nouveaux (de J. Grave), 6 juin 1908, p. 3. — Stéphen Mac Say, *Les Congrégations du Triangle* (la Grande Mutuelle bourgeoise), le Libertaire, 21-28 juin 1908. — Cassius : « c'est le groupement des ambitions, des intrigues, des tripotages ; c'est la voie oblique, indirecte, dissimulée, pour laquelle on attaque, on s'empare, on domine : c'est le nouveau Basile ! elle nous régit.... Divulguez les mystères de cette Congrégation et l'édifice croûlera, entraînant dans sa chute, triangle, glaive, poignards symboliques et tous ses oripeaux de mi-carême. » *La Franc-Maçonnerie*, L'anarchie (de A. Mahé et A. Libertad), n° du 2 juillet 1908. — Riposte : « Le parti collectiviste est une Eglise aussi, et, comme celle de Rome, il a son tribunal de l'Inquisition », *L'Acacia*, juin 1908, p. 479.

Contre la Franc-Maçonnerie : associations catholiques (Association anti-maçonnique de France), associations indépendantes (Ligue française anti-maçonnique). V. ch. II, *Contre la Franc-Maçonnerie*, Guide d'action religieuse (G. Desbuquois). Reims, 1908, p. 491.

L'association maçonnique compte en France environ 35.000 adhérents (*Les Francs-Maçons*, L'année sociale de P. Fesch pour 1908. Paris, Rivière, p. 203). V., sur son activité, p. 204-276.

1. Chronique rimée de Godefroy, vers 5465 (Historiens de la France, XXI), apud Martin Saint-Léon, op. cit., 1897, p. 115.

ses membres : elle leur communiquait une autorité et une importance sociales, refusées à l'isolement.

Grâce à elle, les corporations constituent des personnes morales; elles sont capables d'acquérir, d'aliéner, de faire en un mot tous les actes de la vie civile[1]. Elles s'obligent par l'intermédiaire de leurs représentants, les jurés de métier; elles possèdent un patrimoine, elles disposent en propre de leurs revenus et supportent par contre diverses charges[2]; elles jouissent d'une juridiction professionnelle et d'une autonomie presque entière pour leur discipline intérieure[3]; elles font même de timides essais de fédération[4].

495. — Enfin, comme emploi complémentaire de leur activité toujours en éveil, les associations se disputent entre

1. G. Fagniez, op. cit., 1877, p. 26. — Au mois d'août 1219, Raoul Duplessis donne aux drapiers de Paris, moyennant un cens de 12 deniers, une maison avec son pourpris [enceinte], située derrière le mur du Petit-Pont (ibid.).

2. Martin Saint-Léon, op. cit., 1897, p. 106.

3. A. Luchaire, *Manuel*, etc., 1892, p. 364.

4. « Lors s'esmurent plusieurs du menu peuple comme foulons et tisserands, taverniers et plusieurs ouvriers d'autres mestiers et firent alliance ensemble ». Chronique de Saint-Denis. Recueil des historiens de la France, XV, 680, apud Martin Saint-Léon, op. cit., p. 161.

Cette ébauche de fédération paraît avoir été tentée sous le coup d'un mécontentement populaire provoqué par une altération des monnaies sous Philippe le Bel : il en était résulté un renchérissement des loyers et des vivres. Le Roi fut assiégé dans le Temple. De là, une sévère répression, la suppression des confréries, bientôt rétablies en 1309. Gérard de Frachet, *Historiens de la France*, XXI, p. 27, apud Martin Saint-Léon, op. cit., p. 114.

Ainsi arriva-t-il de nouveau lors de la révolte des Maillotins. (V. texte des Lettres patentes de Charles VI du 27 janvier 1383 interdisant les maîtrises et confréries des Métiers : « voulant les garder [nos subjectz] de renchérir en telles et semblables rebellions, malefices et desobeissances ». R. de Lespinasse, op. cit., t. I, 1886, p. 50.

elles[1], par exemple celles des marchands avec celles des Arts et métiers, quelquefois jusqu'à l'effusion du sang, pour la possession des pouvoirs municipaux[2]. Elles supportent mal les abus du pouvoir royal, elles tentent même d'y résister, ce qui amène leur suppression, suivie bientôt de leur rétablissement.

Les efforts de la royauté[3] « échouèrent devant le besoin impérieux que les hommes éprouvaient de s'unir et de se protéger les uns les autres[4] ».

495 *bis*. — A cette période, malgré les faiblesses inhérentes à toutes les institutions humaines, la Corporation présente un degré d'heureux fonctionnement[5].

Les modes nouveaux d'existence[6], que la Corporation

1. E. Levasseur, *Hist. des classes ouvrières*, I (1900), Querelles entre certains métiers, p. 334-341. — Querelles sociales entre les Métiers et les Artisans : Alb. Milhaud, *La Lutte des classes en Flandre au Moyen Age*, 1897, Giard, broch. (extr. Rev. int. sociol.). — Sur la classification des Corporations entre elles, G. Renard, *Les Corporations à Florence au XIIIe siècle*, Revue du Mois, 10 sept. 1908, p. 277.

2. A. Luchaire, *Manuel*, etc., 1892, p. 357, note 1.

3. La prohibition de Philippe le Bel en 1305 avait eu une portée générale contre toutes les associations : « Ne aliqui, cujuscumque sint conditionis vel ministerii, vel status, in villa nostra prædicta *ultra quinque* insimul per diem vel noctem, palam autem aut occultè, congregationis aliquas sub quibuscunque forma, modo, vel simulatione post præconisa tionem prædictam de cetero facere præsumunt. » Ordonn., t. I, p. 428.

Philippe le Bel ne permettait de se réunir qu'au nombre de *cinq* personnes ; l'art. 291 du Code pénal de 1810 (abrogé par la loi du 1er juillet 1901) reconnaissait licites les groupements de 20 personnes.

4. E. Levasseur, op. cit., I (1900), p. 300.

5. V., sur la Corporation, sources, supra, p. 377, n. 1 ; p. 490, n. 1, infra, § 11.

Adde : Hubert Valleroux, *Les Corporations d'art et de métiers et les syndicats professionnels*, etc. Paris, Alcan, 1885, in-8 (recomm.).

V., sur les tendances artistiques des Corporations au Moyen Age, supra, 491, note 1. — Adde : en sens contraire d'Elisée Reclus : Georges Goyau, *L'Art et la Chaire*, La Croix, 15 septembre 1908.

6. La Révolution française s'est brisée, à son tour, contre la force

devra nécessairement créer au xxᵉ siècle pour répondre

associationnelle; dès 1791, elle inscrivait la suppression des associations, en tête de son programme de réforme (V. tome II — en préparation). Au xxᵉ siècle, la germination des Associations est plus vigoureuse que jamais.

V. supra, le § 3, p. 232 et s.

Pour suivre ce mouvement :

— Dans la direction SYNDICALISTE RÉVOLUTIONNAIRE (foyer en pleine activité).

— Sources : *Le Mouvement socialiste* (H. Lagardelle, G. Sorel, etc., cité supra, n° 362); *La Voix du peuple* (Pouget, Griffuelhes, Merrheim, Delesalle, Janvion, etc., citée supra, n° 361) ; *Le Socialiste* (16, rue de la Corderie, Paris) ; *Revue syndicaliste* (Albert Thomas): — la rubrique quotid. « Vie sociale », dans l'*Humanité* de J. Jaurès, etc. ;

— les ouvrages de Fernand Pelloutier (décédé en 1900 ; un précurseur), de G. Sorel, Lagardelle, Pouget, Griffuelhes, Delesalle, Berth, etc.

« Nous ne toucherons ni à ce droit de grève, qui dans l'état des rapports sociaux est la seule arme des travailleurs, ni au droit syndical. » Disc. de M. Viviani, ministre du travail, fête de l'Union mutualiste de la Haute-Savoie, à Bonneville, 6 sept. 1908 (L'Éclair, 7 sept. 1908, et les quotidiens). — Cf. infra, p. 514, à la note.

— Dans la direction ANARCHISTE : — Sources: *Les Temps nouveaux* de J. Grave, l'*Anarchie* de Libertad et Mahé, le *Libertaire* de L. Matha, Malato, M. Rimbaud, S. Faure, etc., etc.

L'anarchie est entrée, non dans la phase du Corporatisme, — dont elle se défend, tout en voulant être la « fraction » la plus audacieuse des syndicats, — mais dans la phase « de l'action coordonnée ».

Aujourd'hui, « l'anarchisme n'est pas individualiste ; il est fédéraliste, associationniste au premier chef ». Amédée Dunois, *Congrès anarchiste à Amsterdam*, août 1907 (intéressant). Paris, M. Delesalle, 46, rue M. le Prince, 1908, p. 37 (Séance du 27 août 1907). « Ce qui libère l'individu, ce n'est pas la solitude, c'est l'association. » Errico Malatesta, ibid., p. 49. « Organisateurs et anti-organisateurs, tous s'organisent », id., p. 50. — V. aussi, bon rapport de Pierre Monatte, *Syndicalisme et Anarchisme* (et la C. G. T.), ibid., p. 62.

« L'organisation anarchiste s'affirme à l'heure actuelle comme une nécessité absolue ». M. Rimbaud, *Sur le fédéralisme*, Le Libertaire du 14-21 juin 1908, p. 2, col. 3.

Les jugements de l'anarchisme sur les vices de la Classe ouvrière sont d'une implacable sévérité. Paul Jullien, *La Classe ouvrière! Chapeau bas!* L'Anarchie, 10 sept. 1908.

Les syndicalistes révolutionnaires, de leur côté, n'ont aucune illusion sur la vertu des classes ouvrières actuelles.

aux exigences morales et aux besoins matériels de notre âge, n'y atteindront pas sans difficulté.

« Les classes ouvrières sont encore loin de posséder les capacités, la discipline, et surtout la moralité nécessaires pour prendre dans leurs propres mains la direction des industries. M. G. Sorel, avec Proudhon, attache une extrême importance à la probité, à l'austérité des mœurs. C'est à la bourgeoisie puritaine que l'Angleterre doit sa richesse, sa prospérité, sa grandeur. M. Sorel rêve pour les syndicalistes le rôle victorieux des puritains. Mais il se rend compte combien en France les classes ouvrières sont éloignées de cet idéal. » J. Bourdeaux, *Le Procès de la démocratie*, compte rendu du livre de G. Sorel, *Les Illusions du progrès*. Paris, Rivière, 1908 (Journ. des Débats, 12 sept. 1908).

— Dans la direction du SYNDICALISME RÉFORMISTE : A. Millerand, *Le Socialisme réformiste français*. Paris, Cornély, 1903 (surtout la préface).

— Dans la direction du SYNDICALISME ANTI-COLLECTIVISTE : Le journal *Le Jaune* (Pierre Biétry, etc. Paris, 4, Boul. des Italiens). — *Chez les Jaunes*, par le Conseil fédéral de la fédération syndicale de l'industrie Tourguennoise. Paris, Plon, 1906. — P. Biétry, *Le Socialisme et les Jaunes*, id., 1906. — G. Japy, *Les Idées jaunes*, id., 1906. — Gros (Maurice), *L'Hist. du mouvement syndical ouvrier en France*. Syndicats jaunes ou indépendants (th.). Paris, Jouve, 1905, etc., etc.

Les articles de Charles Maurras dans le quotidien : *L'Action française*, de Paris (H. Vaugeois et L. Daudet), en 1908.

— Dans la direction CATHOLIQUE a (réveil d'activité depuis les lois de 1901 et 1905). — Sources : Desbuquois, *Guide d'action religieuse* (recomm.). Reims, 43, rue de Venise. — Ch. Dementhon (l'abbé), *Nouveau memento de vie sacerdotale* (recomm.). Paris, Beauchesne, 1907. — Les nombreuses *Revues* publiées par les membres du clergé; les *Semaines religieuses*, le quotidien *La Croix* (notamment : syndicats chrétiens sociaux, n° du 31 août 1908. — *L'Action catholique française* (MM. Benard, Cambuzat). Paris, 14, rue de l'Abbaye. — Hubert-Valleroux, *La Corporation chrétienne*, dans *Les Corporations d'arts et de métiers*, etc. Paris, Alcan, 1885, p. 259-269. — A. Dubourguier (l'abbé), *Travailleurs de France. Servitude et Liberté au XIIe siècle et au XXe* (Apologét. popul.), Action popul. Reims, 48, r. de Venise, 1907; notamm. p. 158 et s.

Oscar de Ferenzy, *Vers l'union des Catholiques de France* (préf. E. Flourens, anc. minist. aff. étrang.). Paris, Bloud, 1907 (utiles indic. sur les assoc. cathol. ; adresses du siège social ; Bibliogr. insuff.), etc.

Le Congrès eucharistique international de Londres en septembre 1908

---

a) nomenclature abrégée, sans classification rigoureuse, sur le mouvement corporatif catholique. A reprendre, dans le cours de l'ouvrage, en traitant des syndicats. — Cf. M. Eblé, *Unité de doct. cathol. ; Diversité de systèmes*. Paris, Lecoffre [s. d.]. — La Tour-du-Pin, *Ordre social chrétien*. Paris, libr. nat., 2e éd., 1907.

496. — Du XIIᵉ à la seconde moitié du XIVᵉ siècle, « la Corporation se caractérise par un désintéressement relatif,

(Le Temps, les Débats, la Croix, etc., les quotidiens français et les quotidiens anglais du 9 au 15 sept. 1908); procession de 300.000 catholiques dans les rues de Londres, mais sans exhibition de l'hostie sainte, par suite de la défense du premier ministre Asquith, déférant à l'opposition de diverses Associations protestantes. Le succès de ce Congrès détermine un redoublement d'activité parmi les Associations religieuses, protestantes et catholiques, en Angleterre.

— Dans la direction du SOCIALISME CATHOLIQUE : — L'Association catholique de la jeunesse française ; siège social, 76, rue des Saints-Pères, Annales, et depuis 1907, La Vie nouvelle (Jean Lerolle, Bazire, Denais, L'Association catholique (revue mensuelle); Le Peuple franç. (quotidien), etc.

— G. Goyau, Autour du catholicisme social. Paris, Perrin, 1907, etc.

— Dans la direction du SOCIALISME DÉMOCRATIQUE CHRÉTIEN. — Sources : le Sillon (Marc Sangnier ; siège social, Paris, 34, rue Raspail), L'Eveil démocratique. — M. Sangnier, Le Sillon, esprit et méthode, 1905, etc. — G. C. Rutten, des Frères Prêcheurs, Les Syndicats chrétiens en Belgique. Bruxelles. Dewit, 1905, 1 vol. in-8.

— Dans la direction MAÇONNIQUEᵃ. — Sources : L'Acacia (mensuelle, Direct. Ch. Limousin). — Revue maçonniqueᵇ (mens. ; Dir. L. Minot), etc.

— Sur le mouvement CORPORATIF en général, consulter : R. Merlin, Guide social de Paris (recommand.). Paris, Rousseau, 1906. — Paul Fesch, L'Année sociale et économique en 1907. Paris, Rivière, 1908 (recommand.). — Les 4 vol. publiés par le Ministère du Commerce (office du travail): Les Associations professionnelles ouvrières. Paris, Impr. nation., 1899-1904. — Les Annuaires des Syndicats professionnels, publiés par la même Administration. Paris, Impr. nationale, 1905 (le dernier).

Nous nous bornons ici à ces indications sommaires qui permettent de se rendre compte de la recrudescence du mouvement corporatif après sa rémission presque séculaire.

Nous les compléterons quand nous traiterons des « Associations à régime particulier ou à statut spécial ». Il faut entendre par là les Associations qui continuent, jusqu'ici, même sous le régime de droit commun de la loi du 1ᵉʳ juillet 1901, à être gouvernées par des lois spéciales : Associations syndicales de propriétaires, Associations en vue de l'enseignement supérieur, Syndicats professionnels, Associations de secours mutuels, etc. (v. supra, nᵒ 405), Congrégations religieuses ; et bientôt peut-être, Associations de fonctionnaires, etc. (Rapport J.

a et b) Les dictionnaires (de Littré ; de Hatzfeld, Darmesteter et Thomas) écrivent Franc-Maçonnerie, maçonnique avec deux n. La Revue maçonnique suit cette orthographe; mais L'Acacia orthographie avec une seule n.

par une solidarité très marquée, par une harmonie avec les besoins et l'esprit du temps, par une modération en tout, qui fondent, en dépit des altérations qu'elle subira plus tard, son durable prestige. Si dès lors elle n'est pas exempte de l'esprit de monopole, ce n'est pas l'esprit de monopole qui y domine. C'est encore moins l'individualisme. Vue du dehors, elle apparaît comme assez facilement accessible ; au dedans, la hiérarchie qui la divise n'établit pas de barrières infranchissables et n'entretient pas l'animosité [1] ».

497. — L'organisation corporative tentait encore, par l'entente entre producteurs, de fournir une réponse à la question, si aiguë au xxᵉ siècle, de la concurrence. « Ce qu'il y a de plus original dans cette organisation [corporative], de plus contraire à la concurrence à outrance qui régit aujourd'hui le monde économique, c'est la conception qui prési-

Jeanneney, député, supra, p. 282 ; texte, séance de la Ch. des députés du 11 juillet 1907, nᵒ 1213).

Sur cette incohérence, qui s'explique historiquement, V. supra, nᵒˢ 370 et s.

— « Aujourd'hui seulement..., nous commençons à reconquérir, par la lutte, par la révolte, quelques amorces du droit d'association qui fut librement pratiqué par les artisans et les cultivateurs du sol, à travers tout le Moyen Age », P. Kropotkine, *L'Anarchie*, Paris, Stock, 1903, p. 35.

— « Le rôle des élites corporatives dans la formation du génie national est le facteur important. » P. Adam, *La Morale de la France*. Paris, Bauche, 1908, p. 284.

1. G. Fagniez, *Corporations et syndicats*, 1905, p. 20.

L'antagonisme entre le patron et l'ouvrier était apetissé, dans cette première période tout au moins, par l'analogie de leurs existences, la facilité pour l'ouvrier de devenir patron, la moindre distance qui les séparait, et les contacts incessants de la vie associée dans la Corporation.

Cf. Bᵒⁿ de Calonne, *Hist. de la Ville d'Amiens*, 3 vol. in-8. Amiens, Piteux, 1899, I, p. 208 et s. — G. Bourgin, *La Commune de Soissons*. Paris, Champion, 1908, 1 vol. in-8.

Les Syndicalistes Révolutionnaires, qui pour atteindre leur but ont besoin d'aviver l'antagonisme du patronat et du salariat, ont parfai-

dait aux rapports entre les chefs d'industrie. Les précau-
tions contre l'accaparement, la défiance contre les sociétés
commerciales, l'achat en gros des matières premières et
des marchandises par les corporations, et leur lotissement
entre leurs membres, surtout le droit singulier pour chacun
d'intervenir dans les marchés conclus par un confrère et de
se faire céder par l'acheteur une partie du marché ; ce sont
là autant d'indices de l'esprit de corps qui a été l'idéal primitif des corporations et avec lequel entre déjà en lutte le
sentiment moins élevé mais plus fécond de l'individualisme. Cet esprit de corps est fortifié par la pratique en
commun de la dévotion et de l'assistance[1], en vue de
laquelle se créent des confréries dont la composition cor-
respond le plus souvent à celle de la Corporation[2] ».

497 *bis*. — Autour des associations professionnelles et
autres, pendant le Moyen Age et même jusqu'à la Révolution,
la Confrérie joue un rôle complémentaire indispensable.

Alors « dans le véritable concept de l'association,
l'homme travaille pour ce qui est nécessaire à sa vie, à
celle des siens, et à ce qui peut le réjouir chrétiennement[3] ».

tement compris combien il s'atténuait dans la vie associée. Aussi com-
battent-ils les groupements ou syndicats mixtes d'employeurs et d'employés, comme ceux qui se sont formés à la suite de la crise viticole du
Midi en 1907, sous le nom de « Confédération générale des Vignerons », à Narbonne en 1907 (V. supra, p. 423, à la note).

1. Sur les services d'assistance assurés par les associations médiévales,
V. supra, p. 364, à la note ; et t. II (en préparation), § 9, Confréries
de piété, d'assistance et d'œuvres de miséricorde.

2. G. Fagniez, *Corporations et syndicats*, 1905, p. 21.

3. L. Lallemand, *Histoire de la charité*, III. Paris, Picard, 1906, p.
333.
Cf., de nos jours, une œuvre catholique : le « Syndicat d'industrie
agricole », établie parmi les cultivateurs, par l'abbé Boileau, curé de
Mont-Notre-Dame (Soissonnais) :
1º Constitution d'une caisse rurale ; jouissance commune d'outils

497 *ter*. — L'existence de la Confrérie a été signalée en passant (suprà, p. 378, note 1). Quelques indications additionnelles sont utiles pour en préciser l'importance.

Elles seront données dans le volume suivant.

497 *quater*. — L'histoire des confréries embrasse, pendant plusieurs siècles, la vie sociale de la France sous ses différents aspects : mœurs, religion, armée, art, littérature, spectacles publics, etc.

La matière était séduisante pour les historiens; aussi n'ont-ils pas résisté à la tentation. On leur doit toute une moisson de monographies [1] que les érudits ont engrangées avidement dans leurs bibliothèques. Les amateurs venus plus tard en sont réduits aux glanures.

497 *quinquiès*. — Mais, sous les phénomènes de l'histoire, nous ne cherchons que le cheminement du fait associationnel. Pour le marquer, il nous suffira de retenir quelques traits significatifs de l'activité confrairielle.

498. — Une observation est dès à présent à noter.

L'élément religieux et l'élément profane, si longtemps unis dans la Confrérie, se dissocient peu à peu. Tandis que l'élé-

agricoles, de vaisselle et couverts pour réunions de famille; instruments de musique pour la fanfare, etc.; 2º Bénédiction par le prêtre « en surplis et en étole » dans une cour de ferme d'une moto-batteuse à pétrole; visite de Mgr Péchard, évêque de Soissons, à l'assemblée annuelle des syndiqués; réunion précédée d'une courte prière, etc.

Le « Syndicat d'industrie agricole » a eu des imitateurs. Leur groupement a déjà atteint le « 3ᵉ palier » associationnel; les syndicats sont fédérés sous le nom « d'Union agricole soissonnaise », Boileau (l'abbé), *Paysans de France, Histoire d'un syndicat*. Paris, Lecoffre, 1908, in-8, p. 197-253 (intéressant). — Cf. Bᵒⁿ de Villebois-Mareuil, *Une paroisse rurale organisée*. Ibid., p. 146-175.

Cf. Le syndicat de Poligny, en Jura (présid. Mⁱˢ de Froissard).

G. de Pascal, *Un Syndicat agricole*, L'Action française (Dir. H. Vaugeois et Léon Daudet), 24 sept. 1908.

1. H. Blanc, *Bibliographie des Corporations ouvrières avant 1789* (tr.

ment profane s'atrophie ou se transforme, l'élément religieux, le plus ancien, conserve le don de la vie. Fauchée au ras du sol, il y a un siècle, sa végétation est repartie. Quand on étudie la flore actuelle de la Confrérie religieuse on demeure surpris de son étendue et de sa richesse [1].

498 *bis*. — Sans doute, la Confrérie n'occupe qu'un gradin secondaire dans la vaste serre sociale où le xxᵉ siècle cultive la collection des familles associationnelles.

Le premier revient sans conteste à l'association professionnelle aussi vivace que jadis, — mais plus ambitieuse; car on lit sur sa pancarte écarlate : Transformation économique du monde civilisé.

Mais tout en appartenant à une famille plus modeste, la Confrérie reste intéressante. Elle possède les signes des espèces de race : la résistance, l'abondance des variétés, la fécondité.

Elle mérite mieux qu'une mention dans le règne associationnel.

recomm.). Paris, libr. de la Soc. bibliograph., 1885, v⁰ Confrairies, à la Table, p. 93 (35 nᵒˢ ; chacun d'eux donne une indication utile). — Depuis 1885, nombre d'autres monographies sur les Corporations ont été publiées (1908).

1. La littérature de la Confrérie moderne à but religieux est abondante. On le verra par la suite (tome II).

Parmi les documents que nous avons réunis, nos indications se limiteront, en cette place, aux trois ouvrages suivants:

A. Tachy (l'abbé), curé de Pouilly (Haute-Marne), *Traité des Confréries et des œuvres pies*, 2ᵉ éd. (recomm.). Langres, 1898, en vente chez l'auteur, à Pouilly, par Bourbonne (Haute-Marne), 1 vol. in-8.

E. Pouget (l'abbé), docteur en théologie, *Manuel des Confréries, pieuses associations et scapulaires*. Paris, Amat, 1901, 1 vol. in-16 (liste de confréries, p. 3).

R. P. F. Beringer, S. J., consulteur de la S. Congrégation des Indulgences, *Les Indulgences, leur nature et leur usage*, trad. de l'allem. par l'abbé Ph. Mazoyer, chapelain à N.-D. des Victoires,

498 *ter*. — L'examen de sa structure juridique au point de vue canonique et civil nous fournira un contingent de bonnes observations.

Le droit canonique n'a jamais varié. Depuis l'origine, les Conciles et les Bulles des Papes ont subordonné la Confrérie à l'agrément de la puissance ecclésiastique. Selon la doctrine de la Sacrée Congrégation des Indulgences (*Sacra Congregatio Indulgentiis sacrisque Reliquiis preposita*[1]), l'évêque diocésain est, *jure ordinario*, le dispensateur des autorisations nécessaires[2].

Avant la Révolution il n'y avait point de Confrérie, légitimement établie, sans lettres patentes du Prince. Ces lettres étaient toujours révocables[3].

Par une suite imprévue des événements, la Confrérie a conquis son indépendance civile. Elle jouit, sous la loi du 1er juillet 1901, d'une liberté que l'ancien régime, sympathique cependant à son but, lui avait jalousement refusée[4].

3e éd. (recomm.). Paris, Lethielleux, 1905, 2 vol. in-12, plus un appendice (le tome II est consacré à la doctrine canonique des Confréries; bonne nomenclature des confréries, p. 107-511 : un supplément contient un véritable formulaire de procédure spéciale à la matière).

Après l'étude du livre du P. Beringer, relire le sermon de Jésus sur la montagne (Mathieu, cap. V) pour mesurer le chemin parcouru par l'idéologie de l'association catholique en 20 siècles.

1. V., sur le gouvernement de l'association catholique, Goyau, Pératé et P. Fabvre, *Le Gouvernement de l'Eglise*, avec épilogue du Vte Melchior de Vogüé. Paris, Didot (sans date; pitoyable pour un éditeur comme Didot, 1901 ?), 1 vol. in-12 (notam. p. 58-149).

2. Par un privilège particulier du Saint-Siège, la plupart des généraux d'Ordres peuvent ériger certaines Confréries, non seulement dans leurs propres églises, mais aussi dans d'autres, avec le consentement de l'évêque diocésain. (P. Beringer, op. cit., t. II (1905), p. 12.

3. Merlin, Répert. de jurispr., 5e éd. Paris, 1830, t. III, vo *Confrérie*, p. 455.

4. L'histoire a parfois de ces ironies. La Confrérie et les Associations

Depuis la Révolution, qui l'avait supprimée, la Confrérie était restée, comme toute association composée de plus de 20 personnes, exposée aux rigueurs des art. 291 et s. du Code pénal et de la loi du 10 avril 1834 [1]. Au-dessus du chiffre fatidique de 20 affiliés, son existence légale dépendait d'une permission administrative accordée à contre cœur et essentiellement rapportable [2]. Le meilleur sort qu'elle pût demander au Ciel de lui assurer sur la terre était de demeurer « ignorée » de la puissance séculière [3].

499. — Aujourd'hui tout est changé, l'association même à but religieux est une association comme les autres [4]. Le bénéfice du droit commun lui est acquis [5].

religieuses se trouvent plus libres sous un régime ouvertement hostile à leur foi, que sous celui qui en était le protecteur déclaré.

« La conséquence d'une activité organisée est de réaliser souvent le contraire de l'objet qu'elle veut atteindre. » J. de Gaultier, *Philosophie*, Mercure de France, 16 août 1907, p. 688.

1. V. supra, p. 77.

2. V. supra, n° 93.

3. Dans l'état de droit antérieur à la loi de 1901, l'Administration était dans l'impossibilité morale de poursuivre les milliers d'associations de toute nature qui s'étaient formées sans autorisation ; elle se fût heurtée à la réprobation générale. Elle s'en tirait en « ignorant » les associations non autorisées. Ainsi furent d'abord « ignorées » la Patrie française et la Ligue des droits de l'homme. En mars 1899, l'Administration se souvint de leur existence pour les poursuivre. Les présidents de ces deux Ligues, MM. Jules Lemaître, de l'Académie française, et Duclaux, directeur de l'Institut Pasteur, furent traduits devant le tribunal correctionnel et condamnés pour infraction aux prohibitions des art. 291 et 292 Code pénal, relatifs aux Associations de plus de 20 personnes, à 16 francs d'amende, avec sursis. V. *Le Procès de la Patrie française*. Paris, Perrin, 1899, 1 vol. in-12.

V. l'intéressante déposition de Ferdinand Brunetière, de l'Académie française, sur « l'ignorance » intermittente de M. le Préfet de Police, à l'égard des associations, en ces temps aujourd'hui abolis, ibid., p. 23.

4. V. supra, n° 338.

5. Par un amendement que MM. Eugène Fournière et Arthur Groussier avaient fait adopter par la Chambre, les « Associations religieuses »

Son existence juridique dépend de sa seule volonté; elle peut entrer à son gré dans l'une des trois catégories prévues par la loi [1]. En tout cas, ce qui est à sa portée, c'est l'acquisition de la « petite personnalité civile », en adoptant la forme de l'association « déclarée ».

499 bis. — Il est juste de constater qu'après un laborieux effort [2] la troisième République a réalisé un progrès législatif devant lequel tous les gouvernements, avant elle, avaient reculé.

La loi du 1er juillet 1901 a apporté à la France le droit d'association; peut-être n'est-elle ainsi rentrée que dans l'exercice d'un droit naturel, comme celui d'exprimer sa pensée et de se réunir [3] ; en tout cas, notre pays ne l'avait jamais connu. Malgré les lacunes, les restrictions et les

avaient été exclues du droit de former des associations « non déclarées ». V. débats, Ch. des députés, 4 février 1901, Journ. off., 5 février 1901. Chambr., p. 290, col. 3.

Au Sénat, MM. Bérenger et Ponthier de Chamaillard ont demandé que cette inadmission des Associations religieuses au bénéfice de l'art. 2 de la loi fût supprimée. La Commission du Sénat accueillit la réclamation. Le rapporteur, M. Vallé, déclara que le texte soumis à la Haute Assemblée ne portait plus le membre de phrase reproché : « autres que les Associations religieuses. » Séance du Sénat du 15 juin 1901, Journ. officiel, 16 juin 1901. Sénat, p. 877, col. 1.

Par suite de cette modification et de plusieurs autres, la loi est revenue devant la Chambre des députés. A la 2e séance du 26 juin 1901, l'art. 2 actuel, débarrassé de l'amendement Fournière-Groussier contre les Associations religieuses, a été adopté sans discussion. Journal officiel, 27 juin 1901. Chambre, p. 1652, col. 1.

1. V. supra, n° 351.

2. La loi du 1er juillet 1901 est l'aboutissant de 33 projets de loi qui s'échelonnent depuis 1871. V. supra, n° 392 et la note 4.

3. « A l'association nous devons donner ou du moins restituer la liberté, car la liberté d'association est un *droit naturel* (Très bien, très bien !). Disc. de M. Viviani, député (Ministre du travail en 1908), Ch. députés, 15 janvier 1901. René Viviani, *République, Travail.* Paris, éd. de la Raison, 5, place de l'Odéon, 1907, in-16, p. 27.

omissions de son œuvre, le législateur de 1901 mérite d'être loué. Sans doute l'opinion le poussait ; et depuis la loi du 21 mars 1884, on comprenait difficilement comment il continuait à refuser à la généralité des citoyens ce qu'il avait octroyé à une fraction d'entre eux [1].

Mais on lui prédisait de tels malheurs qu'il hésitait à les déchaîner. Il ne s'est pas laissé intimider; il a droit à notre reconnaissance.

La matière de l'association religieuse, spécialement de la Confrérie, nous est une occasion de le redire [2] ; nous ne la laisserons pas échapper. La loi du Iᵉʳ juillet 1901, qui a légitimé le droit d'association, est une des lois les plus considérables et les plus bienfaisantes de notre époque. Elle est très imparfaite encore; mais rien n'empêche d'en préparer les améliorations prochaines [3].

L'une des premières sera certainement l'abrogation des art. 13 à 18 (inclusivement) qui ont ajouté une loi d'exception à une loi de liberté [4]. Ils font tache dans cette charte d'affranchissement [5].

1. V. supra, nᵒ 370 (genèse de la loi de 1901). «Toutes les fois qu'un groupement humain se présente et emprunte la forme juridique, le Gouvernement ne peut l'empêcher de se créer, car les hommes qui s'associent exercent un *droit naturel.* » R. Viviani, ibid., p. 29.

2. V. supra, nᵒ 338.

3. V. supra, nᵒ 387.

4. « Nous voulons mettre une cloison entre deux formes toutes différentes d'association. » M. Vallé, rapporteur, Sénat, 17 juin 1901. Journal offic., 18 juin, p. 899, col. 2.

« La loi votée renferme en réalité deux lois : l'une sur les Associations en général, l'autre sur les Congrégations. » Notre ancien confrère, M. Coulon, vice-présid. du Conseil d'Etat, souhaitant la bienvenue au Ministre de la justice (Le Temps, 4 juillet 1902).

5. Les art. 13 à 18 de la loi du Iᵉʳ juillet 1901 établissent pour les Congrégations religieuses un statut particulier. Ces articles ont per-

Avec un recul historique de huit années, il est permis
de dire que ces dispositions constituent une faute, explicable assurément, mais sans grandeur, comme sans profit
(Cf. le rapport de M. Regismanset au Sénat ; le rapport de
M. Briand, Garde des Sceaux, au Présid. de la République,
septembre et octobre 1908).

mis la spoliation et la persécution d'une catégorie de citoyens français
vivant tranquillement chez eux, payant l'impôt et soumis aux lois.

Il est vrai que l'interprétation de la loi a été plus dure que la loi elle-
même. L'art. 13 prévoyait que les Congrégations pourraient se former
avec « une autorisation donnée par une loi ». Les Congrégations se
mirent en instance auprès du Ministre de l'Intérieur (M. Waldeck-Rousseau) pour présenter leurs demandes aux Chambres. « Ces demandes
étaient nombreuses et s'il avait fallu que chacune fît l'objet d'une loi
spéciale, dix ans n'auraient pas suffi. La loi n'aurait jamais été appliquée. » Anatole France, *L'Eglise et la République*, avec un portrait de
l'auteur. Paris, Pelletan, 1904, p. 55.

Aussi la Chambre des députés les a-t-elle rejetées en trois séries successives par le refus de passer à la discussion, les 18 et 24 mars 1903 ; 26
mars 1903 (les Chartreux).

V. les détails de la procédure gouvernementale et parlementaire, L.
Ledoux, *Les Congrégations religieuses et la loi du 1er juillet 1901* (th.).
Paris, Pichon, 1904, p. 116-121.

La procédure qui l'emporta fut défendue par M. Combes, président
du Conseil des ministres (cf. supra, p. 230, note 3 ; p. 363, à la note, in
medio), dans la séance de la Chambre du 18 mars 1903 (V. extrait du
disc. de M. Combes, apud A. France, op. cit. (1904), p. 55).

M. Waldeck-Rousseau « était en désaccord sur ce point avec son
prédécesseur, et l'on ne pouvait nier que M. Waldeck-Rousseau n'eût
beaucoup d'autorité pour interpréter une loi qu'il avait lui-même proposée et soutenue, mais il revenait d'un long voyage[a] et il s'y prenait un
peu tard pour donner son avis. » A. France, op. cit. (1904), p. 58.

« A son avis, les Pouvoirs publics devaient accorder les autorisations
très libéralement et le refus, en bonne justice, devait constituer l'excep-

---

a) Solon, ayant légiféré, se déroba par un voyage aux ennuis des explications.
« Ayans donques ses loix ainsi été publiées, ...il proposa comment que ce fust de
se tirer hors de ces espines pour éviter les hargnes. plaintes et querelles de ses citoyens... Si prit la charge de conduire une navire pour donner quelque couleur à
son voyage et à son absence. » Plutarque, Vie de Solon (trad. Amyot), apud A.
France, op. cit. (1904), p. 51. — Texte rectifié d'après notre exemplaire. Paris,
Morel, in-folio, 1619, p. 58.

499 *ter*. — L'expérience faite et l'évolution historique de la Communauté française enseignent à notre législateur que son œuvre doit être amendée dans le sens de la liberté. Un droit exceptionnel, fondé sur la nature des concepts religieux et sur la façon dont leurs adeptes s'en inspirent pour

tion et non la règle ; enfin, il ne fallait pas transformer une loi de contrôle en une loi d'exclusion. La pensée de l'ancien président du Conseil prenait, à cette heure tardive, l'élégance d'une spéculation pure, et se revêtait d'une grâce nonchalante. » A. France, op. cit. (1904), p. 59. « Après nous avoir délivré des moines ligueurs et des moines d'affaires, M. Waldeck-Rousseau nous donnait des moines d'Etat [a]. » A. France, op. cit. (1904), p. 60.

En face des associations syndicalistes « à trois paliers », — ardentes, audacieuses, révolutionnaires, — qui l'assaillent de toutes parts, le défient, le vouent chaque jour au mépris des citoyens, dirigent en partie déjà les services publics, et s'apprêtent à lancer sur lui les masses populaires pour prendre sa place, est-il téméraire de penser que le Gouvernement, s'il le pouvait, se hâterait de les troquer contre ces peu redoutables associations « de moines ligueurs et de moines d'affaires » ?

Dès le XIIIe siècle — et c'est encore un mérite de cet âge (v. supra, nᵒˢ 457 *bis* et s.) — à l'époque de la plus grande puissance temporelle de l'association catholique, le « péril clérical [b] » est sans réalité pour la grande association française. Il n'a que la valeur d'un mythe social (V., sur la valeur des mythes de l'histoire, les pages remarquables de G. Sorel, *Réflexions sur la violence*. Paris, 1908, p. 92 et s.).

Louis IX fut un dévot et même un saint ; mais il était d'abord un chef laïque. Jamais sa dévotion n'alla « jusqu'à permettre soit au clergé national, soit aux Romains, d'abuser de leurs prérogatives spirituelles pour usurper au temporel. Plus d'un moderne s'est étonné de cette attitude énergique et quelquefois rigoureuse de saint Louis dans ses rapports avec l'épiscopat et avec Rome. Mais s'en étonner, c'est mal connaître le clergé du Moyen Age et les sentiments qu'il inspirait aux laïques les plus pieux. Tous les hommes d'Etat du XIIIe siècle savaient fort bien distinguer, du prêtre, le seigneur ecclésiastique... » Ch.-V. Langlois, *Louis IX, le Saint-Siège et le clergé de France*, Hist. de France (Lavisse), t. 3e, II, 1901, p. 62.

Sept cents ans avant l'illustre naturaliste allemand Ernest Haeckel,

a) De nos jours, un gouvernement effrayé par quelques frocs et un lot de cornettes nous donnerait le spectacle imprévu d'une troupe européenne armée de fusils à tir rapide, de mitrailleuses, et de canons avec obus à la mélinite qui tremblerait devant une poignée de Noirs pourvus de matraques et de zagaies.

b) Le « péril clérical » existerait aujourd'hui. *L'Action cléricale*, Enq. du « Progrès ». Lyon, 1907, in-16, 132 p.

organiser leur existence morale et matérielle [1], est un ana-
chronisme dans une association nationale radicalement
laïque et rationaliste comme la nôtre.

saint Louis mettait en pratique la 23e thèse moniste : « la puissance ecclésiastique (théocratie) doit toujours se soumettre au gouvernement laïque
(nomocratie) ». *Almanach-annuaire de la Libre-Pensée* pour 1908, p. 23
(Secrét. gén. Bruxelles, 50, rue du Remblai. L. Furnemont, député belge).

    1. Des problèmes dont la solution transformera notre vie planétaire,
réclament l'effort et l'ingéniosité de tous : la lumière, la force, la suppression de la distance, peut-être de la maladie, par l'électricité ; les
phénomènes de la radio-activité ; la locomotion terrestre et aérienne ;
l'intercommunication des peuples par une langue universelle ; la prolongation de la vie humaine [a], etc., etc.

    Pendant ce temps, de quoi s'inquiète-t-on dans la communauté fran-
çaise ? De savoir si quelques citoyens paisibles, qui prétendent détenir
la vérité religieuse, s'associent pour prier, manger et dormir dans la
même maison.

    La lutte est partout déchaînée. A l'extérieur : lutte des races entre
les Blancs, les Jaunes et les Noirs ; lutte politique, économique et racique
des Européens entre eux ; lutte entre la communauté germanique et la
communauté française, la première ayant l'appétit et la force de renouveler le dépècement de la seconde [b] ; lutte contre le choléra [c], etc. ;
— à l'intérieur : lutte contre la dépopulation [d], lutte contre la concurrence étrangère, lutte contre l'espionnage des voisins, lutte des
sexes conduite par le féminisme [e], lutte des classes organisée et
menée par le syndicalisme révolutionnaire [f], au moyen de la grève gé-

    a) Communication du D[r] Doyen sur les réactions des cellules phagocytes
ou la phagocytose. L'Eclair, 9 sept. 1908. — Id., opinion du bactériologiste
Metchnikoff. Le philosophe et physicien français René Descartes pensait qu'on
pouvait rendre la vie égale à celle des patriarches (Le Matin, 16 sept. 1908). Descartes cependant ne dépassa pas 54 ans (1596-1650).
    b) Cf. supra, les notes des p. 412-414.
    c) V. les précautions prises contre la marche du choléra en Russie, en Alle-
magne, en Autriche, en France, etc. (Le Temps, Les Débats, etc., 16 sept. 1908).
— Décret du 18 sept. 1908, Journ. off., 19 sept. 1908.
    d) Paul Leroy-Beaulieu, *Tendance à la dépopulation de la France*, etc. : « La
perte pour la France de 4 à 5 millions d'habitants de souche française, au cours
du xxe siècle, peut être considérée dès à présent comme absolument certaine »
(Journ. des Débats, 12 sept. 1908). — Cf. supra, p. 441, à la note.
    e) Baronne Charles de Benoist, *Incompatibilité des sexes*, Mercure de France,
1er août 1908, p. 386. — Louise Van den Plas, *Le Vrai féminisme provoque-t-il la
guerre des sexes ?* ibid., 16 sept. 1908, p. 277.
    f) Cf. supra, nos 357 et s. — Adde : X e *Congrès national de la C. G. T.*
(XVIe Congrès national corporatif). Marseille, 5-10 octobre 1908, Voix du Peuple,
nos de septembre et octobre 1908; journal l'Humanité de J. Jaurès, no d'octob.
1908. — Conférence des B. d. T. (Bourses du Travail) ou Unions de Syndicats

Ce que l'on attend d'un législateur aussi averti [1], c'est d'avoir l'intelligence des contingences prochaines. Or, il semble que l'avenir appartienne à un droit commun, uni-

nérale[a] et dela désertion militaire, du sabotage et de l'action directe, etc.

Dans ce cercle de dangers qui l'enserrent, que fait l'association nationale française ?

Elle joue à abattre des Capucins.

On lit dans les quotidiens : « Sur commission rogatoire du juge d'instruction, le commissaire de la Sûreté a perquisitionné au domicile de l'abbé Denys, cité Bellet, où d'anciens Capucins étaient soupçonnés d'avoir reformé leur congrégation. Il a trouvé un autel et une salle à manger où le couvert était mis. Survinrent trois pères en habit religieux qui, cependant, n'habitent pas ensemble. Ils prennent seulement leur repas en commun. Une volumineuse correspondance a été saisie.

« La perquisition a duré huit heures. Elle continuera demain. Les capucins seront poursuivis pour infraction aux lois de 1901 et de 1902 sur les Associations »(Clermond-Ferrand, 6 sept. 1908, L'Éclair, 7 sept. 1908).

Pendant que le flot des armées musulmanes battait les remparts de la ville, les Dirigeants de Byzance disputaient sur le sexe des Anges.

1. L'expérience des huit années écoulées (1901-1908) permet à l'historien de dégager de l'ensemble des faits les constatations suivantes :

La première : c'est la magnifique cohésion morale de l'Association catholique. Même au prix de ses biens temporels, elle a écarté la tentation du schisme. Elle est restée unie, disciplinée, soumise. Aux vues particulières de quelques-uns, elle a préféré les décisions du Chef suprême de sa foi (supra, p. 449, note 1 ; p. 451, note 2).

La seconde constatation : c'est la parfaite insignifiance de l'influence politique de l'Association catholique. En dépit des persécutions, des spoliations et des profanations qui ont été la conséquence des lois du

Marseille, 11-12 octobre 1908, mêmes journaux.— E. Janvion, G. Delpech, J.-S., Boudoux, *Guerre sociale* (G. Hervé), 30 sept.-6 oct. 1908.

Adde : J. Jaurès, *Grève générale et organisation de masse*, L'Humanité, 8 sept. 1908. — Congrès socialiste allemand de Nuremberg, de sept. 1908 (Présents : Singer, Bebel, Kautsky, G. Lœwenstein, etc.; buste de la déesse de la Liberté (persistance de gynécolâtrie). Apologie du terrorisme par la citoyenne Ottilie Baader (Les Débats, 17 sept. 1908). — Correspondance sur le Congrès dans le journal L'Humanité de J. Jaurès, à partir du 13 sept. 1908. Préconisation des moyens révolutionnaires par la citoyenne Rosa Luxembourg contre le citoyen Richard Fisher. Polémique violente entre Schultz, Eisner, Klara Zetkin, etc.

Cf., sur le retour probable « de la manière forte » dans l'évolution des Associations humaines, supra, p. 420 et les notes ; sur leurs étapes sanglantes (opinion de M. Briand, garde des Sceaux), supra, p. 424 et les notes.

a) Cf. supra, n° 358 et s.; p. 431, à la note, in fine. Adde : Rapport Aristide Briand sur la Grève universelle au Vᵉ Congrès national corporatif, à Marseille en 1892, avec reprod. autogr. des conclusions, *Almanach de la Révolution* illustré, pour 1908. Paris, 46, rue M. le Prince.

forme et large (cf. supra, p. 250), sous l'empire duquel
toutes les associations, quels que soient leur objet, leur foi
ou leur idéal [1], pourront se constituer, agir, posséder,
s'opposer les unes aux autres, se contrebalancer, sous le

1er juillet 1901 (art. 13-18) et de la loi du 9 décembre 1905 (Séparation des Eglises et de l'Etat) — par deux fois, dans les élections législatives qui ont suivi ces événements, en 1902 et en 1906 — elle a été
impuissante à empêcher ses adversaires de conquérir au Parlement une
majorité de plus en plus importante. Les élections communales et dépar-
tementales qui ont eu lieu depuis ne laissent pas prévoir une issue différente en 1910. Et cependant, cette Association a pour elle l'apparence
du nombre et, dans une mesure appréciable, la réalité de la fortune.

Les afflictions de l'Association catholique ont éveillé en sa faveur
la sympathie générale. Mais les résultats des scrutins démontrent que si
les électeurs ont compati à ses maux, ils n'ont pas inscrit le nom de ses
candidats sur leurs bulletins de vote.

Enfin, dans leurs épreuves, les associations monastiques de France
n'auraient à compter que sur l'appui platonique du Chef de la communauté catholique. M. G. Sorel, qui partage pour l'Association catholique l'admiration que ressentent les esprits les plus indépendants s'ils
ont étudié l'histoire (V. supra, opinion de G. Sorel, p. 369, à la note :
p. 449, note 1 ; opinions de A. Comte, etc., supra, p. 367, à la note),
écrivait, avant la Séparation de 1905 : « le gouvernement français pourra
faire tout ce qu'il veut aux moines de France, pourvu qu'il protège
l'Eglise à l'étranger. » G. Sorel, Essai sur l'Eglise et l'Etat. Paris, G.
Jacques, 1901, p. 41. — V. J. Soury, Cléricalisme, Campagne nationaliste. Paris, impr. Maretheux, 1902, p. 232, et ibid., préface, p. 11.

On comprend ce point de vue chez le Chef d'une Association de
plusieurs millions d'individus. Son devoir est de veiller d'abord à l'intérêt général ; mais le point de vue des hommes d'Etat français devrait
être que la protection de l'Eglise à l'étranger servît au rayonnement
d'influence de l'Association française.

Il y a là un admirable prétexte d'expansion ; les Associations allemandes et anglaises sont prêtes à le recueillir, si nous n'en voulons plus·
V. l'article documenté de Ernest Lémonon, Les Missions protestante
en Turquie d'Asie, Rev. polit. et parlement., 10 août 1908, p. 313-333.

1. « Il serait contraire à nos principes d'opprimer à notre tour nos
oppresseurs, s'ils se bornent à demeurer fidèles à leurs opinions d'autrefois, sans prétendre les imposer. » M. Berthelot, secr. perp. de l'Acad.
des Sciences, Lettre au Congrès de la Libre-Pensée de Rome, du 21 sept.
1904. Le Matin, 20 sept. 1904.

« Nous sommes des esprits libres. Nous n'attaquons aucune croyance

contrôle du Gouvernement ramené à sa fonction de suprême régulateur de l'équilibre social [1].

FIN DU TOME PREMIER

sincère. Nous respectons toutes les formes de la foi et de l'espérance. Mais nous voulons, nous exigeons pour nos opinions, le même respect que nous accordons aux opinions contraires. » Anatole France, *Allocution (Biblioth. popul. républ.), à Quiberon*, 30 août 1908. Le Temps, 8 septembre 1908, p. 3.

Cf. A. France, sur les raisons plausibles de l'association cénobitique, supra, p. 368, à la note.

Le Gouvernement déclare libéralement qu'il n'entreprendra rien, ni contre les Congrégations syndicalistes, ni contre la Confédération générale du travail, « détournées de la défense des intérêts professionnels par les révolutionnaires de l'anarchie ». G. Clémenceau, présid. du Conseil, ministre de l'Intérieur, *Disc. à l'inaugur. de l'école de Bandol* (Var), le 8 oct. 1908 (Journ. officiel, 10 oct. 1908, p. 6941); il s'abstiendra d'une « intervention aussi brutale qu'inutile »; « l'immense majorité des adhérents sont ennemis des méthodes violentes ». Il convient de ne pas « retarder l'éducation de toûs ». Le meilleur résultat sera obtenu « lorsque les syndicats eux-mêmes auront fait la police de leur organisation ». — Déclar. conformes du Gouvernement p. M. Viviani, ministre du Travail, approuvées p. Ch. Députés, 23 oct. 08, 2e s. (Journ. off., 24 oct., Députés, p. 1879 et s.).

Pourquoi ne pas traiter les Congrégations religieuses qui s'inclinent devant les lois de la société, comme les Congrégations révolutionnaires qui s'insurgent contre elles ? Il ne s'agit pas de se placer au point de vue de la Justice; en politique appliquée, cette abstraction n'a guère que la valeur d'un mythe. Mais est-ce gouverner, suivant une méthode scientifique, que de rompre l'équilibre entre les composants de la grande association dont on a la garde ?

1. L'éminent biologiste, Alfred Giard, prof. à la Sorbonne, dont la perte récente nous est personnellement très sensible, écrivait : « L'éthologie nous apparaît comme la science des équilibres réalisés à chaque instant entre les êtres vivants et les milieux cosmiques ou biologiques au sein desquels ils évoluent. » A. Giard, *De la méthode dans les sciences*. Paris, Alcan, 1909, Morphologie, p. 165 (avec un très bel article de tête d'Emile Picard, de l'Acad. des Sciences, *De la Science*, p. 1-30). — Sur l'autorité de l'œuvre biologique de Giard, Maurice Caullery, *Alfred Giard*, la Revue du Mois (Dir. Emile Borel), 10 oct. 1908, p. 385-399.

Le droit associationnel est-il autre chose que « la science des équilibres réalisés à chaque instant » entre les groupements divers et les milieux sociologiques où ils se meuvent ?

TABLE DES MATIÈRES

DU TOME PREMIER

—

II. — PÉRIODE POSTÉRIEURE A LA LOI DU 1er JUILLET 1901

I. — Critique historique et théorétique

Fin de la Table des matières du Tome premier.

ERRATA

—

	lire :	*au lieu de :*
P. 11, ligne 2e	Dinaux	Dinan
18, ligne 19e	ordonnée	ordonné
81, ligne dernière	*de distinctione*	de distinction
102, ligne 7e	1885	1603
134, au sommaire du § 5	n° 189	n° 186
161, ligne 13e	24 octobre 1902	24 octobre 1892
193, lignes 6e et 23e	Cercle	Cerle
222, ligne 25e	à la fin du dernier vol.	à la fin du volume
227, ligne 8e	1899	1889
232, ligne 20e	n°s 381-384 *bis*	381-384
» ligne 21e	n°s 385-387	n° 387
240, ligne 7e	*Ens syndicale*	Ens syndicalis
243, note 1, ligne 3e	institutions	institeurs
281, ligne 9e	juin 1907	1707
284, note, ligne 4e	MDCCCCIV	MDCCCIV
322, ligne 1re (titre)	3° (devant Théorie)	
406, ligne 33e	après-dinée	après-dîsée
477, ligne 33e	Paulin Paris	Paulin. Paris

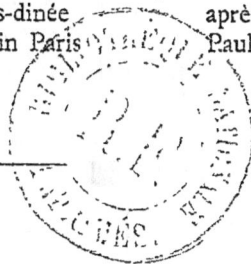

MACON, PROTAT FRÈRES, IMPRIMEURS.

MARCHAL ET BILLARD. Libraires de la Cour de Cassation,
27, place Dauphine, 27, paris.

OUVRAGE TERMINÉ (1907)

TABLES GÉNÉRALES

DU JOURNAL DU DROIT INTERNATIONAL PRIVÉ

FONDÉ EN 1874 ET PUBLIÉ PAR

Édouard CLUNET

Avocat à la Cour de Paris

Augmentées de plusieurs Répertoires et de nombreux
Documents concernant le Droit international.

1874-1905

Les Tables du « Clunet », avec leurs compléments, constituent le

RÉPERTOIRE
PRATIQUE
DE DROIT
INTERNATIONAL

le plus complet qui existe et donnant sur les questions de tout
ordre soulevées par les rapports internationaux le *dernier état*
de la *doctrine* de la *jurisprudence* et des *précédents*, pour les
divers pays.

Quatre très forts volumes in-8, d'une exécution typographique très soignée,
imprimés sur beau papier avec couverture peau-d'âne et titre en deux
couleurs.

Prix des 4 volumes } brochés, **100** fr.; } *Plus* **10** *fr. de port.*
de plus de 1000 p. chacun } reliés **110** fr.; }
payables en une valeur à vue sur Paris accompagnant la demande, à l'ordre
de MM. Marchal et Billard, éditeurs, 27, place Dauphine, Paris.

Les Abonnés ont droit à UN exemplaire *au prix de faveur de* :

80 fr., broché, } *plus* **10** *fr. de port.*
90 fr., relié, }

Les souscripteurs habitant la France pourront obtenir, **sur leur**
demande, la faculté de s'acquitter par paiements mensuels.

L'ouvrage considérable, que nous présentons au public, a coûté
plusieurs années de travail et d'importants sacrifices, mais on peut dire
que les 4 volumes, qui sont le résultat de cet effort, composent un

Répertoire pratique de Droit international appelé à rendre des services de tous les instants aux savants comme aux praticiens de tous les Pays, sur les questions si nombreuses et si variées, que soulèvent aujourd'hui les relations internationales.

Nous ne nous sommes pas borné à établir le catalogue trentenaire des documents aussi rares que nombreux de la collection du « Clunet ».

Notre plan s'est singulièrement élargi : nous avons augmenté les Tables générales de plusieurs Répertoires nouveaux et de toute une série de Documents usuels concernant le droit international.

De là le présent ouvrage en 4 très forts volumes in-8, qui forme un véritable **Répertoire pratique de Droit international**.

Pour faciliter les recherches et permettre d'atteindre, sous les formes les plus diverses, le document ou le renseignement désiré, les quatre Tomes des TABLES GÉNÉRALES sont divisés en une série de quinze tables différentes, dont les principales sont :

Tous les dix ans les TABLES GÉNÉRALES du « Clunet » seront complétées par un volume additionnel.

Au cours de cette période décennale, et pour en attendre l'expiration, nous nous réservons d'établir, à la plus grande commodité des travailleurs, un instrument provisoire de recherches, bon marché et pratique. Nous le préparons dès maintenant.

Nos souscripteurs sont donc assurés d'avoir à leur disposition le **Répertoire pratique de Droit international** le plus riche, le plus facile à consulter, et le mieux tenu au courant qui existe sur la matière.

EN PRÉPARATION :

Clunet. — Les associations au point de vue juridique, un vol. in-8°, 1907

MARCHAL ET BILLARD. LIBRAIRES-ÉDITEURS.
27, Place Dauphine, à Paris.

JOURNAL

DU

DROIT INTERNATIONAL PRIVÉ

TRENTE-QUATRIÈME ANNÉE (1874-1907)

FONDÉ EN 1874 ET PUBLIÉ PAR

Édouard CLUNET

Avocat à la Cour de Paris

AVEC LA COLLABORATION D'UN GRAND NOMBRE DE JURISCONSULTES

FRANÇAIS ET ÉTRANGERS

Le *Clunet*, fondé, il y a plus de trente ans, en 1874, constitue aujourd'hui une publication d'une valeur exceptionnelle. Il compte des collaborateurs et des lecteurs sur tous les points du globe où la culture européenne a pénétré. L'estime des jurisconsultes, dans les Cours de justice comme dans les Universités, a récompensé l'effort tenté et les résultats obtenus, en plaçant le Journal au rang des meilleures publications juridiques des deux mondes.

Orienté vers les besoins de la pratique, le «Clunet» est devenu le guide autorisé auquel recourent les hommes de loi de tous les pays, les agents diplomatiques ou consulaires chaque fois qu'ils rencontrent dans l'exercice de leur profession une difficulté résultant des relations internationales en toutes les branches du droit, *civil* ou *pénal*, *commercial* ou *maritime*, *diplomatique* ou *consulaire*, *littéraire*, *artistique* ou *industriel*

Toutes les matières du droit international sont de son domaine, du moment qu'elles touchent aux intérêts privés.

Sa collection forme un *thesaurus* de droit international unique, dont les richesses accumulées depuis plus de trente ans sont d'un accès aussi facile que rapide, grâce aux TABLES GÉNÉRALES, qui constituent un véritable Répertoire pratique de droit international.

Aucun sacrifice ne nous coûtera pour perfectionner sans cesse notre œuvre, et la maintenir à la première place.

Le Journal est maintenant assez connu pour que nous nous bornions à rappeler simplement le cadre de son activité :

1º **Articles de fond** sur les questions théoriques et pratiques les plus importantes soulevées par les relations internationales. — Pendant sa publication, plus que trentenaire, le Journal a étudié les principales questions qui se présentent dans ce domaine.

2º **Analyses et extraits** d'études théoriques et pratiques consacrées au droit international et publiées dans les Monographies, Revues, Périodiques, etc...

3º **Questions et solutions pratiques du droit international privé.** — Examen des difficultés de nature contentieuse qui intéressent particulièrement les praticiens.

4º **Chronique du droit international privé.** — Série d'études consacrées aux questions d'actualité.

5º **Bulletins de la jurisprudence de France**, d'**Allemagne**, d'**Angleterre**, d'**Autriche-Hongrie**, de **Belgique**, de Danemark, des Echelles du Levant, d'Egypte, d'Espagne, des États-Unis, de Grèce, d'Italie, des Pays-Bas, du Portugal, de Norvège, de Russie, de Suède, de Suisse, de Turquie, de l'Amérique du Sud, de l'Extrême-Orient, etc., sur toutes les matières d'intérêt usuel.

6° **Faits et informations**. — Renseignements sur les relations internationales et la situation des étrangers dans les différents pays.

7° **Traités et actes internationaux** (Texte des).

8° **Mouvement législatif dans les principaux pays.**

9° **Bibliographie** : a) *Bibliographie systématique* annuelle de tous les ouvrages, traités, monographies, brochures, essais, thèses, articles de revue, documents parus chaque année dans tous les pays sur le droit international. — b) Compte rendu des principaux livres de droit.

ABONNEMENT ANNUEL AU JOURNAL

Pays de recouvrement postal...................... **22** fr

Les autres pays.................................... **25** fr

COLLECTION COMPLÈTE du « Clunet » de 1874 à 1906, 33 volumes **380** fr

Le nombre des COLLECTIONS COMPLÈTES est très limité.

Quelques COLLECTIONS ÉCONOMIQUES à prix réduits sont mises à la disposition des premiers acheteurs des Tables générales : les 20 derniers volumes...... **120** fr

Port en sus.

PAYABLES COMPTANT EN UNE VALEUR A VUE SUR PARIS

à l'ordre de MM. Marchal et Billard, éditeurs, 27, place Dauphine, à Paris.

BULLETIN DE SOUSCRIPTION

AUX TABLES GÉNÉRALES DU CLUNET

(1874-1905.)

OUVRAGE TERMINÉ

Je soussigné..

demeurant à...

déclare souscrire aux Tables générales du Clunet, 4 *Tomes in-8* *du prix* [1] *de*........ *brochés* [2] *ou*....... *reliés, plus* 10 *fr. de port,* que je paie en une valeur ci-jointe *sur Paris,* à *l'ordre de MM.* MARCHAL ET BILLARD, *libraires-éditeurs,* 27, place *Dauphine, à Paris* [3].

A............, *le*............

Signature :

[1]. Indiquer le prix fort des Tables (**100** fr.) ou le prix de faveur (**80** fr.), si l'on est ou devient *abonné.*

[2]. Indiquer si l'on veut recevoir les vol. broch. ou rel. La reliure : **10** fr. en plus.

[3]. Les souscripteurs, habitant la France, pourront obtenir, sur leur demande, la faculté de s'acquitter par *paiements mensuels.*

En préparation :

CLUNET. — **Les Associations au point de vue juridique,** un vol. in-8, 1907.

En Préparation :

Clunet. — Les associations au point de vue juridique, un vol. in-8, 1907